U0669174
(F) SIDE

DK汽车大百科

升级修订版

英国DK出版社　编著　　张　义　译　　叶阳　审订

北京科学技术出版社

Original Title: The Car Book: The Definitive Visual History
Copyright©Dorling Kindersley Limited, 2011,2022
A Penguin Random House Company
Chinese simplified translation copyright©2023 Beijing Science and Technology Publishing Co., Ltd.
Cover images: 1750 Alfa Romeo 6C front view.
Uesd with kind permission of Dorling Kindersley: James Mann/ Alex Hince

著作权合同登记号 图字：01-2023-6040

图书再版编目（CIP）数据

DK汽车大百科：升级修订版 / 英国DK出版社编著；张文译. — 北京：北京科学技术出版社，2024.5

书名原文: The Car Book: The Definitive Visual History

ISBN 978-7-5714-3505-9

Ⅰ. ①D… Ⅱ. ①英… ②张… Ⅲ. ①汽车－儿童读物 Ⅳ. ①U469-49

中国国家版本馆CIP数据核字（2024）第010641号

策划编辑：王 晖
责任编辑：王 晖
责任校对：贾 荣
封面设计：向田晟
图文制作：天露霖文化
出 版 人：曾庆宇
出版发行：北京科学技术出版社
社 址：北京西直门南大街16号
邮政编码：100035
电 话：0086-10-66135495（总编室）
0086-10-66113227（发行部）
网 址：www.bkydw.cn
印 刷：北京华联印刷有限公司
开 本：635mm × 1040mm 1/8
字 数：300千
印 张：45.5
版 次：2024年5月第1版
印 次：2024年5月第1次印刷
ISBN 978-7-5714-3505-9

定 价：298.00元

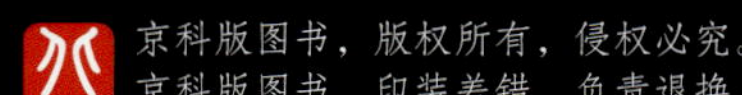

www.dk.com

目录

20世纪20年代以前的汽车

具有自有动力的个人交通工具的概念始于1885年卡尔·本茨的奔驰一号汽车。在那个年代里，它可以把人带到任何想去的地方。1908年，亨利·福特将他的丽兹汽车带给民众，这标志着美国汽车工业的到来。

20世纪20年代

20世纪20年代是汽车工业的黄金10年。好莱坞明星们将豪华汽车视为身份地位的象征，而质量可靠、价格低廉的小型车也使公众首次拥有了汽车。与此同时，无论是公路上还是赛场上，跑车都成了一种令人兴奋的追求。

20世纪30年代

受到经济大萧条的影响，经济型汽车和“大众汽车”得到了发展，这使普通人也开始拥有汽车。流线型车身大行其道，报纸开始大肆渲染打破速度纪录的英雄们，而跑车和豪华车的动力性和外观设计也在此时达到了新的高峰。

20世纪40年代

第二次世界大战期间，汽车生产中止，战后，工厂重建、生产恢复，战争期间所使用的军用技术催生了新的优良发动机、实用简洁的皮卡和经济型小汽车，且取得了不错的销量。

20世纪50年代

第二次世界大战后，美国汽车生产商开始追求高速、豪华和强劲动力，他们开发了空气动力学车身和亮银装饰条，取得惊人的效果（当然也有失败的时候）。而欧洲的跑车和赛车吸引着人们的眼球，“泡泡车”在城市的街道随处可见。

20世纪60年代

这是一个汽车全面发展的年代，新的发动机和车身外形涌现，一系列经典的车型，从E- type到Elan，从迷你库珀到轻型巡洋舰，都极具吸引力。

20世纪70年代

如果说20世纪60年代是汽车的夜晚聚会，70年代则是聚会后的第二天清晨，因为此时发生了燃油危机，并且有传闻要对汽车进行限制。但是汽车还是在变好：中置的发动机增强了响应性，涡轮增压器增加了进气效率，自动安全带和安全气囊提升了安全性。

20世纪80年代

随着日本汽车工业的崛起，在这10年间出现了三大汽车生产巨头“三足鼎立”的局面。自此，汽车变得更安全、更舒适，配备了更高级的电子系统。除此之外还有很多令人兴奋的改变，其中很重要的一件是由意大利设计师领衔的设计师对家用轿车和超级跑车进行的重新设计。

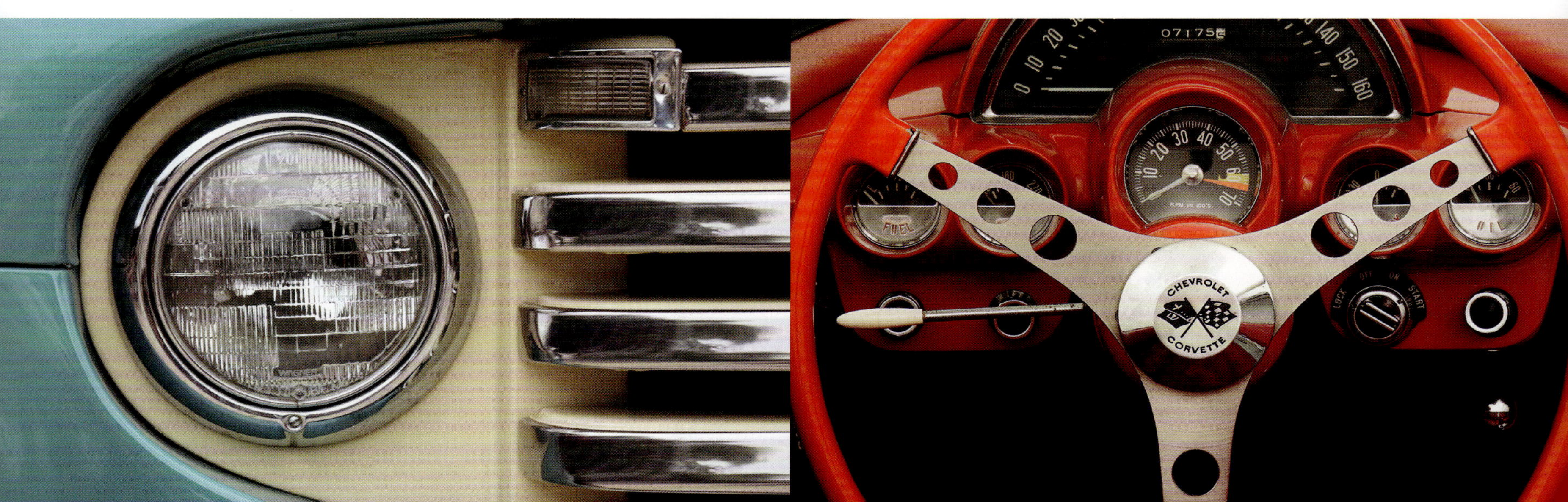

20世纪90年代

消费者要求安全、豪华、高性能和制造完美——他们什么都想要，这给了优质生产商机会，富有想象力的设计有了用武之地。对跑车和高级轿车来说，一个新的时代到来了，而此时的SUV和MPV也进入了高速发展阶段。

2000年以后

这个时代的汽车已经将越野性能、载客量和动力性结合到一起，形成了综合类的汽车，使得传统汽车分类模糊不清。混合动力汽车可以节省燃料并减少排放，而最新的配有增压发动机的汽车很容易就能达到322千米/时的速度。那接下来会怎样呢？汽车爱好者希望驾驶体验仍然和从前一样有趣。

发动机：发动机尺寸按排量分类。对配备了不同排量发动机的车型来说，大排量发动机配备在速度快的汽车上，普通排量的发动机配备在家用轿车上。

汽车日期：每辆汽车给出的日期指的是该车型首次发布的年份。在某些情况下，随附的照片显示的是该车型的后期版本，在这些情况下，标题中出现的是后期版本发布的年份。

发动机：每辆汽车都提供了发动机尺寸。对于具有不同发动机尺寸的车型，其中最强大的发动机是为速度快的汽车提供的，最常见的发动机是为家用汽车提供的。

20世纪20年代以前的汽车

实验与发明 | 空旷路面与野外比赛 | 手工艺术品与批量生产

NAPIER
NAPIER

先驱汽车

19世纪，工程技术有了很大进步，机械化产品开始出现。发明家们把他们的注意力从马匹转移到了能够跑得更快更远的汽车上。人们尝试过利用由蒸汽、电、燃气和汽油转化而来的动力驱动汽车，可当时很难判定哪一种方式最好。单从速度来讲，电力第一，蒸汽第二。

◁ **格伦维尔 蒸汽四轮车 1880年款**

产地 英国

发动机 垂直布置的蒸汽机

最高车速 32千米/时

来自英国格拉斯顿伯里的火车工程师罗伯特·奈维尔·格伦维尔是蒸汽式公路汽车的发明者之一。格伦维尔品牌最终得以发展、延续。

▷ **戴姆勒 1886年款**

产地 德国

发动机 0.462升，单缸

最高车速 16千米/时

1886年，戈特利布·戴姆勒和威廉·迈巴赫将他们的发动机安装到公共马车上，第一辆汽油发动机汽车就由此诞生了，它的车速可以达到16千米/时。

▷ **斯坦利 小型单座敞篷车 1898年款**

产地 美国

发动机 1.692升，两个蒸汽机直线排列

最高车速 56千米/时

1898—1899年，弗朗西斯·斯坦利和弗里兰·斯坦利两兄弟生产了200多辆廉价且可靠的蒸汽汽车。1906年，他们生产了一款动力性更强的车，车速高达204千米/时。

▽ **戴姆勒 康斯塔特 4HP 1898年款**

产地 德国

发动机 1.525升，V型双缸

最高车速 26千米/时

1887年6月，戴姆勒为了生产发动机，在斯图加特的施塔特建立了一个工厂，并且招募了23个工人。发动机被安装到改装后的马车上。

◁ 富兰克林 A型车 1902年款

产地 美国

发动机 1.760升，直列双缸

最高车速 40千米/时

约翰·威尔金森在美国设计了第一辆四缸发动机汽车，该车为赫伯特·富兰克林所有。该车的风冷发动机带有顶置气门，并且安装在木制底盘上。

△ 奔驰（复制品）1885年款

产地 德国

发动机 0.954升，单缸

最高车速 10千米/时

在1885年问世、1886年获得专利、卡尔·本茨制造的这辆奔驰汽车有很多优点：质量更轻，配有双冲程汽油机、齿条式转向器和钢制轮辐。

△ 兰彻斯特 1897年款

产地 英国

发动机 3.459升，直列双缸

最高车速 32千米/时

弗雷德里兄弟和兰彻斯特兄弟在1896年制造出了他们的第一辆汽车，该车安装了一个单缸发动机。第二年，他们制造出装有双缸发动机的汽车。

◁ 哥伦比亚（电动）1899年款

产地 美国

发动机 单个电动机

最高车速 24千米/时

20世纪初，当大部分汽油车生产商还在每年制造少量汽车的时候，哥伦比亚却在制造大量运转平稳、安静的电动汽车。

△ Sunbeam-Mabley 1901年款

产地 英国

发动机 0.230升，单缸

最高车速 32千米/时

约翰·马斯顿和迈克斯维尔·马伯利·史密斯利用Sunbeam自行车工厂制造出一款独特的汽车，在中间的皮带驱动机两侧各有一个座位。

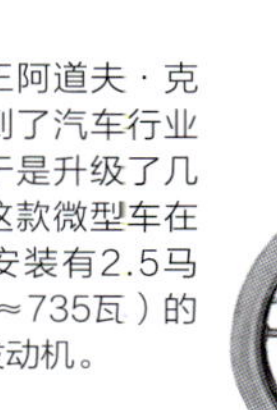

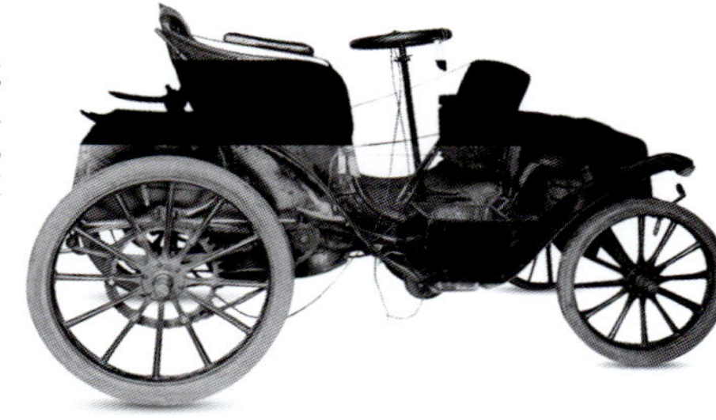

▷ 克莱门特 Gladiator 微型车 1899年款

产地 法国

发动机 0.402升，单缸

最高车速 32千米/时

自行车大王阿道夫·克莱门特看到了汽车行业的潜力，于是升级了几款车型。这款微型车在座位下面安装有2.5马力（1马力≈735瓦）的德·戴恩发动机。

◁ 戈杜·坦德姆 1897年款

产地 美国

发动机 排量未知，双缸

最高车速 48千米/时

发明家路易斯·戈杜虽然仅制造出少量的汽车，但是他开发的顶置凸轮轴发动机汽车在当时跑得特别快。

◁ 杜埃尔机动货车 1893年款

产地 美国

发动机 1.302升，单缸

最高车速 19千米/时

1893年，自行车生产商弗兰克和查尔斯·杜埃尔在美国成功制造出第一辆汽油驱动的汽车。1895年，他们还在美国第一届汽车比赛中获得胜利。

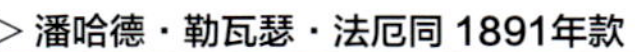

▷ 潘哈德·勒瓦瑟·法厄同 1891年款

产地 法国

发动机 1.060升，直列双缸

最高车速 19千米/时

1890年，René Panhard和Émile Levassor制造出了第一辆汽车，并在获得授权的情况下制造戴姆勒发动机。他们开发出了滑动齿轮变速器和发动机前置、后轮驱动车，现代车辆仍沿用这些技术。

◁ 阿诺德 奔驰 1897年款

产地 英国

发动机 1.190升，单缸

最高车速 26千米/时

威廉·阿诺德父子制造出类似奔驰的汽车，发动机的输出动力是1.5马力。它装有第一个电力自启动电动机，该电动机可以在汽车爬坡时帮助发动机输出动力。

△ Bikkers 蒸汽汽车 1907年款

产地 荷兰

发动机 蒸汽机

最高车速 16千米/时

贝尔特因其蒸汽驱动的动力发动机而闻名，他还制造出蒸汽汽车（如图所示）用来清理垃圾坑。这是荷兰最早的商用汽车。

第一批用于销售的汽车

生产有实际使用价值的、用来销售的汽车是一件令人惊讶的事情，因为人们认为批量生产汽车并且把它们卖出去很不可思议，仅仅让人们信服汽车所具有的价值就很困难，企业家、工程师和统治阶级都对早期的汽车制造没有太大信心。在汽车制造方面，德国走在最前面，然后是法国、英国和美国。

◁ 阿德勒 3.5HP微型车 1901年款

产地 德国

发动机 0.510升，单缸

最高车速 32千米/时

打字机和自行车生产商阿德勒一直在为奔驰和德·戴恩汽车供应零部件，直到1900年他才开始生产自己的德·戴恩发动机汽车。

△ 阿罗尔–约翰斯顿 10HP “马车” 1897年款

产地 英国

发动机 3.230升，对置双缸

最高车速 40千米/时

这款简单、坚固的“马车”是英国的第一辆汽车，由乔治·约翰斯顿在苏格兰的格拉斯哥市设计出来。该车的对置式发动机安装在脚踏板下方，该车型一直生产了10年之久。

◁ US 长途7HP 1901年款

产地 美国

发动机 2.245升，单缸

最高车速 40千米/时

这款小型单座敞篷车的名字充满了雄心，它配有水平放置的发动机，在座椅底部装有2挡行星齿轮式变速器。它在1903年更名为Standard。

▷ 克莱门特 7HP 1901年款

产地 法国

发动机 7马力，单缸

最高车速 40千米/时

阿道夫·克莱门特在自行车和充气轮胎这两个行业中积累了财富，然后投资进入汽车行业。他所生产的汽车装有前置发动机和传动轴，是第一批具有此类特点的车辆。

△ 罗孚 8HP 1904年款

产地 英国

发动机 1.327升，单缸

最高车速 48千米/时

这款8马力汽车是罗孚自行车公司生产的首款四轮汽车，配有管制脊骨式底盘、管柱式变速杆和凸轮轴制动系统。1906年，该车成功地从伦敦行驶至君士坦丁堡。

◁ 梅赛德斯 60HP 1903年款

产地 德国

发动机 9.293升，直列四缸

最高车速 117千米/时

在其他制造商还在制造粗糙的不比人类跑得多快的汽车时，梅赛德斯却在生产令人眼前一亮的、60马力的高速汽车。

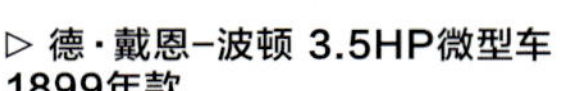

▷ 德·戴恩–波顿 3.5HP微型车 1899年款

产地 法国

发动机 0.510升，单缸

最高车速 40千米/时

康特·艾伯特·德·戴恩是法国的汽车先驱之一，他发明的单缸水冷发动机被全世界很多早期的汽车制造商所使用。

▷ 德·戴恩–波顿 8HP O型 1902年款

产地 法国

发动机 0.943升，单缸

最高车速 45千米/时

1902年，德·戴恩–波顿采纳了利用方向盘转向和发动机前置的设计，摒弃了发动机安装在脚踏板下的方式，设计出了O型轻型汽车，而它的生产持续了很长时间。

◁ 雷诺 微型车 1898年款

产地 法国

发动机 0.400升，单缸

最高车速 32千米/时

路易斯·雷诺和他的兄弟从1897年开始制造汽车，这款微型车因在试验期间的优异表现而很快在法国流行起来。

◁ 福特 A型车 1903年款

产地 美国

发动机 1.668升，卧式双缸

最高车速 45千米/时

亨利·福特在1896年制造出第一辆汽车，但是直到1903年，在脚踏板下方配置发动机的A型车出现后才开始销售汽车。这款车在1904年升级至C型车。

▷ FN 3.5HP维多利亚 1900年款

产地 比利时

发动机 0.706升，直列双缸

最高车速 37千米/时

比利时军队装备生产商FN在世纪之交进行了业务扩张，进入发动机和汽车制造行业。截至1902年，共有280辆维多利亚汽车问世。

△ 奔驰 Ideal 4.5HP 1900年款

产地 德国

发动机 1.140升，单缸

最高车速 35千米/时

该系列第一辆制造成功的汽车出现在1885年，它的转向系统是耕作机式的。1900年，共出产了603辆该款车，而这个时期其他汽车制造商的产量很少。

△ 菲亚特 16/24HP 1903年款

产地 意大利

发动机 4.180升，直列四缸

最高车速 71千米/时

这辆配有前置水冷发动机、4挡变速器，拥有后轮驱动汽车俨然一辆现代汽车。

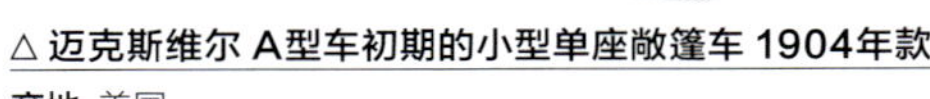

△ 迈克斯维尔 A型车初期的小型单座敞篷车 1904年款

产地 美国

发动机 1.647升，对置双缸

最高车速 56千米/时

新泽西的乔纳森·迈克斯维尔和本杰明·布里斯科开发出了这款简单、高效的轴驱动小型单座敞篷车，售价750美元，该车在试验中表现优异。

△ 霍尔斯曼 3 小型单座敞篷车 1903年款

产地 美国

发动机 1.000升，卧式双缸

最高车速 32千米/时

哈里·K.霍尔斯曼在芝加哥生产了大量绳索传动的大轮子汽车，这些车子卖给了中西部的消费者，因为大车轮的汽车可以让他们行驶在未开垦的大草原上。

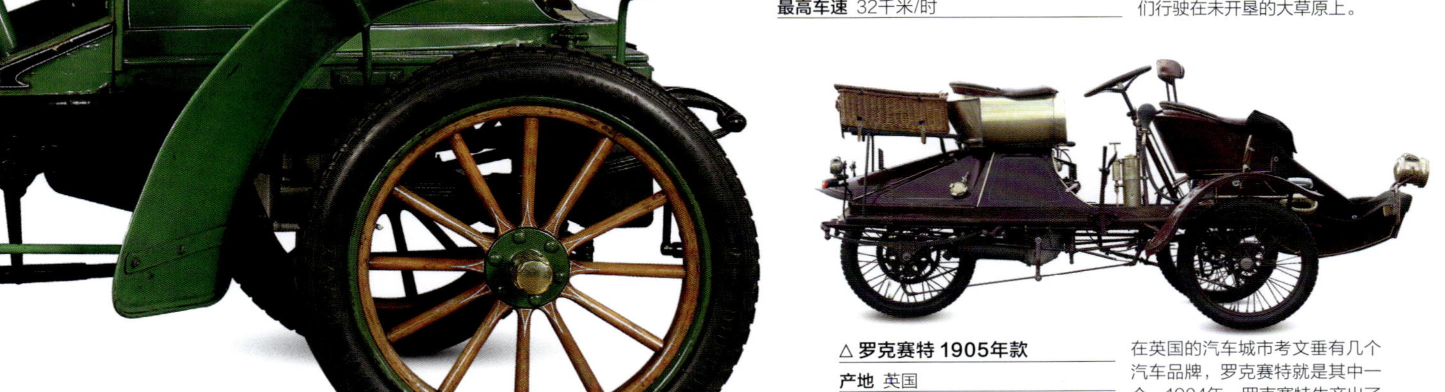

△ 罗克赛特 1905年款

产地 英国

发动机 0.900升，单缸

最高车速 45千米/时

在英国的汽车城市考文垂有几个汽车品牌，罗克赛特就是其中一个。1904年，罗克赛特生产出了三轮汽车，该车在1905年被改装成四轮汽车。

1893年，卡尔·本茨和女儿克拉拉在维多利亚汽车上。

伟大的品牌
梅赛德斯的故事

梅赛德斯的历史同时也是汽车本身的历史。梅赛德斯由2位德国的内燃机和汽车先驱戈特利布·戴姆勒和卡尔·本茨共同创建，这个品牌制造出当时世界上最先进、最令人期待的汽车。

很多汽车革新者都可以说自己在现代汽车业的形成历程中做出了贡献，但是没有人可以与卡尔·本茨齐名，是他发明了汽车。本茨在1886年1月为他的“奔驰一号”申请了专利，但是他另外一辆单薄的三轮汽车，也就是那辆配备了单缸四冲程、以煤气为燃料的内燃机汽车在前一年去德国曼海姆的路上坏掉了。

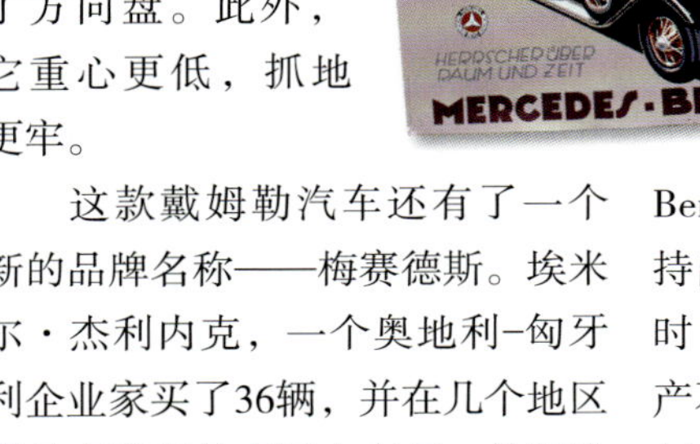
梅赛德斯-奔驰汽车标志
（1926年发布）

巧合的是，Canstatt的一位工程师戈特利布·戴姆勒在1883年制造出了一台汽油驱动的内燃机。为了展示他的发动机，戴姆勒将其安装到一个原始的摩托车上。1885年11月10日，戴姆勒的儿子开着它行驶了一段路，这也是这部车的第一次重要旅行。戴姆勒的第一辆初具规格的汽车是四轮的，于1886年用一个改装的四轮马车制成。直到1892年，市场上才出现戴姆勒的车，而此时的本茨正在努力地把装有耕作机转向系统、汽油驱动的“奔驰一号”推向市场。1888年，本茨将“奔驰一号”带给巴黎的埃米尔·罗杰斯。本茨的汽车与现在的汽车有很多共同特点，如配有火花塞、离合器、水冷散热器。1893年，维多利亚——一辆带有枢轴转向的四轮汽车问世。第2年，维多利亚升级为Velo，该车也成为世界上第一款量产汽车。

世界上第一辆摩托车
戴姆勒1885年的摩托车具有铁质车轮和木质轮辐，一副弹簧支撑的悬架轮使整车更加稳定。

尽管戴姆勒公司的创建者在1900年去世，但公司却引领着运输改革的浪潮。由于意识到较高的紧凑型汽车（如1898年的Canstatt）存在着天生的不稳定性，工程师威哈姆·迈巴赫和保罗·戴姆勒在1901年设计了一款新的车型。这款车型在此后的几十年内成为大多数汽车的模仿对象。其底盘由压制钢制成，乘客坐在发动机后侧而不是上面。四缸发动机具有一个直列布置的铝制曲轴箱，安装在发动机罩下方、蜂窝状散热器的后面。这款车还配备了变速杆、脚踏节气门，在倾斜的管柱上安装了方向盘。此外，它重心更低，抓地更牢。

大而奢华
20世纪30年代的大型豪华汽车深受权贵们喜爱，这种车只能定制。

这款戴姆勒汽车还有了一个新的品牌名称——梅赛德斯。埃米尔·杰利内克，一个奥地利-匈牙利企业家买了36辆，并在几个地区都具有该车的市场占有权。他把这些车以自己女儿的名字——梅赛德斯来命名，这个名字迅速取代了戴姆勒。梅赛德斯汽车的销量很好，尤其是1903年，该系列具有顶置式气门的顶级款在市场上遥遥领先，并且迅速激发起了模仿者的灵感。

在第一次世界大战期间，戴姆勒-梅赛德斯和奔驰两家公司为德国军队制造军用车辆，它们成为势均力敌的竞争对手，并且获得了相同的美誉——产品质量高。本茨和费迪南德·波尔舍在汽车设计上极具前瞻性，制造出更加令人兴奋的汽车，包括Blitzen-Benz赛车，该车在1909—1924年保持陆地最高车速的纪录。与此同时，梅赛德斯也证明了自己具有生产不同尺寸车型的能力。20世纪20年代的经济大萧条重创德国，引发严重的通货膨胀和高失业率，很多公司都陷入困境。作为主要竞争对手，戴姆勒-梅赛德斯和奔驰进入市场化经营阶段，并且开始共同谋划未来。

> “品牌名称……有特点，奇特并有吸引力。”
>
> 埃米尔·杰利内克对梅赛德斯品牌名的评价，1900年

两家公司在1926年合并，成为戴姆勒-奔驰股份公司，生产的汽车以梅赛德斯-奔驰的品牌出现在市场上。新的汽车标志为奔驰的环形环绕梅赛德斯的三叉星。合并之

60HP

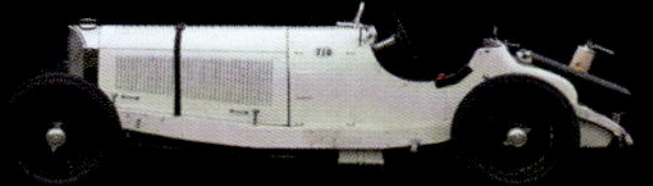

SSK

C111概念车

迈巴赫品牌

1883年 戈特利布·戴姆勒制造出世界上第一台轻质汽油发动机；奔驰公司成立
1885年 戈特利布·戴姆勒和卡尔·本茨各自成为“汽车先驱”
1893年 奔驰维多利亚汽车问世，第二年Velo汽车问世
1900年 戴姆勒汽车公司成立
1901年 戴姆勒35HP发布
1902年 梅赛德斯成为戴姆勒汽车产品的名称
1903年 梅赛德斯60HP成为市场上最畅销的汽车

1922年 奔驰在比赛用车中增添了增压器
1926年 戴姆勒和奔驰合并；生产的汽车被命名为梅赛德斯-奔驰
1927年 装有增压器的SSK跑车问世
1933年 130H是一款不成功的经济车型，它配备有后置发动机
1936年 260D成为世界上第一款柴油车
1952年 300SL赛车引领燃油喷射和鸥翼式车门技术；它赢得了Carrera Panamerica比赛和勒芒24小时耐力赛的胜利

1953年 180问世，它是无车身底盘Ponton系列的第一款，而且影响了当今的E级车
1959年 “fin- tail”200问世，它是第一款对车身表面褶皱处进行科学设计的汽车
1963年 SL跑车问世，它具有碟形车顶，这样的顶部四周比中心处高，乘客更容易进出
1969年 C111概念车具有汪克尔转子发动机和领先的车身样式
1979年 S级车将安全气囊定为标配，这是世界首创

1989年 新的SL上安装了防翻滚拉杆，汽车碰撞时自动展开，保护乘客
1996年 SLK提供了折叠金属顶部
1997年 A级小型家庭用车问世
2002年 迈巴赫品牌重新恢复生产
2003年 SLR超级车问世，由迈凯伦设计制造
2013年 GLA是新款紧凑型豪华轿车
2015年 梅赛德斯AMG GT的最高车速可超322千米/时
2020年 梅赛德斯车队创下F1赛事七连冠的纪录

后，曼海姆工厂计划集中精力发展卡车和客车，而轿车生产则集中到了斯图加特的马特图克海姆和辛德芬根工厂。经历了这些变化的本茨在1929年去世，享年84岁。

20世纪30年代的梅赛德斯-奔驰汽车巩固了自己的奢华感与动力性。纳粹德国的当权者酷爱这些大型的豪华轿车，有钱人也很喜欢增压540K车型，W135 国际汽车大奖赛更是主导着欧洲的汽车比赛。在第二次世界大战期间，戴姆勒-奔驰公司再一次制造军用车辆，公司大约80%的生产力都为军用车辆运转着。战后，战胜国要求汽车生产商用汽车帮助重建国家，汽车的生产这才逐渐恢复。1949年，梅赛德斯-奔驰公司战后的第一款车问世，之后每年的汽车产量至少有17 000辆。截至1958年，汽车产量达到100 000辆。

1955年是梅赛德斯-奔驰汽车在汽车赛场上的关键一年：W154帮助胡安·方吉奥第2次赢得了世界杯冠军；但是在勒芒24小时耐力赛中却发生悲剧，皮尔·勒维格驾驶的300LR翻入人群，导致83名观众死亡。公司在此后的30年里放弃了所有的比赛，只在20世纪20年代作为迈凯伦发动机的提供商返回了一级方程式赛场。

梅赛德斯-奔驰品牌遵循市场规律选择了扩张。在1958年的一次扩张中，公司买下了奥迪公司，但是在1965年将其卖给了大众汽车公司。为了进入小型车市场，公司在1994年恢复Smart汽车的生产，并在1997年推出了A级车，在高端市场中与大众高尔夫汽车展开竞争。

1998年，梅赛德斯公司收购了克莱斯勒品牌，并于2006年出售。2018年，中国吉利汽车公司收购了戴姆勒公司10%的股份，从而促成了双方在新发动机上的合作，而梅赛德斯-奔驰公司也收购了阿斯顿·马丁品牌。

可靠的汽车
180 Ponton在1953年问世并定位为中级车，它是梅赛德斯家族中第一辆中等尺寸的轿车。由于坚固可靠，180 Ponton被战后德国出租车行业广泛使用。

早期生产线上的汽车

20世纪的第一个10年，汽车的发展原地踏步，汽车生产商开始寻求提高产量的方法。法国的蒂迪恩-布恩顿公司和美国的奥斯莫比公司都在1902年宣布汽车销售量超过2 000辆，但是亨利·福特却使2家公司黯然失色，这是因为他引入了生产流水线。

◁ **Vulcan 10HP 1904年款**

产地 英国

发动机 1.500升，直列双缸

最高车速 56千米/时

购买Vulcan汽车十分合算。1903年的单缸发动机款售价仅为105法郎，1904年的姊妹款售价仅为200法郎，因此，该车在1904—1906年的销售量飙升。

△ **沃尔斯利 6HP 1901年款**

产地 英国

发动机 0.714升，单缸

最高车速 40千米/时

赫尔伯特·奥斯汀在创建自己的公司之前设计并管理微型车的生产。他的设计保证了生产的高效性。

△ **奥斯莫比 Curved Dash 1901年款**

产地 美国

发动机 1.564升，单缸

最高车速 32千米/时

Ransom Eli Olds构想出世界上第一款批量生产的汽车。该车质轻、结构简单、价格不贵、性能可靠，1902年售出了2 100辆，1904年售出了5 000辆。

◁ **Speedwell 6HP Dogcart 1904年款**

产地 英国

发动机 0.700升，单缸

最高车速 40千米/时

尽管Speedwell仅在1900—1907年短暂存活，它的马力范围却很广——6～50马力。Dogcart使用的是德·戴恩发动机。

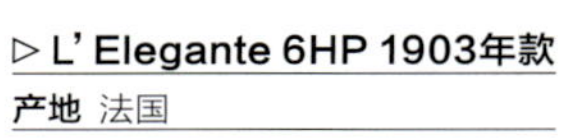

▷ **L' Elegante 6HP 1903年款**

产地 法国

发动机 0.942升，单缸

最高车速 45千米/时

L' Elegante汽车在法国问世，外形很像De Dion- Bouton，并且使用同样的发动机；L' Elegante的生产只延续了4年。

▽ **Knox 8HP Dogcart 1904年款**

产地 美国

发动机 2.253升，单缸

最高车速 45千米/时

该款车的销量达上百辆，它因等身长弹簧和空冷单缸发动机而闻名，其发动机覆盖在螺纹销下以加强冷却。

△ **凯迪拉克 A型车 1903年款**

产地 美国

发动机 1.606升，单缸

最高车速 56千米/时

亨利·利兰与亨利·福特分开后于1902年创建了凯迪拉克品牌。1903年，该款车以每辆750美元的价格卖出2 400辆，该车结构简单，机械性能优良。

△ **蒂迪恩-布恩顿 10HP Type W 1904年款**

产地 法国

发动机 1.728升，直列双缸

最高车速 64千米/时

蒂迪恩-布恩顿公司声称要成为世界上最大的汽车生产商，仅1902年它就卖出2 000辆汽车，它生产的汽车可选范围广、受欢迎且容易驾驶。

◁ 荷兰世爵 12/16HP敞篷旅游车 1905年款

产地 荷兰

发动机 2.544升，正方形布置 四缸

最高车速 72千米/时

1900年以来，史派克兄弟在制造自己的汽车之前一直销售其他品牌汽车。他们从1904年开始自己生产大型的、技术领先的汽车，包括4×4汽车。

△ CID Baby 1910年款

产地 法国

发动机 单缸

最高车速 64千米/时

第戎的科特雷奥在1910年更名为CID，其最出名的产品是Baby——一辆配备比歇发动机和四速摩擦变速器的轻型汽车。

◁ 福特 T型旅行车 1908年款

产地 美国

发动机 2.896升，直列四缸

最高车速 68千米/时

亨利·福特一直梦想着把汽车带给大众，最终，他引入生产流水线并制造出坚固耐用、可靠的低价T型车。

▷ 雷诺 AX 1908年款

产地 法国

发动机 1.060升，直列双缸

最高车速 56千米/时

法国制造商擅长制造实用的轻型汽车，AX就是一个完美的例子。该车共生产了6年，深受出租车司机的喜爱。

△ 亨伯·亨伯瑞特 1913年款

产地 英国

发动机 0.998升，V型双缸

最高车速 40千米/时

这辆做工精良的经济型汽车配有一台风冷发动机。因为它的质量轻于320千克，再加上税收的原因，该车最终被归类为“自行车汽车”。

△ 标致 Bébé 1913年款

产地 法国

发动机 0.855升，直列四缸

最高车速 60千米/时

艾托尔·布加迪为周游者设计了这款车，大家都称其为标致。1913—1916年，该车售出3 095辆。

◁ 通布立 Model B 1914年款

产地 美国

发动机 1.290升，直列四缸

最高车速 80千米/时

在底盘上方安装的一根轴使通布立线型变得很低。该车很窄，并且前后座椅布置不合常理，也不受欢迎。

△ 道奇 Model 30 旅行车 1914年款

产地 美国

发动机 3.480升，四缸

最高车速 未知

道奇兄弟是福特汽车的分包商。他们自己制造的汽车的动力是T型车的2倍，并且配备了全钢制焊接车身。

◁ Standard 9.5HP S型车 1913年款

产地 英国

发动机 1.087升，直列四缸

最高车速 72千米/时

Standard公司由雷金纳德·莫斯里在1903年创建，享有生产优质发动机之美誉，其发动机还用于其他品牌汽车，Standard汽车的销售也很好。

▷ 司太立特 9HP 1913年款

产地 英国

发动机 1.098升，直列四缸

最高车速 72千米/时

司太立特是沃尔斯利的一个子公司，后来却把沃尔斯利收购了。司太立特车的优点是使用齿轮齿条式转向器和顶置进气门。

福特T型车

T型车引领了工业和社会革命，将批量生产技术带给了汽车生产商，并且带领美国进入汽车时代。亨利·福特引入流水生产线后，福特汽车1914年的日产量达1 000辆，1923年当第200万辆丽兹下流水线时，产量达到顶峰。1908—1927年，T型车的总产量是1 500万辆，这个纪录直到1972年才被大众的甲壳虫汽车打破。

T型车为汽车生产商带来了技术革新。它配有一体结构的发动机，变速器直接连接到动力装置上。独特的行星齿轮变速器使其接近自动换挡而无换挡冲击。T型车被亲切地称为“丽兹”，且因异常坚固而闻名，它的坚固得益于亨利·福特坚持使用高强度材料，例如他开创性地使用了质量轻却坚固的钒钢。福特汽车通过车型简单化和压缩经销商利润来控制成本。1914—1926年，这款车只有黑色的，因为黑色漆面干得更快，可以保证生产线的生产速度。销售量上升意味着可以以更低的成本生产出更多的T型车。因具有较好的稳定性和较低的价格，到1918年，T型车已经占据了美国汽车市场的一半份额。

车顶关闭时的侧视图

著名的福特标志

福特标志由亨利·福特的首席工程师助理蔡尔德·阿罗德·威尔斯在1903年设计。威尔斯参加过商业画家的培训，这个沿用至今的标志的设计灵感来源于他之前设计过的一张参观卡。

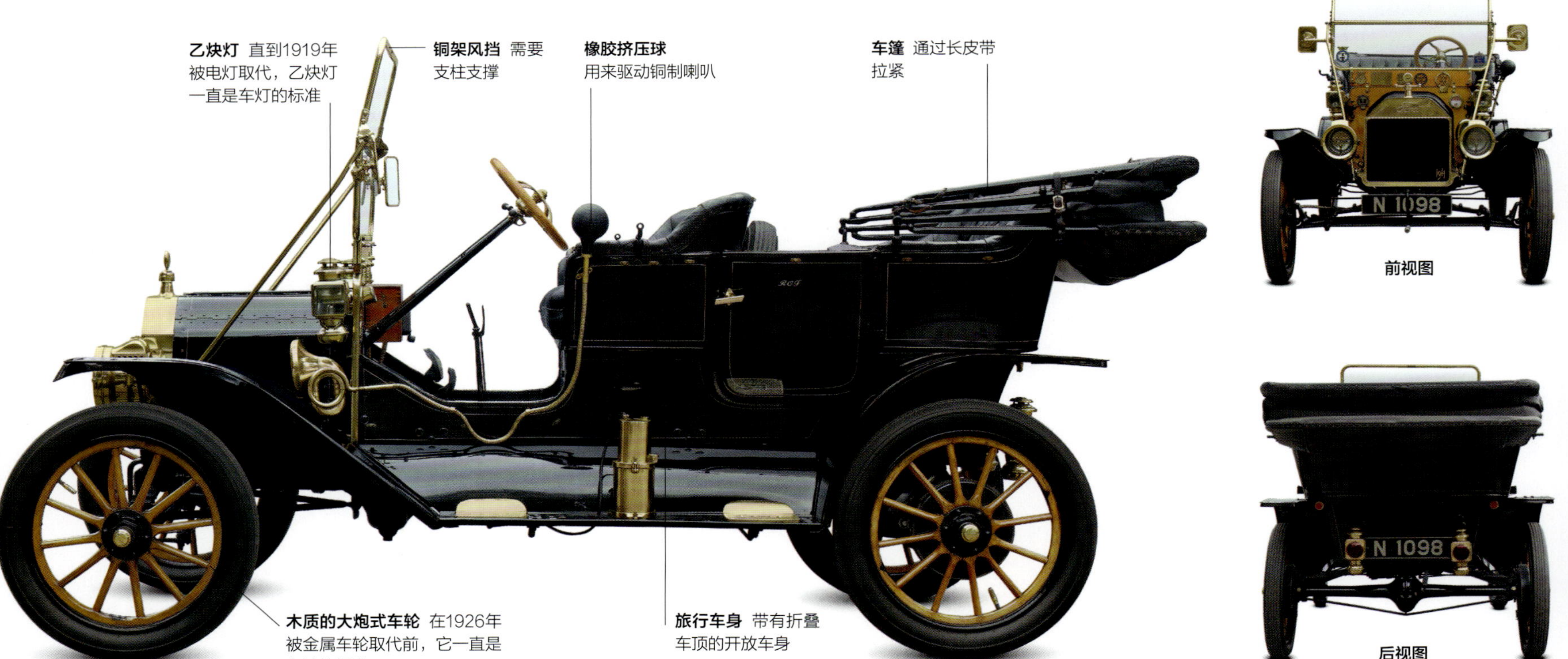

前视图

后视图

为美国道路而生

T型车具有较高的底盘和简单的钢板弹簧悬架，这是专为当时美国较差的路况而设计。该车的缺点是没有配备前制动器和减振器；其优点是优异的发动机的牵引力和较小的换挡间隙，还有它25~30英里/加仑（11~13千米/升）的油耗。

规格	
车型	福特T型车，1908—1927年
装配线	美国底特律及世界其他国家、地区
产量	15 007 003辆
结构	非独立悬架，钢制车身
发动机	2.896升，直列四缸
动力输出	1800转/分转速时输出制动马力为20~22马力
变速器	两挡
悬架	整体式车桥，钢板弹簧
制动器	后轮和变速器上安装的制动器均为鼓式制动器
最高车速	64~72千米/时

外观

T型车经历了3次基本的外形改变：1911年的铜制散热器外壳于1917年被喷漆外壳取代，挡泥板也从以前的平板变成半圆形；1923年进行了第2次改款，曲线发动机盖设计使汽车的外观看起来更具现代感；最后一次改款发生在1926年，底盘变得更低，轮毂变成金属材质。

1. “Ford”标志　**2.** 散热器栅格顶部的博伊斯仪表水温传感器　**3.** 乙炔车灯　**4.** 需要转动才能启动T型车的起动手柄　**5.** 车身上的灯　**6.** 轮毂上的齿轮驱动式转速表　**7.** 1926年以前的大炮式车轮　**8.** 精心制作的、安装在车身上部的球形喇叭　**9.** 铜制门把手　**10.** 乙炔储气罐　**11.** 脚踏板上的车标 **12.** 尾部和侧部的煤油灯

车内饰

T型车的内饰十分简洁，但是踏板的布置却很奇特。完全踩下左侧踏板挂入一挡齿轮，放松至中间位置则挂入二挡齿轮，将其全部放开则挂入最高挡齿轮；中间位置踏板的操作与左侧的相反；右侧踏板控制变速器制动器。手柄杠杆控制后轮制动器。

13. 仪表盘，起到一定遮挡雨水和尘土作用　**14.** 车速表反映出汽车注重稳重性　**15.** 偏心踏板布置　**16.** 驾驶座位后侧的备胎　**17.** 包裹紧实的真皮座椅　**18.** 铜制门槛标牌

发动机舱

T型车配有2.896升排量、气门侧向布置的四缸发动机，这在当时属于领先的发动机。发动机的4个气缸浇铸成一个整体，润滑油是通过重力而非油泵充满发动机，活塞由铸铁制成。气门较小，压缩比很低，因此其动力输出只有20~22马力，最大曲轴转速也仅有1 800转/分。

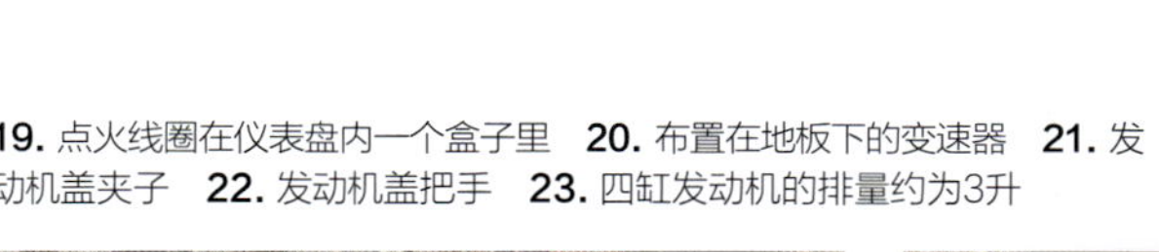

19. 点火线圈在仪表盘内一个盒子里 **20.** 布置在地板下的变速器 **21.** 发动机盖夹子 **22.** 发动机盖把手 **23.** 四缸发动机的排量约为3升

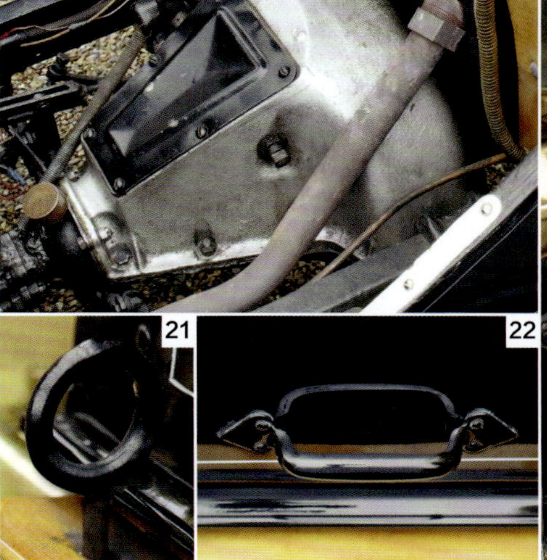

福特T型车的
直列四缸发动机

T型车是福特汽车公司的标志性产品，其卓越之处不仅在于是由高效生产线生产出来的，更在于自1908年问世以来使得数百万美国人变成有车族。众所周知的丽兹也显示出了很多新特征，尤其是设计简单却坚固的发动机和变速器。

改变
该发动机的基本结构从未改变，只是老款的水泵被Thermo Syphon系统代替，压缩比也因燃油质量的变化做了些改变，升至1917年以来的最高值4.5：1，最后稳定在了3.98：1。

保持简单

亨利·福特和他的首席工程师哈罗德·威尔斯决定让T型车变得足够坚固以克服美国的不良路况，同时质量也要做到足够轻以保证其紧凑、低功率的发动机可以使整车具有足够的动力。由于发动机和变速器的可靠性很重要，所以要把它们做得简单。福特和威尔斯也采纳了其他新技术，如采用可拆卸整体式气缸盖使维修变得更加容易，采用Thermo Syphon冷却系统免除安装水泵的必要。然而在后来的销售中，T型车的车主却更喜欢带有水泵的车。

发动机规格	
数据采集于	1908—1941年
气缸	直列四缸
发动机布置	发动机前纵置
发动机排量	2.896升
动力输出	20马力
类型	传统四冲程水冷发动机，往复式活塞，磁力发电机点火，湿式油底壳
气缸盖	短推杆驱动的侧向气门；每个气缸两气门
燃油供给系统	单Holley化油器，利用重力输送燃油
气缸尺寸	3.75英寸×4.00英寸（9.53厘米×10.16厘米）
功率	6.9马力/升
压缩比	4.5：1，后来有所降低

▷ **注：查看第352~353页** 发动机的工作原理

制动器踏板

离合器踏板

倒挡踏板

磁力发电机
磁铁与电磁线圈一起连接到飞轮的圆周上，形成的电磁铁可以产生高压电使火花塞点火，这样就省略了蓄电池和点火线圈

变速器
壳体内的就是变速器，变速器内有一个两挡变速器和一个带有27片摩擦片的离合器。整个变速器与发动机共用机油

整体式下曲轴箱
（向下伸出以容纳曲轴）

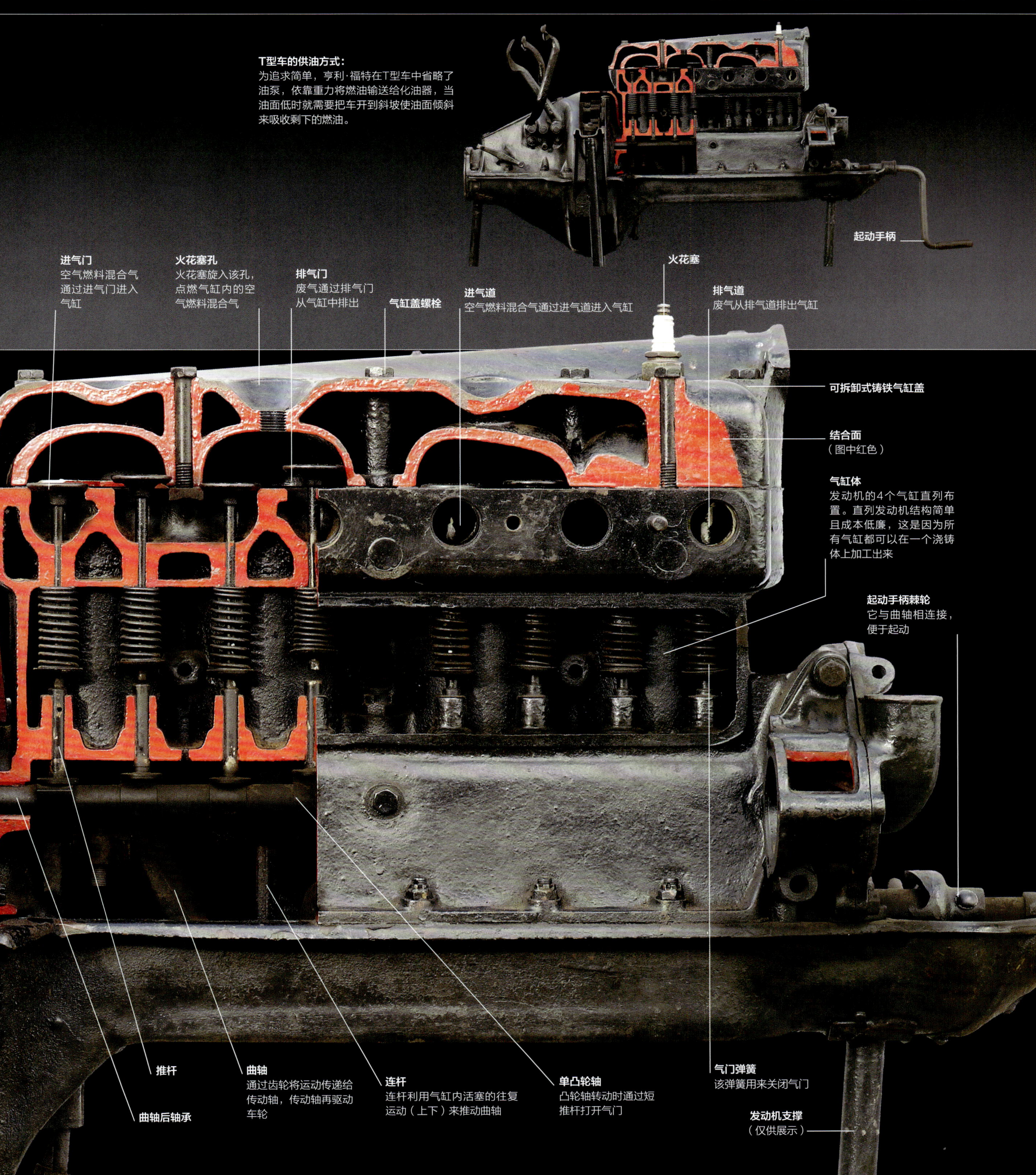

T型车的供油方式：
为追求简单，亨利·福特在T型车中省略了油泵，依靠重力将燃油输送给化油器，当油面低时就需要把车开到斜坡使油面倾斜来吸收剩下的燃油。
起动手柄
进气门
空气燃料混合气通过进气门进入气缸
火花塞孔
火花塞旋入该孔，点燃气缸内的空气燃料混合气
排气门
废气通过排气门从气缸中排出
气缸盖螺栓
进气道
空气燃料混合气通过进气道进入气缸
火花塞
排气道
废气从排气道排出气缸
可拆卸式铸铁气缸盖
结合面
（图中红色）
气缸体
发动机的4个气缸直列布置。直列发动机结构简单且成本低廉，这是因为所有气缸都可以在一个浇铸体上加工出来
起动手柄棘轮
它与曲轴相连接，便于起动
推杆
曲轴
通过齿轮将运动传递给传动轴，传动轴再驱动车轮
连杆
连杆利用气缸内活塞的往复运动（上下）来推动曲轴
单凸轮轴
凸轮轴转动时通过短推杆打开气门
气门弹簧
该弹簧用来关闭气门
曲轴后轴承
发动机支撑
（仅供展示）

1908年驱车驶过巴黎
在世纪之交，汽车是稀有物，仅为少数能买得起车的富人提供，如同法国画家罗杰·德·拉·弗雷斯纳耶的作品《布洛涅森林的金合欢大道》所描述的那样。

赛车的诞生

通过长距离测试、爬坡、巡回赛来验证新车的速度和耐久性的想法产生于汽车时代的早期。20世纪20年代末，赛车比赛在全欧洲和美国盛行，德国、法国、意大利、英国和美国的汽车在这个领域处于领先地位。由于对发动机排量没有限制，这个时期的很多汽车都采用了大排量发动机。

△纳皮尔·戈登·贝内特 1902年款
产地 英国
发动机 6.435升，直列四缸
最高车速 113千米/时

1902年举办的戈登·贝内特杯比赛上唯一的英国参赛汽车是纳皮尔，它由S.F.和塞西尔·埃奇驾驶，并且赢得了比赛。它的颜色也被称为“英国比赛绿”。

△世爵 60HP 1903年款
产地 荷兰
发动机 8.821升，直列六缸
最高车速 129千米/时

史派克兄弟、雅克布斯和亨德里克-让是豪华车的先驱，他们最卓著的成就就是制造了这款全球第一辆配备六缸发动机和四轮驱动制动的汽车。

△奥本 30L 双人敞篷车 1910年款
产地 美国
发动机 3.300升，直列四缸
最高车速 105千米/时

奥本在1912年生产了1 623辆汽车。30L有小轿车、旅行车和敞篷车的款式，使用的都是Rutenber发动机——各气缸单独浇铸。这款敞篷车是其中最便宜的，售价1 100美元。

△达拉克 12HP “老爷车”1904年款
产地 法国
发动机 1.886升，直列双缸
最高车速 72千米/时

达拉克是一款带有较轻的压制钢底盘的车，性能良好，但是这款怀旧车的名气源自1953年的喜剧电影《老爷车》。

△达拉克 200HP 1905年款
产地 法国
发动机 25.400升，V型八缸
最高车速 193千米/时

该车是全球现存的最古老的配有V8发动机的汽车，它在1905年以177千米/时的速度创造了陆地最高速度纪录。1906年，它打破了自己的纪录，速度升至193千米/时。此后它持续创造速度纪录直至1909年。

◁沃克斯豪尔 亨利王子 1910年款
产地 英国
发动机 3.054升，直列四缸
最高车速 161千米/时

沃克斯豪尔为1910年的亨利王子测试赛生产了3辆汽车。这3辆汽车连续赢得了很多赛事，包括俄罗斯九日测试赛和瑞典冬季杯赛。

△ 奥地利-戴姆勒 亨利王子 1910年款

产地 澳大利亚

发动机 5.714升，直列四缸

最高车速 137千米/时

费迪南德 · 波尔舍带领奥地利-戴姆勒子公司脱离了德国的母公司。该车的顶置式凸轮轴发动机帮助其在1910年亨利王子的测试赛中获得前三名。

▷ 斯图兹 勇士原始版 1912年款

产地 美国

发动机 6.391升，直列四缸

最高车速 121千米/时

低底盘、无门、单片风挡玻璃的公路赛车勇士看起来很时髦，很快便成为那个时代的标志，它曾在参与过的30场赛事中获胜25场。

△ 马奎特-别克 1909年款

产地 美国

发动机 4.800升，直列四缸

最高车速 145千米/时

路易斯 · 雪佛兰曾驾驶这款车在1910年的首次5英里（8千米）印第安纳波利斯“Brickyard”赛道赛中取得胜利，但该车因不满足赛车标准而被取消成绩。

△ 蓝旗亚 Tipo 55 Corsa 1910年款

产地 意大利

发动机 4.700升 直列四缸

最高车速 137千米/时

蓝旗亚品牌的创建者文森佐热衷汽车赛事，并赢得了1904年在意大利举办的科帕弗洛里奥比赛。该车还帮助范德比尔特家族在美国赢得了几场赛事。

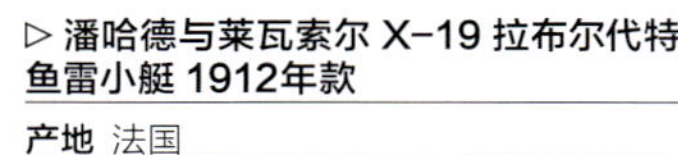

▷ 潘哈德与莱瓦索尔 X-19 拉布尔代特鱼雷小艇 1912年款

产地 法国

发动机 2.100升，直列四缸

最高车速 97千米/时

车身制造商亨利 · 拉布尔代特为Chevalier René de Knyff 制造了没有车门的小型“鱼雷小艇”。这款车轻而坚固，吸引了法国赛车手的目光。图为1912年原始款的复制品。

△ 布加迪 Type 15 1910年款

产地 法国

发动机 1.327升，直列四缸

最高车速 89千米/时

埃托里 · 布加迪的第一款市场车是Type 13，此外还有更长轴距的Type 15。它在汽车赛事中的大量优异表现提升了它的销售量。

▷ 美世 Type 35R赛车 1910年款

产地 美国

发动机 4.929升，直列四缸

最高车速 129千米/时

这辆特殊的低悬架赛车在1911年赢得了6场比赛中的5场，1913年升级的四速变速器使它速度变得更快。

◁ 菲亚特 S61 Corsa 1908年款

产地 意大利

发动机 10.087升，直列四缸

最高车速 156千米/时

源于高性能模式的S61 Corsa是一款非常成功的赛车，它赢得了欧洲和美国的很多比赛，包括1912年的美国国际汽车大奖赛。

◁ 布加迪 Type 18 “加洛斯” 1912年款

产地 法国

发动机 5.027升，直列四缸

最高车速 169千米/时

该车的输出动力为100马力，配有凸轮轴顶置的两气门发动机。埃托里 · 布加迪驾驶该车赢得了国际汽车大奖赛。该车也参加过印第安纳赛道的比赛。

△ 菲亚特 S74 1911年款

产地 意大利

发动机 14.137升，直列四缸

最高车速 164千米/时

这款车的发动机很高，驾驶员只能绕过它来观察路况。戴维 · 布鲁斯-布朗驾驶它在1911年的美国国际汽车大奖赛中获胜。

亨利·马代恩·利兰和他1906年的Model H

伟大的品牌

凯迪拉克的故事

凯迪拉克汽车公司是美国最早的汽车制造商之一，公司自1902年在底特律成立之后就一直批量生产汽车。凯迪拉克作为通用的核心持续了90年，把高贵奢华的品牌留给了通用汽车公司，而该品牌后来也进行了重塑。

亨利·马代恩·利兰，1843年出生于佛蒙特州，他是一名精度机械师，在军工厂工作。1890年他去了底特律，并且在英国人罗伯特·福尔科纳的支持下创建了一家为汽车工厂生产零部件的公司，生产高精度和标准的汽车零件。公司为奥兹莫比尔汽车设计了一款新的单缸发动机，但是奥兹莫比尔汽车很快就停产了，这是因为生产新发动机需要重组公司，可这需要花费大量的资金。利兰受邀到福特公司做咨询顾问，他建议将这款单缸发动机与福特汽车的底盘结合。为了实现这一目标，利兰在1902年创建了一个新公司，该公司以底特律城18世纪的创始人——凯迪拉克命名。

凯迪拉克汽车标志（1905年发布）

凯迪拉克A型车在1903年的纽约汽车博览会上亮相，该车的高质量为凯迪拉克公司赢得了声誉。1905年，四缸、30马力的D型车问世，它帮助公司成长为继奥兹莫比尔公司和福特公司后的第三大汽车制造商。

1909年，利兰将凯迪拉克品牌卖给了杜兰特的通用汽车公司，这是底特律股市所见证的空前的、最大金额的金融交易。此时的通用汽车公司除了凯迪拉克，旗下的品牌还有奥兹莫比尔和别克。拥有“世界标准”荣誉称号的凯迪拉克成为第一个依照惯例配备自起动装置和批量生产V8发动机的品牌。利兰一直担任总裁，直到1917年他因为与杜兰特发生分歧后离开，并且创建了林肯汽车公司。

凯迪拉克品牌在利兰离开后继续保持着辉煌，发布了一系列配有V8发动机、具有多种车身外形的新车，这也使得公众认为凯迪拉克是一个奢华的、高品质的品牌。1926年，低价位的小品牌拉萨尔问世，而此时的凯迪拉克和拉萨尔的车身外形都是由年轻的设计师哈利·厄尔设计的。在接下来的20多年里，厄尔成为世界上最伟大的设计师之一。

1930年1月，凯迪拉克发布了一款卓越的发动机——排量7.413升的V16发动机，它可以产生165马力的动力并具备极佳的稳定性与灵活性。随后，V12发动机问世，

高高的尾翼

1959年的凯迪拉克62系列上的侧翼（所有汽车中的最高侧翼）使其看起来像子弹一样，它是凯迪拉克的经典形象。

A型车

1902年 亨利·利兰在底特律创建了凯迪拉克公司，制造的第一款车为A型车

1905年 开始生产四缸D型车，凯迪拉克汽车的产量持续增长，成为世界上第三大汽车生产商

1909年 凯迪拉克品牌赢得了Dewar Trophy奖——年度最大的汽车成就奖。1912年再次获奖

1909年 利兰将凯迪拉克品牌卖给了通用汽车公司

60特制版

1929年 凯迪拉克推出V16发动机，1930年推出V12发动机

1938年 推出新的大角度V16发动机和凯迪拉克60特制版

1940年 拉萨尔品牌退出市场，取而代之的是低价的凯迪拉克Series 61

1949年 凯迪拉克第100万辆汽车诞生

1950年 布里格斯·康宁汉姆进入凯迪拉克公司，备战勒芒赛，并且取得了第10名和第11名的成绩。凯迪拉克发动机Allard也出了第3代

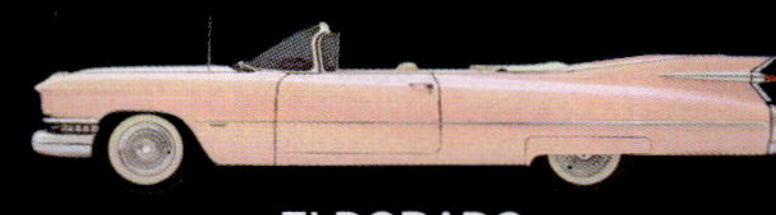

ELDORADO

1967年 前轮驱动的Eldorado问世，它使用的是和奥兹莫比尔 Toronado一样的底盘

1972年 美国总统理查德·尼克松把一辆黑色的凯迪拉克Eldorado带到苏联，作为礼物送给领导人列昂尼德·勃列日涅夫

1973年 凯迪拉克汽车产量达到500万辆

1975年 推出中等尺寸的豪华Seville。

1991年 合金北极星 V8发动机问世，成为凯迪拉克汽车全系列的核心发动机

CTS-V 跑车

1996年 凯迪拉克出产最后一辆大尺寸汽车佛里特伍德

1998年 推出Escalade SUV

1999年 凯迪拉克Evoq概念车引入了“艺术与科学”的设计理念

2004年 CTS-V成为当时搭载V8发动机的运动轿车中速度最快的

2016年 在美国和中国生产的CT6，是全尺寸后轮驱动豪华轿车的回归之作

2019年 XT6豪华跨界车问世

2021年 凯迪拉克 Lyriq纯电动汽车亮相

展示豪华与风格

凯迪拉克最昂贵的车型通常都为高品质和佛里特伍德风格，例如20世纪30年代中后期的75系列。

凯迪拉克自此有了无与伦比的发动机产品线——V8、V12、V16。20世纪30年代，凯迪拉克用佛里特伍德（宾夕法尼亚公共汽车发明者）来命名其顶级产品。1938年，新的、更大角度的V16发动机发布，同年，60 特制版问世，该车具有现代汽车的外形，由另一位设计师比尔·米切尔设计，后来他成为凯迪拉克车身外形工作室的主管。

1942年，凯迪拉克为了帮助军队生产坦克、飞机发动机部件等而中断常规汽车的生产，城市用车的生产在1945年恢复，但是直到1948年，公司的正常运作才得以恢复。当时米切尔和厄尔给凯迪拉克汽车添加了尾翼和侧翼，这也成了日后横扫美国汽车界的时尚潮流。侧翼的潮流在1959年到达顶峰，而凯迪拉克汽车的侧翼是最高的。那时的美国生产商已经开始向汽车中添加舒适和便捷的装置了，包括空气悬架、助力转向和制动、按钮式自动变速器和空调，凯迪拉克也一直是该方面的领头羊。

20世纪60年代的凯迪拉克汽车在外形上少了些奢华，虽然与通用公司的其他品牌有很多共同点，凯迪拉克汽车依然保持着个性的外观。20世纪60年代后期，凯迪拉克汽车开始使用排量高达8.2升的V8发动机，但是像美国其他汽车生产商一样，凯迪拉克汽车很快就缩减

> “我一个季度的薪水是46 000美元和一辆凯迪拉克汽车。”
>
> “公爵”斯奈德，联盟棒球队主力队员，1947—1964年

了发动机的尺寸和动力输出以适应日益严厉的排放法规。同时，车身还增加了可以吸收和减缓冲击力的保险杠来满足安全法规的要求。

20世纪70年代后期的石油危机对又大又耗油的凯迪拉克豪华车来说是个坏消息。凯迪拉克对大车型实行了缩减计划；对V8系列车型采用新的“V8-6-4”发动机管理系统，通过减少气缸来降低油耗。可惜该系统可靠性差，仅使用了一年。凯迪拉克还发布了紧凑型的西马龙车型，它比豪华车雪佛兰骑士庞蒂亚克J2000小一些。凯迪拉克在20世纪90年代经受了来自欧洲和日本豪华车型的激烈竞争，其复兴始于1998年，在大尺寸的佛里特伍德退出市场后，推出第一款SUV凯雷德，开始了理念为“艺术与科技”的新纪元。随后，2002款具有凌厉外形的紧凑型轿车CTS和2002款Cien概念车也应运而生。CTS在外形上很打动人，并且可以在质量和性能方面与对手竞争，而Cien的灵感来源于F-22 Raptor喷气式飞机。

2006款凯迪拉克 BLS在目标市场欧洲销售很慢，但是2005款STS中等尺寸轿车、2006款大尺寸DST和2008款第二代CTS却在美国销售很好。2009年，在全球金融危机之后，凯迪拉克的母公司通用汽车公司申请破产保护。此后，“新通用”专注于4个核心品牌，凯迪拉克就是其中之一。

第一台批量生产的V8发动机

凯迪拉克1915年款的V8发动机将冷却水温与节温器控制结合，将发动机、离合器和变速器用螺栓连接成一个整体。

奢华与权贵

汽车生产商们将最优质的服务留给富有的消费者。这部分消费者不能忍受可靠性差的汽车，他们要求汽车要比传统的马车性能更好；他们还要求舒适性，20世纪早期的路面很不平整，因此这个因素显得很重要；他们还要求奢华，比如定制变速器和助力转向。

◁ 纳甘 14/16HP市内（公共）汽车 1909年款

产地 比利时

发动机 2.600升，直列四缸

最高车速 80千米/时

一家位于比利时列日市的汽车公司从1907年开始就生产高质量汽车。该款小排量的车因高效的侧气门发动机而闻名，其转速可达到3 000转/分。

▷ 赫达 布劳厄姆（电动）1905年款

产地 德国

发动机 2台电动发动机

最高车速 24千米/时

布劳厄姆在改装的出租马车的每个前轮上都安装一个电动机，同时还配备了助力转向、四轮制动和电表指示器。该车在法国Kriéger的许可下生产。

▷ 潘哈德&莱瓦索尔 15HP Type X21 1905年款

产地 法国

发动机 2.614升，直列六缸

最高车速 80千米/时

1891年，潘哈德和莱瓦索尔两人为现代汽车的发展奠定了基础。1905年，他们推出一系列低噪声且运转平稳的知名轿车，如X21。

◁ 君威 Model NC Colonial 跑车 1912年款

产地 美国

发动机 3.200升，直列四缸

最高车速 80千米/时

该车因其低车身而闻名，它的传动轴置于底盘之上。尽管车身外形不符合空气动力学，它仍然属于轻型跑车。

▷ 劳斯莱斯 银魅 1906年款

产地 英国

发动机 7.036升，直列六缸

最高车速 101千米/时

查尔斯·劳斯和亨利·莱斯专注于制造世界上最好的汽车，并且成功推出这款40/50马力的车型。它是一款低噪声、动力性强的高档汽车。

△ 凯迪拉克 Model 51 1914年款

产地 美国

发动机 5.157升，V型八缸

最高车速 89千米/时

亨利·利兰在美国抢先批量生产了V8汽车。该车具有70马力的动力，可靠性好且动力性强，上市的第一年销量就超过13 000辆。

◁ 布鲁克 25/30HP Swan 1910年款

产地 英国

发动机 4.788升，直列六缸

最高车速 60千米/时

Swan汽车通过喷水来清理印度加尔各答的城市街道，它由英国工程师罗伯特·马修森制造。

▷ 兰彻斯特 28HP兰多雷特 1906年款

产地 英国

发动机 3.654升，直列六缸

最高车速 89千米/时

弗雷德里克·兰彻斯特是一位杰出的工程师，他设计的车极具创新性。该车车身的工艺历史感强，配有中置发动机和预选变速器。

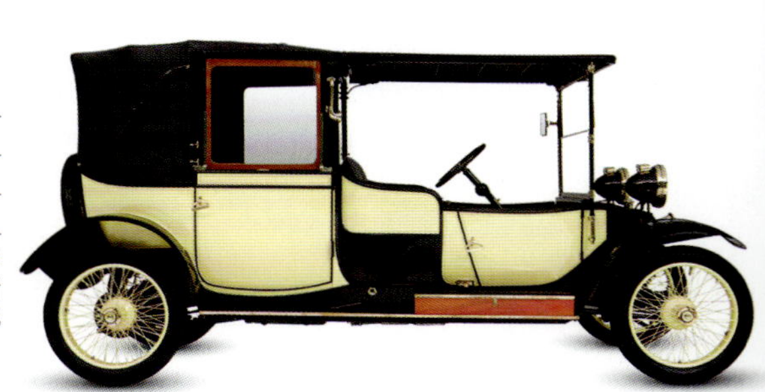

▷ 标致 Type 126 12/15HP旅行车 1910年款

产地 法国

发动机 2.200升，直列四缸

最高车速 72千米/时

这个家族企业起家于五金行业，生产的标致汽车在20世纪早期就获得成功。但是该车型仅卖出了350辆。

▽ Mors 14/19HP兰多雷特市内（公共）汽车 1904年款

产地 法国

发动机 3.200升，直列四缸

最高车速 64千米/时

1898年开始，埃米尔·莫尔斯每年生产200辆汽车。在1904年，汽车底盘得到了显著的提升。这款豪华车型展现了公共汽车式的城市轿车车身。

◁ 乔治·罗伊 12HP 1909年款

产地 法国

发动机 2.900升，直列四缸

最高车速 72千米/时

乔治·罗伊品牌自己生产汽车车身。汽车有两座的也有四座的，后仓在不用的时候可以折叠起来。

▷ 托马斯飞翔者 Model 6/40M 旅行车 1910年款

产地 美国

发动机 7.679升，直列六缸

最高车速 108千米/时

托马斯品牌制造了更快、更大的汽车，并且在1908年赢得纽约至巴黎的比赛。1910—1919年，托马斯制造了很多豪华汽车，如这款Flyer。

△ 菲亚特 24/40HP 1906年款

产地 意大利

发动机 7.363升，直列四缸

最高车速 85千米/时

菲亚特品牌为意大利上流社会生产了很多款配备大功率发动机的汽车。该车属轻型车，但是车身重而豪华。

▷ 阿吉尔 15/30 1913年款

产地 英国

发动机 2.614升，直列四缸

最高车速 76千米/时

苏格兰最大的汽车生产商在爱德华时代制造了一些出名的汽车，如这款配有袖筒式气门发动机的汽车。它是在华丽的宫殿式工厂中生产出来的，该工厂位于苏格兰罗蒙湖岸边的亚历山大。

◁ 戴姆勒 28/36 1905年款

产地 英国

发动机 5.703升，直列四缸

最高车速 80千米/时

英国的戴姆勒公司以复制德国汽车起家。然而到了1905年，该公司已经引领了配备大排量发动机、四速变速器的高质量汽车市场，比如这款28/36。

▷ 蓝旗亚 Alpha 1907年款

产地 意大利

发动机 2 543升，直列四缸

最高车速 80千米/时

文森佐·蓝旗亚在菲亚特工厂工作6年后于1906年创建了自己的公司，生产的Alpha在当时是一款现代的、做工精良的汽车。

▷ 银箭 Model 38 Park Phaeton 1913年款

产地 美国

发动机 6.796升，直列六缸

最高车速 105千米/时

一部分美国最好的汽车是由银箭公司制造的。这款具有独特车身设计（由斯蒂庞克设计）的汽车，通过将压缩空气泵入气缸来起动。

劳斯莱斯银魅

严格来说，只有一款劳斯莱斯可以被称为银魅：1907年跑完24 000千米可靠性试验的、独一无二的、亮银喷漆的、40/50马力的敞篷式旅行车。然而，1906—1925年生产的所有40/50马力的劳斯莱斯都被冠以劳斯莱斯银魅的称谓。这款车帮助劳斯莱斯获得了“世界上最好的汽车”称号，它有着精美的机械加工，无比的平顺与优雅，毫不费力就能表现出的高性能。

一位令人尊敬的评论家这样评价40/50马力劳斯莱斯：“手工工艺对战工业设计的全面胜利”——尖刻但并非不妥的评价。追求完美的亨利·莱斯认为工程师对细微处的极致追求成就了品牌的荣誉。很多零部件都是在室内设计出来的，不仅是分电器和化油器。当1919年电起动出现时，莱斯也设计了起动机和发电机。但是发动机在结构上是保守的，1924年才实现前轮制动，其发动机也是高效的伺服助力系统的一部分。

银魅非常坚固，采用了第一次世界大战时装甲车的基本结构。1925年，“幻影 I”使用了银魅同款底盘，于是另一款配有顶置气门发动机、与银魅性能一样强大的汽车诞生了。

前视图　　后视图

当劳斯遇见莱斯　电气工程师亨利·莱斯制造的第一辆汽车给汽车先驱者、零售商查尔斯·劳斯留下了深刻印象。1904年，二人决定联手创造劳斯莱斯品牌。1910年劳斯在一次飞行事故中丧生，但这个计划并未中断。

开放式驾驶室 早期的大型豪华轿车使用这种驾驶室

平顶 当时的经典样式

手杖架 回归马车时代

后窗 豪华汽车的标志

发动机盖 独立于车身之外

乙炔发生器 安装在脚踏板上

轴距 3.7米，几乎横跨整个车身

蓄电池箱 也可以当梯子

规格	
车型	劳斯莱斯银魅，1906—1925年
装配线	主要在英国的曼彻斯特和德比
产量	7 876辆
结构	钢制底盘，车身可选
发动机	7.410升，侧气门直列六缸
动力输出	约1 750转/分转速时输出制动马力为65马力
变速器	四挡，1909年以后改为三挡
悬架	带有钢板弹簧的硬质悬架
制动器	鼓式制动器，1924年以前只有后轮制动
最高车速	80~121千米/时

经典的优雅
车身前部被墓石形状的散热器罩罩住，并未采用帕拉迪奥式垂直设计。风挡玻璃上信箱样子的小口会在暴风雨天气时打开。高高的顶部可以容纳绅士们的高帽，也可以容纳爱德华时代女性大尺寸的头饰。

外观

银魅的车身由设计师根据消费者的意愿设计，没有统一的形式，设计师们设计过朴实开放的旅行车，也设计过供外国领导人乘坐的奢华汽车。1920年，在马萨诸塞州的斯普林菲尔德市，银魅还被集成到美国制造的车身当中。图中所示是1912年以后的车身样式，车身设计师罗斯柴尔德创作了14年才完成。

1. 始于1911年的吉祥物“飞天女神” **2.** 木制的“大炮”式车轮，具有分开式轮辋 **3.** 1919年以前一直使用的乙炔车灯 **4.** 手动控制的燃油泵 **5.** 复古的马车式外把手 **6.** 奢华的蟒式喇叭 **7.** 彰显霸气的车灯

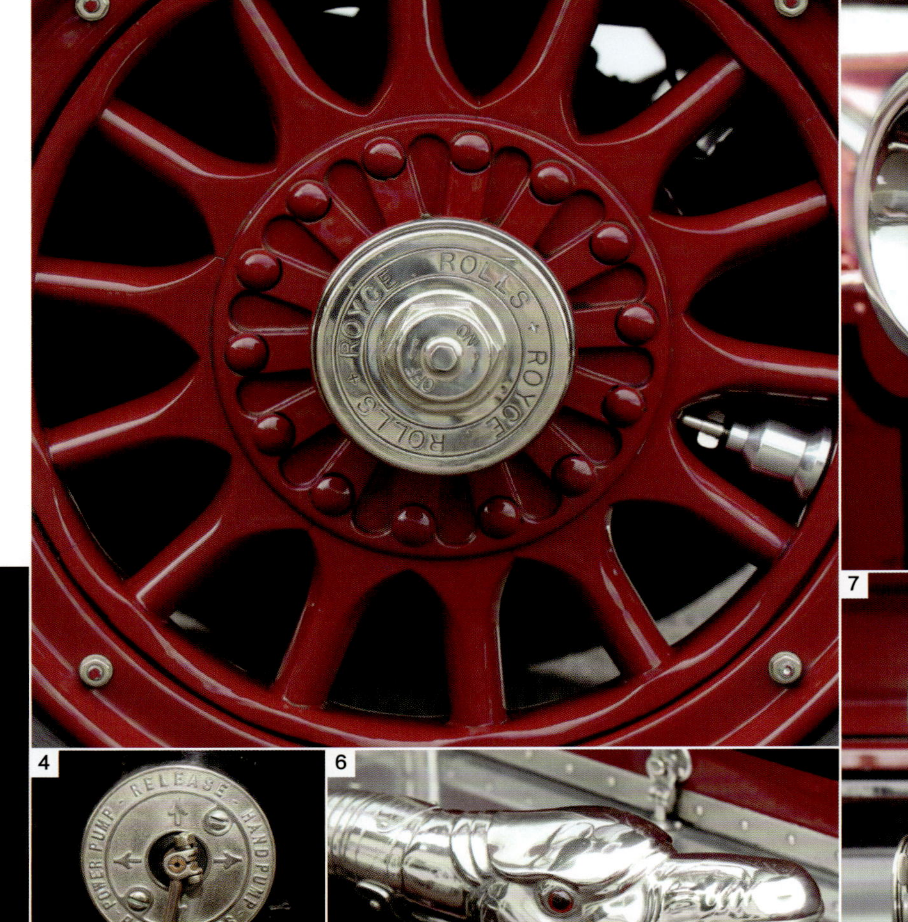

内饰

华丽的后座采用了罗斯柴尔德的设计，内饰也设计得浮夸、奢华。1921年，印度的一位大君定制了2辆，内部加入了金饰、银饰和珍珠层，并且装点了紫色丝绸。每辆车的花费是6 000法郎，而那时标配的莫里斯汽车仅售299法郎。

8. 后部的英格兰西部的布艺装饰 **9.** 跳椅 **10.** 顶灯 **11.** 置物盒，盒身装有钟表 **12.** 门把手周围装饰着爱德华时代的会客厅常用的图案 **13.** 司机的对讲机 **14.** 控制燃油混合、点火正时和发动机转速的方向盘 **15.** 简单实用的仪表盘 **16.** 里程表 **17.** 距离较近的变速杆和手刹

发动机舱

银魅的发动机集传统和创新于一体，2台三缸发动机的气缸体、固定的气缸盖和裸露的气门齿轮是复古式的（使用的是从前的WWI标准），但是钻孔和承受高压的曲轴（带有7个主轴承）采用了先进的技术；原来的7.036升排量的发动机在1909年提升至7.410升；动力输出从原来的大约48马力增加至后来的大约75马力。

18. 分电器下方，调速器控制着发动机转速 **19.** 侧向气门的六缸发动机具有固定的气缸盖，双点火系统

19

18

10
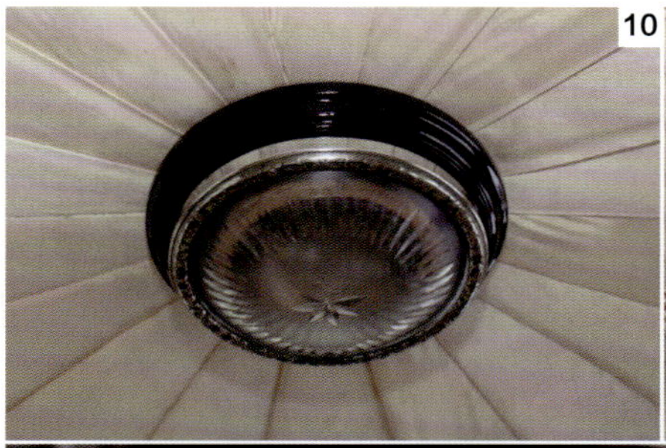

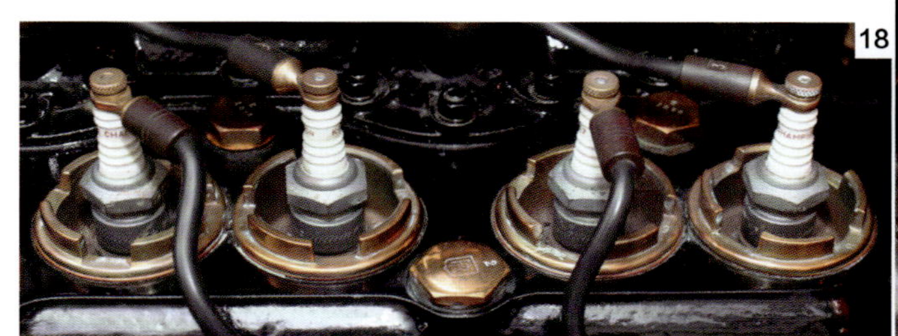

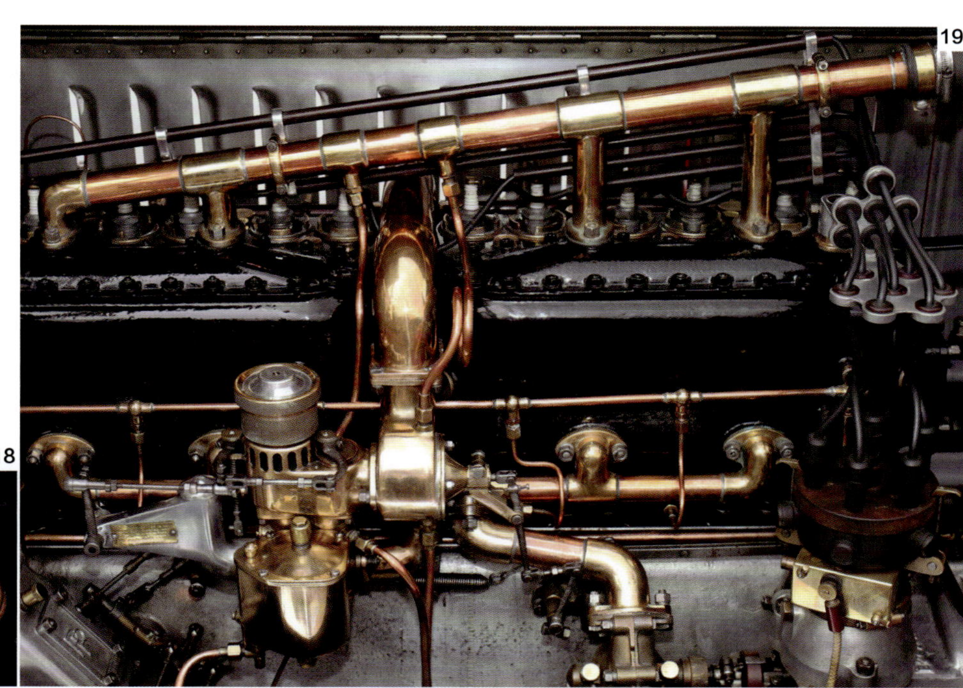

11
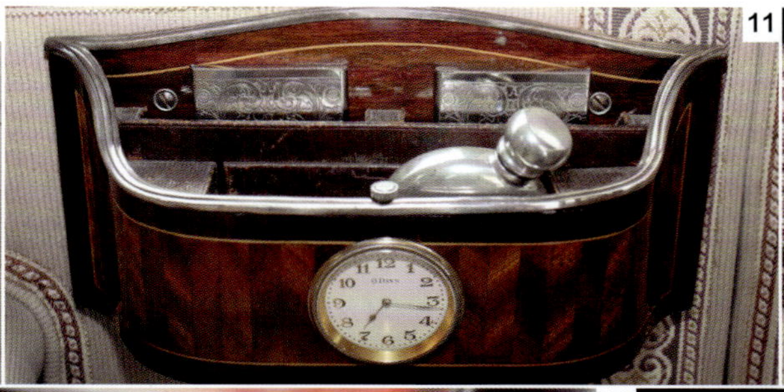

12
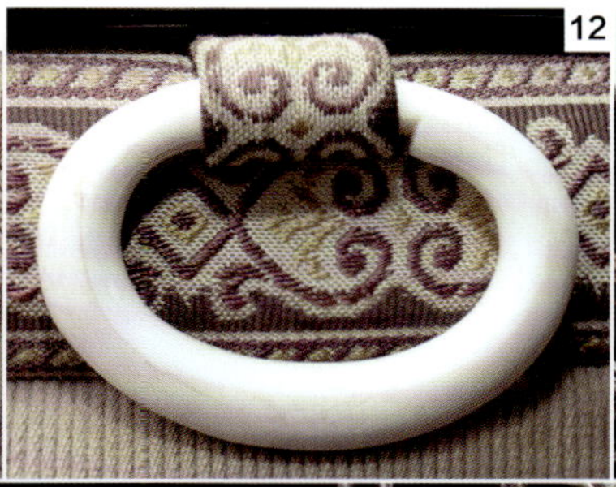

13
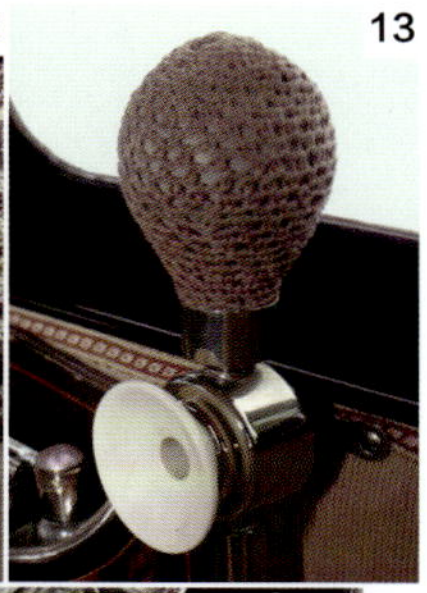

14
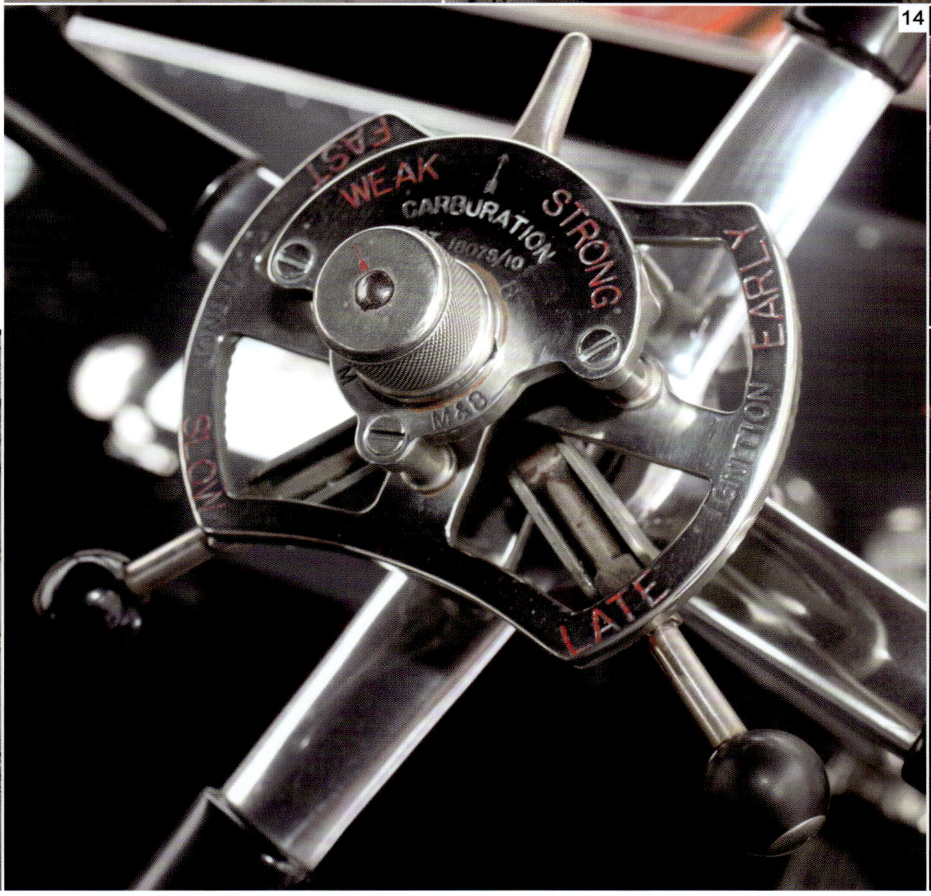

15
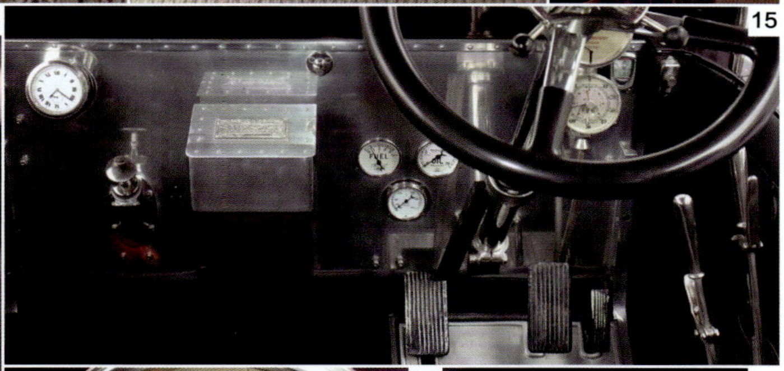

16
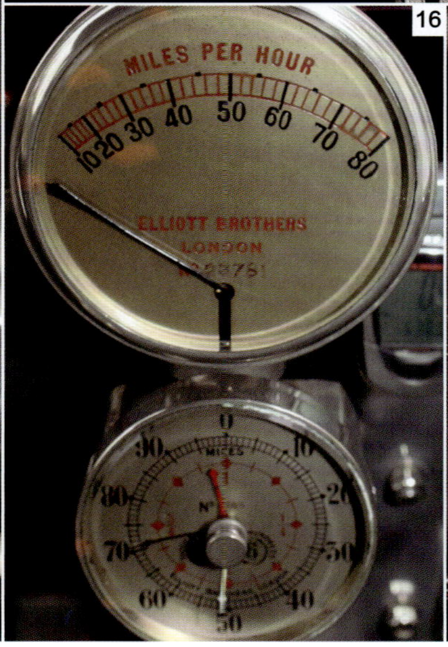

17
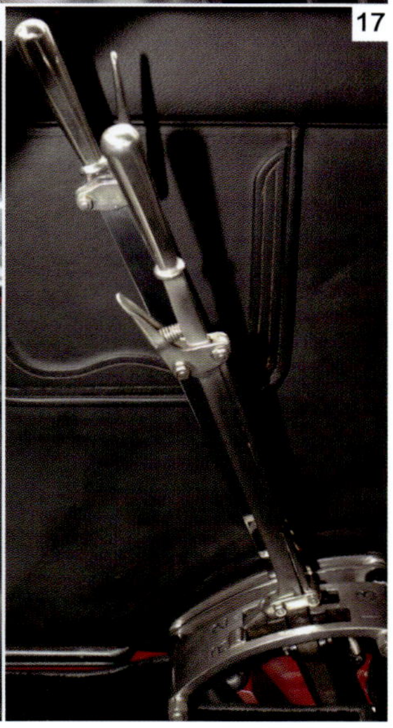

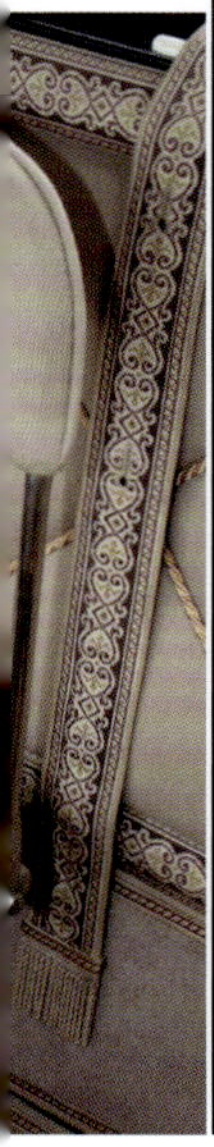

20世纪20年代

速度与耐力 | 赛车与跑车 | 奢华与浮夸 | 镀镍轮胎与白胎壁轮胎

TOURS MINUTE
×100
FABRIQUÉ EN SUISSE

赛车

20世纪20年代，赛车技术进步神速，研究重点也从比赛中的公路车变成赛车，研究成果则继续应用于公路车。10年间出现了很多技术革新，如多气门与多火花塞技术、双顶置凸轮轴、前轮驱动技术，这些都在汽车比赛中得到验证。

△ 杜森博格 183 1921年款
产地 美国
发动机 2.977升，直列八缸
最高车速 180千米/时

这是唯一一款在1921年的勒芒24小时耐力赛赢得欧洲国际汽车大奖赛的美国汽车，车手吉米·墨菲也是美国人。墨菲还驾驶该车在1921年的印第安纳波利斯500英里大奖赛中获胜。

▽ AC Racing Special 1921年款
产地 英国
发动机 1.991升，直列六缸
最高车速 145千米/时

在合伙人约翰·沃尔设计出轻型六缸发动机之前，AC公司只生产公路汽车。由于发动机使用链条驱动的顶置凸轮轴，AC公司生产出包括Special在内的一系列高速赛车。

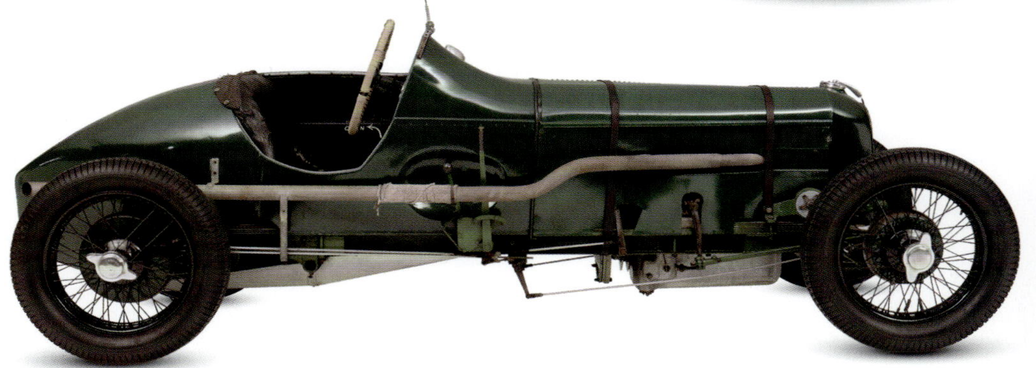

△ OM 665 “Superba” 1925年款
产地 意大利
发动机 1.990升，直列六缸
最高车速 113千米/时

OM诞生于1899年，现在是菲亚特公司旗下的叉车品牌。这款665在1925年和1926年的比赛中均获胜，并且在1927年第一届1 000英里耐力赛中进入前3名。

◁ Sunbeam 3升 1924年款
产地 英国
发动机 2.916升，直列六缸
最高车速 145千米/时

这辆大体形的车长且窄，但是强动力、干式油底壳和双顶置凸轮轴发动机使该车更具竞争力。Sunbeam 3升在1925年的勒芒24小时耐力赛中获得第2名。

▽ 梅赛德斯-奔驰 710 SSK 1929年款
产地 德国
发动机 7.065升，直列八缸
最高车速 188千米/时

由费迪南德·波尔舍设计的SSK输出动力为170马力，接合增压器后可增至235马力。它是一款强有力的赛车，在山路赛、国际汽车大奖赛和公路赛中都有突出表现。

▷ 梅赛德斯-奔驰 Type S 36/220 1926年款
产地 德国
发动机 6.789升，直列六缸
最高车速 171千米/时

该车由费迪南德·波尔舍设计，是那个时代质量最好、价格最贵的赛车之一。该车配有增压器，可以在加速踏板踩下时增加动力。

△ 阿尔法 · 罗密欧 P2 1924年款

产地 意大利

发动机 1.987升，直列八缸

最高车速 198千米/时

阿尔法 · 罗密欧把设计师维托瑞 · 加诺从菲亚特公司挖过来制造了增压的P2。阿斯长利和坎帕里驾驶该车于1925年赢得了第一届国际汽车大奖赛的冠军。

△ 德拉日 V12 1923年款

产地 法国

发动机 10.600升，V型十二缸

最高车速 230千米/时

雷恩 · 托马斯驾驶该车在1924年创造了230.6千米/时的世界纪录。这款车在布克岛、约翰 · 科布、奥利弗 · 帕特莱姆和凯 · 彼得都创造过纪录。

◁ 莱利 9 布鲁克兰 1929年款

产地 英国

发动机 1.087升，直列四缸

最高车速 129千米/时

珀西 · 莱利的9马力发动机具有半球形燃烧室，性能极佳（相对于其尺寸来讲）。该车的底盘较低，操控性能很好。

◁ 布加迪 Type 39 1925年款

产地 法国

发动机 1.493升，直列四缸

最高车速 161千米/时

布加迪将Type 35的发动机尺寸减小，改装为Type 39。该车在1925年1 500立方厘米级别的国际汽车大奖赛法国巡回赛中获胜。

▷ 布加迪 Type 35C 1926年款

产地 法国

发动机 1.991升，直列八缸

最高车速 201千米/时

作为布加迪最成功的赛车，35型共赢得超过1 000场的比赛。安装了增压器的35C第一次参赛——1926年的意大利米兰大奖赛就获得了胜利。

△ 布加迪 Type 35B 1927年款

产地 法国

发动机 2.262升，直列八缸

最高车速 204千米/时

这款35B的诞生就是为了赢得自由方程式比赛。其增压的发动机和配有球轴承的凸轮轴使它的转速高达60 000转/分，并且产生高至140马力的动力。

▷ 宾利 4.5升 1927年款

产地 英国

发动机 4.398升，直列四缸

最高车速 148千米/时

该车是最有名的英国赛车之一，其先进的发动机克服了车身重的缺点，使其成为出色的远距离赛车。

◁ 菲亚特 Mephistopheles 1923年款

产地 意大利/英国

发动机 21.706升，直列六缸

最高车速 235千米/时

英国赛车手欧尼斯特 · 埃尔德里奇将一款第一次世界大战时期的菲亚特飞机发动机安装到1908年的菲亚特 SB4底盘上，制造出这款单座位的汽车。1924年，他驾驶这辆汽车创造了234.98千米/时的新速度纪录。

▷ 米勒保尔 瓦尔韦特别版 1930年款

产地 美国

发动机 4.425升，直列四缸

最高车速 225千米/时

哈里 · 米勒是一位卓越的工程师，他制造的发动机和赛车是20世纪20年代至30年代间美国椭圆形赛道赛中最成功的。

布加迪 Type 35B

布加迪 Type 35B是法国赛车的标志，在汽车比赛中，它可与英国的宾利汽车媲美。布加迪的创建者埃托里·布加迪出身于艺术世家，对他来说，技术与艺术同等重要。布加迪的细节超乎寻常的完美，而某些方面也保持着传统，同时也是赛道上最有竞争力的赛车。

布加迪 Type 35在过去和现在都是很美的，它赢得过很多荣誉：1924—1931年，赢了2 000场比赛。其大部分胜利都应归功于排量2.262升的35B发动机。该车很快因其八轮辐、铸铝车轮而闻名，这个轻质的、带有制动冷却的车轮也因第一次应用在量产汽车中而被写入史册。非增压的、排量为1.991升的Type 35和Type 35A的生产要简单些，且安装了金属车轮。Type 35是一个车系，还包括未发布的1.493升排量的赛车、增压的1.100升排量的赛车和其他小型孵化级别的赛车。Type 37生产了290辆，而Type 35要更加流行一些，生产了336辆，其中包括一款易于驾驶的被称为Técla Model的Type 35，共生产了139辆。在所有的这些车中，只有Type 35B的名声是最大的。

规格	
车型	布加迪 Type 35B，1927—1930年
装配线	法国的莫尔斯海姆
产量	38辆
结构	独立底盘，铝制仪表盘
发动机	2.262升，顶置气门，直列八缸
动力输出	转速5 500转/分转速时输出制动马力为123马力
变速器	四挡手动变速器，无同步器
悬架	半椭圆形前悬架，后悬架的布置与前悬架相反，长度略减
制动器	前后鼓式，由拉线控制
最高车速	204千米/时

源于莫尔斯海姆的艺术
椭圆形的布加迪标志在1910年之前就已经开始使用了，该标志是为了纪念其创始人埃托里·布加迪。20世纪50年代，由于布加迪停产，该标志停止使用。20世纪90年代布加迪恢复生产，其标志也重新出现在世人面前。

前视图

后视图

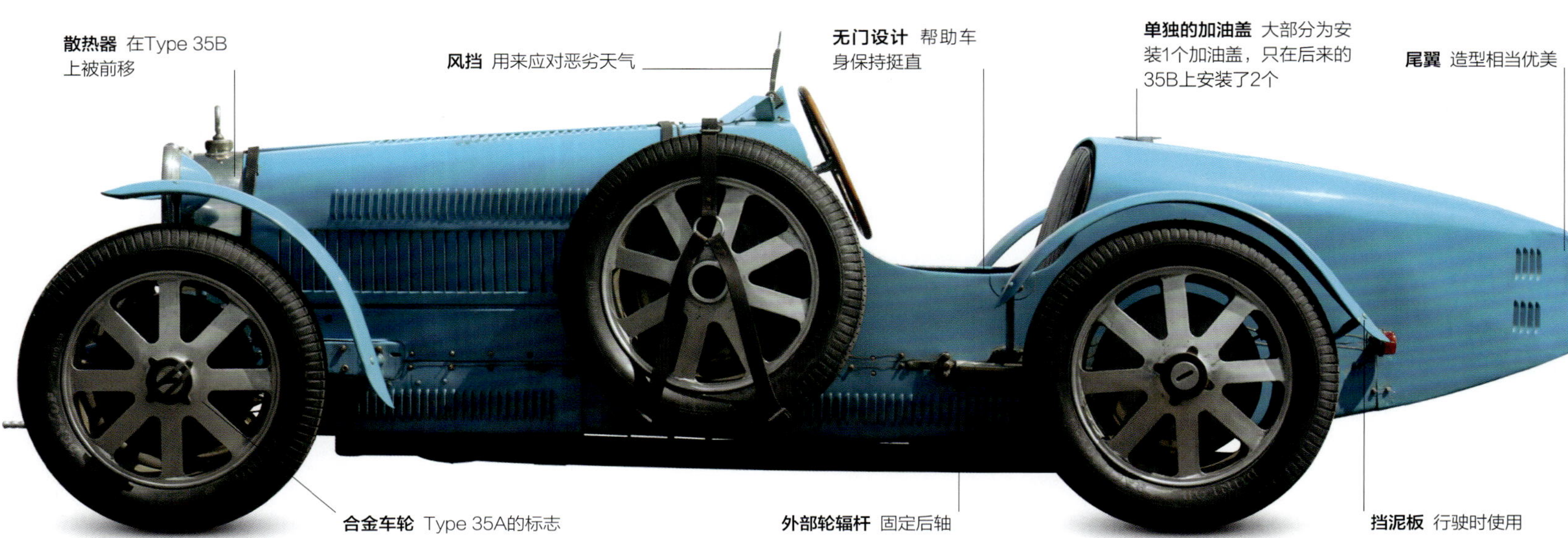

精美

布加迪的流线型设计堪称完美。增压Type 35B和Type 35C散热器很宽，位置更靠前，与修长的Type 35散热器、金属轮胎的Type 35A和四缸Type 37相比，其设计更显不同。装有弹簧的管轴是布加迪的特征，其前端马蹄形的栅格设计则体现出布加迪对马术的喜爱。

外观

Type 35精致而简约的外观里隐藏着很多功能，其同时期的竞争对手宾利的外观也很精美。有人说四缸的Type 37更漂亮，但是它缺少Type 35的肌肉感。埃托里在产品线型上的眼光很独到，显然他的儿子让·布加迪继承了他的优点，并为布加迪品牌后来的汽车设计做出了贡献。

1. 散热器上方的水温表 **2.** 20世纪20年代典型的法国车的自由支撑式车灯 **3.** 百叶窗 **4.** 早期Type 35的起动杆 **5.** 车身里伸出来的变速杆 **6.** 耳式加油盖 **7.** 百叶窗式的车尾 **8.** 安全线 **9.** 后加的尾灯 **10.** 备胎

1
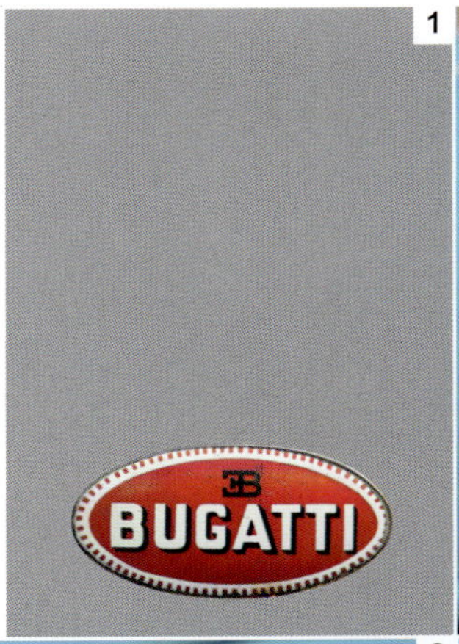

2
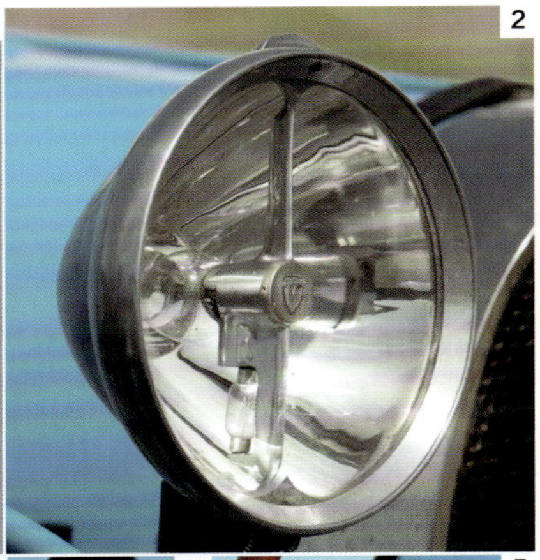

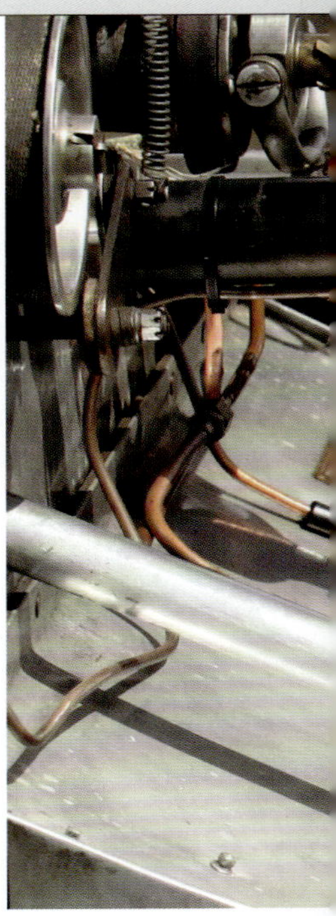

3
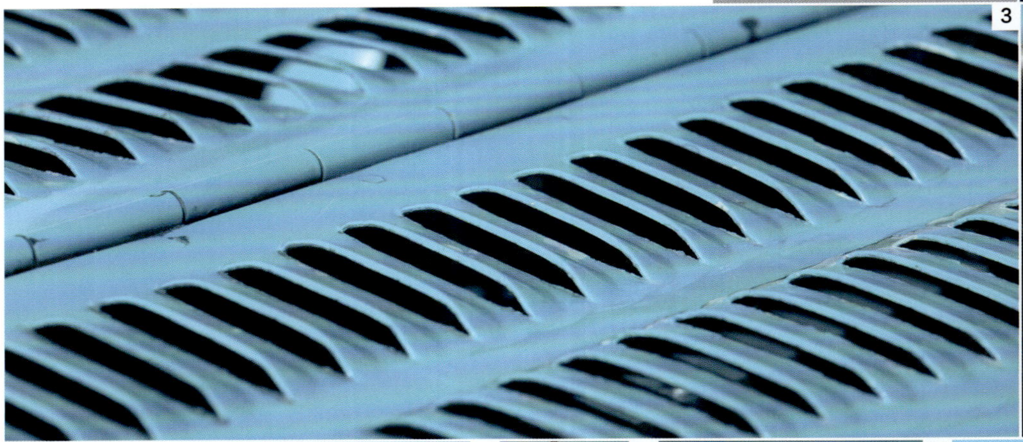

4
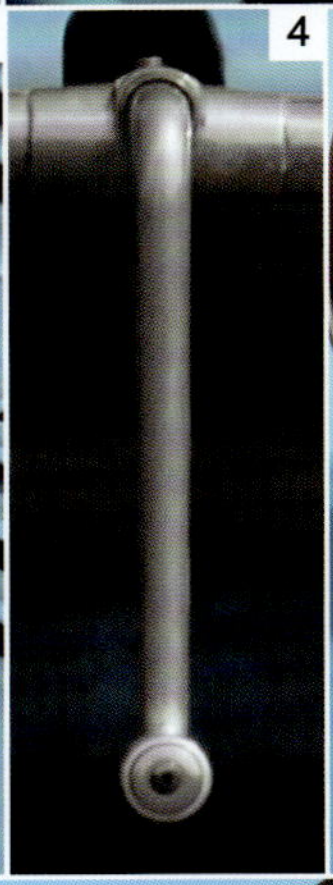

5
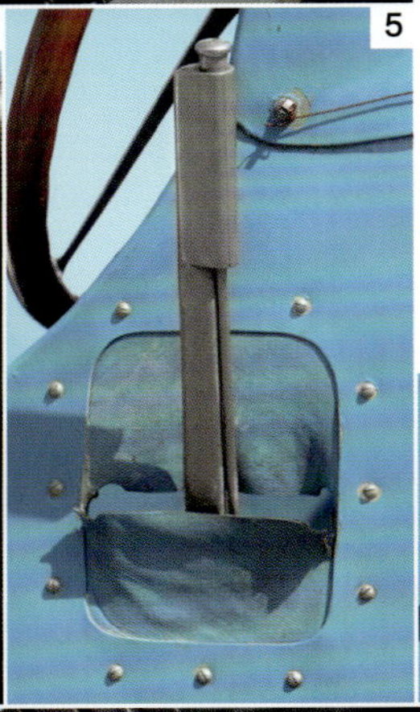

6
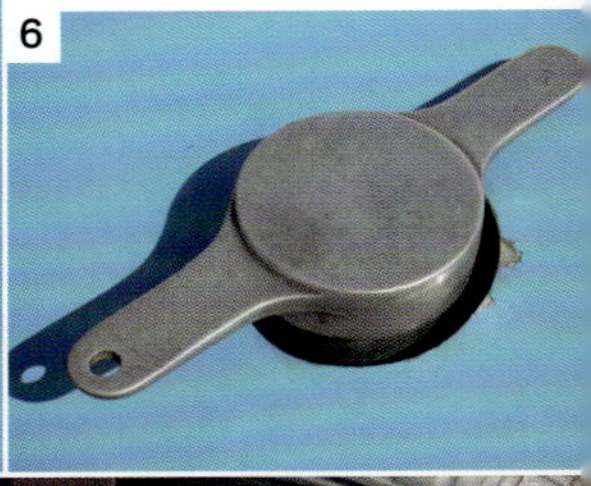

7
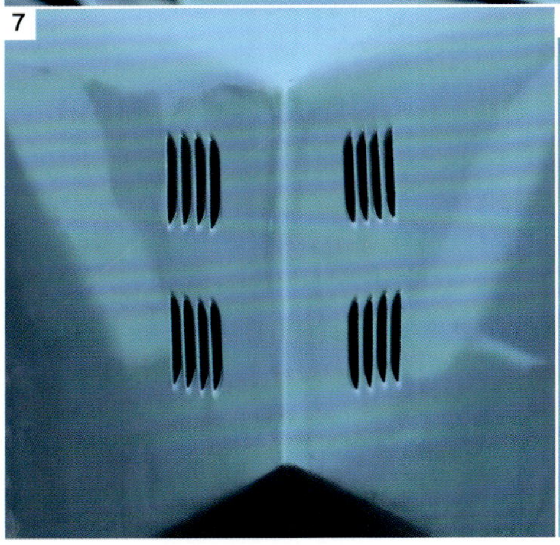

8
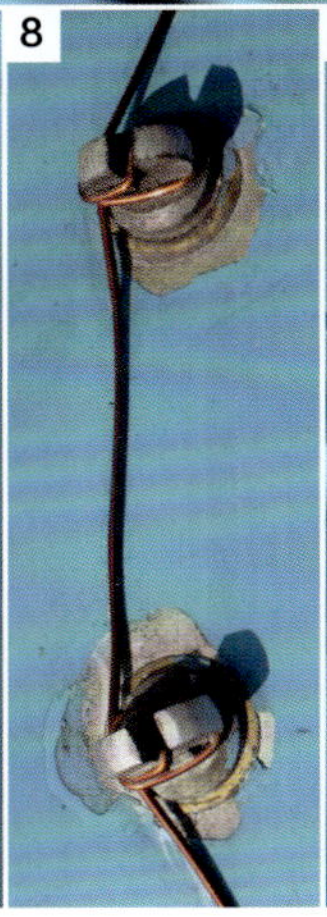

9
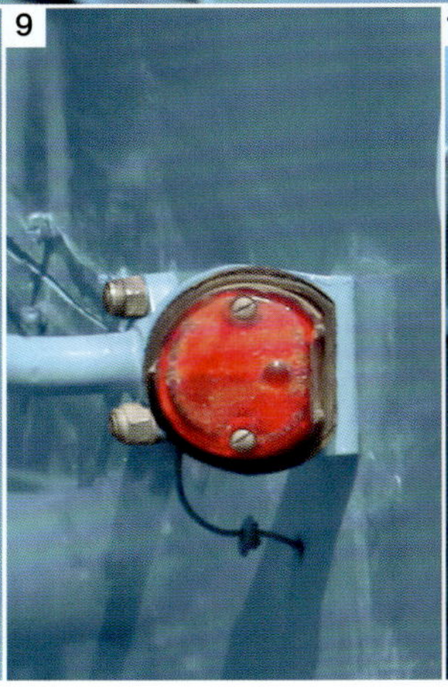

10
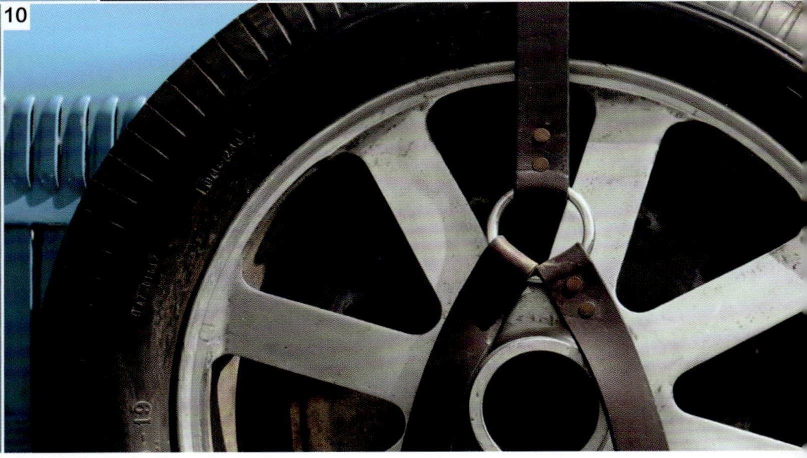

车内饰

这是一辆赛车的驾驶舱，也是该车的设计重点。在脚踏板周围有很多暴露的机械部件，有时还会有油渗出，这对于赛车的设计是很正常的，因为提升性能和降低车重都很重要。在那个年代，发动机带动的铝制仪表盘已经出现，而布加迪很好地使用了它。

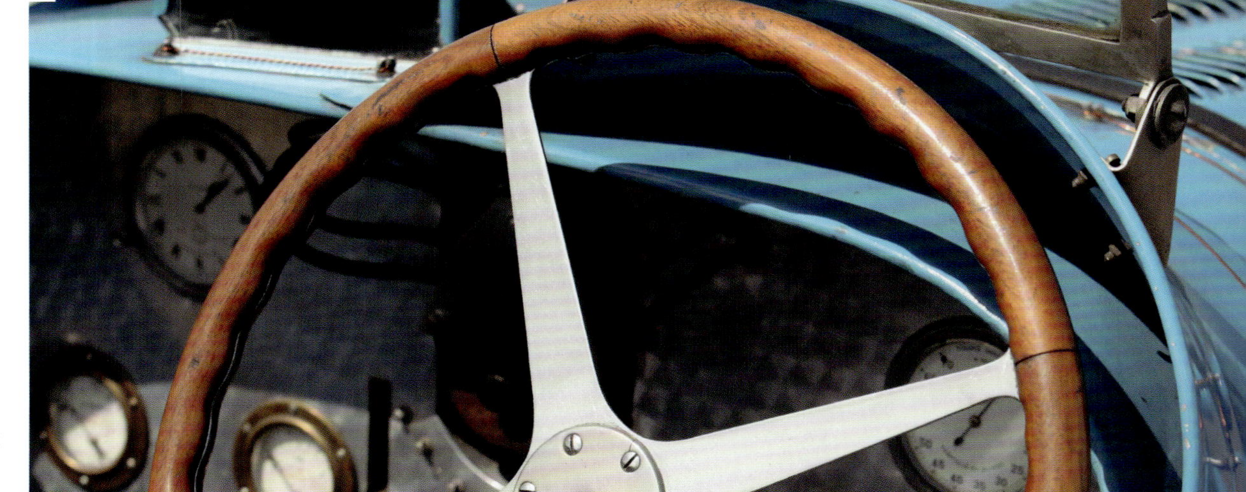

11. 木制轮毂四轮辐车轮是布加迪的特征 **12.** 风挡只在恶劣天气下起作用 **13.** 被罩住的后视镜 **14.** 仪表盘上的时钟是布加迪的代表性装饰物 **15.** 深棕色皮制的驾驶座

11

发动机舱

良好的性能源于布加迪的增压发动机（即使在今天也不例外），其结构为顶置凸轮轴，三气门（2个进气门、1个排气门）式。五轴承曲轴上使用滚子轴承和球轴承，这保证了其旋转的可靠性，其大端使用的是滚子轴承，动力通过多片离合器传递。

16. 直列八缸发动机使用单顶置凸轮轴　**17.** 发电机连接到凸轮轴上并由它驱动　**18.** 增压器具有单独的油箱　**19.** 缸体被浇铸成2个四缸单元　**20.** 以坚固著称的蜗轮蜗杆式转向器

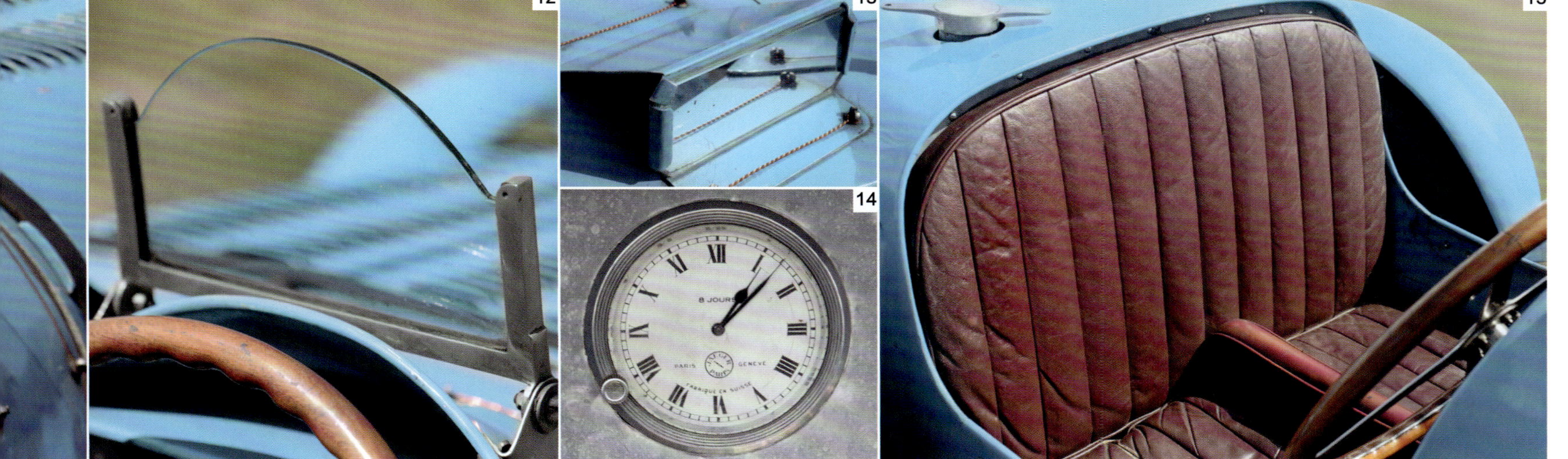

凯迪拉克V16发动机

1926年，意识到消费者喜欢动力性更强、更优雅的汽车后，美国奢侈汽车品牌凯迪拉克开始研发一款新的多气缸发动机，试图用V16发动机来打败其竞争对手帕卡德的V12发动机。

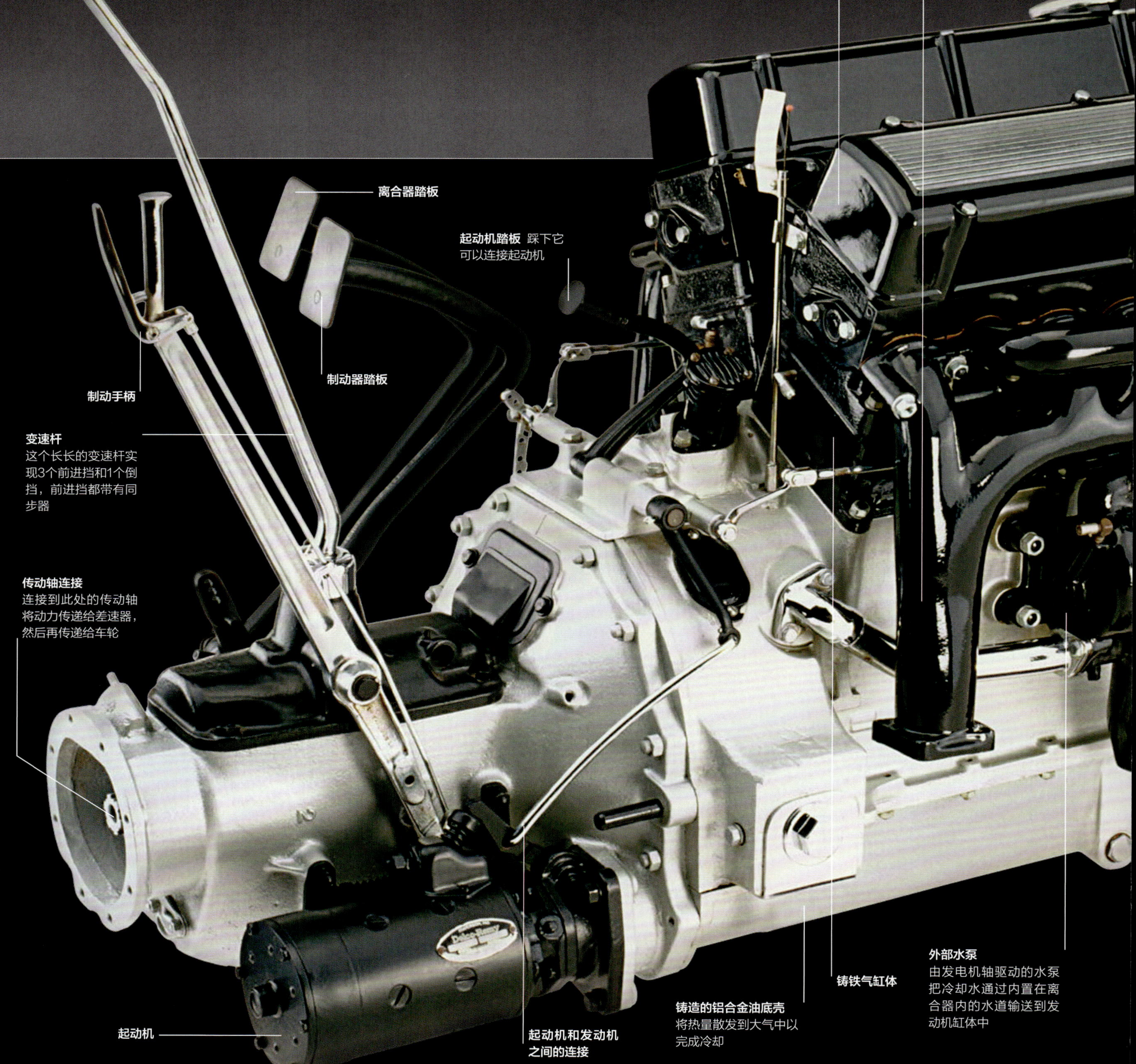

气缸盖
从下图封闭的外观可以看出这2列气缸是并列放置、一个挨着一个的。这种布置可以让每对连杆使用同一根轴颈，连杆的较低一端（大头）连接到曲轴上

排气管
发动机废气从这里排出

离合器踏板

起动机踏板 踩下它可以连接起动机

制动器踏板

制动手柄

变速杆
这个长长的变速杆实现3个前进挡和1个倒挡，前进挡都带有同步器

传动轴连接
连接到此处的传动轴将动力传递给差速器，然后再传递给车轮

起动机

起动机和发动机之间的连接

铸造的铝合金油底壳
将热量散发到大气中以完成冷却

铸铁气缸体

外部水泵
由发电机轴驱动的水泵把冷却水通过内置在离合器内的水道输送到发动机缸体中

V16的姊妹发动机

凯迪拉克公司不仅生产了V16发动机来超越其竞争对手，还生产了一款V12发动机来与竞争对手匹敌。V12发动机相比V16发动机少了4个气缸，但是气缸内径增加了3.2毫米，排量增加了6.033升。由于它采用的是V16的45°夹角而非常规V12的60°夹角，这使得该发动机运转不稳，但是它的平顺性还不错。

时运不佳

多缸发动机比具有相同排量的少缸发动机的输出动力要强，曲轴每旋转一周的点火次数也会增加，这使得扭矩的传递更加平稳。这些都是凯迪拉克新豪华车配备V16发动机的原因。20世纪30年代的增压版还影响了费迪南德·波尔舍对汽车联盟赛车的设计。尽管如此，其成功却因经济大萧条和第二次世界大战而止步。

发动机规格	
数据采集于	1930—1940年（2个版本）
气缸	六缸，45° V型（后来改为35° V型）
发动机布置	发动机前纵置
发动机排量	7.413升
动力输出	3 400转/分转速时输出165马力
类型	传统四冲程水冷发动机，往复式活塞，分电器点火，湿式油底壳
气缸盖	气门顶置，由推杆和摇臂控制，每缸两气门，液压挺杆
燃油供给系统	每列气缸一个化油器
气缸尺寸	3.00英寸×4.00英寸（7.62厘米×10.16厘米）
功率	22.3马力/升
压缩比	5.35 : 1

▷注：查看第352~353页 发动机的工作原理

奢华与名望

20世纪20年代，尽管第一次世界大战后的经济大萧条重创世界经济，仍然有大批有钱人需要最新、最豪华的汽车把他们从欧洲送往美国。此时的高端汽车的底盘完全齿轮化，外形则取材于传统设计师最好的作品。

▷ **西斯帕诺-苏依扎 H6 1919年款**

产地 法国

发动机 6.597升，直列六缸

最高车速 137千米/时

总部设在法国的西班牙汽车公司西斯帕诺-苏依扎制造出了20世纪20年代的一些最好的汽车。该车由瑞士工程师马克·波吉特设计，并配有一个伺服制动器。

△ **银箭 38马力 Model 51 1919年款**

产地 美国

发动机 8.587升，直列六缸

最高车速 121千米/时

这款大型的、动力强劲的汽车配有四气门发动机。美国总统伍德罗·威尔逊非常喜欢他的这款公务车，以至他卸任后仍继续使用它。

◁ **世爵 C4 全天候双门轿车 1921年款**

产地 荷兰

发动机 5.741升，直列六缸

最高车速 129千米/时

尽管有王室支持，并且使用了齐柏林发动机，昂贵的世爵还是卖得不好，该公司也在1925年停产了。

▷ **林肯 L型轿车 1922年款**

产地 美国

发动机 6.306升，V型八缸

最高车速 132千米/时

福特公司拯救了濒临破产的林肯公司，并制造了这款豪华汽车。其豪华之处在于它的电子钟表、调节温度的散热器格栅和点烟器。

◁ **霍切奇斯 AM 80 维思双门轿车 1929年款**

产地 法国

发动机 3.015升，直列六缸

最高车速 129千米/时

霍切奇斯品牌制造的是高质量跑车，该车的车身由Veth在荷兰的阿纳姆市设计出来，其40千米/时的吸能前保险杠由奥弗曼设计。

▷ **Isotta-Fraschini Tipo 8A Van Rijswijk Dual-cowl Phaeton 1924年款**

产地 意大利

发动机 7.372升，直列八缸

最高车速 145千米/时

意大利20世纪20年代的顶级车均使用华丽的车身设计，包括这款源于荷兰的汽车。其120马力的发动机由设计师朱斯蒂诺·卡塔内奥设计。

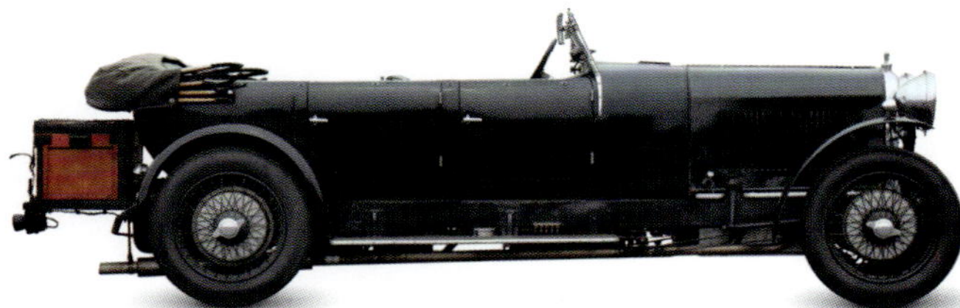

△ **拉贡达 3升 1929年款**

产地 英国

发动机 2.931升，直列六缸

最高车速 134千米/时

拉贡达制造的跑车使用的是七轴承发动机，它运行平稳、持久。有些运动款、轿车款、豪华巴士款汽车也配备了该款发动机。

△ **劳斯莱斯 20HP 1922年款**

产地 英国

发动机 3.128升，直列六缸

最高车速 105千米/时

对以强有力著称的劳斯莱斯汽车来说，这款20马力的车稍显逊色，但是它迎合了战后的经济形势，它是限量版，卖得很好。

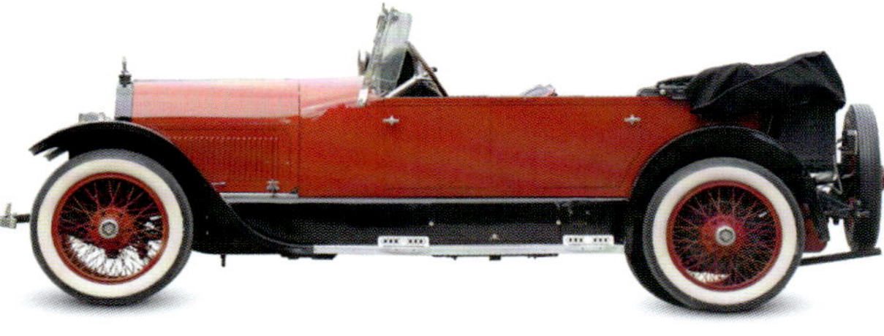

△ **斯图兹 K型车 1921年款**

产地 美国

发动机 5.899升，直列四缸

最高车速 120千米/时

如同成功的Bearcat跑车一样，斯图兹使用与其同款发动机制造出这款引人注目的旅行车，从1921年起，发动机的气缸盖都是可分离式的。

△ **雷诺 40CV 1921年款**

产地 法国

发动机 9.123升，直列六缸

最高车速 145千米/时

20世纪20年代，雷诺这款最大的豪华车配有六缸发动机和木制车轮，且轴距为3.6米或3.9米。40CV最终在1925年的蒙特卡罗拉力赛中获胜。

△ **霍希 Type 350 1928年款**

产地 德国

发动机 3.950升，直列八缸

最高车速 100千米/时

霍希是梅赛德斯-奔驰在德国的豪华车市场上的主要竞争对手，戈特利布·戴姆勒的儿子保罗·戴姆勒设计了这辆配备双顶置凸轮轴发动机的汽车。

△ **密涅瓦 32HP AK 兰多富特 1927年款**

产地 比利时

发动机 5.954升，直列六缸

最高车速 113千米/时

20世纪20年代，比利时的首位汽车生产商制造了这款华丽的配有Knight气门发动机的汽车。该车得到了设计师和皇室的支持。

◁ **帕卡德 443 Custom Eight 1928年款**

产地 美国

发动机 6.318升，直列八缸

最高车速 117千米/时

帕卡德公司是美国20世纪20年代领先的豪华汽车生产商，生产了大量长底盘汽车，这款车的车轴距就有3.6米长。

△ **布加迪 Type 41 罗亚尔 1927年款**

产地 法国

发动机 12.760升，直列八缸

最高车速 193千米/时

带有24气门、300马力动力输出的罗亚尔汽车的目标客户是贵族阶层。但是其价格昂贵，最终只生产了6辆。

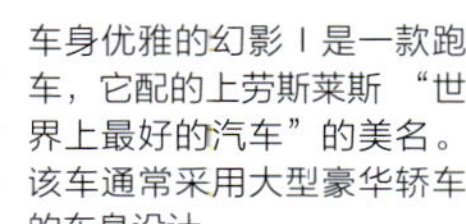

▽ **劳斯莱斯 幻影Ⅰ 1925年款**

产地 英国

发动机 7.668升，直列六缸

最高车速 145千米/时

车身优雅的幻影Ⅰ是一款跑车，它配的上劳斯莱斯“世界上最好的汽车”的美名。该车通常采用大型豪华轿车的车身设计。

1922年的蓝旗亚拉姆达汽车

图中握着方向盘的女士是银幕传奇人物葛丽泰·嘉宝——年轻女子里面迷人与勇敢的代表，就像跑车蓝旗亚拉姆达一样。该车拥有领先的结构和112千米/时的最高车速。

好莱坞的双人座轿车和跑车

20世纪20年代是汽车极富奢华的时代，此时的传统富人家庭开始被新崛起的富人（如电影明星、商人）超越。在欧洲和美国，这些富人的品位直接反映在他们的车上，这些车有着华丽的车身、镀金或镀银的装饰条和艳丽的颜色。

△康宁汉 旅行车 1916年款

产地 美国

发动机 7.200升，V型八缸

最高车速 153千米/时

康宁汉在当时是很现代的车型，并且宣称其使用的是第一款V8发动机。该款车吸引了很多名人消费者，直到1933年才停产。

△史丹利 735型 1920年款

产地 美国

发动机 2.059升，直列两台蒸汽机

最高车速 97千米/时

这款史丹利汽车价格是福特T型车的4倍，但其动力输出却有限，因此，它是20世纪20年代的"残次品"，在1924年就停产了。

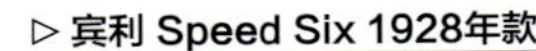

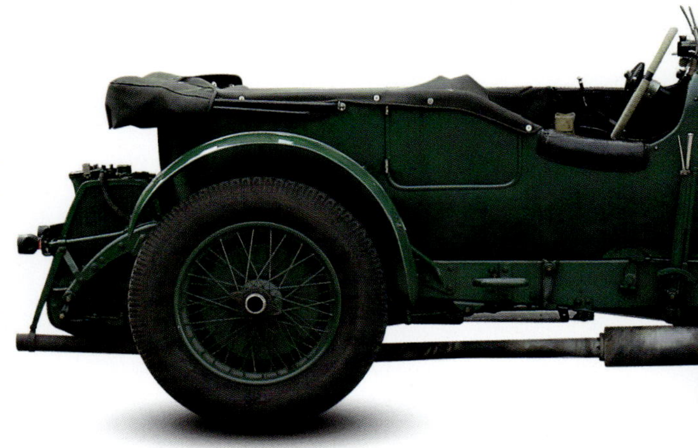

▷宾利 Speed Six 1928年款

产地 英国

发动机 6.597升，直列六缸

最高车速 161千米/时

该车的研发基于1924年的Standard Six，曾2次赢得勒芒24小时耐力赛，是华特·欧文·宾利最成功的赛车。凭借其出色性能，它也轻松成为一款很受欢迎的公路车。

△福特 A型车 1927年款

产地 美国

发动机 3.285升，直列四缸

最高车速 97千米/时

A型车是福特公司为美国中部批量生产的散发着警匪电影气息的汽车。其车身颜色浓重，轮毂呈白色。

△福特 T型敞篷车 1923年款

产地 美国

发动机 2.878升，直列四缸

最高车速 72千米/时

为了应对雪佛兰汽车的挑战，福特公司在1923年开始改进T型车。新车型拥有倾斜的风挡和可拆卸的车轮。

▽Cord L-29 1929年款

产地 美国

发动机 4.884升，直列八缸

最高车速 124千米/时

卓越的L- 29汽车使用莱康明发动机来驱动前轮，而后来的E.L.Cord则车身较长、底盘较低且做工粗糙。

△ **伍兹双动力 1917年款**

产地 美国

发动机 1.560升，直列四缸发动机+电动机

最高车速 56千米/时

该车是世界上第一款汽油-电力混合动力汽车，由蓄电池动力将汽车加速到32千米/时后，由发动机提供动力。它没有变速器，使用发动机和制动系统为蓄电池充电。

◁ **林肯 V8 1921年款**

产地 美国

发动机 5.861升，V型八缸

最高车速 142千米/时

亨利·利兰离开凯迪拉克公司后创立了林肯品牌，该车是以他心中的英雄亚伯拉罕·林肯来命名的。亨利·福特在1922年将其收购，并且继续生产这个可以匹敌凯迪拉克的市场品牌。

◁ **雪佛兰 Superior跑车 1925年款**

产地 美国

发动机 2.804升，直列四缸

最高车速 90千米/时

威廉姆·杜兰特试图用该款车打败福特T型车。尽管没有在价格上获胜，它仍然是一款好车，并且使雪佛兰汽车的销售量增长了70%。

▷ **普利茅斯 Model U跑车 1929年款**

产地 美国

发动机 2.874升，直列四缸

最高车速 97千米/时

克莱斯勒品牌在1928年发布了低价车普利茅斯，并宣称该车具有液压制动等特点。该车帮助克莱斯勒品牌顺利渡过经济大萧条时期。

△ **拉萨尔 303型 1927年款**

产地 美国

发动机 4.965升，V型八缸

最高车速 129千米/时

通用汽车公司在1927年发布了这款拉萨尔，这是一款凯迪拉克风格的汽车。该车曾轰动一时，它也凭借自己的实力成为当时的一辆高质量汽车。

◁ **Kissel straight-eight Speedster 1927年款**

产地 美国

发动机 4.670升，直列八缸

最高车速 125千米/时

该车是用来在赛场上对抗斯图兹勇士赛车和美世赛车的，生产了4年。

▷ **蓝旗亚 拉姆达 1922年款**

产地 意大利

发动机 2.120升，V型四缸

最高车速 113千米/时

蓝旗亚汽车是当时最先进的汽车之一，车身长且低，并宣称其配有单体构造、顶置凸轮轴四缸发动机，该车采用独立前悬架。

▷ **杜森博格 Model J 1928年款**

产地 美国

发动机 6.882升，直列八缸

最高车速 185千米/时

Model J比20世纪20年代的其他美国汽车更大、更快、更复杂、更优美，也更贵，该车由一个双顶置凸轮轴发动机驱动。

杜森博格 Model J

1926年，商人埃里特·洛班·科德收购了不景气的杜森博格公司，在此之前，他已经拥有奥本汽车公司，但是他想创建一个以自己名字命名的、闻名于世的汽车品牌。科德委托杜森博格兄弟设计一款速度最快的豪华美国车，于是Model J在1928年问世了。该车配备了一流的直列发动机，“杜森博格”也一度成为“最好”的代名词。

Model J的核心配置是其卓越的动力装置，该动力装置由科德拥有的另一家公司——莱康明飞机发动机公司生产，由于配备了直列八缸发动机，该车尽管车身庞大，也可以获得很好的加速度，并能以153~161千米/时的速度行驶。1929年以后，该车还安装了伺服助力液压制动系统和轻型转向系统，因此驾驶起来更方便。但是，这款由美国顶级车身设计师设计的Model J的造价很昂贵，仅底盘的花费就是福特A型车的19倍。20世纪30年代，美国经济持续低迷，这款杜森博格也很难卖，最终只生产了471辆（其中大约有35辆是增压SJ款，配备了引人注目的外置排气管）。大部分SJ款的轴距都很短，但也有车架较长的。其中还有2款底盘特别短的车——SSJ，只有2排座，这2款车最终走上了好莱坞的舞台，而杜森博格品牌的客户列表上也多了2个名字——克拉克·盖博和加里·库珀。

规格	
车型	杜森博格 Model J，1928—1937年
装配线	美国印第安纳波利斯
产量	471辆，包括Model SJ
结构	独立式
发动机	6.882升，双顶置凸轮轴直列八缸
动力输出	4 250转/分转速时输出制动马力为265马力
变速器	三挡手动变速器
悬架	整体式车桥，钢板弹簧
制动器	四轮鼓式液压制动器
最高车速	185千米/时

飞翔的鹰
弗雷德·杜森博格和奥古斯特·杜森博格在1913年开始制造轮船用发动机和赛车，并且在1920年推出第一款量产车。车标中的鹰象征着自由。

前视图

后视图

适度的华丽

与多数其他车型相比，Model J的流线型是比较保守的。但是也有自己的特色，比如保险杠是双杆的，轮廓线压入挡泥板内。在车的正面，镀有发光的金属漆、有硕大的车灯、有时尚的艺术品一样的散热器格栅。这款1931年的车型的前挡泥板下方的圆金属物就是早期的液压减振器，通过转动来吸收振动。

外观

Model J的车身一般都由本公司以外的设计师设计，但是要在杜森博格品牌设计总监戈登·布埃里的监督下完成，因此很多车身看起来都相像。最具创新的Model J的车身设计师是来自帕萨迪纳市的墨菲，但是这款1931年的Model J的设计却源于“旅行者”开放巡回设计八大作品之一，由宾夕法尼亚公司令人尊敬的设计师德勒姆设计。

1. 展翅飞翔的标志物 2. 时尚的起动手柄孔盖 3. 双杆式保险杠 4. 车前灯 5. 辅助冷却发动机的百叶窗 6. 车身上的通风口 7. 备胎 8. 合金的脚踏板 9. 合金的铰接 10. “T”形门把手 11. 带有停止标志的后灯 12. 木材加固的车篷支撑杆 13. 带有抽屉的后备箱

车内饰

与同级别的英国豪华车相比，这款美国车非常简洁，只有发动机驱动的金属仪表盘略微出彩。右侧的油门是比较特别的，因为此时很多欧洲车仍然是油门踏板中置。

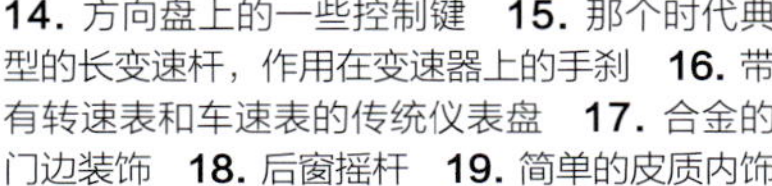

14. 方向盘上的一些控制键 15. 那个时代典型的长变速杆，作用在变速器上的手刹 16. 带有转速表和车速表的传统仪表盘 17. 合金的门边装饰 18. 后窗摇杆 19. 简单的皮质内饰

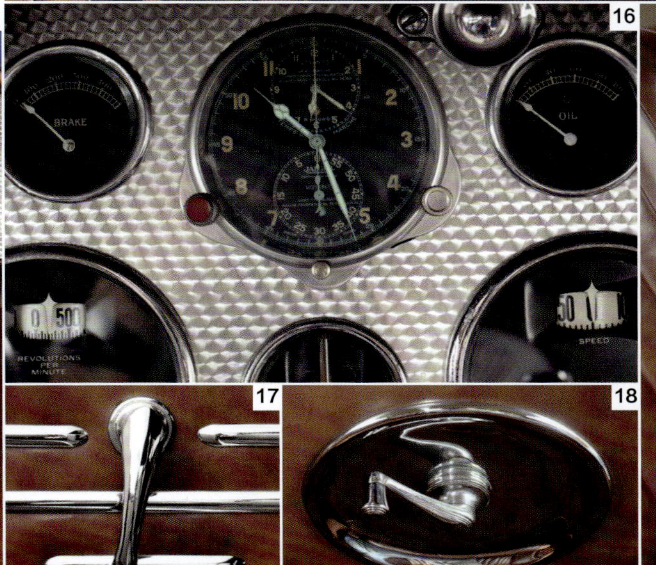

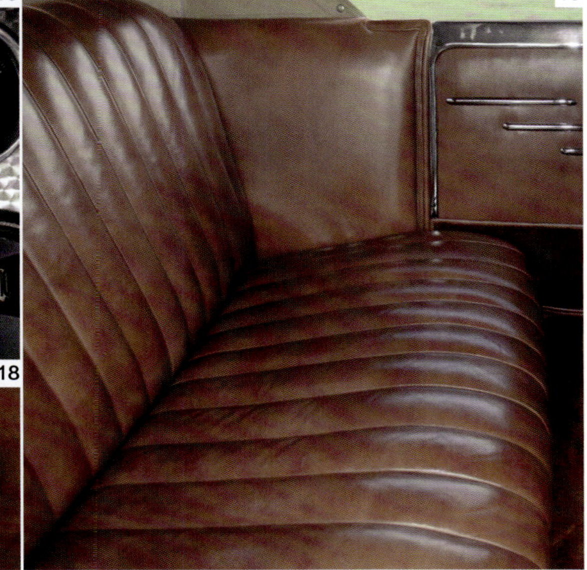

发动机舱

在那个时代，侧向气门已经很普遍，但Model J的四气门直列八缸发动机仍然是非常先进的，它的顶置气门是由双顶置凸轮轴驱动的。公司也宣称这款6.882升排量的发动机可以输出265马力的动力，而此时的凯迪拉克V16发动机的动力输出是165马力。1932—1935年，SJ宣称其增压发动机的动力输出为320马力。

20. 单化油器的发动机 21. 所有的Model J发动机都带有绿色瓷漆 22. 喷了绿漆的起动机

中产阶级的汽车

20世纪20年代，汽车产业发生了巨大变化，大排量汽车压低了价格，并且成为欧美消费者眼里的中级车。更大的变化是，大部分欧洲主流汽车使用了1.5升左右排量的四缸发动机，美国车则使用更大的、4升左右排量的六缸或八缸发动机。

△ **埃塞克斯 A 1919年款**

产地 美国

发动机 2.930升，直列四缸

最高车速 105千米/时

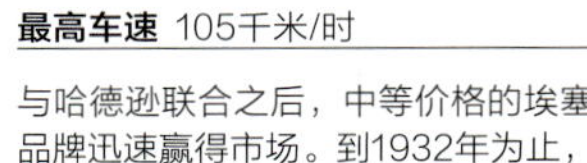

与哈德逊联合之后，中等价格的埃塞克斯品牌迅速赢得市场。到1932年为止，共有超过113万辆车被售出，之后该车更名为气垫车。

△ **道奇 4 1914年款**

产地 美国

发动机 3.479升，直列四缸

最高车速 80千米/时

20世纪20年代的道奇是美国销量第2的品牌，这要归功于其坚固的结构、全钢制车身、滑动齿轮变速器和12伏起动电压。

△ **雪铁龙 Type A 1919年款**

产地 法国

发动机 1.327升，直列四缸

最高车速 64千米/时

安德烈·雪铁龙的第一款汽车也是欧洲的第一款批量生产的汽车，曾经每天生产100辆。1921年停产之前，共售出24 093辆。

△ **克莱斯勒 G70 1924年款**

产地 美国

发动机 3.200升，直列六缸

最高车速 113千米/时

沃尔特·克莱斯勒的第一辆汽车具有不凡的性能和四轮液压制动。它很快就在美国市场上占得一席之地。

▷ **Rileynine 摩纳哥 1926年款**

产地 英国

发动机 1.087升，直列四缸

最高车速 97千米/时

珀西和史丹利·赖利在1926年设计了一款性能卓越的赛车，并在1928年开始批量生产。2个侧置凸轮轴提升了整车性能。

△ **莫里斯 牛津 1919年款**

产地 英国

发动机 1.548升，直列四缸

最高车速 97千米/时

该车是莫里斯“牛鼻”系列之一，以其圆形的散热器命名。该车简洁的线条和稳定的性能吸引了很多英国车迷。

▽ **威利斯 Knight Model 66 1927年款**

产地 美国

发动机 4.179升，直列六缸

最高车速 113千米/时

威利斯Knight在20世纪20年代的年产量为50 000辆，其发动机均为套筒气门式。顶级66款尽管价格昂贵，但是具有极佳的舒适性，外形美观，机械做工精良。

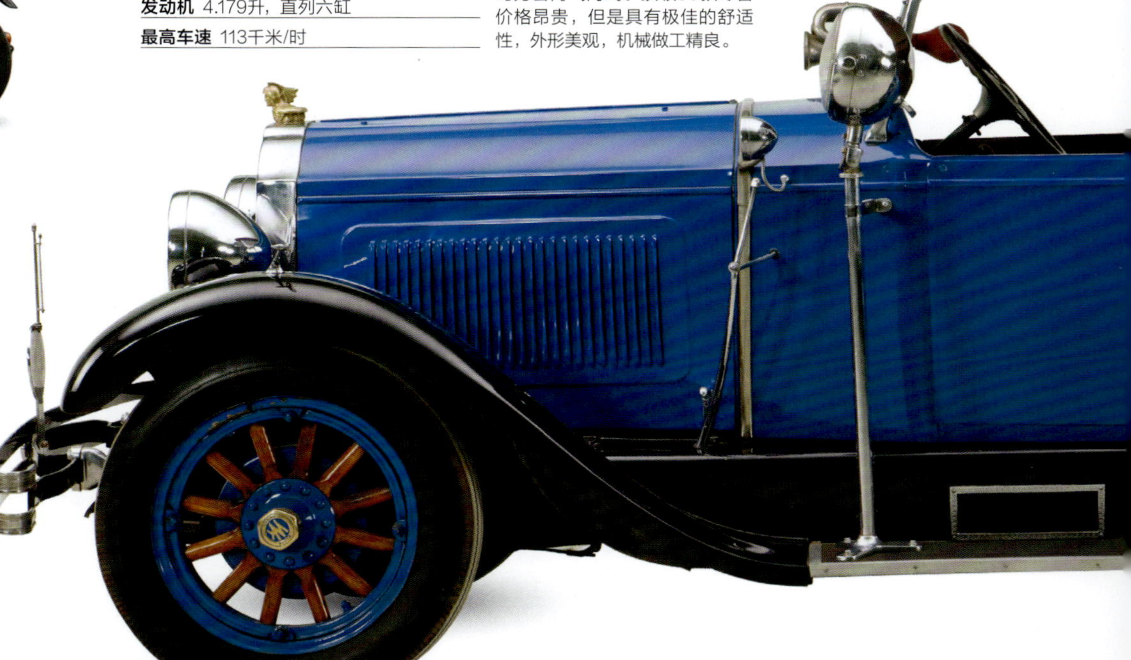

△ **莫里斯 考利 1927年款**

产地 英国

发动机 1.548升，直列四缸

最高车速 97千米/时

考利是莫里斯“牛鼻”系列的另一款，是牛津的低价版。“牛鼻”系列在20世纪20年代看起来好像有些过时，但是依旧凭借其稳定、可靠的卖点在市场上销售。

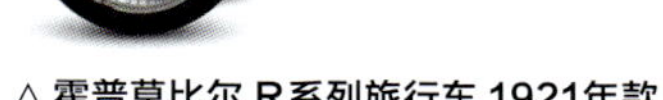

△ **霍普莫比尔 R系列旅行车 1921年款**

产地 美国

发动机 2.990升，直列四缸

最高车速 97千米/时

这款简单、宽敞、配有四缸发动机的霍普莫比尔的销量很好，成为20世纪20年代早期一款令人称道的成功车型。不过，它并没能帮助该公司渡过20世纪30年代的经济大萧条。

△ **别克 Model 24 1924年款**

产地 美国

发动机 2.786升，直列四缸

最高车速 89千米/时

1924年，别克公司生产了它最后一款配备四缸发动机的汽车，此后的发动机最小的也有六缸。这款别克Model 24虽然动力不足，但是具有坚固的车身和宽大的空间。

△ **福特 A型旅行车 1927年款**

产地 美国

发动机 3.294升，直列四缸

最高车速 105千米/时

这是福特公司的第一款配备传统控制系统——包括离合器、制动踏板、节气门和变速器的汽车。1927—1931年，大约有500万辆A型旅行车出售。

◁ **欧宝 4/14 1924年款**

产地 德国

发动机 1.018升，直列四缸

最高车速 80千米/时

欧宝4PS（4HP）系列汽车是德国第一批在装配线生产的汽车，7年内，4/12、4/14、4/16和4/18的产量总和为119 484辆。

△ **Standard SL04 1922年款**

产地 英国

发动机 1.944升，直列四缸

最高车速 84千米/时

SL04系列汽车空间大，配备四气缸发动机，Standard SL04在20世纪20年代的年销量为10 000辆。当时，“Standard”代表着“高质量”而不是“一般质量”，直到现在也是如此。

△ **菲亚特 509A 1926年款**

产地 意大利

发动机 0.990升，直列四缸

最高车速 77千米/时

这款509A因其轻巧、经济的顶置凸轮轴式发动机和分期付款的购买方式而广受欢迎，1925—1929年的销量为90 000辆。

◁ **奥斯汀 Twelve 1927年款**

产地 英国

发动机 1.861升，直列四缸

最高车速 85千米/时

Twelve是一款性能良好、可靠性强的汽车，它帮助赫伯特奥斯汀公司成为20世纪20年代英国最成功的汽车制造商。

△ **名爵 18/80 1928年款**

产地 英国

发动机 2.468升，直列六缸

最高车速 123千米/时

1922年，在莫里斯公司的支持下，塞西尔·金伯开始使用莫里斯的一些部件制造赛车。后来，该车品牌改名为名爵，生产的汽车具有吸引人的外形和良好的性能。

莱斯10马力汽车，1904年

伟大的品牌
劳斯莱斯的故事

早期，这个著名的英国品牌的设计师和生产商都更注重于质量、外观和可靠性，所以，劳斯莱斯在很长时间内被认为是世界上最好的汽车，劳斯莱斯也成了“顶尖”的代名词。

亨利·莱斯，是曼彻斯特的一位电气工程师，他在1904年制造出了第一辆汽车。几乎在同一时间，查尔斯·劳斯和克劳德·约翰逊在伦敦开了一家汽车销售、维修公司。劳斯的一个朋友亨利·埃德蒙兹，也是莱斯公司的一位高管，说服劳斯去见见莱斯并试驾他的新车。劳斯立刻意识到这是一辆高质量且外观优美的汽车。二人最后达成共识，由莱斯来生产汽车，劳斯来卖，并且把车命名为劳斯莱斯。

劳斯莱斯标志
（1930年发布）

劳斯莱斯品牌的第一批车型依次为：售价395法郎的两缸发动机、10马力汽车，三缸发动机、15马力汽车，四缸发动机、20马力汽车，1905年售价890法郎的六缸发动机、30马力旗帜款汽车。与同一时期其他品牌相比，劳斯莱斯汽车的售价由于其车身的设计要多出500法郎。

1905年9月，劳斯把2辆20马力的劳斯莱斯汽车带到了曼岛旅行者大奖赛赛场，该比赛致力找到最好的旅行车而不是最快的赛车。比赛规则规定参赛车辆必须为四座，并且限制油耗。劳斯莱斯参赛车辆的底盘较轻，四速变速器的齿轮耐久性强，速度快且油耗极低。劳斯驾驶其中一辆劳斯莱斯汽车，可是变速器很快坏掉了；另一辆劳斯莱斯汽车由珀西·诺西驾驶并获得了第二名，为该品牌赢得了声誉。

1917年的劳斯莱斯汽车海报，该品牌将“世界上最好的汽车”解读为具有贵族气质的汽车。

一款名为40/50HP、配有更大的六缸发动机和改进底盘的新款车型在1906年的伦敦车展上亮相。此后，被称为“劳斯莱斯的连字符”的车手克劳德·约翰逊驾驶该车在皇家汽车俱乐部的监督下完成了24 000千米的行程。该车在苏格兰可靠性比赛中赢得了金牌。约翰逊的这辆40/50HP因其与众不同的车身颜色而被命名为银魅。该车及1925年发布的幻影系列汽车共同提升了劳斯莱斯品牌的声誉。1930年，劳斯莱斯买下了宾利品牌，并且在德比郡继续生产劳斯莱斯汽车，用劳斯莱斯的底盘和宾利的发动机开发出了新系列——“德比宾利”。

装配中的Merlin发动机
劳斯莱斯Merlin发动机是第二次世界大战期间最成功的飞机发动机，它被用在喷火战斗机和飓风战斗机上。

劳斯莱斯汽车的第一台飞机发动机是在第一次世界大战期间生产的，该公司在第二次世界大战时也是英国战斗机的主要供应商。劳斯莱斯公司在距离德比郡80千米的小镇克鲁建立飞机发动机工厂，战后，所有汽车的生产也搬到这儿来了。战后的生产从1946年开始，起初只生产Mark VI宾利和劳斯莱斯银魂。这2款汽车都具有相同的新底盘和进、排气更高效的顶置进气门“F-head”发动机。宾利和劳斯莱斯两个品牌先后采用了整体式车身。宾利汽车的产量慢慢减少，最后和采用宾利散热器格栅的劳斯莱斯汽车的产量差不多。

> “追求品质的人……只买劳斯莱斯汽车。”
>
> 报社老板洛德·诺斯克里夫给克劳德·约翰逊的一封信中如此写道

1959年，配有排量为6.23升V8发动机的银云Ⅱ和一款大尺寸的幻影V轿车发布。20世纪60年代的主要车型就是1965年款的银影（和它的宾利T系列姊妹车）。这款车身较宽的四门单体式汽车比之前的劳斯莱斯汽车卖得更好。银影派生出了两门的险路跑车、可变长轴距的银魂和宾尼法利纳公司设计的卡玛格汽车。1970年，银影的发动机排量升至6.750升，并且在1977年进行了细节上的改进，因此银影一直

银魅

1884年 亨利·莱斯在曼彻斯特创建了公司，制造电气设备
1904年 莱斯制造出第一款汽车，查尔斯·劳斯同意以劳斯莱斯的名字将其出售
1905年 珀西·诺西驾驶20马力的劳斯莱斯在曼岛旅行者大奖赛中获得第2名
1907年 克劳德·约翰逊驾驶银魅完成了24 000千米的可靠性测试

幻影Ⅰ

1910年 查尔斯·劳斯在一次飞行事故中丧生
1925年 第一款幻影发布
1930年 劳斯莱斯买下宾利品牌，并且在德比郡继续生产劳斯莱斯汽车
1933年 亨利·莱斯去世，享年70岁
1946年 战后发布新型车——Mark Ⅵ宾利和劳斯莱斯银魂
1959年 劳斯莱斯公司发布排量为6.23升的V8发动机，该发动机为宾利和劳斯莱斯服务了50年

银云Ⅱ

1971年 RB211飞机发动机巨额的开发费用使劳斯莱斯公司转为国家所有
1973年 汽车部门被当做一个单独的汽车公司卖出
1980年 银灵/银刺和宾利慕尚发布
1980年 维克斯集团买下劳斯莱斯汽车公司
1998年 劳斯莱斯银天使和宾利雅致使用宝马提供的发动机

银灵

1998年 大众公司从维克斯集团收购了劳斯莱斯汽车公司，但在宝马公司获得了在其汽车上使用劳斯莱斯名称的权利后，大众公司放弃了劳斯莱斯品牌
2003年 宝马公司在古德伍德建立一个新的劳斯莱斯工厂，制造的第一款汽车是幻影
2010年 劳斯莱斯发布新车型古斯特
2014年 劳斯莱斯在古斯特的基础上发布了魅影跑车和曜影敞篷车
2017年 幻影Ⅷ是幻影系列中的顶级车型
2018年 不同凡响的库里南是劳斯莱斯的首款SUV车型

生产到1980年，直至银灵和长轴距的银刺（以及宾利慕尚）将其替代。

受困于RB211飞机发动机高昂的开发成本，劳斯莱斯公司在1971年转为国家所有。1973年，汽车部门被当作一个单独的公司——劳斯莱斯汽车卖掉。劳斯莱斯的名称所有权留在了飞机发动机公司，但是授权给了汽车生产商。1980年，英国维克斯集团买下了劳斯莱斯汽车公司。宾利品牌在发布了慕尚Turbo后从劳斯莱斯公司分离出来。1998年，劳斯莱斯银天使和宾利雅致第一次采用了由宝马提供的发动机。

1998年，大众公司从维克斯集团手中买下了劳斯莱斯和宾利品牌，为汽车设计、工厂、品牌名称和2个劳斯莱斯标志——欢庆女神和希腊式散热器格栅支付了4亿3千万英镑。然而，大众公司忽视了在汽车上使用劳斯莱斯名称的权利，该权利仍然为飞机发动机公司所有。宝马公司仅花了4千万英镑便买下了这项授权，这使得大众公司别无选择，只能放弃使用劳斯莱斯的名称而集中精力在宾利品牌上，并声称宾利才是他们想得到的。2003年，宝马公司在苏塞克斯的古德伍德建立了新的劳斯莱斯工厂，开始生产新款幻影。2010年，一个更小的车型古斯特也在此投入生产。随着人们的品味不断提升，超级豪华汽车的标准不断变化。2018年，劳斯莱斯凭借四轮驱动车型库里南挤进豪华SUV车型行列。这款以知名钻石命名的车尽管因其体积而被一些人嘲笑，却是名副其实的超级豪华SUV。

摇滚乐
劳斯莱斯一直与迷人的摇滚乐联系在一起。图为普雷斯利和他的银云在他位于田纳西州孟菲斯市的格雷斯兰公馆门前的合影。

小型汽车

20世纪20年代，汽车生产商致力生产实用的、中产阶级家庭能够买得起的汽车，使汽车的消费群体不局限于财富精英们。这些汽车，有的做工非常简单粗糙，有的则太小而不能使用。但这却为小型汽车的研发指明了方向：配有四缸发动机、4个车轮，且每个车轮都有一个制动器。

◁ **坦普林 1919年款**

产地 英国

发动机 0.980升，V型双缸

最高车速 68千米/时

爱德华·坦普林买下了卡登小型汽车并以自己的名字命名。该车安装了JAP发动机，车身用防水纤维板制成，前后两座。

◁ **莱亚特海利卡（图中为复制品）1919年款**

产地 法国

发动机 1.203升，带有风扇的三缸

最高车速 97千米/时

马塞尔·莱亚特的汽车设计理念是螺旋桨带动的“没有翅膀的飞机”。它的车身很轻，前后两排座且后轮转向。该车仅售出30辆。

△ **西玛-紫罗兰 1924年款**

产地 法国

发动机 0.496升，对置双缸

最高车速 109千米/时

这款较窄的前后两座小型汽车拥有胶合板车身、钢管车架，以及良好的性能。为了提升竞争力，品牌将两冲程发动机的排量升级到0.75~1.5升。

▷ **雪铁龙 Type C 5CV 1922年款**

产地 法国

发动机 0.856升，直列四缸

最高车速 61千米/时

这款两座（后来变成三座）的Type C很适合女士，因为它用电动起动机而不是起动手柄起动。恰当的市场销售策略让该车在4年内共售出81 000辆。

◁ **木马 10HP PB 1922年款**

产地 英国

发动机 1.488升，直列四缸

最高车速 66千米/时

该车的设计基于1913年的一款原型车，它价格低廉，地板下的发动机相当简单，配有两挡变速器和固体轮胎。该车一直生产到1930年。

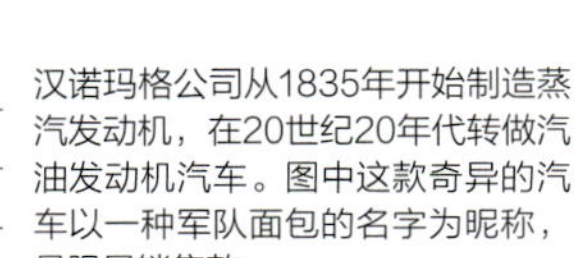

◁ **汉诺玛格 2/10PS 1925年款**

产地 德国

发动机 0.503升，单缸

最高车速 64千米/时

汉诺玛格公司从1835年开始制造蒸汽发动机，在20世纪20年代转做汽油发动机汽车。图中这款奇异的汽车以一种军队面包的名字为昵称，是限量销售款。

奥斯汀Seven汽车

赫伯特·奥斯汀和18岁的制图师史丹利·埃奇在赫伯特·奥斯汀家里绘制出赫伯特理想中适合所有人的汽车。该小型车可能是这样：实用可靠，4个车轮，前置四缸发动机，后轮驱动，四轮制动。尽管体积小，奥斯汀Seven却以迅雷之势占领了英国市场，在1922—1939年售出了290 924辆。

▷ **奥斯汀 Seven 1922年款**

产地 英国

发动机 0.696升，直列四缸

最高车速 84千米/时

尽管这款车后来获得了巨大成功，但是它的确太小了。车的长度、宽度和发动机尺寸都在该车发布的一年后增加了。

▽摩根 JAP Aero 1929年款

产地 英国

发动机 1.096升，V型双缸

最高车速 113千米/时

该运动款Aero配有前置V型双缸发动机，采用后轮（只有1个后轮）驱动，是1910年摩根公司生产的长线型优质三轮汽车。

◁Dixi 3/15PS 1927年款

产地 德国

发动机 0.747升，直列四缸

最高车速 77千米/时

Dixi在被授权的情况下生产了奥斯汀Seven的3/15PS，宝马公司于1928年接管Dixi后，3/15PS成了宝马公司的第一款汽车。该车一直生产到1932年。

▷欧宝 4/12 1924年款

产地 德国

发动机 0.951升，直列四缸

最高车速 72千米/时

该款两座小型汽车的生产线是受福特汽车的生产线启发而建立的。它在1924年变成三座汽车，在1925年则变成四座汽车。

◁凯旋 Super Seven 1927年款

产地 英国

发动机 0.832升，直列四缸

最高车速 80千米/时

为了与奥斯汀Seven竞争，凯旋的Super Seven车身更大，动力性更强，并且在1930年的蒙特卡洛拉力赛中获得第7名。

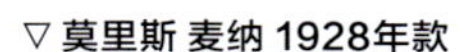

▽莫里斯 麦纳 1928年款

产地 英国

发动机 0.847升，直列四缸

最高车速 80千米/时

该车比奥斯汀Seven更大、更受欢迎，它配备了现代的顶置式凸轮轴发动机。这款麦纳是莫里斯第一款成功的8系汽车。

△奥斯汀 Seven 1926年款

产地 英国

发动机 0.747升，直列四缸

最高车速 80千米/时

这款加大版奥斯汀满足了英国普通家庭。改进了底盘、车身和制动系统的该款奥斯汀一直很流行。

△奥斯汀 Seven 1928年款

产地 英国

发动机 0.747升，直列四缸

最高车速 80千米/时

该车的改进部位包括前大灯、镀镍散热器、点火线圈、4个车轮上的减振器。

△奥斯汀 Seven 1930年款

产地 英国

发动机 0.747升，直列四缸

最高车速 84千米/时

该款开放式旅行车精良的发动机克服了低深底盘和额外横梁带来的重量。

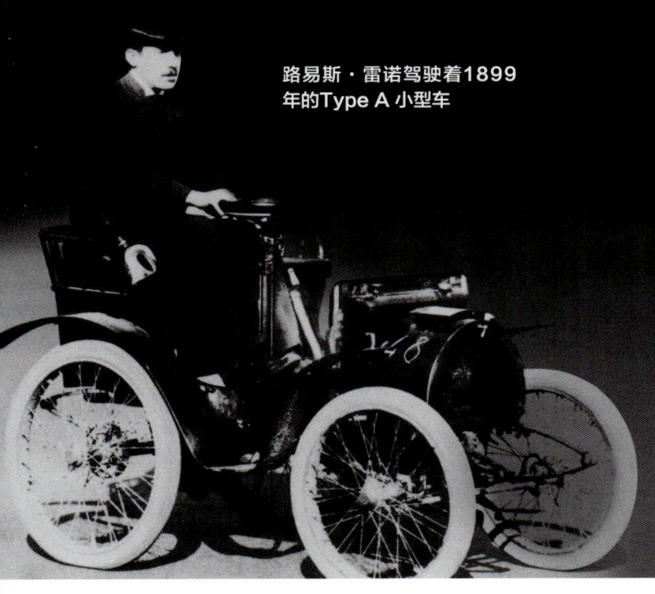

路易斯·雷诺驾驶着1899年的Type A 小型车

伟大的品牌
雷诺的故事

法国的风格、世界的眼界，这就是雷诺，世界上最成功的汽车生产商之一。无论是一级方程式锦标赛还是勒芒24小时耐力赛，雷诺在设计方面的才能都被竞技场上的光辉成就所印证。

如果路易斯·雷诺选择在家族纽扣企业工作，那么法国的汽车历史将会被改写。出生于1877年的路易斯·雷诺是5兄弟中最小的，他的理想不是生产纽扣。1898年，21岁的路易斯在比扬古尔的一间小工厂中制造出一辆四轮车。尽管他开始只是为了给自己造一辆车，但是市场对该车的大量需求使路易斯·雷诺在1年后成为一名全职汽车生产商，并且有2个兄弟给他投了资。到1899年，雷诺公司已经拥有了71辆汽车。1902年，雷诺公司开始生产自己的发动机，搭载该发动机的汽车在比赛中表现很好，马塞尔·雷诺驾驶Type K赢得了1903年巴黎-维也纳赛。

雷诺汽车标志
（1992年发布）

1907年，路易斯·雷诺已经获得了公司的大部分股份并且开始大规模生产汽车。1913年，雷诺公司每年生产超过10 000辆小型汽车和商务车，成为法国最大的汽车生产商。大部分雷诺汽车都是配备两缸发动机的小型汽车，并且很多都用作出租车，当时仅在巴黎街道上就有超过3 000辆雷诺品牌出租车。

第一次世界大战期间，雷诺公司为法军生产卡车和坦克，因此积累的财富帮助雷诺公司成功渡过了第一次世界大战后的经济困境，然而此时它却在民用汽车市场上落后了。20世纪20年代中期，该公司的车型看起来已经很老了，很多都是第一次世界大战以前的设计，而此时雪铁龙公司却一直在生产先进的汽车。于是，1929年雷诺公司发布了配有六缸和八缸发动机的Reinastella。该车的小型姊妹车Nervastella在1930年摩洛哥拉力赛中获胜，而灵活的Nervasport——Nervastella另一个版本的汽车，在1935年的蒙特卡洛拉力赛中获胜。

与现代接轨
一个驾驶者望着天空划过的飞机，这幅雷诺公司1913年的海报捕捉到了20世纪早期机械工程师的先驱精神。

大型雷诺汽车在1939年9月第二次世界大战爆发时停产，但是小型的四缸Juvaquattre、Novaquattre和Primaquattre继续生产，直到1940年才停产。相信战争会很快结束的路易斯·雷诺让工厂恢复了生产，并且自己做员工。可这是个灾难性的决定，德国军队控制了他的工厂并为自己所用。1944年8月法国解放，路易斯·雷诺因被认为帮助德军而入狱，并且因狱中条件恶劣和身患疾病而在3个月后去世。

> “我的目标是制造出最好最低价的汽车，希望有一天每个法国的家庭都可以拥有自己的汽车。”
>
> 路易斯·雷诺，1928年

1945年，雷诺公司走向国际化并专注于批量生产主流汽车，主打车型是1946年9月发布的4CV，它是最小的四门轿车。该车后置了0.760升排量的四缸发动机，轴距为210厘米。4CV在市场上迅速取得了成功，直至1961年停产，共有超过100万辆的4CV下线。尽管不像一辆赛车，但是4CV仍然在1952—1957年的意大利1 000英里拉力赛公路赛中获胜。继4CV后，雷诺公司在1956年又推出了排量为0.845升的Dauphine，它尽管操控性差且容易生锈，却还是取得了巨大的成功，截至1960年，仅在美国就售出约20万辆，而且Dauphine在意大利和巴西也取得了销售许可。

1961年，R4的发布标志着雷

雷诺 6CV出租车，1926年
尽管看上去很简单，但这款6CV仍然很流行，而且坚固、经济。

TYPE AX

1899年 雷诺品牌在比扬古尔的一个工厂里诞生

1905年 第一款批量生产的出租车问世，即Type AG，1908年问世的Type AX也被用作出租车广泛使用

1913年 比扬古尔工厂年产量超过10 000辆

1944年 路易斯·雷诺还没来得及澄清自己的罪名就病死狱中

1945年 雷诺公司走向国际化并专注于批量生产主流汽车

4CV

1946年 雷诺4CV发布，后来成为第一款销售超过100万辆的法国汽车

1952年 FASA雷诺成立，是雷诺公司在西班牙的汽车制造子公司

1956年 雷诺Dauphine发布，成为雷诺公司第一款真正在世界范围内成功的汽车

1969年 雷诺汽车年产量首次超过100万辆

1971年 雷诺、标致和沃尔沃3家公司联合开发发动机

R5 TURBO 2

1978年 A442跑车赢得了勒芒24小时耐力赛的冠军

1979年 雷诺公司收购了美国汽车公司的股份

1980年 雷诺汽车在第戎法国大奖赛中获胜，这是涡轮增压汽车在一级方程式比赛中的首次胜利

1981年 R5 Turbo在蒙特卡洛拉力赛中获胜。

1987年 帕特里克·勒·奎蒙作为设计主管加入了雷诺公司

1992年 雷诺公司的比扬古尔工厂关闭

MÉGANE MKII

1996年 雷诺品牌私有化

1999年 雷诺公司买下了尼桑公司36.8%的股份和达契亚公司99%的股份

2005年 雷诺F1车队赢得了一级方程式锦标赛赛车手和赛车生产商资格，并在2006年重复这一壮举

2012年 雷诺公司推出微型Twizy 和 Zoe 掀背版电动汽车

2017年 雷诺公司重新启用阿尔派这一车名，新款阿尔派是中置发动机跑车

2019年 雷诺公司在控股伏尔加后，收购了俄罗斯的拉达

诺汽车接受了前轮驱动技术。1964年发布的R16后来成为五门掀背式汽车的模板，被多次模仿复制，而1972年发布的R5超级Mini在中价位小型汽车市场中也产生了同样的影响。所有这些车型的销量都很大，但是最终还是被模仿者超越了。

20世纪80年代对雷诺公司来说是曲折的10年。雷诺汽车返回到国际汽车大奖赛赛场，并且首次在法国第戎的一级方程式锦标赛中获胜，这也是搭载涡轮增压发动机的汽车的首次胜利；后来，R5 Turbo也在蒙特卡洛拉力赛中首次获胜。然而，在赛场之外却发生了巨变。1979年，雷诺公司开始在美国大规模销售汽车，试图打开这个从60年代开始就忽略的市场。随后它又获得了美国汽车公司的大量股份，该交易事后被证明是成功的。1986年，成本削减主管乔治·贝斯被刺杀引发公司内部混乱，同时，销量下滑也给公司带来了巨大损失。为了能够重新赢利，雷诺公司于1996年私有化。1999年，雷诺公司和日产公司合作，并且获得了达契亚汽车公司在罗马尼亚的大部分股份。

20世纪80年代早期，雷诺又一次成为设计风格的领导者，Espace MPV是其风格先锋。这次复兴在设计师帕特里克·勒·奎蒙的带领下持续到20世纪90年代。Twingo城市用车（1992年）赢得欧洲车迷的喜爱，梅甘娜风景更是开创了新的汽车种类——紧凑型MPV。雷诺与合作伙伴日产公司早在2011年就联手致力研发电动汽车，并先后推出Twizy四轮车、Zoe掀背车和Fluence Z.E.轿车。法国政府仍持有雷诺15%的股份，目的是维持其国有化。

雷诺 Dauphine
外形优美、低价、有助缓解城市交通拥堵的小车身使这款Dauphine成为民众的日常用车。该款车在世界范围内共售出200万辆。

跑车

第一次世界大战结束后的半个世纪里，跑车的基本配置已经初步形成：发动机前置、后轮驱动。生产商通过不同的方法来实现更佳性能：有些通过使用复杂而先进的发动机实现该目的，有些则通过减小车身重量或者使用低矮流线型车身减小风阻来实现该目的。

▷ 阿米尔卡 CGS 1924年款

产地 法国

发动机 1.047升，直列四缸

最高车速 121千米/时

CGS是一款小型跑车，带有高压发动机润滑油泵，允许发动机长时间高速运转。该车还有当时为数不多的四轮制动。

◁ 梅赛德斯 28/95 1924年款

产地 德国

发动机 7.280升，直列六缸

最高车速 153千米/时

该车是梅赛德斯与奔驰合并前的最后一款车，其铝制的顶置气门发动机来源于第一次世界大战时的飞机发动机。

△ 布里格斯 & 斯特拉顿 Flyer 1919年款

产地 美国

发动机 0.201升，单缸

最高车速 40千米/时

剪草机发动机制造商Briggs & Stratton直到1925年才开始出售Flyer。125美元，这是有史以来最便宜的汽车。该车通过发动机带动的第5个车轮来驱动灵活的木制底盘。

▷ 沃克斯豪尔 Velox 30/98 1922年款

产地 英国

发动机 4.224升，直列四缸

最高车速 137千米/时

尽管沃克斯豪尔 Velox 30/98的大部分设计还是第一次世界大战之前的，但是它带有强劲的顶置气门发动机，是一款一流的跑车，一直很受关注。

▷ 阿斯顿·马丁 1.5升 1921年款

产地 英国

发动机 1.486升，直列四缸

最高车速 129千米/时

1913年，莱昂内尔·马丁使用Coventry- Simplex发动机制造出这款车，并且是限量生产。1925年，AC Bertelli买下该品牌后提高了该车的生产速度。

△ 阿尔维斯 FWD 1928年款

产地 英国

发动机 1.482升，直列四缸

最高车速 137千米/时

该车是一款前轮驱动、全独立弹簧式赛车，因其太反传统而销售得不好。但是它在赛场上却有着不俗的表现。

▽ 布加迪 Type 43 1927年款

产地 法国

发动机 2.262升，直列八缸

最高车速 177千米/时

该车的发动机与赢得过国际汽车大奖赛的Type 35的相同，再加上轻车身设计，布加迪Type 43 成为一款速度很快的旅行车。

◁ **阳光 16HP 1927年款**

产地 英国

发动机 2.035升，直列六缸

最高车速 97千米/时

阳光公司一直生产高质量汽车，但是这款配备小型发动机的汽车因沉重的底盘而导致性能大打折扣。该车在1933年就停产了。

▷ **阳光 20/60HP 1924年款**

产地 英国

发动机 3.181升，直列六缸

最高车速 129千米/时

该车做工精良、技术先进，并且采用四轮制动。阳光公司的双顶置凸轮轴3升发动机就源于此车。

△ **宾利 3升 1921年款**

产地 英国

发动机 2.996升，直列四缸

最高车速 137千米/时

这款配置了顶置16气门发动机的首款宾利设计一流，底盘质保5年。1924年，该车增加了四轮制动。

▷ **宾利 4.5升 1927年款**

产地 英国

发动机 4.398升，直列四缸

最高车速 153千米/时

该车的发动机气门顶置，每个气缸配有2个火花塞、4个气门，能很好地驱动这款沉重的跑车。然而，埃托里 · 布加迪却称其为“卡车”。

▷ **洛斯塔-弗拉斯基尼 Tipo 8A 1924年款**

产地 意大利

发动机 7.372升，直列八缸

最高车速 156千米/时

该车比杜森博格贵很多，是意大利第一款配置直列八缸发动机的汽车，车身豪华、自重大，性能潜力巨大。

▽ **李-弗朗西斯 Hyper 1927年款**

产地 英国

发动机 1.496升，直列四缸

最高车速 137千米/时

Hyper是一款非常成功的跑车，凭借其增压发动机、轻质车身和良好的抓地性能赢得了旅行者大奖赛。

▷ **阿尔法 · 罗密欧 6C 1750 Gran Sport 1929年款**

产地 意大利

发动机 1.752升，直列六缸

最高车速 145千米/时

1929年，阿尔法公司将这款车发动机排量由之前的1.5升提升至1.75升。在后面几年，又为其增加了增压器和令人耳目一新的由扎加托设计的车身，这使它的销量倍增。

阿尔法·罗密欧 6C 1750

6C 1750是阿尔法·罗密欧品牌的杰作之一，它被认为是第一款真正意义上的旅行车。英国设计师詹姆斯·杨和意大利扎加托工作室都为6C的滚动式底盘设计了车身结构。增压版本的6C是成功的，它在1929—1931年期间完胜主要竞争对手。

1923年从菲亚特聘请的设计师维托瑞·加诺迅速为阿尔法·罗密欧带来红利。他设计的精美汽车阿尔法P2在1925年的国际汽车大奖赛中获得冠军。同年，他使用赛车的零部件开发了新车6C 1500。加诺把一个轻质车架与一个小的、转速很高的动力装置整合，制造出另一款异常灵活的汽车。4年后，改进后的六缸发动机变大，另一款新车6C 1750也就此诞生，并在罗马汽车展上亮相。与最初的6C一样，一批专业的客车制造商生产了底盘，扎加托创造了一些极其受欢迎的设计，除了标准的Turismo车型和Gran Turismo车型，Super Sport车型和Gran Sport车型还提供了极其可靠的机械增压发动机，使其成为了耐力赛的理想选择。1929年和1930年在意大利1 000英里拉力赛中的获胜巩固了6C 1750经典赛车的地位。20世纪30年代，6C的发动机排量增大，并去掉了车篷，这使它得以在品牌竞争中延续胜利。

规格	
车型	阿尔法·罗密欧 6C 1750，1929—1933年
装配线	意大利米兰
产量	2 579辆
结构	梯子形的车架，铝制车身
发动机	1.752升，直列六缸
动力输出	4 000~4 600转/分转速时输出制动马力为46~102马力
变速器	四速手动变速器
悬架	断开式车桥，半椭圆形钢板弹簧
最高车速	110~170千米/时

合并
阿尔法·罗密欧这个品牌首次出现在1920年，它是ALFA公司与企业家尼古拉·罗密欧姓氏的组合，尼古拉·罗密欧带领该品牌在1915—1928年逐步壮大。

前视图

后视图

双尾灯

车顶篷 折叠起来后体积很小

驾驶舱 双座

延伸出来的车头占据车身的一半长度

鼓式制动器 4个车轮上全部安装

双备胎 安装在车尾上面

前铰接门 很小

空气动力学侧翼 与脚踏板相连

设计说明
大的散热格栅可以提高流入的空气量，提升六缸发动机的冷却效果。镀银的支架上安装了硕大的前大灯，小风挡可以减小空气阻力，这款6C 1750看起来像商务车。6C 1500上的全新低悬架底盘非常出众，而该底盘也在体积更大的6C 1750上继续使用。

外观

减轻车身重量和利用空气动力学是米兰设计师扎加托的强项，他将铝制车身安装在梯子形的车架上，使车重比竞争车辆的略低。这款赛车版的6C 1750质轻却很坚固。大部分6C 1750被喷成比赛红或鲜红色，也有少部分买家选择低调的白色。金属轮辐的车轮是该车的标配。

1. 发动机盖上的绿色桂冠标志象征着阿尔法·罗密欧汽车在市场上的胜利 **2.** 硕大的前大灯可以在耐力赛的夜间赛段使用 **3.** 前钢板弹簧悬架单元直接连接到底盘上 **4.** 直径18英寸（45.72厘米）的车轮 **5.** 发动机盖锁 **6.** 风挡边上的辅灯 **7.** 意大利设计师扎加托的标志 **8.** 尾灯 **9.** 位于驾驶员一侧、后备箱边上的油箱盖 **10.** 车身后部的2个备胎

11

车内饰

有序的车内布置反映了它的赛车特征。一系列表盘和开关使驾驶员能及时了解发动机的工作状况。木制座椅用皮革装饰，奢华感则被降至最低——小风挡和侧向玻璃窗只提供基本保护。

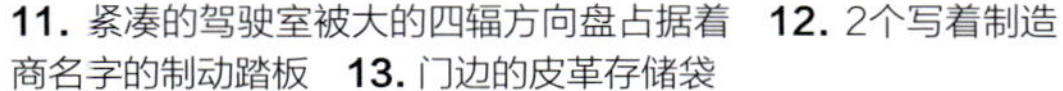

11. 紧凑的驾驶室被大的四辐方向盘占据着 **12.** 2个写着制造商名字的制动踏板 **13.** 门边的皮革存储袋

12

13

发动机舱

基础版的六缸发动机具有单顶置凸轮轴，而性能更强劲的改进版则为双顶置凸轮轴。有的赛车发动机的气缸盖与气缸体被制成一体（如Testa Fissa），如果再配以大尺寸气门、高压缩比和增压器，则可以输出100马力或更大的动力。

14. 六缸发动机的曲轴箱、气缸盖和排气管 **15.** 卧式化油器 **16.** 曲轴前方肋状罗茨式增压器 **17.** 铁、铝合金和铜制的发动机部件

14

15

16

17

1929年的克莱斯勒汽车

1929年的华尔街股灾对汽车工业来说是一场灾难，它毁掉了几个大品牌，结果，销售二手车——如图中这辆克莱斯勒汽车成为一个新兴产业。

$100 WILL
BUY THIS CAR
MUST HAVE CASH
LOST ALL ON THE
STOCK MARKET

60 80 100
160
140
120
100
80
60
500
4500
4000
3500

20世纪30年代

大萧条与底特律 | 流线型与增压器 | 低悬架与高悬架

大萧条后的经济车型

1929年重创美国并波及整个资本主义世界的经济大萧条严重影响了汽车行业。一些人仍然想买汽车，可他们的购买欲望不强，因此高端汽车制造商在这段时间推出了更小、更经济的车型。这些新的低价汽车大部分是实用的四轮轿车，配置要比从前的经济型汽车好。

△ 辛格朱聂尔 8马力 1927年款
产地 英国
发动机 0.848升，直列四缸
最高车速 89千米/时

该车配有灵活经济的顶置凸轮轴发动机，它使辛格公司成为20世纪20年代销售量最好的汽车生产商之一。20世纪30年代，该品牌因缺少新技术研发而销量下滑。

△ DKW FA 1931年款
产地 德国
发动机 0.490升，直列双缸
最高车速 76千米/时

前轮驱动的DKW将二冲程发动机安装在车身一侧、横置于变速器后面，该车因此而变得紧凑且质量更轻。

▷ 哥利亚 开拓者 1931年款
产地 德国
发动机 0.198升，单缸
最高车速 45千米/时

自1924年起，卡尔·宝沃就开始制造小的经济型汽车，他在经济危机期间采用了织物质感车身，并最终有4 000辆汽车售出。

▷ 福特 Model Y 1932年款
产地 英国
发动机 0.933升，直列四缸
最高车速 92千米/时

Model Y在英国、法国和德国三地都有工厂生产，专供欧洲市场，其低廉的价格使福特汽车多年高居市场领导者的位置。

△ Adler Trumpf Junior 1934年款
产地 德国
发动机 0.995升，直列四缸
最高车速 92千米/时

这款前轮驱动的“平民汽车”在第二次世界大战前共售出10万辆，并且在双座级别汽车比赛中多次获胜，包括在1937年的勒芒24小时耐力赛中获得第2名。

△ 奥斯汀 Seven Ruby 1934年款
产地 英国
发动机 0.747升，直列四缸
最高车速 80千米/时

该车保留了奥斯汀Seven的现代感，即顶部3个齿轮安装有同步器、具有高效的四轮制动和减振器、车身坚固。然而，稍重的车身使其行驶速度变慢。

△ **汉莎 500 1934年款**

产地 德国

发动机 0.465升，直列两缸

最高车速 64千米/时

卡尔·宝沃喜欢小型汽车，在设计完哥利亚之后又设计了四座汉莎400和汉莎500。然而当经济危机结束后，大型车的需求量又回升了。

△ **菲亚特 Topolino 500 1936年款**

产地 意大利

发动机 0.569升，直列四缸

最高车速 85千米/时

丹特·贾科萨设计了这款“平民汽车”。该车为前置水冷发动机，只有2个座位，经常不够坐。

△ **希尔曼 Minx Magnificent 1936年款**

产地 英国

发动机 1.185升，直列四缸

最高车速 100千米/时

希尔曼品牌的低价Minx系列轿车始于1932年，1936年经过改进后，其内部空间变得更大。

△ **欧宝 P4 1936年款**

产地 德国

发动机 1.074升，直列四缸

最高车速 89千米/时

P4是从欧宝品牌早期的“树蛙”车型发展而来的，该车的外形和设计都很传统，它结构合理、可靠性强，因此广受大众喜爱。

△ **莫里斯 Eight 1936年款**

产地 英国

发动机 0.918升，直列四缸

最高车速 93千米/时

奥斯汀汽车和福特汽车挤占了名爵在英国的市场后，这款Eight拯救了名爵品牌。该车的布局、尺寸和机械规格复制了福特 Eight的设计，但是卖得很好。

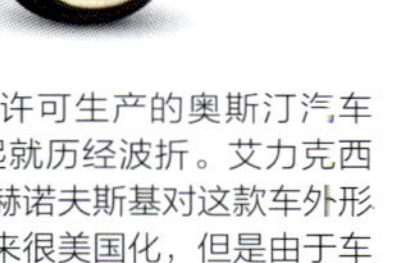

△ **American Bantam 60 1937年款**

产地 美国

发动机 0.747升，直列四缸

最高车速 89千米/时

在美国获得许可生产的奥斯汀汽车从1929年起就历经波折。艾力克西斯·德·萨赫诺夫斯基对这款车外形的重塑看起来更美国化，但是由于车型太小而销量很差。

△ **斯柯达 Popular 1938年款**

产地 捷克斯洛伐克

发动机 0.995升，直列四缸

最高车速 100千米/时

斯柯达公司在20世纪30年代生产新型小型汽车，这款车配有湿式缸套发动机、单管柱式底盘、断开式驱动桥和独立后悬架。

△ **沃克斯豪尔 H-Type Ten-Four 1937年款**

产地 英国

发动机 1.203升，直列四缸

最高车速 97千米/时

沃克斯豪尔的这款入门级汽车比其竞争对手的稍大，并宣称其为承载式车身结构、独立悬架、配有液压制动，该车共售出了42 245辆。

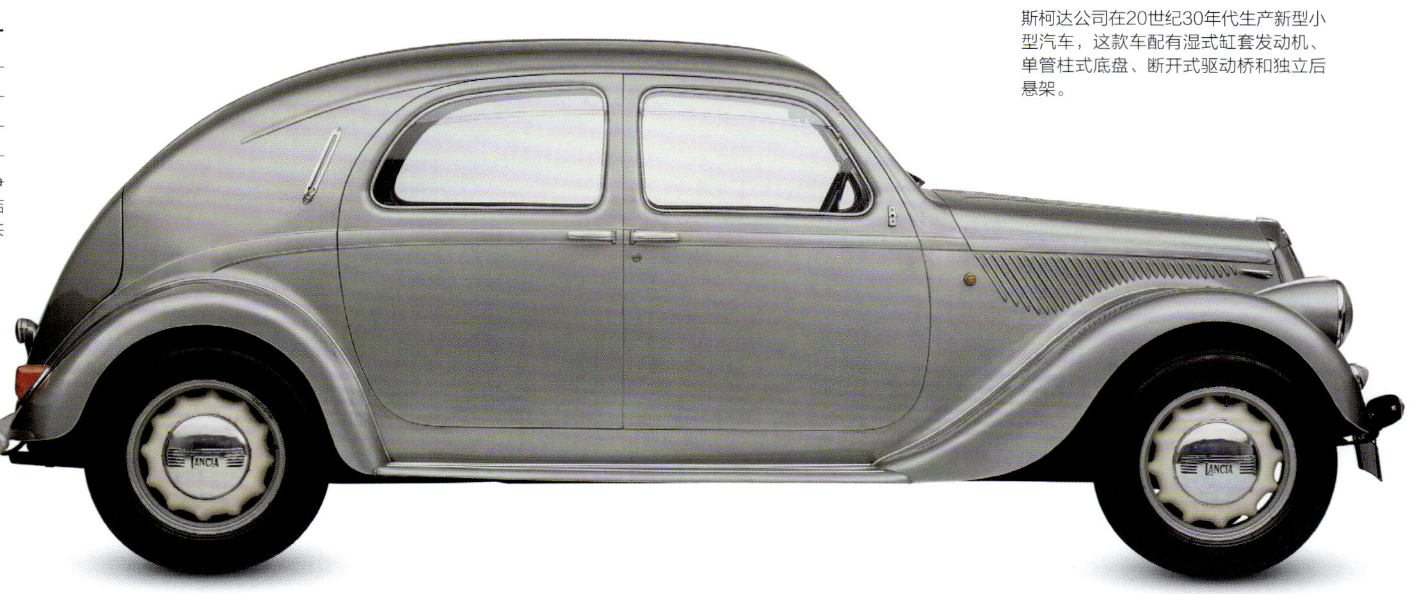

▷ **蓝旗亚 Aprilia 1937年款**

产地 意大利

发动机 1.352升，V型四缸

最高车速 129千米/时

具有承载式车身的Aprilia几乎是第二次世界大战前最先进的轿车，具有全独立悬架、顶置凸轮轴的小角度V型四缸发动机、液压制动和无底柱车门。

赛车和单座汽车

20世纪30年代，意大利汽车品牌在欧洲汽车比赛中独占鳌头，法国和英国品牌的势头则正在消退。然而，获得政府投资的德国赛车很快便在速度和性能上有了大幅提升，并远超其他国家的赛车，只有意大利赛车能够偶尔在国际汽车大奖赛这样的赛事中战胜德国赛车。

◁ **莱利布鲁克兰 1929年款**

产地 英国

发动机 1.087升，直列四缸

最高车速 142千米/时

这款轻质、运动的莱利适合汽车比赛，它的成绩很好，赢得了1932年的旅行者大奖赛。

△ **哈德逊 Eight Indianapolis 1933年款**

产地 美国

发动机 3.851升，直列八缸

最高车速 209千米/时

为了在大萧条期间削减开支，印第安纳波利斯500英里大奖赛开始了“低成本汽车赛”，这款哈德逊就是其中一辆参赛车。

△ **布加迪 Type 51 1931年款**

产地 法国

发动机 2.262升，直列八缸

最高车速 225千米/时

吉恩·布加迪在Type 35的基础上制造出Type 51，并为其配了一款新的双凸轮轴发动机。该车赢得了1931年的法国国际汽车大奖赛，但后期却被德国和意大利的赛车超越。

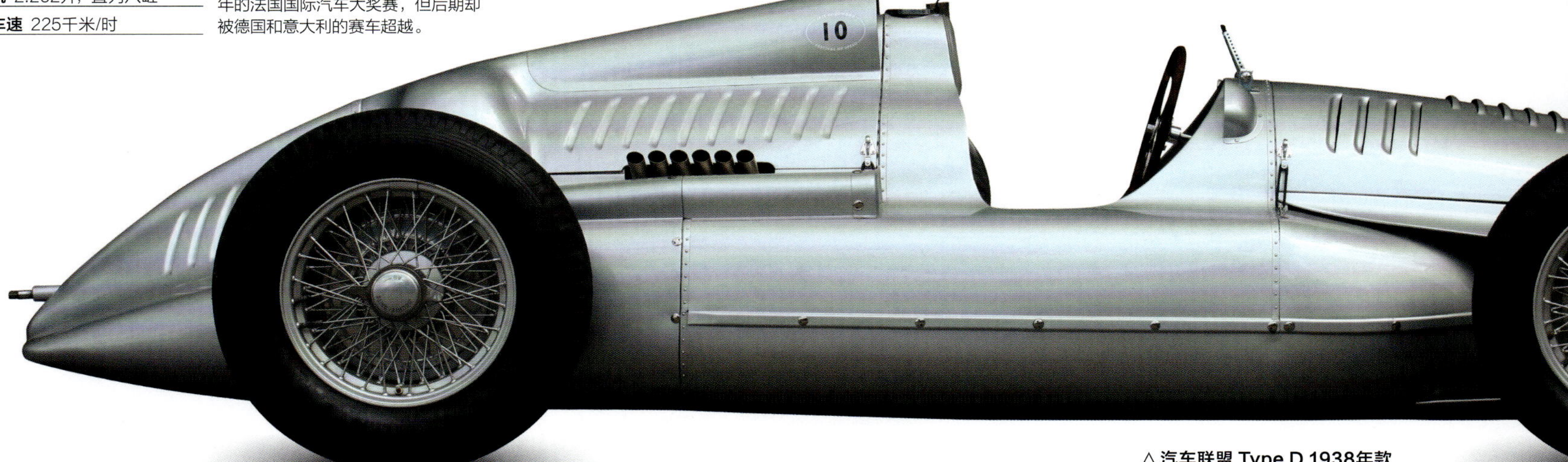

△ **汽车联盟 Type D 1938年款**

产地 德国

发动机 2.990升，V型十二缸

最高车速 330千米/时

汽车联盟设计师埃贝兰·冯·埃伯豪斯特在1938年为新的3升级别的国际汽车大奖赛制造了这款复杂的赛车，其中置的三凸轮轴V12发动机能够产生420马力的动力。

▷ **汽车联盟 Type A 1934年款**

产地 德国

发动机 4.360升，V型十六缸

最高车速 275千米/时

费迪南德·波尔舍设计了这款革命性的参与国际汽车大奖赛的赛车，该车是当时所有赛车中与现在的赛车最接近的，其后轴前部安装了一款技术非常成熟的发动机。

阿尔法·罗密欧

在20世纪30年代，唯一在赛场上对德国品牌形成挑战的就是意大利品牌阿尔法·罗密欧，该品牌归政府所有，设计师是维托瑞·加诺，团队领导者是恩佐·法拉利，赛车手是塔齐奥·诺瓦拉利、阿希尔·瓦基和鲁道夫·卡拉奇奥拉。这些让阿尔法·罗密欧品牌有了一定的优势，但是最终还是未能获胜。

▷ **阿尔法·罗密欧 8C 2300 1931年款**

产地 意大利

发动机 2.336升，直列八缸

最高车速 217千米/时

在20世纪初，赛车上仍有机械师的专座，这款车甚至有4个座位。为了赢得勒芒24小时耐力赛，该车后来做成单排座并连续4年获胜。

◁ **阿尔法·罗密欧 Tipo B 1932年款**

产地 意大利

发动机 2.650升，直列八缸

最高车速 225千米/时

该车是第一款成功的单座赛车，省去了机械师的座位。它在意大利国际汽车大奖赛中首次亮相就对德国赛车构成威胁。

◁ 玛莎拉蒂 8C 3000 1932年款

产地 意大利

发动机 2.991升，直列八缸

最高车速 240千米/时

玛莎拉蒂为新赛季设计的这款GP赛车具有非常轻的铝合金车身，它在1933年的法国国际汽车大奖赛中击败阿尔法·罗密欧汽车并赢得比赛。

△ 玛莎拉蒂 8CTF 1938年款

产地 意大利

发动机 2.991升，直列八缸

最高车速 290千米/时

拥有双顶置凸轮轴、双增压器配置的8CTF是玛莎拉蒂用来在欧洲国际汽车大奖赛中挑战德国赛车统治地位的，然而，它在美国市场的表现却更出色。

▷ 摩根 4/4 Le Mans 1935年款

产地 英国

发动机 1.098升，直列四缸

最高车速 129千米/时

摩根的这款四轮汽车非常灵活，配有考文垂顶点发动机。普鲁登斯·福西特驾驶该款车在1938年的法国勒芒24小时耐力赛中获得第13名。

◁ 梅赛德斯–奔驰 W25 1934年款

产地 德国

发动机 3.360升，直列八缸

最高车速 290千米/时

受到德国政府资助，梅赛德斯–奔驰为新的750千克级别比赛制造了这款更有竞争力的赛车。

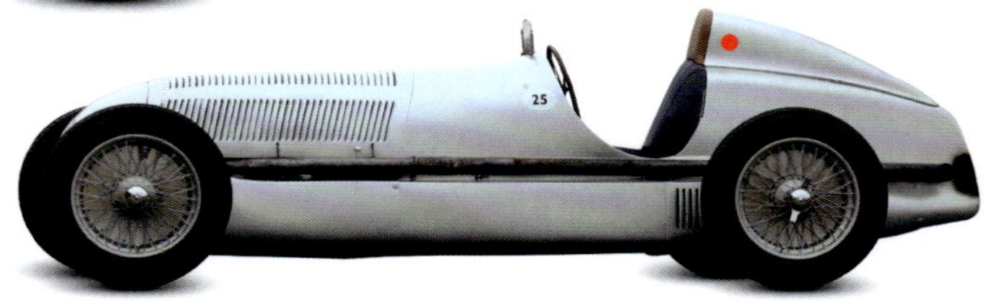

△ 梅赛德斯–奔驰 W125 1937年款

产地 德国

发动机 5.660升，直列八缸

最高车速 330千米/时

国际汽车大奖赛1937年赛季的唯一限制是车身重量不可超过750千克。鲁道夫·乌伦豪特充分利用了这一规则，制造出这款动力性极强的GP汽车。

△ 伊西戈尼斯 轻量级特别版 1938年款

产地 英国

发动机 0.750升，直列四缸

最高车速 145千米/时

该车由曾设计过莫里斯Minor和Mini的亚历克·伊西戈尼斯设计，采用半承载式车身结构和全独立悬架，车体很轻，在车座后部还外加了一个橡胶皮带。

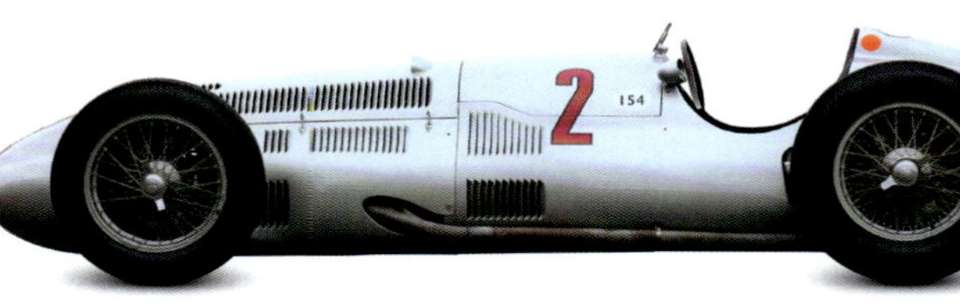

△ 梅赛德斯–奔驰 W154 1938年款

产地 德国

发动机 2.962升，V型十二缸

最高车速 309千米/时

1938年，发动机最大排量的限制是3.0升（有增压）和4.5升（无增压）。在此限制下，梅赛德斯仍然通过双增压四凸轮轴的V12发动机获得了430马力的动力。

△ 阿尔法·罗密欧 8C 2300 1933年款

产地 意大利

发动机 2.556升，直列八缸

最高车速 217千米/时

20世纪30年代，斯库德里亚法拉利（法拉利的赛车部门）管理阿尔法·罗密欧车队并取得成功。图中这款看起来像公路车的赛车多次在国际汽车大奖赛中获胜。

▽ 阿尔法·罗密欧 12C–37 1937年款

产地 意大利

发动机 4.475升，V型十二缸

最高车速 311千米/时

20世纪30年代，阿尔法·罗密欧品牌勇敢地向德国品牌发起挑战。维托瑞·加诺推出这款动力430马力、配有V12发动机的12C–37，但市场表现却不尽如人意。

驾驶座上的路易斯·雪佛兰（右侧），1915年

伟大的品牌

雪佛兰的故事

科尔维特、科迈罗和布雷泽这些车名都源于第一次世界大战前的著名赛车手的名字，路易斯·雪佛兰几乎不关心销售量千万的量产汽车和底特律的工厂，只关心汽车赛场上的事情。

路易斯·雪佛兰在1878年的圣诞节出生于瑞士，他的父亲是一名钟表匠，他后来随父母搬到法国的勃艮第。路易斯的家境并不富裕，还是个小孩子的时候他就在葡萄园里找活干，和父亲学习机械设计。为了把酒从一个桶更快转移到另一个桶，他设计了一个泵，这个泵工作很顺畅。此时的路易斯已经向将家族的名字刻在很多流行的汽车上迈出了一步。到2007年时，全世界每16辆汽车就有一辆刻着雪佛兰的标志。

CHEVROLET

雪佛兰汽车标志（1913年发布）

路易斯·雪佛兰十多岁就在自行车厂当学徒，这份工作很适合他，他很快对改进齿轮系统结构产生了兴趣。18岁时，他为巴黎的莫尔斯汽车公司短暂地工作了一段时间；然后去加拿大闯荡；之后又去了纽约，在那里他被一家法国汽车公司德迪昂布通（当时世界最大的汽车公司）录用为机械师。路易斯一直喜欢自行车比赛，自此则开始参与汽车比赛。在创造1英里（1.6千米）52.8秒纪录后，他的名字为大家所熟知，并进入了顶级赛车手行列。路易斯的成绩使他接触到底特律的汽车生产商，被别克公司录用后，1908年他结识了通用汽车的创始人威廉姆·杜兰特。杜兰特因自己的野心于1910年被公司的股东驱逐出公司。被驱逐后，他与路易斯·雪佛兰成为合作伙伴，并在1911年成立了雪佛兰汽车公司。1年后，他们发布了一款五座旅行车Classic Six，该车带有4.9升六缸发动机，车速可以达到105千米/时，售价为2 150美元，该车的销量很好。

> “我把我的汽车卖给你，把我的名字卖给你，但我不会把我自己卖给你。”
>
> 路易斯·雪佛兰在1913年写给威廉姆·杜兰特

二人的合作很快出现了分歧：路易斯想要制造带有赛车血统的高质量汽车，而杜兰特想要生产低价的平民汽车。1913年，杜兰特买断雪佛兰公司股份，该公司随后快速发展，并且最终被通用公司收购。

雪佛兰公司越来越强大，自1927年以来共售出超过100万辆汽车，领先福特公司成为美国销量最好的汽车生产商（也成为美国最大的汽车制造商）。1936—1976年，雪佛兰公司一直是销量最好的汽车品牌。为了保持良好的市场表现，雪佛兰公司必须持续推出具有竞争力的产品，于是在1918年推出了动力强劲、配有V8发动机的

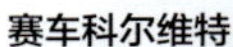

赛车科尔维特
用V8发动机代替科尔维特的六缸发动机让这款科尔维特成为超级赛车。图中3辆都是科尔维特赛车，最前面的是Red Faris（标号11），它们正在1962年在美国举行的比赛中一决胜负。

C系列 CLASSIC SIX

1911年 雪佛兰由瑞士一法国赛车手路易斯·雪佛兰和通用汽车的创建者威廉姆·杜兰特共同创立
1912年 C系列Classic Six雪佛兰汽车开始出售
1913年 首次使用雪佛兰标志
1918年 雪佛兰并入通用汽车；Model D发布，有四座位敞篷小客车和五座位旅行车2种配置
1927年 雪佛兰取代福特成为美国销量最好的汽车品牌

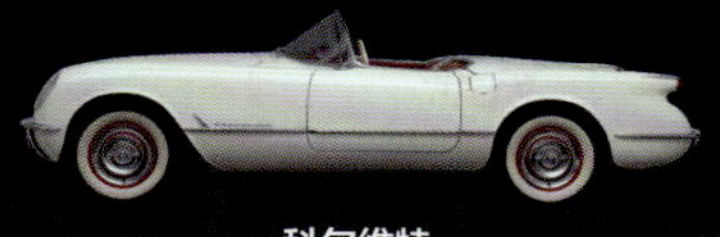

科尔维特

1929年 Stovebolt Six发动机发布，成为雪佛兰接下来的30年主要动力装置
1941年 雪佛兰创下了年销售160万辆小型汽车和卡车的销售记录
1950年 全自动手动变速器首次安装在雪佛兰汽车上
1953年 科尔维特首次亮相，宣称是“第一辆美国跑车”
1955年 雪佛兰发布小型V8发动机，它是雪佛兰最成功的发动机，沿用至今

BEL AIR

1957年 雪佛兰成为美国第一个使用燃油喷射技术的汽车生产商，如Bel Air车型
1967年 发布科迈罗
1969年 考威尔生产中断，可能是因为一位记者发表的一篇负面报道导致。
1975年 Chevette发布
1983年 通用汽车和丰田合作生产新型小雪佛兰

科迈罗

1993年 与丰田进一步合作，生产右舵驾驶车型，随后丰田在日本销售该车型
2001年 20世纪30年代以来首款日本产的通用汽车雪佛兰科鲁兹发布，该车是与铃木合作生产的
2008年 雪佛兰在通用汽车破产重组后生存下来
2019年 雪佛兰在美国的销量在福特和丰田之后排名第三，销量为190万辆
2020年 第八代车型是雪佛兰的第一款中置发动机车型

对年轻的呼喊
“你只有2次变年轻的机会：第一次是你驾驶第一款老爷车的时候，第二次是你驾驶新款雪佛兰汽车的时候。”
——雪佛兰品牌1954年的广告宣传语

Model D。但是真正帮助雪佛兰品牌巩固市场地位的产品是1925年的Superior——盘式制动且纤维喷漆的Superior仅售625美元。第一款在美国以外装配的通用汽车是一款雪佛兰卡车，是1924年1月在哥本哈根工厂里装配出来的，这也是公司全球扩张的开始。整个20世纪30年代，雪佛兰品牌通过扩大产品线来稳固自己的市场地位，这些产品包括各种旅行车和敞篷车。1950年，自动变速器首次安装到雪佛兰汽车上。

雪佛兰品牌的下一个里程碑出现在1955年——发布了较小的V8发动机，这是最成功的发动机，共生产了几百万台。小V8发动机改变了科尔维特跑车的命运，使其成为陆地上的火箭。这款1953年发布的敞篷小客车引领了玻璃纤维车身的潮流，安装V8发动机后更是成为美国汽车的标杆，至今已经生产了6代。

就在美国买家认为雪佛兰汽车永远不会犯错时，1960款的考威尔却出事了。考威尔的后置发动机使得车尾过重，结果发生了很多事故，消费者也抱怨雪佛兰品牌明知有该车缺陷还继续生产。随着投诉不断增加，美国的汽车生产商不得不开始注重安全设施，如安全带、缓冲区域和安全气囊。

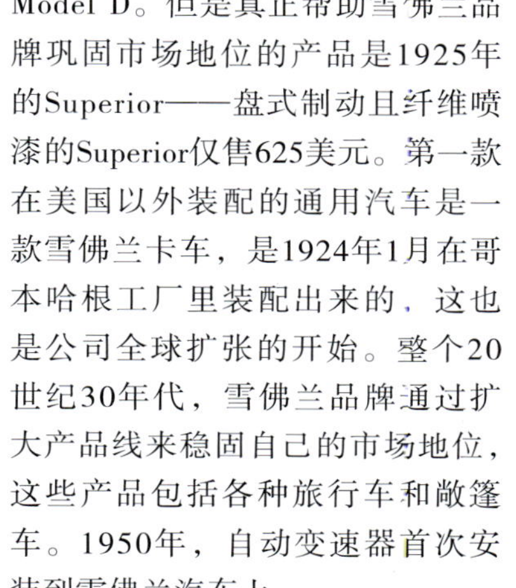

科尔维特小V8发动机
这款强动力、紧凑型V8发动机被用在雪佛兰和其他通用公司的汽车上，成为美国“hot- rod”汽车改装文化的标志。

20世纪60—70年代，雪佛兰汽车一直是美国汽车的标杆，包括大尺寸的黑斑羚、紧凑的希维尔、流行的蒙特卡罗跑车、科迈罗小卡车和结实的开拓者。像其他美国汽车品牌一样，雪佛兰遭受了70年代末80年代初的经济危机。为了在20世纪80年代提供更具经济性的汽车，雪佛兰公司引入和投资了五十铃、丰田和铃木的一些车型。该战略在其于2001年买下韩国大宇汽车品牌，并在其小的出口车型上使用雪佛兰标志时终止。自世纪之交以来，雪佛兰品牌继续生产各种传统汽车，在2010年推出了广受好评的沃蓝达插电式混合动力汽车，该车型于2019年被纯电动汽车Bolt取代。

路易斯·雪佛兰实现了自己生产赛车的梦想，最终却在1941年6月在穷困潦倒中去世，埋葬在距离印第安纳波利斯赛道不远的地方。

豪华汽车

20世纪30年代正处于大萧条时期，但是在欧洲和美国仍然有富人想要购买豪华汽车。这些优雅、舒适和高速的豪华汽车也是最早采用助力制动、同步器和液压制动等新技术的汽车。

▷ **劳斯莱斯 20/25 1930年款**

产地 英国

发动机 3.699升，直列六缸

最高车速 121千米/时

随着豪华车的车身越来越重，它们的速度也变得越来越慢，劳斯莱斯公司后来将20HP升级至动力性更强的20/25。

△ **劳斯莱斯 幻影II 1930年款**

产地 英国

发动机 7.668升，直列六缸

最高车速 145千米/时

劳斯莱斯幻影II是优质发动机 、强动力和终极华美的代名词，但是其机械设计却略微逊色。

◁ **劳斯莱斯 20/25 1930年款**

产地 英国

发动机 3.699升，直列六缸

最高车速 121千米/时

20/25在7年的生产过程中逐步改进，包括1932年新增的同步器式变速器，但它还是没能保持住“世界上最好的汽车”的声誉。

△ **凯迪拉克 60 Special 1938年款**

产地 美国

发动机 5.676升，直列八缸

最高车速 148千米/时

凯迪拉克公司在20世纪30年代制造出一些当时极负盛名的汽车，并且用到了V8、V12和V16发动机 。这款1938年的60 Special是战后车型中的佼佼者。

帕卡德

美国豪华车中的顶级车非帕卡德汽车莫属，它在1915年发布了世界上第一款V12发动机，并且在20世纪20年代一直是最好的豪华车。大萧条时期，汽车产业的发展重心发生了转移，产品线发生了改变，但是帕卡德品牌没能在30年代后期跟上市场的脚步，最终让位于凯迪拉克品牌。

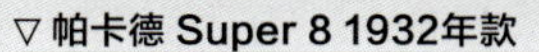

▽ **帕卡德 Super 8 1932年款**

产地 美国

发动机 6.318升，直列八缸

最高车速 161千米/时

新的底盘设计允许这款帕卡德汽车具有较低的底盘，新增的液压减振器同样令该车的驾驶更加自如。1933年，它还增加了制动助力。

△ **帕卡德 Super 8 1930年款**

产地 美国

发动机 6.318升，V型八缸

最高车速 161千米/时

功能丰富、外观漂亮的Super 8在20世纪前20年里称得上是顶级豪华车，而此时的车主也不关心其巨大的耗油量。

◁别克 NA 8/90 1934年款

产地 美国

发动机 5.644升，直列八缸

最高车速 137千米/时

这款别克汽车内部空间宽敞，有着很好的驾驶体验，它安装了同步器式变速器和顶置气门式发动机，这2项技术在当时都是最先进的。

◁别克 Master Series 60 1930年款

产地 美国

发动机 5.420升，直列六缸

最高车速 121千米/时

别克品牌以一款老式的六缸发动机汽车进入20世纪30年代的汽车市场，它是典型的旅行车，销量很好。

△别克 Century Series 60 1936年款

产地 美国

发动机 5.247升，直列八缸

最高车速 153千米/时

配有120马力发动机的Series 60有着惊人的速度，在全世界范围内都很流行，它的性价比很高。

△Talbot 65 1932年款

产地 英国

发动机 1.665升，直列六缸

最高车速 105千米/时

1926年，工程师乔治·罗什为Talbot安装了运转平顺的六缸发动机，使这款英国轿车极富美感和吸引力。

△林肯 K V12 1934年款

产地 美国

发动机 6.735升，V型十二缸

最高车速 161千米/时

林肯豪华V12的所有配置几乎都是最好的，并且在整体性能、前大灯和流线型设计方面都是极其领先的。

◁拉萨尔 V8 1931年款

产地 美国

发动机 5.840升，V型八缸

最高车速 129千米/时

通用公司发布了低价的拉萨尔，因为性能良好、外观精美且价格较低而备受消费者青睐。

△帕卡德 Super 8 1936年款

产地 美国

发动机 5.342升，直列八缸

最高车速 145千米/时

另一款带有液压制动的新底盘设计，它使帕卡德汽车在该领域处于领先地位，然而其销量却一般。

△帕卡德 Super 8 1938年款

产地 美国

发动机 5.342升，直列八缸

最高车速 153千米/时

该车诞生于1938年，是该系列的最后一款，它具有独特的车身设计、“V”形风挡和流线型车身。

1937年的Rytecraft Scoota汽车

图为伦敦街头的美国产微型车，这款两座的小车由一台0.25升排量的Villiers发动机驱动，车速达60千米/时。Scoota汽车只生产了1 000辆，但是微型车的概念沿用到了21世纪。

CPJ 359

跑车

20世纪20年代的新赛事，如意大利的1 000英里拉力赛和法国的勒芒24小时耐力赛，意味着接下来的几十年内汽车比赛将百花齐放。于是，很多汽车生产商相继推出既能在公路上驾驶又能在赛场上驰骋的车型，例如阿尔法·罗密欧品牌和阿斯顿·马丁品牌都推出了吸引消费者的高速汽车。

△莎尔玛森 S4 1929年款
产地 法国
发动机 1.296升，直列四缸
最高车速 90千米/时

法国制造商莎尔玛森发布的S4有不同车身可选，配有现代的双顶置凸轮轴发动机。

△奥斯汀 Seven Ulster 1930年款
产地 英国
发动机 0.747升，直列四缸
最高车速 129千米/时

这款运动版铝制车身的奥斯汀Seven首发于1922年，获得了主流消费者的认可。

△阿斯顿·马丁 勒芒 1932年款
产地 英国
发动机 1.495升，直列四缸
最高车速 137千米/时

这款车之所以取名勒芒，是为了纪念该车自1928年以来连续参与勒芒24小时耐力赛。

◁阿斯顿·马丁 MkII 1932年款
产地 英国
发动机 1.495升，四缸
最高车速 129千米/时

MkII是小型英国跑车的代表，重新设计的底盘变得更低。

▷阿尔法·罗密欧 8C 2600 1933年款
产地 意大利
发动机 2.556升，直列八缸
最高车速 169千米/时

这款著名的8C升级版具有较大的动力装置，阿尔法·罗密欧的官方赛车队凭借该车获得进一步的成功。

△阿尔法·罗密欧 8C 1934年款
产地 意大利
发动机 2.336升，直列八缸
最高车速 169千米/时

在所有为8C设计车身的意大利设计师中，传奇设计师巴蒂斯塔·法尼亚的设计是最美的。

▽阿尔法·罗密欧 8C 2300 1931年款
产地 意大利
发动机 2.336升，直列八缸
最高车速 169千米/时

汽车设计天才维托瑞·加诺于1931年设计的8C统治着20世纪30年代早期的蓝绶带赛事，如意大利的1 000英里拉力赛。

▷ 名爵 PB 1935年款

产地 英国

发动机 0.939升，直列四缸

最高车速 122千米/时

1934年的名爵PA在第2年升级为装有更大发动机的PB，新发动机适用于跑车等车型。

◁ 名爵 TA Midget 1936年款

产地 英国

发动机 1.292升，直列四缸

最高车速 127千米/时

动感的TA Midget安装了名爵的第一款液压制动系统，后来还安装了同步器式变速器，该车是PB的替代车型。

▷ 菲亚特 Balilla 508S 1933年款

产地 意大利

发动机 0.995升，直列四缸

最高车速 113千米/时

菲亚特Balilla在1932年首发，1年以后，该家庭款汽车的运动版问世，它有着更大的动力输出。

△ 捷豹 SS100 1936年款

产地 英国

发动机 2.663升，直列六缸

最高车速 153千米/时

SS100跑车共生产了不足200辆，它是捷豹品牌弃用“SS”之前的最后一款车。

▷ 摩根 Super Spot 三轮 1936年款

产地 英国

发动机 1.096升，V型双缸

最高车速 113千米/时

20世纪30年代，摩根汽车将技术重心放在了三轮汽车上，这样消费者就可以选择三挡而不是两挡的车。

▽ 摩根 4/4 1936年款

产地 英国

发动机 1.122升，直列四缸

最高车速 129千米/时

在生产了27年的三轮汽车后，摩根品牌于1936年发布了首款青绿色四轮汽车。

△ AC 16/80 1936年款

产地 英国

发动机 1.991升，直列六缸

最高车速 129千米/时

16/80上的六缸发动机在1919年发布，并且一直为AC汽车所用，直到20世纪60年代才停用。

▽ BSA Scout 1935年款

产地 英国

发动机 1.075升，直列四缸

最高车速 97千米/时

BSA作为汽车、摩托车和三轮汽车的生产商而被人们所熟知。1935年，它发布了第一款具有现代外观的运动型旅行车Scout。

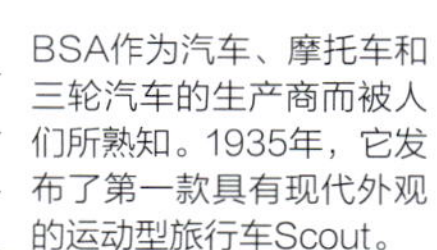

△ 宝马 328 1936年款

产地 德国

发动机 1.971升，直列六缸

最高车速 150千米/时

流线型的328算得上20世纪30年代最好的跑车，赢得了勒芒赛和1 000英里拉力赛。

▷ 流浪者 W25K 1936年款

产地 德国

发动机 1.963升，直列六缸

最高车速 145千米/时

流线型的W25K由德国汽车制造商流浪者生产，它隶属于汽车联盟公司，奥迪公司也是汽车联盟公司的子公司。

大众汽车市场

20世纪30年代，汽车在中产阶级家庭中很流行，生产商也意识到消费者买车主要考虑的是汽车的可靠性、动力性、空间和价格。在美国，新品牌（如庞蒂亚克）都在努力迎合大众市场，创新设计通常体现在汽车的舒适性上，如自动变速器可以使驾驶更平稳。在欧洲，雪铁龙汽车加速了前轮驱动和承载式车身结构的普及。

△雪铁龙 11 Large 1935年款
产地 法国
发动机 1.911升，直列四缸
最高车速 122千米/时

安德烈·雪铁龙采用了反传统的承载式车身结构设计和前轮驱动。该车运转良好，一直生产到1957年。

◁辛格 Nine Le Mans 1933年款
产地 英国
发动机 0.972升，直列四缸
最高车速 113千米/时

辛格汽车顶置凸轮轴发动机的强动力是其最大的卖点，它是名爵品牌在英国小型跑车市场上的最大竞争对手。

▷奥斯汀 10/4 1935年款
产地 英国
发动机 1.125升，直列四缸
最高车速 89千米/时

10/4是奥斯汀品牌在1932—1940年销量最好的车，这是因为消费者的喜好已经从20世纪20年代小型的奥斯汀Seven转变为空间更大、速度更快的10/4。

△庞蒂亚克 Six 1935年款
产地 美国
发动机 3.408升，直列六缸
最高车速 121千米/时

这款庞蒂亚克汽车配有六缸发动机和时尚的车身外形——篱笆面具式散热器格栅和角楼式车顶，1939年以前，该车在美国销售联盟中名列第5。

◁福特 V8-81 1938年款
产地 美国
发动机 3.622升，V型八缸
最高车速 137千米/时

福特汽车的V8发动机使该车的性价比超过了所有竞争对手，它成为福特继A型车和T型车之后全球销量最好的车型。

△罗孚 14 1934年款
产地 英国
发动机 1.577升，直列六缸
最高车速 111千米/时

该车外形时尚，定位中级车，配有六缸发动机。在整个20世纪30年代，该车在英国都有着稳定的销量。

▷雷诺 Juvaquatre 1938年款
产地 法国
发动机 1.003升，直列四缸
最高车速 97千米/时

该车是雷诺的首款整体式车身汽车，它一直生产到1960年，其传统的传动系配有机械制动器和三挡变速器。

△雪佛兰 EA Master 1935年款
产地 美国
发动机 3.358升，直列六缸
最高车速 137千米/时

1935年，美国的汽车保有量激增，雪佛兰品牌在此期间共卖出超过50万辆E系列汽车。该车拥有响应性好、时尚现代的优点。

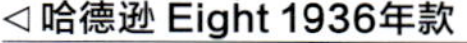

◁哈德逊 Eight 1936年款

产地 美国

发动机 4.168升，直列八缸

最高车速 145千米/时

哈德逊在20世纪30年代逐渐转变为高端市场品牌，与此同时也损失了一些客户，但是该款实用且配有强动力发动机的汽车卖得不错。

△汉诺玛格 Garant 1936年款

产地 德国

发动机 1.097升，直列四缸

最高车速 84千米/时

Garant比20世纪20年代的Kommisbrot更传统，但是却很受欢迎。汉诺玛格公司在第二次世界大战之后没有再生产过汽车，尽管曾在1951年打造出一款值得效仿的原型车。

▷普利茅斯 P3 1937年款

产地 美国

发动机 3.300升，直列六缸

最高车速 121千米/时

克莱斯勒的廉价品牌普利茅斯销量很好，该车简单实用、价格合理，在1937年共卖出566 128辆。

▷道奇 D5 1937年款

产地 美国

发动机 3.570升，直列六缸

最高车速 137千米/时

尽管该车外形与克莱斯勒品牌的其他车型很像，也没能妨碍它在1937年共售出了295 000辆，这也归功于美国消费者对于中级车的强烈需求。

△奥兹莫比尔 Six 1935年款

产地 美国

发动机 3.530升，直列六缸

最高车速 129千米/时

奥兹莫比尔是通用汽车的主流品牌，特点是配有液压制动和同步器式手动变速器（或自动变速器）。

◁道奇 D11 1939年款

产地 美国

发动机 3.570升，直列六缸

最高车速 137千米/时

道奇品牌在1928年被克莱斯勒公司收购，在品牌创立25周年之际发布了这款带有V形风挡玻璃、流线型前大灯的D11，该车型很前卫，已经具有战后汽车的影子。

◁梅赛德斯-奔驰 260D 1936年款

产地 德国

发动机 2.545升，直列四缸

最高车速 97千米/时

该车宣称是第一款配有柴油发动机的量产车，它虽然耐用但是车速低、噪声大。不管怎么样，柴油发动机的出现是一件值得关注的事情。

▽梅赛德斯-奔驰 170H 1936年款

产地 德国

发动机 1.697升，直列四缸

最高车速 109千米/时

梅赛德斯-奔驰发布的发动机后置的130H和170H并没有成为“驱动”德国的“平民汽车”，图为敞篷侧门汽车。

大众的
对置式发动机

为响应执政者生产平民汽车的要求，费迪南德·波尔舍设计了一款发动机，该发动机用空气冷却代替了水冷却，这就减轻了发动机的重量，免去了散热器、水泵和软管的复杂结构。当汽车生产在第二次世界大战后恢复时，这款简单实用的发动机继续在世界范围内热卖，直到2003年生产商停止生产。

平稳

该水平对置式四缸发动机有时也被称为"平四"或"拳击手"。在如今的设计中，四缸多为直列，水平对置很少见。这种设计有2个优点：重心低（不容易翻）和减轻振动（增加舒适性）。活塞布置在每对对置气缸的曲轴两侧，所产生的振动会相互抵消，从而使发动机内因质量不平衡产生的振动大幅降低。

发动机规格	
数据采集于	1936—2003年
气缸	四缸，水平对置
发动机布置	发动机后纵置
发动机排量	1.131升（最高提升至2.0升）
动力输出	3 300转/分转速时输出24马力，最大可以输出70马力
类型	传统四冲程空冷发动机
气缸盖	气门顶置，由推杆和摇臂驱动，每气缸两气门
燃油供给系统	单化油器
气缸尺寸	2.95英寸×2.52英寸（7.50厘米×6.40厘米）
功率	21.2马力/升
压缩比	5.8：1

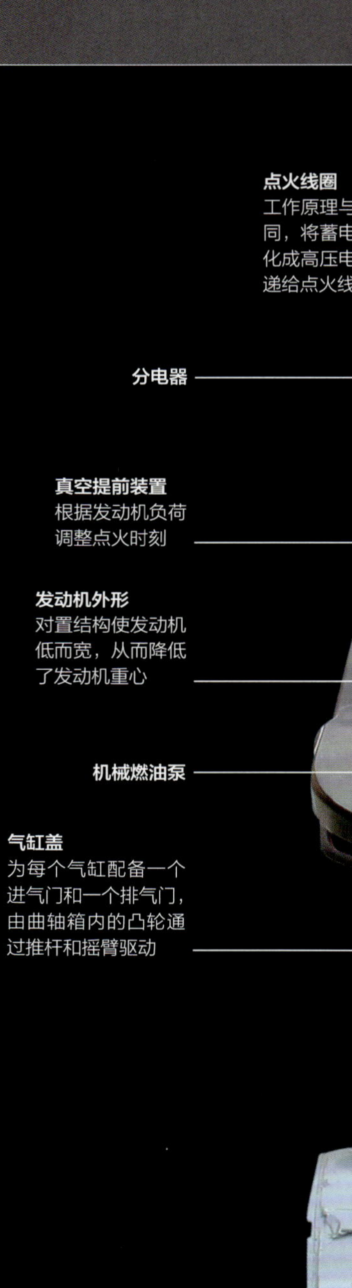

▷ 注：查看第352~353页 发动机的工作原理

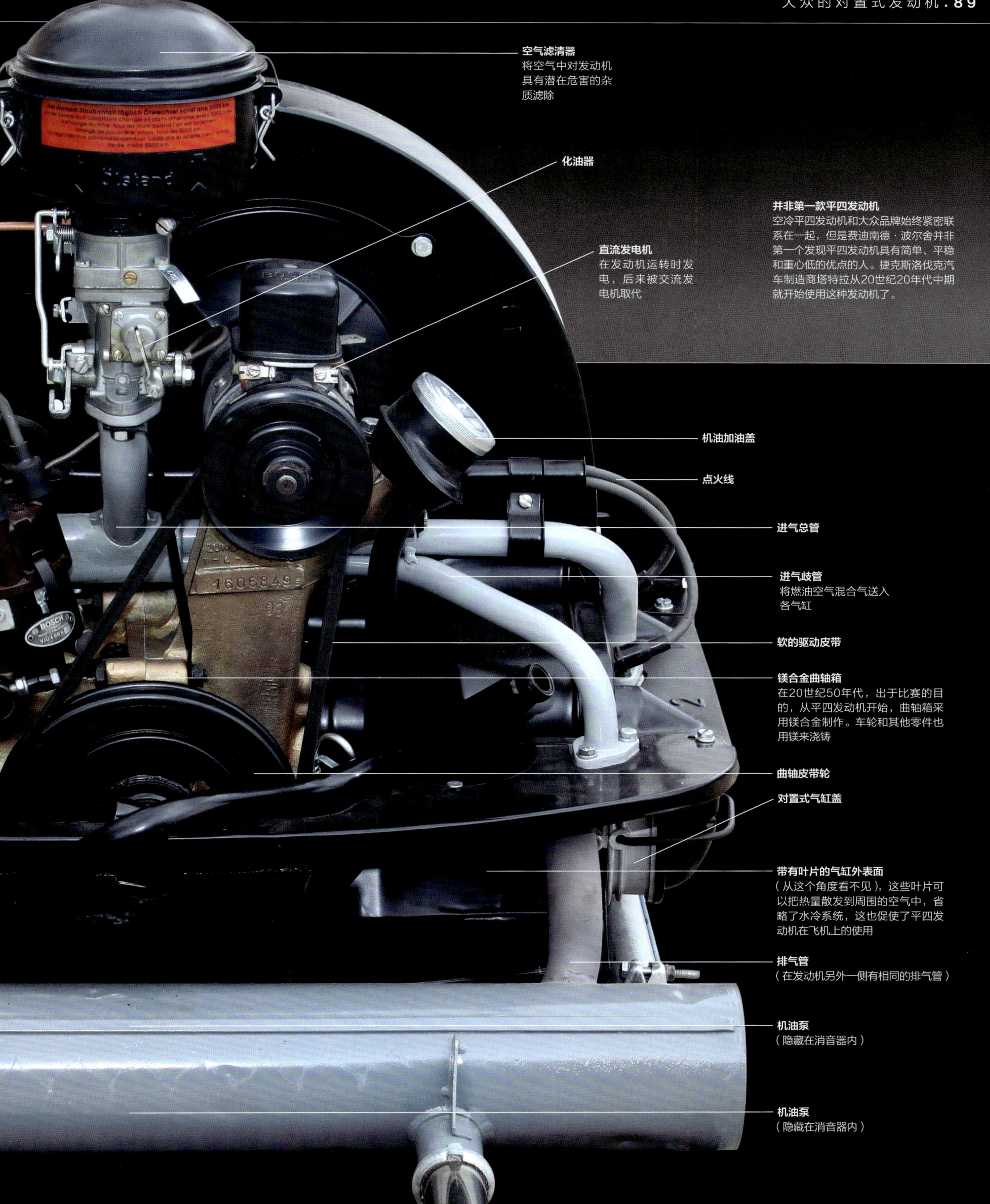

并非第一款平四发动机

空冷平四发动机和大众品牌始终紧密联系在一起，但是费迪南德·波尔舍并非第一个发现平四发动机具有简单、平稳和重心低的优点的人。捷克斯洛伐克汽车制造商塔特拉从20世纪20年代中期就开始使用这种发动机了。

1930年的Daytona Beach亮银色子弹头汽车

亮银色子弹头汽车是1930年世界陆地速度赛的冠军，尽管它具有4 000马力的动力和惊艳的流线型车身，可还是未能达到预期的402千米/时的最高车速。

ROLAND DAVIES

流线型汽车

20世纪30年代，很多司机都喜欢空间大、容易进出、前部厚重的汽车。当时，车速超过129千米/时已不是问题，因此，欧美的车型设计师和工程师们把注意力转移到了空气动力学及其在最高车速和稳定加速方面的潜能上。

△皮尔斯 银箭 1933年款

产地 美国

发动机 7.566升，V型十二缸

最高车速 185千米/时

由詹姆斯·R.休斯设计的概念车银箭仅生产了5辆，它在1933年的纽约车展上轰动一时，但是售价太高了。

▽布加迪 Type 50 1931年款

产地 法国

发动机 4.972升，直列八缸

最高车速 177千米/时

吉恩·布加迪设计了这款跑车，它的风挡是当时所有汽车中倾斜度最大的。该车配有豪华的底盘和双顶置凸轮轴发动机。

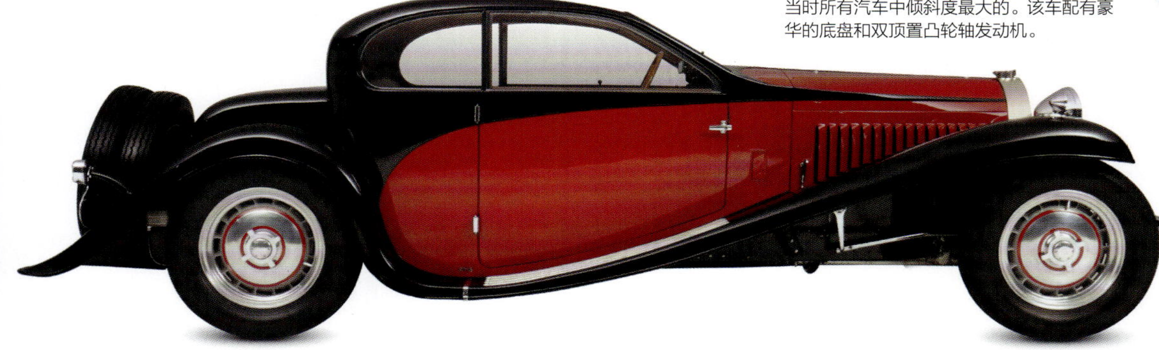

△标致 402 1935年款

产地 法国

发动机 1.991升，直列四缸

最高车速 121千米/时

该车比20世纪30年代的大部分流线型汽车都成功，由于其价格较低，最终售出了75 000辆。402拥有独立的底盘，这使它共有16种不同车身可选。

▷Cord 810 1936年款

产地 美国

发动机 4.730升，V型八缸

最高车速 150千米/时

出色的Cord具有符合空气动力学的设计和流行的前大灯、前轮驱动、悬臂式悬架、电控变速器。

△雷诺 Viva Gran Sport 1936年款

产地 法国

发动机 4.085升，直列六缸

最高车速 143千米/时

后掠翼和“V”形散热器格栅形成了非垂直车身，再加上流线型前翼上的前大灯，该车是当时设计领先的汽车。

▽Cord Phantom Corsair 1938年款

产地 美国

发动机 4.730升，V型八缸

最高车速 185千米/时

该车源于Cord 810，由百万富翁鲁斯特·海因茨设计，由加利福尼亚汽车车身制造商波曼和施瓦茨制造，这款梦幻般的汽车曾在1938年的电影《年轻的心》中亮相。

▷阿尔法·罗密欧 6C 2300 Aerodinamica 1935年款

产地 意大利

发动机 2.309升，直列六缸

最高车速 193千米/时

该车是应本尼托·墨索里尼的要求由维托瑞·加诺、基诺和奥斯卡秘密制造的，他们本想使用V12发动机，可是最终安装的是六缸发动机。

▷阿尔法·罗密欧 8C 2900B 勒芒跑车 1938年款

产地 意大利

发动机 2.905升，直列八缸

最高车速 225千米/时

这款空气动力学双门轿跑车曾轰动一时。雷蒙德·萨默和克莱门特·比昂德蒂驾驶它在1938年的勒芒24小时耐力赛中创造了单圈156千米/时的速度纪录，并且领跑了219圈，直到一个轮胎爆胎。

△ **斯泰尔 50 1936年款**

产地 德国

发动机 0.978升，V型四缸

最高车速 85千米/时

这款泪珠形状的“平民汽车”动力更强，所以它可以爬上陡峭的高山山道。截至1940年，共有12 000辆斯泰尔50售出。

△ **梅赛德斯-奔驰 150H 运动敞篷车 1934年款**

产地 德国

发动机 1.498升，直列四缸

最高车速 125千米/时

梅赛德斯品牌的设计师汉斯·尼贝尔和麦克斯·瓦格纳设计出这款发动机中置的运动赛车，该车具有良好的操控性和先进的技术——螺旋弹簧、断开式后桥和盘式车轮，但仅生产了20辆。

▷ **塔特拉 T87 1936年款**

产地 捷克斯洛伐克

发动机 2.968升，V型八缸

最高车速 159千米/时

这款具有非凡的空气动力学车身设计、发动机后置的塔特拉由保罗·加雷和汉斯·雷德温卡设计，由于采用非常规设计而给人留下深刻印象。

◁ **克莱斯勒 CU Airflow Eight 1934年款**

产地 美国

发动机 5.301升，直列八缸

最高车速 145千米/时

经过风洞试验开发出来的，具有承载式车身结构、低底盘和良好操控性的这款车非常超前，但是该车受到质量问题困扰，最终的销量较差。

◁ **林肯 Zephyr 1936年款**

产地 美国

发动机 4.378升，V型十二缸

最高车速 145千米/时

流线型前大灯和空气动力学车身使这款承载式车身结构的Zephyr看起来非常现代，它安装了侧向气门和机械制动器。

△ **拉贡运 V12 兰斯菲尔德 勒芒跑车 1939年款**

产地 英国

发动机 4.479升，V型十二缸

最高车速 206千米/时

拉贡达品牌在20世纪30年代推出一款一流的V12发动机，该发动机曾帮助2款赛车在1939年的勒芒24小时耐力赛上取得第3名和第4名，该车在这2款赛车后推出。

▷ **潘哈德与莱瓦索尔 X77 Dynamic 1936年款**

产地 法国

发动机 2.863升，直列六缸

最高车速 145千米/时

这款有着承载式车身结构、扭杆弹簧独立前悬架和近乎中置的发动机的“艺术品”并未流行起来。

林肯 Zephyr

福特旗下的林肯品牌始终与昂贵、奢华联系在一起，它于1936年推出的Zephyr则为消费者提供了最低价的奢侈体验。Zephyr是林肯品牌第一款全整体式车身结构的汽车，由新款V12发动机提供动力，其大胆、平稳的设计让人兴奋。该车于1936年在纽约汽车展上亮相，并成为该品牌20世纪30年代销量最好的汽车，这也证明了流线型汽车是当时的流行趋势。

流线型车身并没有给1934年的克莱斯勒汽车带来任何利益回报，但是这并不妨碍福特公司在2年以后推出自己的流线型车型。尽管是一次冒险的尝试，林肯Zephyr还是凭借打折的策略占有了不小的市场，而此时其他品牌的豪华车则四处碰壁。1937年，林肯品牌在原有的两门或四门长坡车顶跑车基础上又设计了一款三窗的跑车和一款折篷款跑车。第二次世界大战导致林肯汽车生产中止，直到1942年才恢复。当该车型在1946年恢复生产时，Zephyr的名字已不复存在，但是该车依然在林肯旗下辉煌了2年。

Zephyr的泪珠式流线型设计与当时市场上凯迪拉克和帕卡德的豪华车有明显的不同，它也对其他品牌的豪华车形成很大影响。在林肯品牌内部，该车型也被认为是美国最有创意的、1939—1948年的第一代欧陆汽车的蓝本。

规格	
车型	林肯 Zephyr，1936年
装配线	美国底特律
产量	29 997辆
结构	全钢制整体车身（承载式车身结构）
发动机	4.378升，V型十二缸
动力输出	110马力
变速器	三挡手动变速器
悬架	前后横置钢板弹簧
制动器	前后鼓式制动器
最高车速	145千米/时

从铁路到公路
Zephyr的名字源自一款名为Pioneer Zephyr的柴油机火车。火车的车头设计前卫，使用钢制车身，从1934年开始服役，在铁路运输过程中创造了好几项速度纪录。

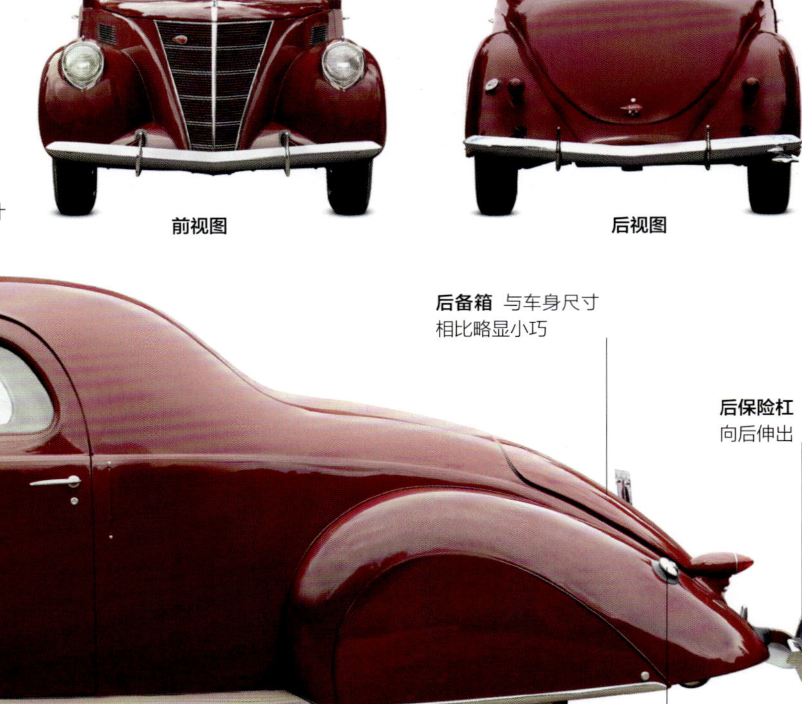

前视图

后视图

顶篷 曲线型设计符合空气动力学

发动机盖上的车标 象征其艺术品式的设计风格

“V”形的散热器格栅

通风孔 辅助V12发动机散热

后备箱 与车身尺寸相比略显小巧

后保险杠 向后伸出

白色轮毂 在20世纪30年代后期很流行

轴距 长3.1米

油箱盖 68升的油箱

路面表现
与众不同的散热器格栅和富有激情的流线型设计使林肯Zephyr的车身前部散发出艺术品般的气息。该车型由布里格斯公司的约翰·加尔达设计，该公司曾为福特和其他汽车制造商设计过车身。后来，埃德塞尔·福特和内饰设计师尤金·鲍勃·格里高利又对车身前部做了修改。

外观

林肯品牌对细节的关注在林肯Zephyr身上体现得很明显，但是市场更关心的是底盘和车身整体的优势——“没有任何产品具有如此的安全性和舒适性”。尽管这款流线型汽车自1942年以来就一直争议不断，它还是成为美国空气动力学车身的领导者。

1. 发动机罩上的车标，还起到发动机罩锁的作用 **2.** 散热器格栅上的标志 **3.** 艺术品般的泪珠式前大灯 **4.** 1938年，散热器格栅尺寸减小，上沿高度降低 **5.** 冷却通风孔的风格与散热器格栅的一致 **6.** 车门上的铰链 **7.** 优美的门把手 **8.** 白色轮毂、直径为17英寸（43.18厘米）的车轮 **9.** 弹出来的指示灯 **10.** 侧面的窗户和门镜 **11.** 尾灯延续了流线型风格 **12.** 起动手柄

车内饰

尽管是当时价最低的林肯汽车，驾驶室的设计却没有打折扣。在折篷款中，皮革座椅布置成红色的、褐色的和灰色的，并且带有木制仪表盘。1937—1940年，Zephyr把主表盘移至仪表盘中央，里程表则自1940年起置于驾驶员前部。仪表盘的颜色也与内饰颜色相匹配。

13. 车速表，可显示最高车速为161千米/时 **14.** 控制手柄 **15.** 燃油和机油压力表 **16.** 能容下3个人的长座位 **17.** 车窗操控手柄 **18.** 制动手柄

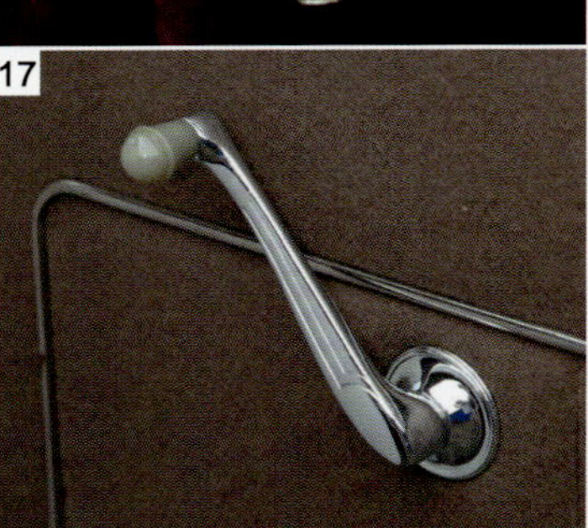

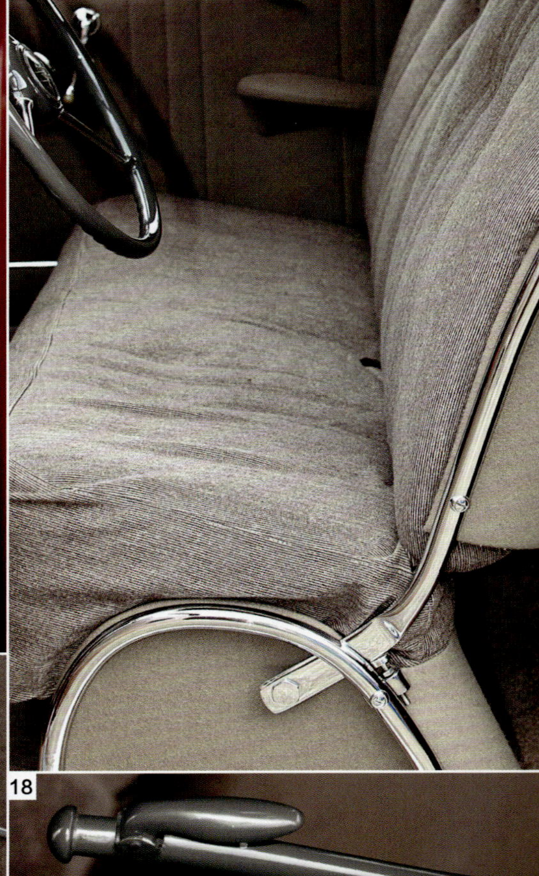

发动机舱

安静、灵敏的Zephyr的V12发动机是在福特汽车的V8发动机的基础上制造出来的，它也是当时该级别发动机的唯一一款。这款动力为110马力的发动机每加仑汽油可以跑14~18英里（每升6~8千米），1940年，它扩容到4.785升，动力也增加了10马力。1942年它做了最后一次扩容，排量为4.949升。

19. 安全喇叭　**20.** 化油器　**21.** 原始的铝制气缸盖，1942年被铸铁气缸盖取代　**22.** 后备箱内的车轮和支架

华丽而奇特的车身样式

20世纪30年代，车身设计百花齐放。最奇特的底盘往往都来源于赛车，然后应用到公路汽车中，豪华车后来也使用了这种底盘。注重时尚的法国在该时代对车身设计的贡献最大，就连法国中等尺寸的汽车都使用奇特的车身外形。

△ **凯迪拉克 V16 两座敞篷车 1930年款**

产地 美国

发动机 7.413升，V型十六缸

最高车速 153千米/时

凯迪拉克V16当时是美国人身份、地位的象征，它有着大车身和优异性能。图中这款少有的两座车为《洛杉矶时报》的出版商所有。

▷ **阿尔法·罗密欧 8C 2900B 跑车 1938年款**

产地 意大利

发动机 2.905升，直列八缸

最高车速 161千米/时

基于8C 35——国际汽车大奖赛赛车底盘设计的2900B是阿尔法·罗密欧品牌最好的公路汽车。仅有少量的2900B通过巡展售出。

◁ **西斯帕罗苏扎 K6 1934年款**

产地 法国

发动机 5.184升，直列六缸

最高车速 145千米/时

该车是巴黎当时一家著名汽车生产商的最后一款车，具有多种车身外形可选。这款封闭的两门轿车的对开门样式非常特别，70年后才出现第2款。

▷ **奥本 Speedster 1935年款**

产地 美国

发动机 4.596升，直列八缸

最高车速 167千米/时

1935—1936年，Speedster仅生产500辆，因此很多人都把它视为极品。该车配备了148马力的增压发动机，这也保证了Speedster可以在160千米/时的速度下进行测试。

▷ **蓝旗亚 Astura 1931年款**

产地 意大利

发动机 2.973升，V型八缸

最高车速 127千米/时

该车配有小角度顶置凸轮轴V8发动机，其底盘是战前意大利最好的发动机，篷式汽车车身由宾尼法利纳公司设计。

◁ **布加迪 Type 57SC Atalante 1935年款**

产地 法国

发动机 3.257升，直列八缸

最高车速 193千米/时

该低悬架汽车仅生产了17辆，它由吉恩·布加迪设计，配有双凸轮轴和独立前悬架。

◁ **梅赛德斯-奔驰 500K敞篷车 1934年款**

产地 德国

发动机 5.018升，直列八缸

最高车速 164千米/时

配有世界上第一个全独立悬架、螺旋弹簧和减振器的500K具有无与伦比的舒适性和动力性。

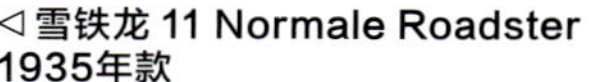

◁标致 401 Eclipse 1934年款

产地 法国

发动机 1.720升，直列四缸

最高车速 109千米/时

乔治·保林为这款可伸缩式车顶汽车申请了专利，好几款20世纪30年代的标致汽车都使用了该设计。这种设计在70年后变得很普遍。

◁雪铁龙 11 Normale Roadster 1935年款

产地 法国

发动机 1.191升，直列四缸

最高车速 109千米/时

雪铁龙11的设计是20世纪30年代最具创新性的汽车设计之一，这款车具有承载式车身结构、湿式气缸套发动机和同步式变速器，是前轮驱动汽车。

△标致 402 Darl' Mat 1938年款

产地 法国

发动机 1.991升，直列四缸

最高车速 153千米/时

该车奇特的车身、昂贵的价格、可伸缩的风挡和车顶使它成为最富吸引力的标致汽车。它在1938年的勒芒24小时耐力赛中获得第15名。

▽德拉哈耶 135M 费高尼与法拉斯奇 1936年款

产地 法国

发动机 3.557升，直列六缸

最高车速 169千米/时

配有大功率发动机的这款车具有运动底盘和绝对浮夸的车身设计，该跑车由巴黎最具创新思维的车身设计公司费高尼-法拉斯奇设计。

△玛蒙 Sixteen 1932年款

产地 美国

发动机 8.049升，V型十六缸

最高车速 171千米/时

玛蒙 Sixteen比凯迪拉克 V16速度更快，并在广告中宣称其铸铝发动机技术是世界上最领先的。

△林肯 大陆 1939年款

产地 美国

发动机 4.738升，V型十二缸

最高车速 145千米/时

手工打制的这辆大陆是林肯品牌最好的汽车，最初是为埃德塞尔·福特定制的，但是埃德塞尔太喜欢它了，以至后来对其进行了批量生产。

△塔尔伯特 T150C SS 1937年款

产地 法国

发动机 3.994升，直列六缸

最高车速 185千米/时

安东尼·拉戈的现代发动机和悬架设计挽救了塔尔伯特汽车，该款车的泪珠式车身外形由费高尼-法拉斯奇公司设计。

宝马 319，1937年

伟大的品牌
宝马的故事

宝马公司最开始是飞机发动机制造商，后来转造摩托车，再后来制造汽车。宝马公司在20世纪50年代几近破产，在20世纪60年代凭借里程碑式汽车Neue Klasse成功复苏。宝马如今已经成为欧洲最有名的品牌之一，也是领先的跑车生产商。

宝马公司诞生于飞行制造业蓬勃发展的年代。1911年，古斯塔夫·奥托（汽油发动机工程师尼古拉斯·奥托的儿子）在德国的慕尼黑附近建立了飞机制造工厂；1913年，卡尔·拉普在其附近开设了一家飞机发动机制造工厂，拉普离开工厂后，公司更名为宝马。1917年，宝马与奥托的飞机工厂合并，在此之前奥托已经因病退休了。

宝马汽车标志
（1917年发布）

宝马公司购买了Dixi公司后于1929年进入汽车制造行业，Dixi公司在爱森纳赫的工厂曾被授权生产奥斯汀Seven。1932年，宝马公司开始生产自己的第一款汽车——3/20 AM-1。1934年的车型303配有六气缸发动机，是宝马公司第一款带有双肾形散热器格栅的汽车，此种设计在今天的宝马汽车上依然存在。战争期间，宝马公司最好的车型是1936年的328跑车，该车统治了20世纪30年代后期的跑车比赛。

在第二次世界大战期间，宝马公司为德国政府制造汽车、摩托车和飞机发动机，工厂在轰炸中损毁严重。战后，宝马公司在爱森纳赫的工厂位于苏联控制的东区，摩托车和汽车都恢复生产且带有EMW的标志。该工厂后来归到瓦特堡品牌旗下。宝马公司在英国的布里斯托尔也有生产线。

宝马公司在慕尼黑的工厂于1948年恢复摩托车生产。1951年，该工厂开始生产豪华汽车，第一款是501。然而，501的售价是德国人均工资的4倍，有的人即使买得起，也宁愿去买稳定性更好的梅赛德斯-奔驰汽车。宝马品牌配有V8发动机的车型，如高速的507跑车虽然令人难忘，也一样不盈利。1953年在意大利发布的微型Isetta“泡泡车”获得了成功，宝马公司买下它并安装了自己的发动机，在1955年重新发布。在随后8年，宝马生产了160 000多辆“泡泡车”，之后又为源源不断的客户生产了一系列更大的汽车。但公司的财务状况依然窘迫，1959年几乎破产。后来，Quandt家族的投资拯救了宝马公司，并为宝马公司建立了一个新的管理团队。

宝马品牌的Isetta“泡泡车”
该微型两座汽车由单缸四冲程摩托车发动机驱动。

新管理团队推出的第一款车型是尼卡斯系列，1961年共下线1 500辆，使宝马公司的财务问题得以完全解决。这款车拥有挺阔、方形的前脸设计和新的顶置凸轮轴发动机，非常畅销，为了满足日益增加的需求量，宝马公司需要提高生产能力，于是它买下了格拉斯——丁格芬的一家生意低迷的汽车公司。

> “他们有令人惊讶的能力生产强动力、可靠的发动机。”
>
> 戈登·穆雷，宝马-迈凯伦车队一级方程式赛车设计师，1994年

宝马5系车悬架
1995年，第3代宝马5系车采用铝制悬架和转向系，解决了由车身尺寸增大所带来的重量增加问题。

20世纪60年代后期，宝马公司的产品范围已涵盖配有六缸发动机的新6系轿车和跑车。1972年又增加了5系轿车，该系列产品重新定义了中等尺寸高级轿车——配有高效发动机、外形简洁、安全性高。与此同时，轻型新6系跑车在欧洲房车冠军赛中击败福特公司的汽车RS Capri。宝马公司也进行了超级跑车的研发，如在1979年开始了限量生产的车型MI。

20世纪70年代，宝马公司丰富了自己的产品结构：1975年发布紧凑的3系汽车；1976年发布6系跑车；1977年发布大尺寸7系汽车；第2代5系汽车也在1981年发布，同年宝马公司还作为布拉汉姆

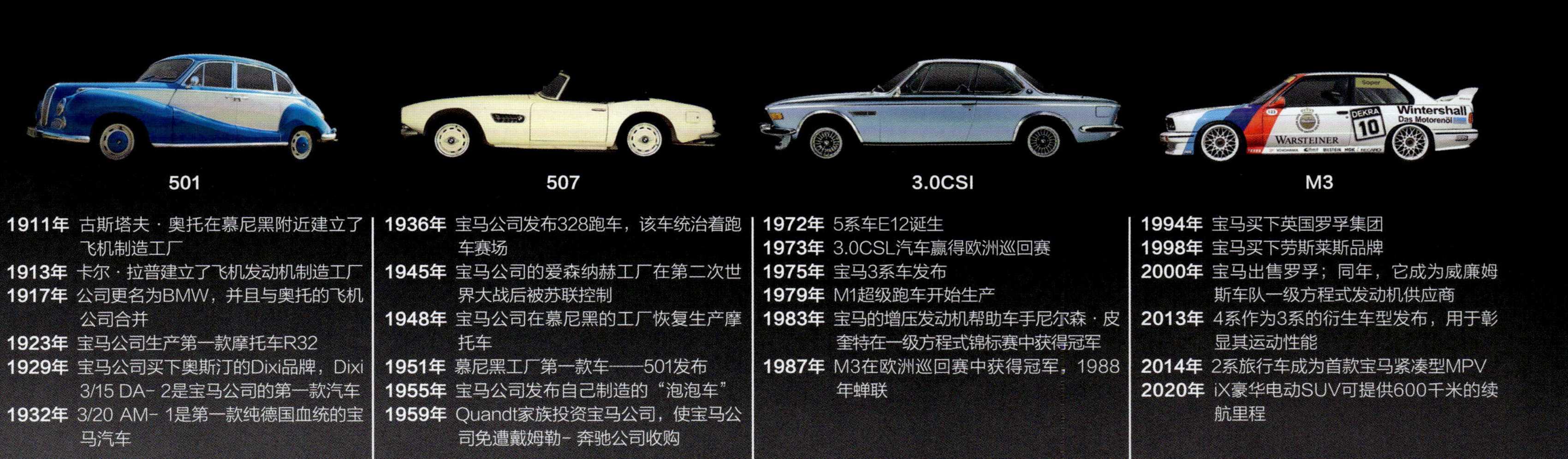

1911年 古斯塔夫・奥托在慕尼黑附近建立了飞机制造工厂
1913年 卡尔・拉普建立了飞机发动机制造工厂
1917年 公司更名为BMW，并且与奥托的飞机公司合并
1923年 宝马公司生产第一款摩托车R32
1929年 宝马公司买下奥斯汀的Dixi品牌，Dixi 3/15 DA- 2是宝马公司的第一款汽车
1932年 3/20 AM- 1是第一款纯德国血统的宝马汽车

1936年 宝马公司发布328跑车，该车统治着跑车赛场
1945年 宝马公司的爱森纳赫工厂在第二次世界大战后被苏联控制
1948年 宝马公司在慕尼黑的工厂恢复生产摩托车
1951年 慕尼黑工厂第一款车——501发布
1955年 宝马公司发布自己制造的"泡泡车"
1959年 Quandt家族投资宝马公司，使宝马公司免遭戴姆勒- 奔驰公司收购

1972年 5系车E12诞生
1973年 3.0CSL汽车赢得欧洲巡回赛
1975年 宝马3系车发布
1979年 M1超级跑车开始生产
1983年 宝马的增压发动机帮助车手尼尔森・皮奎特在一级方程式锦标赛中获得冠军
1987年 M3在欧洲巡回赛中获得冠军，1988年蝉联

1994年 宝马买下英国罗孚集团
1998年 宝马买下劳斯莱斯品牌
2000年 宝马出售罗孚；同年，它成为威廉姆斯车队一级方程式发动机供应商
2013年 4系作为3系的衍生车型发布，用于彰显其运动性能
2014年 2系旅行车成为首款宝马紧凑型MPV
2020年 iX豪华电动SUV可提供600千米的续航里程

一级方程式车队的发动机提供商提供强有力的1.5升增压发动机。在1961年的尼卡斯发动机的基础上研发而来的增压发动机帮助尼尔森・皮奎特成为1983年的世界冠军。

20世纪80年代中期，宝马在5系和6系汽车上安装了24气门发动机，制造出快速、精致的M系列汽车。该发动机也曾尝试安装在3系汽车上，但是由于太重而难以控制。宝马公司的发动机主管保罗・罗斯克为1988年的M3开发了一台16气门的四缸发动机，该车在巡回赛中屡屡获胜，就好像半个世纪前的328跑车一样。1990年，宝马公司为迈凯伦一级方程式车队提供发动机。接下来的几年，宝马公司一直为一级方程式比赛提供V10发动机，直到2005年才停止。宝马公司与威廉姆斯车队结束合作后，2006—2009年一直拥有索伯国际汽车大奖赛车队。

2000年以后，宝马公司开始扩大产品范围，生产了新3系车、新5系车、新7系车、Z系列跑车和X系列SUV。2001年设计主管克里斯・班戈将外观设计主题更新为"火焰"——通过汽车的曲线和拐角来突出火焰的本质。

宝马公司在20世纪90年代进行了扩张：1994年和1998年分别买下了英国的罗孚集团和劳斯莱斯品牌；2000年把罗孚品牌卖掉但是保留了Mini品牌，2001年对Mini品牌进行重新研发并获得了成功。宝马公司已逐步扩大其产品范围，将运动豪华轿车以及X系列SUV一起纳入其中，X系列车型在全球工厂制造和组装。在电动汽车方面，2014年，i3城市汽车和i8插电式混合动力跑车彻底改版，而2020年，其全电动豪华SUV iX脱颖而出。

宝马328跑车
1936—1940年生产的328汽车是那个时代最好的跑车，它拥有流线型车身，轻质管制车架和1.971升排量、半球形燃烧室的六缸发动机。

动力强劲的运动旅行车

尽管1929年华尔街股市的崩盘引发经济大萧条，20世纪30年代仍有一些小的汽车生产商在制造大排量运动旅行车，并且随着全球经济的复苏，产品也变得更加精良。随着路面质量的提高，富人们可以以至今仍难以想象的速度在几小时内行驶上百千米，使从巴黎到蒙特卡洛或从伦敦到爱丁堡的整个旅程变得很舒适。

△宾利 4升 1931年款
产地 英国
发动机 3.915升，直列六缸
最高车速 129千米/时

豪华的宾利8升和不起眼的宾利4升是宾利公司被收购前的最后产品，该公司后来被劳斯莱斯公司接管。

▷德拉哈耶 T135 1935年款
产地 法国
发动机 3.227升，直列六缸
最高车速 161千米/时

T135在阿尔宾拉力赛（后被称为阿尔卑斯山拉力赛）中获胜，该车配有卡车用发动机，但它在公路上和赛场上都表现良好，且外观也很漂亮。

△雷尔顿 Eight 1933年款
产地 英国
发动机 4.010升，直列八缸
最高车速 145千米/时

瑞德·莱尔顿将英国的运动型车身与美国动力强劲的气垫车底盘结合，打造出这款Eight跑车，它价格不贵但速度飞快。

△SS I 1933年款
产地 英国
发动机 2.552升，直列六缸
最高车速 121千米/时

威廉·里昂斯公司最开始是生产摩托车车斗的，后来又为奥斯汀Seven生产车身，该公司生产的第一款汽车是1931年的SS1跑车，1933年该车也出了运动版。

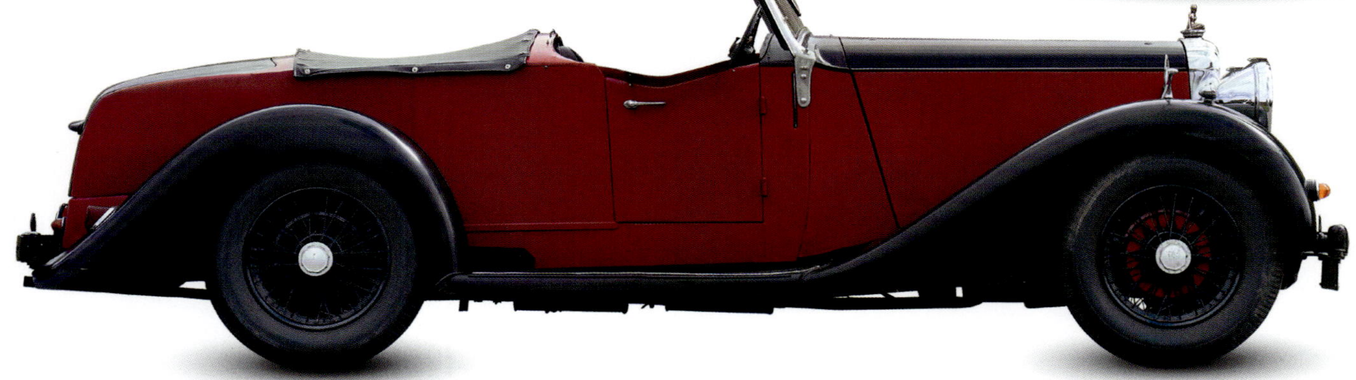

◁戴姆勒 LQ20 Special 1934年款
产地 英国
发动机 2.700升，直列六缸
最高车速 121千米/时

戴姆勒品牌的一些车系配有从兰切斯特汽车的发动机发展而来的发动机、湿式飞轮变速器和伺服制动器，与图中这款轻型Special不同，兰切斯特汽车的车身通常很重。

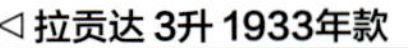

◁拉贡达 3升 1933年款
产地 英国
发动机 3.181升，直列六缸
最高车速 132千米/时

拉贡达公司发现其豪华旅行车在经济大萧条期间很难卖，但是图中这款却在跑车市场上表现良好。

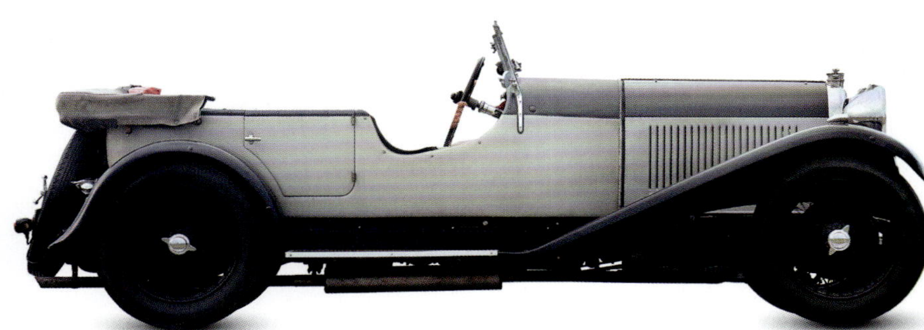

△梅赛德斯-奔驰 540K 1936年款
产地 德国
发动机 5.401升，直列八缸
最高车速 171千米/时

梅赛德斯-奔驰540K的价格是凯迪拉克V16的2倍，该豪华旅行车配有全独立悬架、助力制动器和180马力的增压发动机。

◁霍切奇斯 680 1936年款

产地 法国

发动机 3.015升，直列六缸

最高车速 137千米/时

霍切奇斯公司于1935年发布的这款汽车具有流线型车身和同步器式变速器，是一款现代的旅行车。1936年，该车还新增了液压制动。

△ 霍切奇斯 AM80S 1933年款

产地 法国

发动机 3.485升，直列六缸

最高车速 145千米/时

霍切奇斯公司主要制造顶级跑车，图中的AM80S配有100马力动力的发动机，其后续版本在蒙特卡洛拉力赛中获胜2次。

△ 阿尔维斯 Speed 20 1932年款

产地 英国

发动机 2.511升，直列六缸

最高车速 143千米/时

阿尔维斯公司的Speed 20试图与宾利公司的高端车型竞争，该款动力强劲的三化油器式发动机汽车是极具吸引力的运动型旅行车而非跑车。

◁ 阿尔维斯 Speed 25 1937年款

产地 英国

发动机 3.571升，直列六缸

最高车速 156千米/时

阿尔维斯公司将Speed 20进行了升级，新增了独立前悬架、全同步器式变速器、伺服制动器，还增大了发动机排量，最终Speed 25诞生。

△ 延森 S-type 1937年款

产地 英国

发动机 3.622升，V型八缸

最高车速 133千米/时

车身设计师出身的艾伦·延森和理查德·延森兄弟制造的第一款汽车就是这辆S-type，该车有低车头跑车款、小轿车款和旅行车款，并配有2.2升发动机。

▷ 凯旋 多洛米蒂 小型跑车 1938年款

产地 英国

发动机 1.991升，直列六缸

最高车速 129千米/时

瓦尔特·贝尔格罗夫设计的这款多洛米蒂配有三化油器式发动机和瀑布式散热器格栅，这款惊艳的跑车前面并排三座，后面并排两座。

▷ 德拉奇 D6-75 1938年款

产地 法国

发动机 2.998升，直列六缸

最高车速 153千米/时

尽管濒临破产，并在1935年被德拉哈耶公司收购，德拉奇公司还是在20世纪30年代生产了一批超级跑车，图中这款TT复制版要比大部分D6- 75的动力性更强。

DRIVE

20世纪40年代

严谨与实用 | 皮卡与旅行车 | 长坡度车顶汽车与跑车

大型汽车

第二次世界大战之后，很少有欧洲人能够买得起大的豪华轿车。只有那些有身份的人才会开着设计传统、动力强劲的大车。很多车仍沿用第二次世界大战前的配置，如笨重的发动机、侧向气门和三挡变速器。

▷ **依索塔-弗拉西尼 8C 蒙泰罗萨 1947年款**

产地 意大利

发动机 3.400升，V型八缸

最高车速 161千米/时

工程师法比奥·瑞匹设计了这款先进的豪华车，它配有后置V8发动机、橡胶弹簧和空气动力学承载式车身结构。最终，该车只生产了5辆。

▷ **戴姆勒 DE36 1946年款**

产地 英国

发动机 5.460升，直列八缸

最高车速 134千米/时

该款战后的大型戴姆勒汽车只供应全球7个皇室，如温莎家族。该车配有当时英国最新的直列八缸发动机。

◁ **宾利 MkVI 1946年款**

产地 英国

发动机 4.257升，直列六缸

最高车速 161千米/时

战后，宾利汽车的价格比同档次的劳斯莱斯汽车低，80%的汽车都是工厂生产的“标准钢铁”车身，比专业车身制造厂的价格要低。

▷ **欧宝 Kapitän 1948年款**

产地 德国

发动机 2.473升，直列六缸

最高车速 126千米/时

1948年恢复生产的、承载式车身结构的Kapitän帮助欧宝品牌在战后站稳脚跟，该车实用而流行，截至1951年共售出30 431辆。

△ **沃尔斯利 6/80 1948年款**

产地 英国

发动机 2.215升，直列六缸

最高车速 127千米/时

该车可靠性强，在20世纪40年代被英国用作警车，用于巡逻和追捕。该车沉重且耐用。

▷ **亨伯普尔曼 1948年款**

产地 英国

发动机 4.086升，直列六缸

最高车速 126千米/时

该豪华轿车深受英国官员喜爱，它的底盘是加长版的Super Snipe底盘，采用2段推力传动轴。

◁ **亨伯 Super Snipe II 1948年款**

产地 英国

发动机 4.086升，直列六缸

最高车速 132千米/时

备受统治者和政府职员青睐的这款Super Snipe是传统的象征，它的发动机源于第二次世界大战时期的英国军车。

▽ **劳斯莱斯 银魂 1946年款**

产地 英国

发动机 4.257升，直列六缸

最高车速 137千米/时

这款战后英国顶级豪华车拥有定制车身和铝制边框。车身尺寸和发动机排量一直在增加，直到1959年才停止。

△ **福特 V8 Pilot 1947年款**

产地 英国

发动机 3.622升，V型八缸

最高车速 127千米/时

该车非常坚固，其V8发动机可追溯到20世纪30年代。该车具有很大的牵引力，但是与英国战后的紧缩政策格格不入。

▷ **拉贡达 2.6升 1948年款**

产地 英国

发动机 2.580升，直列六缸

最高车速 145千米/时

由华特 · 欧文 · 宾利设计的这款拉贡达的豪华敞篷轿车具有全独立悬架和2.6升双凸轮轴发动机，该发动机后来也用在了阿斯顿 · 马丁汽车上。

△ **德拉哈耶 235 1951年款**

产地 法国

发动机 3.557升，直列六缸

最高车速 177千米/时

235是135的升级版，1951—1954年，Delahaye生产了85辆235。由于木制车身太贵，该车后来改用工厂批量生产的金属车身。

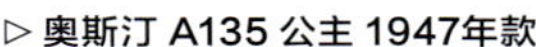

▷ **奥斯汀 A135 公主 1947年款**

产地 英国

发动机 3.995升，直列六缸

最高车速 142千米/时

这款拥有三腔化油器和现代外观的汽车由车身设计师范登 · 普拉斯设计。图中为后来的长轴距大型豪华车版本。

◁ **奥斯汀 A125 舷弧线 1947年款**

产地 英国

发动机 3.995升，直列六缸

最高车速 130千米/时

锋利的边缘造型和硕大的前大灯让这款车看起来很像宾利汽车，但是其发动机的性能却有限。

美国——汽车外形缔造者

战后的美国人对新车的需求很大，因此生产商都开始大批生产，主要使用战前的车身外形。这些车身外形比欧洲的战前车身外观要新，这是因为美国参战晚一些。1949年，美国人对车的需求已基本得到满足，生产商于是开始在外形上进行改进以求得竞争优势，车翼和亮银装饰条就此出现。

△ **林肯 1946年款**

产地 美国

发动机 4.998升，V型十二缸

最高车速 148千米/时

1946年，福特公司的高端品牌林肯依然在制造战前车身外形的汽车，这些车质量都很好，但是公众觉得外形有点老旧。

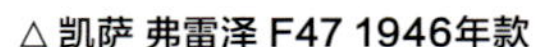

△ **凯萨 弗雷泽 F47 1946年款**

产地 美国

发动机 3.707升，直列六缸

最高车速 132千米/时

这是美国第一款具有战后车身外形的汽车，宽大车身，无前后车翼，该车身外形由霍华德·达林（荷兰人）设计。

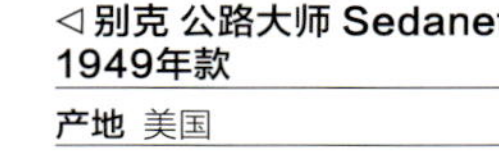

◁ **别克 公路大师 Sedanette 1949年款**

产地 美国

发动机 5.247升，直列八缸

最高车速 140千米/时

别克品牌的1949款Sedanette外形华美，顶篷像火焰一样滑过后座，带有亮银侧边条，外形看起来有点像飞机。

△ **克莱斯勒 Windsor Club 跑车 1946年款**

产地 美国

发动机 4.107升，直列六缸

最高车速 132千米/时

这款克莱斯勒Windsor可以说是升级版的克莱斯勒Royal，配有羊毛座椅，车身属于战后样式，但是仍带有车翼。

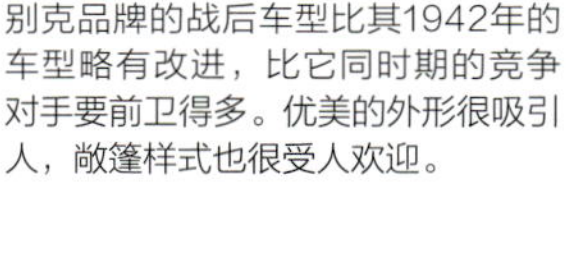

▷ **别克 Super 1946年款**

产地 美国

发动机 4.064升，直列八缸

最高车速 140千米/时

别克品牌的战后车型比其1942年的车型略有改进，比它同时期的竞争对手要前卫得多。优美的外形很吸引人，敞篷样式也很受人欢迎。

△ **雪佛兰 Stylemaster 1946年款**

产地 美国

发动机 3.548升，直列六缸

最高车速 132千米/时

这是美国卖得最好的汽车，它是一款低价的战前样式的车，使用的Stovebolt Six发动机可追溯至1937年。

◁ **Tucker 48 1948年款**

产地 美国

发动机 5.475升，对置六缸

最高车速 211千米/时

这款车的魅力在于其后置的直升飞机发动机和良好的性能，使它吸引了众人的目光。

◁ **福特 Custom V8 1949年款**

产地 美国

发动机 3.917升，V型八缸

最高车速 137千米/时

福特的这款新车型于1949年发布，该车外形简洁、底盘低、现代感强，所有的这些特点也都很快出现在欧洲销售的福特汽车上。该新车型广受消费者喜爱。

▽ **庞蒂亚克 酋长 敞篷车 1949年款**

产地 美国

发动机 4.079升，直列八缸

最高车速 137千米/时

1949年发布的这款庞蒂亚克底盘较低，车身坚固、宽大，从某种程度上讲，它是对战前“L”形缸盖的六缸或八缸发动机的升级。

▽ **道奇 Coronet 1949年款**

产地 美国

发动机 3.769升，直列六缸

最高车速 129千米/时

道奇的这款方方正正的车身外观的汽车在1949年发布，除了亮银侧边条外，此时的美国车与欧洲车非常相似，但很快就不同了。

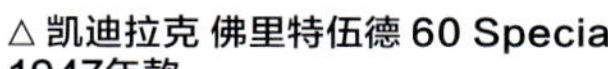

△ **凯迪拉克 佛里特伍德 60 Special 1947年款**

产地 美国

发动机 5.670升，V型八缸

最高车速 145千米/时

1947年，凯迪拉克品牌仍然生产战前车身风格的汽车，并在车身上镶嵌更多亮银侧边条。图中这款豪华佛里特伍德汽车的车门略宽。

◁ **哈德逊 Super Six 1948年款**

产地 美国

发动机 4.293升，直列六缸

最高车速 145千米/时

哈德逊公司从战后美国小型汽车生产商中脱颖而出，其1948年款低底盘“step down”车型和新的动力强劲的Super Six的发动机非常出色。

△ **凯迪拉克 Series 62 Club 跑车 1949年款**

产地 美国

发动机 5.424升，V型八缸

最高车速 148千米/时

通用公司1948年的这款汽车尾翼的设计源于P38战斗机。1949年，公司又推出新的顶置气门发动机。

▽ **雪佛兰 Fleetline Deluxe 1949年款**

产地 美国

发动机 3.548升，直列六缸

最高车速 129千米/时

雪佛兰品牌1949年的车型全部采用了前车翼，这些车翼虽然样式传统，但该品牌在市场上仍保持领先的销量。

△ **奥兹莫比尔 88 Club Sedan 1949年款**

产地 美国

发动机 4.977升，V型八缸

最高车速 161千米/时

1949年款的奥兹莫比尔汽车拥有设计新颖的外观，新型、强动力Rocket V8发动机和高效的Hydramatic自动变速器，该车的市场需求量巨大。

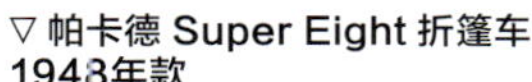

▽ **帕卡德 Super Eight 折篷车 1948年款**

产地 美国

发动机 5.359升，直列八缸

最高车速 158千米/时

帕卡德公司1948年发布的简洁、现代、“浴缸形”的这款汽车打动了消费者，使这一年成为公司战后最繁荣的一年。然而，这家小公司没能承受住每年变化车型的资金支出。

◁ **斯图贝克冠军 1950年**

产地 美国

发动机 2.779升，直列六缸

最高车速 132千米/时

1947年的斯图贝克公司大力发展战后车型，并于1950年推出其冠军车型的升级版，该车具有长长的“鼻子”和空气动力学车身。

1942年的Jeep汽车
Jeep汽车由福特公司和威利斯公司共同制造，用于美军战场上的人员运输。这些田纳西州的军人不会料到他们的日常用车将会在和平年代成为运动型汽车。

实用的运输车

20世纪40年代，第二次世界大战期间的运输需求非常大，运输重担主要压在面包车和货车而不是豪华车上，这是因为面包车及卡车在运输食物和货品方面有优势；越野车也被大量用于恶劣路面上运送军队。战后，这种简单、耐用的车型在经济复苏时期仍大有市场。

▽ **亨伯 Super Snipe staff car 1938年款**

产地 英国

发动机 4.086升，直列六缸

最高车速 126千米/时

这款亨伯汽车在第二次世界大战期间用来运输英国官员。尽管大而笨重，但它速度很快，车身也很坚固。

△ **福特 F1 1948年款**

产地 美国

发动机 3.703升，V型八缸

最高车速 112千米/时

这款1948年的卡车外观引人注目，比例适中，配有动力强劲的V8发动机，其外形由鲍勃·戈登参照1939年款福特汽车设计且一直很流行。

△ **雪铁龙 11 Large 1935年款**

产地 法国

发动机 1.911升，直列四缸

最高车速 105千米/时

这款新颖的、前轮驱动的雪铁龙长4.5米，共3排座位，适合人口较多的家庭使用，或者用作出租车。

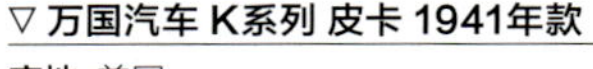

▽ **万国汽车 K系列 皮卡 1941年款**

产地 美国

发动机 3.507升，直列六缸

最高车速 105千米/时

该卡车在20世纪40年代成为美国乡村的标准运输车辆。乡村机械车辆制造商从1909年起就开始生产轻型卡车。

△ **大众 Kübelwagen 1940年款**

产地 德国

发动机 0.985升，对置四缸

最高车速 80千米/时

费迪南德·波尔舍的军用运输车虽然只有两轮驱动，但适用于所有战场。1940—1945年，这款车共制造了50 435辆。

△ **大众 水陆两栖汽车 Type 166 1941年**

产地 德国

发动机 1.131升，对置四缸

最高车速 76千米/时

该款水陆两栖汽车共制造了15 584辆，它在水中的动力尤其强劲，它是只有一挡的四轮驱动汽车，配有2个防滑差速器。

▷ **雪佛兰 Stylemaster 货车 1946年款**

产地 美国

发动机 3.548升，直列六缸

最高车速 140千米/时

这款大容量货车很适合在乡村运输货物，它配有1937年发布的六缸发动机，销量很好。

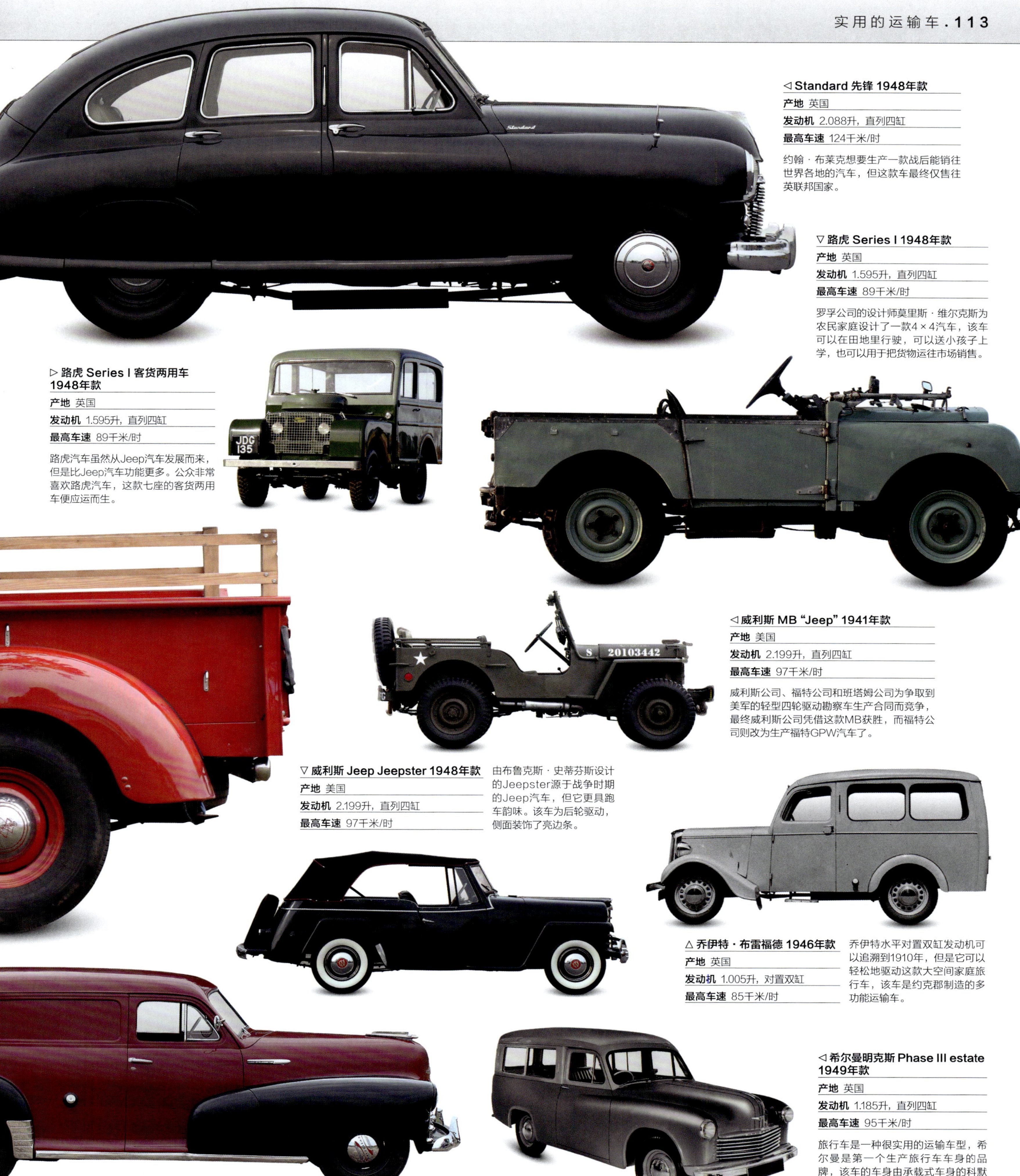

◁ Standard 先锋 1948年款

产地 英国

发动机 2.088升，直列四缸

最高车速 124千米/时

约翰·布莱克想要生产一款战后能销往世界各地的汽车，但这款车最终仅售往英联邦国家。

▽ 路虎 Series I 1948年款

产地 英国

发动机 1.595升，直列四缸

最高车速 89千米/时

罗孚公司的设计师莫里斯·维尔克斯为农民家庭设计了一款4 × 4汽车，该车可以在田地里行驶，可以送小孩子上学，也可以用于把货物运往市场销售。

▷ 路虎 Series I 客货两用车 1948年款

产地 英国

发动机 1.595升，直列四缸

最高车速 89千米/时

路虎汽车虽然从Jeep汽车发展而来，但是比Jeep汽车功能更多。公众非常喜欢路虎汽车，这款七座的客货两用车便应运而生。

◁ 威利斯 MB “Jeep” 1941年款

产地 美国

发动机 2.199升，直列四缸

最高车速 97千米/时

威利斯公司、福特公司和班塔姆公司为争取到美军的轻型四轮驱动勘察车生产合同而竞争，最终威利斯公司凭借这款MB获胜，而福特公司则改为生产福特GPW汽车了。

▽ 威利斯 Jeep Jeepster 1948年款

产地 美国

发动机 2.199升，直列四缸

最高车速 97千米/时

由布鲁克斯·史蒂芬斯设计的Jeepster源于战争时期的Jeep汽车，但它更具跑车韵味。该车为后轮驱动，侧面装饰了亮边条。

△ 乔伊特·布雷福德 1946年款

产地 英国

发动机 1.005升，对置双缸

最高车速 85千米/时

乔伊特水平对置双缸发动机可以追溯到1910年，但是它可以轻松地驱动这款大空间家庭旅行车，该车是约克郡制造的多功能运输车。

◁ 希尔曼明克斯 Phase III estate 1949年款

产地 英国

发动机 1.185升，直列四缸

最高车速 95千米/时

旅行车是一种很实用的运输车型，希尔曼是第一个生产旅行车车身的品牌，该车的车身由承载式车身的科默货车改进而来。

福特F系列

卡车在美国的近一个世纪里都是不可或缺的汽车类型，福特品牌的F系列则是小型卡车中的佼佼者。福特品牌战后的首款全新F系列汽车的广告语是“更坚固、更耐用”，在美国热卖20多年，获得了很大的成功，并且自1948年推出以来持续生产。

福特公司从20世纪20年代起就开始生产卡车，这意味着福特公司有能力在第二次世界大战后建立起实用汽车品牌生产线。福特公司的卡车产品有0.5吨的F-1、0.75吨的F-2和1吨的F-3，还有更大容量的F-5。F系列汽车与战前的卡车不同，它有自己的驾驶室，并且和后面的车斗分开。福特公司是这样宣传自己的新产品的：“闪耀的新星！现代的外观！与众不同！”在闪闪发光的车身内部配有一款新的发动机，该发动机的动力性和经济性都比从前的要好。该车很快受到美国人的青睐，F-1在1948年就卖出了11万辆，成为福特公司20年来最好卖的汽车。而60年以后的F系列汽车依然和刚开始的车型一样坚固。

规格	
车型	福特 F- 1第一代，1948—1952年
装配线	美国
产量	628 318辆
结构	梯子型车架底盘
发动机	3.523/3.703升（直列六缸），3.917升（V型八缸）
动力输出	3 300~3 800转/分时输出制动马力为95~106马力
变速器	三挡或四挡手动变速器
悬架	前后钢板弹簧
制动器	前后鼓式制动器
最高车速	113千米/时

福特标志 著名的福特标志在最初的几年有各种不同样式，1909年申请了专利。几年后，该标志又新增了椭圆形背景。

前视图

后视图

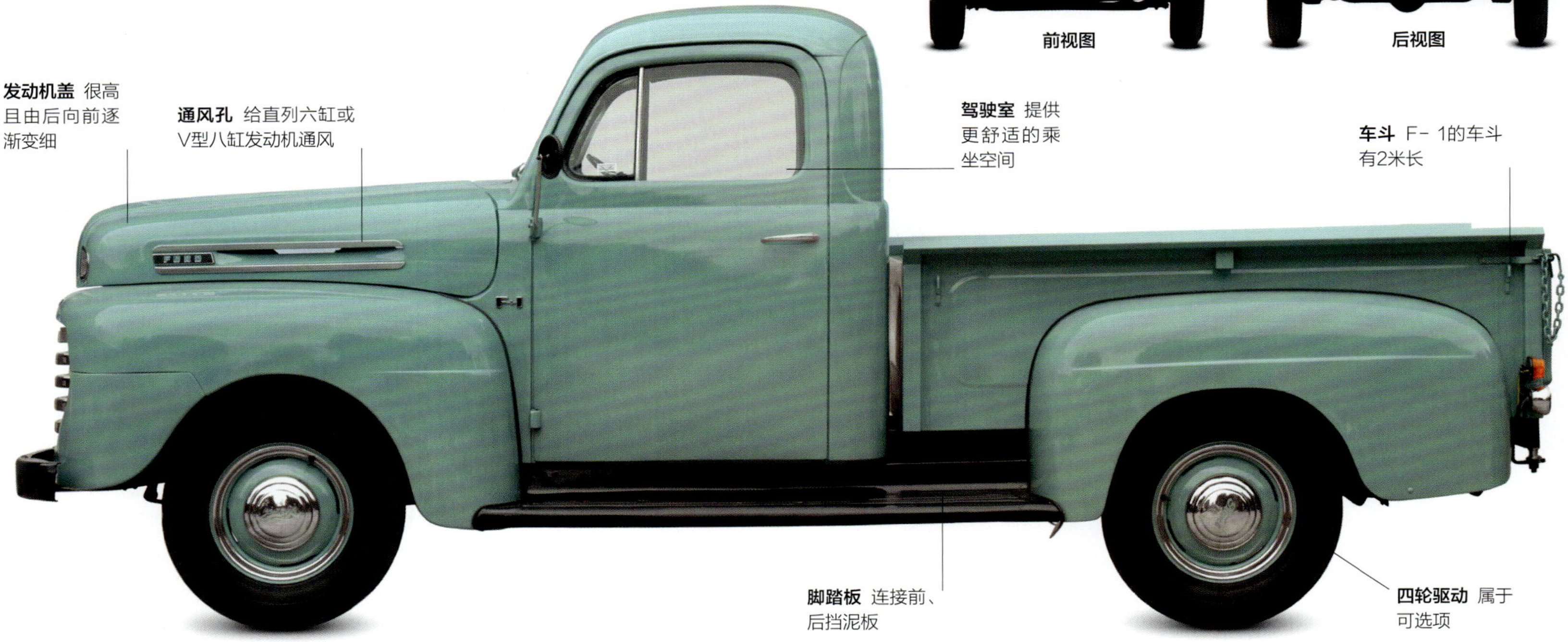

发动机盖 很高且由后向前逐渐变细

通风孔 给直列六缸或V型八缸发动机通风

驾驶室 提供更舒适的乘坐空间

车斗 F- 1的车斗有2米长

脚踏板 连接前、后挡泥板

四轮驱动 属于可选项

驾驶更加容易

F系列汽车自称拥有“百万美元卡车驾驶室”，因为它提供了史无前例的大空间、更好的视野和驾驶舒适性。从1948年的F－1外表看来，该车的散热孔有点像鼻子，散热器格栅亮边呈金色，两侧各一个前大灯。

外观

因为驾驶室与车斗是分开的，福特公司提供了139种车身与底盘的组合，这就意味着F系列汽车可以有很多种形式，包括小型面包车、小型卡车和大型卡车，其净载货量可以达到10 000千克（不包括汽车本身重量）。福特公司在该系列汽车中投入了大量的研发费用，最终实现了生产领先、实用的车辆的目的。

1. F-1在1953年更名为F-150 **2.** 发动机盖通风孔 **3.** 前大灯和散热器格栅，1951年被重新设计 **4.** 可选的福特标志 **5.** 外部门把手 **6.** 安装在驾驶室内的64升（17加仑）油箱的加油盖 **7.** 可选的福特轮毂盖 **8.** 后挡板拉伸链条 **9.** 尾灯和转向灯 **10.** 后挡板 **11.** 木制车斗地板

车内饰

福特公司的新款卡车追求驾驶舒适性，该车增加了额外的衬垫和橡胶衬套（能量吸收衬套），可以达到和轿车相近的操控性和抓地力。前面介绍的车内布置非常实用，并将设计重点放到了功能上，即摒弃了豪华与奢侈——长椅式座椅、3种模式的驾驶室空气控制系统和大风挡。该车只额外包含了乘客侧遮光板、雨刮器和喇叭。

12. 简洁的驾驶室凸显严谨与实用 **13.** 车窗升降把手和门把手 **14.** 通风槽 **15.** 仪表盘上的小烟灰缸 **16.** 仪表盘上的大存储箱 **17.** 弹簧圈式座椅可以坐下3个人 **18.** 加热装置 **19.** 制动踏板和离合器踏板

发动机舱

战后的经济状况对汽车的经济性有较高要求。F-1有2款可供选择的新发动机：3.703升的直列六缸发动机和3.917升的V型八缸发动机（如图所示）。1952年，也就是第一代车型的最后一年，原来的六缸发动机被一款3.523升的顶置气门六缸发动机取代，该发动机的性能与之前的V型八缸发动机差不多。除了坚固且可靠性强之外，该发动机还很省油，在燃油和维修方面的花费很少，这就大大降低了汽车的维护费用。

20. F系列的动力源，被称为卡车界最先进的发动机

敞篷车和跑车

为了帮助战后经济状况糟糕的英国复苏，英国汽车生产商生产跑车并将其卖给富有的美国人，这些跑车在弯弯曲曲的道路上的表现远超笨重的美国车。这些英国车很少有能够使用10年以上的（捷豹汽车除外），此时欧洲本土的昂贵跑车并不多。

△ **布里斯托尔 400 1947年款**

产地 英国

发动机 1.971升，直列六缸

最高车速 151千米/时

布里斯托尔飞机公司将战前的宝马汽车重新设计进行包装后投放到汽车市场，后来公司被转移到英国作为“战败国补偿”。该款车是很好的跑车，销量也不错。

△ **莱利 RMC 小型跑车 1948年款**

产地 英国

发动机 2.443升，直列四缸

最高车速 161千米/时

该车是在四门轿车的基础上制造出来的，有单排三座位和长长的“尾巴”，共生产了507辆。

▷ **布里斯托尔 402 1948年款**

产地 英国

发动机 1.971升，直列六缸

最高车速 158千米/时

布里斯托尔402在401汽车的基础上改用优美的、战后设计的车身和四座式，有隐蔽的发动机罩和车窗。

△ **法拉利 166 MM Barchetta 1949年款**

产地 意大利

发动机 1.995升，V型十二缸

最高车速 201千米/时

该车是法拉利品牌第一辆真正的跑车，具有优美的Touring Barchetta车身，赢得了1949年1 000英里拉力赛、斯帕赛和勒芒24小时耐力赛。

◁ **捷豹 XK120 1948年款**

产地 英国

发动机 3.442升，直列六缸

最高车速 201千米/时

为了测试新的双凸轮轴XK发动机，威廉·里昂斯设计了这款XK120。之后的巨大需求让这款车变为量产汽车。

格兰披治大赛赛车

格兰披治大赛在1946年恢复比赛，在20世纪30年代的赛场上战无不胜的德国汽车“Silver Arrow”已经不见踪影。新规则允许1.5升增压发动机或4.5升非增压发动机汽车参赛，赛场上的新统治者也变成来自意大利阿尔法·罗密欧品牌和玛莎拉蒂品牌的小型增压式赛车。20世纪40年代，唯一能在赛场上打败它们的是笨重的法国塔尔博特-拉戈汽车。

△ **阿尔法·罗密欧 158 Alfetta 1948年款**

产地 意大利

发动机 1.479升，直列八缸

最高车速 290千米/时

该车是格兰披治大赛历史上最成功的汽车，它在参与过的54场比赛中共获胜47场，它安装的哥伦巴超级发动机可输出350马力的动力。

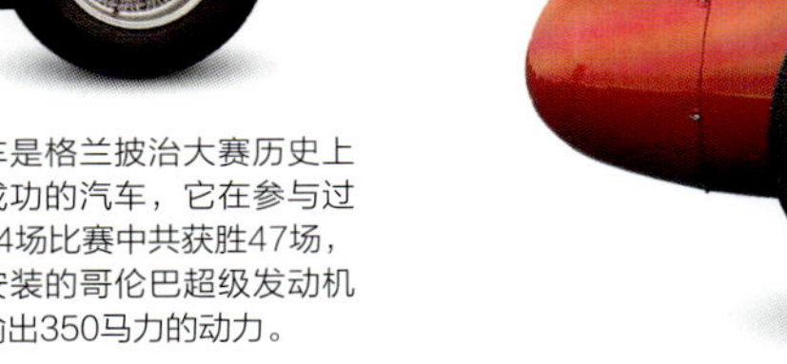

▷ 塔尔博特-拉戈 T26 Grand Sport 1947年款

产地 法国

发动机 4.482升，直列六缸

最高车速 193千米/时

20世纪40年代的终极双人座旅行车钟爱优美的车身设计，该款由萨欧奇科设计的车身是当时最好的，其轻质版赢得了1950年的勒芒24小时耐力赛。

◁ 名爵 TC 1945年款

产地 英国

发动机 1.250升，直列四缸

最高车速 121千米/时

这款TC的设计尽管老旧，但有趣、吸引人，战后早期它销售得很好。

▽ 名爵 YT 1948年款

产地 英国

发动机 1.250升，直列四缸

最高车速 114千米/时

该款多功能名爵跑车专为家庭设计，并且只在英国以外销售。该车在1948—1950年共售出877辆。

△ 名爵 TD 1949年款

产地 英国

发动机 1.250升，直列四缸

最高车速 129千米/时

该车看起来仍然有战前汽车的影子，但更加圆润，有左驾版本。1950—1953年，该车在全世界范围内共售出29 664辆。

◁ 奥斯汀 A90 Atlantic 1949年款

产地 英国

发动机 2.660升，直列四缸

最高车速 146千米/时

伦纳德·洛德努力制造让美国人喜爱的汽车，但他没能成功，尽管他后来制造的A90汽车在印第安纳波利斯500英里比赛中获奖。

△ 希利银石 1949年款

产地 英国

发动机 2.443升，直列四缸

最高车速 172千米/时

唐纳德·希利将动力强劲的双凸轮轴莱利发动机与具有良好操控性的底盘相结合，制造出这辆完美的俱乐部赛车。

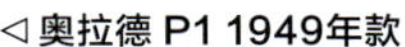

◁ 奥拉德 P1 1949年款

产地 英国

发动机 3.622升，V型八缸

最高车速 137千米/时

西尼·奥拉德将“平顶”福特 V8发动机与轻车身跑车底盘相结合，制造出这款P1，他驾驶着这辆车在1952年赢得了蒙特卡洛拉力赛。

◁ 玛莎拉蒂 4CLT/48 1948年款

产地 意大利

发动机 1.491升，直列四缸

最高车速 270千米/时

安装了管制底盘和双增压器发动机的这款16气门4CLT很有竞争力，在1948—1949年赢得了大量国际汽车大奖赛的奖项。

△ 塔尔博特-拉戈 T26C 1948年款

产地 法国

发动机 4.482升，直列六缸

最高车速 270千米/时

尽管车身质量大（安装了预选变速器）且没有增压器，T26C还是在1949年赢得了2次大奖赛的胜利，这要归功于它的耐久性和可靠性。

捷豹
XK直列六缸发动机

捷豹XK直列六缸发动机是汽车史上具有标志性的发动机之一，它质量轻、动力性强、可靠性强，大约40年都没有做过改动。它具有从前XK120的特点，曾经用在XK140、XK150和E-type跑车上，也曾用在C-type、D-type赛车上，还曾用在几款小轿车上。

一款标志性的跑车发动机

第二次世界大战之前，捷豹品牌因SS汽车而为人所知，其发动机购自其竞争对手Standard。在第二次世界大战期间，捷豹品牌产生了自己生产发动机的想法。一个由公司创建者威廉·里昂斯领导的发动机研发小组，还包括威廉·哈尼斯、沃尔特·哈桑和克劳德·贝利几个人，他们在考文垂工厂房顶防火检查巡逻时计划着生产发动机。哈里·威斯利克绘制了重要的铝制气缸盖草图。XK发动机最终让捷豹品牌得以不再依赖发动机供应商。

发动机规格	
数据采集于	1949—1986年
气缸	直列六缸
发动机布置	发动机前纵置
发动机排量	2.4升、2.8升、3.4升、3.8升和4.2升
动力输出	133（2.4）~265马力（3.8和4.2）
类型	传统四冲程水冷发动机，往复式活塞，分电器点火，干式或湿式油底壳
气缸盖	双顶置凸轮轴，由推杆和摇臂驱动的配气机构，每气缸两气门
燃油供给系统	3个HD.8 SU化油器
气缸尺寸	3.42英寸×4.17英寸（8.70厘米×10.60厘米）
动力输出	4 000转/分转速时输出260马力
压缩比	9.0 : 1

双链条
将驱动力从曲轴（该视图看不到）传到顶置凸轮轴

机油盖

排气管

气门杆

排气门

气缸套

空气压缩机

风扇

风扇皮带

曲轴皮带

发电机

▷ 注：查看第352~353页 发动机的工作原理

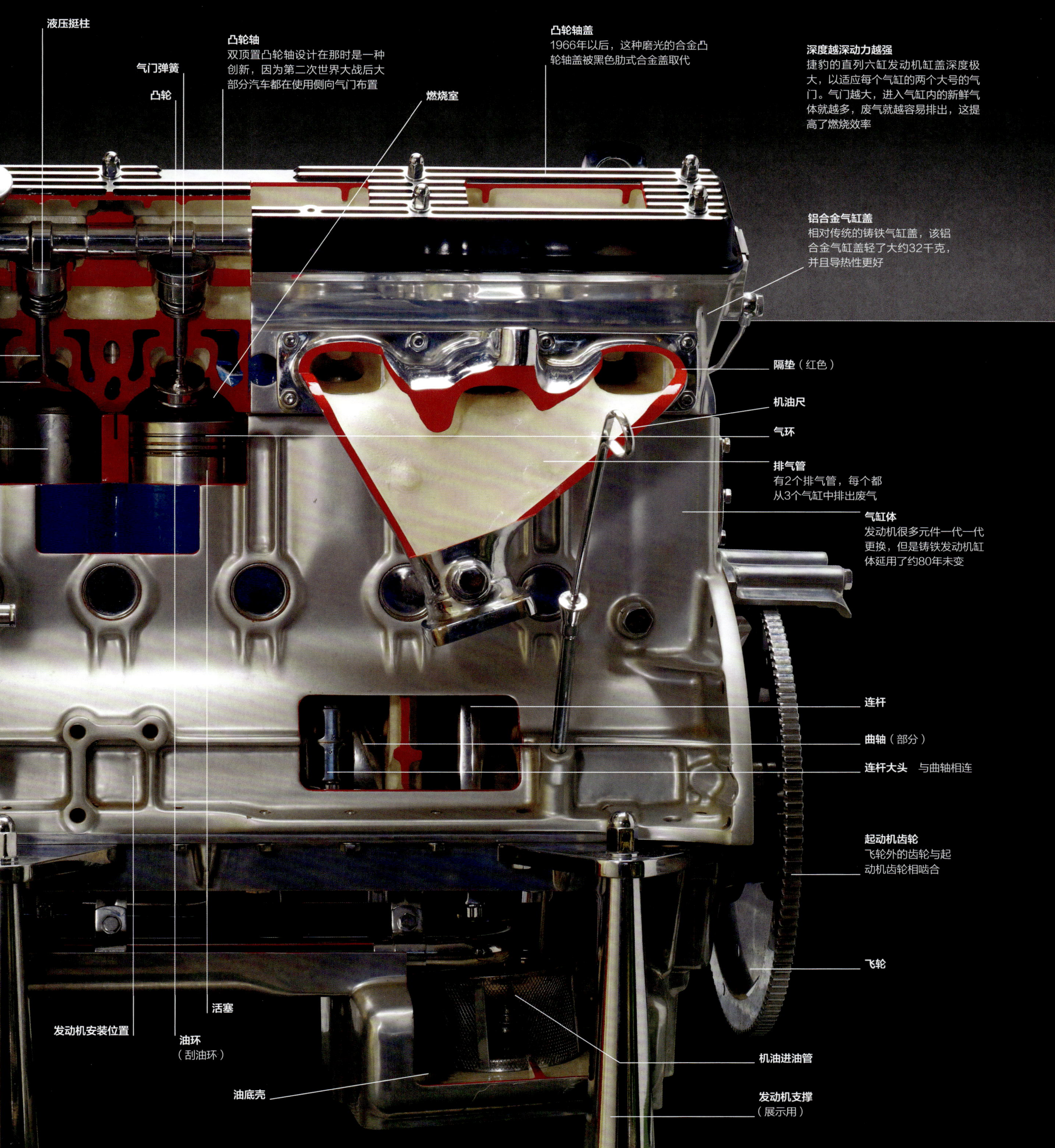
液压挺柱
凸轮轴
双顶置凸轮轴设计在那时是一种创新，因为第二次世界大战后大部分汽车都在使用侧向气门布置
气门弹簧
凸轮
燃烧室
凸轮轴盖
1966年以后，这种磨光的合金凸轮轴盖被黑色肋式合金盖取代
深度越深动力越强
捷豹的直列六缸发动机缸盖深度极大，以适应每个气缸的两个大号的气门。气门越大，进入气缸内的新鲜气体就越多，废气就越容易排出，这提高了燃烧效率
铝合金气缸盖
相对传统的铸铁气缸盖，该铝合金气缸盖轻了大约32千克，并且导热性更好
隔垫（红色）
机油尺
气环
排气管
有2个排气管，每个都从3个气缸中排出废气
气缸体
发动机很多元件一代一代更换，但是铸铁发动机缸体延用了约80年未变
连杆
曲轴（部分）
连杆大头 与曲轴相连
起动机齿轮
飞轮外的齿轮与起动机齿轮相啮合
飞轮
活塞
发动机安装位置
油环
（刮油环）
机油进油管
油底壳
发动机支撑
（展示用）

1957年，勒芒24小时耐力赛上的捷豹D-Type

伟大的品牌
捷豹的故事

威廉·里昂斯的公司最初是在英国西北部海边的一个小厂里生产摩托车车斗，后来被一家生产高质量赛车和小轿车的生产商兼并。多年后，捷豹品牌快速赢得了行业名誉，并且延续至今。

摩托车爱好者

1922年，摩托车爱好者威廉·里昂斯和威廉·沃姆斯利在兰开夏郡的黑潭市创建了斯瓦洛车斗公司。斯瓦洛公司的车斗很快因较高的质量和优美的外观而被世人所知。1927年，斯瓦洛公司开始为奥斯汀Seven制造车身。由里昂斯设计的车身使奥斯汀Seven变得触感更好、更个性化，并且受到很多20世纪20年代的汽车爱好者的追捧。

1928年，公司迁至英格兰中部城市考文垂，里昂斯开始扩大斯瓦洛公司车身制造的范围。1931年，斯瓦洛公司进入汽车行业，生产了SS1和SS2 2款车，这2款车都是将时尚的、里昂斯设计的车身与Standard公司的底盘相结合，Standard也是考文垂的一家公司。1934年，斯瓦洛公司更名为SS汽车公司，沃姆斯利也在同年离开了公司。1935年，里昂斯发布了第一款跑车——SS捷豹90。第2年，里昂斯设计的最值得纪念的早期汽车——SS捷豹问世，该车最高车速为160千米/时。

捷豹汽车标志
（1935年发布）

机，同时还采用了盘式制动器和低空气动力学车身设计，它们在20世纪50年代为捷豹品牌赢得了5次勒芒24小时耐力赛。

XK赛车产品线在20世纪50年代后期又诞生了X140和X150。纵观XK系列车型便可知捷豹品牌生产的是优雅高速的汽车。MKVII是捷豹品牌在那个时代的终极汽车。它将优美的外形、强动力发动机和成熟的底盘相结合，操控性更强，舒适性更好。该公司当时的广告词“优美、大空间、平稳”完美地总结了其特征。

1961年，里昂斯设计的E-type

20世纪60年代中期，捷豹品牌面临着2个问题：一是威廉·里昂斯临近退休，公司内部没有能接替他的人；二是为捷豹品牌提供车身的压制钢公司被竞争对手BMC——另一汽车制造商接管。1966年，这2个问题都解决了：BMC公司和捷豹公司合并，成立英国汽车控股公司，该公司在2年后又与利兰集团合并成立英国利兰公司。里昂斯一直在努力使捷豹品牌保持独立。

1968年的XJ轿车和应用在1971年E-type上的V12发动机堪称伟大的技术进步，捷豹品牌在20世纪70年代也推出了有争议的XJ-S和不

“惊艳的外形、强大的功能和平稳的运转给人以深刻的印象。”

《发动机》杂志的威廉·博迪对XK120汽车的评价，1951年

捷豹汽车在20世纪60年代早期的广告——“优美、大空间、平稳”
图中汽车从上到下依次是MK II、MK X和E-type，E-type前部的广告语是“其他汽车不能提供的驾驶感受”。

第二次世界大战后，公司放弃了“SS”这个名字，改用捷豹，公司的所有汽车都换用这个名字。第二次世界大战期间，捷豹品牌的工程师就已经开始研发一款新的3.4升双凸轮轴发动机，该发动机在以后的40多年里一直使用。该发动机被用在新款XK120上，并在1948年的伦敦车展上展出。售价为1 000法郎的XK120性能很好。著名的C-type和D-type也都使用了这款发动

凭借其良好的性能、奇特的外形和较低的价格给汽车界留下深刻的印象，产生的效果同1948年的XK120不相上下。E-type仍然配有XK发动机，排量为3.8升；使用了与在勒芒24小时耐力赛中获胜的D-type相同的承载式车身结构；其外形也同D-type一样圆润、飘逸，并且有非敞篷版和敞篷版。该车震惊了大西洋两岸，销量与20世纪60年代的MKX和MKII一样好。

捷豹 V12发动机
该发动机首次应用在1971年3系汽车E-type上，之后一直驱动着捷豹汽车，直到1996年AJ- V8发动机将其取代。这款发动机基于一款原计划用于勒芒原型车XJ13的发动机的设计。

XK120

D-TYPE

E-TYPE

XJS

1922年 威廉·里昂斯和威廉·沃姆斯利成立斯瓦洛车斗公司

1927年 斯瓦洛公司制造奥斯汀Seven车身

1931年 斯瓦洛公司首款车SS1问世

1934年 公司更名为SS汽车公司

1935年 SS90和SS100问世

1945年 SS汽车更名为捷豹汽车

1948年 捷豹品牌发布XK120赛车和XK发动机

1951年 彼得·沃克和彼得·维特海德驾驶捷豹C- type汽车在勒芒24小时耐力赛中获胜

1953年 托尼·罗尔特和邓肯·汉密尔顿驾驶捷豹C- type汽车在勒芒24小时耐力赛中获胜

1955年 捷豹D- type汽车在勒芒24小时耐力赛中获胜，并分别在1956年和1957年延续该胜利

1956年 捷豹首款2.4升承载式车身结构问世

1960年 捷豹公司从BSA购买了戴姆勒品牌

1961年 发布E- type和MKX轿车，并买下卡车制造商Guy Motors

1962年 发布首款捷豹- 戴姆勒混合动力汽车和戴姆勒2.5升排量汽车

1966年 捷豹公司与英国汽车公司合并，成立英国汽车控股公司BMH

1968年 BMH公司和利兰公司合并，成立英国利兰汽车公司

1988年 约翰尼·邓弗里斯、安迪·华莱士和扬·拉默斯驾驶捷豹XJR- 9赢得勒芒24小时耐力赛

1989年 福特公司花费了16亿欧元购买了捷豹品牌

1990年 约翰·尼尔森，普莱斯·柯布和马丁·布伦德尔驾驶捷豹XJR-12赢得了勒芒24小时耐力赛

1998年 全新的S- type系列获得成功

1999年 捷豹品牌成为福特汽车集团的一部分

2001年 新的X- type紧凑型汽车城市化

2008年 福特公司将捷豹品牌卖给塔塔集团

2013年 捷豹品牌推出新型运动轿车F-Type

2015年 新款紧凑型运动轿车XE发布

2016年 F-Pace和随后发布的E-Pace抢占了SUV市场

2018年 大胆的I-Pace是一款全新风格的纯电动SUV

成功的XJ跑车。州政府掌控英国利兰公司后，捷豹汽车的质量开始下降。公司在1984年转为私有化，在约翰·伊根爵士的领导下，捷豹汽车很快复苏。赛车团队TWR驾驶XJ-S赛车在巡回赛中获胜，捷豹汽车也在1988年返回到勒芒24小时耐力赛的赛场。配有V12发动机且基于捷豹公路车技术的XJR-9和XJR-12赛车分别在1988年和1990年赢得勒芒24小时耐力赛。

1989年，通用、戴姆勒-奔驰和福特3家公司都宣布要投资捷豹汽车，最终福特以1.6亿法郎胜出。福特公司改造了捷豹汽车工厂后，开始生产XJ轿车和配有V8发动机的XK运动跑车，并且开始削减开支和提高质量。1999年，捷豹品牌成为福特汽车集团的一部分，该集团还拥有阿斯顿·马丁、路虎、林肯和沃尔沃品牌。福特公司还买下了杰基·斯图尔特的一级方程式车队，但是这次投资是不成功的。

进入21世纪后，福特汽车的市场份额开始变小，为了把精力集中在核心业务上，福特公司在2008年把捷豹和路虎品牌以11.5亿法郎卖给印度的塔塔集团。塔塔集团延续了捷豹汽车的优良技术并出产了新车型，包括中等尺寸的XF轿车和新的XJ轿车，这2款车都得到了广泛好评。2010年，捷豹品牌重新盈利。新车型与路虎汽车共享铝结构车身，如发布于2018年的捷豹I-Pace电动SUV。

捷豹 XK140,1954年
该款车是XK120的升级版本，配有更强大的发动机。其他先进技术还包括高效制动器和悬架等。

小型汽车

汽车业在第二次世界大战后迎来了新的革命。大部分派驻海外的士兵都是首次经历长途跋涉，归国后，他们想驾驶汽车，也希望驾车带着自己的家人到更远的地方。为了满足这种需求，全世界的生产商开始批量生产汽车，其中也不乏销售达到百万的汽车。

◁ **莫里斯 Eight Series E 1938年款**

产地 英国

发动机 0.918升，直列四缸

最高车速 93千米/时

这是一款战前的车型，因为并不过时而在战后继续生产。该车一直销量不错，直到新款莫里斯迈纳汽车将其取代。

▷ **莫里斯 迈纳 1948年款**

产地 英国

发动机 0.918升，直列四缸

最高车速 100千米/时

亚历克·伊西戈尼斯设计的这款优质的“平民汽车”具有承载式结构车身、扭杆前悬架、四挡变速器和现代的流线型设计，但是并没有安装他设想的对置式四缸发动机。

△ **大众 1945年款**

产地 德国

发动机 1.131升，对置四缸

最高车速 101千米/时

由费迪南德·波尔舍在战前设计的这款车凭借其可靠的发动机、宽大的空间和较低的价格受到消费者的长期喜爱。

▷ **福特 金牛座 G93A 1948年款**

产地 德国

发动机 1.172升，直列四缸

最高车速 97千米/时

这款德国版的G93A比英国版的E93A 福特Perfect更具现代感，但是二者的发动机舱一模一样。

△ **丰田 Model SA 1947年款**

产地 日本

发动机 0.995升，直列四缸

最高车速 93千米/时

这是日本战后的第一款汽车，它模仿了很多大众甲壳虫汽车的特点，将福特式的发动机安装在前部。

◁ **Standard 8HP 1945年款**

产地 英国

发动机 1.009升，直列四缸

最高车速 97千米/时

1945年，Standard公司将其战前的车型Eight增加了四速变速器后投入生产。这是一款并不惊艳但令人满意的产品，3年内售出53 099辆。

◁ 达特桑 DB 1948年款

产地 日本

发动机 0.722升，直列四缸

最高车速 80千米/时

该车的外形借鉴了美国的克罗斯利汽车，是日本首款具有现代外观的汽车，采用的是战前达特桑的卡车底盘和侧向气门发动机。

▷ Crosley 1948年款

产地 美国

发动机 0.721升，直列四缸

最高车速 113千米/时

该车侧面平坦，配有独一无二的全钢制顶置凸轮轴发动机，但是该车并未赢得美国公众的喜爱。

▽ 菲亚特 500C 1949年款

产地 意大利

发动机 0.569升，直列四缸

最高车速 97千米/时

该车是丹特吉奥科萨公司1937年“米老鼠”的最后版本，该车外形华美，深受意大利人喜爱。

△ 雪铁龙 2CV 1948年款

产地 法国

发动机 0.375升，对置双缸

最高车速 63千米/时

20世纪30年代，雪铁龙公司为了在法国乡村取代马和马车设计了2CV，后来该车在乡村和城镇都获得了成功，其粗犷的外表比内部高质量的机械工艺和新式的发动机更显眼。

◁ 雷诺 4CV 1946年款

产地 法国

发动机 0.760升，直列四缸

最高车速 92千米/时

这款4CV的外形很像其竞争对手Morris Minor，但是它具有全独立悬架和后置发动机，并且销量很快就达到百万辆。

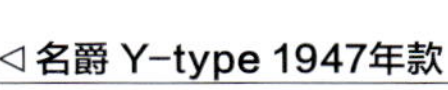

◁ 名爵 Y-type 1947年款

产地 英国

发动机 1.250升，直列四缸

最高车速 114千米/时

名爵将其小型TC跑车底盘增长，并安装了战前莫里斯Eight车身，这样就形成了复古但有吸引力的这款Y-type，该车在1947~1951年间售出6 158辆。

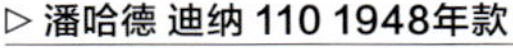

▷ 潘哈德 迪纳 110 1948年款

产地 法国

发动机 0.610升，对置双缸

最高车速 109千米/时

该车由吉恩 · 阿尔伯特 · 格雷瓜尔设计，拥有铝制车身结构、空冷铝制发动机、前轮驱动和独立悬架。

△ 奥斯汀 A40 Devon 1947年款

产地 英国

发动机 1.200升，直列四缸

最高车速 108千米/时

奥斯汀汽车战后的第一款设计模仿了战前的一款雪佛兰汽车，虽然外表稍显笨拙，但是新型的顶置气门发动机使其销量很好。

◁ 邦德 Minicar 1948年款

产地 英国

发动机 0.122升，单缸

最高车速 61千米/时

该款两座三轮汽车省油且税率低，非常符合战后英国人的需求，该车通过两冲程发动机驱动前轮。

▷ 萨博 92 1949年款

产地 瑞典

发动机 0.764升，直列双缸

最高车速 105千米/时

飞机制造商萨博的这款车被赋予极致的空气动力学设计，该车前轮驱动，配有两冲程发动机，是一款非常成功的汽车。

70341

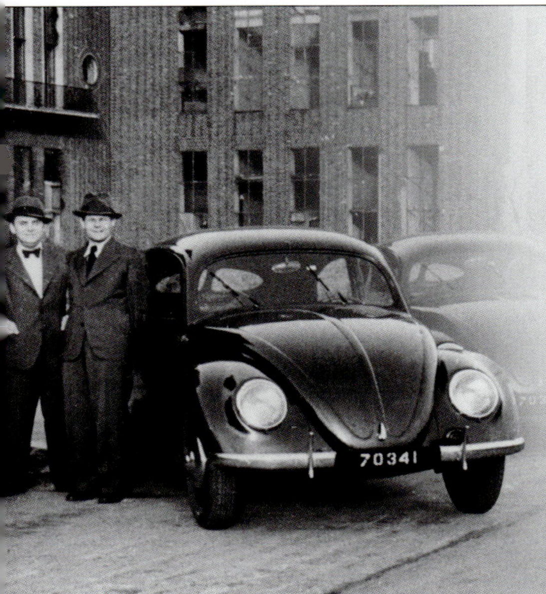

大众甲壳虫

甲壳虫汽车是汽车历史上成功的典范，它源于德国政府的一项倡议——为德国人设计一款造价低廉的汽车。该车在战后开始生产，当时，英国军队已经占领了德国。在德国，甲壳虫汽车的生产持续到1978年，敞篷车型则持续到1980年，而在拉丁美洲、墨西哥，甲壳虫汽车直到2003年才停止生产。全球共计生产2 100万辆甲壳虫汽车，创造了汽车历史上单款汽车的产量纪录。

甲壳虫汽车的设计使其制造成本低廉，很适合20世纪30年代的德国路况，更适合没有经验的新司机驾驶。空冷发动机的机械构造简单，不存在发动机“开锅”的情况；低功率输出则保证了其可靠性；后置发动机省去了中间轴，进而减小了后轮驱动汽车的整车质量；合金质发动机也降低了车身重量；空气动力学车身设计意味着它可以在当时的高速公路上更加自如地行驶；柔软的扭杆弹簧悬架和大车轮使其在德国恶劣的乡村路上和街道的鹅卵石路面都自如行驶。该车一直使用非同步式变速器和拉线制动器，直到20世纪60年代非定制阶段结束才更换。

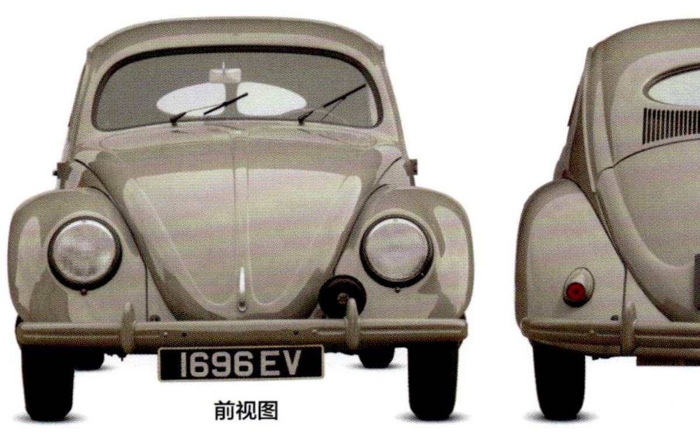

1696EV

前视图

1696
EV

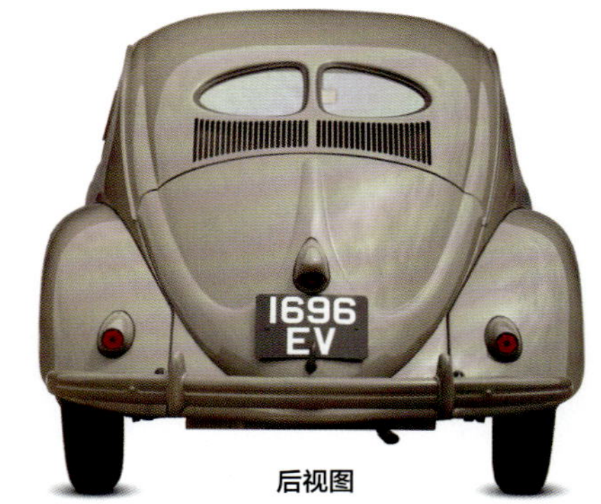

后视图

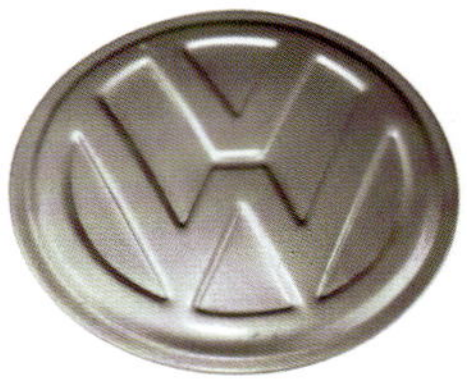

流传至今的名字
1938年，大众汽车被命名为KdFWagen，定义为“坚固而有趣的汽车”。而当汽车投入生产时，名字又改了回去。

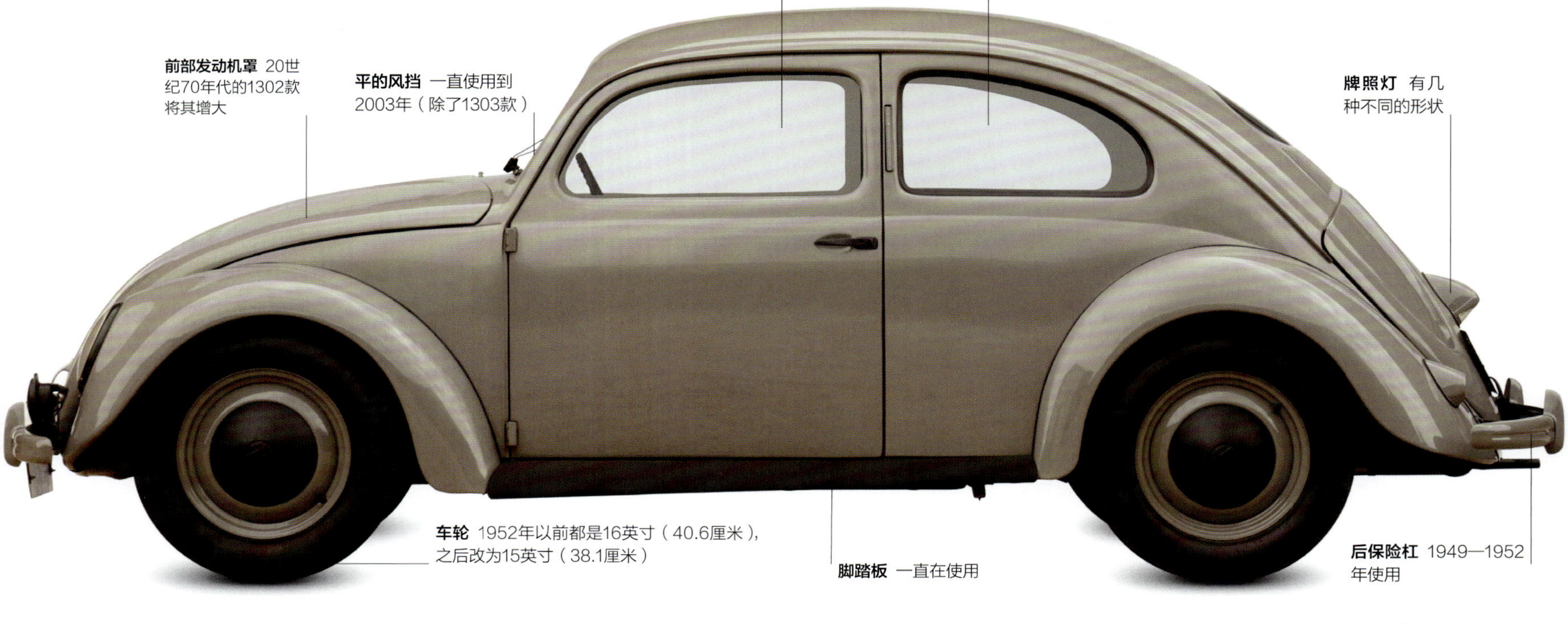
车窗 尺寸逐年增加
后车窗 尺寸一直在增大
前部发动机罩 20世纪70年代的1302款将其增大
平的风挡 一直使用到2003年（除了1303款）
牌照灯 有几种不同的形状
车轮 1952年以前都是16英寸（40.6厘米），之后改为15英寸（38.1厘米）
脚踏板 一直在使用
后保险杠 1949—1952年使用

规格	
车型	大众甲壳虫，1945—2003年
装配线	主要在德国的沃尔夫斯堡
产量	21 529 464辆
结构	平台底盘，钢制车身
发动机	1.131升，风冷对置四缸
动力输出	3 300转/分转速时输出制动马力为24马力
变速器	四挡手动变速器
悬架	扭杆弹簧全独立悬架
制动器	鼓式制动器
最高车速	113千米/时

小幅提升

这款1948年的甲壳虫汽车的外形比1949年的出口款简单。甲壳虫汽车的基本造型一直没有改变过，只在1968年的前脸升级中将后仰式前大灯更换成垂直式的。

外观

20世纪30年代，费迪南德·波尔舍设计出甲壳虫汽车精简、平顺的外形，该设计降低了甲壳虫汽车的燃油消耗并且让它在德国公路上自由行驶。甲壳虫汽车的外观一度被认为老套和过时。它只有2次重大的改款：第一次是在1968年，它的前部被向上提了；第二次是在1972年，1302款改用曲线型风挡玻璃后成为1303款。

1. 无修饰的前大灯 **2.** 无锁的发动机盖手柄 **3.** 早期标准车型的外置喇叭 **4.** 1960年以前为欧洲车型配置的弹出指示灯 **5.** 1952年以前的起动灯 **6.** 1953年的圆尾灯 **7.** 1953年3月以前在所有车上都安装的后车窗

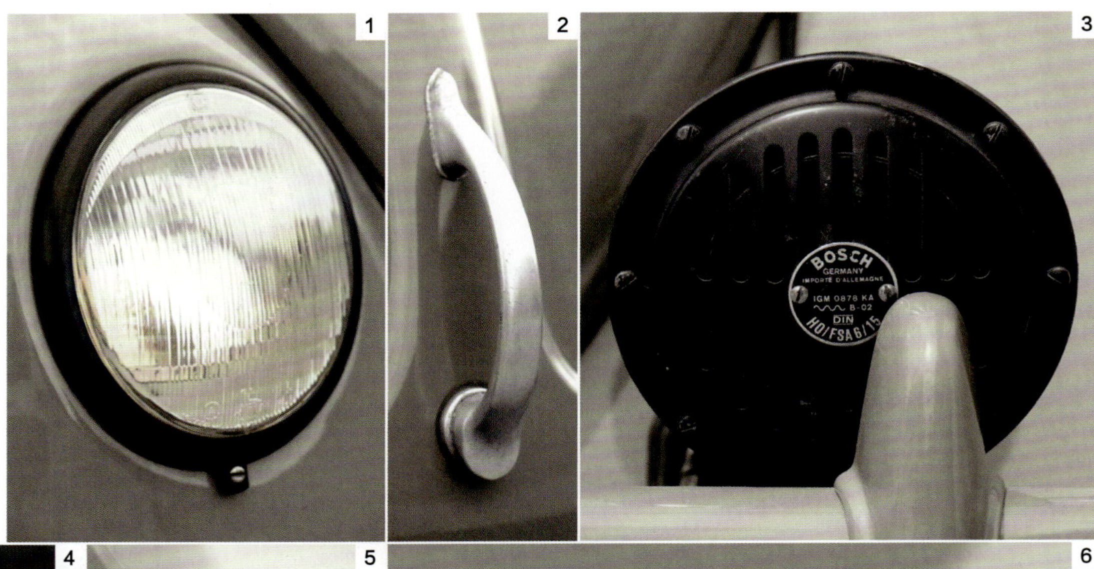

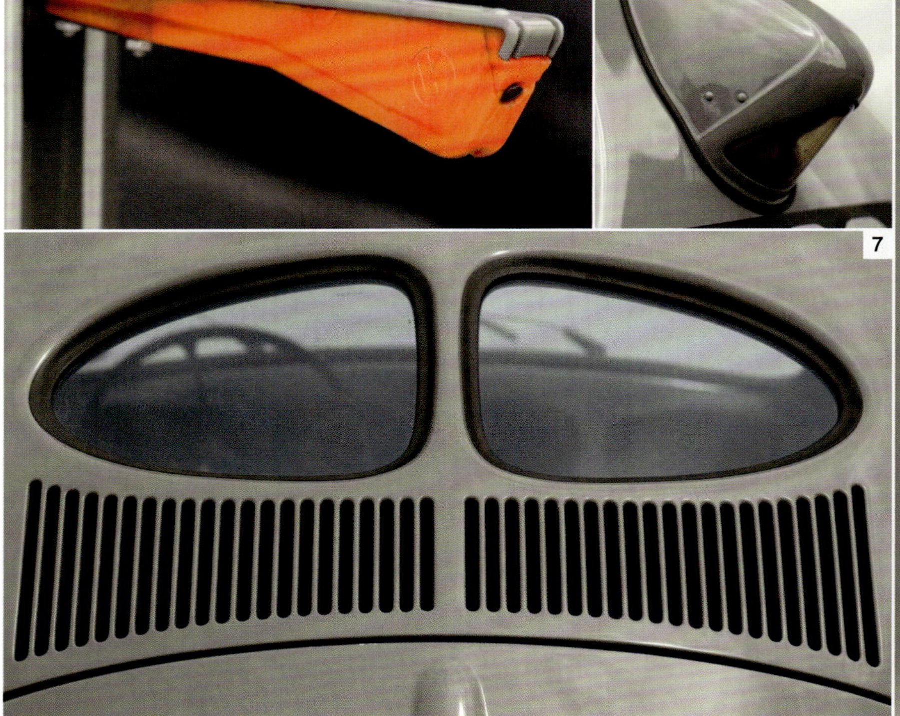

车内饰

甲壳虫汽车的车内空间一直不太宽敞也不是特别拥挤，直到1302款发布后，后备箱增加了85%的空间，后座椅的靠背可以往前折叠。甲壳虫汽车的仪表盘布置也一直很简单，只有1303款的仪表盘升级为颇具现代感的仪表盘。

8. 中央仪表，除了极早期版本汽车，其他版本都有 **9.** 基本版的细辐条方向盘 **10.** 通风口旋钮 **11.** 集成到仪表盘顶部的指示灯开关 **12.** 仪表盘下方的编制网兜，是具有时代特征的配置 **13.** 20世纪40年代典型的欧洲车型座椅套 **14.** 折叠后座椅靠背

发动机舱

第二次世界大战以后，排量为1.131升、动力输出为24马力的发动机投入生产，该发动机原来的排量是0.985升。1954年，发动机排量提升至1.192升。1966年发布新车型1300，1967年发布1500车型。1970年配备1.584升发动机的1302S发布，该款车发动机动力输出为50马力——保守数字（大众的一贯风格）。

15. 简单的发动机舱；后来的汽车要复杂一些 **16.** 供应商索莱克斯提供的化油器 **17.** 备胎 **18.** 1968年以前的安装在发动机盖下面的加油口

雪铁龙5CV，
20世纪20年代

伟大的品牌
雪铁龙的故事

安德烈·雪铁龙是汽车工业先驱者之一。尽管刚开始生产的汽车很笨拙，但是他的雪铁龙品牌体现了汽车设计的原始与大胆。他生产了一系列法国独一无二的标志性汽车，凝聚了他的心血与智慧。

安德烈·雪铁龙生于1878年，1901年，他在波兰的叔叔家看到申请了专利的双螺旋齿轮装置，这激起了他对机械工程的兴趣。后来，他在法国巴黎创建了一家小工厂，开始生产齿轮，他也允许其他公司（如斯柯达）在获得授权的情况下进行生产，而那个双螺旋齿轮装置的形状也成了雪铁龙品牌的标志。

雪铁龙汽车标志
（2009年发布）

1914年，第一次世界大战爆发后，敏锐的安德烈·雪铁龙成功抓住商机，成为军火制造商。1918年战争结束时，他为法军共提供价值2300万法郎的弹药，这使他身价大涨。1年以后，雪铁龙公司开始生产汽车。当雪铁龙第一款汽车Type A 10CV在1919年5月发布时，引起了业界轰动，因为它的价格比竞争对手低很多。当时，从底盘生产商那里购进底盘，再从车身生产商那里购进车身，然后将二者组装成一辆汽车是业内司空见惯的事情，然而，这辆整车配备了许多在昂贵机器上才有的装备。仅仅2周雪铁龙公司就收到了16 000份订单。

埃菲尔铁塔上的雪铁龙广告
安德烈·雪铁龙最知名的广告宣传就是在1925—1934年，将自己的名字用灯光点亮在埃菲尔铁塔上。

受此次成功的启发，安德烈·雪铁龙开始加大研发力度。他很快意识到市场的巨大潜力，因此想出了新的能够说服公众购买雪铁龙汽车的方法。1922年，小型的三座5CV问世，它配有排量0.856升的发动机。该车是一款入门级的汽车，目标是战后的女性消费者，车上配有电动起动机，并在广告中宣称该车最适合女性，因为不用手摇起动。很快，大量女性消费者被成功吸引并购买了这款汽车。

安德烈·雪铁龙从未停止他在汽车领域的探索。1934年早期，雪铁龙公司生产的车型已经达到76种，安德烈不停地改进底盘和发动机，因此，几乎没有可以互换配置的两个车型，并且生产新车型需要新的生产线，这就要花费大量资金。然而，安德烈还是坚持创新，1934年4月首次亮相的新车型7CV具有前轮驱动和整体式车身与底盘。安德烈就连选择7CV的车身设计师的方式都很有创意：他本可以选择当时最好的车身设计师，但是他没有，相反，他选择了毫无相关经验的意大利雕刻师费拉米尼奥·贝托尼。

> “儿童最先学习的是这些单词：妈妈、爸爸和雪铁龙。”
>
> 安德烈·雪铁龙，1927年

7CV是“新牵引方式”前轮驱动汽车家族中的第一个成员。尽管该车型被公众认为使用了新一代底盘技术，但是它给乘客带来的乘坐舒适性很差，变速器经常损坏，车身也总有断裂现象。尽管大部分问题很快就解决了，但是公司的名誉却受到了损失。安德烈慢慢地陷入了一个怪圈：通过不停地快速发布新产品来压过竞争对手雷诺汽车的声音，可是最终带来的却是1934年12月的破产。最大的债权人米其林公司之后接管了雪铁龙公司。

安德烈在公司破产6个月后去世，但是他的创新精神仍在公司里延续，尤其是1948年发布的2CV，该车配备两缸发动机和4个车门，虽然受到很多嘲讽，但是它价格低廉且坚固耐用，持续生产了42年。1955年发布的DS19和2CV一样，也具有简单的风格，该车又是贝托尼设计的。

1963年，雪铁龙公司收购了没落的潘哈德品牌，并且与菲亚特公司在一些项目上保持合作。1968年，雪铁龙公司买下意大利赛车制造商玛莎拉蒂，此次错误收购耗费了巨资，公司不得不接受法国政府的资助，而公司生产的SM超级轿车利润也极低。

雪铁龙公司继续亏损。新车型GS轿车被评为欧洲年度汽车，帮助公司暂时摆脱了经济困境，但是这个有个性的品牌最终还是在1974年失去

广泛适用
简单、质朴的2CV汽车的设计初衷是行驶在乡村不平的路面且不用维护，然而，小型的车身和经济的油耗使它同样适合城市，右图为巴黎街头的2CV汽车。

TYPE A 10CV

1919年 安德烈·雪铁龙发布首款汽车Type A 10CV
1922年 发布小型0.856升排量的5CV汽车
1922年 雪铁龙Kegresse汽车穿越撒哈拉沙漠
1924年 雪铁龙公司发布首款欧洲全钢制车身的B10汽车
1925年 雪铁龙公司开始了对埃菲尔铁塔长达9年的赞助
1933年 发布世界上首款配备柴油发动机的汽车Rosalie

2CV

1934年 首款前轮驱动汽车7CV诞生
1934年 雪铁龙公司宣布破产，轮胎生产商米其林接管
1935年 安德烈·雪铁龙去世
1948年 低价的2CV汽车在法国汽车展上亮相
1955年 流线型DS19汽车在法国汽车展上发布
1963年 雪铁龙公司接管竞争对手潘哈德品牌，1967年停止生产潘哈德汽车

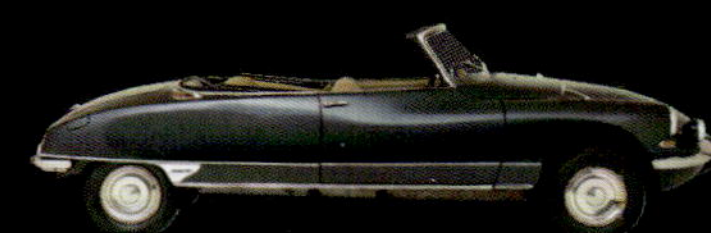

DS DÉCAPOTABLE

1968年 雪铁龙公司得到玛莎拉蒂品牌
1971年 GS被评为欧洲年度汽车
1974年 标致公司获得雪铁龙公司38.2%的股份
1975年 CX被评为欧洲年度汽车
1976年 标致公司增持雪铁龙公司的股份至90%
1986年 雪铁龙汽车赢得世界拉力锦标赛冠军，从此终止在赛场上的尝试

CX

1993年 雪铁龙工厂团队首次赢得Rally Raid Manufacturers头衔
2004年 塞巴斯蒂安·勒布驾驶雪铁龙汽车成为首位连续赢得6届世界拉力锦标赛的车手
2009年 雪铁龙品牌发布DS3掀背式的汽车
2014年 新款C4 Cactus突出了雪铁龙品牌实用、时尚、宽敞的特征
2020年 Ami是一款低成本的双座电动城市轿车，可购买或租用

了品牌独立性——竞争对手标致公司买下了它38.2%的股票。2年后，标致公司的股票持有增至90%，完全接管了雪铁龙公司。有些人认为1975年欧洲年度汽车CX是最后一款雪铁龙汽车，因为标致旗下的雪铁龙已经慢慢变味了。为了探索更加广阔的市场，20世纪80年代的雪铁龙汽车变得更加传统，比如1986年的AX超小型掀背式汽车。这种趋势在20世纪90年代仍在继续，包括1995年的Saxo和1997年的Xsara，它们都越来越像标致汽车，最终雪铁龙品牌形象逐渐淡化，但它还是成功地在2003年卖出140万辆车。

近些年，雪铁龙汽车更新了技术，在赛场上获得了很多荣誉。2015年，也就是在琳达·杰克逊成为汽车行业为数不多的女性首席执行官后的1年，DS汽车在欧洲和中国成为独立高端品牌。

萨拉 毕加索
1998年，雪铁龙品牌发布了新车型萨拉毕加索来与竞争对手雷诺的汽车梅甘娜风景竞争，上图为该车内部装配透视图。

中等家用轿车

战争结束以后，汽车生产商们带着战时赚的钱回到工厂来提高生产汽车的能力。然而，基本材料的缺乏，尤其是钢材的缺乏，使他们只能停留在原来的工艺水平上，如只能生产木制车身车架、铝制车身和布料织物顶篷。有的生产商重新生产战前的车型，有的则花费时间去开发全新车型。

△ **罗孚 10 1945年款**

产地 英国

发动机 1.389升，直列四缸

最高车速 105千米/时

该车装饰豪华，但是发动机是20世纪30年代的。该车战后继续生产，外形很像1948—1949年的P3。

▷ **莱利 RMB 1946年款**

产地 英国

发动机 2.443升，直列四缸

最高车速 153千米/时

该车仅仅外观在战前出现过，是战后第一款英国汽车，配备2.5升发动机，属于运动型高级轿车。

▷ **戴姆勒 DB18 1945年款**

产地 英国

发动机 2.522升，直列六缸

最高车速 116千米/时

该车显然是战前车型，它的质量较高，很实用，但是并没有生产很多。

▷ **阿尔维斯 TA14 1946年款**

产地 英国

发动机 1.892升，直列四缸

最高车速 119千米/时

阿尔维斯汽车凭借这款高质量轿车重新进入战后汽车市场。该车的外形和底盘属于20世纪30年代，配备了梁式车桥和机械制动器。

◁ **梅赛德斯-奔驰 170V 1946年款**

产地 德国

发动机 1.697升，直列四缸

最高车速 108千米/时

该车首发于1936年，属于战后再生产车型。高质量的车身结构、平稳的运转和全独立悬架使其成为一款成功的汽车。

△ **AC 2升 1947年款**

产地 英国

发动机 1.991升，直列六缸

最高车速 129千米/时

AC公司在战后迅速地发布了这款高质量且具有漂亮的战后车身外观的汽车，但是其底盘和发动机都是战前的。

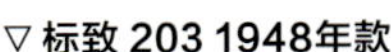

▽ **标致 203 1948年款**

产地 法国

发动机 1.290升，直列四缸

最高车速 114千米/时

标致品牌战后发布了203，该车具有宽大的车身、强劲的发动机和耐用的变速器，一直生产到1960年。

◁ **凯旋 1800 1946年款**

产地 英国

发动机 1.776升，直列四缸

最高车速 121千米/时

Standard公司在1945年买下了凯旋品牌，并且将其定位为高端品牌。这款的1800具有刀锋形状的外形，于1949年提升了发动机排量，该发动机一直使用到1954年。

△ **乔伊特 标枪 1947年款**

产地 英国

发动机 1.486升，直列四缸

最高车速 126千米/时

约克郡的一家小公司经过努力打造出标枪车型，该公司发布了全新的战后汽车，该车配备了现代发动机，具有空气动力学车身和良好的操控性。

△ **沃尔沃 PV444 1947年款**

产地 瑞典

发动机 1.414升，直列四缸

最高车速 122千米/时

沃尔沃 PV444具有承载式车身结构，配备新型顶置气门发动机，动力输出强劲且最高车速可达到153千米/时，该车在当时属于超前配置。

▽ **阳光-塔尔伯特 90 1948年款**

产地 英国

发动机 1.944升，直列四缸

最高车速 124千米/时

这款车具有吸引人的战后外观，有高质量的四门款和两门软顶敞篷款，但是前桥依然是梁式的。

△ **沃克斯豪尔 Velox 1948年款**

产地 英国

发动机 2.275升，直列六缸

最高车速 119千米/时

Velox属于战前车型，在战后进行了改进，配备了强劲的六缸发动机，具有较好的可靠性和性价比。1951年，车身重新进行了设计。

△ **塔特拉 T600 Tatraplan 1948年款**

产地 捷克斯洛伐克

发动机 1.952升，对置四缸

最高车速 129千米/时

牵引系数仅为0.32的T600具有空气动力学车身和后置空冷发动机，车内空间很大，能容纳6个人。

△ **亨伯 隼 III 1948年款**

产地 英国

发动机 1.944升，直列四缸

最高车速 114千米/时

这是英国第一款带有曲线风挡、现代车身设计的汽车，但配备的是战前的侧向气门发动机和底盘，后来升级为独立前悬架底盘。

△ **莫里斯牛津 MO 1948年款**

产地 英国

发动机 1.476升，直列四缸

最高车速 114千米/时

牛津 MO是大一号的莫里斯迈纳，配有扭杆弹簧前悬架、齿轮齿条转向器和液压制动。该车尽管车速较慢，但是在6年内共售出159 960辆。

△ **霍顿 48-215 "FX" 1948年款**

产地 澳大利亚

发动机 2.171升，直列六缸

最高车速 129千米/时

通用汽车公司在1931年买下了澳大利亚的霍顿品牌，在战后生产了具有承载式车身结构的汽车，该车最初想要使用雪佛兰的标志，但是它对美国人来说太小了。

△ **菲亚特 1500 1949年款**

产地 意大利

发动机 1.493升，直列六缸

最高车速 121千米/时

该车是菲亚特品牌1935年发布的最后一款车，具有先进的空气动力学车身外形、骨架式底盘、独立前悬架和顶置式气门。

△ **汉莎 1500 1949年款**

产地 德国

发动机 1.498升，直列四缸

最高车速 121千米/时

该车在当时看起来相当现代，具有骨架式底盘和全独立悬架，甚至还配有先进的闪烁式指示灯，该车能容纳6个人。

20世纪50年代

曲线与尾翼 | 敞篷车与亮银装饰条 | 粉红色与粉彩色 | 泡泡车与双座跑车

10 20 30 40 50 60 70 80 90 100 110
106204
DEFROST
HEAT
ON START
GASOLINE

经济型汽车

20世纪50年代，欧洲汽车生产商专注于生产小型的经济型家庭轿车，相比战前汽车，这些实用性强的城市用车空间更大、运转更加平稳、乘坐更加舒适。然而，一些品牌（如福特）却逆道而行，继续生产战前的车型，并且售价超低，这无疑阻碍了新车型的发展。

◁ **沃尔斯利 1500 1957年款**

产地 英国

发动机 1.489升，直列四缸

最高车速 126千米/时

莫里斯汽车在原有的底盘上安装了一款更大的发动机，制造出高端产品沃尔斯利（有时也称作莱利），该车在当时很流行，共卖出超过14万辆。

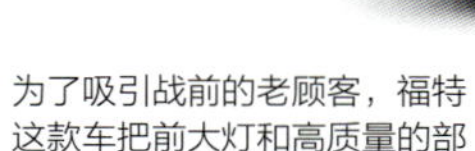

△ **福特 Prefect E493A 1949年款**

产地 英国

发动机 1.172升，直列四缸

最高车速 97千米/时

为了吸引战前的老顾客，福特这款车把前大灯和高质量的部件保留下来，在战后汽车数量稀少的英国卖得很好。

△ **福特 Popular 103E 1953年款**

产地 英国

发动机 1.172升，直列四缸

最高车速 97千米/时

该车是20世纪30年代的车型，即带有杆式制动器、侧向气门发动机、三挡手动变速器和战前车身外形设计的基础车型，它价格低廉，一直生产到1959年。

▷ **福特 安格里亚 100E 1953年款**

产地 英国

发动机 1.172升，直列四缸

最高车速 113千米/时

福特公司在20世纪50年代继续生产战前的车型——外形漂亮的小型轿车。尽管配的是侧向气门发动机和三挡变速器，该车依然卖得很好。

△ **福特 安格里亚 105E 1959年款**

产地 英国

发动机 0.997升，直列四缸

最高车速 122千米/时

105E是安格里亚系列的最后一款车型，其宽大且现代的美式外形并不过时。该车配备新式发动机和平顺的四挡变速器。图中是排量为1.197升的super车型。

◁ **雷诺 王妃 1956年款**

产地 法国

发动机 0.845升，直列四缸

最高车速 106千米/时

该车是战后后置发动机汽车4CV的升级款，它的发动机更大，车内空间更大，配有新式车身，12年内共售出超过200万辆。

△ **DKW 特级轿车 1953年款**

产地 德国

发动机 0.896升，直列三缸

最高车速 121千米/时

这款DKW 特级轿车配有轻型空冷两冲程发动机，具有空气动力学车身，速度要比预想的快很多，后来的升级款的车速可以达到142千米/时。

▷ **莫里斯迈纳 旅行者 1953年款**

产地 英国

发动机 1.098升，直列四缸

最高车速 100千米/时

美观、实用、木制车身的这款旅行者是莫里斯迈纳品牌最成功的一款车，该车拥有侧向铰接后车门和可以向前折叠以节省空间的后座椅。

◁西姆卡 阿朗德 普莱因 夏尔 1957年款

产地 法国

发动机 1.290升，直列四缸

最高车速 132千米/时

该公司最开始是在菲亚特品牌授权的情况下生产菲亚特汽车，这款阿朗德是其首款自己设计的汽车，该车外形美观、价格昂贵，由Facel公司设计完成。

◁纳什大都会 1954年款

产地 英国/美国

发动机 1.489升，直列四缸

最高车速 121千米/时

该车在英国生产，销往北美，目标人群是乡镇富裕家庭的女性。

△菲亚特 600 1955年款

产地 意大利

发动机 0.633升，直列四缸

最高车速 100千米/时

该车是菲亚特首款后置发动机的汽车，具有全独立悬架和承载式车身结构。车身很小，但是车内足够坐下4个人。

△菲亚特 600 Multipla 1956年款

产地 意大利

发动机 0.633升，直列四缸

最高车速 89千米/时

该车外形美观，虽然只有3.5米长，却能坐下6个成年人，它引领了“MPV”（多功能汽车）概念，而MPV汽车在20世纪90年代相当流行。

△奥斯汀 A40 1958年款

产地 英国

发动机 0.948升，直列四缸

最高车速 116千米/时

在菲利普王子对奥斯汀汽车的外形做出评价后，公司召回了巴蒂斯塔·法尼亚，让他把外形古板的A40改变为时尚的三厢车。

△斯柯达 明锐 1959年款

产地 捷克斯洛伐克

发动机 1.089升，直列四缸

最高车速 121千米/时

该车在1954年首发，是捷克斯洛伐克一款性价比极高的平民轿车，但是其摆轴式后悬架容易出问题，尤其是在粗心的驾驶员转弯的时候。

PHILCHE
antic
Sale
Phillips 66
EN PROP.
LEE
Phillips 66
10,000 LAKES
ME 8902
19 MINNESOTA 58

20世纪50年代中期的德索托汽车
战后，经济复苏的美国的汽车保有量、公路和维修站数量剧增。图为一名司机开着一辆德索托汽车在加油和保养。

底特律车翼和亮银装饰条

战后的美国汽车设计呈现大胆与浮华之势，市场上各个档次的汽车生产商纷纷为汽车增添越来越多的亮银装饰条和狂野造型的附件，如车翼、子弹形和飞机式装饰。这种样式的汽车成比例地增长，并且数量在1959年达到顶峰，直到1960年温和派设计才出现。

△ **普利茅斯 Fury 1959年款**

产地 美国

发动机 5.205升，V型八缸

最高车速 167千米/时

普利茅斯系列从1955年开始生产，具有梦幻般的维吉尔-埃克斯纳外形和高速的V8发动机。该款两门跑车版Fury是该系列最具外形特点的车型。

▷ **雪佛兰 贝尔艾尔 1953年款**

产地 美国

发动机 3.859升，直列六缸

最高车速 140千米/时

1953年，雪佛兰品牌的豪华车型贝尔艾尔共生产了25万辆，该车价格低廉，配备很多侧边条，外形很吸引人。

◁ **雪佛兰 贝尔艾尔 1957年款**

产地 美国

发动机 4.343升，V型八缸

最高车速 171千米/时

被称作“小凯迪拉克”的1957年这款雪佛兰汽车装饰了车翼，配备了V8发动机，其底盘一直流行至今。

△ **克莱斯勒 New Yorker 1957年款**

产地 美国

发动机 6.424升，V型八缸

最高车速 187千米/时

该车前卫的外形是设计师维吉尔·埃克斯纳设计的，配备了新式扭杆弹簧前悬架，它帮助克莱斯勒品牌赢得了1957年年度汽车品牌，并且帮助公司扭转了颓势。

▷ **林肯 大陆 Mark Ⅱ 1956年款**

产地 美国

发动机 6.030升，V型八缸

最高车速 174千米/时

林肯品牌将其顶级车型大陆重新在1956年发布，车身比例经过了改进，很像大的两门跑车，售价大约是10 000美元。

◁ **林肯 卡普里 1958年款**

产地 美国

发动机 7.046升，V型八缸

最高车速 177千米/时

由于相信越大越好，林肯品牌生产了战后最大的汽车卡普里，该车长5.8米，配备了375马力的V8发动机。

▷ **庞蒂亚克 博纳维尔 Custom版 1959年款**

产地 美国

发动机 6.375升，V型八缸

最高车速 183千米/时

20世纪50年代后期，庞蒂亚克把自己重新塑造成运动品牌，发布了低底盘的、带有V8发动机的汽车，该车在1959年的改装赛车比赛中多次获胜。

▽ **埃德塞尔 海盗船 1959年款**

产地 美国

发动机 5.440升，V型八缸

最高车速 192千米/时

福特公司在1957年发布了这款埃德塞尔，瞄准的是美国中级市场，该车并未成功，并且在1959年停产，这款外观漂亮、动力强劲的海盗船仅售出1 343辆。

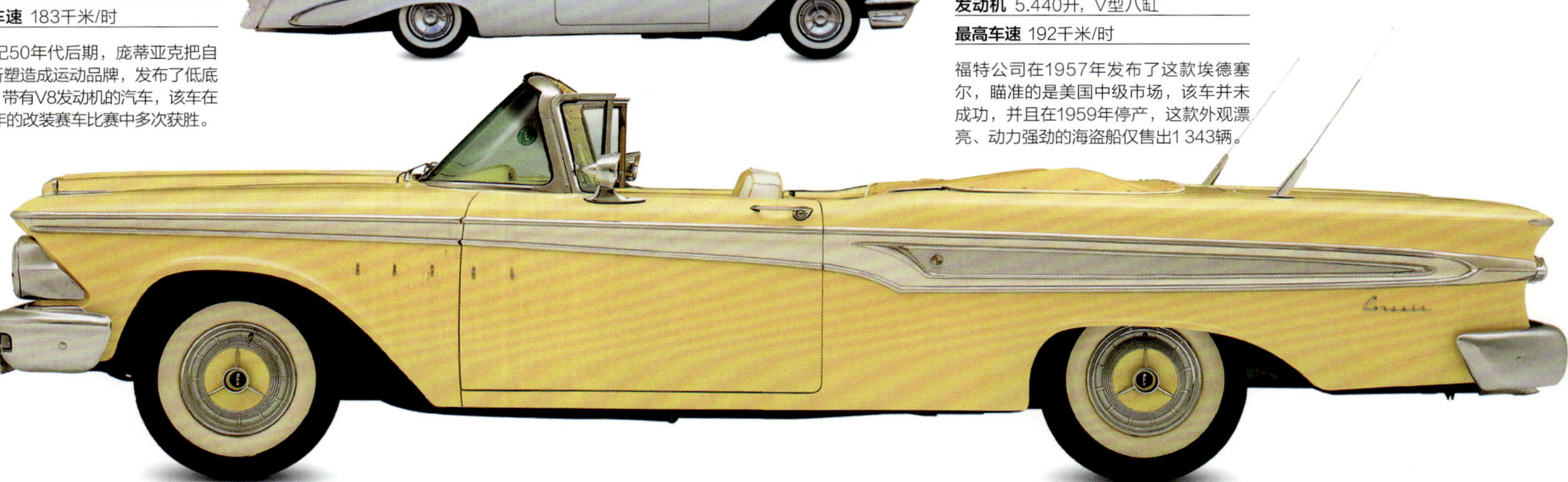

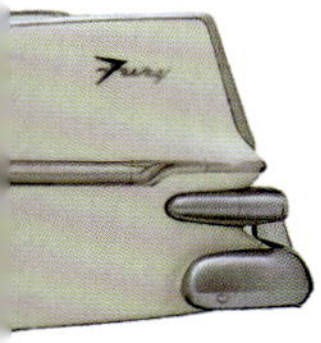

▷ **福特 费尔莱恩 500 Club Victoria 1959年款**

产地 美国

发动机 4.785升，V型八缸

最高车速 158千米/时

这款1959年的福特汽车在布鲁塞尔世界博览会上因奇特的外形获得金奖，并且销售量也很好；这款两门的Club Victoria数量稀少，仅售出23 892辆。

△ **斯图贝克 银隼 1957年款**

产地 美国

发动机 4.736升，V型八缸

最高车速 185千米/时

世界上历史最悠久的汽车生产商之一斯图贝克在战后发布了一款特别的车身样式——两门车身，该车于1953年开始生产，车翼的长度一直都在增长，直到1957年到达顶峰。

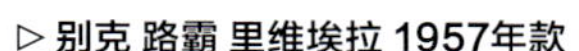

▷ **别克 路霸 里维埃拉 1957年款**

产地 美国

发动机 5.965升，V型八缸

最高车速 188千米/时

别克品牌的硬顶汽车里维埃拉出现在1954年。到1957年，车身上已经添加了多段的亮银装饰条和大尾翼，尽管配有250/300马力的发动机，它的流行度却在下降。

▽ **别克 里维埃拉限量版 1958年款**

产地 美国

发动机 5.965升，V型八缸

最高车速 185千米/时

该款1958年的别克汽车把重心放在已有的粗大尾翼上，300马力的发动机更豪华、排量更大，但是该车的销售却很差。

▽ **凯迪拉克 Series 62 双门跑车 1952年款**

产地 美国

发动机 5.424升，V型八缸

最高车速 158千米/时

凯迪拉克品牌是美国汽车市场上创新车身样式的先驱，是第一个采用大尺寸车翼的生产商，如图中这款豪华的190马力动力的跑车。

▷ **凯迪拉克 Series 62 敞篷跑车 1958年款**

产地 美国

发动机 5.981升，V型八缸

最高车速 187千米/时

凯迪拉克品牌在1957年发布这款全新车身造型，在1958年为其加大了尾翼，而发动机的动力输出也增大至310马力。

▷ **凯迪拉克 Series 62 轿车 1959年款**

产地 美国

发动机 6.391升，V型八缸

最高车速 183千米/时

这款1959年的凯迪拉克汽车的粗大尾翼被双子弹形尾灯分开，它配有动力输出为325马力的发动机。该外形无疑是20世纪50年代美国最浮夸的车身设计。

豪华与高性能

第二次世界大战后的20世纪50年代，繁荣回归，人们对豪华车的需求也日渐提高。道路状况得到改进，人们的视野得到拓宽，汽车的终极性能也就成了大家追求的目标。人们认为战后最好的汽车应该整天都以161千米/时的速度行驶，跑车的速度则应该更快。很快，汽车生产商满足了人们的期待。

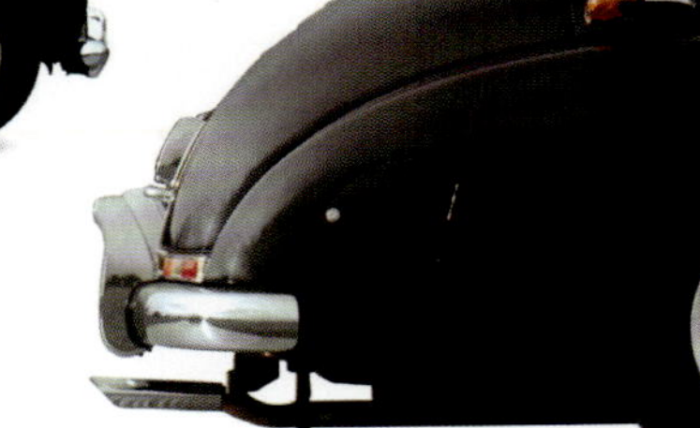

△ **劳斯莱斯 银色黎明 1949年款**

产地 英国

发动机 4.566升，直列六缸

最高车速 140千米/时

劳斯莱斯品牌声称要制造世界上最好的汽车和最好的机械，它做到了。这款车是小型轿车，但依然是豪华的。

◁ **劳斯莱斯 银云Ⅰ 1955年款**

产地 英国

发动机 4.887升，直列六缸

最高车速 171千米/时

通过在分离式底盘上装配豪华车身，劳斯莱斯公司生产出这款银云Ⅰ。其车身由Hooper公司设计，散发着优雅的气息。

▽ **布里斯托尔 403 1953年款**

产地 英国

发动机 1.971升，直列六缸

最高车速 167千米/时

该款布里斯托尔 403很明显源自战前的宝马汽车，它可以输出100马力的动力，应用了空气动力学车身，是一款高质量的四座汽车。

▷ **捷豹 MkⅦ 1951年款**

产地 英国

发动机 3.442升，直列六缸

最高车速 164千米/时

威廉·里昂斯在生产惊艳的XK120时就在酝酿Mark Ⅶ了，最终Mark Ⅶ成为一款高速、美观、豪华的轿车。

◁ **捷豹 XK140 FHC 1955年款**

产地 英国

发动机 3.442升，直列六缸

最高车速 200千米/时

由于XK跑车的需求量巨大，捷豹品牌开始生产其系列产品，图中这款木制和皮革内饰的跑车就属于该系列。

△ **捷豹 XK150 FHC 1957年款**

产地 英国

发动机 3.781升，直列六缸

最高车速 212千米/时

这款XK150 FHC安装了动力不太强劲的发动机，是一款城市跑车，可以平稳无声地以161千米/时的速度行驶。

▽ **捷豹 MkⅨ 1959年款**

产地 英国

发动机 3.781升，直列六缸

最高车速 183千米/时

捷豹这款最新的分离式底盘轿车MkⅨ可输出220马力的动力，它带有助力转向和全盘式制动器，是一款城市用车，尽管厚重，却彰显绅士风范。

△梅赛德斯-奔驰 300 1951年款

产地 德国

发动机 2.996升，直列六缸

最高车速 166千米/时

该车型是德国在第二次世界大战之后第一款有名的汽车。该车型追求高质量和耐久性，每年大约生产1 000辆，这种生产速度一直持续了10年。

△法希 维加 FVS 1954年款

产地 法国

发动机 5.801升，V型八缸

最高车速 216千米/时

法希维加 FVS是首款采用美国V8动力装置（上图中，动力装置来源于克莱斯勒公司）的欧洲汽车，该车是一款杰出的FVS。

◁蓝旗亚 Aurelia B20 GT 1953年款

产地 意大利

发动机 2.451升，V型六缸

最高车速 185千米/时

该车配有世界上第一款用于量产汽车的V6发动机和半挂臂式悬架，尽管成本较高，但车很完美。

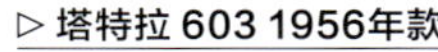

△梅赛德斯-奔驰 300SL 1954年款

产地 德国

发动机 2.996升，直列六缸

最高车速 208千米/时

该车是20世纪50年代最具标志性的汽车之一，配有鸥翼式车门、250马力燃油喷射式发动机和干式油底壳，是一款杰出的跑车。

▷塔特拉 603 1956年款

产地 捷克斯洛伐克

发动机 2.474~2.545升，V型八缸

最高车速 161千米/时

该款顶级流线型轿车主要供捷克斯洛伐克的外交官使用，后置了一款紧凑的空冷V8发动机。

△法拉利 250GT 1956年款

产地 意大利

发动机 2.953升，V型十二缸

最高车速 233千米/时

该车是法拉利的第一款量产GT，配有三化油器V12发动机，属2+2车型，由宾尼法利纳公司设计。

△凯撒 达林 1954年款

产地 美国

发动机 2.641升，直列六缸

最高车速 154千米/时

船舶制造商亨利·凯撒在第二次世界大战之后进入汽车市场。这款达林采用玻璃纤维车身，车门呈曲线形式，这款车的外形是荷兰设计师霍华德·达林的杰作。

△宾利 R-type 欧陆 1952年款

产地 英国

发动机 4.566升，直列六缸

最高车速 193千米/时

劳斯莱斯公司最终将宾利品牌的跑车技术与自己品牌的车身设计结合，制造出这款象征着豪华与高速的汽车。

◁宾利 S2 1959年款

产地 英国

发动机 6.230升，V型八缸

最高车速 182千米/时

劳斯莱斯汽车和宾利汽车因为六缸发动机就要下市而在美国市场上处于劣势，这一切在V8发动机发布后发生了改变。

△阿斯顿·马丁 DB2/4 1953年款

产地 英国

发动机 2.580升，直列六缸

最高车速 187千米/时

这款阿斯顿·马丁将华特·欧文·宾利设计的双顶置凸轮轴发动机集成到管式底盘上，它具有赛车“血统”，是高级别的象征。

△阿斯顿·马丁 DB4 1958年款

产地 英国

发动机 3.670升，直列六缸

最高车速 227千米/时

20世纪50年代末，阿斯顿·马丁公司已经成长为真正的豪华车生产商，其车辆具有奇特的意大利旅行车外形，配备新的双凸轮轴发动机。

图中是亨利·福特坐在他1896年发明的“装了发动机的四轮马车”上。

伟大的品牌
福特的故事

亨利·福特是第一个发明了批量生产技术的汽车生产商，他的T型车售出上百万辆。从那以后，福特汽车公司成长为全球汽车巨头，也是唯一在新千年经济大萧条时期没有受到政府救助而存活下来的大型美国汽车生产商。

1863年，亨利·福特出生在美国密歇根州迪尔伯恩的一个农场。16岁那年，他来到底特律学习机械修理技术。1891年，亨利来到底特律的爱迪生公司工作，并在业余时间做发动机试验。1896年，他发明了第一辆装有发动机的四轮马车。1898年，他又发明了自己的第二辆车，这辆车引起了企业家威廉·H.墨菲的注意，他于是邀请亨利负责汽车的生产技术。亨利尽力将自己发明的汽车产品化，但是公司还是亏损严重。公司重组后，亨利有很多机会去试验新想法，终于在1901年10月，他制造的车在10英里比赛中击败了当时有名的温顿汽车。但是公司当时依然没有可以盈利的汽车，而且年底的时候公司状况很差。很快公司更名为亨利·福特汽车公司，但是新公司依然没能生产出一款像样的汽车。当董事会决定聘用亨利·利兰做公司顾问时，亨利·福特决定离开，而公司随后也更名为凯迪拉克。

福特汽车标志
（1927年发布）

亨利最终找到了属于他自己的成功，他在1903年创建了福特汽车公司。福特公司的第一辆产品汽车是A型车。1904年，亨利用他另外一辆早期的赛车创造了147千米/时的速度纪录。亨利的合作伙伴亚历山大·麦克姆森热衷于把公司产品定位在高端市场，最终生产出了四缸B型车和六缸的K型车。而亨利却想集中精力发展低价汽车。1906年，亨利买下了麦克姆森的商业股票，并且仍然把重点放在低价的小型车型上，他最成功的小型汽车就是T型车，该车发布于1908年，配有新款四缸发动机和易于使

福特 野马 Cobra Jet 428
1964年的这款野马汽车使用“野马”这个名称是为了更好地描述这款紧凑的强动力汽车。1968年的Cobra Jet 428更是当时跑得最快的汽车之一。

A型车

1896年 亨利·福特发明他的第一辆汽车
1903年 福特汽车公司成立，发布第一款汽车A型车
1908年 发布T型车
1922年 福特公司买下林肯公司
1927年 T型车停产，共出厂了1 500万辆，新版A型车将其取代
1932年 首款配备V8发动机的福特Model 18汽车发布

雷鸟 LANDAU

1945年 亨利·福特二世接管福特汽车公司
1947年 83岁的亨利·福特去世
1954年 介于跑车和旅行车之间的雷鸟汽车诞生，它开启了一个新的汽车类别
1963年 福特公司发布Cortina家庭轿车，该车良好的销售量一直延续到20世纪80年代

CAPRI

1967年 福特公司资助考斯沃斯DFV V8发动机研发，它是一级方程式历史上最成功的发动机族系
1969年 福特公司发布Capri跑车，该车一直售到20世纪80年代
1978年 福特公司因安全问题召回Pintc车型
1982年 空气动力学车身的Sierra车型首次亮相
1987年 福特公司买下阿斯顿·马丁品牌

SIERRA 考斯沃斯 RS500

1990年 发布Explorer汽车，成为美国最流行的SUV
1998年 福特福克斯汽车因其舒适性、悬架和性能表现赢得了赞誉
1999年 福特公司买下Stewart一级方程式团队
2002年 嘉年华是福特公司最后一款在英国制造的汽车
2015年 第6代野马汽车上市
2020年 野马 Mach-E是一款配备纯电动动力总成的SUV
2021年 25年后，福特 Bronco汽车以复古风格越野车型回归

福特科蒂纳汽车模型

1962年在英国发布的科蒂纳汽车是一款十分流行的中级家庭用车，其宽大版是该级别车的领导者。

用的行星齿轮变速器，车身外形也很现代。T型车各方面的性能都很先进，而售价仅为850美元。获得良好的口碑后，T型车的销量大增，而随着生产技术的进步，其售价也变得更低。1913年，福特成为首个在流水线上生产汽车的品牌，将生产一辆T型车的时间从14小时缩短至93分钟。第一次世界大战期间，T型车还为很多同盟军队提供支持，包括被改造成战场上的救护车。

1919年，亨利·福特的儿子埃德塞尔接任公司总裁。1922年，福特公司买下了当时低迷的林肯公司，具有讽刺意味的是，林肯公司由亨利·利兰创立，他曾经在1902年将亨利·福特从亨利·福特汽车公司挤走。接下来的5年里，福特公司没有再生产新车型，只是对T型车进行改进。1927年，福特公司终于意识到T型车已经过时，而此时公司却没有能取代它的车型，因此研制新车型的这段时间公司停产了6个月。新车型在20世纪30年代陆续出现，包括1932年的Y型车，这是福特公司为欧洲市场专门设计的汽车。在第二次世界大战期间，福特公司成熟的批量汽车生产技术也被用来为同盟军生产吉普车、坦克发动机、飞机和其他军工硬件。1943年，埃德塞尔因为癌症去世，亨利·福特只好重新执掌福特公司。埃德塞尔的儿子亨利·福特二世在1945年接手福特公司，他也被认为是继亨利·福特后的另一位独掌公司的人。1947年，亨利·福特去世。

第二次世界大战之后，福特公司开始为美国和欧洲的大众市场研发高质量汽车，公司的优势是其明智的产品路线。1954年，豪华运动版雷鸟汽车诞生，1964年，外形美观的紧凑型野马汽车诞生。在欧洲，福特公司通过安格里亚、牛头犬、科蒂纳和护卫舰车型引领销售。20世纪60年代，福特公司的“全性能”运动使其成为汽车运动的领导者。GT40在法国的勒芒24小时耐力赛中获胜，并且开始通过考斯沃斯设计的V8发动机来称霸一级方程式赛场。20世纪70年代，福特公司的RS Escorts车型使其在欧洲赛场上处于领先地位。

公司的声誉在20世纪70年代出现了危机，一款紧凑型轿车——US Ford Pinto因出现安全隐患而被强制召回。80年代早期，在美国市场，福特公司不仅要应对能源危机，其大油耗汽车还输给了日本的经济车型，此时它只能依靠表现良好的欧洲市场。福特公司在80年代还发布了牛头犬和山脊，这两款车的空气动力学车身成为大西洋两岸福特车的标志。20世纪90年代后期开始，由设计主管J.梅斯领导的创意车身设计成为福特汽车的优势，由技术主管理查德·琼斯领导的等级管控成为了福特产品的标准。

2006年以后，与其他美国同行一样，福特公司遭受巨大损失，但是在没有得到政府救助的情况下依然生存了下来。公司出售了赫兹、阿斯顿·马丁、捷豹、路虎和沃尔沃品牌，抵押了工厂、转让了专利和其他财产，并且降低了生产成本。这些举措奏效了。2018年，福特公司宣布品牌日后只专注于SUV和卡车车型——野马汽车除外，2015年，福特重新推出野马汽车。

> “降价一美元，获得千用户。”
>
> **亨利·福特对T型车的评述，1913年**

2010 福特 Ecoboost 1.6升发动机

该款大尺寸发动机采用双涡轮增压和直喷技术，功率大且排放量低。

赛车

20世纪50年代，前置发动机赛车蓬勃发展。欧洲的跑车统治着赛场，慢慢地，赛场上的跑车与场外公路上行驶的跑车有了区别。盘式制动器被证明具有很大优势且很快被用在了赛车上，除此之外，还有很多新技术（如燃油喷射技术）也被及时地应用在公路跑车上。

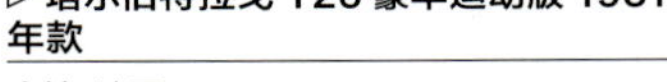

▷塔尔伯特拉戈 T26 豪华运动版 1951年款

产地 法国

发动机 4.483升，直列六缸

最高车速 201千米/时

该豪车运动车型采用了成功的国际汽车大奖赛赛车的底盘和发动机，该车是战后早期的赛车，赢得了1950年的勒芒24小时耐力赛。

△法拉利 375 MM 1953年款

产地 意大利

发动机 4.522升，V型十二缸

最高车速 241千米/时

作为赛车问世的375 MM，在它光鲜亮丽的赛车职业生涯初期就赢得了诸多奖项，如斯帕24小时赛、佩斯卡拉12小时赛和布宜诺斯艾利斯1 000千米比赛。

△柯蒂斯克莱斯勒 500S 1953年款

产地 美国

发动机 6.424升，V型八缸

最高车速 233千米/时

该车是高效的美国赛车的典范，在泛美越野大赛和美国耐力赛中驰骋，该车在轻质铝制车身上安装了克莱斯勒Hemi V8发动机。

◁法拉利 250GT SWB 1959年款

产地 意大利

发动机 2.953升，V型十二缸

最高车速 257千米/时

由宾尼法利纳公司设计的SWB统治着Group III（2~3升）级别比赛，赢得了很多奖项。乘坐该款车就像坐在家里一样平稳。

△阿巴斯 205 1950年款

产地 意大利

发动机 1.089升，直列四缸

最高车速 174千米/时

该款205是首款完全由传奇设计师卡罗·阿巴斯设计的汽车，在乔瓦尼·米凯洛蒂设计的车身中搭载了菲亚特发动机，是一款成功的耐力赛赛车。

▽路特斯 Eleven 1956年款

产地 英国

发动机 1.098升，直列四缸

最高车速 180千米/时

优雅的路特斯Eleven在技术上更进一步，是一个巨大的成功。在1956年的勒芒24小时耐力赛中，它面对众多大排量发动机赛车获得了第7名的好成绩。

△普普利迪-保时捷 特别版 1954年款

产地 美国

发动机 1.582升，对置四缸

最高车速 209千米/时

该车的车身设计灵感源于梅赛德斯的银箭车型，配备了大众汽车的底盘。它在巴哈马的拿骚（巴哈马的首都）速度周赛中首次获胜。

▷保时捷 550/1500RS 1953年款

产地 德国

发动机 1.498升，对置四缸

最高车速 219千米/时

保时捷品牌为550赛车配备了新的双顶置凸轮轴发动机后，该车便赢得了比赛。演员詹姆斯·迪恩因驾驶这款车发生事故而丧命。

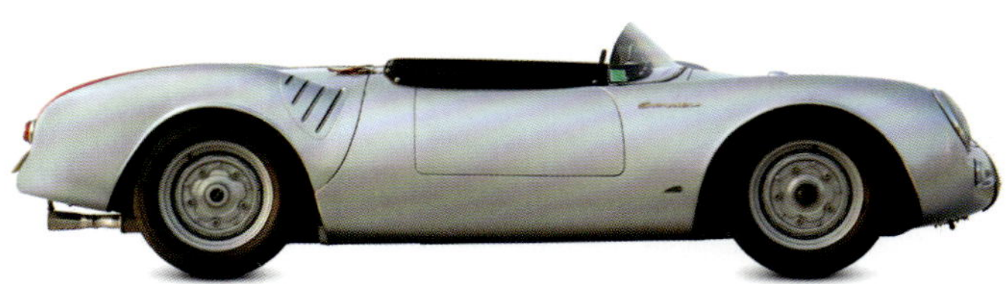

◁保时捷 550 跑车 1953年款

产地 德国

发动机 1.448升，对置四缸

最高车速 200千米/时

该款发动机中置的550是保时捷品牌生产的首款以比赛为目的的跑车，并且赢得了1953年的勒芒24小时耐力赛和泛美越野大赛。

△ **阿斯顿·马丁 DBR1 1956年款**

产地 英国

发动机 2.922升，直列六缸

最高车速 249千米/时

该款车是2010年以前最成功的阿斯顿·马丁赛车，曾赢得包括勒芒、纽伯格林、古德伍德和斯帕在内的6项国际重要比赛。

△ **OSCA MT4 1953年款**

产地 意大利

发动机 1.490升，直列四缸

最高车速 193千米/时

该车由玛莎拉蒂兄弟设计，带有双凸轮轴和火花塞的发动机使得MT4更具竞争力，1954年该车在美国赢得赛百灵12小时赛。

△ **阿斯顿·马丁 DBR2 1957年款**

产地 英国

发动机 3.670升，直列六缸

最高车速 257千米/时

共有2款阿斯顿·马丁赛车配备了3.7升发动机，该款DBR2采用了半骨架式底盘，车身类似于DBR1，美国的升级版车型配备了4.2升的发动机。

△ **玛莎拉蒂 250F 1954年款**

产地 意大利

发动机 2.494升，直列六缸

最高车速 290千米/时

该款优雅的250F赛车在一级方程式的赛场上征战7年，赢得了8次国际汽车大奖赛，并且在1957年帮助赛车手胡安·曼纽·方吉奥赢得世界冠军。

◁ **潘哈德 750 Spider 1954年款**

产地 法国/意大利

发动机 0.745升，对置双缸

最高车速 145千米/时

该车由蒂诺公司生产，配备了1950年的动力学滚动底盘、GILCO车架和科利设计的车身。该车参加了1955年的意大利1 000英里拉力赛。

△ **阿尔法·罗密欧 1900SSZ 1954年款**

产地 意大利

发动机 1.975升，直列四缸

最高车速 188千米/时

阿尔法·罗密欧1900SSZ配有由扎加托设计的特殊轻质车身，被称为“赢得比赛的家庭用车”，它擅长长距离赛。

▷ **梅赛德斯-奔驰 W196 1954年款**

产地 德国

发动机 2.496升，直列六缸

最高车速 299千米/时

这款梅赛德斯-奔驰汽车配备了复杂的立体底盘，应用了连控气门和优化燃油喷射技术，它帮助梅赛德斯-奔驰汽车重返一级方程式赛场。赛车手胡安·曼纽·方吉奥驾驶该车赢得2次世界冠军。

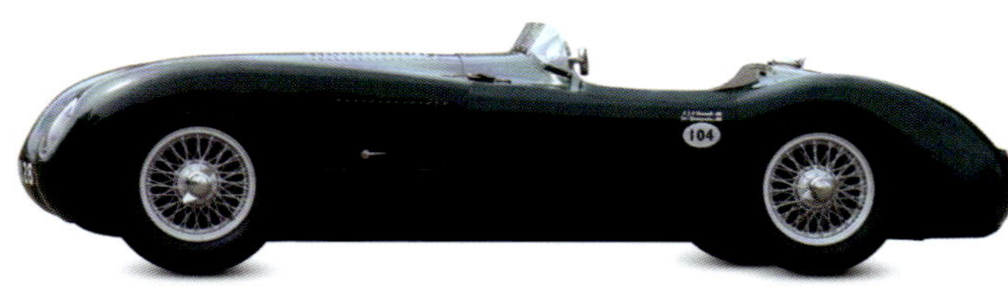

◁ **捷豹 C-type 1951年款**

产地 英国

发动机 3.442升，直列六缸

最高车速 232千米/时

该车分别在1951年和1953年（安装盘式制动器）赢得了勒芒24小时耐力赛，它的设计来源于XK120，配有轻质空心管底盘。

▽ **捷豹 D-type 1956年款**

产地 英国

发动机 3 781升，直列六缸

最高车速 269千米/时

自源于XK的C-type后，捷豹品牌又开发了该款轻质的具有部分承载式车身设计的D-type，该车曾在1955年、1956年和1957年赢得法国勒芒24小时耐力赛。

跑车

战后，美国的经济蓬勃发展，人们对跑车的巨大需求推动了美国和欧洲汽车设计的进步。这是跑车的黄金时代，底盘被设计得更低，流线型车身更加华丽，这期间涌现了不少极具吸引力的跑车。

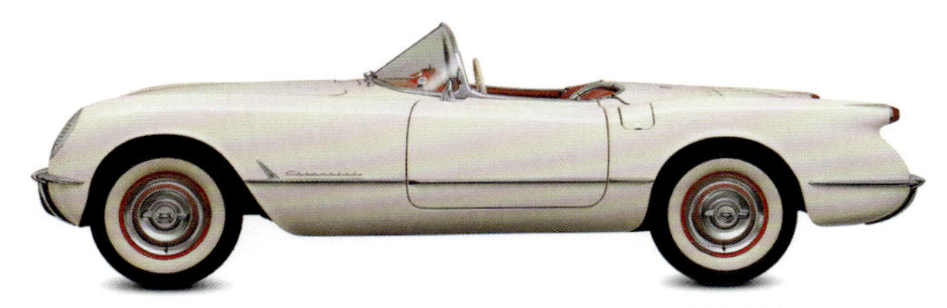

△ 雪佛兰 科尔维特 1953年款

产地 美国

发动机 3.859升，直列六缸

最高车速 172千米/时

该车是首款塑料车身的汽车，在新车展上的优异表现使它得以投入生产，它的出厂大幅提升了雪佛兰的声誉。

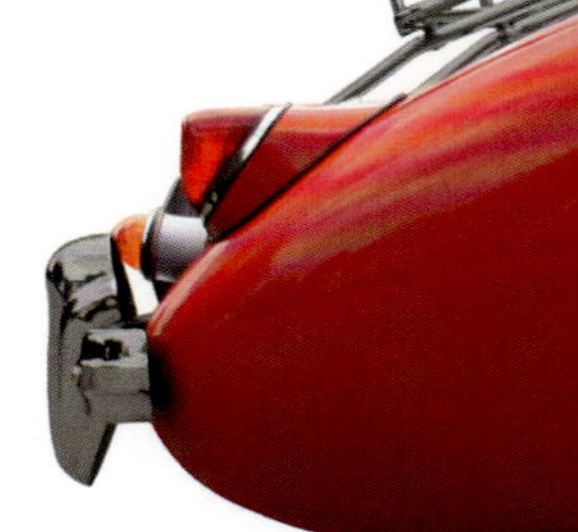

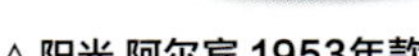

△ 阳光 阿尔宾 1953年款

产地 英国

发动机 2.267升，直列四缸

最高车速 153千米/时

基于四座阳光-阿尔伯特汽车设计的这款阿尔宾的车身很重，它在欧洲赢得过比赛，并且创造了193千米/时的速度纪录，但是它的销量不高。

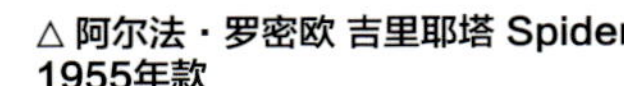

△ 阿尔法·罗密欧 吉里耶塔 Spider 1955年款

产地 意大利

发动机 1.290升，直列四缸

最高车速 180千米/时

该款漂亮的小型跑车的生产规格很高，虽然配备的是1.3升发动机，但是由于该发动机是双凸轮轴发动机，所以其性能很好。

▷ 阿尔法·罗密欧 2000 Spider 1958年款

产地 意大利

发动机 1.975升，直列四缸

最高车速 179千米/时

该款2+2汽车除了鼓式制动器之外，其他方面都在英国和美国处于领先地位，公司宣称其结构是独一无二的，配有五挡变速器和双顶置凸轮轴发动机。

△ 爵卫 木星 1950年款

产地 英国

发动机 1.486升，对置四缸

最高车速 135千米/时

新式但车身沉重的这款木星配有水平对置式且重心较低的发动机，该车的操控性很好，但它由于太小而没有批量生产，销量仅有899辆。

◁ 凯旋 TR2 1953年款

产地 英国

发动机 1.991升，直列四缸

最高车速 172千米/时

该款高速的娱乐性跑车造价低廉，在市场上很快取得了成功，并且赢得了很多比赛。

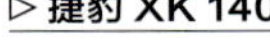

▷ 捷豹 XK 140 1955年款

产地 英国

发动机 3.442升，直列六缸

最高车速 200千米/时

XK 120升级成为XK 140，该款XK 140配备了齿轮齿条式转向器，动力强劲，车内空间更大。有敞篷版、软顶敞篷版和固定顶篷跑车版。

△ 阿诺尔特 布里斯托尔 1953年款

产地 美国/意大利/英国

发动机 1.971升，直列六缸

最高车速 175千米/时

该款车配有英国产的滚动底盘和意大利设计公司博通设计的车身，共生产了142辆。

▽ 宝马 507 1956年款

产地 德国

发动机 3.168升，V型八缸

最高车速 217千米/时

该款华丽的宝马跑车只生产了250辆，摩托车世界冠军约翰·苏提斯就拥有一辆。

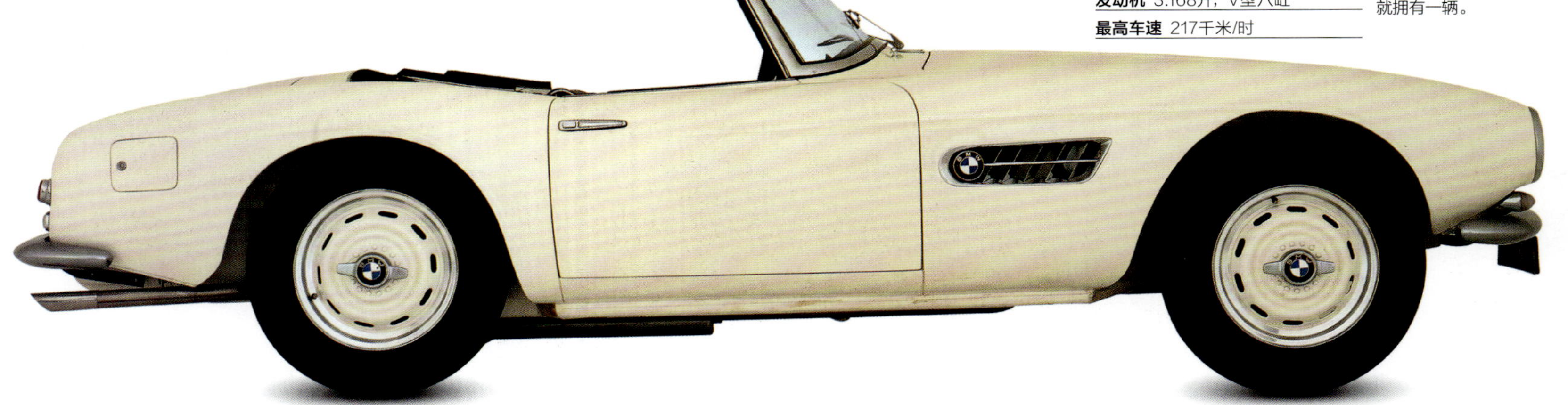

△ MGA 1955年款

产地 英国

发动机 1.489升，直列四缸

最高车速 161千米/时

这款热卖的MGA拥有美丽线型、161千米/时的最高车速和分离式底盘，它在美国尤其受到追捧。

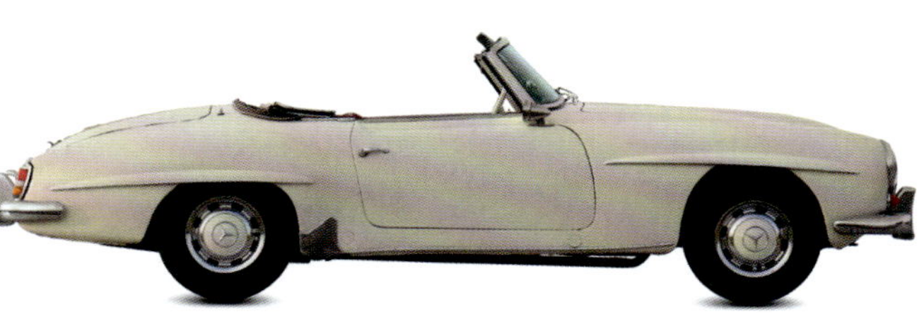

◁ 梅赛德斯-奔驰 190SL 1955年款

产地 德国

发动机 1.897升，直列四缸

最高车速 172千米/时

300SL 鸥翼发布后，外形相似的190SL也很快发布，该车是一款豪华的旅行车，依据传统的梅赛德斯-奔驰汽车的质量标准生产。

△ 戴姆勒 SP250 1959年款

产地 英国

发动机 2.548升，V型八缸

最高车速 193千米/时

生产豪华轿车的戴姆勒品牌开发出了一款新型的铝制V8发动机，并将其集成到玻璃纤维车身和凯旋车型的底盘上，最终打造出这款戴姆勒 SP250。

△ 奥斯汀 希利 100/4 1952年款

产地 英国

发动机 2.660升，直列四缸

最高车速 166千米/时

唐纳·希利使用奥斯汀大西洋车型的零件打造出这款并不昂贵的跑车，格里·库克为其设计了惊艳的外观，而奥斯汀公司买下了它的生产权。

△ 奥斯汀 希利小精灵 1958年款

产地 英国

发动机 0.948升，直列四缸

最高车速 138千米/时

该车型汽车瞄准的是低消费人群，它也说明了跑车可以不用太快，但可以很有趣。

△ 保时捷 356A 1955年款

产地 德国

发动机 1.582升，对置四缸

最高车速 161千米/时

这款生动活泼的356A首发于1950年，设计源于大众汽车，后来车速达到了177千米/时，配备双凸轮轴发动机后，车速可达201千米/时。

◁ AC Ace 1956年款

产地 英国

发动机 1.971升，直列六缸

最高车速 188千米/时

该车发布于1954年，配备了AC汽车的120马力布莱斯托尔发动机，采用的是类似法拉利汽车的全独立弹簧底盘。该车后来升级为眼镜蛇。

△ 路特斯 精英 1957年款

产地 英国

发动机 1.216升，直列四缸

最高车速 190千米/时

该车是世界上第一款采用玻璃纤维承载式车身结构的汽车，它拥有出色的空气动力学车身、动力强劲的考文垂顶点发动机和轻巧的底盘。这款车在当时算是结构相对复杂的。

△ 路特斯 7 1957年款

产地 英国

发动机 1.172升，直列四缸

最高车速 137千米/时

该车的设计非常简单，可自由选择发动机的配置，较低的重量和优质的悬架使它在俱乐部比赛中表现良好。

雪佛兰科尔维特

科尔维特汽车发布于1953年，拥有双座位玻璃纤维式车身，其造型属于当时的欧洲款式，它是美国首款量产跑车。该车最开始配备的是一款六缸发动机，更换为八缸发动机后，它开始脱颖而出。该车后来又经历了一系列外形的改进，如1963年的风挡分开式“黄貂鱼”跑车和1968年的“灰鲭鲨”跑车，使该车的款式越发令人耳目一新。当时共有150万辆科尔维特汽车下线。这款科尔维特成为美国历史上迄今为止仍然在生产的跑车。

哈利·厄尔是通用汽车公司的设计主管，他在通用汽车1953年的汽车销售展览会上大加赞扬科尔维特汽车，但是该车刚开始却销量低迷，第一年仅有300辆被售出。尽管该车的外形属于运动型，但其动力远不能满足美国车主的要求。科尔维特汽车的命运在1955年发生改变，它被重新配备了4.342升的V8发动机和手动变速器，并且在1956年被重新设计了车身，后面几年再次被陆续升级了发动机，就这样第一代的科尔维特汽车成为美国最热门的汽车。华美的第二代汽车和强劲的第三代汽车更是将这款车带入20世纪80年代，如今已经是第六代的科尔维特汽车的车身造型属于欧洲古典风格。

前视图　　后视图

旗帜标志
1953年，雪佛兰公司的罗伯特·巴塞洛缪设计了科尔维特汽车的标志，这个标志包含两面旗帜，一面旗帜代表了该车的赛车气质，另一面旗帜代表了公司创建者来自法国。

顶篷拉起后的侧视图

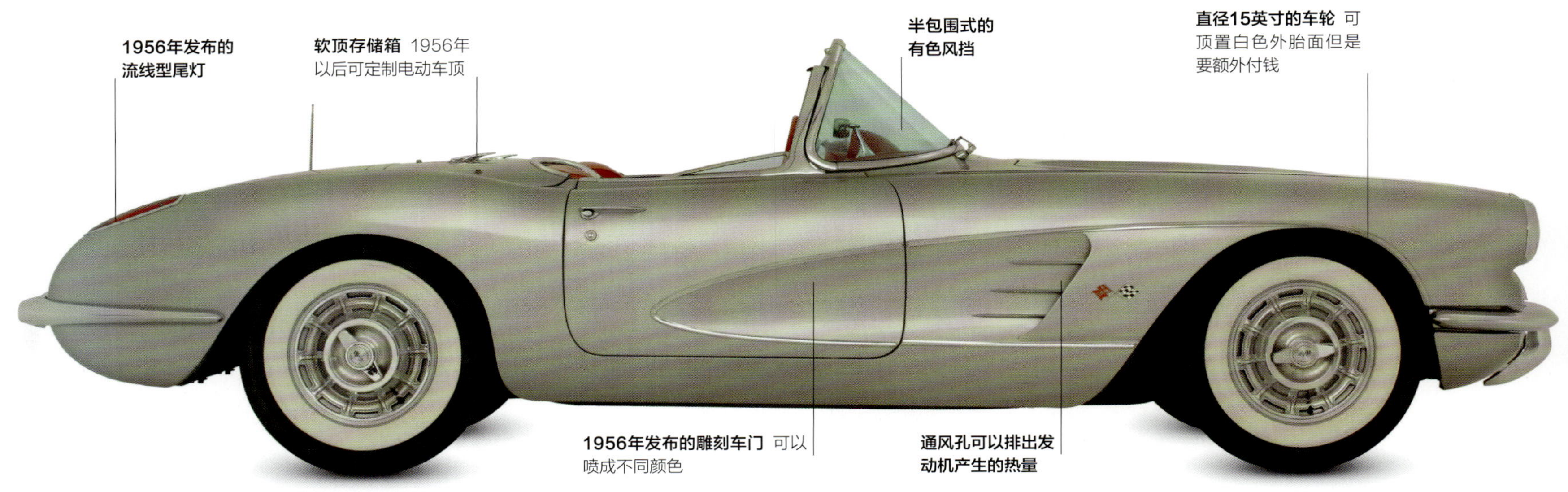

1956年发布的流线型尾灯

软顶存储箱 1956年以后可定制电动车顶

半包围式的有色风挡

直径15英寸的车轮 可顶置白色外胎面但是要额外付钱

1956年发布的雕刻车门 可以喷成不同颜色

通风孔可以排出发动机产生的热量

规格	
车型	雪佛兰科尔维特 MkI，1953—1962年
装配线	美国的密歇根和密苏里
产量	68 915辆
结构	焊接车身
发动机	4.291升，V型八缸
动力输出	4 200~6 200转/分转速时输出制动马力为150~360马力
变速器	两挡滑动自动变速器
悬架	前独立悬架，后整体式车桥
制动器	前后鼓式制动器
最高车速	229千米/时

车身样式

哈利承认“牙式”的散热器格栅借鉴了法拉利汽车。1959年的科尔维特汽车配备了脊背式的发动机盖，并将前大灯由2个增加至4个，这使得其前部看起来更具有侵略性，后来的版本甚至变得气势更加咄咄逼人。

外观

科尔维特汽车独一无二的玻璃纤维车身使其有别于竞争对手的设计风格，它在1959年的广告语为“来自不同的模具”。在实用性方面，该车的自重要轻得多。1956年，该车的外形被重新设计，包括雕刻的拱形车身和修整后的尾灯。1959年，该车的颜色增至7种，图中这款印加银就是其中的一款。

1. 通风孔边上的汽车标志 **2.** 轮毂 **3.** 1958年以来一直使用的两侧各2个的前大灯 **4.** “牙式”格栅，于1961年被取消 **5.** 1961年，尾灯重返经典耐久的“鸭尾式” **6.** 后保险杠内的双排气管

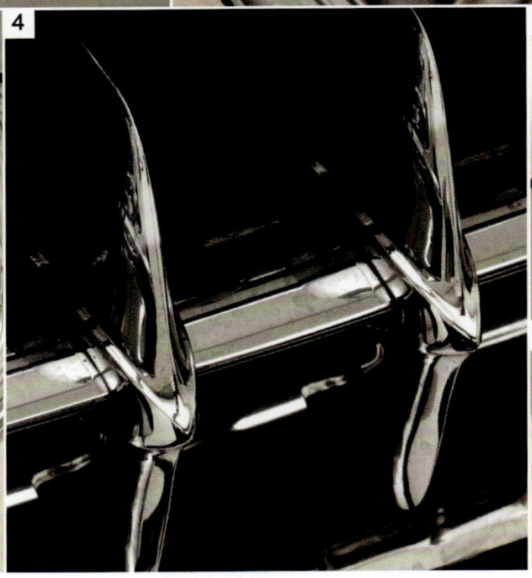

车内饰

1953年的科尔维特汽车把仪表盘安装到方向盘右侧，这样的设置不便于驾驶员操作，1958年，仪表盘被移到驾驶员前侧。车内颜色包括红色、黑色和蓝绿色，不同的车型之间从电动车窗到门控灯都有可能不同。1959年，雪佛兰公司宣称科尔维特汽车“专为驾驶乐趣而精心打造”。

7. 驾驶舱，方向盘与竞争车型的类似，乙烯材质的仪表盘和扶手 **8.** 最大显示车速是257千米/时的车速表，下面是转速表，其他仪表为蓄电池充电指示计 **9.** 收音机、空调和电表 **10.** 1959年的“T”形手动变速杆 **11.** 科尔维特的名称源自军舰类型 **12.** 车顶控制杆 **13.** 门锁按钮和手动车窗控制杆 **14.** 1959年出现的镀银扶手

发动机舱

1956年，科尔维特汽车放弃使用直列六缸发动机，从1957年开始使用排量更大的4.637升发动机。改用新型燃油喷射技术后，雪佛兰公司宣称科尔维特汽车是第一辆“每立方英寸排量可产生1马力动力”的汽车。在车速和扭力都很重要的年代，这些输出参数让科尔维特汽车在销量和流行度上均获得很大的成功。

15. 前发动机盖上的发动机盖锁 **16.** 拉线控制的发动机盖铰链 **17.** 1959年，有2种可选的发动机，一种是双化油器式的（图中所示），另一种是4.637升排量、燃油喷射式的V8发动机

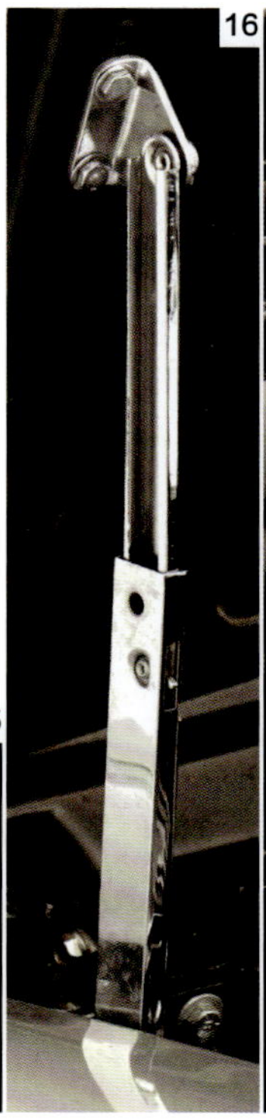

雪佛兰
小缸体V8发动机

经过55年的更新换代，雪佛兰公司的小缸体V8发动机成为美国90° 角V8发动机的代表。这款可靠的发动机配有推杆式配气机构，很快便成为驱动那些动力强劲的赛车（如雪佛兰公司的科迈罗汽车和科尔维特汽车、庞蒂亚克Firebird汽车）的热门发动机。

小缸体短冲程

被称为“大力鼠”（一个很流行的动画角色）的小缸体雪佛兰发动机给自己的定位是高性能，这得益于其体积较大的气缸（气缸横截面积较大）。短的活塞冲程可以降低活塞的最大运动速度，减小活塞上的惯性力，并且不影响发动机转速的增加和动力的输出。低动力版本发动机被安装到家庭用车上，也曾供给海军使用。自从发布以来，有超过9千万台的小缸体发动机被生产出来。

发动机规格	
数据采集于	1955年至今
气缸	V型八缸，两列气缸成90° 夹角
发动机布置	发动机前纵置
发动机排量	4.291升，最大6.570升
动力输出	4 400转/分转速时输出162马力，最大输出375马力
类型	传统四冲程水冷发动机，往复式活塞，分电器点火，湿式油底壳
气缸盖	顶置式气门，且气门由推杆和摇臂驱动；每个气缸两气门
燃油供给系统	化油器式，后来使用燃油喷射系统
气缸尺寸	3.75英寸×3.00英寸（9.53厘米×7.62厘米）
功率	37.8马力/升
压缩比	8.0：1

▷注：查看第352~353页 发动机的工作原理

雪佛兰的第二款V8发动机
值得注意的是，考虑到后来的成功，这只是雪佛兰设计的第二款V8发动机，第一款出现在几十年前的1917年。该发动机看起来没有V8那么大，特点就是简单、紧凑和轻质，尽管当时的工程师都追求强动力。

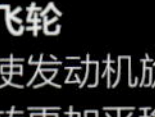

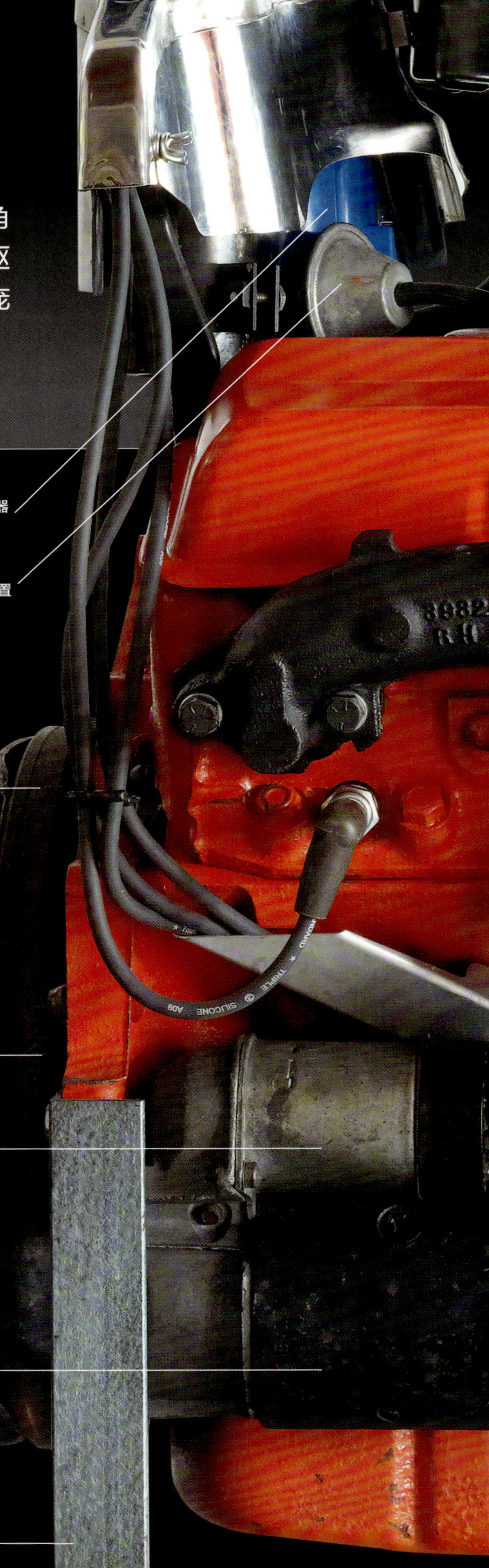

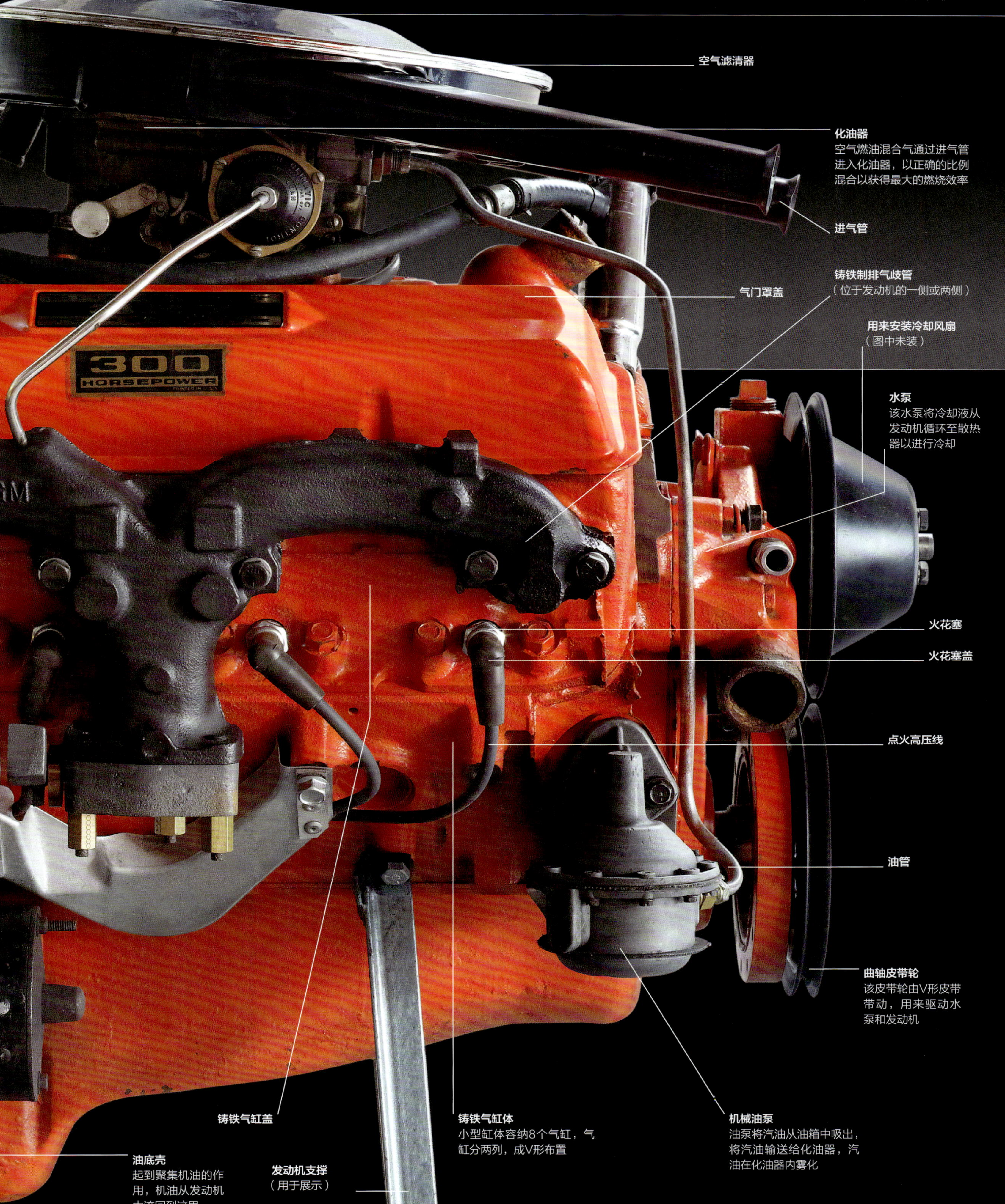
空气滤清器
化油器
空气燃油混合气通过进气管进入化油器，以正确的比例混合以获得最大的燃烧效率
进气管
铸铁制排气歧管
（位于发动机的一侧或两侧）
气门罩盖
用来安装冷却风扇
（图中未装）
水泵
该水泵将冷却液从发动机循环至散热器以进行冷却
火花塞
火花塞盖
点火高压线
油管
曲轴皮带轮
该皮带轮由V形皮带带动，用来驱动水泵和发动机
铸铁气缸盖
铸铁气缸体
小型缸体容纳8个气缸，气缸分两列，成V形布置
机械油泵
油泵将汽油从油箱中吸出，将汽油输送给化油器，汽油在化油器内雾化
油底壳
起到聚集机油的作用，机油从发动机中流回到这里
发动机支撑
（用于展示）
300
HORSEPOWER
GM

泡泡车和微型汽车

小型经济型汽车的市场并不好，直到1956年的苏伊士运河事件之后，随之而来的汽油税改变了这个状况，经济型汽车成为民众的首选。微型汽车也因此被更多人关注，并且市场上不断涌现新车型。但是这些车很快又被传统小型汽车（如菲亚特500和Mini）所取代。

△ 因特 175 伯林 1953年款
产地 法国
发动机 0.175升，单缸
最高车速 80千米/时

这款前后两座的因特汽车由法国飞机公司制造，它的前轮可以折叠以通过狭窄道路。

△ 亨克尔舱式巡洋舰 1957年款
产地 德国
发动机 0.204升，单缸
最高车速 80千米/时

这款由飞机公司设计的亨克尔汽车具有轻质、华美的车身，它可以同时容纳2个成人和2个小孩，并且可以跑得和宝马Isetta一样快。

△ 韦士柏 400 1957年款
产地 意大利/法国
发动机 0.393升，直列双缸
最高车速 84千米/时

该款两座汽车由比亚乔设计，在法国生产，是当时非常成熟的汽车，该车配有后置风扇冷却式发动机和全独立悬架。

△ 奥斯汀 Mini Seven 1959年款
产地 英国
发动机 0.848升，直列四缸
最高车速 116千米/时

这款Mini具有伊西戈尼斯式的后备箱，横置的发动机和油底壳内置式变速器使该车可容纳4个人。它的价格极具竞争力，击败了泡泡车。

△ 弗里斯基家族 Three 1958年款
产地 英国
发动机 0.197升，单缸
最高车速 71千米/时

1957年，发动机生产商亨利梅多斯有限公司开始制造四轮弗里斯基汽车，该车基于米凯洛蒂设计的三轮汽车，且英国对该车收税很低。

△ 菲亚特 努瓦 500 1957年款
产地 意大利
发动机 0.479升，直列双缸
最高车速 82千米/时

丹特·吉尔科萨设计的这款华美的新500最初只是一辆慢速的两座汽车，但是重新包装的内部空间和更强的动力性使该车最终共卖出340万辆。

▷ 伯克利 SE492 1958年款
产地 英国
发动机 0.492升，直列三缸
最高车速 129千米/时

该车的车身由玻璃纤维和铝制成，是承载式车身结构，发动机横置，前轮驱动且具有全独立悬架。但是，整车的性能因为其摩托车发动机而下降。

▷ 格哥摩达特 1959年款
产地 德国/澳大利亚
发动机 0.392升，直列双缸
最高车速 105千米/时

该车的车身由澳大利亚设计师比尔·巴克利设计，配的是德国格哥摩的变速器。该车有0.3升排量和0.4升排量2款，共售出700辆。

◁ 斯巴鲁 360 1958年款

产地 日本

发动机 0.356升，直列双缸

最高车速 97千米/时

尽管在日本以外不为人所熟知，这款有精巧的承载式车身、后置风冷发动机的四座斯巴鲁汽车共售出392 000辆，它是日本20世纪60年代的平民汽车。

△ 尊达普杰纳斯 1957年款

产地 德国

发动机 0.250升，单缸

最高车速 80千米/时

这款发动机中置、拥有4个背靠背式成人座位的小型车质量上乘，但它因过于另类而销量不高。

△ 宝马 Isetta 300 1955年款

产地 德国

发动机 0.298升，单缸

最高车速 80千米/时

该车由Iso车型发展而来，在获得宝马公司授权的情况下进行生产。它是一款原始的泡泡车，后来发展为两座单后轮或双紧凑后轮的汽车。

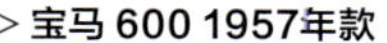

▷ 宝马 600 1957年款

产地 德国

发动机 0.582升，对置双缸

最高车速 100千米/时

Isetta汽车的用户更希望拥有一款四座位的汽车，很快，这款宝马600问世。它是一款后座一侧配有单车门的汽车。1959年，米凯洛蒂将该车升级为车身更大的宝马700车型。

△ 梅塞施米特 KR200 1956年款

产地 德国

发动机 0.191升，单缸

最高车速 97千米/时

这款前后两座的泡泡车是弗里茨·芬德为残障退役军人设计的，带有飞机样式的车顶和手柄式的方向盘。

△ 梅塞施米特 TG500 1958年款

产地 德国

发动机 0.490升，直列双缸

最高车速 129千米/时

这款四轮“老虎”汽车的动力是KR200汽车的2倍，低底盘和小尺寸使该车在小排量汽车比赛中表现优异。

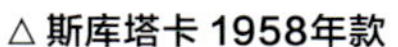

△ 斯库塔卡 1958年款

产地 英国

发动机 0.197升，单缸

最高车速 72千米/时

尽管该车上市很晚，3种不同型号仍然共卖出大约1 500辆。该车属于前后两座式结构，驾驶员和乘客就好像坐在发动机上一样。

△ 班比诺 200 1955年款

产地 荷兰

发动机 0.191升，单缸

最高车速 85千米/时

该款德国版Fuldamobil是在授权的情况下在荷兰生产的。其他产地还有南美洲、英国、瑞典、希腊、印度和南非。

▷ 皮尔 P50 1963年款

产地 英国

发动机 0.490升，单缸

最高车速 61千米/时

20世纪50年代的微型汽车市场一片大好，并且出现了世界上最小的汽车，即单人座带有购物箱或衣服箱的微型汽车。

奥斯汀 Mini Seven

1956年的苏伊士运河事件让泡泡车成为当时的热门汽车，Mini汽车则被认为可以完全取代泡泡车。Mini汽车进行了创新设计，前轮驱动和发动机横置开辟了新的汽车传动方式，也使得奥斯汀Mini汽车占据技术领先地位。20世纪60年代，奥斯汀Mini汽车一骑绝尘，库珀版本在拉力赛中的成功更加奠定了它的地位。Mini汽车在很多国家进行装配，截至2000年停产，其产量超过500万辆。

Mini汽车的优势不仅在于车身小巧，更在于它的空间优势——3米长的车身可以容纳4个人、1个行李箱和1个传统四缸发动机，它还具有良好的抓地性和操控性，逐渐成为汽车爱好者的宠儿。该车有几种不同的车型，包括运动版的库珀、更豪华的沃尔斯利霍尔内特和赖利·埃尔夫、吉普车样式的莫克。1969年，高端车型Clubman发布，该车的鼻子外伸。值得注意的是，1964年该车新增了橡胶和液压独立悬架，但悬架在1971年又被移除。该车后来被新一代更大、更舒适的“超级Mini”汽车取代并退出市场。

前视图　　后视图

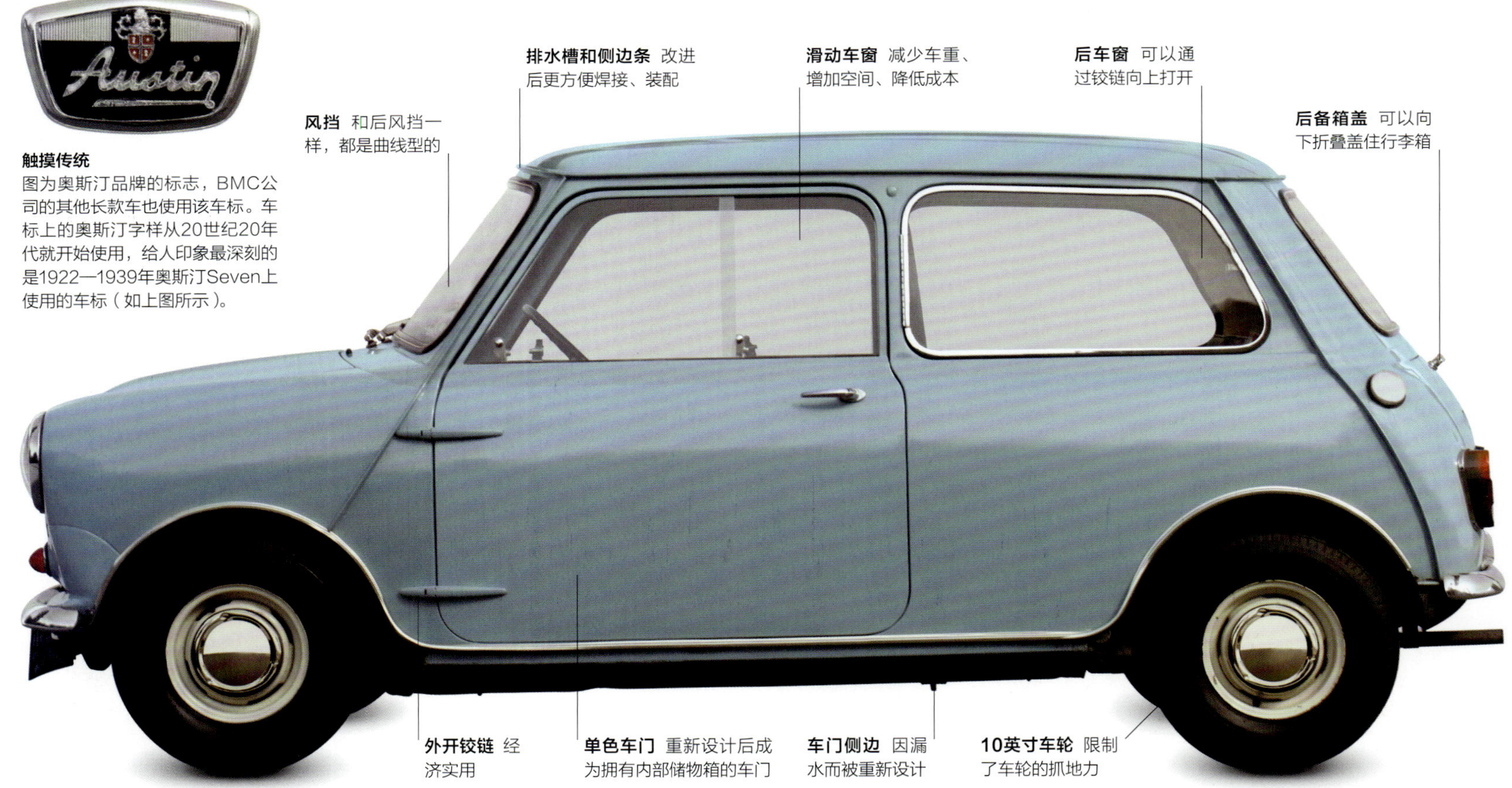

触摸传统
图为奥斯汀品牌的标志，BMC公司的其他长款车也使用该车标。车标上的奥斯汀字样从20世纪20年代就开始使用，给人印象最深刻的是1922—1939年奥斯汀Seven上使用的车标（如上图所示）。

风挡 和后风挡一样，都是曲线型的

排水槽和侧边条 改进后更方便焊接、装配

滑动车窗 减少车重、增加空间、降低成本

后车窗 可以通过铰链向上打开

后备箱盖 可以向下折叠盖住行李箱

外开铰链 经济实用

单色车门 重新设计后成为拥有内部储物箱的车门

车门侧边 因漏水而被重新设计

10英寸车轮 限制了车轮的抓地力

风格的形成

Mini汽车外形简单，缺少华丽的装饰，其创始人亚历克·伊希戈尼斯爵士虽然傲慢，但是对车型却具有敏锐的眼光，Mini汽车的原始车身大部分都是由他设计后又经制图员提炼的，BMC公司的车身设计主管反而参与得很少。有趣的是，简单的外形竟然是Mini汽车成为流行标志的主要原因。

规格			
车型	奥斯汀 Mini Mk I，1959—1967年	**动力输出**	5 500转/分转速时输出制动马力为34马力
装配线	主要在英国的长桥	**变速器**	四挡手动
产量	435 000辆	**悬架**	橡胶或液压
结构	钢制承载式车身（分离式车架）	**制动器**	前后都是鼓式制动器
发动机	0.848升，气门顶置式直列四缸	**最高车速**	117千米/时

外观

“这绝对是一款丑陋的汽车”——一位资深的意大利汽车工程师体验过原型Mini汽车后说。然而，顶级车身设计师巴蒂斯塔·法尼亚则认为Mini汽车已经很好了，很难在外形上再做改进。对于Mini汽车，总是有两大阵营：一些人认为它应该增添一些外饰，另一些人则认为它应该追求实用主义。

1.“Seven”名称在1962年被弃用 **2.** 发动机盖外端 **3.** 简单的前部设计 **4.** 鱼雷样式的铰链 **5.** 把手，后来因考虑到行人的安全被取消 **6.** 豪华版上的大尺寸轮毂罩盖 **7.** 1969年以前一直使用的滑动车窗 **8.** 可打开的后侧车窗 **9.** MkII款的尾灯 **10.** 在MkI和MkII款中使用的曲线型起动手柄

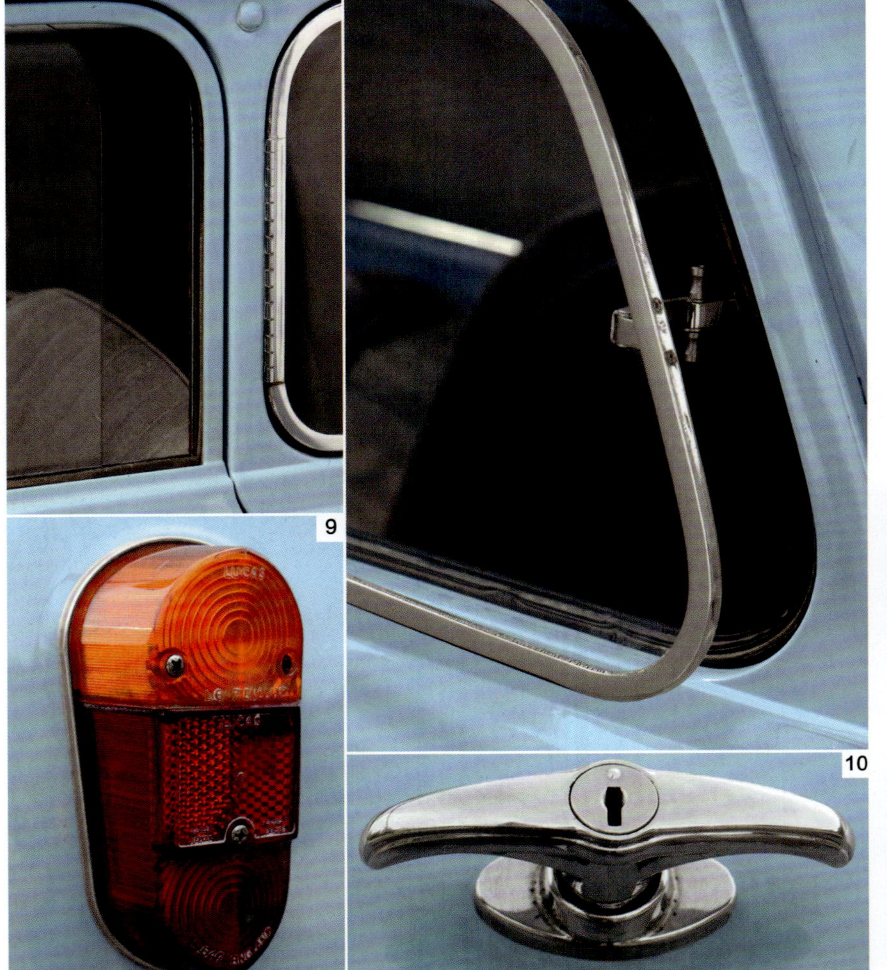

车内饰

在早期的Mini汽车设计中，每个细节都是为了节省空间。除了1969年被取消的车门储物格外，后侧车门储物格都很相似，即车门储物格下面都有很大的空间。仪表盘上只有一个仪表，留下的空间给人以宽敞的视觉效果；薄的垂直座椅也给人同样的视觉效果，但是它的舒适性差一些。

11. 有奥斯汀标志的喇叭按钮 **12.** 开关 **13.** 适合LHD和RHD汽车的中央车速表 **14.**“魔杖”换挡杆，不是很精确 **15.** 雨刮器 **16.** 垂直座椅，仅3米长的车身就可容纳4个人 **17.** 较薄的靠垫节省了空间 **18.** 金属车窗卡锁，在1963年换成塑料材质 **19.** 非标准门杆：通常使用拉线

发动机舱

Mini汽车的空间利用率之所以很高，其秘诀就在于横置的发动机，并且把变速器集成到油底壳内而非安装在发动机后端。该四挡变速器由从地板伸出的细长变速杆控制，库珀款则是由一个更易于控制的、较长的杠杆控制。

20. 发动机盖释放把手 **21.** 横置的A系列发动机 **22.** 离合器的液压驱动装置 **23.** 行李箱内的蓄电池和备胎

20

21

22

23

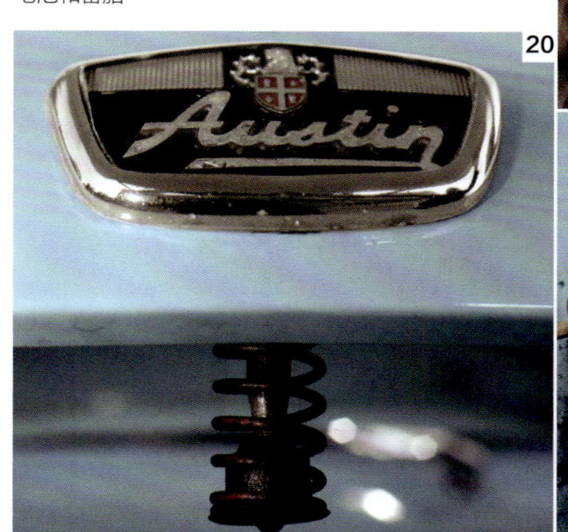

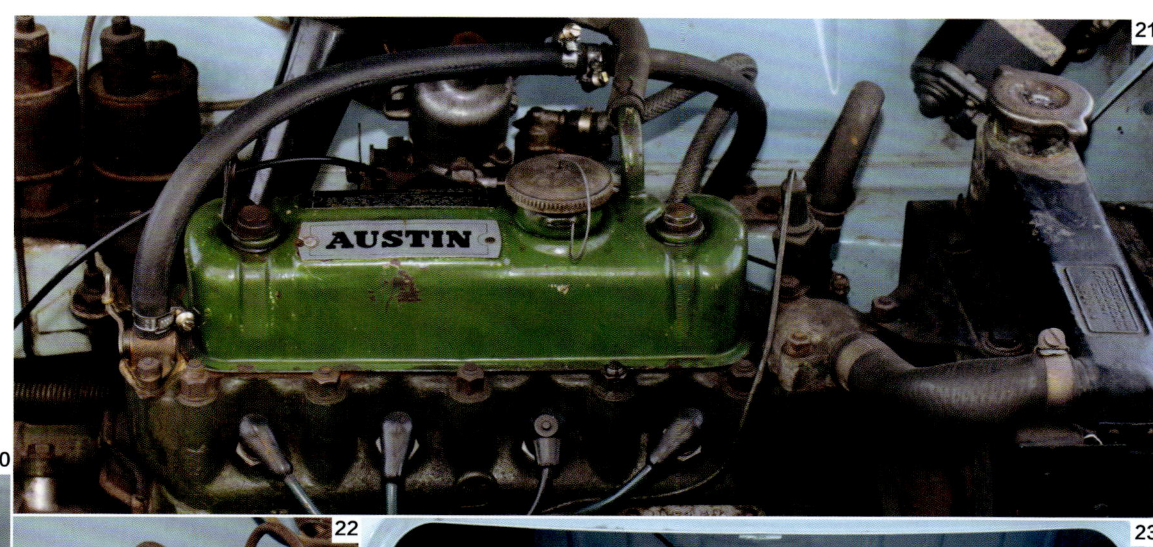

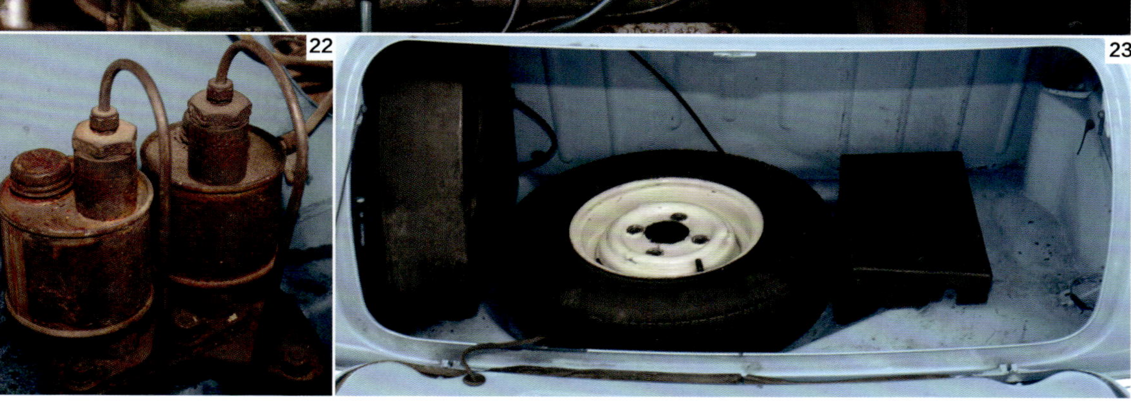

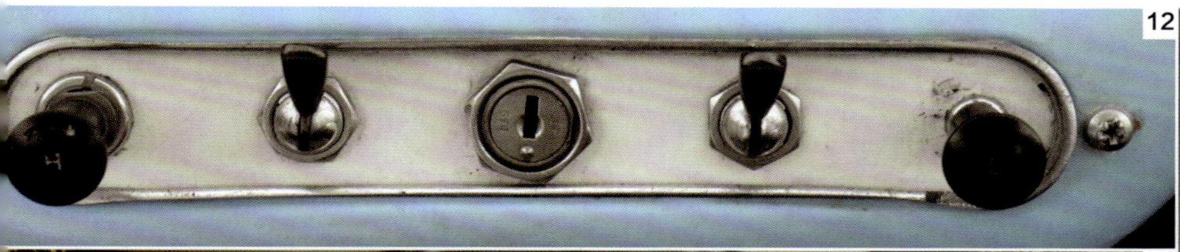

12

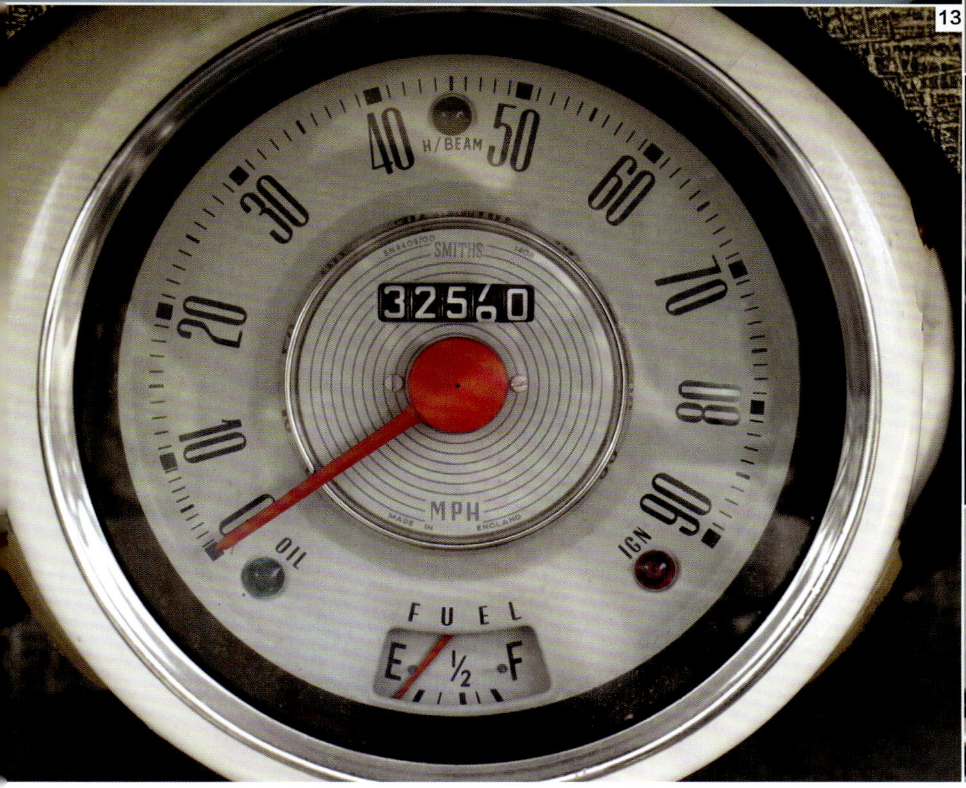

13

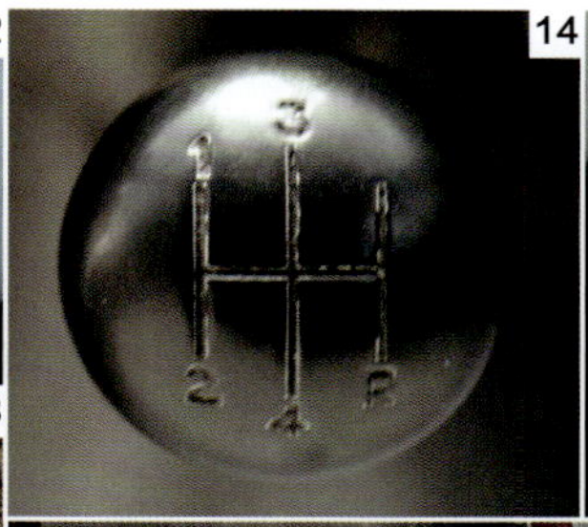

14

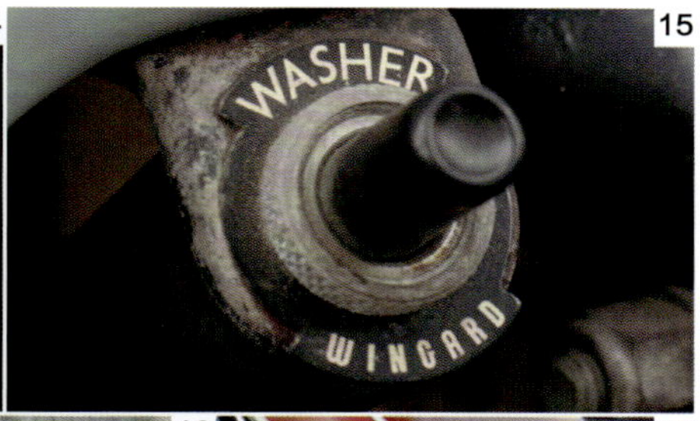

15

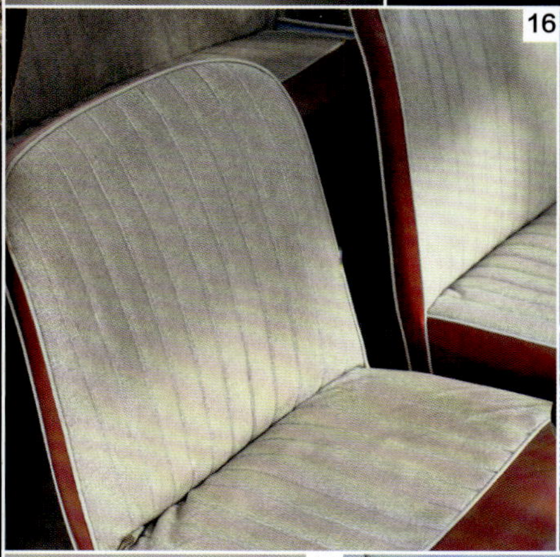

16

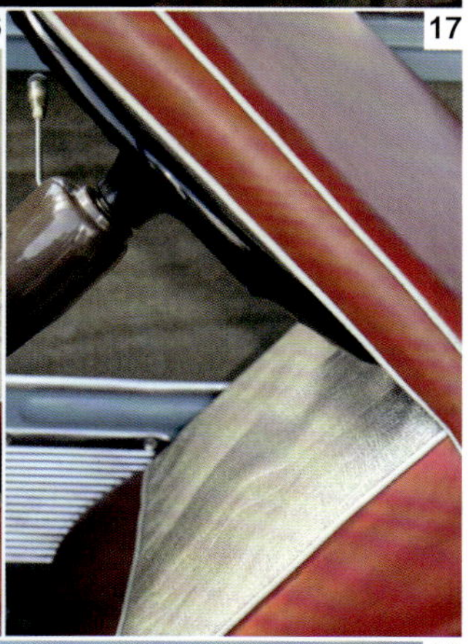

17

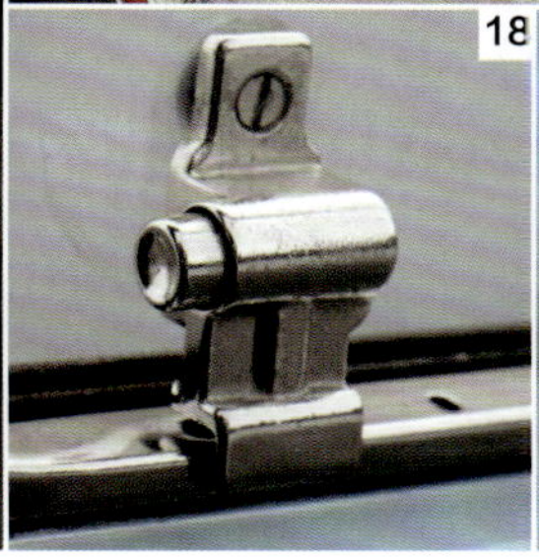

18

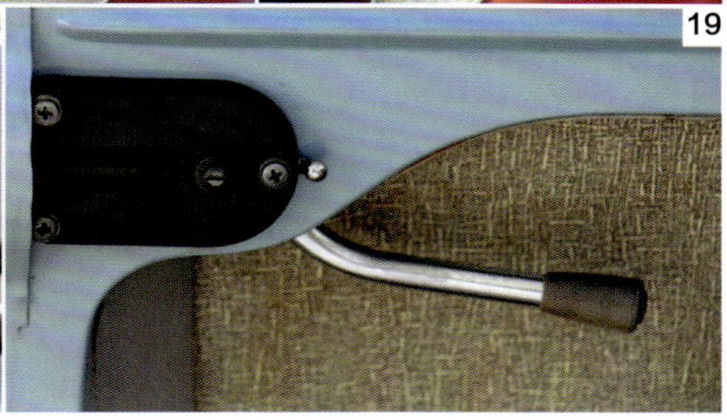

19

1957年的菲亚特 Nuova 500汽车

菲亚特Nuova 500汽车（或称cinquecento）是一款价格低廉、经济实用的城市轿车，很多小轮摩托车驾驶员都想拥有一辆。该车外形可爱，燃油经济性好，很快在战后的意大利风靡，堪称商业奇迹。

TERIA
CCERIA
Profumeria

大型轿车

20世纪50年代，美国的所有汽车几乎都是大型的，而且大型车在美国也卖得很好，这恰恰证明了技术不断改进、车身外形不断更新的必要性。在欧洲，由于经济原因，生活从简的欧洲人对大车的需求不大，结果，战前的车型在战后仍投入生产，尤其是小生产商，他们无法承担承载式车身和发动机更新的高成本。

▷ **戴姆勒 征服世纪 1954年款**

产地 英国

发动机 2.433升，直列六缸

最高车速 145千米/时

戴姆勒公司一直生产高质量汽车，但在20世纪50年代的更新很曲折。然而，“世纪”系列车型性能的提升使它比基础车型更具生命力。

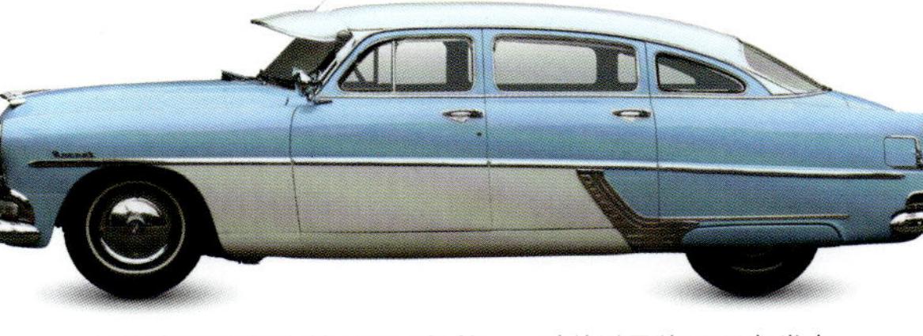

△ **哈德逊 霍尔内特 1954年款**

产地 美国

发动机 5.047升，直列六缸

最高车速 171千米/时

哈德逊品牌1948年发布了低底盘系列车型，该车配有Super Six发动机，在1951年加入纳斯卡赛事并获得成功。

▽ **水星 Monterey 1954年款**

产地 美国

发动机 4.195升，V型八缸

最高车速 161千米/时

该款车的车身简洁、外形现代，配有1939年款的水星发动机，它还有绿色车身、塑胶玻璃车顶的版本，该版本的外形超前了50年。

△ **奥兹莫比尔 Super 88 1955年款**

产地 美国

发动机 5.309升，V型八缸

最高车速 163千米/时

这款奥兹莫比尔外形前卫，配有火箭V8发动机。该车最终成为20世纪50年代纳斯卡赛事上的王者。

△ **德索托 Firedome 1953年款**

产地 美国

发动机 4.524升，V型八缸

最高车速 148千米/时

1952年发布的这款Firedome是德索托品牌的顶级车型，它的名字来源于其V8发动机的半球形燃烧室，该发动机可输出160马力的动力。

△ **阿尔维斯 TC21/100 格雷夫人 1954年款**

产地 英国

发动机 2.993升，直列六缸

最高车速 161千米/时

该车宣称发动机的输出动力为100马力，并且添加了金属车轮和发动机盖把手。该车的销量不错，在1956年更新了外形设计。

◁ **奥斯汀 A99 Westminster 1959年款**

产地 英国

发动机 2.912升，直列六缸

最高车速 158千米/时

这款奥斯汀Westminster具有20世纪60年代宾尼法利纳公司设计的外形，因大车身而闻名。它的价格合理，配有伺服制动器和自动变速器。

◁ **雷诺 Frégate 1951年款**

产地 法国

发动机 1.997升，直列六缸

最高车速 126千米/时

战后的雷诺品牌推出一款高端轿车Frégate，但是它投入生产的速度很慢，很快被雪铁龙DS击败。

▷ **沃克斯豪尔 Cresta 1955年款**

产地 英国

发动机 2.262升，直列六缸

最高车速 129千米/时

镀银亮边条的Cresta将沃克斯豪尔的通用汽车血统表现得淋漓尽致，其外形完全是1949年雪佛兰汽车的外形。尽管如此，该车在英国的销量很好。

▷ **漫步者大使 1958年款**

产地 美国

发动机 5.359升，V型八缸

最高车速 153千米/时

1954年，纳什公司和哈德逊公司合并成为AMC公司。由于发布了漫步者车型，该公司成了美国唯一一家在1958年（大萧条时期）销售量增加的公司。

◁ **雪佛兰 Bel Air Nomad 1956年款**

产地 美国

发动机 4.343升，V型八缸

最高车速 174千米/时

20世纪50年代中期，雪佛兰强有力的运动型V8发动机使得这款Nomad的表现十分亮眼。1956年共有160万辆雪佛兰汽车下线，其中Nomad为7 886辆。

△ **蓝旗亚 Flaminia 1957年款**

产地 意大利

发动机 2.458升，V型六缸

最高车速 164千米/时

具有宾尼法利纳公司设计的车身外形的蓝旗亚 Flaminia与奥斯汀Westminster的外形相似，但是蓝旗亚 Flaminia的性能更成熟、操控性更好，它使用的是第迪安驱动桥。

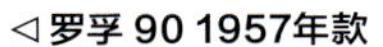

◁ **罗孚 90 1957年款**

产地 英国

发动机 2.639升，直列六缸

最高车速 146千米/时

罗孚品牌的P4系列车型在1950年推出时有着激进的造型，并能够在20世纪60年代保持新鲜感。独立的底盘结构和高质量的配件使其成为了一款畅销的车型。

▽ **阿姆斯特朗 西德利 萨菲 1953年款**

产地 英国

发动机 3.435升，直列六缸

最高车速 161千米/时

该车是一款豪华轿车，配有预选或液压变速器，目标客户是那些认为捷豹汽车太现代的传统人群。

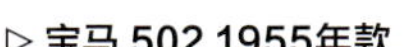

△ **标致 403 1955年款**

产地 法国

发动机 1.468升，直列四缸

最高车速 122千米/时

403是一款动力十足且高质量的汽车，其升级款404在当今的非洲和南美国家依然可见。该车售出超过100万辆。美国虚构小说里的侦探（哥伦布）驾驶的就是一款敞篷403。

▷ **宝马 502 1955年款**

产地 德国

发动机 3.168升，V型八缸

最高车速 169千米/时

宝马公司1954年发布的铝制V8发动机的排量为2.580升，但是第2年其排量便提高了，目的就是搭配这款外形惊艳、配置较高的502。

◁ **亨伯 隼 VI 1954年款**

产地 英国

发动机 2.267升，直列四缸

最高车速 134千米/时

该车是最后一款分离式底盘隼汽车，它坚固、质量高且舒适性强。其因配有超速变速器而具有很强的滑行特性，但是它加速能力差。

△ **亨伯 Super Snipe 1959年款**

产地 英国

发动机 2.651升，直列六缸

最高车速 148千米/时

亨伯汽车采用了承载式车身结构，但是为了追求较轻的车身质量，在Super Snipe中使用了一款很小的六缸发动机。后来的升级版使用了3升的发动机，车的性能更好了。

家用轿车

在空间、舒适性和燃油经济性方面，20世纪50年代的家用轿车与现在的家用轿车差别不大，最大的区别在于车身样式、安全性、动力性和高速时的噪声大小。当时的家用轿车可以在一天内轻松地从伦敦驶到爱丁堡，或者从加来驶到尼斯，比20世纪30年代的家用轿车提速很多。

△ **沃尔沃 Amazon 1956年款**
产地 瑞典
发动机 1.583升，直列四缸
最高车速 145千米/时

这款Amazon在1956年发布时是以121为代号，具有四车门结构和60马力的动力输出。后来，这款强劲、轻质的Amazon慢慢得到改进，1970年停产时已经变为两车门。

△ **阿尔法·罗密欧 1900 1950年款**
产地 意大利
发动机 1.884升，直列四缸
最高车速 166千米/时

奥拉齐奥·萨塔在战后发布了这款惊艳的现代轿车并获得成功，该车为承载式车身结构，具有双凸轮轴发动机和空气动力学全幅宽车身。

◁ **沃尔沃 PV444 1957年款**
产地 瑞典
发动机 1.583升，直列四缸
最高车速 153千米/时

沃尔沃PV444车型坚固、活泼，诞生于20世纪50年代，并因搭载了一款四速全同步变速器而流行，与它类似的PV544车型在1958年取代了它。

△ **莱利 RME 1952年款**
产地 英国
发动机 1.496升，直列四缸
最高车速 126千米/时

后来使用了排量为2.5升的发动机的莱利汽车的车身结构已经过时，但它依然作为高质量运动型轿车在市场上销售。

△ **宝沃伊沙贝拉 TS 1954年款**
产地 德国
发动机 1.493升，直列四缸
最高车速 150千米/时

这辆运动款双门伊沙贝拉轿车有着精良的做工，在7年内共售出20万辆，但是这家公司在1961年还是破产了。

△ **福特 领事 MkⅡ 1956年款**
产地 英国
发动机 1.703升，直列四缸
最高车速 130千米/时

在英国，福特品牌的小型轿车仍保持战前的车身外形，而中型家用轿车已经具备现代的美式车身外形，这款车的车身外形就与福特品牌另一款汽车西风的车身相同。

△ **福特 西风 MkⅡ 1956年款**
产地 英国
发动机 2.553升，直列六缸
最高车速 145千米/时

六缸发动机和轻质车身使得这款西风的表现优越，超速变速器提供了6个挡位。

▷ **菲亚特 1200 Granluce 1957年款**
产地 意大利
发动机 1.221升，直列四缸
最高车速 137千米/时

该车很小很轻盈，道路操控性很好，3年共售出40万辆。该车还有双座的敞篷版。

◁ **名爵 马涅特 ZA 1954年款**
产地 英国
发动机 1.489升，直列四缸
最高车速 129千米/时

这款名爵是奥斯汀发动机和沃尔斯利车身的结合体，配有双化油器发动机，齿轮齿条式转向器和皮革、木质内饰。

△ **奥斯汀 A40 索美列斯特 1952年款**

产地 英国

发动机 1.200升，直列四缸

最高车速 113千米/时

尽管该车的发动机排量小，但是它舒适、空间大、轻便快捷。这款动力强劲的索美列斯特成为奥斯汀品牌的畅销款，在2年内售出173 306辆。

△ **奥斯汀 A50/A55 Cambridge 1955年款**

产地 英国

发动机 1.489升，直列四缸

最高车速 121千米/时

该车延续了索美列斯特车型的承载式车身结构，但降低了底盘、减轻了重量，并且改用一款更大排量的发动机。它是20世纪50年代的一款耐用的家用轿车。

▷ **亨利 J 1951年款**

产地 美国

发动机 2.641升，直列六缸

最高车速 132千米/时

凯撒 · 弗雷泽努力提升这款旗舰品牌车，在该款车上安装了低价的经济型四缸或六缸发动机。亨利 J的生产一直持续到1954年。

△ **梅赛德斯-奔驰 220 1954年款**

产地 德国

发动机 2.195升，直列六缸

最高车速 163千米/时

梅赛德斯品牌首款承载式车身结构的轿车使用的是1953年的四缸发动机，1954年更换为六缸发动机。该车动力强劲、做工精良，市场表现良好。

△ **沃克斯豪尔 PA Velox 1957年款**

产地 英国

发动机 2.262升，直列六缸

最高车速 140千米/时

沃克斯豪尔汽车的美国版是这款带有上卷式风挡的Velox，其外形并不适合更加保守的英国消费者。

▷ **印度斯坦大使 1958年款**

产地 印度

发动机 1.489升，直列四缸

最高车速 117千米/时

包括这款车在内的莫里斯牛津II系列是印度最知名的汽车，至今仍然在生产。该车多年来一直在更新换代，并且自1992年以来一直使用五十铃发动机。

◁ **大众 Kombi 1950年款**

产地 德国

发动机 1.131升，对置四缸

最高车速 93千米/时

大众公司将甲壳虫汽车的平台结构和低重心的对置发动机应用在Kombi货车、皮卡、野营车和小客车上。

△ **西姆卡阿隆德 1958年款**

产地 法国

发动机 1.290升，直列四缸

最高车速 132千米/时

稳步更新的阿隆德轿车、多用途客车、敞篷车和双座小轿车在20世纪50年代共售出100万辆。该车是一款可靠性高、空间大但性能适中的汽车。

△ **沃尔斯利 15/60 1959年款**

产地 英国

发动机 1.489升，直列四缸

最高车速 124千米/时

宾尼法利纳公司为沃尔斯利品牌设计了这款极具冲击力、美式外形的轿车（后来也为奥斯汀、莫里斯、名爵和莱利做了设计），该车舒适性好，非常耐用。

1924年的沃尔特·克莱斯勒和克莱斯勒6汽车

伟大的品牌

克莱斯勒的故事

当沃尔特·克莱斯勒决定与福特和通用两大汽车巨头竞争，坚持到底、持之以恒的发展策略帮助他带领克莱斯勒公司最终发展成为世界上最大的汽车生产商之一。克莱斯勒公司制造了美国最有创意、最具标志性的汽车，如道奇、普利茅斯和德索托。

出生于堪萨斯的沃尔特·克莱斯勒在进入汽车领域之前一直从事铁路运输方面的工作。1911年，他被通用汽车公司聘为别克品牌的产品经理，1916—1919年任别克品牌的主管。在这3年间，别克成为通用汽车最赚钱的品牌。

克莱斯勒汽车标志（1962年发布）

离开别克品牌后，沃尔特先后受雇于威利斯越野公司和马克斯威尔公司。他热衷于开发车型，在1924年的纽约汽车展上发布了自己的第一款汽车——克莱斯勒6，公众对该车的反响非常好，于是他在1925年成立了克莱斯勒汽车公司。1928年，克莱斯勒公司买下了轿车、卡车生产商道奇兄弟公司，这是一场改变美国汽车历史版图的交易，后来克莱斯勒与福特、通用成为美国的三大汽车生产商。同年，2个子品牌成立：一个是普利茅斯，定位低端市场；另一个是德索托，定位中端市场。

20世纪30年代见证了普利茅斯车型的几次改进，包括1931年的PA，它具有钢制车身、现代感汽车外形和相对低廉的价格，共售出超过10万辆。1931年，克莱斯勒公司的标志性建筑——克莱斯勒大厦在纽约完工。克莱斯勒公司灵活的管理模式和合理的品牌定位帮助公司顺利度过20世纪30年代早期的全球经济大萧条。公司开发了一系列前卫车型，如1934年发布的新流线型汽车。然而，这款通过风洞试验开发的流线型汽车有很多问题，因此大部分美国消费者还是选择了更加传统的普利茅斯和德索托汽车。

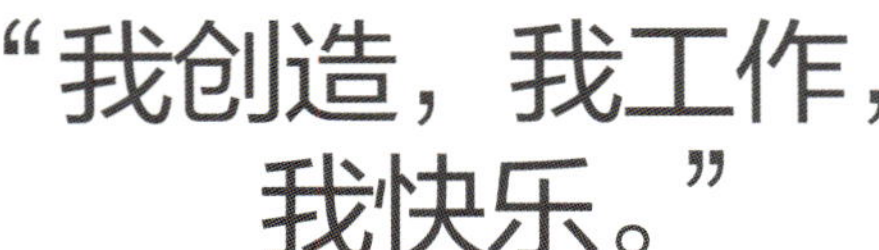

“我创造，我工作，我快乐。”

沃尔特·克莱斯勒，1928年

克莱斯勒大厦，纽约

高319米的克莱斯勒大厦是当时世界上最高的大厦，表面为亮银色石材，加入了克莱斯勒轮毂、散热器盖和发动机盖设计元素。

截至第二次世界大战爆发，普利茅斯汽车创下超过300万辆的销售纪录，然而1940年沃尔特去世却给公司蒙上了一层阴影。1941年12月，公司被迫为美国军队生产油箱，汽车生产则在1942年初被迫中止。庆幸的是，战后很快便恢复了汽车生产，并且生产了大批传统车型。

1951年，克莱斯勒公司发布了世界上第一个助力转向系统和一款5.4升排量的V8发动机，该发动机因其半球形的燃烧室而被命名为“Hemi”，取代了20世纪30年代以来一直使用的直列八缸发动机。该发动机应用于克莱斯勒的顶级系列车型中，如萨拉托加，其小排量版应用于德索托和道奇汽车中。

通用和斯图贝克公司的前任设计师维吉尔·艾克斯内尔在1949年加入克莱斯勒公司，他改变了克莱斯勒汽车战后落后的车身外形。他最好的设计出现在1957年，惊艳的外观设计包括华丽的流线型、尾翼和亮边条。1957年来自《纽约客》杂志的奖项肯定了他对未来车身样式的把握能力，而他在1959年设计的普利茅斯Fury的大胆比例也堪称经典。

艾克斯内尔的“前卫设计”

这本1957年的杂志上的广告以华丽的流线型、带有尾翼和亮边条的风格呈现了维吉尔·艾克斯内尔对克莱斯勒汽车的前卫设计。

1961年，艾克斯内尔离开克莱斯勒公司，同年，克莱斯勒公司放弃了Desoto品牌。尽管没有了艾克斯内尔，公司同样保持着创新。20世纪60年代，三大汽车生产商中，只有克莱斯勒使用承载式车身结构。1964年，普利茅斯梭鱼成为世界上第一款“野马汽车”——具有超强动力的新车型，拥有高性能发动机和紧凑型车身。福特公司也出了一款“野马汽车”——Mustang，从名称就能感受到它的强大动力，它获得了更多的认可和商业上的成功。然而克莱斯勒公司又开发出性能更高的车身更大的汽车，最典型的例子就是1966年的“肌肉车”道

普利茅斯 P3

克莱斯勒 NEW YORKER

普利茅斯梭鱼

道奇挑战者

1925年 沃尔特·克莱斯勒建立了克莱斯勒汽车公司，第一款车是克莱斯勒6
1928年 克莱斯勒公司买下道奇兄弟公司，在这一年共生产了200万辆汽车；普利茅斯和德索托成为克莱斯勒的子品牌
1931年 克莱斯勒大厦在纽约完工
1934年 流线型车身应用于克莱斯勒和DeSoto车型上，美国第一批利用风洞试验的汽车诞生

1937年 第200万辆普利茅斯汽车下线
1940年 沃尔特·克莱斯勒去世
1941年 克莱斯勒品牌的Town和Country是带有流线型车身的旅行车
1951年 克莱斯勒品牌发布液压助力转向和Hemi V8发动机
1955年 艾克斯内尔在克莱斯勒300这款车上应用了他前卫的车身设计
1956年 克莱斯勒汽车上安装三极管收音机，发布三挡自动变速器

1957年 克莱斯勒品牌未来主义车型赢得掌声，《纽约客》杂志尤其肯定艾克斯内尔的车身设计才能
1964年 普利茅斯梭鱼成为世界上首款“野马汽车”，克莱斯勒公司购买了British Rootes Group的大部分股票
1966年 道奇高性能“肌肉型汽车”挑战者投入生产
1978年 克莱斯勒公司新的总裁李·艾柯卡开始重组公司
1983年 发布第一款小型货车（客车的内部，货车的外形）

1991年 V10道奇Viper运动型汽车发布，该车连续生产了19年
1998年 戴姆勒-奔驰公司买下克莱斯勒公司，成立戴姆勒克莱斯勒公司
2007年 瑟伯罗斯资本管理公司从戴姆勒-奔驰公司手中买下了克莱斯勒品牌
2009年 在经历了2008年汽车业灾难之年后，克莱斯勒品牌被菲亚特公司收购并得以存活
2011年 克莱斯勒 300车型也以Lancia品牌出售
2017年 推出Pacifica MPV，混合动力版是可选车型

奇挑战者。克莱斯勒公司还进行了海外扩张，持有英国Rootes集团、法国西马克和西班牙巴莱罗斯公司的股份。

20世纪70年代中期，全球能源危机阻碍了克莱斯勒大排量汽车的销售。为了摆脱1978年的金融困境，克莱斯勒公司聘请了福特原总裁李·艾柯卡，上任后他迅速要求美国政府予以支持，辞退了上千名员工，并出售海外资产。他还开发了几款成功的车型，包括一系列紧凑型汽车和1983年的世界第一辆小型货车——道奇Caravan。

艾柯卡的一系列措施帮助克莱斯勒公司摆脱危机走上了正轨。1987年，公司买下了美国汽车公司，这使得克莱斯勒公司拥有了Jeep品牌，随后对该品牌进行了广泛研发。20世纪90年代早期的经济大萧条虽然重创克莱斯勒公司，但是公司最终成功走出困境。这期间，克莱斯勒公司还发布了2款道奇Viper运动汽车，成为美国最赚钱的汽车生产商之一。

1998年，戴姆勒-奔驰公司收购了克莱斯勒公司，成立了戴姆勒克莱斯勒公司。进入21世纪，商务轿车300和紧凑型Neon在全球范围内取得成功。2008年的经济衰落重创全球汽车产业，也波及了克莱斯勒汽车。菲亚特公司收购克莱斯勒品牌并创建了新的跨国汽车制造公司——菲亚特-克莱斯勒汽车公司。到2020年，克莱斯勒品牌的豪华车系列有300、Pacifica和Voyager。

普利茅斯Road King汽车
这款价格低廉的普利茅斯汽车是很多家庭的第一辆车。它十分坚固耐用，这张摄于1953年的照片中的Road King汽车生产于1940年前后。

敞篷车

敞篷车在第二次世界大战以前属于低价汽车，然而到了20世纪50年代，敞篷车成了需求量很大的高端汽车。汽车生产商改用承载式车身结构以后，敞篷车的生产成本变高，车型也随着价格的提升变得更加豪华和复杂，敞篷车已变为供人们娱乐、休闲的交通工具。

△ 别克 Roadmaster 1951年款
产地 美国
发动机 5.247升，直列八缸
最高车速 137千米/时

在战后的美国，拥有一辆Roadmaster是身份的象征。该车是别克品牌的顶级车型，配有自动变速器，上市1年之后又新增了车翼。

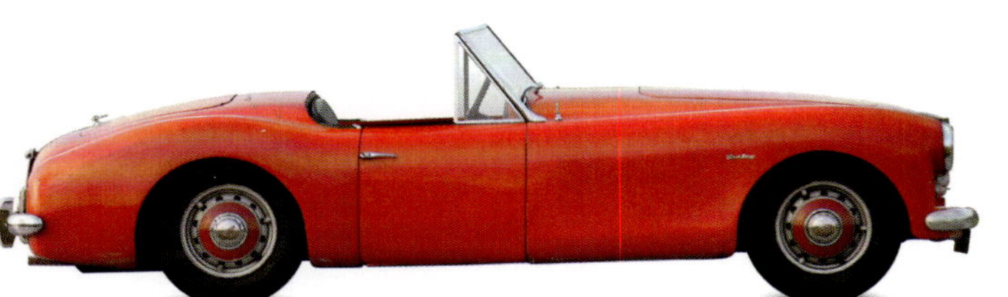

◁ 希利 G-type 1951年款
产地 英国
发动机 2.993升，直列六缸
最高车速 161千米/时

希利品牌为美国市场生产了很多纳什希利汽车，为英国市场只生产了25辆配有阿尔维斯发动机的G-type汽车。

△ 奥斯汀 希利 3000 Mk I 1959年款
产地 英国
发动机 2.912升，直列六缸
最高车速 183千米/时

运转平顺、外形美观且动力性强的这款希利3000配有奥斯汀威斯敏斯特发动机，有两座和2+2敞篷2种款式，该车在美国的销量很好。

△ 福特 Thunderbird 1954年款
产地 美国
发动机 4.785升，V型八缸
最高车速 185千米/时

为了与雪佛兰科尔维特汽车和欧洲的跑车争夺市场，福特公司推出了这款Thunderbird，配有198马力输出动力的V8发动机和玻璃纤维软、硬车顶。

◁ 福特 菲尔兰 500 客机 1958年款
产地 美国
发动机 5.440升，V型八缸
最高车速 193千米/时

这款1959年的福特汽车被认为是福特品牌有史以来最优美的车型，也是折叠车顶车型最后一次更新，该车被认为领先其他汽车50年。

△ 雪佛兰 Bel Air 1955年款
产地 美国
发动机 4.343升，V型八缸
最高车速 161千米/时

1955年是雪佛兰品牌的复兴年——发布了新车型和新款V8发动机，该发动机为Bel Air提供了162~180马力的输出动力。

▷ 莫里斯米诺 1000 旅行车 1956年款
产地 英国
发动机 0.948升，直列四缸
最高车速 117千米/时

这款华丽的莫里斯米诺始于1948年，该车实用、空间大、经济性好，四座、五座的旅行车时至今日仍然流行。

▷ 雪佛兰 Bel Air 折篷 1957年款
产地 美国
发动机 4.638升，V型八缸
最高车速 193千米/时

燃油喷射式顶级动力的这款Bel Air汽车的输出动力为283马力，是最受欢迎的雪佛兰汽车之一，并且拥有美观的外形。

◁ 纳什 大都会 1500 1954年款
产地 英国
发动机 1.489升，直列四缸
最高车速 121千米/时

奥斯汀公司为北美市场生产了95 000辆这款有趣的小型车，为其他地区汽车市场生产了近10 000辆。

◁ **梅赛德斯-奔驰 300SL 小型跑车 1957年款**

产地 德国

发动机 2.996升，直列六缸

最高车速 208千米/时

这款300SL的设计基于具有传奇色彩的鸥翼汽车，速度快，外形奇特，具有燃油喷射、豪华、优质的特点。它的售价很高，仅生产了1 858辆。

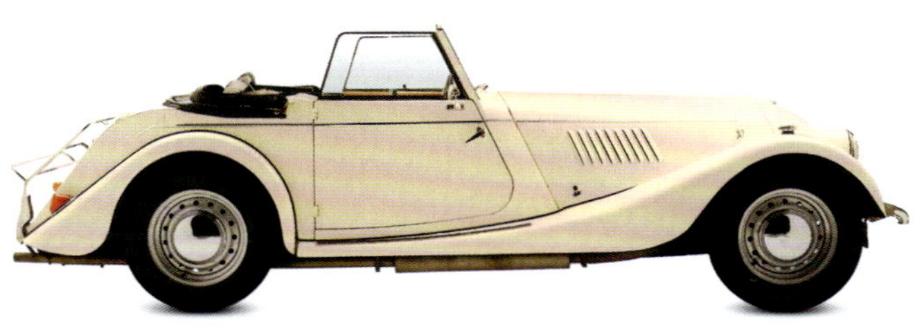

▷ **大众 卡曼 吉亚 1957年款**

产地 德国

发动机 1.192升，对置四缸

最高车速 124千米/时

将优美的跑车设计及篷式汽车车身与大众甲壳虫汽车的底盘相结合，生产出了这款具有市场竞争力的汽车。后来该车发动机又相继升级为1.3升排量和1.5升排量的发动机。

△ **摩根 Plus Four TR 1954年款**

产地 英国

发动机 1.991升，直列四缸

最高车速 154千米/时

该车的外形是沿用最久的外形之一，来源于该车型的敞篷版本。该车型是一辆敞篷跑车，一款强壮的、有趣的、纯粹的运动车型。

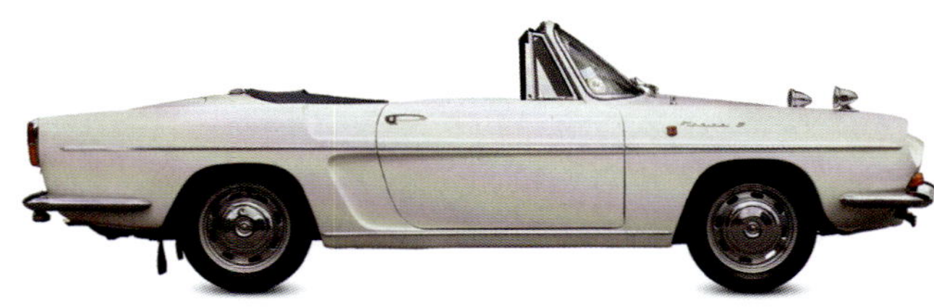

△ **雷诺 佛洛里德/凯路威 1958年款**

产地 法国

发动机 0.845升，直列四缸

最高车速 122千米/时

这款雷诺佛洛里德搭载的是雷诺4CV发动机，升级为凯路威时改用0.956~1.108升发动机，并且速度也提高至143千米/时。

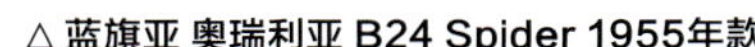

△ **蓝旗亚 奥瑞利亚 B24 Spider 1955年款**

产地 意大利

发动机 2.451升，V型六缸

最高车速 185千米/时

20世纪50年代，蓝旗亚品牌的Aurelia轿车拥有世界上第一个量产的V6发动机和半拖曳臂式独立后悬架；这些都被放进了这辆华丽但是昂贵的B24敞篷双座跑车里。

◁ **斯柯达 弗雷西亚 Super 1959年款**

产地 捷克斯洛伐克

发动机 1.221升，直列四缸

最高车速 140千米/时

该车为管式脊骨底盘，动力性强且广受欢迎，唯独摆轴式后悬架不太稳定。

△ **雪铁龙 DS 1961年款**

产地 法国

发动机 1.911升，直列四缸

最高车速 138千米/时

DS发布于1955年，凭借其高压液压制动、转向系统和悬架打动了公众。图中这款是5年后的豪华版本。

▽ **凯迪拉克 黄金帝国 1959年款**

产地 美国

发动机 6.390升，V型八缸

最高车速 193千米/时

1959年的这款黄金帝国配有很大的车翼，动力输出为345马力，是当时最梦幻的汽车，并且宣称拥有空气悬架和很多助力系统。

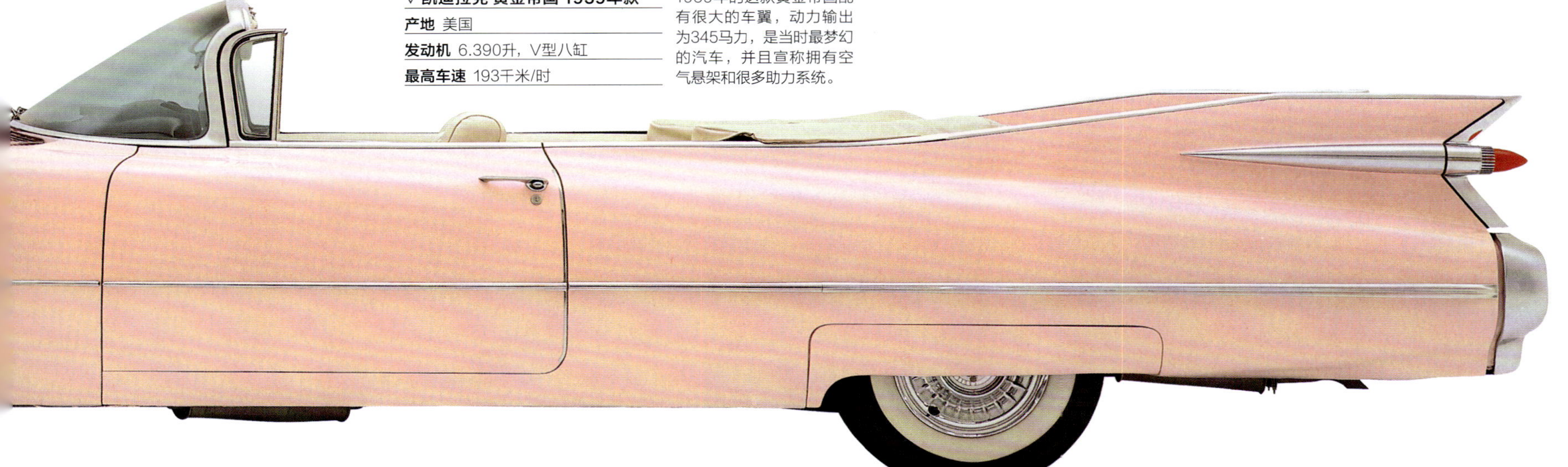

雪铁龙 DS

1955年发布的雪铁龙DS是当时最先进的汽车，其线条平顺的车身下其实是复杂的液压气动系统，由发动机驱动。该系统为高度自调节悬架、制动系统和转向系统提供助力，实现自动离合器操作并协助换挡。共有大约150万辆DS系列汽车下线，生产持续到1975年。该车极具吸引力，成为法国战后复兴的技术象征。

从空气动力学车身到新颖的车身结构，以及通过螺栓固定到车架上的外壁板，DS车型的方方面面都充满了创新。液压气动是该车的主要特点，除此之外还有其他创新——前部的盘式制动器、用来加强稳定的前悬架设计和不同类型塑料的新应用。1934年以后，和所有的雪铁龙汽车一样，DS车型也改用前轮驱动，将变速器安装在直列发动机前部。新式的前悬架具有双推力杆，其后部连接到支臂上。1956年发布了配置较低的ID款，配有简单的液压系统、常规的离合器和手动变速器；但是几年后的ID款的配置已经很接近DS车型了。

前视图

后视图

雪铁龙的标志
图中所示是雪铁龙的双人字标志，它从1919年的第一辆车就开始使用，代表的是人字齿轮。公司创始人安德烈·雪铁龙想出了批量生产齿轮的方法，他后来就把公司的标志定为这个图案。

顶部封闭的侧视图

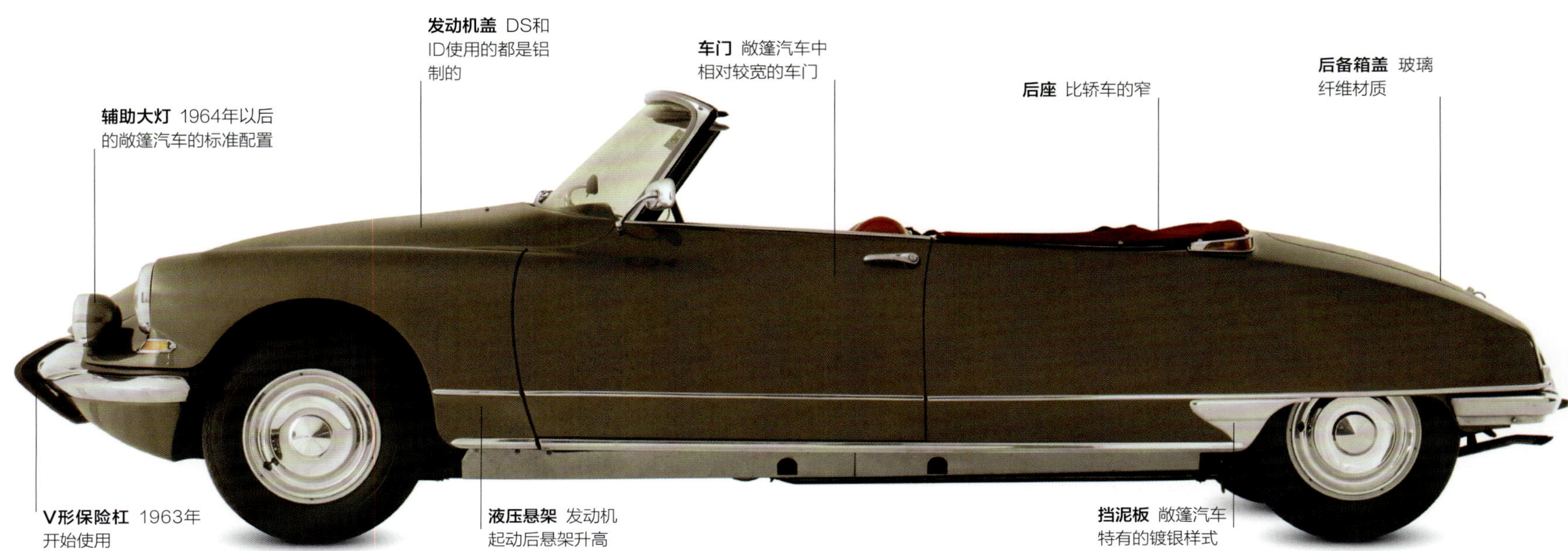

发动机盖 DS和ID使用的都是铝制的

车门 敞篷汽车中相对较宽的车门

后备箱盖 玻璃纤维材质

后座 比轿车的窄

辅助大灯 1964年以后的敞篷汽车的标准配置

V形保险杠 1963年开始使用

液压悬架 发动机起动后悬架升高

挡泥板 敞篷汽车特有的镀银样式

规格	
车型	雪铁龙 DS/ID，1955—1975年
装配线	主要在法国巴黎
产量	1 455 746辆
结构	钢制车身-底盘骨架
发动机	2.175升，气门顶置的直列四缸（DS21）
动力输出	5 500转/分转速时输出制动马力为109马力（DS21）
变速器	四挡，液压
悬架	全独立，液压气动
制动器	前盘后鼓
最高车速	171千米/时

从“鲨鱼嘴”到“猫眼”
DS21车型将传统的格栅换成较低的新式格栅。1963年，车的前部被重新设计成带有V形保险杠和3个进气口，如图所示。“鲨鱼嘴”式的前部在1968年进行了改进，在车颈后安装了2个“猫眼”大灯，内侧灯的高度随车型不同而不同，而外侧的灯可以自动调整高度。

外观

1960—1971年，车身制造商Chapron为雪铁龙品牌生产了1365辆DS21敞篷汽车。该车后翼由两个壁板组成，车门用两个标准门的元件加长。1965年，配有手动变速器的ID款问世，之后，DS21汽车的发动机和另外一些部件成为它的标配。

1. DS车型的车标为金色，银色的用于ID款车型 **2.** DS21是1965—1972年的顶级车的代表 **3.** 辅助前大灯，自豪华的帕拉斯车型之后增加了镀银亮边条 **4.** 原始的门把手被1971年的嵌壁式把手取代 **5.** 全直径轮毂盖 **6.** 敞篷汽车常用的圆形尾灯 **7.** “回飞棒”式尾灯

1 2  3  4 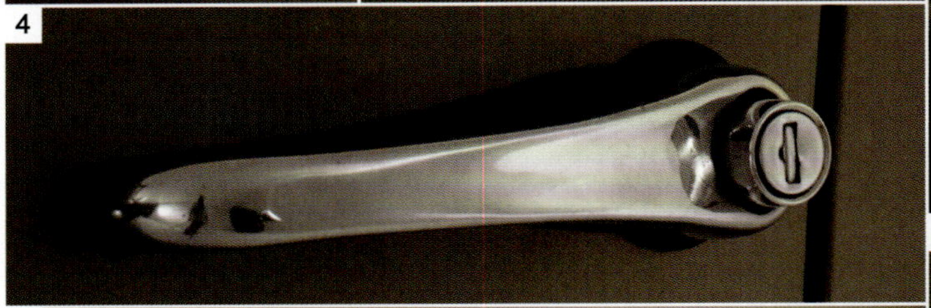 5  6  7

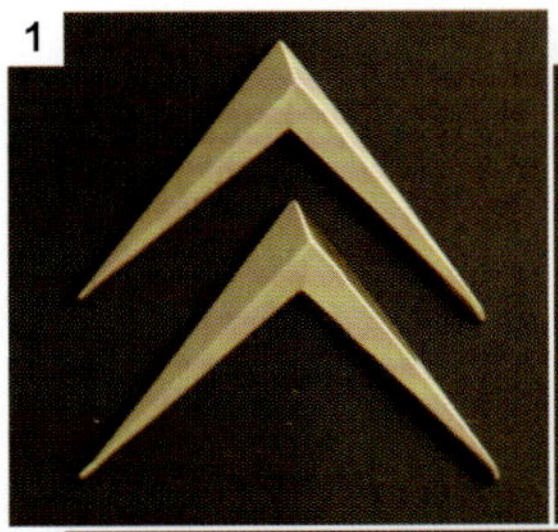

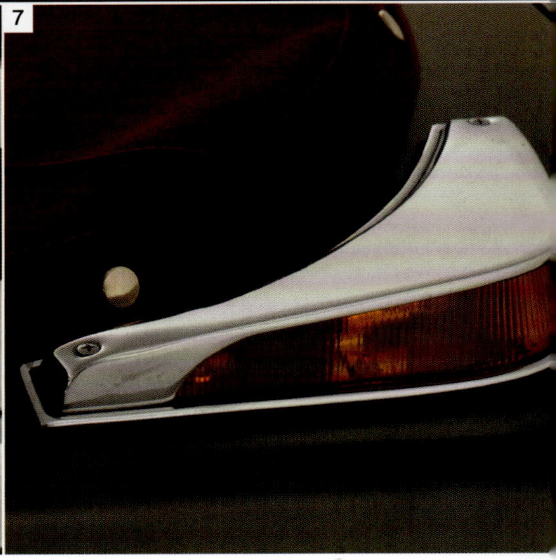

车内饰

作为昂贵的顶级车型，敞篷车通常具有高品质的内饰。无论是ID车型还是DS车型，它们的座椅都是用皮革制成的，前座最开始比较简单，从1965年开始到后来的帕拉斯车型，座椅就变成褶皱形式了。直到1968年，较低的仪表盘依然被喷成与车身相同的颜色。车内可以轻松乘坐4个人，结构优异的软顶棚可以折叠起来并完美地藏身于车后。

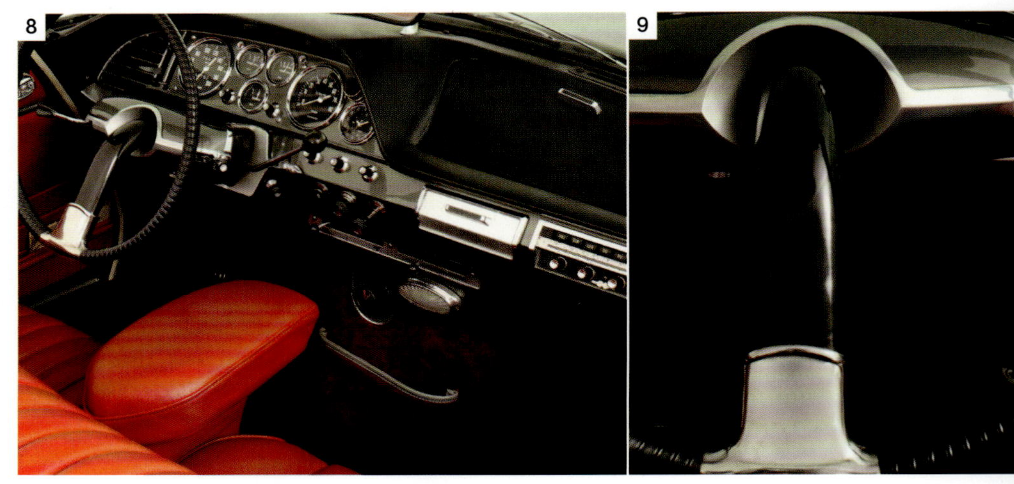

8. DS车型的第二代仪表盘，不像第一代塑料式仪表盘那样浮夸 **9.** 单轮辐方向盘 **10.** 低置的内灯，取代了帕拉斯轿车的倾斜尾灯 **11.** 1972年以后帕拉斯款上的中置休息臂 **12.** DS车型常用的镀银车门装饰，ID款则使用了塑料装饰 **13.** 雪铁龙品牌自有的车载收音机 **14.** 1966年款车型的帕拉斯式座椅

发动机舱

这款半球形燃烧室、合金气缸盖横流式发动机源于雪铁龙汽车的前轮驱动系统，该发动机发布于1934年。1966年，该发动机有了改进：气缸横截面积变大，冲程距离变短，终极燃油喷射版DS23车型的发动机能够产生130马力的输出动力。1963年开始，DS系列车型改用手动变速器；从1970年开始，挡位增至5挡；1971年，改用自动变速器。

15. DS21车型的发动机提高了转矩，输出动力升至109马力 **16.** 悬架的液压气动装置 **17.** 发动机盖下的备胎

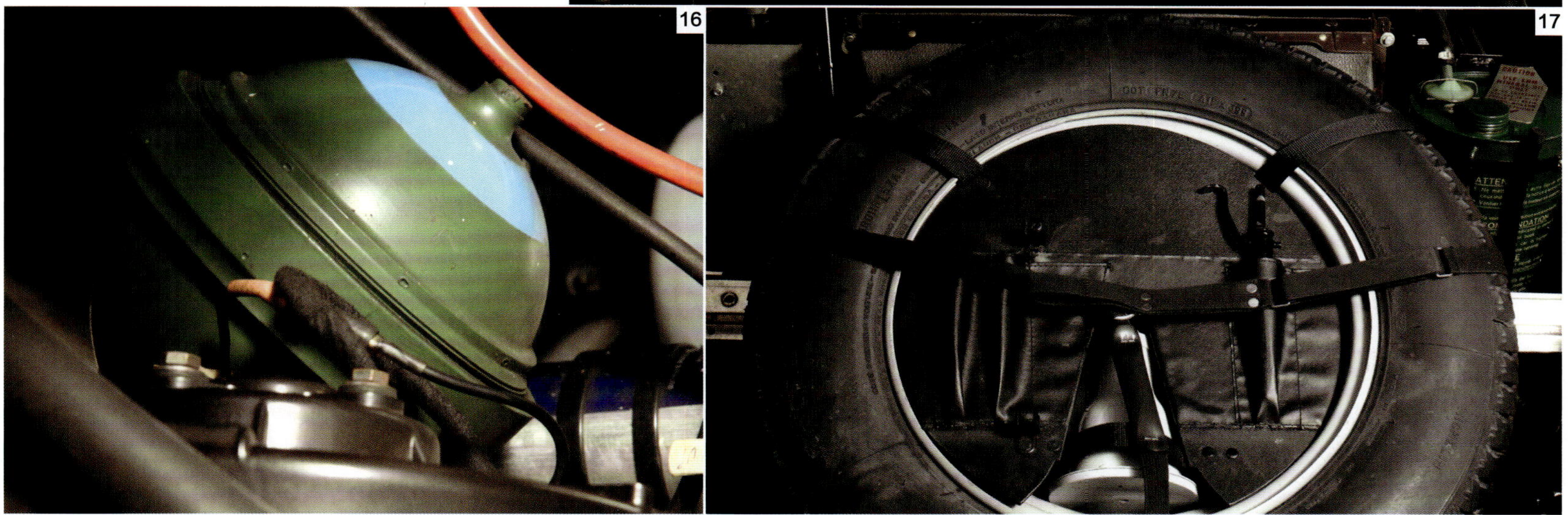

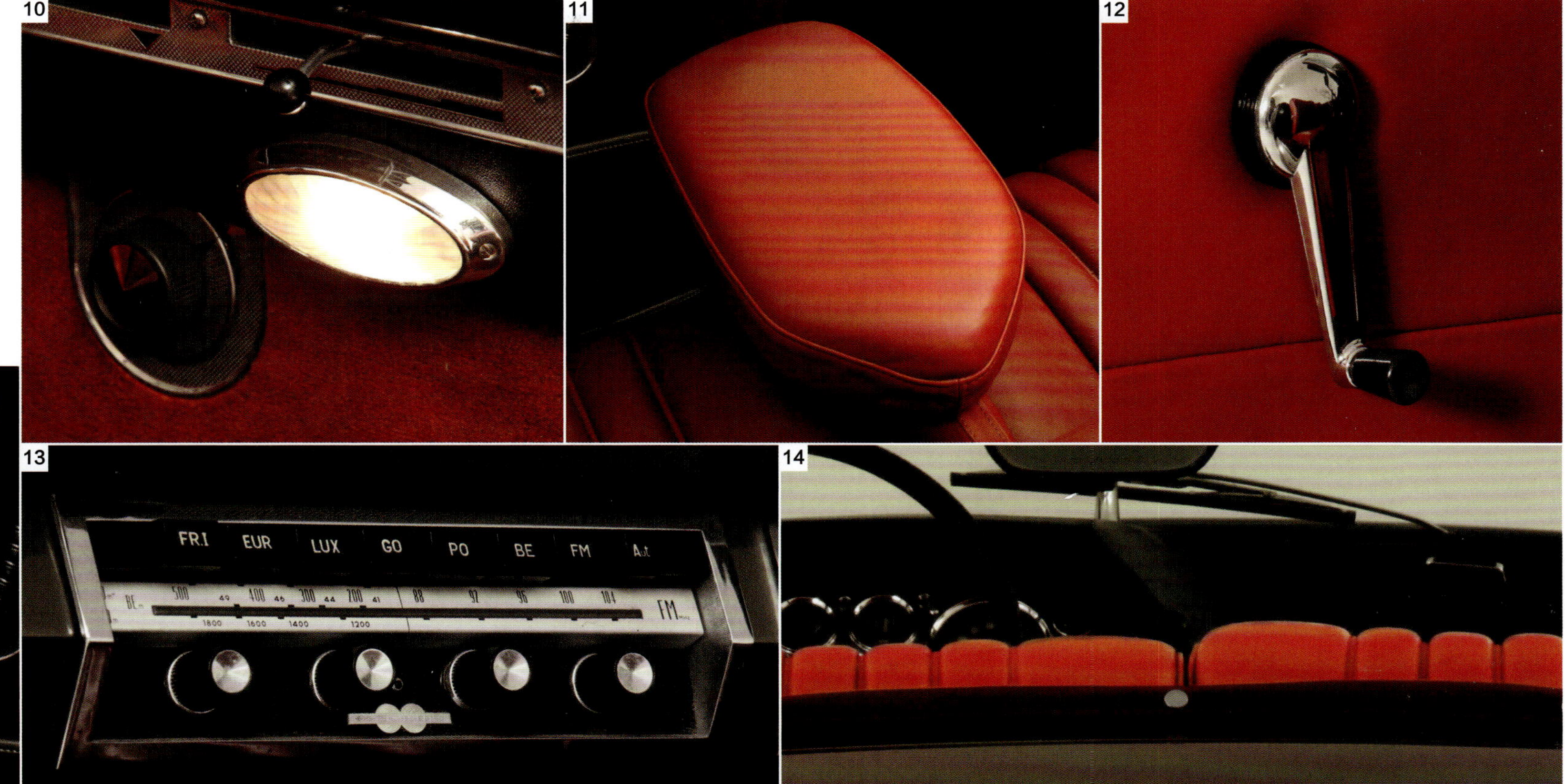

FUEL
10 20 30 40 50 60 70 80 90 100 110 120
TURN SIGNAL
FORD
MUSTANG
BRAKE

20世纪60年代

野马汽车与Pony汽车 | 阻碍与发展 | Mini汽车与肌肉车

家庭用车

20世纪60年代，欧洲和日本的工程师在紧凑型家庭用车的设计上有很大的自由度，有的选择发动机前置前轮驱动，有的选择发动机前置后轮驱动，有的选择发动机后置后轮驱动。车身样式也很灵活，涌现出各种样式的汽车，而且各自特点鲜明。

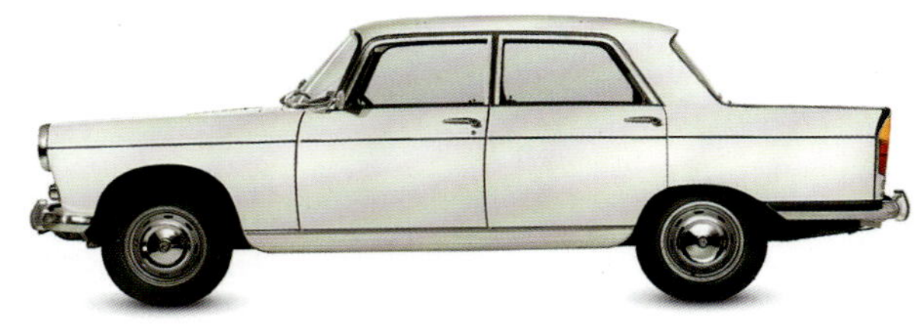

△ **标致 404 1960年款**
产地 法国
发动机 1.618升，对置四缸
最高车速 135千米/时

这款性能优异的家庭用车大约生产了300万辆，它的机械工艺好、耐久性强，轮迹遍布世界各地，并且至今仍然有人在驾驶。

◁ **沃尔斯利 Hornet 1961年款**
产地 英国
发动机 0.848升，直列四缸
最高车速 114千米/时

为了扩大Mini汽车的市场，BMC公司对该车型进行了改进，增加了沃尔斯利散热器格栅、大后备箱，提升了车身质量，又在1963年改用0.998升排量的发动机，在1964年改用液压悬架。

△ **Mini Moke 1964年款**
产地 英国
发动机 0.848升，直列四缸
最高车速 135千米/时

这款Moke由Mini汽车衍生而来，最开始是为英国军队制造的，用作侦察越野车。后来，它成为一款成功的沙滩汽车。

△ **凯旋使者 1200 1961年款**
产地 英国
发动机 1.147升，直列四缸
最高车速 124千米/时

这款车的发布带动很多资金匮乏的汽车生产商都开始生产这种分离式底盘、全独立悬架的小汽车，该车转弯半径大、外形豪华。

△ **蓝旗亚 弗拉维娅 1961年款**
产地 意大利
发动机 1.488升，对置四缸
最高车速 150千米/时

这款弗拉维娅带有铝制对置式发动机，双路伺服盘式制动器。1963年，该车的发动机排量增至1.8升；1965年，采用燃油喷射技术。

△ **福特 科蒂纳 Mk I GT 1963年款**
产地 英国
发动机 1.498升，直列四缸
最高车速 151千米/时

该车除了在1965年更新了通风孔设计之外没有做任何创新，但它依然很流行，这是因为它拥有低摩擦的发动机、同步器式变速器和大空间车身设计。

△ **名爵 1100 1962年款**
产地 英国
发动机 1.098升，直列四缸
最高车速 137千米/时

这款1100汽车很畅销，前轮驱动横置发动机让车的空间变得宽敞，液压悬架则提升了乘坐的舒适性。

◁ 希尔曼 明克斯/猎人 1966年款

产地 英国

发动机 1.725升，直列四缸

最高车速 148千米/时

克莱斯勒鲁特斯集团的这款家庭用车性能优异，在英国生产了10年，之后又在伊朗生产了几年。

△ 阳光双刃剑 IV 1963年款

产地 英国

发动机 1.592升，直列四缸

最高车速 148千米/时

该车首发于1955年，配有1.39升排量发动机，有2个车门，其设计基于希尔曼·明克斯汽车。它在赛场上的表现使得阳光汽车的品牌得以流传。

▷ 希尔曼 Imp 1963年款

产地 英国

发动机 0.875升，直列四缸

最高车速 126千米/时

鲁特斯集团的这款小型汽车后置了一台高品质铝制发动机，在13年里共卖出超过50万辆，但还是远不及Mini汽车的销量。

△ 雷诺 8 戈迪尼 1964年款

产地 法国

发动机 1.108升，直列四缸

最高车速 171千米/时

全盘式制动器（即使在基础版R8上也是标配）和五挡变速器使这款发动机后置的小排量8戈迪尼汽车拥有飞快的速度。

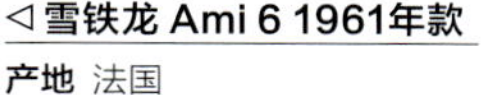

◁ 雪铁龙 Ami 6 1961年款

产地 法国

发动机 0.602升，对置双缸

最高车速 109千米/时

这款外形奇特的雪铁龙小型汽车在1961—1978年共卖出180万辆。1969年，它的后车窗被取消。

◁ 爱姆菲卡 1961年款

产地 德国

发动机 1.147升，直列四缸

最高车速 113千米/时

在投入大量资金进行研发后，Hans Trippel设计出这款水陆两用的汽车，该车后置了凯旋黑诺尔德的发动机，实现前轮转向。

◁ 菲亚特 124 1966年款

产地 意大利

发动机 1.197升，直列四缸

最高车速 137千米/时

124这样的车型是菲亚特品牌在20世纪60年代成功的关键，它提供了良好的承载能力和操控性，它比俄罗斯的拉达汽车寿命还要长。

◁ 大众 1600 Fastback 1966年款

产地 德国

发动机 1.584升，对置四缸

最高车速 134千米/时

该车的速度比甲壳虫汽车快，配有前轮盘式制动器，在1968年又新增了12伏电路、燃油喷射和麦弗逊式前悬架。

▷ 本田 N360 1967年款

产地 日本

发动机 0.354升，直列双缸

最高车速 116千米/时

这款配有顶置凸轮轴360发动机的本田汽车能够输出27马力的动力。这款高性能日产汽车在其他国家的市场得以立足。

◁ 丰田 花冠 1966年款

产地 日本

发动机 1.077升，直列四缸

最高车速 137千米/时

丰田花冠汽车取得了令人难以置信的成功。该车是花冠系列汽车第一款，它的各个方面都没有什么突出之处，但组合到一起就成了性能优良、可靠性高的汽车，是一款理想的家用汽车。

发动机后置和发动机中置赛车

20世纪60年代，很多赛车制造商意识到应该改变传统的发动机布置方式，由前置改为后置或中置，这样做的一个优点是车身的重量分配更合理。那些采用新结构的赛车品牌很多都因赛车良好的操控性和赛场表现而获奖。

△ **赫法克–奥芬豪瑟 Special 1964年款**

产地 美国

发动机 4.179~5.735升，直列四缸

最高车速 290千米/时

该品牌为印地车赛设计了3款车型，其中图中所示车型配备液压悬架系统并且采用发动机后置结构。

△ **玛莎拉蒂 蒂波 61 "Birdcage" 1959年款**

产地 意大利

发动机 2.890升，直列四缸

最高车速 285千米/时

该款车因其错综复杂的管式底盘而被称为"鸟笼"，1959年到1961年间该车驰骋在勒芒和其他耐久赛的赛场上。

△ **西姆卡 阿巴斯 GT 1962年款**

产地 法国/意大利

发动机 1.288升，直列四缸

最高车速 230千米/时

意大利的这款阿巴斯汽车是将一款新的1300排量的发动机安装到法国汽车西姆卡1000上而生产出来，该车在1962年和1963年的比赛中获胜。

▷ **Lola T70 1965年款**

产地 英国

发动机 4.736~5.135升，V型八缸

最高车速 322千米/时

该车在英国和大西洋比赛中成绩很好，由福特或雪佛兰V8发动机驱动。

◁ **福特 GT40 MkII 1966年款**

产地 美国

发动机 6.997升，V型八缸

最高车速 322千米/时

GT40在1964年发布，两年后升级为MkII，并且在1966年法国勒芒 24小时耐力赛中横扫对手。

▷ **捷豹 XJ13 1966年款**

产地 英国

发动机 4.994升，V型十二缸

最高车速 282千米/时

捷豹品牌仅生产了这一款强健的XJ13汽车，该车因配备502马力的V12发动机被认为不足以参加勒芒比赛。

▷ **艾瑟特印地赛车 1964年款**

产地 美国

发动机 4.949升，V型八缸

最高车速 290千米/时

该车是模仿路特斯一级方程式赛车设计的，专门用于20世纪60年代中期印地车赛。

△ **阿尔法·罗密欧 蒂波 33.2 1967年款**

产地 意大利

发动机 1.995升，V型八缸

最高车速 261千米/时

阿尔法·罗密欧品牌想要在20世纪60年代开发一款新的赛车，因此蒂波33.2诞生了，该车在1967年首次亮相就成功了。

△ **豪梅特 TX 1968年款**

产地 美国

发动机 2.958升，燃气轮机

最高车速 290千米/时

该车参加了1968赛季的高强度耐久赛，配备了新颖的涡轮增压动力单元。

△ **路特斯 49 1967年款**

产地 英国

发动机 2.993升，V型八缸

最高车速 290千米/时

路特斯、福特和考斯沃斯3家公司合作生产了这款车，该车由20世纪60年代最好的国际汽车大奖赛车手驾驶。

△ **马特拉 考斯沃斯 MS10 1968年款**

产地 法国

发动机 2.993升，V型八缸

最高车速 290千米/时

这款马特拉汽车在1967年开始参加一级方程式锦标赛，使用MS10车型，其发动机与路特斯49车型的相同，都是考斯沃斯发动机。

△ **法拉利 312/68 1968年款**

产地 意大利

发动机 2.989升，V型十二缸

最高车速 310千米/时

1968年款的法拉利312一级方程式赛车提前2年发布，然而这一年赢得法国国际汽车大奖赛的却是Jacques "Jacky" Ickx汽车。

△ **玛驰 707 1970年款**

产地 英国

发动机 8.226升，V型八缸

最高车速 322千米/时

玛驰汽车诞生于20世纪60年代，其707款参加了北美庞巴迪比赛，该车由一款动力强劲的雪佛兰V8发动机驱动。

▽ **法拉利 312P 1969年款**

产地 意大利

发动机 2.990升，V型十二缸

最高车速 320千米/时

该车首次参赛是在1969年，312P原型车曾参加高强度耐久赛，如斯帕1 000千米比赛和勒芒 24小时耐力赛。

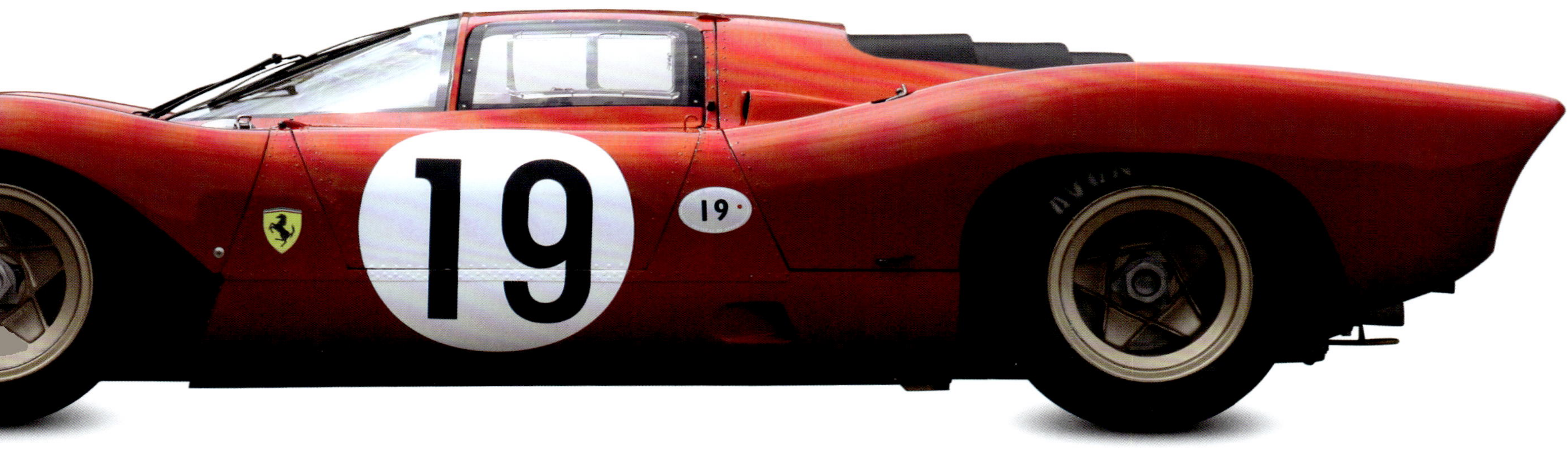

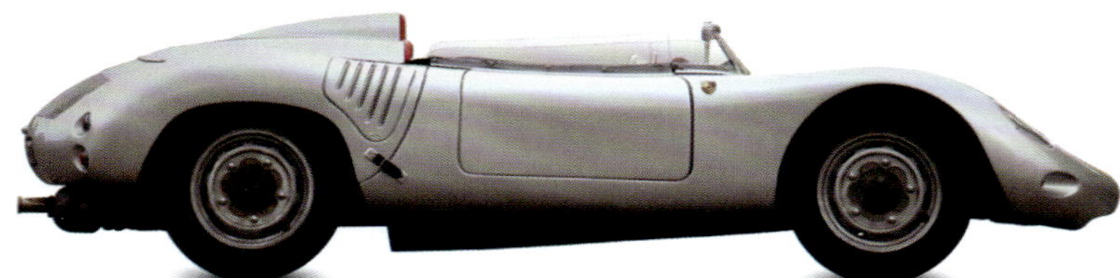

△ **保时捷 718 RS 1957年款**

产地 德国

发动机 1.587升，直列四缸

最高车速 225千米/时

保时捷的718款敞篷车赢得过很多耐力赛的胜利，包括在勒芒 24小时耐力赛中获得第三名。该车一直参加比赛直至20世纪60年代早期，并多次获胜。

△ **保时捷 906 1966年款**

产地 德国

发动机 1.991升，水平对置六缸

最高车速 280千米/时

906是首款使用欧翼式车门的保时捷赛车，1966年首次亮相就赢得了极大成功。

◁ **保时捷 917K 1970年款**

产地 德国

发动机 4.494升，水平对置十二缸

最高车速 320千米/时

该车专门为赢得1970年勒芒24小时耐力赛而设计，1970年和1971年该车都实现了这个目标。

跑车与高级轿车

这是轿车的又一次新发展，这些车的目标群体是繁忙的商务人士，他们需要可以承受更多载荷、能够高速行驶、具有更强舒适性的高级轿车，而原先的这类轿车常常震动很大，发动机容易过热。工程师为了改进这些轿车，借用了赛车的设计。

△ **沃克斯豪尔 克雷斯塔 PB 1962年款**

产地 英国

发动机 3.294升，六缸

最高车速 150千米/时

这款克雷斯塔宽敞舒适，是通用公司的英系汽车，1956年开始改用自动变速器。

▷ **奥斯汀 莫里斯 迷你库珀 1961年款**

产地 英国

发动机 1.275升，四缸

最高车速 161千米/时

迷你库珀汽车的性能不足以使它作为一款行政轿车来使用，但是一级方程式的老板约翰·库珀激发了它的潜能。调校后的发动机和盘式制动器使它具有强大的抓地力。

△ **福特 西风 MkⅢ 1962年款**

产地 英国

发动机 2.553升，六缸

最高车速 153千米/时

该款最大的英系福特轿车配备四缸或六缸发动机，采用前轮盘式制动，配备全同步啮合手动变速器或自动变速器。

△ **沃尔沃 122S 1961年款**

产地 瑞典

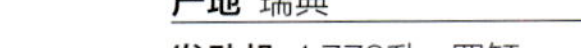

发动机 1.778升，四缸

最高车速 161千米/时

这款健硕的轿跑车配置的终极发动机输出100马力动力，该车性能优越，尤其配备了可选的超速变速器后更是如此，因此被称为瑞典的Amazon。

▷ **沃尔斯利 6/110 1961年款**

产地 英国

发动机 2.912升，六缸

最高车速 163千米/时

这款6/110车身沉重，尽管配备120马力的发动机，仍然不算一款优秀的汽车。其豪华版配有空调和助力转向。

△ **福特 猎鹰 1964年款**

产地 澳大利亚

发动机 3.277升，六缸

最高车速 169千米/时

该款猎鹰汽车是首款在澳大利亚设计完成并且为澳大利亚人设计的汽车，该车强健有力，后来还出了跑车款。

▽ **罗孚 P6 2000 TC 1963年款**

产地 英国

发动机 1.978升，四缸

最高车速 174千米/时

1963年的P6被赞为轿车里面安全系数最高、动力性最好的汽车，其双化油器（TC）更显优越性，后来的P6 3500更换为V8发动机。

▽**捷豹 XJ6 1968年款**

产地 英国

发动机 4.235升，直列六缸

最高车速 200千米/时

这款漂亮的XJ6被誉为世界上最好的轿车，它集强动力性、良好的驾驶舒适性及抓地力于一身。

◁**戴姆勒 2.5升 V8-250 1962年款**

产地 英国

发动机 2.548升，V型八缸

最高车速 180千米/时

1960年，捷豹公司在接管戴姆勒公司后生产了这款紧凑型豪华汽车，该车将SP250车型的V8发动机和捷豹Mk Ⅱ 汽车的车身结合到一起，几乎是一款全自动汽车。

△**捷豹 Mk 2 1959年款**

产地 英国

发动机 3.781升，六缸

最高车速 201千米/时

这款轻盈的捷豹汽车是20世纪60年代轿跑车的象征，其3.8升版本是一款巨大的比赛车，其3.4升版本更受大众青睐。

▷**凯旋 2000 1963年款**

产地 英国

发动机 1.998升，六缸

最高车速 150千米/时

这是一款20世纪60年代的商务车，该车外形优美，广受欢迎，配备全独立悬架和前轮盘式制动器，它的意大利风格车身外形由乔瓦尼·米凯洛蒂设计。

▷**亨伯 隼 MkⅣ 1964年款**

产地 英国

发动机 2.267升，四缸

最高车速 134千米/时

亨伯品牌最大的行政车在最后3年里修改了后车窗设计，如这款MkⅣ，该车系使用的是管柱式变速杆。

◁**五十铃 贝莱蒂 1963年款**

产地 日本

发动机 1.991升，四缸

最高车速 190千米/时

这款外观精巧的贝莱蒂是一款日本早期的跑车，知道的西方人并不多。该车的设计来源于GT-R——一款汽车赛场的明星车。贝莱蒂汽车共生产了超过17万辆。

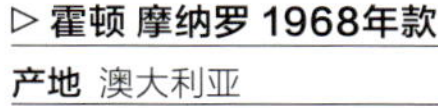

▷**霍顿 摩纳罗 1968年款**

产地 澳大利亚

发动机 5.736升，V型八缸

最高车速 185千米/时

摩纳罗是一款运动型、四座位跑车，设计来源于HK系列的金斯伍德/布鲁姆轿车，终极版本的摩纳罗汽车其实就是5.7升的GTS 327 巴瑟斯特汽车。

△**尼桑 天际线 GT-R 1969年款**

产地 日本

发动机 1.998升，六缸

最高车速 200千米/时

这款配有双凸轮轴式发动机的天际线 GT- R赢得了一系列比赛，在最初的3年里获胜50次。

排量为1.5升的阿斯顿·马丁汽车，1922年

伟大的品牌
阿斯顿·马丁的故事

阿斯顿·马丁是一个世界闻名的极具驾驶激情的汽车品牌，是詹姆斯·邦德的挚爱品牌，它是英国小品牌的一个代表：生产跑车而不生产那些商品汽车，该品牌由于其忠实的车迷长期的支持而经久不衰。

阿斯顿·马丁品牌始于1913年伦敦的一个车库中。罗伯特·班福德和莱昂内尔·马丁这2个车迷用老旧的伊索塔弗拉西尼底盘和1.4升考文垂桑普莱克斯发动机制造出自己的跑车，并且参加了计时赛。1914年，该车在英国白金汉郡的阿斯顿克林顿的山路比赛中表现抢眼，于是被命名为阿斯顿·马丁，并在1915年注册。第一次世界大战期间，马丁和班福德被征召入伍，他们的生产设备卖给了一家飞机生产商索普威思。战后，他们继续合作，但因受资金问题困扰，1920年班福德最终离开了公司。马丁在妻子凯特的帮助下成长为成熟的汽车制造商。

阿斯顿·马丁汽车标志（1932年发布）

1921年，阿斯顿·马丁品牌发布一款简单跑车，其轻质的1.5升四缸发动机需要定制。虽然赛场上的阿斯顿·马丁汽车声名鹊起，其生产商却动作缓慢且管理混乱。经过几次所有权变更，公司在1926年搬迁至米德尔塞克斯的费尔森。1年以后，一款新的排量为1.5升的汽车问世，该车由意大利伯特利兄弟设计，由奥古斯托负责项目管理，由恩里克完成车身制作。

尽管公司内部状况不断，但在公众眼里阿斯顿·马丁一直是快速、强劲和特别的跑车，车迷对其有极高的忠诚度。1928年在法国勒芒 24小时耐力赛中初次亮相，阿斯顿·马丁汽车就证明了自己的实力。

阿斯顿·马丁公司在第二次世界大战期间制造飞机零部件。第二次世界大战结束后，濒临破产的阿斯顿·马丁公司被大卫·布朗买下，他是约克郡的一位工厂主，在《泰晤士报》上看到了阿斯顿·马丁公司出售的广告。布朗还买下了拉贡达品牌，并且将这2个品牌的优点集成到DB2跑车上——拥有阿斯顿·马丁汽车的优秀底盘和拉贡达的超级2.6升六缸发动机。这款原型车DB2在1949年参加了勒芒24小时耐力赛。

1950年，阿斯顿·马丁汽车在勒芒赛场上夯实了自己伟大品牌的地位，阿贝卡西斯、麦克林驾驶DB2汽车获得全场第5和3升组冠军，帕内尔、布拉肯伯星则获得全场第6和3升组亚军。在1951年的比赛中，车队超越了自我，驾驶DB2汽车取得第3、第5和第7的好成绩，另有两个私人参赛者驾驶DB2汽车分别获得第10和第11。这款标准的两座汽车在24小时耐力赛中取得了令人震惊的成绩。另一次较好的表现是在1959年，这一年它赢得了世界跑车冠军赛。

布朗意识到，昂贵、手工打造的阿斯顿·马丁汽车要想盈利，必须豪华且坚固。布朗在1955年收购车身设计公司蒂克福特之后，开始迅速扩张豪华车业务，车身喷漆也变得更加光鲜亮丽。很多现代技术如盘式制动器、超速变速器都用到了阿斯顿·马丁汽车上，但自动变速器在1959年才开始应用。

1958年的DB4车型的车身是由意大利设计公司Carrozzeria Touring设计的，这款轻质结构的汽车车身平顺、光滑。

DB5车型在1964年发布，与DB4车型相比，它的动力性更强且更具空气动力学特征。该车作为1964年007系列电影《金手指》中詹姆斯·邦德的座驾出现在银幕中。在电影中的惊艳亮相给它披上了无情特工的神秘外衣，而当年在电影中亮相的那部车在2010年拍出了260万法郎的高价。

阿斯顿·马丁品牌在1965年和1967年分别发布了DB6和DBS车型，而后又在1969年发布了新的V8发动机，但是3年后大卫·布朗将公司出售，阿斯顿·马丁的品牌黄金时代也随之结束。20世纪70—80年代，阿斯顿·马丁汽车采用了拉贡达的楔形豪华车外形，这种设计博得了中东消费者的喜爱。1987年，福特公司买下阿斯顿·马丁品牌，公司的金融状况这才稳定下来。

新的管理团队决定保留手工制造阿斯顿·马丁汽车，同时也开发一条新产品线，第一款车是DB7，它体积小、价格低、采用部分捷豹

> “它一定会成为世界上最有魅力的伟大旅行车。”
>
> 《汽车》杂志对DB4 GT汽车的评价，1962年

DBS汽车1968年的广告

从1967年开始生产到1972年停产，DBS汽车是大卫·布朗时代的最后一款车型。该车配有全尺寸四座位和4.0升发动机。

1.5升 MkII

1913年 班福德&马丁有限公司在伦敦成立
1915年 第一款阿斯顿·马丁汽车注册
1921年 发布第一款1.5升量产汽车和比赛用车
1927年 1.5升发动机应用到T系列旅行车和S系列跑车上
1928年 阿斯顿·马丁汽车使用干式油底壳润滑
1936年 2.0升15/98发动机取代1.5升发动机，并简化汽车规格

DB4

1949年 DB2车型参加勒芒比赛
1955年 阿斯顿·马丁公司买下了蒂克福特车身设计公司
1958年 配备全新3.7升发动机的DB4车型发布
1959年 DBR1车型赢得世界跑车比赛
1964年 发布DB5车型
1965年 DB6车型汽车取代DB5车型
1967年 DBS车型开创了现代车身外形，并在1969年配备了V8发动机

V8

1976年 4门阿斯顿·马丁拉贡达汽车开始研发，4年后发布并达到车迷的预期
1978年 配备V8发动机的敞篷Volante汽车发布
1984年 第10 000辆阿斯顿·马丁汽车下线
1987年 福特公司买下阿斯顿·马丁品牌，稳定了公司的经济状况
1993年 更小更廉价的DB7车型发布，到2001年，共有5 000辆DB7车型下线
2001年 发布V12征服者车型

V12 VANTAGE

2003年 DB9车型取代DB7车型，V12发动机是标配，并且在沃克里郡开设工厂
2005年 V8 Vantage车型开始销售，竞争对手是保时捷 911跑车
2006年 第30 000辆阿斯顿·马丁汽车下线
2009年 One-77超级跑车发布
2015年 阿斯顿·马丁品牌为007系列电影《幽灵》定制了10辆DB10跑车
2020年 DBX作为豪华SUV首次亮相

汽车部件，在1993年发布后便流行起来，如同2003年发布的DB9车型（没有DB8）一样受欢迎。品牌决定以紧凑型跑车与保时捷 911跑车竞争，又在沃克里郡建立了一个全新的组装工厂，目的是作为发动机的生产基地来生产之前宣传过的V8发动机。V8发动机在2005年发布，并且达到了车迷们的预期。

2007年，福特公司将阿斯顿·马丁品牌卖给了由大卫·理查兹领导的财团科威特，阿斯顿·马丁汽车回归汽车赛场。2007年，连续不断地在勒芒GT1组获胜，2008年获得全场第4名，2009年的全新LMP1级别赛车被称为赛场上最快的汽油车。2009年，全新发布的V12 GT汽车在纽博格林的24小时耐力赛中首次亮相就获胜。

2009年，阿斯顿·马丁品牌展现出少见的实用主义风格，新发布的小天鹅城市用车是与丰田品牌合作研发的。阿斯顿·马丁品牌也推出了许多自己的新车型，特别是2010年的Rapide、2015年的DB11和2020年的DBX SUV。2018年，梅赛德斯-奔驰公司启动了一项股票市场交易，之后获得了阿斯顿·马丁公司20%的股份。

阿斯顿·马丁 DB7汽车
DB7汽车发布于1993年，当时的阿斯顿·马丁和捷豹品牌同属福特公司旗下，DB7汽车使用的是捷豹XJS汽车的传动装置，但是二者的外形完全不同。

令人兴奋的汽车
1964年以来，阿斯顿·马丁汽车多次在007系列电影中亮相，如2006年的《皇家赌场》和2008年的《量子危机》，图为在《皇家赌场》中亮相的阿斯顿·马丁汽车。

四门轿车和运动型跑车

20世纪60年代，汽车外形设计师一改从前带有车翼和亮边条的设计风格，主推外形整洁、平顺的强动力汽车。美国汽车生产商最终将运动型汽车定位为源于福特汽车的紧凑的“pony cars”。“可乐瓶”式的设计外形在汽车市场上随处可见，不久后便风靡全世界。

△ **别克 Riviera 1963年款**

产地 美国

发动机 6.571升，V型八缸

最高车速 193千米/时

别克1963年的 Riviera车身长、底盘低、轻盈且豪华。这款最简洁的“可乐瓶”式的车身设计横扫60年代美国汽车业。

△ **别克 云雀 1961年款**

产地 美国

发动机 3.528升，V型八缸

最高车速 169千米/时

别克云雀是一款运动型跑车，它外观整洁，放弃了20世纪50年代的车翼，改用流行的新外观。

△ **普利茅斯 梭鱼 1964年款**

产地 美国

发动机 4.473升，V型八缸

最高车速 171千米/时

20世纪60年代的普利茅斯品牌已经岌岌可危，直到这款梭鱼汽车发布才迎来转机，然而它的销量不及竞争对手福特的野马汽车。

△ **克莱斯勒 300F 1960年款**

产地 美国

发动机 6.768升，V型八缸

最高车速 193千米/时

克莱斯勒300系列“字母汽车”是其动力性最强的汽车。20世纪60年代的300F采用承载式车身结构设计和连杆调整机构，并且保留了车翼。

△ **斯蒂庞克 高级跑车 Hawk 1962年款**

产地 美国

发动机 4.736升，V型八缸

最高车速 177千米/时

帕卡德公司在1954年接手斯蒂庞克公司，但斯蒂庞克公司还是在1966年倒闭了。这款Hawk是1962年的热卖车型。

◁ **福特 雷鸟 Landau 1964年款**

产地 美国

发动机 6.392升，V型八缸

最高车速 190千米/时

在发布野马汽车的同年，福特公司对雷鸟汽车的外观进行了重新设计：长长的发动机罩、较短的车顶、强劲的动力装置。重新设计的雷鸟汽车的销量增加了50%。

福特野马

在猎鹰汽车创造销售纪录后，福特想基于猎鹰汽车开发出小一号的雷鸟汽车——野马，用它来开拓新市场。福特野马汽车创造了新的销售纪录，上市的第1款车便卖出418 000辆，如果福特公司的生产速度更快，会卖出更多。

▷ **福特 野马 硬顶跑车 1964年款**

产地 美国

发动机 4.727升，V型八缸

最高车速 187千米/时

野马汽车从最开始的敞篷版发展为后来的长斜坡式跑车版，发动机则从3.3升的直列六缸发展为4.7升的V型八缸。图中的这款V8硬车顶跑车是迄今为止最流行的野马车型。

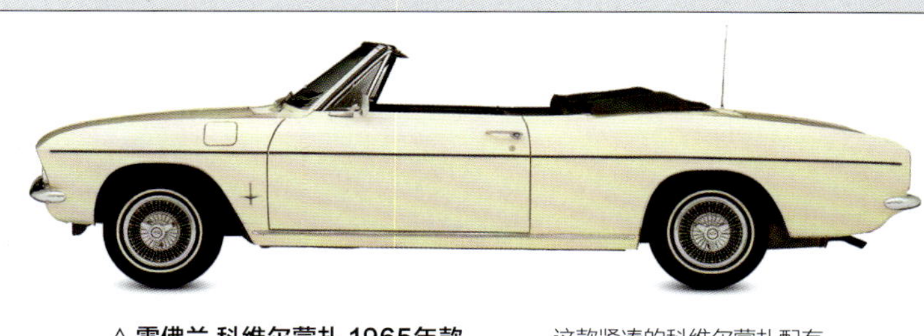

△ **雪佛兰 科维尔蒙扎 1965年款**

产地 美国

发动机 2.687升，对置六缸

最高车速 145千米/时

这款紧凑的科维尔蒙扎配有后置铝制发动机，因为造型太前卫而受到美国律师拉尔夫 · 纳德的批判，但是车迷们很喜欢它。

◁ **雪佛兰 科迈罗 327 1967年款**

产地 美国

发动机 5.359升，V型八缸

最高车速 196千米/时

福特公司的野马汽车发布3年后雪佛兰品牌才做出反应。雪佛兰品牌的科迈罗汽车发布后，人们发现它的运转更平顺、外形更美观。

△ **庞蒂亚克 暴风雪 GTO 1966年款**

产地 美国

发动机 6.375升，V型八缸

最高车速 196千米/时

庞蒂亚克暴风雪属于紧凑型汽车，它使庞蒂亚克一跃成为20世纪60年代美国第三大热卖品牌。图中GTO是一款性能优越的跑车。

◁ **奥兹莫比尔 星火 1964年款**

产地 美国

发动机 6.456升，V型八缸

最高车速 174千米/时

奥兹莫比尔品牌凭借星火车型进入私家豪华车市场。该车配有动力强劲的发动机，车身为方形且有2个车门。

△ **水星 Congar 1967年款**

产地 美国

发动机 4.727升，V型八缸

最高车速 180千米/时

水星公司在1967年进入“野马汽车”市场，其母公司福特与雪佛兰科迈罗汽车自此成为竞争对手。该车凭借潇洒的外形在第一年就卖出了15万辆。

◁ **道奇 挑战者 R/T 1968年款**

产地 美国

发动机 5.211升，V型八缸

最高车速 182千米/时

重新设计的这款道奇汽车在1968年发布，并创造了公司销量纪录。该车具有超级平顺的“可乐瓶”外形和V8 Charger发动机。

△ **水星 旋风 1968年款**

产地 美国

发动机 4.949升，V型八缸

最高车速 185千米/时

这款旋风是水星品牌1964年推出的旅行车，1966年车身外形更新为“可乐瓶”式，成为快背跑车中最美观的一款。

△ **福特 野马 1965年款**

产地 美国

发动机 4.727升，V型八缸

最高车速 187千米/时

上市的前2年，野马汽车的销量超过100万辆，其外观深受人们的喜爱，其优秀的美式设计还赢得了蒂夫尼奖。

△ **福特 野马 快背车型 1965年款**

产地 美国

发动机 4.727升，V型八缸

最高车速 187千米/时

这款1965年的长斜坡式车身野马汽车是“2+2”版的，之后又出了敞篷版的。1966年，野马汽车占据着全美7.1%的汽车销量。

◁ **福特 野马 Boss 302 1969年款**

产地 美国

发动机 4.942升，V型八缸

最高车速 195千米/时

为了与竞争对手科迈罗汽车抢占市场，野马汽车在1969年从技术上和性能上进行了升级，先后发布了Boss 302和Boss 429。

路特斯和福特考斯沃斯 DFV V8发动机

路特斯公司的创建者科林·查普曼对现有的发动机不满意，让福特公司为一级方程式比赛设计一款动力装置，福特公司把这个任务交给了考斯沃斯·基斯·达克沃斯。他设计的发动机后来成为了一代传奇，在1968年至1982年间配有该发动机的赛车共获胜了12次。

一级方程式锦标赛的超级明星

考斯沃斯将该发动机称为DFV（双列四气门），这是因为该发动机有2列气缸，每一列都有4个气缸，这2列气缸成90° V形夹角，每个气缸都有2个进气门和2个排气门。进气门位于发动机顶部，为吸入的空气提供入口。一根平的曲轴与每列呈线形排列的4个气缸一起工作，利用排气管内的谐波效应辅助排气。该发动机动力性强、可靠性高、紧凑、耐用且结构设计精确。

发动机规格	
数据采集于	1967—1986年
气缸	V型八缸，两列气缸成90° 夹角
发动机布置	发动机中纵置
发动机排量	2.993升
动力输出	9 000转/分转速时输出408马力，最高11 200转/分转速时输出510马力
类型	传统四冲程水冷发动机，往复式活塞
气缸盖	每列双顶置凸轮轴且带有活塞式挺杆，每缸四气门
燃油供给系统	卢卡斯式燃油喷射
气缸尺寸	3.37英寸×2.55英寸（8.57厘米×6.48厘米）
功率	136马力/升，2.52马力/千克
压缩比	11.0 : 1

▷注：查看第352～353页 发动机的工作原理

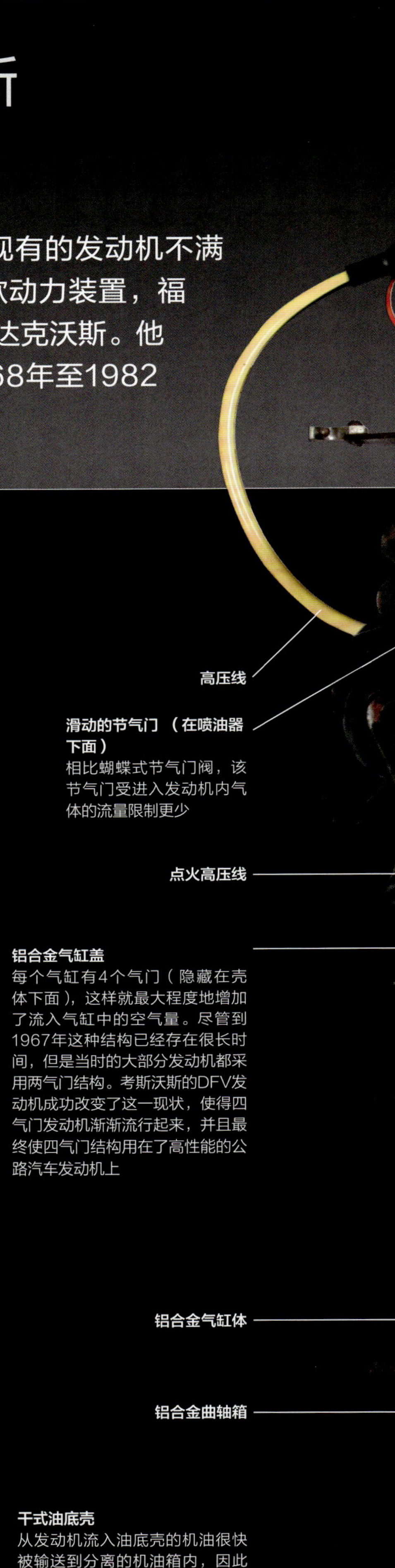

滑动的节气门（在喷油器下面）
相比蝴蝶式节气门阀，该节气门受进入发动机内气体的流量限制更少

点火高压线

铝合金气缸盖
每个气缸有4个气门（隐藏在壳体下面），这样就最大程度地增加了流入气缸中的空气量。尽管到1967年这种结构已经存在很长时间，但是当时的大部分发动机都采用两气门结构。考斯沃斯的DFV发动机成功改变了这一现状，使得四气门发动机渐渐流行起来，并且最终使四气门结构用在了高性能的公路汽车发动机上

干式油底壳
从发动机流入油底壳的机油很快被输送到分离的机油箱内，因此被称为干式油底壳，这种油底壳可以做得浅一些，发动机可以安装得更低一些

粗糙的网状滤清器
保证空气进入进气门时能够得到过滤

喇叭状进气门
从喇叭开口处反射而来的压力波能够迫使更多的空气燃料混合气按照发动机的转速变化进入气缸

喷油器
燃油通过油泵进入喷油器

进气凸轮轴
（在凸轮盖下面）

发动机安装支架
用于将发动机固定到汽车上，发动机也是底盘的一部分

凸轮盖

排气凸轮轴（在盖子下面）
与进气凸轮轴一样，排气凸轮轴通过一个高精度传动装置驱动而非皮带或链条

一个潜在的问题
搭载DFV发动机的路特斯49在1967年首次参加一级方程式锦标赛就获得胜利，但是很少有人觉察到发动机中隐藏着严重的设计问题：作用在凸轮轴驱动的传动齿轮上的扭矩过大，有损坏发动机的危险。后来增加了一个弹性轴，这才减小了扭矩，解决了问题

排气歧管安装螺栓

排气门

传动皮带
在盖子下面，一根齿形皮带驱动着发动机的附件，如油泵和水泵

水泵

附件驱动连接

集油泵
将机油从油底壳输送到机油箱，其中集成了一个油/气分离器，将空气和燃烧后的废气分离出去

终极豪华车

20世纪60年代见证了分离式底盘豪华轿车的最后繁荣，这些又大又重、传统的豪华车逐渐被轻质、高效、现代、承载式车身结构的豪华车取代，后者性能更高、车身更低、流线型更明显。那个年代还出现了基于主流车型的小型车，适合在城市驾驶。

◁ **GAZ 柴卡 1959年款**

产地 苏联

发动机 5.522升，V型八缸

最高车速 159千米/时

这款柴卡汽车高度复制了1955年的帕卡汽车，直到1981年才停产。该车只卖给政府工作人员、科学家等群体。

▷ **凯迪拉克 卡莱斯 1965年款**

产地 美国

发动机 7.030升，V型八缸

最高车速 193千米/时

凯迪拉克是豪华车的代名词。该款凯迪拉克汽车具有弧形侧窗、可遥控后视镜、可变传动比转向系统和座椅加热系统。

△ **尼桑 公爵 1962年款**

产地 日本

发动机 1.883升，直列四缸

最高车速 145千米/时

当时很少在日本以外看到尼桑汽车，其大型轿车是模仿美式车型设计的，但安装的是1.5~2.8升的发动机。该车是尼桑的第一款承载式车身结构的汽车。

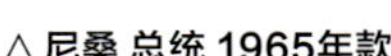

△ **尼桑 总统 1965年款**

产地 日本

发动机 3.988升，V型八缸

最高车速 185千米/时

尼桑1965年的这款终极汽车比公爵车型更优质，配有3.0升V6发动机或4.0升V8发动机。该车在1971年还增加了防抱死制动系统，日本首相曾经使用过该车。

▷ **梅赛德斯-奔驰 300SEC 1962年款**

产地 德国

发动机 2.996升，直列六缸

最高车速 200千米/时

300SEC是德国20世纪60年代早期最好的汽车之一，搭载了燃油喷射六缸发动机，它在赛场上的表现足以证明自己。300SEC有跑车版和敞篷版。

△ **三菱 Debonair 1964年款**

产地 日本

发动机 1.991升，直列六缸

最高车速 154千米/时

这款日本豪华车的外形很像20世纪60年代早期的美国汽车，直到1986年才升级外形。20世纪70年代，该车更新了一款更大的发动机。

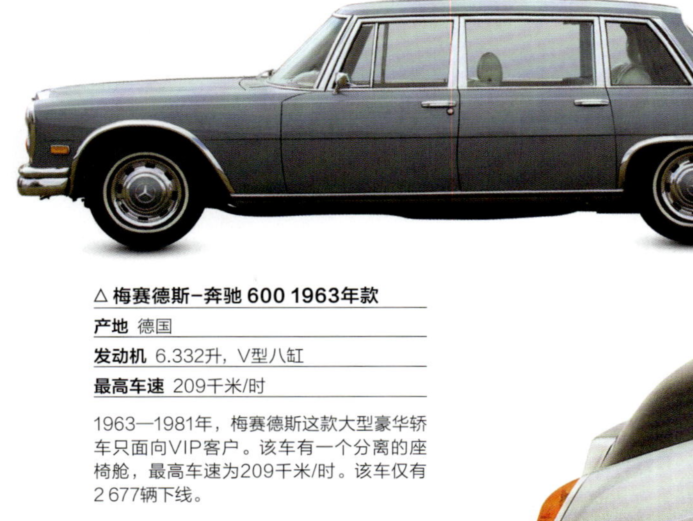

△ **梅赛德斯-奔驰 600 1963年款**

产地 德国

发动机 6.332升，V型八缸

最高车速 209千米/时

1963—1981年，梅赛德斯这款大型豪华轿车只面向VIP客户。该车有一个分离的座椅舱，最高车速为209千米/时。该车仅有2 677辆下线。

▷ **劳斯莱斯 银云III 1962年款**

产地 英国

发动机 6.230升，V型八缸

最高车速 177千米/时

该车是劳斯莱斯品牌最后一款分离式底盘的主流汽车，具有木制和皮革内饰、V8发动机和现代的双前大灯。

◁切克 马拉松 豪华轿车 1963年款

产地 美国

发动机 4.637升，V型八缸

最高车速 145千米/时

切克公司在1923—1959年制造出租车，后来又生产了一些类似的出租车、旅行车和豪华车。这款八门的豪华车的内部空间很大。

▷宾利 S3 欧陆1962年款

产地 英国

发动机 6.230升，V型八缸

最高车速 185千米/时

庄严的宾利S3有一个长途客车制造商生产的“大陆”版本。这是一个具有铝制车身和运动腰线的更快更轻的车型。

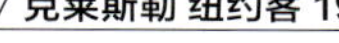

◁林肯 大陆 折篷车 1961年款

产地 美国

发动机 7.043升，V型八缸

最高车速 185千米/时

这款1961年的大陆是当时最有影响力的汽车，该车配有电动座椅、电动车窗、助力制动、助力转向和助力变速器。

▽克莱斯勒 纽约客 1960年款

产地 美国

发动机 6.767升，V型八缸

最高车速 196千米/时

1960年，克莱斯勒公司开始制造首款承载式车身结构的汽车。这款纽约客是其中最长、最豪华的，动力输出为350马力。

△亨伯 帝王 1964年款

产地 英国

发动机 2.965升，直列六缸

最高车速 161千米/时

这款终极帝王车型曾被克莱斯勒鲁特斯集团停产了10年，但是在1964—1967年恢复生产。该车的装备舒适，车身大气。

△劳斯莱斯 幻影 VI 1968年款

产地 英国

发动机 6.230升，V型八缸

最高车速 163千米/时

该车车身大、重量大，并且为整车定制，在当时是身份地位的象征，多为影视明星和皇室所有。该车在20世纪50年代车型基础上新增了双前大灯，其409款直到1992年才停产。

◁雷德福 迷你德维勒 1963年款

产地 英国

发动机 1.275升，直列四缸

最高车速 153千米/时

阿罗德·雷德福公司的车身设计师对该车进行了重新设计。该车配有豪华的内饰、调校更好的发动机和特殊的外部装饰。英国演员彼得·塞勒斯就是这款车的用户之一。

△捷豹 MkX 1962年款

产地 英国

发动机 3.781升，直列六缸

最高车速 193千米/时

这是20世纪60年代的一款豪华车型，具有单体式车身结构、独立后悬架、木制和皮革内饰，该车很贴合美国市场的需求。

△戴姆勒 DS420 1968年款

产地 英国

发动机 4.235升，直列六缸

最高车速 177千米/时

这款戴姆勒汽车的生产商是范登普拉斯，1979—1992年变为捷豹公司。捷豹汽车就是基于这款豪华车的MkX/420G平台生产的，只不过将它的后侧加长了。

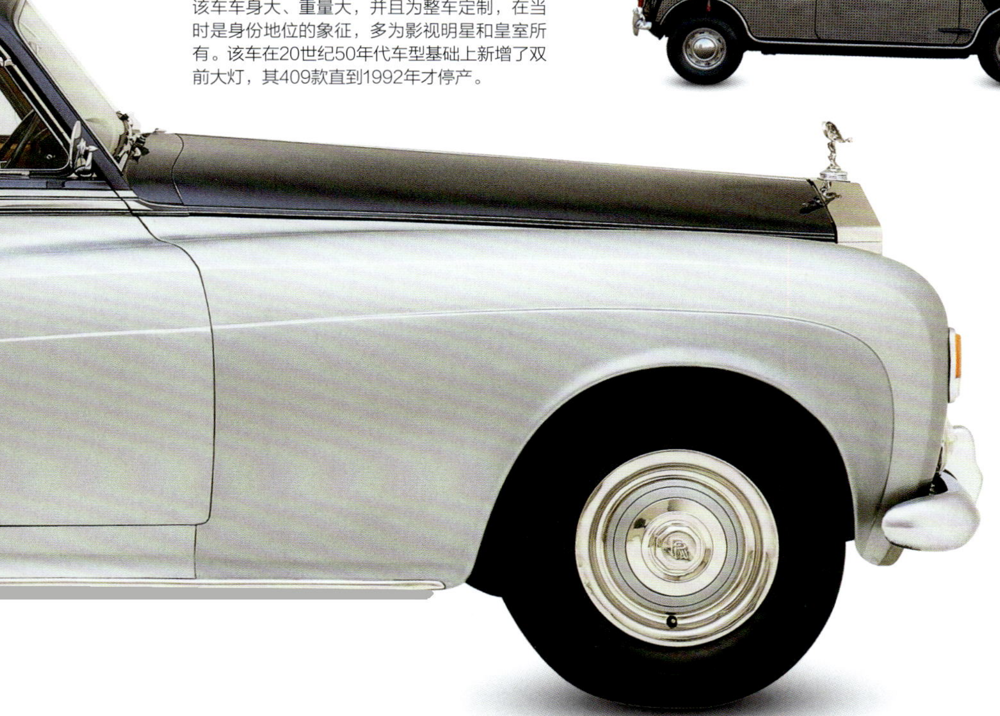

1968年英国汽车公司 Mini 汽车
Mini是一款很实用且驾驶体验极佳的汽车，吸引了很多精英和名人。图为时尚模特崔姬1968年正驾驶着Mini参加驾驶执照考试。

奥斯汀Seven汽车，20世纪20年代

伟大的品牌
奥斯汀的故事

1988年退出市场以前，奥斯汀汽车一直是英国汽车工业的支柱，它让上百万英国的普通民众能够体验驾驶的乐趣，奥斯汀品牌的知名车型有奥斯汀Seven、A30、Mini和Metro。除此之外，奥斯汀品牌还发布过奥斯汀Healey跑车和Maxi——英国第一款掀背式汽车。

赫伯特·奥斯汀1866年出生在白金汉郡的农民家庭，17岁时，他随一位叔叔去往澳大利亚墨尔本。白天，赫伯特在墨尔本的一家工程公司学习机械技术，晚上则学习美术和设计。1887年，他成为墨尔本一家小的机械公司的管理者，因此结识了从爱尔兰移民来的弗雷德里克·沃尔斯利——一位羊毛修剪机械生产商。赫伯特所在的公司为弗雷德里克生产零件。赫伯特27岁时和弗雷德里克一起回到英国，并且在伯明翰建立了一家工厂。

奥斯汀汽车标志（1931年发布）

在赫伯特的管理下，弗雷德里克的公司将业务扩展至机械工具和自行车零件领域，后来赫伯特又想涉足汽车领域。1894年，公司在巴黎制造了自己的第1辆汽车，第2年，2马力、三轮原型汽车亮相。弗雷德里克的公司决定投资赫伯特的汽车。1896年，第一辆沃尔斯利汽车在伦敦水晶宫国际汽车展上亮相，该车被命名为沃尔斯利汽车一号。1898年，该车完成了往返于伯明翰到里尔的402千米道路测试。1899年，四轮沃尔斯利小型汽车发布；第2年，该车赢得英国汽车俱乐部1 000英里赛的冠军。

赫伯特·奥斯汀希望拥有自己的公司。1905年9月，他买下了伯明翰附近长桥的一家喷漆工厂作为自己的工厂。从银行融资并签订商业合同后，他在同年12月创建了奥斯汀汽车公司。4个月后，首款20马力的汽车出厂。截至1906年底，公司的50个工人共生产了26辆汽车。为了将他的车推向市场，赫伯特在诺里奇、曼彻斯特和伦敦开设了陈列室。他承诺要“让普通人都能开上汽车”，并制造“一个巨大的机器，可以一条龙式地生产汽车”。有一段时期，奥斯汀公司可以生产除车轮和玻璃窗外的所有部件。

公司在第一次世界大战期间迅速发展，收到了生产坦克、飞机和军火的订单。1918年，公司员工数已经达到2万。第一次世界大战后，英国人对奥斯汀这样的大型豪华车的需求量减少，这使得公司濒临破产。赫伯特呼吁员工放弃一个月的工资，而员工们真的这么做了，公司也因此存活了下来。品牌凭借1922年的奥斯汀Seven获得成功。该车很适合当时的环境，它廉价且省油。然而Seven的廉价销售也降低了公司的利润。在第二次世界大战期间，奥斯汀公司继续生产汽车，但同时也生产卡车和飞机，包括兰卡斯特战斗机。截至1941年赫伯特·奥斯汀去世，他共生产了865 000辆汽车。

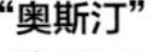

“奥斯汀”
图为1947年的长桥工厂里，工人们正在装饰奥斯汀12轿车和面包车。这里被工人们深情地称作“奥斯汀”。

1947年，第100万辆奥斯汀汽车下线，这也显示出了公司的生产能力。1952年，第200万辆汽车下线。这段时间，奥斯汀公司是世界上最大的对美汽车出口商（尽管很快被大众公司取代）。奥斯汀汽车授权的生产商还帮助战后的宝马公司成为一家汽车生产商，为日本尼桑汽车的增长也做了很多贡献。

奥斯汀公司与它的英国竞争对手莫里斯汽车的生产商纳菲尔德公司在1952年合并，合并后的公司名为英国汽车公司。同年，该公司与汽车机械和设计公司唐纳德希利合资生产奥斯汀希利系列跑车，最初车型是100/4，合作持续了20年。1956年的苏伊士危机使英国燃油短缺，于是英国汽车公司在1959年开始生产紧凑和廉价的Mini汽车，该车由埃里克·伊斯戈尼斯爵士设计，在奥斯汀和莫里斯两个品牌下进行生产。这款Mini汽车颠覆了小型汽车的设计，使用前轮驱动和横置的变速器。公众很快便喜欢上了这个古怪的小车，该车一直生产到2000年。

> **“如果一个人拥有了一辆英国产的、最好的、最便宜的汽车，那他将别无所求。”**
>
> 赫伯特·奥斯汀，1924年

奥斯汀公司的长桥工厂在1965年生产了377 000辆汽车，这也是它最高的年产量，其中主要车型有Mini和1100/1300系列。20世纪60年代中期，经历了很多次合并的

奥斯汀 SEVEN ULSTER

- **1905年** 奥斯汀汽车公司在英国伯明翰成立
- **1906年** 首款奥斯汀汽车出厂，该车输出20马力的动力，采用垂直布置的发动机和后置燃油箱
- **1922年** 奥斯汀Seven成为英国在售的配有四缸发动机的最小汽车
- **1930年** 美国版的奥斯汀Seven开始销售
- **1932年** 奥斯汀12发布，很快成为英国市场上热销的家庭轿车之一

奥斯汀12

- **1945年** 16系列轿车成为第一款带有顶置气门发动机的量产汽车
- **1948年** 发布的A90 Atlantic没能征服美国消费者
- **1951年** 排量0.803升的A30经济型轿车惊艳亮相，它是奥斯汀首款承载式车身结构（集成了底盘和车身）的汽车

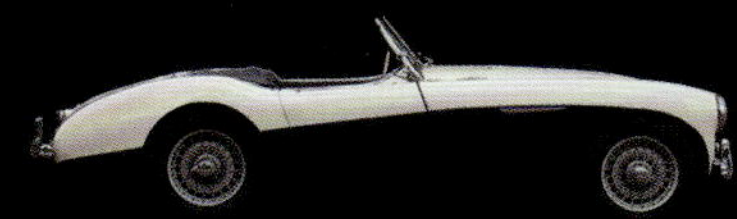

奥斯汀 HEALEY 100/4

- **1954年** 奥斯汀公司开始为Nash Motors生产Metropolitan汽车
- **1958年** A40因外形备受关注，其外形由意大利的宾尼法利纳公司设计
- **1959年** 奥斯汀/莫里斯 Mini成为小型汽车中里程碑式的杰作
- **1962年** 奥斯汀/莫里斯 1100家庭轿车采用了新颖的液压悬架

奥斯汀/莫里斯 MINI

- **1973年** 奥斯汀Allegro家庭轿车亮相
- **1980年** Metro发布
- **1982年** 英国利兰集团更名为奥斯汀·罗孚公司
- **1983年** Maestro安装了带有语音同步器的"通话仪表盘"，它可以语音提示驾驶员
- **1984年** 奥斯汀品牌的最后一款产品蒙特戈发布
- **1988年** 最后一辆奥斯汀汽车下线

低价与愉悦
1951年发布的曲线型A30取代了奥斯汀Seven，并且与莫里斯麦纳汽车展开竞争。该车的销量很好，较低的价格使该车成为很多家庭的第一辆轿车。

BMC和奥斯汀两家公司最终在1968年成立了英国利兰集团。尽管奥斯汀汽车依然由利兰集团生产，奥斯汀品牌却在20世纪70年代经历了起起伏伏，1973年的奥斯汀快板更是设计不佳且质量低下。由于面临破产，英国利兰集团在1975年开始走国际化道路，并在低潮期间取得了不少成果。1980年的大都市超级Mini是第一辆装有计算机和使用焊接机器人生产的奥斯汀汽车，该车成为福特嘉年华和雷诺5的强劲对手。

仍然处于窘境的英国利兰集团在1982年更名为奥斯汀·罗孚公司，奥斯汀仍然是其主流品牌，而跑车已经开始使用名爵车标。罗孚品牌定位为豪华车。1983年发布的大师是一款五门的掀背式汽车，它取代了快板和马克西车型，在英国占据很大的家庭轿车市场。1984年的蒙特戈是奥斯汀品牌的最后一款车。1988年，奥斯汀品牌消失，2年以后，私有化后的奥斯汀·罗孚公司被出售给了Aerospace，变成罗孚集团。此后生产的所有汽车都使用的是罗孚车标或名爵车标。

奥斯汀Maxi，1969年
奥斯汀Maxi是埃里克·伊斯戈尼斯爵士设计的最后一款车，该车具有五车门和五挡变速器。照片描绘的是由英国首款掀背式汽车所开启的人们休闲的生活。

紧凑型跑车

20世纪60年代，欧洲的一些小型汽车生产商制造了很多高性能跑车，这些车由于外形精致且富有创新性，完全不输那些大型汽车。硬顶跑车越来越流行，前轮驱动或发动机中置的布局也开始出现，空气动力学试验也催生出很多高性能的车身外形。

◁TVR 格兰图拉 1958年款

产地 英国

发动机 1.798升，直列四缸

最高车速 174千米/时

这款车不仅设计简约，更代表了一种进步。它拥有轻盈的轻质车身，销量虽然不高但却很稳定，在20世纪60年代的市场竞争中有着不俗的表现。

△保时捷 356B 1959年款

产地 德国

发动机 1.582升，对置四缸

最高车速 179千米/时

这款2+2跑车的设计基于大众车型VW，于1950—1960年经历过很多变化后其技术已经很成熟，价格也很贵。

△吉尔宾 GT 1959年款

产地 英国

发动机 1.622升，直列四缸

最高车速 161千米/时

威尔士唯一成功的汽车生产商使用空间框架底盘、玻璃纤维车身和高质量内饰打造出这款潇洒的跑车，该车由安德杰特发动机驱动。

△沃尔沃 P1800 1961年款

产地 瑞典

发动机 1.778升，直列四缸

最高车速 171千米/时

P1800最开始在英国由詹森公司组装，但是为了提高质量很快被转移到了瑞典。这是一款外形美观、耐用的双座旅行车。

△NSU 运动王子 1959年款

产地 德国

发动机 0.598升，直列两缸

最高车速 122千米/时

意大利设计公司博通设计了这款迷人的小型跑车，该车在20世纪60年代共售出20 000辆。

△奥格尔 SX1000 1962年款

产地 英国

发动机 1.275升，直列四缸

最高车速 177千米/时

工业设计师大卫·奥格尔设计了这款气泡式的跑车，该车成功使用了迷你库珀的传动装置，只可惜产量很少。

△马特拉 杰特 1962年款

产地 法国

发动机 1.108升，直列四缸

最高车速 190千米/时

该车由雷内·博内特设计，由马特拉公司生产，是一款具有空气动力学车身的汽车，其发动机中置的布局引领了公路跑车的设计风格，它也是第一款配备雷诺戈尔迪尼发动机的汽车。

◁马科斯 1800 1964年款

产地 英国

发动机 1.778升，直列四缸

最高车速 185千米/时

该车由丹尼斯·亚当斯设计，拥有较低的车身、固定的后靠式双座和可调式踏板。其长而低的发动机罩下安装了一款宽大的发动机。

△Broadspeed GT 1965年款

产地 英国

发动机 1.275升，直列四缸

最高车速 182千米/时

该车由拉尔夫·布罗德生产，在迷你库珀1275S的基础上改用玻璃纤维式长坡度车顶，并且进行了发动机调校。这款车的车速飞快。

◁ **福特 领士卡普里 1961年款**

产地 英国

发动机 1.498升，直列四缸

最高车速 134千米/时

这是福特品牌试水欧洲跑车市场的车型，但是失败了，它的外形太美式了，3年内仅有18 000辆售出。

◁ **蓝旗亚 富尔维娅跑车 1965年款**

产地 意大利

发动机 1.216升，V型四缸

最高车速 161千米/时

该车摒弃了传统配置，外形美观紧凑，采用双凸轮轴V4发动机和2+2 跑车式前轮驱动形式（由设计师彼得罗·卡斯塔涅设计），这是最后一款真正的蓝旗亚汽车。

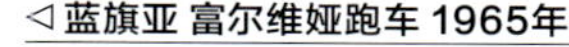

△ **福特 卡普里 1969年款**

产地 英国

发动机 1.599升，直列四缸

最高车速 161千米/时

福特公司通过野马车型打开美国市场之后，又开始通过华丽的卡普里汽车进军欧洲市场，该车的发动机排量范围是1.3升～3.0升。

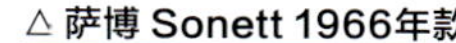

△ **萨博 Sonett 1966年款**

产地 瑞典

发动机 1.498升，V型四缸

最高车速 161千米/时

该车继承了其旧款的前轮驱动和圆柱式变速杆，整洁的玻璃纤维车身看起来不错。

◁ **路特斯 伊澜 +2 1967年款**

产地 英国

发动机 1.558升，直列四缸

最高车速 198千米/时

由于不希望失去喜爱双座车的用户，路特斯公司在扩展车系的时候开发了这款高端的2+2 伊澜，该车具有超前的操控性和脊骨式底盘。

△ **凯旋 GT6 1966年款**

产地 英国

发动机 1.998升，直列六缸

最高车速 180千米/时

凯旋GT6将喷火式战机的底盘和凯旋2000的发动机完美结合，采用米凯洛蒂风格的车身，该车被称为迷你款E-type。图中为GT6 1970年的改款。

△ **尤尼波尔 GT 1966年款**

产地 英国

发动机 1.275升，直列四缸

最高车速 192千米/时

这款尤尼波尔汽车是基于Mini汽车设计的最美观的跑车，它在后轮处安装了Mini汽车的发动机，采用了轻质空间框架式底盘和玻璃纤维式车身。

◁ **阿尔法·罗密欧 1750 GTV 1967年款**

产地 意大利

发动机 1.779升，直列四缸

最高车速 187千米/时

1962—1963年，阿尔法·罗密欧品牌开始发布了朱利亚系列车型，并且取得了巨大的成功，该车是一款完美的四座跑车，配有双凸轮轴发动机，具有良好的操控性。

△ **阳光 双刃剑 H120 1969年款**

产地 英国

发动机 1.725升，直列四缸

最高车速 171千米/时

阳光汽车是美国“血统”，这一点在普利茅斯梭鱼车型样式中就清晰可见，这款双刃剑是配备了霍尔鲍伊发动机的跑车。

动力强劲的高性能汽车

就动力性而言，20世纪60年代动力最强劲的GT汽车可与当今的汽车相媲美，空气动力学设计和机械加工技艺都很精细。现在的超级跑车在电子配件、隔音效果和驾驶员安全防护方面与20世纪60年代的GT汽车有所不同，但在动力性方面基本一致。20世纪60年代还出现了最美观的GT汽车外形。

△ 布里斯托尔 407 1962年款

产地 英国

发动机 5.130升，V型八缸

最高车速 196千米/时

英国的布里斯托尔品牌在这款407中使用了克莱斯勒V8发动机，使这款高端四座车成为车主社会地位的象征。

△ 阿斯顿·马丁 DB5 1964年款

产地 英国

发动机 3.995升，直列六缸

最高车速 238千米/时

安装了DB4前大灯的DB5看起来更具动感，而且发动机也升级为制动马力是314马力的Vantage发动机，配备五挡ZF变速器。

◁ 阿斯顿·马丁 DB6 1965年款

产地 英国

发动机 3.995升，直列六缸

最高车速 225千米/时

这款车身豪华、沉重的DB6要比DB5的空间更大，微微翘起的车尾平衡了它向下倾斜的前大灯，提高了车身整体的空气动力学稳定性。

△ 法拉利 400 GT Superamerica 1961年款

产地 意大利

发动机 3.967升，V型十二缸

最高车速 257千米/时

这款车属于私人定制车辆，拥有宾尼法利纳公司设计的空气动力学车身和惊人的动力性。

△ 法拉利 275GTB 1965年款

产地 意大利

发动机 3.286升，V型十二缸

最高车速 246千米/时

该车由宾尼法利纳公司设计车身，配有五挡变速器和全独立悬架，这些都说明了法拉利是一个与时俱进的品牌，其六化油器版的车速高达265千米/时。

△ 雪佛兰 科尔维特 斯汀瑞 1963年款

产地 美国

发动机 5.360升，V型八缸

最高车速 237千米/时

1963年的改款使这款雪佛兰汽车具有了一个更新的空气动力学车身，前大灯隐藏在电控面板后侧。除了敞篷版，该车还首次提供了硬车顶篷版。

△ 迪诺 246GT 1969年款

产地 意大利

发动机 2.418升，V型六缸

最高车速 238千米/时

恩佐·法拉利以儿子迪诺的名字来命名这款发动机中置的双座汽车，迪诺于1956年去世。后来的版本简单地以法拉利命名，其惊艳的外形由宾尼法利纳公司设计。

△ 法赛·加维 法赛II 1962年款

产地 法国

发动机 6.286升，V型八缸

最高车速 214千米/时

这款法国制造的法赛II车型很大，设计大胆，配备了克莱斯勒 V8发动机，属于传统公路车。该车售价较高，仅出厂了180辆。

▷ 捷豹 E-type 1961年款

产地 英国

发动机 3.781升，直列六缸

最高车速 225千米/时

捷豹公司的马尔科姆·赛耶和威廉·里昂斯共同设计了一款美观、高效的跑车，即捷豹E-type，在赛场上和公路上乘坐该车的感觉和坐在家里的感觉是一样的。

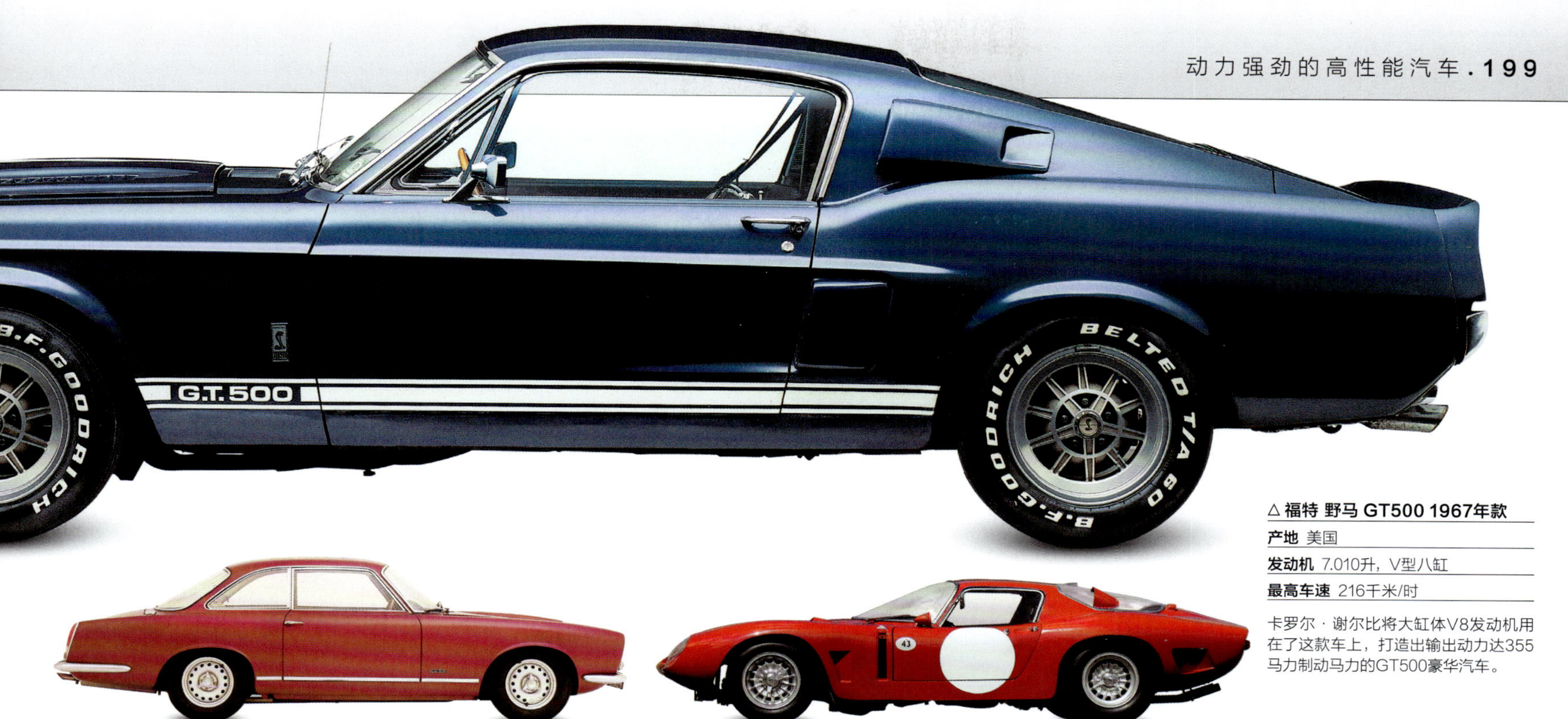

△福特 野马 GT500 1967年款

产地 美国

发动机 7.010升，V型八缸

最高车速 216千米/时

卡罗尔·谢尔比将大缸体V8发动机用在了这款车上，打造出输出动力达355马力制动马力的GT500豪华汽车。

△戈登 基布尔 1964年款

产地 英国

发动机 5.395升，V型八缸

最高车速 219千米/时

这款车的机械工艺属于英式的，它配备了美式V8发动机，优美的意式车身外形由博通公司设计，它被很多人誉为速度与美观的结合体。

△伊索 格里夫 A3C 1965年款

产地 意大利

发动机 5.359升，V型八缸

最高车速 274千米/时

乔托·比扎里尼设计了这款格里夫A3C赛车，该车在1965年勒芒24小时耐力赛的分类赛中获胜。该车是基于比扎里尼的一款惊艳的V8发动机两座跑车而设计的。

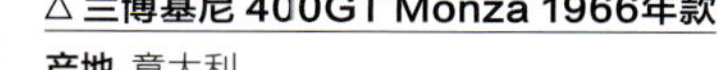

△兰博基尼 400GT Monza 1966年款

产地 意大利

发动机 3.929升，V型十二缸

最高车速 251千米/时

兰博基尼和法拉利一直在争夺意大利顶级汽车品牌之名。400GT的四凸轮轴V12发动机的性能要比法拉利的任何发动机都强，Monza就是其中一款配有该发动机的车型。

△兰博基尼 缪拉 1966年款

产地 意大利

发动机 3.929升，V型十二缸

最高车速 285千米/时

兰博基尼品牌发布的缪拉掩盖了法拉利汽车的光辉。该车是首款实用的发动机中置超级跑车，其惊艳的外形由马塞洛·甘迪尼设计。

◁兰博基尼 伊赛罗 1968年款

产地 意大利

发动机 3.929升，V型十二缸

最高车速 257千米/时

改款后的这款简单优雅的兰博基尼由卡罗泽纳·马拉奇设计完成。可惜的是，该车缺少顶级车身设计师的商业号召力。

△詹森 截击机 1967年款

产地 英国

发动机 6.276升，V型八缸

最高车速 214千米/时

詹森让意大利车身设计公司维格奈为这款安装了克莱斯勒V8发动机的跑车设计新的车身外形，于是这辆优雅实用的2+2汽车诞生了。

▷斯蒂庞克 阿凡提 1962年款

产地 美国

发动机 4.736升，V型八缸

最高车速 193千米/时

这款采用玻璃纤维式车身的阿凡提对斯蒂庞克这样的小生产商来说是一次大胆的尝试，但它没能拯救斯蒂庞克公司，直到1991年，只有少量阿凡提出厂问世。

◁玛莎拉蒂 基布利 1967年款

产地 意大利

发动机 4.719升，V型八缸

最高车速 248千米/时

玛莎拉蒂的强大四凸轮轴V8发动机让这款豪华的跑车的性能犹如一款超级跑车，该车拥有完美比例的长坡度车顶式车身，由意大利的吉艾设计完成。

1968年的大众碰撞试验假人
20世纪60年代，严格的安全法规出台，确保行车安全的责任从消费者转移到了生产商。汽车的安全装置（如安全带）需要进行大范围的测试，这就需要与真人大小一样的塑料假人。

跑车

尽管动力强劲、外形美观的敞篷跑车备受关注，可它的需求量还是在20世纪60年代逐渐下降，这是因为当时顶部封闭的大型旅行车在城市中流行起来。那些跑车虽然是在60年代早期发布，可它们很多都是50年代的设计。此时，日本汽车开始涌入美国和欧洲市场。

△ **名爵 Midget 1961年款**

产地 英国

发动机 0.948升，直列四缸

最高车速 138千米/时

驾驶这款小巧玲珑的Midget时，感觉到的车速比实际车速要快，这使得该车极具驾驶乐趣，其发动机的排量后来达到1.500升，这款车一直生产到20世纪80年代。

△ **法拉利 250 加利福尼亚 Spider 1959年款**

产地 意大利

发动机 2.953升，V型十二缸

最高车速 233千米/时

加利福尼亚Spider是最漂亮的法拉利跑车之一，有很大的需求量。现在这款车价值百万，它曾是电影中的汽车明星，而现在已经是现实中的明星了。

△ **捷豹 E-type 1961年款**

产地 英国

发动机 3.781升，直列六缸

最高车速 240千米/时

配有双顶置凸轮轴发动机、全盘式制动器和全独立悬架的这款E-type比20世纪60年代的其他超级跑车便宜得多。

△ **玛莎拉蒂 米斯特拉Spider 1963年款**

产地 意大利

发动机 3.692升，直列六缸

最高车速 233千米/时

这款玛莎拉蒂配有燃油喷射式双凸轮轴六缸发动机，性能堪比捷豹汽车，成熟、低调的双座椅车身由彼得罗·费鲁阿设计。

△ **路特斯 Super Seven 1961年款**

产地 英国

发动机 1.498升，直列四缸

最高车速 166千米/时

这款车是20世纪50年代的设计，但在60年代并未消失，这得益于其个性、永恒、华丽的外形和良好的操控性，该系列车型仍在生产。

▷ **路特斯 埃兰 1962年款**

产地 英国

发动机 1.558升，直列四缸

最高车速 196千米/时

路特斯汽车的发动机较轻，动力强劲。这款玻璃纤维式埃兰具有钢制脊骨式底盘和良好的操控性。

◁ **奥斯汀 希利 3000 MkⅢ 1963年款**

产地 英国

发动机 2.912升，直列六缸

最高车速 195千米/时

该车最早发布于1953年，当时配有四缸发动机。如今这款希利已经升级为舒适的2+2旅行跑车，较低的车身和飞机式的流线使该车极具号召力。

◁ **因诺桑提 Spider 1961年款**

产地 意大利

发动机 0.948升，直列四缸

最高车速 138千米/时

米兰的因诺桑提公司委托吉亚设计工作室为这款车设计一款更高端的车身，并且带有行李箱盖、可摇式车窗和加热器。

▷ **梅赛德斯-奔驰 230SL 1963年款**

产地 德国

发动机 2.306升，直列四缸

最高车速 193千米/时

这款配有塔式车顶和可自选自动变速器的230SL看起来像一款成熟的旅行车，但该车却赢得了1963年的列日-索菲亚-列日比赛，这也证明了该车的坚韧性。

△ **MGB 1962年款**

产地 英国

发动机 1.798升，直列四缸

最高车速 166千米/时

这款车是英国销量最好的跑车，1962—1980年共售出超过50万辆。它耐用、可靠性高、举架高，是一款比例完美、极其实用的汽车。

△ **雪佛兰 科尔维特 斯汀雷 1965年款**

产地 美国

发动机 5.360升，V型八缸

最高车速 237千米/时

1963年，科尔维特车型的外形被重新设计，升级为迷人的斯汀雷，该车型外形张扬，安装了375马力的燃油喷射“L84”发动机。

△ **凯旋 TR4A 1964年款**

产地 英国

发动机 2.138升，直列四缸

最高车速 175千米/时

1961年，设计师乔瓦尼·米凯洛蒂重新设计了具有分离式底盘的TR跑车的车身，1964年，在车上增加了独立后悬架。

△ **阳光 老虎 1964年款**

产地 英国

发动机 4.261升，V型八缸

最高车速 188千米/时

卡罗尔·谢尔比帮助鲁特斯在优秀的阳光汽车基础上开发出这款新车型老虎，新发动机使其速度飞快，并赢得了很多比赛。

△ **AC 眼镜蛇 427 1965年款**

产地 美国/英国

发动机 6.997升，V型八缸

最高车速 264千米/时

设计师卡罗尔·谢尔比将福特V8发动机安装到漂亮的英国汽车AC Ace上，一款具有强大加速能力并符合道路法规的大型公路赛车就此诞生。

▽ **达特桑 贵夫人 1965年款**

产地 日本

发动机 1.595升，直列四缸

最高车速 161千米/时

这款击败MGB跑车的日本车型改进自1961年1.5升排量的旧款，该车制造精良，成功吸引了美国消费者。

◁ **阿尔法·罗密欧 Duetto Spider 1966年款**

产地 意大利

发动机 1.570升，直列四缸

最高车速 179千米/时

宾尼法利纳公司设计了这款非常可爱的双座敞篷跑车，它配备了双顶置凸轮轴发动机和全盘式制动器，该车一直生产到20世纪90年代。

△ **维格奈 加明 1967年款**

产地 意大利

发动机 0.499升，直列双缸

最高车速 97千米/时

小朋友看到这款车会认为它是玩具车，这款维格奈加明的设计基于菲亚特500车型，但是因太贵而销量不佳。

▽ **菲亚特 Dino Spider 1967年款**

产地 意大利

发动机 1.987升，V型六缸

最高车速 204千米/时

这款华丽的Spider由宾尼法利纳公司设计，该车宣称配有法拉利V6发动机和五挡变速器。它如果使用法拉利的车标而不是菲亚特的，那么销量会翻一倍。

梅赛德斯-奔驰 280SL

20世纪60年代，梅赛德斯-奔驰SL级跑车因其优雅绝伦的外形而闻名。在公司内部，该车系也被称为“W113”，从1963年一直生产到1971年。1963年，塔式车顶的230L集良好的动力性、操控性、舒适性和复杂性于一身。1967年，配备更大排量发动机的250SL问世，1968年，280SL问世。每次升级，SL系列汽车的动力性都会增强，但仍然保留SL的标志性形象。

优雅的车身和硬车顶是梅赛德斯-奔驰SL系列汽车的标志。230SL、250SL和280SL的车顶都具有向外延伸的边条。一些评论家将该车顶类比中国建筑的屋顶，“塔式车顶”这个名字也因此诞生。SL汽车的外形由梅赛德斯品牌首席设计师保罗·布拉克设计，低车身和大轮距体现了该车的紧凑与优雅。SL汽车传承了1959年Heckflosse和Fintail轿车的基本布局形式，将钢制车身与承重底盘焊接到一起，周围布置防护层，前后带有突出紧凑的“褶皱区域”。SL是世界上首款应用了新型防护技术的跑车，也是当时世界上跑得最快的跑车。

SL原始车型配备的2.306升排量、150马力六缸发动机经历了2次升级。1967年，升级为冲程更长、排量2.496升的发动机，输出扭矩更大，而且车的油箱容积增大，且配有后轮盘式制动器。1968年，升级为M130发动机，该发动机的燃烧室更大，具有2.778升排量，一直驱动SL汽车直至1971年。

规格	
车型	梅赛德斯-奔驰 280SL W113，1968—1971年
装配线	德国斯图加特
产量	23 885辆
结构	全钢制底盘
发动机	2.778升，单顶置凸轮轴，直列六缸
动力输出	5 750转/分转速时输出制动马力为170马力
变速器	四挡自动变速器
悬架	螺旋弹簧式
制动器	前后轮盘式制动器
最高车速	200千米/时

德国联盟
戴姆勒公司和奔驰公司是19世纪汽车产业的先驱。1926年，戴姆勒公司（梅赛德斯汽车生产商）与奔驰公司合并。梅赛德斯-奔驰汽车的标志是将戴姆勒的三叉星和奔驰的冠军花环合为一体。

前视图

后视图

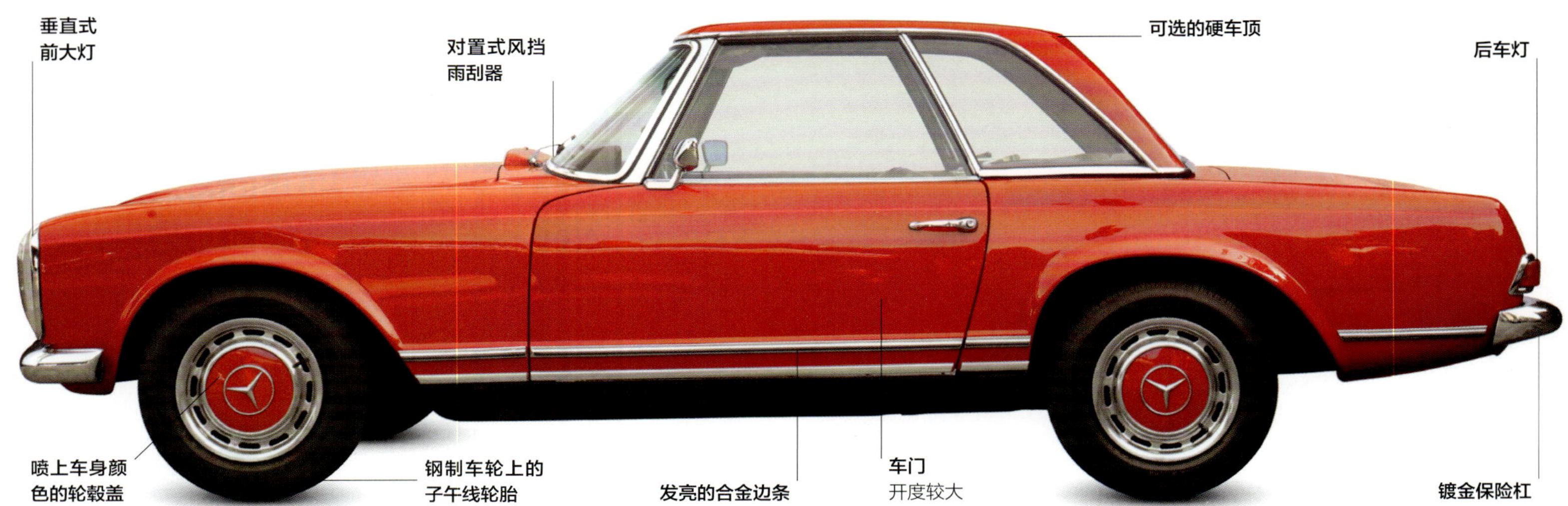

跑车王者
如图所示，这款具有低而宽的车身、大胆的垂直大灯和大尺寸三叉星标志的280SL表现出成熟、豪华、高品质与高品味，平顺的六缸发动机和出色的驾驶性能与其外表非常匹配。

外观

280SL的外形是优雅与完美比例的结合，从它奢华的外形就能看出其价格不菲。该车与高速但昂贵的两座敞篷跑车300SL和价格较低但速度较慢的活动硬顶跑车190SL，都有很大不同。

1. 梅赛德斯-奔驰突出的三叉星标志 2. 280SL是最后一款安装W113发动机的车型 3. 与梅赛德斯轿车相似的垂直大灯 4. 安全门把手 5. 车尾处的油箱盖 6. 对置的雨刮器 7. 门上的亮边条 8. 尾灯周围的亮边条 9. 所有车型都配备的双排气管 10. 带有与车身颜色相同的轮毂盖的车轮

车内饰

跑车迷对280SL的外观兴趣不大，因为它看起来太正统了。打开车门就可以看到精细布置的车内饰：被地毯覆盖的地板和可选的乙烯树脂或皮革座椅。两个座椅之间是装纸屑的托盘和烟灰缸，这种布置很新颖。亮边条随处可见，从方向盘到仪表盘，再到座椅调整旋钮。仪表盘的颜色和车身相匹配，这也显示出了梅赛德斯-奔驰汽车对细节的追求。

11. 乙烯树脂或皮革座椅 12. 方向盘上的金属圈，用作喇叭按钮 13. 木制风挡通风孔 14. 手套箱 15. 仪表盘通风孔 16. 座椅控制旋钮 17. 自动变速器控制杆 18. 可选的小后座

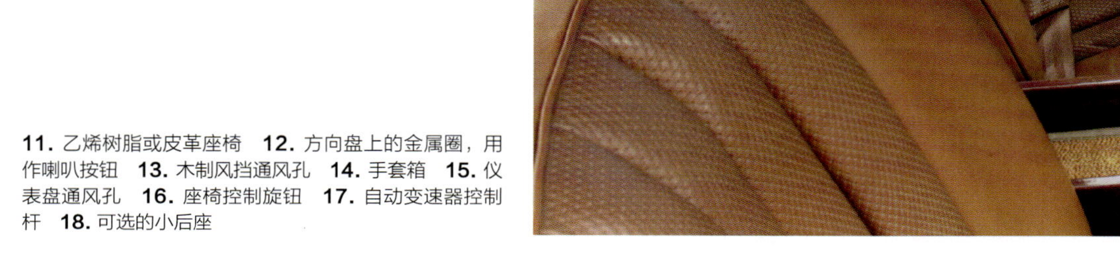

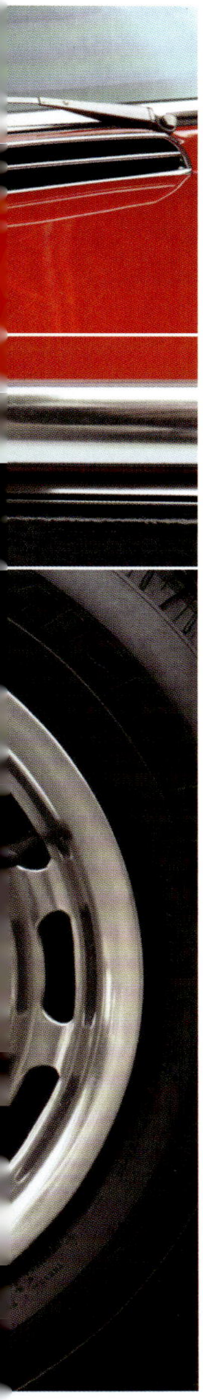

发动机舱

230SL最开始的发动机源于230轿车。该发动机具有2.3升排量、顶置凸轮轴、直线排列的六气缸、合金气缸体和气缸盖及四轴承曲轴。1967年，它被2.5升的发动机取代，2.5升的发动机增加了冲程长度，且7个主轴承使平顺性和可靠性大大提升，但是有碍曲轴的转动。280SL上的发动机的燃烧室增加了8.65厘米外，其2.778升的排量能够输出170马力的动力。

19. 280SL配备了升级版的W113发动机，它具有2.8升排量，拥有与230SL、250SL发动机相同的直列六气缸，使用的是燃油喷射技术

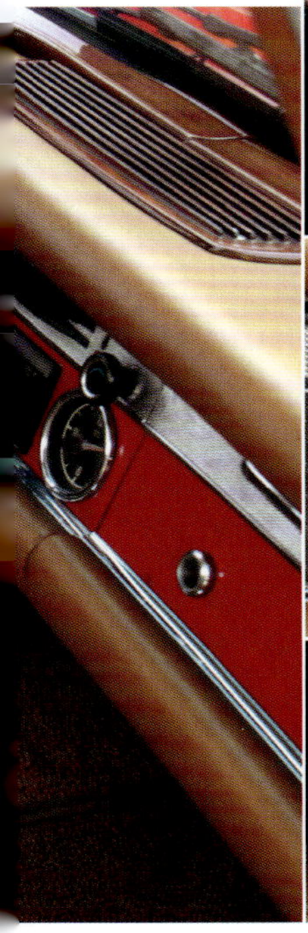

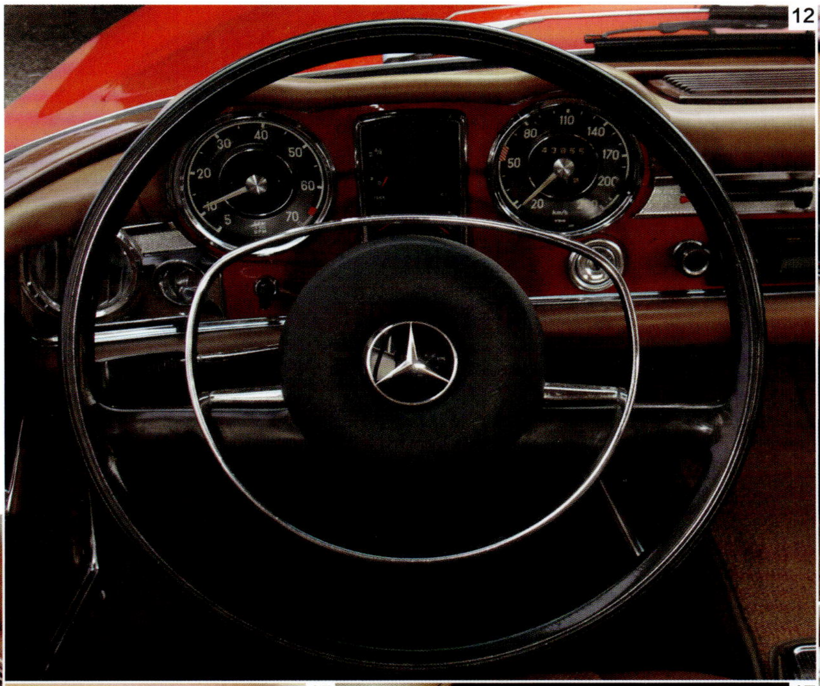

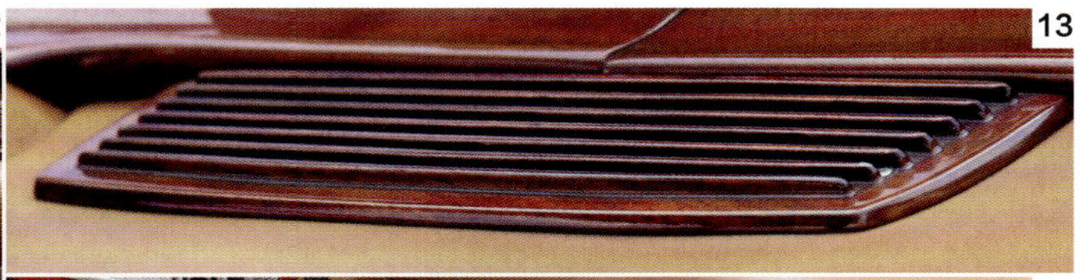

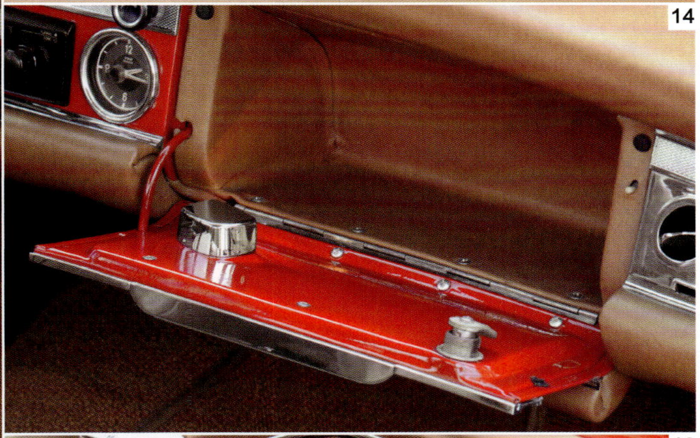

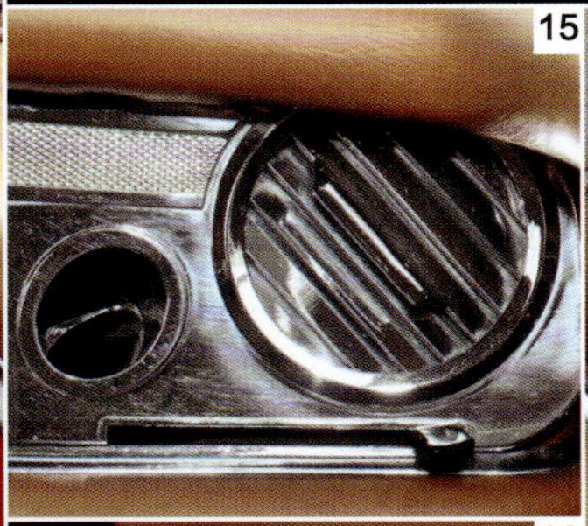

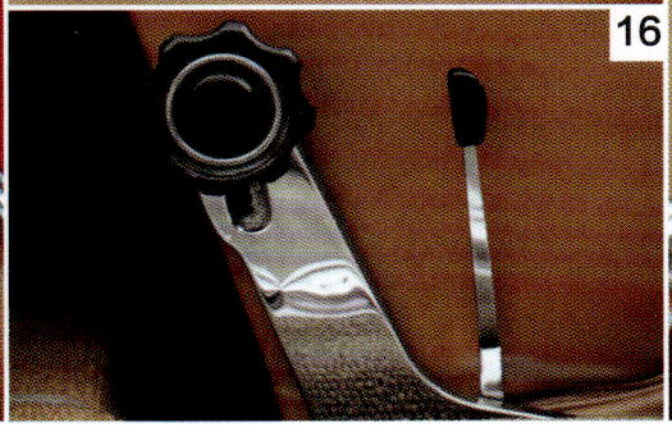

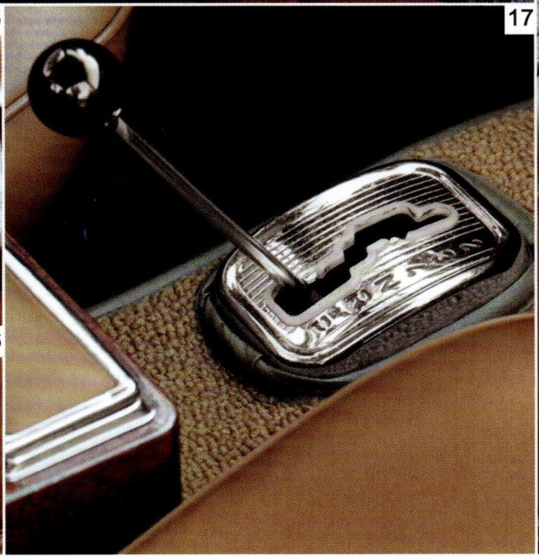

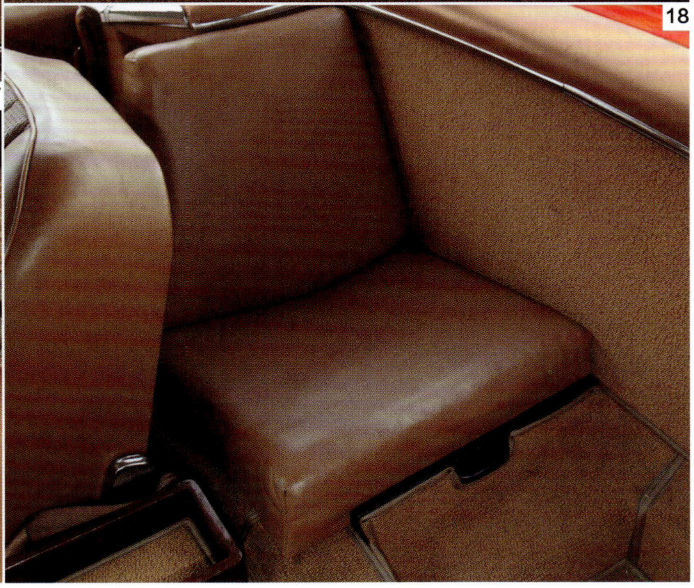

20世纪70年代

超级跑车与超级Mini | 燃油危机与燃油喷射 | 掀背式汽车与大保险杠汽车

超级跑车

20世纪70年代的汽车外形在60年代汽车的基础上有了很大改变，楔形的轮廓成为当时刻板、尖锐外形的缩影，且几乎应用于所有车辆。电视媒体的宣传使汽车的影响力增大，从前没有生产过汽车的制造商也开始制造汽车，并且希望自己的车能够在汽车比赛中获胜。

△ 蒙特威尔地 375C 1967年款
产地 捷克斯洛伐克
发动机 7.206升，V型八缸
最高车速 249千米/时

捷克斯洛伐克唯一的汽车生产商委托菲索尔公司来设计车身外形，委托彼得罗·费鲁阿制造，该车配有克莱斯勒的Hemi发动机。到1973年，仅有一小部分定制车辆出厂。

▷ 德·托马索 潘多拉 1969年款
产地 意大利
发动机 5.763升，V型八缸
最高车速 257千米/时

该车的车身外形由吉亚设计工作室设计，配备的是福特V8发动机，由德托马索在意大利生产完成。该车性能优异，一直生产到20世纪90年代。

◁ 法拉利 365GTB/4 代托纳 1968年款
产地 意大利
发动机 4.390升，V型十二缸
最高车速 280千米/时

法拉利这款在当时最新、最快的发动机前置、后轮驱动双座汽车在20世纪70年代早期最流行，它结构简单，动力性强，效率很高。

▽ 雪铁龙 SM 1970年款
产地 法国
发动机 2.670升，V型六缸
最高车速 229千米/时

雪铁龙公司买下玛莎拉蒂品牌之后，这种配有意大利V6发动机、空气动力学车身和液压气动技术的法国汽车就此诞生。

▷ 法拉利 400GT 1976年款
产地 意大利
发动机 4.823升，V型十二缸
最高车速 251千米/时

这款中规中矩的四座商务车配有自动变速器，能够加速到241千米/时，它虽然外形并不奇特，但仍然是一款优秀的法拉利汽车。

◁ 法拉利 308 GTS 1978年款
产地 意大利
发动机 2.926升，V型八缸
最高车速 249千米/时

法拉利20世纪70年代的车型中不再使用迪诺这个名字，小型跑车全都换上了中置的新款四凸轮轴发动机，如246GT，且外形采用宾尼法利纳公司设计的硬顶或全景天窗车身。

▷ 蓝旗亚 斯特拉托斯 1973年款
产地 意大利
发动机 2.418升，V型六缸
最高车速 230千米/时

该车是蓝旗亚品牌第一辆纯粹的跑车，完全是为了参赛而制造的。这款博通外形的超级跑车配备的是迪诺法拉利的发动机，并且从诞生之日起就一直在赛场上获胜。

◁ **宝马 3.0CSL 1972年款**

产地 德国

发动机 3.003升，直列六缸

最高车速 214千米/时

该车是一款跟风产品，为的就是能够在汽车比赛中获胜，还有公路车版本。

△ **宝马 M1 1979年款**

产地 德国

发动机 3.453升，直列六缸

最高车速 261千米/时

宝马公司将其一款赛车改为这款公路超级跑车，使用乔盖托·乔治亚罗的24气门六缸中置发动机和兰博基尼底盘进行生产。

△ **捷豹 E-type Series III 1971年款**

产地 英国

发动机 5.343升，V型十二缸

最高车速 241千米/时

捷豹汽车需要一个特别的发动机来取代XK发动机，而在加大的E-type车身里的这款V12铝制发动机再合适不过了。

△ **保时捷 911 1973年款**

产地 德国

发动机 2.994升，对置六缸

最高车速 227千米/时

1975年，保时捷911增加了减震保险杠以应对美国的法规；该车还提供酷似早期2.7卡雷拉RS车型的定制版，备受青睐。

▷ **保时捷 934-5 1976年款**

产地 德国

发动机 2.994升，对置式六缸

最高车速 306千米/时

这款车源于911增压公路车，是一辆非常成功的跑车，在20世纪80年代早期的欧洲、美国和澳大利亚赛场上都赢得过冠军。

△ **梅赛德斯-奔驰 C111-II 1970年款**

产地 德国

发动机 4.800升（四转子的汪克尔发动机）

最高车速 300千米/时

该车是梅赛德斯品牌的试验车，搭载的是四转子汪克尔发动机，其第二版的动力输出为350马力，但是燃油消耗量巨大。

◁ **兰博基尼 Countach LP400 1974年款**

产地 意大利

发动机 3.929升，V型十二缸

最高车速 274千米/时

博通公司在设计这款终极楔形超级跑车时不会想到这款车会有如此良好的表现，以至于它一直生产到20世纪90年代。

▽ **阿尔法·罗密欧 纳瓦霍 1976年款**

产地 意大利

发动机 1.995升，V型八缸

最高车速 249千米/时

博通公司在阿尔法·罗密欧Tipo 33赛车底盘基础上制造出这款概念车，其前部和后部扰流板角度随着车速的增加而变化。

▷ **沃克斯豪尔 SRV 概念车 1970年款**

产地 英国

发动机 2.279升，直列四缸

最高车速 225千米/时

通用公司派韦恩·彻里前往欧洲重组沃克斯豪尔汽车的车身外形部门，该部门最终设计出该车头部下垂的飞机式外形。

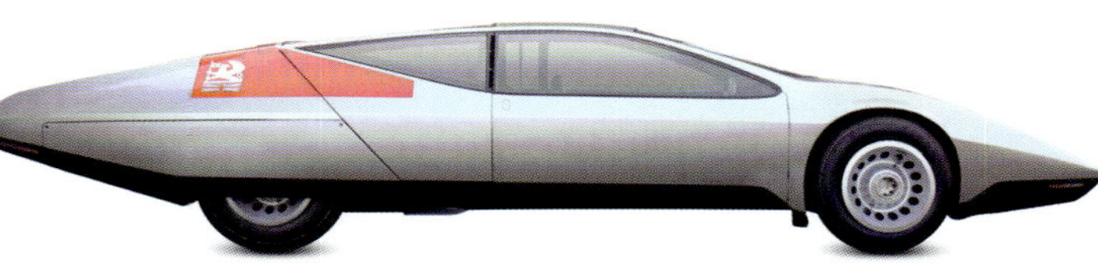

▷ **阿斯顿·马丁 V8 1972年款**

产地 英国

发动机 5.340升，V型八缸

最高车速 261千米/时

这款大型的阿斯顿·马丁汽车配备了V8发动机，动力输出为282~438马力，外形由威廉·唐斯设计并取得了巨大的成功，该车持续生产了40年。

◁ **路特斯 埃斯普里特增压版 1980年款**

产地 英国

发动机 2.174升，直列四缸

最高车速 238千米/时

1976年，具有奇特外形的埃斯普里特汽车诞生，其外形由乔治亚罗设计，路特斯也因为该车而跃升至超级跑车品牌行列，该车的涡轮增压器使其速度飞快。

捷豹 E-type

一代又一代汽车发烧友热捧的E-type车型在1961年震撼发布，这款有着动感外形和超高技术的捷豹汽车承诺车速可达241千米/时，售价却比其他意大利竞争对手低很多，这就使得很多汽车如阿斯顿·马丁DB4看起来价格虚高。作为20世纪60年代的标志性车型，几乎没有车可与之媲美，连Mini也无法与之相提并论。后来，E-type车型热度逐渐下降，而配有V12发动机的最后一款并没有成功进入重要的美国市场。

单看E-type汽车的外形，你可能会觉得它并无特别之处，但是当你深入了解它，便会无可挑剔，因为它比竞争对手强太多了。承载式车身结构通过螺栓连接在一起，方形管式前悬架让人联想起D-type赛车。悬架前部使用扭杆弹簧，后部使用新式全独立结构且配备螺旋弹簧和4个减振器。该车将优异的抓地力和良好的操控性结合到一起，而此时很多跑车却还在使用固定式悬架。E-type汽车的发动机继承自之前的XK150发动机——捷豹品牌有名的发动机，拥有3.781升排量和双凸轮轴六气缸。1964年，该车发动机更换为一款排量为4.235升的发动机，该车的变速器升级得很慢，它由与捷豹品牌长期合作的供应商提供，但捷豹品牌最终还是将其更换成了自己设计的变速器。2年以后，一款长轴距的2+2款E-type问世，这款车带有高高的垂直风挡，自此E-type车型就有3个款式了：2+2、双人座敞篷版和两门版。这款长轴距车的底盘后来被用在了1971年发布的Ⅲ系列（配有V12发动机）上，进而取代了1968年的Ⅱ系列。

规格	
车型	捷豹 E-type，Ⅲ系列，1971—1974年
装配线	英国考文垂
产量	72 507辆
结构	钢制承载式车身
发动机	5.343升，凸轮轴顶置式V型十二缸（Ⅲ系列）
动力输出	5 850转/分转速时输出制动马力为272马力（Ⅲ系列）
变速器	四挡手动变速器；自动变速器（可选）
悬架	独立悬架，前部扭杆弹簧
制动器	四轮盘式制动器
最高车速	241千米/时

从雨燕到捷豹
捷豹公司最开始是制造摩托车车斗的，当时的品牌名称是雨燕。捷豹公司第一款自己生产的汽车是1931年的SS1，1935年又发布了捷豹SS。第二次世界大战以后，“SS”由于其负面的含义而被废弃。

前视图

后视图

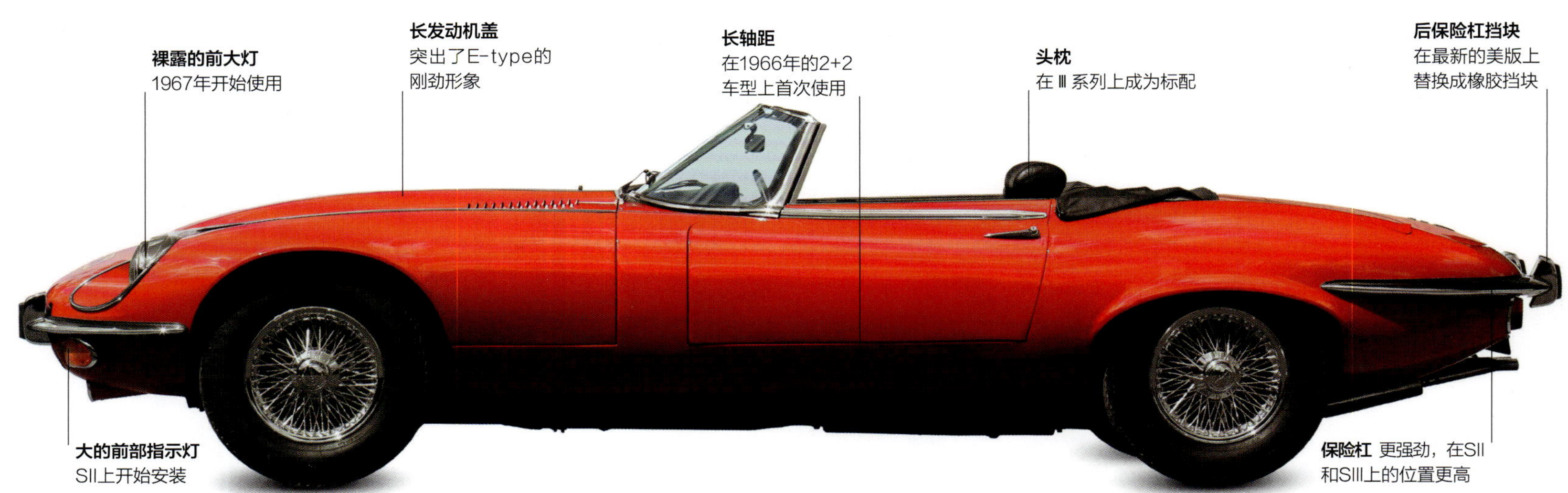

外观设计的妥协
E-type Ⅲ 系列的多次更新仅仅是对10年前原始版的轻微改动，包括轮罩拱形和鸟笼式的散热器格栅。发动机盖上的巨大隆起用来容纳V12发动机。和从前的版本一样，该车没有安装牌照的地方，牌照往往像价签一样被贴在车上。在路上仍然看不到与该车型相似的汽车，它虽然在美国电影《大车队》（1978年由英国投资拍摄）中亮相，但是在美国依然看不到与之相似的车辆。

外观

即使是加长且过度装饰的Ⅲ系列，E-type车型仍然给人以动感的印象。长鼻子式的车身线型由D-type赛车外形发展而来，由捷豹品牌车身设计师和空气动力学设计师马尔科姆·萨厄共同设计，D-type赛车曾经在法国勒芒24小时耐力赛中获得很大的成功。那时，品牌创始人威廉·里昂斯爵士会参与捷豹汽车的所有外形设计，他在设计方面有独到眼光。

1. 散热器格栅上的捷豹标志 **2.** 所有的Ⅲ系列上都装有V12发动机，尽管曾设想过安装直列六缸发动机 **3.** 裸露的前大灯更实用，但吸引力不够 **4.** “鸟笼”式的散热器格栅 **5.** 美观、简约的门把手 **6.** 可拆式轮毂和金属车轮 **7.** 发动机散热器孔 **8.** 盖子下边的加油口 **9.** 大尾灯，与很多路特斯汽车相同，从1968年的Ⅱ系列开始安装 **10.** V12的四排气管设计在1973年取代了两排气管的设计

1

2

3

4

5

车内饰

E-type车型一向不崇尚简约的内饰，1964年发布的4.2升版的内饰变得更加奢华。最明显的就是增加了更舒适的座椅，方形靠背取代了原先的桶形靠背，Ⅲ系列上还标配了头枕。3.8升版仪表盘中心区域有合金花纹和合金顶中控台。

11. Ⅲ系列的内饰与Ⅱ系列很像，但是皮革方向盘是新加的 **12.** 经典的捷豹式黑白色仪表 **13.** 仪表的黑边 **14.** 粗壮的发动机盖拉动手柄 **15.** 船形开关 **16.** 标配的四挡手动变速器，可以在2+2和V12版上选择自动变速器 **17.** 3.8升版上增加的把手 **18.** 1964年的4.2升版本上增加的宽大的褶皱皮革座椅

12

11

13

14

15

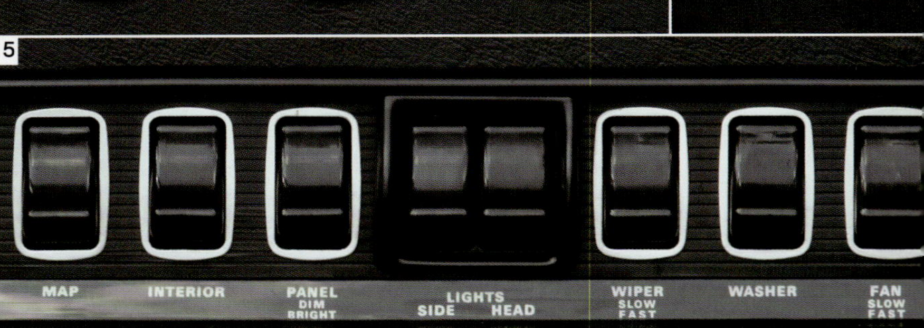

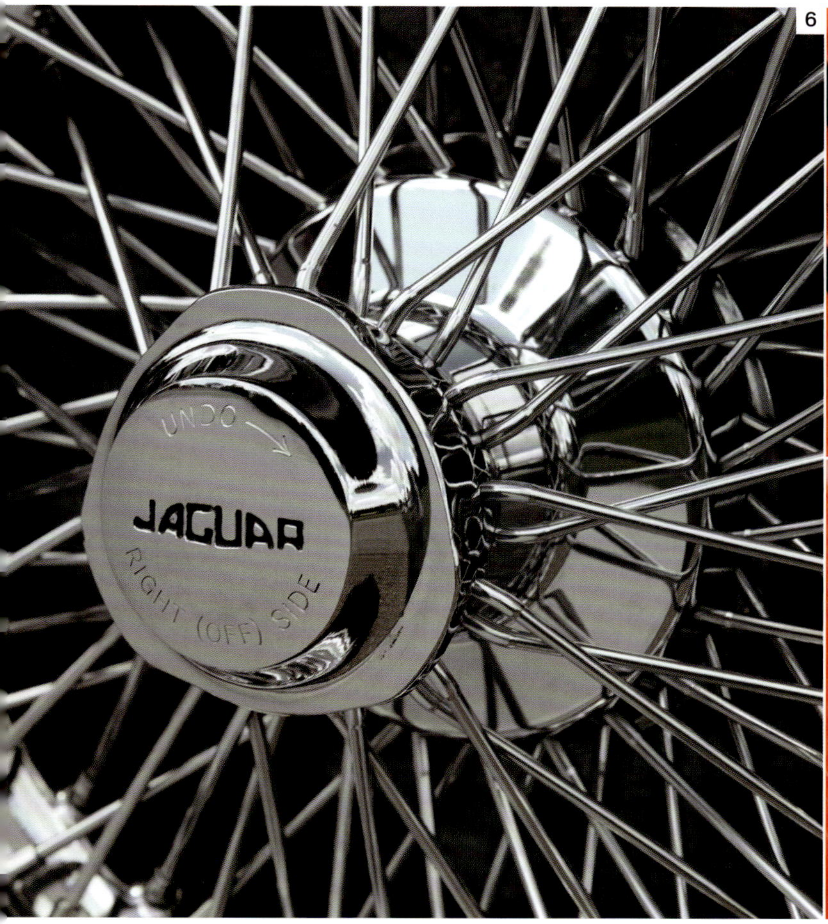

6

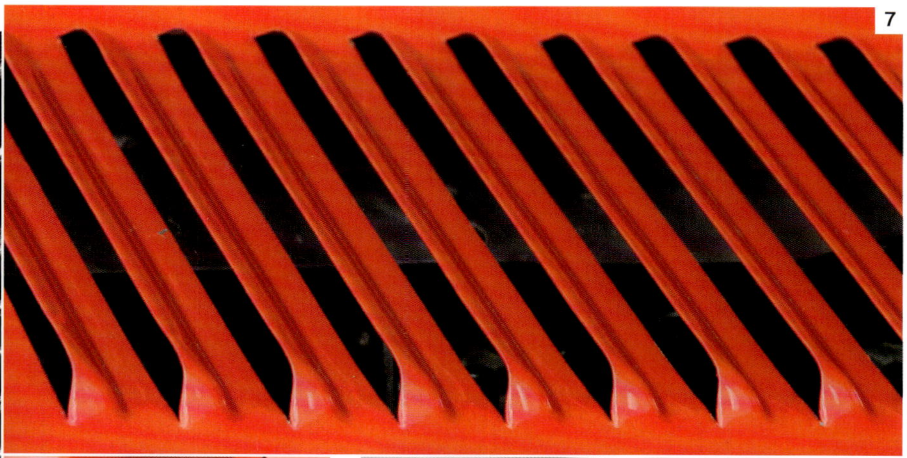
7

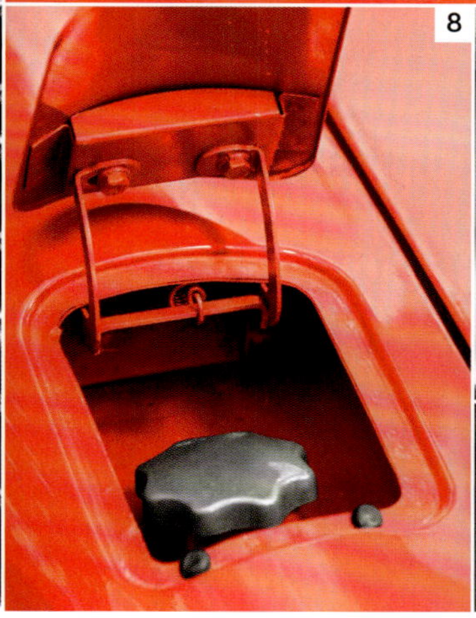
8

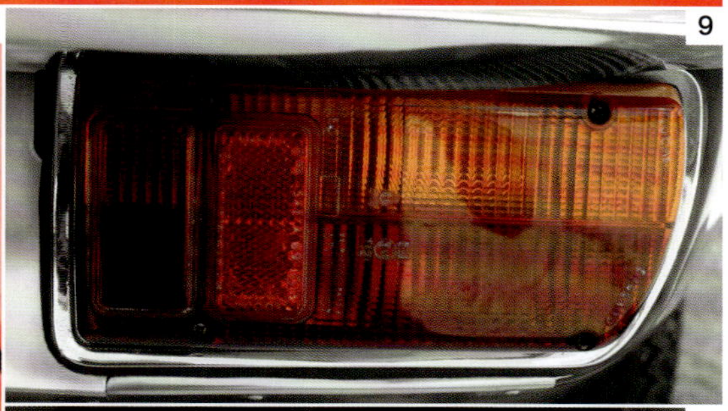
9

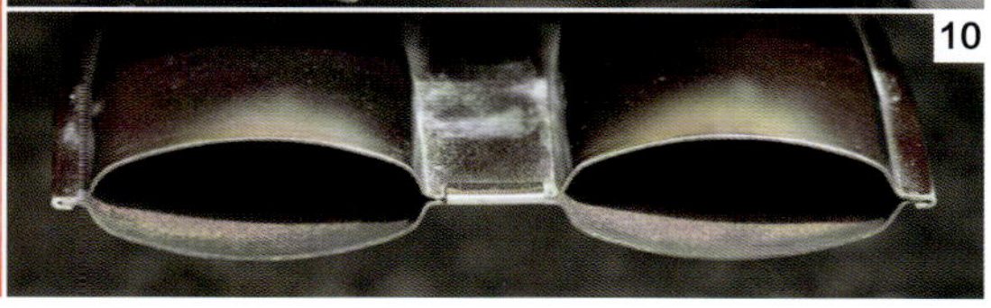
10

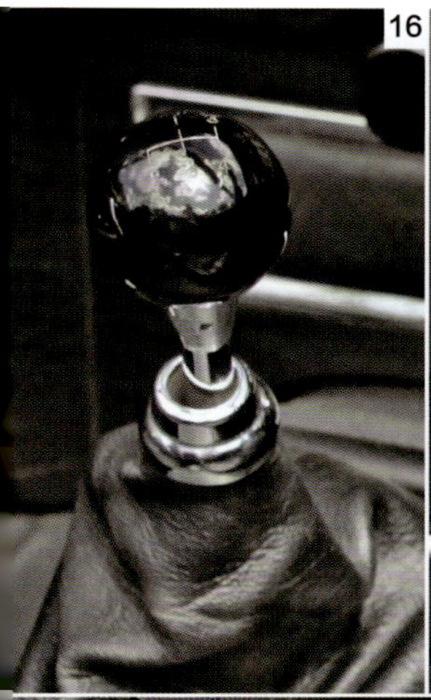
16

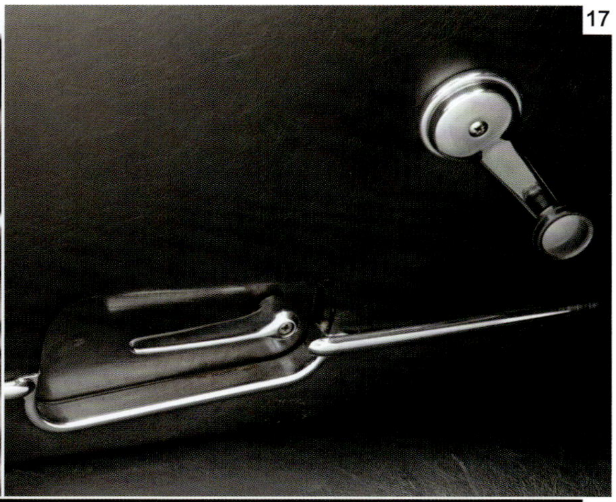
17

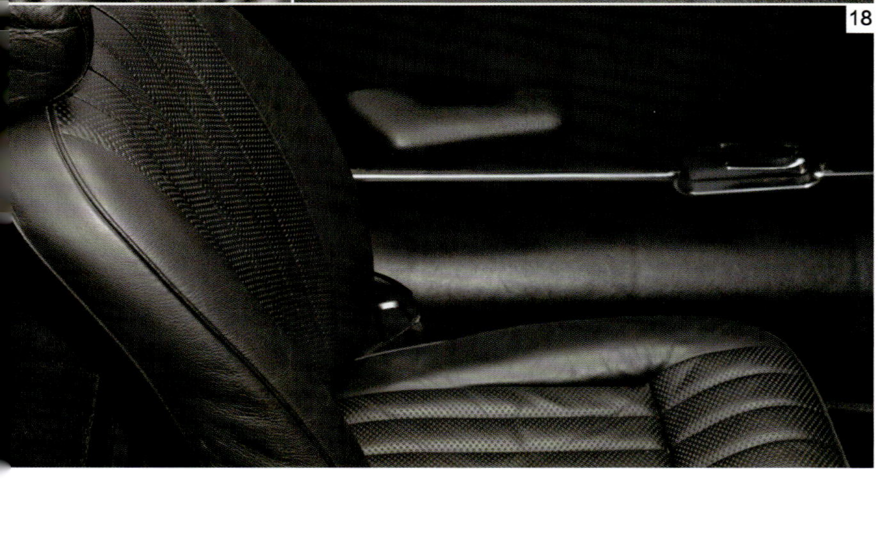
18

发动机舱

Ⅲ系列的特点是它的V12发动机所具备的强大动力，能够达到的最高车速接近241千米/时。如果安装六缸发动机（曾经设想过），速度就会慢得多。该系列宣称的272马力名副其实，并实现了发动机的每列气缸仅使用一个凸轮轴。

19. 全合金的V12发动机的排量为5.343升，在转速为5 850转/分时输出272马力，在转速为3 600转/分时输出最大扭矩304磅力英尺（约412牛·米），该发动机配有4个斯特龙贝里化油器

19

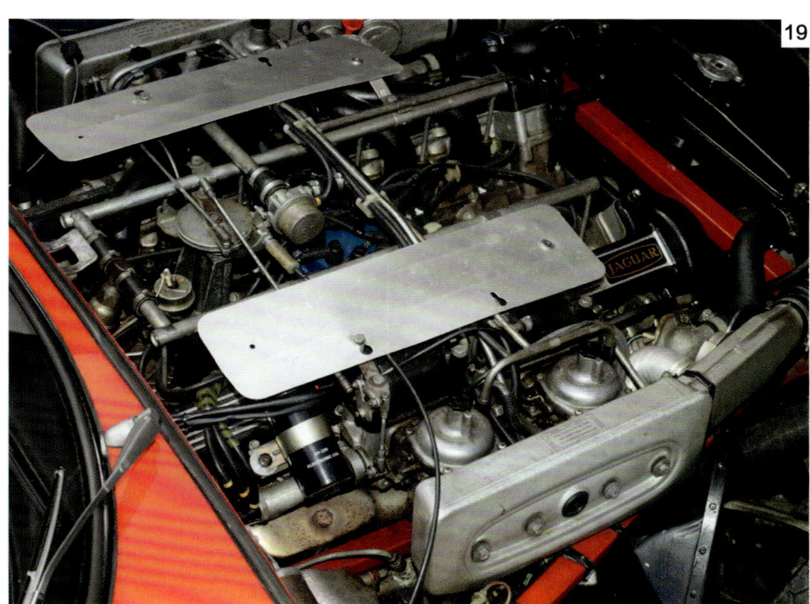

小型汽车

20世纪60年代，Mini重新定义了小型汽车的设计。在70年代，各汽车生产商都通过自己对小型汽车的诠释来争夺市场。几乎所有的汽车生产商都保留了迷你的发动机前置布置形式，并且增加了向上开的后门。并非所有的小型汽车都采用发动机横置布置，有些设计仍然采用后轮驱动，还有的车身设计要比Mini的内部空间大，以与其华丽的外形相匹配。

△达特桑 彻里 100A 1970年款

产地 日本

发动机 0.988升，对置四缸

最高车速 138千米/时

该车的设计来源于迷你车型，是达特桑品牌的首款前轮驱动汽车，在5年内共售出39万辆，在此期间，尼桑品牌在世界汽车市场上占有率上升很快。

△菲亚特 127 1971年款

产地 意大利

发动机 0.903升，直列四缸

最高车速 134千米/时

菲亚特品牌在制造装饰美观的高速小型汽车方面颇有建树，这款127就很成功，共售出370万辆，其中1300运动款还配备了1.300升排量的发动机，车速可达到153千米/时。

△迷你花花公子 1969年款

产地 英国

发动机 0.998升，直列四缸

最高车速 121千米/时

增添一个长的具有现代造型的前部，同时将内饰更新，把发动机换成1.0升或1.1升的，新车型迷你花花公子就这样被打造出来了，英国的利兰公司通过该车保住了自己在市场上的地位，直到1981年米勒汽车出现。

△雷诺 5 1972年款

产地 法国

发动机 0.956升，对置四缸

最高车速 138千米/时

雷诺5是一款经典且流行的超级小型车，在12年内共售出550万辆，该车定价合理，配备六缸发动机，排量从0.782升到1.397升不等，采用全独立悬架设计。

◁大众 Polo 1975年款

产地 德国

发动机 0.895升，直列四缸

最高车速 129千米/时

大众公司通过发布创新的Polo车型开始现代汽车革新之旅，该车前置了凸轮轴顶置式发动机，配备全独立悬架，前轮驱动，发动机排量从0.9升至1.3升不等。

◁马自达 法米利亚/323 1977年款

产地 日本

发动机 0.985升，直列四缸

最高车速 129千米/时

这款法米利亚是成功的马自达小型车系列的首款车，该车外观传统，发动机前置，后轮驱动，但是稳定性高。马自达品牌在1980年引入前轮驱动技术。

△三菱 柯尔特幻景 1978年款

产地 日本

发动机 1.244升，直列四缸

最高车速 145千米/时

该车在有些地区以柯尔特的名字销售，是三菱品牌的首款前轮驱动汽车，配备双级主减速器，有8个前进挡，经济性和动力性都很好。

△ 欧宝 卡德特 1973年款

产地 德国

发动机 0.993升，直列四缸

最高车速 119千米/时

该车是德国版的通用T型车，发动机排量从1.0升至2.0升不等，该车为后轮驱动，违背了美国版车型的设计理念。

◁ 雪铁龙 2CV6 1970年款

产地 法国

发动机 0.602升，对置双缸

最高车速 109千米/时

这款2CV集宽大内室、大天窗、优美的外形、较高的经济性于一身，一直生产到1990年，大约共售出390万辆。

△ 丰田 小明星 1978年款

产地 日本

发动机 0.993升，直列四缸

最高车速 135千米/时

该车的可拆后桥有些过时，但安装了先进的五挡变速器，为的就是能够赢过配备了前轮驱动全独立悬架的竞争对手。

△ 雪铁龙 维萨 1978年款

产地 法国

发动机 1.124升，直列四缸

最高车速 143千米/时

作为取代奥米车型的经济型轿车，这款轻质的维萨汽车在20世纪80年代早期为雪铁龙品牌在赛场上驰骋。该车配备了排量大于0.653升的发动机。

◁ 标致 104 1973年款

产地 法国

发动机 0.954升，直列四缸

最高车速 135千米/时

标致品牌的首款超级小型车拥有极其有个性的五门外形，后来的较短款是三门的。全新的发动机和独立悬架增强了它的吸引力。

△ 福特 嘉年华 1976年

产地 西班牙

发动机 0.957升，直列四缸

最高车速 127千米/时

这是福特公司为欧洲市场设计的首款超级小型车，具有四挡变速器，后来配备了高达1.600升排量的发动机。该车价格实惠，到1983年共售出175万辆。

△ 沃克斯豪尔 切夫特 HS 1978年款

产地 英国

发动机 2.279升，直列四缸

最高车速 185千米/时

该车的优点是具有灵活的后桥，配备的是一款大的双凸轮轴发动机，延续了其在赛场上的优异表现。主打款式是1.3升的掀背式汽车。

◁ 塔尔博特 阳光路特斯 1979年款

产地 英国

发动机 2.174升，直列四缸

最高车速 195千米/时

这款车的设计基于过时的短后轮驱动平台，但是发动机的动力性极强，因此该车很适合比赛。

4×4四轮驱动汽车和越野车

20世纪70年代，Jeep汽车和路虎汽车是越野车市场上的竞争对手。当时，休闲式越野车甚至沙滩车已经成为发展趋势，已有成千上万的越野车在美国、英国等国家和地区出售。与风靡的四轮驱动越野车比，两轮驱动的城市汽车要逊色得多，它们直到30年后才流行起来。

▷**丰田 陆地巡洋舰 FJ40 1960年款**

产地 日本

发动机 3.878升，直列六缸

最高车速 135千米/时

日本的汽车公司为了对标路虎汽车推出了这款动力强劲的越野车，该车在1960—1984年几乎没什么变化，只是在1974—1976年配备了前轮盘式制动器和3.0升、4.2升排量的发动机。

◁**雪佛兰 开拓者 K5 1969年款**

产地 美国

发动机 5.375升，V型八缸

最高车速 158千米/时

雪佛兰品牌将旗下的皮卡进行了改装，在原有的基础上扩充成为一个整体的车厢，成为两轮驱动或四轮驱动的汽车。该车配备了六缸或八缸发动机，用来在市场上与Jeep、福特Bronco和Scout汽车竞争，该车的销量很好。

△**福特 烈马 1966年款**

产地 美国

发动机 2.781升，直列六缸

最高车速 122千米/时

这款烈马汽车由设计野马汽车的团队设计，是福特公司在SUV概念车上的勇敢尝试，但是该车因太小而未能赢得美国市场，1978年以后的车型稍有增大。

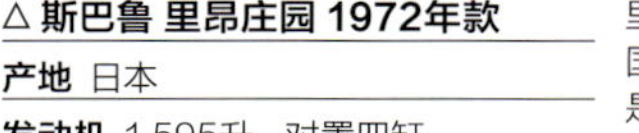

△**斯巴鲁 里昂庄园 1972年款**

产地 日本

发动机 1.595升，对置四缸

最高车速 140千米/时

里昂旅行车（美国和英国版的排量是1.600升）是首款四轮驱动公路车，直到今天该车型依然在生产。

▷**铃木 吉姆尼 LJ10 1970年款**

产地 日本

发动机 0.359升，直列双缸

最高车速 76千米/时

1967年，日本的希望汽车公司设计了一款4×4四轮驱动汽车，并为其安装了三菱发动机，后来铃木品牌将其买下，并改装自己的发动机，自此，一个成功的小型4×4四轮驱动汽车产品线诞生了。

疯狂的汽车

当交通变得拥堵、严格的交通法规出台时，那些爱冒险的车迷们选择在柏油路以外寻找刺激。在美国，车迷们将甲壳虫汽车的车身拆下，用螺栓安装上轻质敞篷外壳，或者在沙滩越野车上玩乐。与此同时，法国的马特拉公司正致力于设计一款两轮驱动的休闲式揽胜汽车，而在英国，三轮汽车甚至都成了流行车型。

▷**梅耶斯 曼克斯 1964年款**

产地 美国

发动机 1.493升，对置四缸

最高车速 145千米/时

位于加利福尼亚的布鲁斯梅耶斯公司推出其首款沙漠越野车曼克斯，该车赢得了巴哈1000比赛。它配有玻璃纤维材质的敞篷跑车车身、大众甲壳虫汽车底盘，截至1971年大约共售出6 000辆。

◁ **万国收割机侦察兵 II 1971年款**

产地 美国

发动机 4.981升，V型八缸

最高车速 145千米/时

这款车是世界上第一辆SUV，发布于1960年。侦察兵II的轴距增至254厘米，可选四缸、六缸和八缸发动机，该车一直生产至1980年。

▷ **路虎 Series III 1971年款**

产地 英国

发动机 2.286升，直列四缸

最高车速 109千米/时

源于1948年款路虎汽车的路虎Ⅲ系列至今仍然是越野车的标杆，该车配有全同步器啮合的变速器和新式仪表盘，流行了14年之久。

△ **Jeep 突击队 1972年款**

产地 美国

发动机 4.980升，V型八缸

最高车速 145千米/时

这款车是20世纪40年代Jeep汽车的终极演化，该车拥有短车厢或全车厢，配备AMC的六缸或八缸发动机，2年内共售出20 223辆。

▽ **揽胜 1970年款**

产地 英国

发动机 3.528升，V型八缸

最高车速 159千米/时

该车的设计源于路虎汽车，提供了超强的越野性能和良好的舒适性，内部配有乙烯树脂座椅和塑料仪表盘，内饰非常干净利落，其豪华版在20世纪80年代发布。

△ **Jeep 瓦格尼 1972年款**

产地 美国

发动机 5.896升，V型八缸

最高车速 153千米/时

AMC公司在1970年接管Jeep品牌，并且为其配备了全新的发动机。这款瓦格尼是原始版的豪华4 × 4四轮驱动汽车，在1973年升级为Quadra-Trak。

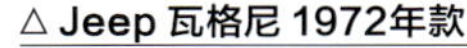

△ **梅赛德斯-奔驰 G-Wagen 1979年款**

产地 澳大利亚

发动机 2.299升，直列四缸

最高车速 143千米/时

该车昂贵但耐用，可靠性很强，分两轮驱动和四轮驱动2款。其较低的传动比有点像路虎汽车，但是它的车桥上装有螺旋弹簧。

△ **利兰 迷你莫克 1968年款**

产地 澳大利亚

发动机 0.998升，直列四缸

最高车速 120千米/时

该车不适合在多雨的英国驾驶，在温暖干燥的环境中却大有用途。1968—1981年，它在澳大利亚生产，而后转移到葡萄牙生产。

△ **邦德 Bug 1970年款**

产地 英国

发动机 0.700升，直列四缸

最高车速 121千米/时

这款三轮的Bug汽车中蕴含了年轻、自由、幽默和乐观的精神，在20世纪70年代主要面向年轻消费者，但是仅售出3 000辆。

△ **马特拉西姆卡 兰彻 1977年款**

产地 法国

发动机 1.442升，直列四缸

最高车速 143千米/时

与成熟的4 × 4越野车不同，该款前轮驱动的舒适型越野车更适合乡村道路，而公路车却不适应这种道路。1979年该款车更名为塔尔博特。

1934年，居伊·摩勒在柏林驾驶一辆阿尔法·罗密欧P-3汽车

伟大的品牌

阿尔法·罗密欧的故事

阿尔法·罗密欧品牌诞生于一个世纪以前的意大利米兰，它制造了精良的公路汽车并创造了一段传奇的成功故事。20世纪30年代，阿尔法·罗密欧的赛车是世界上最好的赛车，机械工艺精致，外形美观时尚。

尽管被认为是典型的意大利汽车，阿尔法·罗密欧汽车却是由20世纪早期的法国汽车制造商亚历山大·达拉克创立的，当时的他想要将业务拓展至意大利，所以在米兰的郊区设立了工厂，但他的这次投资失败了，意大利投资财团在4年后接管了工厂，并创建了一家名为阿尔法的公司。阿尔法的首款标志性车型是24HP，它由公司的首席工程师约瑟佩·梅罗西于1910年设计完成，该车配备了4.082升排量的直列四缸发动机。1911年，该车还参加了西西里岛的塔尔加弗洛里奥的比赛，这也显示了阿尔法公司对汽车比赛的兴趣。在接下来的12年里，梅罗西设计出一系列成功的车型，发动机排量也从2.413升增长至6.082升，他同时还对发动机进行了创新，加入了双顶置凸轮轴。

阿尔法·罗密欧汽车标志
（1971年发布）

第一次世界大战期间，阿尔法公司像很多其他汽车生产商一样转为为军队生产零部件。1915年，商人尼古拉·罗密欧控制了阿尔法公司的股权。第一次世界大战后，汽车生产开始恢复，阿尔法公司也在1920年改名为阿尔法·罗密欧公司。配有6.3升排量直列六缸发动机的G1是阿尔法·罗密欧公司的首款战后车型，车手约瑟佩·坎培利、恩佐·法拉利和乌戈·西沃奇等人驾驶该车在赛场上的出色表现更加稳固了该品牌的地位。

1923年，公司有了巨大的发展，维托里奥·亚诺取代了约瑟佩·梅罗西成为首席工程师。这位前菲亚特公司的员工为阿尔法·罗密欧公司做出了巨大贡献，开发了一系列车型，增强了阿尔法·罗密欧品牌生产超级赛车的能力。亚诺推出的首款产品是阿尔法·罗密欧首个八缸发动机车型P2，该车在1925年赢得了国际汽车大奖赛世界冠军，并且在此后的几年中一直取

比赛中的阿尔法苏德汽车
拥有华丽车身和极佳操控性的阿尔法苏德汽车是该品牌销量最好的车型之一，名为特罗费奥阿尔法苏德的赛车系列在1975—1981年亮相赛场。

8C 2300

1910年 阿尔法公司在米兰成立
1911年 首款车24HP完成了塔尔加弗洛里奥比赛
1920年 在尼古拉·罗密欧的控股下，公司更名为阿尔法·罗密欧公司
1921年 阿尔法·罗密欧公司首款汽车G1发布
1925年 阿尔法·罗密欧 P2赢得首个国际汽车大奖赛世界冠军
1933年 阿尔法·罗密欧公司获意大利政府救助，由IRI接管公司

1900SSZ

1938年 阿尔法·罗密欧汽车赢得1928年以来的第10个1000英里拉力赛冠军
1946年 第二次世界大战后汽车生产恢复
1950年 尼诺·法里纳驾驶Alfa 158赢得一级方程式世界冠军
1959年 1950年以来销售量达2万辆的Alfa 1900被Alfa 2000取代
1966年 Spider敞篷跑车发布，该车一直生产到1993年

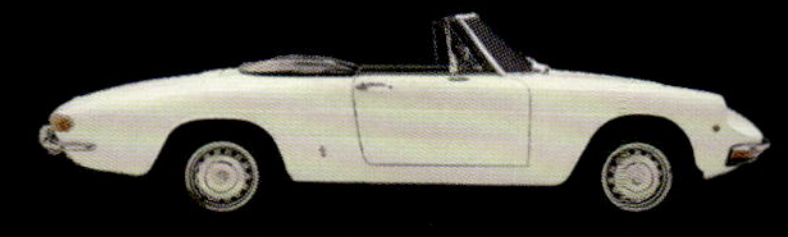

1300 DUETTO SPIDER

1967年 阿尔法·罗密欧 Montreal作为概念车在蒙特利尔车展上发布，3年后该车投入生产
1971年 阿尔法苏德汽车广受赞誉，截至1989年共售出100万辆
1975年 阿尔法·罗密欧汽车赢得世界汽车冠军赛，之后的2年蝉联此殊荣
1986年 阿尔法·罗密欧公司被意大利的菲亚特集团接管

156

1995年 运动款GTV发布，屡次失败使阿尔法·罗密欧品牌退出美国市场
1998年 156赢得欧洲年度汽车奖
2004年 博通公司设计的GT发布，2005年Brera发布
2010年 全新的运动型掀背轿车吉星耶塔问世
2014年 4C跑车列入品牌车型清单
2015年 后轮驱动的朱力亚轿车发布
2016年 Stelvio是品牌的首款SUV

得不错的成绩。20世纪30年代，亚诺设计的汽车，包括P3、6C 1750和8C 2300使阿尔法·罗密欧汽车得以在国际汽车大奖赛、勒芒24小时耐力赛和法国、意大利的1000英里拉力赛的赛场上称霸。

1929年，华尔街经济危机之后的大萧条使阿尔法·罗密欧公司陷入经济困境。1933年，意大利政府介入对其进行救助。在国有公司IRI的帮助下，阿尔法·罗密欧公司得以继续生产，研发重点集中在飞机发动机和豪华汽车上。包括宾尼法利纳公司在内的设计公司在阿尔法·罗密欧底盘的基础上设计出华丽的车身，生产出如1938年的8C 2900B等车型，表现出了公司想要把公路车和赛车进行融合的想法。

第二次世界大战期间，汽车生产再次中止，直到1946年，公司决定生产小型家用汽车。1950年，公司发布了首款带有整体式底盘和车身的阿尔法·罗密欧汽车，同年，尼诺·法里纳驾驶Alfa 158赢得自己的首个一级方程式世界冠军，该车自1938年发布起就开始统治赛场。1951年，胡安·曼约·方吉奥驾驶Alfa 159又一次赢得一级方程式世界冠军头衔。

在1954年的都灵汽车展上，阿尔法·罗密欧品牌发布了具有里程碑意义的车型——1.3升排量的吉里耶塔（竞速版），该车配备了世界上第一款批量生产的铝制双顶置凸轮轴四缸发动机，该发动机后来为阿尔法·罗密欧品牌服务了20年。吉里耶塔取得成功后，新车型朱力亚于1962年发布，该车集动力强劲的发动机和轻质车身于一体，这使它赢得了很多出口订单，该车在20世纪70年代末期还在继续生产。1966年，公司发布了耐久性更好的Spider双人座敞篷跑车，该车在电影《毕业生》中亮相，且一直生产到1993年。回顾过去，阿尔法·罗密

20/30HP 运动款
该4.25升排量的汽车是1910年24HP系列的最后一款。

欧汽车曾经在1951年后退出一级方程式比赛，但是它从20世纪60年代起就在世界汽车冠军赛中驰骋，并在1975—1977年获胜。升级的阿尔法·罗密欧公路车具有赛车、旅行车和GT系列的特点，在20世纪60年代至2000年之间占据汽车业的主导地位。

阿尔法·罗密欧在20世纪70年代全球经济危机时期状况不佳，可还是成功生产了一系列新车型，其中外形美观的1970 蒙特利尔就赢得了广泛赞誉，销量过百万辆的1971年的阿尔法苏德和1972年的Alfetta都为阿尔法·罗密欧奠定了良好的品牌基础，而它们各自的生产也分别持续了18年和15年。阿尔法苏德汽车是在那不勒斯的新工厂生产的，该工厂是意大利政府为了降低国家南部的失业率而赞助建成的，因此该工厂生产的车型的名字中包含了sud，而“sud”就是“南部”的意思。

受经济问题的影响，阿尔法·罗密欧品牌最终在1986年被菲亚特公司收购，多年以来，它一直在菲亚特公司内部寻找着自己的位置。在此期间，阿尔法·罗密欧汽车恢复了对美国市场的出口，却又赶上美国对汽车安全和排放进行整治，这使得它不得不退出美国市场。

随着1995年运动款GTV的闪亮登场，阿尔法·罗密欧品牌似乎再次站稳了脚跟。3年以后，广受欢迎的车型156获得了欧洲年度汽车奖，2001年的车型147也获此殊荣。在放弃北美市场多年后的2006年，阿尔法·罗密欧品牌回归。2014年推出的发动机中置4C跑车重新燃起了北美市场对意大利双座汽车的渴望，尽管事实证明，从整体销量来看，Stelvio SUV对品牌的贡献要大得多。

我给予阿尔法·罗密欧的温柔，就如同孩子对母亲纯粹的爱。

恩佐·法拉利，1952年

阿尔法·罗密欧V6发动机
由约瑟佩·比索设计的V6发动机驱动阿尔法·罗密欧汽车长达25年之久，发动机排量从2.0升到3.2升不等，图中的发动机就是164车型上安装的3.0升排量V6发动机，164车型于1988年发布。

轿车

20世纪70年代诞生了很多具有创新特点的汽车，如燃油喷射的宝马汽车，带有涡轮增压的萨博汽车和16气门的凯旋汽车，但是对主流轿车而言，这10年却是停滞不前的，很多1970年生产的汽车到了1980年还在生产，且几乎没有变化。

◁ **莫里斯 玛丽娜 1971年款**

产地 英国

发动机 1.798升，直列四缸

最高车速 138千米/时

这款玛丽娜汽车与1948年的莫里斯 迈纳汽车在机械性能上稍有不同，当时的英国汽车生产商状况不佳，但该车的销量相当不错。算上意大利的销售，该车一直销售到1984年。

▷ **瓦特堡骑士 1966年款**

产地 德国

发动机 0.991升，直列三缸

最高车速 119千米/时

这是一款配有二冲程发动机的德国汽车，它在20世纪70年代的东欧销量很好，但在西欧尽管售价较低却表现平平。

△ **凯旋 多洛米蒂 竞速 1973年款**

产地 英国

发动机 1.998升，直列四缸

最高车速 185千米/时

凯旋以较少的预算制造出具有优美外形的创新车辆竞速，该车挑战了宝马汽车的2002系列，是最早的16气门家用轿车。

△ **雪铁龙 CX2400 1974年款**

产地 法国

发动机 2.347升，直列四缸

最高车速 182千米/时

这款雪铁龙 DS系列的成功车型继承了旧款的创新技术，如使用横置发动机来增加空间，发动机排量从2.0升至2.5升不等，一直生产到1989年。

▽ **萨博 99 Turbo 1977年款**

产地 瑞典

发动机 1.985升，直列四缸

最高车速 196千米/时

萨博品牌向世界证明了涡轮增压器也可以用在主流汽车上，而不仅是用在赛车上。该车的销量很好，同时它还提升了公司的形象。

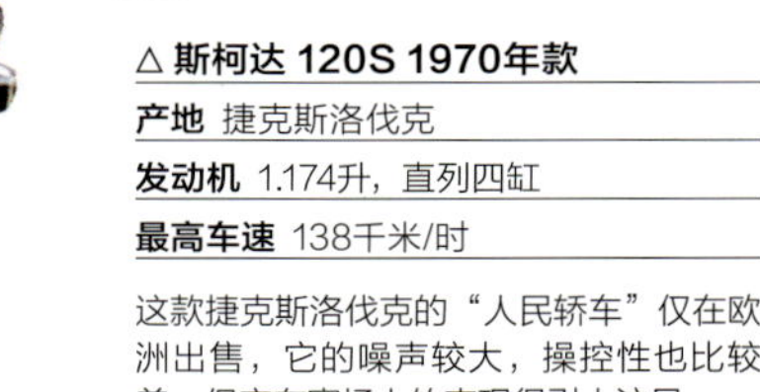

△ **斯柯达 120S 1970年款**

产地 捷克斯洛伐克

发动机 1.174升，直列四缸

最高车速 138千米/时

这款捷克斯洛伐克的“人民轿车”仅在欧洲出售，它的噪声较大，操控性也比较差。但它在赛场上的表现很引人注目。

△ **德托玛索 多维尔 1970年款**

产地 意大利

发动机 5.763升，V型八缸

最高车速 230千米/时

该车的外形尽管由吉亚设计工作室设计，但看起来很像捷豹XJ12车型，性能也很像，但售价却差不多是捷豹XJ12车型的2倍。

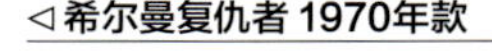

◁ **希尔曼复仇者 1970年款**

产地 英国

发动机 1.498升，直列四缸

最高车速 146千米/时

这款20世纪70年代由克莱斯勒的鲁特斯集团全新设计的轿车非常传统，一直生产到1981年。

▷ **宝马 2002Tii 阿尔宾娜 A4S 1972年款**

产地 德国

发动机 1.990升，直列四缸

最高车速 209千米/时

1966年的02系列使宝马汽车一鸣惊人，10年内共卖出75万辆。这款阿尔宾娜燃油喷射式A4S是公司最好的车型。

◁ **宝马 520 1972年款**

产地 德国

发动机 1.990升，直列四缸

最高车速 171千米/时

5系车是宝马品牌在20世纪70年代取胜的关键，该系列具有潇洒的外形和现代的行驶系统，提供了排量1.8～3.0升的四缸和六缸发动机。

△ **福特 护卫舰 Mk2 RS1800 1973年款**

产地 英国

发动机 1.835升，直列四缸

最高车速 180千米/时

福特公司通过该车在赛场上的出色表现来提升其销量，这款RS1800配有BDA发动机，是一款杰出的赛车。该车赢得了1979年世界拉力锦标赛。

▷ **罗孚 3500 SD1 1976年款**

产地 英国

发动机 3.528升，V型八缸

最高车速 201千米/时

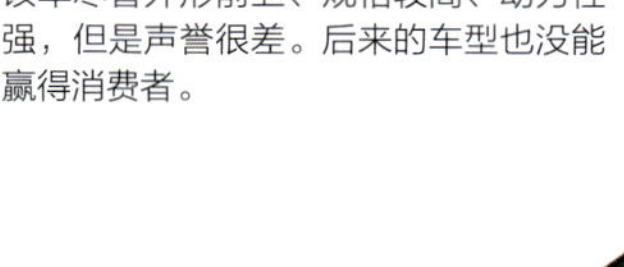

该车尽管外形前卫、规格较高、动力性强，但是声誉很差。后来的车型也没能赢得消费者。

△ **福特 科蒂纳 MkV 1979年款**

产地 英国

发动机 1.993升，直列四缸

最高车速 166千米/时

科蒂纳系列汽车的销量很好，从1970年的MkⅢ到1982年最新的MkⅤ几乎没有什么变化，共卖出超过200万辆，大部分在英国销售。该车空间大、高效且价廉。

△ **凯迪拉克 塞维利亚 1975年款**

产地 美国

发动机 5.737升，V型八缸

最高车速 185千米/时

1975年，通用汽车公司为其高端品牌新增了这款更主流的车型，车型设计师比尔·米切尔将该车定位在与梅赛德斯、劳斯莱斯品牌相当的高端市场，该车的销量不错。

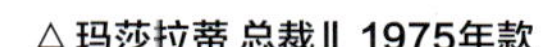

△ **玛莎拉蒂 总裁Ⅱ 1975年款**

产地 意大利

发动机 2.965升，V型六缸

最高车速 201千米/时

玛莎拉蒂品牌在雪铁龙旗下时，总裁Ⅱ就已经被设计出来了，它配有Merak/SM发动机和很多SM液压部件，这款四门汽车只生产了5辆。

跑车

当时北美国家的法规极大地限制了跑车的设计，漂亮的外形总因加上个大大的保险杠而被破坏，而良好的性能也因低排量发动机而大打折扣。此时，跑车的产量呈下降趋势，而以大众高尔夫GTI为代表的掀背式汽车却赢得了车迷们的关注。

△ **摩根 4/4 1969年款**

产地 英国

发动机 1.798升，直列四缸

最高车速 169千米/时

20世纪70年代，摩根品牌突然意识到曾经的客户如今已有家庭，于是推出了四座家用轿车。

△ **标致 504 篷式 1969年款**

产地 法国/意大利

发动机 2.664升，V型六缸

最高车速 177千米/时

这款华丽的四座车是由宾尼法利纳公司设计和制造的，该车还有两门跑车版，零件与504及604车型的零件相同。

◁ **名爵 Midget MkⅢ 1969年款**

产地 英国

发动机 1.275升，直列四缸

最高车速 153千米/时

受人喜爱的Sprite/Midget在20世纪70年代进行了升级。升级后的这款名爵汽车配备了后轮驱动、迷你库珀的S类型发动机、流行的黑色装饰和优质的发动机。

◁ **凯旋 TR6 1969年款**

产地 英国

发动机 2.498升，直列六缸

最高车速 193千米/时

该款英国汽车宣称可以输出150马力的动力，它配有燃油喷射式直列六缸发动机，采用后轮驱动，进排气充分，发动机冷却效果好。

△ **凯旋 Stag 1970年款**

产地 英国

发动机 2.997升，V型八缸

最高车速 190千米/时

该车是梅赛德斯-奔驰SL汽车在英国的竞争产品，拥有极具个性的“T”形状翻转杆。独一无二的V8发动机容易在磨合期出问题，但其意大利风格的外形很惹眼。

△ **凯旋 TR7 1975年款**

产地 英国

发动机 1.998升，直列四缸

最高车速 177千米/时

TR7的问世是为了应对安全法规，该车配有硬车顶，问世5年后推出了敞篷款。该车可用作城市巡航车辆，其销量很好。

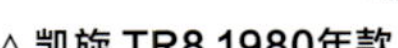

△ **凯旋 TR8 1980年款**

产地 英国

发动机 3.528升，V型八缸

最高车速 217千米/时

安装了罗孚V8发动机的TR8具有强大的动力，它有敞篷跑车款和两门跑车款。1981年，TR系列车型退出市场，仅有2 500辆售出，大部分是在美国售出的。

△ **梅赛德斯-奔驰 350SL 1971年款**

产地 德国

发动机 3.499升，直列六缸

最高车速 203千米/时

该车是SL系列车型在20世纪70年代的全新轿车，与S级豪华车使用相同的悬架。该车动力性强、速度快、外形美观，冬天可安装标准硬车顶。

△ **路特斯 伊澜竞速 1971年款**

产地 英国

发动机 1.558升，直列四缸

最高车速 193千米/时

该车是柯林·查普曼设计的最后一款也是最好的一款标准跑车。该车拥有126马力的动力、五挡变速器和整洁的外形，具有极好的公路车特质。

◁ **詹森希利 1972年款**

产地 英国

发动机 1.973升，直列四缸

最高车速 193千米/时

该车由传奇的跑车设计师唐纳德·希利设计，由詹森公司生产完成。它配有路特斯双凸轮轴发动机，驾驶起来非常舒适且燃油消耗率低，但性能不太稳定。

▽ 马特拉西姆卡巴尔瑟拉 1973年款

产地 法国

发动机 1.442升，直列四缸

最高车速 177千米/时

这款发动机中置的跑车由一家航空公司生产，使用了西姆卡家庭轿车的发动机和变速器。该车拥有并排的三座位和塑料车身。

△ MGB GT 1974年款

产地 英国

发动机 1.798升，直列四缸

最高车速 169千米/时

该款GT汽车比名爵的敞篷车更具空气动力学特性，速度更快。后挡板和较大的行李箱空间使该车变得更实用。

△ MGB 1974年款

产地 英国

发动机 1.798升，直列四缸

最高车速 145千米/时

这款带有橡胶减振器的MGB自1974年开始生产，它配有较高的悬架和排放良好的发动机，这使得该车可以在美国出售，但是其性能不太稳定。

△ 蓝旗亚贝塔蒙特卡洛/蝎子 1975年款

产地 意大利

发动机 1.756升，直列四缸

最高车速 193千米/时

这款令人兴奋的发动机中置两座车拥有钢制或帆布的车顶。该车因制动系统不好而于1978—1980年停产修复，重新推出时配有2升发动机。

△ 菲亚特 X1/9 1972年款

产地 意大利

发动机 1.290~1.498升，直列四缸

最高车速 177千米/时

这款X1/9推动了发动机中置跑车的批量生产，它在欧洲和美国一直流行到1989年，由博通公司设计和生产。

△ Panther Lima 1976年款

产地 英国

发动机 2.279升，直列四缸

最高车速 185千米/时

这是一款摩根公司的汽车，具有20世纪30年代的敞篷跑车造型。该车安装了强大的沃克斯豪尔发动机且具有玻璃纤维车身，因此驾驶体验更好。

▽ TVR 3000S 1978年款

产地 英国

发动机 2.994升，V型六缸

最高车速 201千米/时

TVR品牌在商业化的30年后开始生产这款折篷车3000S，另一款敞篷3000M车型由福特发动机驱动，强动力和低重量使其速度飞快。

NSU的汪克尔
转子发动机

菲克士·汪克尔是一名鱼雷发动机设计师，在创造与往复活塞式发动机同样成功的发动机的道路上，他比任何工程师都走得更远。他设计的转子发动机轻巧、振动轻微。NSU、Curtiss-Wright、梅赛德斯-奔驰、劳斯莱斯和雪铁龙公司都试用过它，但是只有马自达品牌对转子发动机进行了最深入的开发。

低压线 传递低压电

高压线 传递高压电

真空提前装置

机油尺

转子发动机

汪克尔不喜欢活塞式发动机，因为它很复杂，需要将往复式（上下）运动转换成曲轴的旋转运动。汪克尔的旋转式设计能够直接产生旋转运动，比如经典的两冲程发动机，废除了控制进排气的气门和凸轮轴，而仅仅使用了简单的进排气口。汪克尔的发动机使用几个近乎三角形（次摆线）转子和一个类似两个圆合在一起的形状的壳体，转子在壳体内旋转。早期的转子头密封问题已经解决，但是排放和燃油经济性的致命缺陷一直未能解决，而这款发动机设计也最终未能得到广泛的应用。

发动机规格	
数据采集于	1967—1977年
气缸	被两个转子和一个壳体取代
发动机布置	发动机前纵置
发动机排量	1.900升
动力输出	5 500转/分转速时输出113马力
类型	带有两个转子、分电器和湿式油底壳的转子发动机
气缸盖	无（气门已经被转子壳体上的进排气口取代，废除了凸轮轴、挺杆和气门）
燃油供给系统	配备两个Solex化油器
气缸尺寸	无（没有气缸）
功率	56.8马力/升
压缩比	9.0 : 1

化油器

转子壳体 在这个盖子后面安装有两个转子的壳体，它取代了传统发动机的气缸盖、气缸体，使用无气门的进排气口

壳体材料 转子壳体使用铝合金制造，表面带有镍硅碳化物

紧凑的动力装置 该发动机结构非常紧凑，可以纵置安装在NSU Ro80的引擎罩下，通过它后面的变速器驱动前轮

油底壳

▷ 注：查看第 252—253页 发动机的工作原理

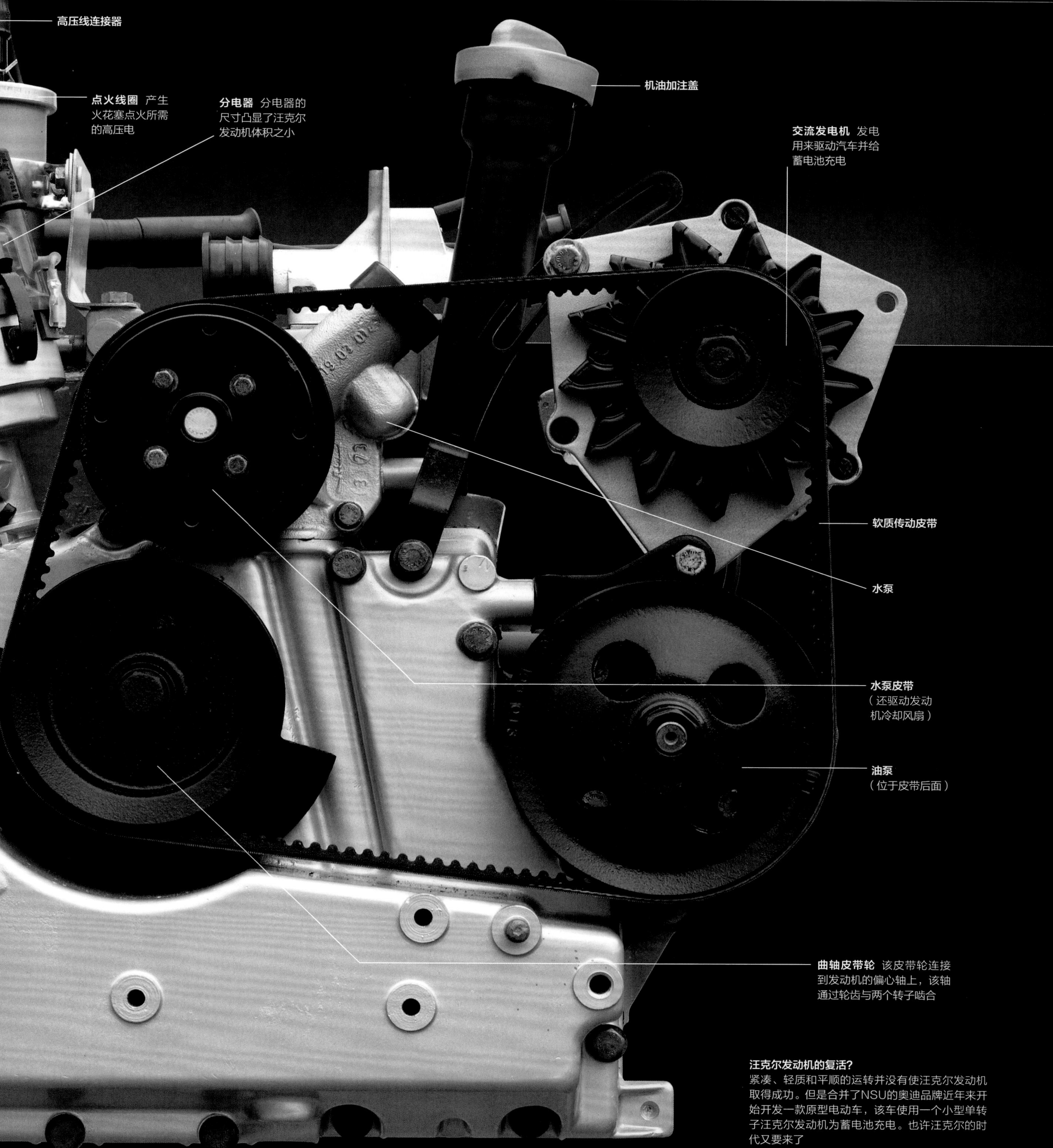

汪克尔发动机的复活？
紧凑、轻质和平顺的运转并没有使汪克尔发动机取得成功。但是合并了NSU的奥迪品牌近年来开始开发一款原型电动车，该车使用一个小型单转子汪克尔发动机为蓄电池充电。也许汪克尔的时代又要来了

外形优美时尚的跑车

追求浮夸造型的20世纪50年代和崇尚曲线美的60年代都已过去，追求楔形、直线和棱角的20世纪70年代到来。人们经常会有这种感觉：有些车看起来的确比其他的车漂亮。意大利的设计师似乎最具创造华丽车身的天赋，此时的日本设计师也首次展露出他们与意大利设计师相同的才能。

△ **福特 卡普里 RS 3100 1973年款**

产地 英国

发动机 3.093升，V型六缸

最高车速 198千米/时

公路车福特卡普里的外观如同野性的赛车，它保持着良好的销售业绩——20世纪70年代大约销售了75万辆。

△ **欧宝 曼塔 GT/E 1970年款**

产地 德国

发动机 1.897升，直列四缸

最高车速 187千米/时

该车尽管外形引人注目，产量高达50万辆，可后来大部分曼塔汽车都已被废弃。这非常可惜，因为该车曾是配置了1.2～1.9升排量发动机的城市旅行车。

▷ **福特 野马 III 1978年款**

产地 美国

发动机 4.942升，V型八缸

最高车速 225千米/时

这款第三代野马汽车首次采用全四座结构，它是基于福特汽车Fox平台的一款大车，经历了几次改版，一直生产到1994年。

△ **捷豹 XJ12C 1975年款**

产地 英国

发动机 5.343升，V型十二缸

最高车速 238千米/时

为了提升这款源于跑车的XJ12C车型在赛场上的威望，英国利兰公司决定让该车重返赛场，它最终在1975年的银石比赛中获胜。

▽ **雪佛兰 蒙特卡罗 1970年款**

产地 美国

发动机 5.735升，V型八缸

最高车速 185千米/时

雪佛兰品牌在20世纪70年代发布了一款新的跑车，该车比舍维勒车型更大更豪华，按其速度仍然可以参加改装车比赛。

▷ **达特桑 260Z 1973年款**

产地 日本

发动机 2.565升，直列六缸

最高车速 201千米/时

240～280Z系列车型出乎意料地成为20世纪70年代最畅销的跑车，而日本汽车也自此开始征服世界。

△ **劳斯莱斯 可尼斯 1971年款**

产地 英国

发动机 6.750升，V型八缸

最高车速 193千米/时

银影车型是承载式车身，但是这并没有妨碍劳斯莱斯品牌尝试两门跑车结构。这款可尼斯车型就采用了此结构且看起来非常优雅。

◁ **大众 尚酷 GTI 1974年款**

产地 德国

发动机 1.588升，直列四缸

最高车速 185千米/时

该车的外形是由乔盖托·乔治亚罗设计，由卡尔曼公司在大众的高尔夫底盘基础上生产出来的。该款尚酷汽车备受瞩目，在7年内共售出504 200辆，它的发动机有3种规格：1.4升、1.5升和1.6升。

◁ **别克 里维耶拉 1971年款**

产地 美国

发动机 7.458升，V型八缸

最高车速 201千米/时

20世纪70年代，这款彰显地位的别克跑车拥有惊艳的外形，它的后窗从中部分开，尾部突出。

△ **阿尔法·罗密欧 少年扎加托 1970年款**

产地 意大利

发动机 1.290升，直列四缸

最高车速 169千米/时

扎加托设计室的埃尔科莱·斯帕达实现了不可能实现的事情：他将阿尔法·罗密欧GT Junior车型升级为这款更吸引眼球的汽车，但售价阻碍了其销售。

△ **玛莎拉蒂 卡拉米 4.9 1976年款**

产地 意大利

发动机 4.930升，V型八缸

最高车速 257千米/时

亚历山大·德·托马索接管玛莎拉蒂品牌后，将1972年由吉亚设计工作室设计的隆查普尔车型升级为卡拉米车型，并且改用玛莎拉蒂强有力的V8发动机。

◁ **蓝旗亚 Gamma 两门跑车 1976年款**

产地 意大利

发动机 2.484升，对置四缸

最高车速 201千米/时

蓝旗亚品牌的这款大型Gamma轿车被宾尼法利纳公司改成了漂亮的两门跑车，该车机械工艺成熟，很快便获得市场的认可。

▷ **马自达 RX-7 1978年款**

产地 日本

发动机 2.292升，双转子汪克尔发动机

最高车速 188千米/时

马自达品牌成功地说服了世界去接受转子式发动机，而德国的生产商NSU却没有做到这一点。这款马自达RX-7汽车在7年内共售出570 500辆。

△ **保时捷 911S 2.2 1970年款**

产地 德国

发动机 2.195升，对置六缸

最高车速 232千米/时

20世纪70年代的911车型通过将后轮向后移动5.5厘米（2.2英寸）来提高其操控性能，而这款911S则配有燃油喷射式发动机，是一款十足的超级跑车。

◁ **保时捷 924 1976年款**

产地 德国

发动机 1.984升，直列四缸

最高车速 201千米/时

尽管那些纯粹主义者不支持大众的货车发动机，可这款发动机前置的924还是成了保时捷最热卖的车型，并且拓展了保时捷品牌的市场。

△ **保时捷 911T 2.4 塔尔加 1972年款**

产地 德国

发动机 2.341升，对置六缸

最高车速 206千米/时

保时捷品牌发布了这款稳定性更好的塔尔加汽车，它的车身更且运动性不如911跑车，但是市场反响不错。

△ **铃木 SC100 跑车 1978年款**

产地 日本

发动机 0.970升，直列四缸

最高车速 122千米/时

铃木品牌共售出894 000辆后轮驱动的SC100跑车，该车虽然性能较差，但是外观可爱、内部宽敞，行驶起来灵活性更好。

1971年的美国国家航空航天局的月球漫游车

在美国国家航空航天局的阿波罗项目中，共有4辆蓄电池驱动的轻轨月球漫游车被制造出来。该车带有铝制车架、钛轮胎和发送信息的触角。共有3辆车被送到月球上，至今仍留在那里。

费迪南德·波尔舍和一辆大众原型车

伟大的品牌
大众的故事

大众品牌始于1937年，最开始发布的简单的甲壳虫汽车成为在各个时代都销售很好的汽车。大众公司逐渐成长为欧洲最大的汽车集团，它有着多样的产品和品牌，从大批量生产的斯柯达和西雅特到豪华品牌，如布加迪、宾利和兰博基尼。

大众汽车是德国的“平民汽车”。1934年，著名的汽车工程师费迪南德·波尔舍开始设计被称为Kdf-Wagen的汽车。由波尔舍和埃尔文·科门达设计的原型车于1938年上路，它和捷克汽车生产商塔特拉生产的汽车很像，于是塔特拉公司起诉了大众汽车，很多年以后塔特拉公司得到了赔偿金。

大众汽车标志
（1938年发布）

第二次世界大战前，只有少量的大众汽车出厂，在战争期间，公司开始生产军用车辆，包括水陆两栖车辆。1945年，大众工厂被美国军队控制，而后又被英国人接管，但是并没有人能够看到这款底盘简单、后置风冷发动机、采用扭杆弹簧式悬架的德国小型汽车的未来。最后，大众工厂由英国军方少校伊凡·赫斯特接管，这个战争废墟中的工厂重新恢复了生产。德国境内的英军定制了20 000辆汽车，很快生产就开始了，每个月生产1 000辆。由于拥有充足的劳动力和原材料，产量很快上升，并在1947年实现出口。Type 2有盖小货车在1950年出厂，到1955年，有超过100万辆的大众轿车和小货车被生产出来。

简单、可靠和低成本是大众汽车的优点，它成为欧洲战后最适用的汽车。大众汽车甚至在美国也获得了成功，成为教会用车，且给人以反建设反潮流的印象。恒美广告机构出品了一系列经典的广告，它的广告扭转了美国人对大众汽车的一贯印象，即从小型、四缸和缺少外形更新变为积极乐观的形象。甲壳虫汽车的成功给大众公司带来了巨大的转机，整个20世纪60年代大众公司都依赖于甲壳虫汽车及其衍生车型，而忽视了战后经济复苏中的消费者正在关注的技术进步和生活水平的提高。德国的甲壳虫掀背式汽车在1978年停产，篷式汽车一直生产到1980年。而后甲壳虫汽车的生产转移到了巴西和墨西哥，它在这些国家也卖得很好。

甲壳虫汽车最终被高尔夫汽车和Polo汽车所替代。高尔夫和Polo这两款现代的前轮驱动掀背式汽车首次出现在20世纪70年代中期。因为还有K70车型和帕萨特车型，

酷酷的Camper
受嬉皮士、冲浪者和家庭喜爱的Camper汽车将公路上的自由和家庭的舒适结合到一起。

> “没有人告诉我来干什么，我只是被告知到这里做点事情。”

伊凡·赫斯特少校，一名在第二次世界大战后重组大众公司的英国官员

甲壳虫（TYPE 1）

KOMBI（TYPE 2 VAN）

SCIROCCO

高尔夫 RALLYE

1932年 德国政府提出生产平民汽车的想法

1934年 费迪南德·波尔舍开始设计Kdf-Wagen汽车

1938年 大众的最后一辆原型车亮相，第二次世界大战之前仅有少量车生产出来

1945年 大众工厂在英国军方少校伊凡·赫斯特的领导下恢复生产

1950年 Type 2有盖小货车出厂

1955年 第100万辆大众汽车在沃尔夫斯堡工厂生产出来

1965年 大众公司从戴姆勒-奔驰公司那里买下汽车联盟，包括奥迪、DKW、霍希和Wanderer品牌

1969年 大众接管NSU公司，将其尚未发布的NSU轿车改为大众 K70车型

1974年 大众公司发布了Scirocco和高尔夫车型，1975年又发布了Polo车型。后置水冷发动机的前轮驱动轿车Polo最终取代了甲壳虫汽车

1975年 高尔夫GTI车型取得了意外的成功，成为高尔夫系列的主要产品

1978年 甲壳虫汽车在德国停产，但是在巴西和墨西哥依然在生产

1990年 大众公司收购西雅特公司，西雅特公司的前技术合作商是菲亚特公司

1998年 大众公司买下了兰博基尼和宾利品牌，也买下了布加迪的名字使用权

1999年 大众公司买下了捷克汽车品牌斯柯达

2000年 大众公司在法国多里斯海姆的Ch teau Saint Jean，成立了布加迪Automobiles SAS

2003年 原始版的甲壳虫汽车最终在墨西哥停产，至此全世界共有2 100万辆的甲壳虫汽车生产出来

2010年 大众公司与保时捷公司合并

2016年 途观 Mk II SUV在全球大受欢迎

2019年 为中国打造了捷达品牌

2020年 ID.3引领了新系列的电动汽车

所以高尔夫汽车和Polo汽车不是大众品牌当时仅有的前轮驱动汽车，但是它们是甲壳虫汽车之后最早出现的替代品。

高尔夫车型的发布非常及时，因为当时的欧洲和美国刚刚经历了20世纪70年代早期的油荒，所以人们更青睐小型汽车。高尔夫车型成为大众品牌的核心产品，其形象也被新车型高尔夫GTI的成功进一步巩固。1975年的燃油喷射式GTI车型是大众工程师在下班后的业余时间开发的，原本的设想是能售出1 000辆。但是GTI车型集良好的平顺性、操控性、实用性和现代的外形于一身，其优势不可阻挡，成为高尔夫系列的重要车型。大众公司在20世纪80—90年代进行了扩张，成为第一个在中国投资的欧洲汽车生产商，并且在1989年于东欧建立了低成本工厂。大众的Polo、高尔夫和帕萨特车型在经历了几次成功的更新换代后日趋成熟。

新车Retro海报

这款新的甲壳虫系列车的外形与其称号相符，与原始版的甲壳虫汽车不同，该车前置发动机，前轮驱动。

可靠且设计良好的品牌形象也因技术创新而更加稳固，这些创新包括90年代的窄角度五缸或六缸发动机、2003年的DSG双离合器变速器。

与此同时，大众品牌的产品线继续扩张。小型的卢波汽车在1998年发布，另外还有特殊版本的卢波3L，配备的是1.2升增压柴油机，其燃油消耗量是90英里/加仑。2002年的辉腾豪华车配备了动力强劲的6.0升W12发动机（2台VR6的组合体）和非常规的5.0升V10柴油机，后者被用于2002年的途锐SUV。人们对1998年的甲壳虫汽车有很多质疑，很多人认为除了外形，新的甲壳虫汽车与原来的甲壳虫汽车几乎没有区别，但是这款新的甲壳虫汽车还是成为一款成功的车型。

在费迪南德·波尔舍的孙子费迪南德·皮耶希的领导下，大众在1998年收购了兰博基尼和布加迪品牌。同年，大众还买下了劳斯莱斯和宾利汽车公司，但却因没有保护好劳斯莱斯的名称使用权而使该权利落入宝马公司之手。大众公司宣称它其实只想要宾利品牌，大部分观察家认为说这些为时已晚。

2009年，保时捷公司对大众汽车发起了大胆的收购，2010年，双方最终友好达成合并意向。

与此同时，大众公司具有竞争性的车型继续发布，如具有超高燃油经济性的新尚酷、帕萨特CC、第5代Polo和城市轿车Up!

大众公司除了不断升级其核心车型高尔夫，还与中国一汽集团合作以拓展中国市场，并于2020年推出了ID系列纯电动汽车。

高速运行中的性能小钢炮（高性能掀背汽车）

这款高尔夫GTI汽车是首款“性能小钢炮”，它是赛场上的常客。图为弗兰兹·维特曼和马提亚·费尔茨驾驶着这款GTI汽车在参加1986年的蒙特卡罗汽车赛。

肌肉车

20世纪60年代后期，美国的汽车生产商被如何提高汽车性能这个问题所困扰。为了追求动力性，汽车生产商们在普通的跑车、硬顶轿车和有活动折篷的汽车上安装动力强劲的V8发动机。虽然是动力惊人的赛车，但是它们也在公路上行驶。这类“肌肉车”的发展在1970年达到顶峰，后来的燃油危机使它们的动力输出大幅降低。

△**普利茅斯 超级槲鹬鸟 1970年款**

产地 美国

发动机 7.213升，V型八缸

最高车速 209千米/时

这款超级槲鹬鸟车型源于电视节目中的卡通角色槲鹬鸟，是美国国家赛车联合会的参赛赛车，并且可以在公路上行驶。该车仅有1 900辆被生产出来。

△**奥兹莫比尔 442 1970年款**

产地 美国

发动机 7.456升，V型八缸

最高车速 193千米/时

这款442发布于1964年，配备四缸式化油器、四挡变速器和双排气管。1968—1972年，它是一个独立的车型。

▷**普利茅斯 Hemi ‘Cuda 1970年款**

产地 美国

发动机 7.210升，V型八缸

最高车速 209千米/时

这款车是普利茅斯梭鱼系列车型中最好的车，它配备了半球形气缸盖的克莱斯勒V8发动机，可输出425马力的动力。

▽**庞蒂亚克 火鸟 Trans Am 1973年款**

产地 美国

发动机 7.459升，V型八缸

最高车速 212千米/时

该车的特点是在巨大的发动机罩上印上了一只凤凰，它的名字火鸟Trans Am源于20世纪60年代末的一场比赛，火鸟车型在该比赛中表现良好。

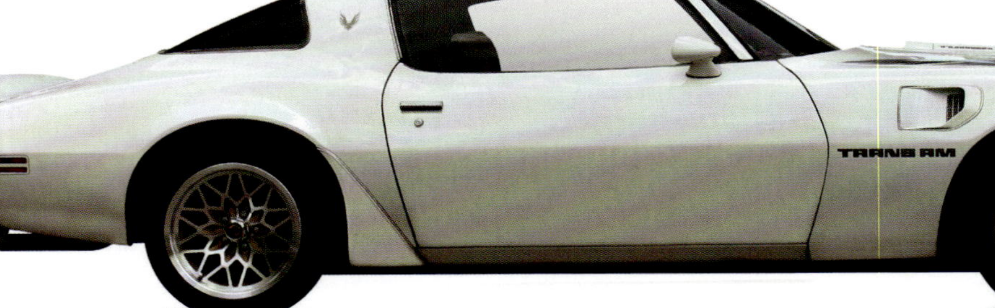

△**庞蒂亚克 Trans Am 1975年款**

产地 美国

发动机 6.556升，V型八缸

最高车速 190千米/时

火鸟车型前部被增长、后窗被增大后就是庞蒂亚克Trans Am车型。该车仍为参赛车，但是由于严厉的排放法规而将动力输出削减至185马力。

◁**道奇 挑战者 R/T 440 1970年款**

产地 美国

发动机 6.276升，V型八缸

最高车速 183千米/时

这款实用的硬顶跑车安装了电动加速装置，与当时最热的野马汽车展开竞争。一款可选的7.2升发动机将其动力从300马力提升至385马力。

▷**水星 美洲狮 1973年款**

产地 美国

发动机 7.030升，V型八缸

最高车速 201千米/时

20世纪70年代，水星美洲狮车型曾一度引领福特强动力汽车，尤其是390马力的XR-7车型，它与野马汽车很接近。

▷ **福特 野马马赫1 1972年款**

产地 美国

发动机 5.753升，V型八缸

最高车速 209千米/时

该款车为20世纪70年代性能极佳、最大的野马汽车，它在007系列电影《金刚钻》中惊艳亮相。

◁ **福特 猎鹰 XA 硬顶 1972年款**

产地 澳大利亚

发动机 5.673升，V型八缸

最高车速 257千米/时

这款GT-HO版本的汽车损坏了澳大利亚的赛道，引发了公众的抗议，它被称为“超级恐怖的汽车”，该车在道路上的速度可达257千米/时。

△ **雪佛兰 科迈罗 1966年款**

产地 美国

发动机 6.489升，V型八缸

最高车速 219千米/时

雪佛兰的科迈罗车型是对标福特的野马车型的，该车也凭借可靠的传动系统、电动加速系统和最大的V8发动机跻身“野马汽车”俱乐部。

▽ **MGB GT V8 1973年款**

产地 英国

发动机 3.528升，V型八缸

最高车速 201千米/时

这款GT汽车在肌肉车行列中短暂地出现过，其罗孚V8发动机仅重18千克，要比常规的四缸MGB发动机轻，这使得该车更轻盈。

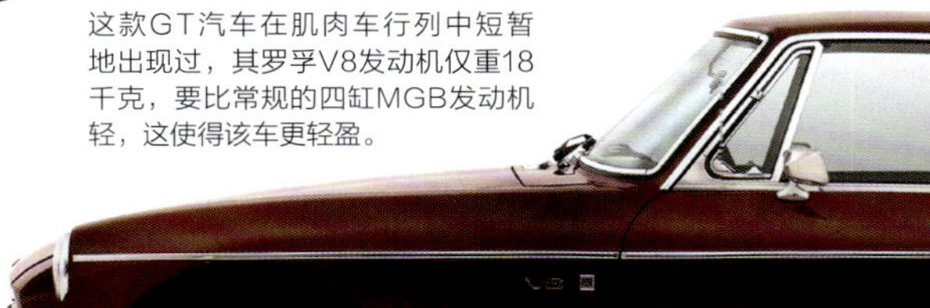

△ **雪佛兰 诺瓦 SS 1971年款**

产地 美国

发动机 5.736升，V型八缸

最高车速 172千米/时

速度最快的紧凑型诺瓦SS车型可以在6秒内加速到97千米/时。车轮的超强动力和沉重的转向都突显了该车的强劲特征。

▷ **雪佛兰 科迈罗 SS 396 1972年款**

产地 美国

发动机 6.588升，V型八缸

最高车速 193千米/时

配置V8发动机的车型SS是当时最热门的车型，这款科迈罗汽车因排放量过大而没有在加利福尼亚出售。

▽ **雪佛兰 科尔维特 1980年款**

产地 美国

发动机 5.733升，V型八缸

最高车速 201千米/时

20世纪70年代的科尔维特汽车像其他运动型美国汽车一样，都因严厉的排放法规而放弃了强动力，这款1980年款的科尔维特汽车的输出动力仅为190马力。

赛车

20世纪70年代，每一类汽车比赛都对参赛汽车的动力输出做了限制，将汽车的速度限制在322千米/时以内以保护汽车。先进的涡轮增压技术提升了车速，这也使法规制定者停止了进一步的限制。

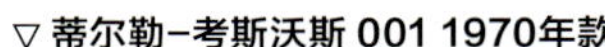

▽ **蒂尔勒–考斯沃斯 001 1970年款**

产地 英国

发动机 2.993升，V型八缸

最高车速 306千米/时

肯·蒂尔勒在马特拉公司的支持下重塑信心，他告诉弗兰克·加德纳去设计一款全新的带有蒂尔勒名字的车，也就是图中这款车。该车在1970年末表现出强大的潜力。

△ **福特 护卫舰 RS1600 1970年款**

产地 英国

发动机 1.599升，直列四缸

最高车速 182千米/时

该车安装了福特汽车的基础发动机，即考斯沃斯BDA 16气门双顶置凸轮轴式发动机。这款RS1600是一款成功的赛车，大约生产了1 000辆。

△ **Tyrrell 考斯沃斯 002 1971年款**

产地 英国

发动机 2.993升，V型八缸

最高车速 314千米/时

在其参加的首个一级方程式大满贯赛上，肯蒂尔勒团队驾驶该车型赢得了团体冠军，车手杰基·斯图瓦特赢得了个人冠军。

▷ **幻景–考斯沃斯 GR7 1972年款**

产地 英国

发动机 2.993升，V型八缸

最高车速 322千米/时

1972年的幻景M6是首款由考斯沃斯DFV发动机驱动的汽车，它在世界跑车锦标赛中获胜，后来升级为这款GR7车型，并且在勒芒24小时耐力赛中获得第4名。

◁ **洛拉–考斯沃斯 T500 1978年款**

产地 英国

发动机 2.650升，V型八缸

最高车速 338千米/时

印第安纳波利斯的参赛赛车要比当时一级方程式的参赛赛车快，因为印第安纳波利斯的赛车在椭圆形赛道上的高速性能很好。这款增压的T500以260千米/时的速度赢得了1978年的印地500千米比赛。

◁ **布拉汉姆–考斯沃斯 BT44 1974年款**

产地 英国

发动机 2.993升，V型八缸

最高车速 322千米/时

这款BT44汽车是由戈登·玛瑞将整洁式车身和路面效应空气动力学结合到一起后设计出来的，该车在1974年多次赢得国际汽车大奖赛。

▽ **路特斯 72 1970年款**

产地 英国

发动机 2.993升，V型八缸

最高车速 319千米/时

柯林·查普曼和莫里斯设计了这款革命性的路特斯72汽车，该车拥有楔形空气动力学车身、侧置的散热器和顶置的进气门。

△ **路特斯 79 1977年款**

产地 英国

发动机 2.993升，V型八缸

最高车速 330千米/时

该车是首款在一级方程式赛场上出现的完全利用路面效应空气动力学的汽车，它使自己紧紧地抓住地面，在转弯时获得最大抓地力。这款79车型获得了巨大成功。

△ 保时捷 917/10 1971年款

产地 德国

发动机 4 998升，对置十二缸

最高车速 343千米/时

917车型帮助保时捷品牌在1970年和1971年连续两次赢得勒芒24小时耐力赛，1970年是保时捷品牌历史上首次赢得该比赛。917/10车型采用涡轮增压，动力输出为850马力，它使Penske Racing车队在1972年获胜。

▽ 保时捷 936/77 1977年款

产地 德国

发动机 2.142升，对置六缸

最高车速 349千米/时

杰基·伊克斯几乎是单独驾驶936车型赢得了1976年和1977年的勒芒24小时耐力赛，他在1976年还赢得了WSC比赛。1981年，他又一次驾驶936车型赢得勒芒24小时耐力赛。

△ 马特拉-西姆卡 MS670B 1972年款

产地 法国

发动机 2.993升，V型十二缸

最高车速 338千米/时

马特拉希望成为自己第一个赢得勒芒24小时耐力赛的法国品牌，它成功了，车手亨利·佩斯卡洛连续在1972年、1973年和1974年驾驶MS670B车型获胜。

△ 瑟蒂斯-雄鹿 TS10 1972年款

产地 英国

发动机 1.975升，直列四缸

最高车速 241千米/时

约翰·瑟蒂斯和迈克·海尔伍德驾驶TS10车型赢得欧洲二级方程式冠军头衔。

△ 阿尔法·罗密欧 提波 33 TT12 1975年款

产地 意大利

发动机 2.995升，对置十二缸

最高车速 322千米/时

阿尔法·罗密欧公司为这款成熟的T33车型安装了新的48气门发动机、较厚的车身钢板和大型扰流板。该车轻而易举地在世界跑车锦标赛中获胜。

△ 迈凯伦 奥芬豪瑟 M16C 1974年款

产地 英国

发动机 2.650升，直列四缸

最高车速 330千米/时

迈凯伦车队3次赢得印第安纳波利斯500英里大奖赛——第2次是在1974年由约翰尼·鲁瑟福德驾驶M16C车型实现的。几乎所有参赛的汽车都配有770马力的奥芬豪瑟发动机。

◁ 雷诺 RS10 1979年款

产地 法国

发动机 1.496升，V型六缸

最高车速 346千米/时

让·皮埃尔·雅布耶的勇敢决定使这款赢得国际汽车大奖赛的增压汽车得以问世，它引领了1 500马力动力输出的年代。

▷ 雪佛兰 诺瓦纳斯卡 1979年款

产地 美国

发动机 5.817升，V型八缸

最高车速 322千米/时

北美改装车比赛对参赛车的底盘和外观都有严格要求，戴尔·法恩哈德在1979年和1985年都驾驶该车参赛。

掀背式汽车

意大利设计师首次将汽车后舱应用到紧凑型家庭轿车中，意识到这样做会增加汽车的存储容量。以前这种应用只在奇特的具有长坡度车顶的跑车上出现过，但是20世纪60年代奥斯汀品牌的A40法利纳车型已经试验过这种车身，这种车身设计在70年代变得更成熟，于是全世界的生产商都开始制造掀背式汽车。

▷奥斯汀 马克西 1750 1969年款

产地 英国

发动机 1.748升，直列四缸

最高车速 156千米/时

亚历克·伊希戈尼斯的车身装配技艺在这款发动机横置、液压悬架的马克西车型上表现得淋漓尽致，该车空间很大，在20世纪70年代有着很好的销量。

▷福特 Pinto 1971年款

产地 美国

发动机 1.993升，直列四缸

最高车速 169千米/时

福特品牌的1971年款小型紧凑两门Pinto车型曾引入三门掀背式汽车的设计。它配备的是英国产1.600升排量或德国产2.000升排量的发动机和四挡变速器。

△雪佛兰 维格 1970年款

产地 美国

发动机 2.286升，直列四缸

最高车速 153千米/时

该车是雪佛兰品牌在20世纪70年代的全新小紧凑型传统汽车，配有铝制顶置凸轮轴式发动机和三挡手动变速器，推出的第一年就卖出274 699辆。

◁本田 雅阁 1976年款

产地 日本

发动机 1.599升，直列四缸

最高车速 151千米/时

该车以掀背式汽车发布，并在1978年推出了轿车版，配备五挡手动变速器和可选的本田自动变速器。

△AMC 佩瑟 1975年款

产地 美国

发动机 3.802升，直列六缸

最高车速 148千米/时

这款短宽形的佩瑟汽车是1970年款小精灵掀背式汽车的升级款，其原型车的造型与当时的其他四四方方的轿车形成对比。

▷里来恩特 知更鸟 1973年款

产地 英国

发动机 0.848升，四缸

最高车速 129千米/时

这款塑料车身的三轮汽车在20世纪70年代燃油危机时期的英国很流行，较轻的车身使它很省油，并且可以使用摩托车驾照来驾驶。

▷AMC 小精灵 1970年款

产地 美国

发动机 3.258升，直列六缸

最高车速 153千米/时

该车是首款美国产的后部紧凑型小型汽车，配有管柱手柄式三挡变速器。尽管它的V8发动机很流行，但是对欧洲进口汽车产生的竞争威胁很有限。

◁大众 帕萨特 1973年款

产地 德国

发动机 1.470升，直列四缸

最高车速 158千米/时

该车是大众首款现代的前轮驱动汽车，基于奥迪80车型的设计，优美的车身外形由乔治亚罗设计完成。截至1980年共售出180万辆。

◁大众 高尔夫 GTI 1975年款

产地 德国

发动机 1.588升，直列四缸

最高车速 180千米/时

这款高尔夫汽车是掀背式汽车的鼻祖，开创了全新的汽车分支，其中黑色款最有名。该车的燃油喷射式发动机可输出110马力的动力，并且操控性很好。

△ 沃尔沃 340 1976年款

产地 荷兰

发动机 1.397升，直列四缸

最高车速 151千米/时

沃尔沃品牌在荷兰的DAF工厂需要一款小型现代汽车，于是制造了这款寿命较长、后轮驱动、配有雷诺发动机和德 · 戴恩后悬架的掀背式汽车。

△ 克莱斯勒 地平线 1977年款

产地 法国/英国/美国

发动机 1.118升，直列四缸

最高车速 153千米/时

这款克莱斯勒掀背式汽车源于西姆卡1100车型，因此带有欧洲外形，目标市场是欧洲和美国。该车配有独立悬架且为前轮驱动。

△ 雷诺 20TS 1975年款

产地 法国

发动机 1.995升，直列四缸

最高车速 167千米/时

雷诺品牌在它的车系中采纳了掀背式汽车的设计，包括使用了中置1.6~2.7升发动机、助力转向的20车型和30车型豪华轿车。

△ 欧宝 凯德特 1979年款

产地 德国

发动机 1.297升，直列四缸

最高车速 150千米/时

通用公司的紧凑型掀背式汽车最终采用了前轮驱动，该车从1980年开始在英国市场上以欧宝品牌销售，该车配备的是1.0~1.8升的发动机。

▷ 雷诺 14 1976年款

产地 法国

发动机 1.218升，直列四缸

最高车速 143千米/时

雷诺品牌大约售出了100万辆的该款五门掀背式汽车，该车横置了标致104发动机或雪铁龙Visa型发动机，且将变速器集成到油底壳内。

▽ 菲亚特 斯特拉达/瑞特默 1978年款

产地 意大利

发动机 1.585升，直列四缸

最高车速 179千米/时

菲亚特品牌很愿意强调该车是由机器人生产的。该车的阿巴斯版本极其具有驾驶乐趣。

20世纪80年代

涡轮增压与尾部扰流板 | 雅皮士与鸥翼式 | 超级轿车与跑车

动力性的提升

20世纪80年代是增压器盛行的年代，它改变了汽车速度赛和拉力赛的格局，动力输出的增加对稳定性产生了很大的影响，但是人们很快发现如果汽车的动力输出不增加，根本不可能在比赛中取胜。新技术使得汽车动力和速度猛增，汽车法规全力对其进行控制。后来增压技术被限制，而常规的非增压发动机回归。

△ **法拉利 126C4/M2 1984年款**
产地 意大利
发动机 1.496升，V型六缸
最高车速 322千米/时

这款1984年的126C4/M2拥有850马力的动力输出，能与强大的迈凯伦 MP4/2车型抗衡，并且在一级方程式锦标赛中获得第二名。

△ **蓝旗亚 Beta 蒙特卡罗 1979年款**
产地 意大利
发动机 1.425升，直列四缸
最高车速 270千米/时

蓝旗亚品牌开发了这款车来参加跑车世界锦标赛，并且在1980—1981年统治了2升级别的比赛，甚至3次击败保时捷935车型。

△ **蓝旗亚 拉力 037 Evo 2 1984年款**
产地 意大利
发动机 2.111升，直列四缸
最高车速 241千米/时

凭借在柏油路上的良好稳定性和操控性，这款037车型击败了奥迪的夸特罗汽车，赢得了1983年的世界拉力锦标赛。阿巴斯公司在1984年制造出拥有350马力动力的更轻的Evo 2车型。

△ **保时捷 956 1982年款**
产地 德国
发动机 2.650升，对置六缸
最高车速 356千米/时

这款铝制承载式车身的956为跑车世界锦标赛而生，从开始参加比赛就一直取胜。杰基·伊克斯和德瑞·克贝尔驾驶它赢得了1982年的法国勒芒24小时耐力赛。

▷ **保时捷 911 SCRS 1984年款**
产地 德国
发动机 2.994升，对置六缸
最高车速 257千米/时

这款保时捷汽车没有配备四轮驱动，但是在柏油路面上的操控性很好，亨利·托伊沃宁驾驶它在1984年的欧洲锦标赛中获得第二名。

▷ **保时捷 953 4WD 1984年款**
产地 德国
发动机 3.164升，对置六缸
最高车速 241千米/时

共4辆953汽车（比911更高效的四轮驱动车）参加了1984年的巴黎—达喀尔拉力赛，最终有2辆分别获得第一名和第二名，它们分别由车手雷思·梅特格和多米尼克·勒穆瓦纳驾驶。

◁ **欧宝 曼塔 400 1985年款**
产地 德国
发动机 2.410升，直列四缸
最高车速 209千米/时

如果没有四轮驱动，这款曼塔汽车不可能真正达到世界拉力锦标赛的水平，吉米·麦克雷和罗素·布鲁克斯曾驾驶该车赢得英国拉力锦标赛。

奥迪 夸特罗

奥迪凭借其四轮驱动的四座夸特罗跑车颠覆了世界拉力赛的局面。第一次参赛时，即在1981年的蒙特卡罗拉力赛上，它没能完成比赛，但是几乎在每个赛段都比竞争对手汉努·米科拉汽车快1分钟，这体现了该车的巨大潜力。因此，竞争对手也选择了4×4汽车，而速度超快的B组拉力赛也因此诞生了。

▷ **奥迪 夸特罗 1980年款**
产地 德国
发动机 2.144升，直列五缸
最高车速 222千米/时

汉努·米科拉和米歇尔·穆顿是首批夸特罗车队专职车手，经历了与车队的磨合后，他们在1981年取得了巨大的进步。

▷ 路特斯–雷诺 97T 1985年款

产地 英国

发动机 1.492升，V型六缸

最高车速 322千米/时

埃尔顿·塞纳驾驶的这款97T的输出动力为900马力，如果该车的性能更稳定些，它完全可以赢得1985年的一级方程式世界锦标赛，然而它只赢得了8个分站赛冠军。

＜丰田 赛利卡双凸轮轴涡轮增压版 1985年款

产地 日本

发动机 2.090升，直列四缸

最高车速 217千米/时

该车距离顶级B组赛车的技术要求甚远，但是这款丰田赛车在非洲表现出色，伯恩·瓦尔德加德驾驶该车在萨法里和象牙海岸拉力赛中各获胜2次。

△ 标致 205 T16 Evo 2 1985年款

产地 法国

发动机 1.775升，直列四缸

最高车速 249千米/时

该车为中置增压发动机、四轮驱动。在1985年，特里诺·萨洛宁驾驶这款配有大挡泥板、500马力的Evo 2汽车赢得了世界拉力锦标赛和欧洲的最后一次B组赛事。

▷ 标致 405 T16 GR 1986年款

产地 法国

发动机 1.905升，直列四缸

最高车速 249千米/时

B组拉力赛取消后，标致汽车转战巴黎—达喀尔沙漠耐久拉力赛，阿里·瓦塔宁驾驶发动机中置的405 T16车型在1989年和1990年的比赛中获胜。

△ 迈凯伦–本田 MP4/4 1988年款

产地 英国

发动机 1.496升，V型六缸

最高车速 338千米/时

这款1988年的车配备了迈凯伦最好的发动机和戈登·穆雷设计的最好的底盘，埃尔顿·塞纳和阿兰·普罗斯特驾驶该车赢得了1988年一级方程式的几乎所有赛事（仅一项赛事除外）。

▷ 名爵 大都会 6R4 1984年款

产地 英国

发动机 2.991升，V型六缸

最高车速 249千米/时

该车由威廉姆斯公司的设计师帕特里克·海德设计，中置了后来安装在捷豹XJ220上的发动机，并且四轮驱动。该车是终极的B组拉力赛赛车。

◁ 贝纳通–福特 B188 1988年款

产地 英国

发动机 3.493升，V型八缸

最高车速 322千米/时

1988年，意大利赞助商赞助的贝纳通一级方程式车队使用了福特考斯沃斯DFV无增压发动机。亚历山大·纳尼尼和蒂埃里·伯特森驾驶该赛车多次获得第三名的成绩。

△ 奥迪 运动版 夸特罗 1983年款

产地 德国

发动机 2.133升，直列五缸

最高车速 248千米/时

奥迪品牌将夸特罗汽车的长度减少了32厘米以与B组比赛的竞争对手抗衡，其公路版输出306马力的动力，拉力赛版则输出612马力。

△ 奥迪 夸特罗S1 E2 1985年款

产地 德国

发动机 2.133升，直列五缸

最高车速 248千米/时

在与B组比赛竞争对手的最后一次比拼中，奥迪品牌在夸特罗汽车上增加了车翼和扰流板，这便是Evo 2车型。车手沃尔特·罗尔驾驶该车在1985年的圣雷莫拉力赛中获胜。

美国紧凑型汽车

美国的汽车生产商花了很长时间才发觉汽车正朝小型、节油的方向发展。大型汽车需要廉价的燃料、宽阔的马路和较小的交通流。20世纪80年代，日本和欧洲在小型汽车上取得了长足的进步，这迫使美国汽车生产商开始重新思考自己的发展方向。

△ 道奇 白羊座 1981年款

产地 美国

发动机 2.213升，直列四缸

最高车速 158千米/时

这款宽敞的前轮驱动轿车是1981年的年度潮流汽车，该车在7年内共售出100万辆，帮助20世纪80年代的克莱斯勒公司盈利。

◁ 道奇 枪骑兵 1985年款

产地 美国

发动机 2.213升，直列四缸

最高车速 179千米/时

这款增压的五门枪骑兵汽车的速度可达201千米/时，动力强劲，配有五挡手动变速器或三挡自动变速器。

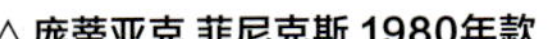

△ 庞蒂亚克 菲尼克斯 1980年款

产地 美国

发动机 2.838升，V型六缸

最高车速 175千米/时

该车有两门的跑车版和五门的斜背版，是庞蒂亚克品牌首款前轮驱动的紧凑型汽车，比从前的车型更高效。该车一直生产到1984年。

◁ 庞蒂亚克 Grand Am 1985年款

产地 美国

发动机 3.000升，直列四缸

最高车速 161千米/时

庞蒂亚克品牌为该车取了一个古老的名字，它属于发动机中置的紧凑型轿车，前轮驱动，具有2.5升四缸发动机或3.0升V6发动机，有跑车版和轿车版。

△ 庞蒂亚克 菲罗 GT 1985年款

产地 美国

发动机 2.838升，V型六缸

最高车速 200千米/时

通用公司发布的这款发动机中置、部分塑料车身的双座菲罗跑车震撼了整个汽车业。该车在5年内共售出370 158辆，基础版配有四缸发动机。

▽ 别克 雷塔 1988年款

产地 美国

发动机 3.800升，V型六缸

最高车速 201千米/时

该车是别克品牌50年来的首款双座汽车，车上配有触屏式天气显示器、收音机和电子诊断系统。但是它的小配件却不被消费者喜欢。

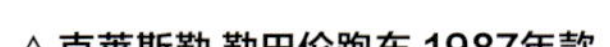

△ 克莱斯勒 勒巴伦跑车 1987年款

产地 美国

发动机 2.501升，直列四缸

最高车速 166千米/时

该车配有增压发动机、创新的车身外形和滑动的前大灯罩，有跑车版和活动折篷版。

△ 雪佛兰 波谱 1985年款

产地 日本

发动机 1.471升，直列四缸

最高车速 161千米/时

该车在通用的日本工厂生产，有掀背式和轿车2款，以“五十铃双子座”的名字在日本出售。在美国和意大利市场上出售时，它改名为“雪佛兰波谱”。

◁ 福特 护卫舰 1981年款

产地 美国

发动机 1.597升，直列四缸

最高车速 154千米/时

直到1981年，美国市场才开始接受这款在欧洲名为福特Escort的小型汽车，美国版本成为美国市场几十年来最畅销的汽车。

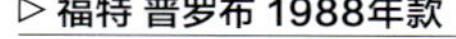

▷ 福特 普罗布 1988年款

产地 美国

发动机 2.184升，直列四缸

最高车速 190千米/时

该车本来是用来取代野马汽车的，但后来却作为一个新车型发布。这款前轮驱动的普罗布汽车由马自达公司设计，在美国的新工厂生产。

△ AMC 伊格尔 1979年款

产地 美国

发动机 4.228升，直列六缸

最高车速 142千米/时

20世纪70年代，AMC公司将日本的四轮驱动技术应用于自己的轿车系列中，打造出这款四轮驱动的“混血”汽车。

△ 凯迪拉克 西马龙 1981年款

产地 美国

发动机 1.835升，直列四缸

最高车速 161千米/时

为了打进紧凑型汽车市场并且与欧洲进口汽车竞争，通用公司想将J系车的平台转手给凯迪拉克品牌，尽管平台技术含量很高，但却失败了。

◁ 伊格尔 首相 1987年款

产地 美国

发动机 2.464升，直列四缸

最高车速 188千米/时

这款由乔治亚罗设计、由AMC公司和雷诺公司研发的这款车宣称配有电控四挡自动变速器、燃油喷射发动机和空调系统。

▽ 大众 捷达 16V 1987年款

产地 美国/德国

发动机 1.781升，直列四缸

最高车速 203千米/时

美国人不喜欢掀背式汽车，于是大众公司在掀背式高尔夫车型后面加了个行李箱生产出这款车。该车售出上百万辆，其中1/3销往美国。

1980年的丰田汽车

1980年，日本汽车已经在美国和欧洲站稳了脚跟。图中这些丰田花冠、克雷西达和海拉克斯皮卡车型都在等待出口，它们都有较合理的价格并且可靠。

超级Mini汽车

英国的Mini汽车向全世界证明了配有小型发动机、四座的紧凑型汽车的市场有多大，全世界的汽车生产商在发现其巨大市场后立刻跟进，销售此类车型。受安全法规的影响，Mini也升级为超级Mini，车型变大，外形变得更好。本质上，所有的生产商都是模仿Mini的横置四缸发动机前轮驱动的设计形式来生产同类型汽车的。

◁ 奥斯汀 迷你-大都会 1980年款

产地 英国

发动机 0.998升，直列四缸

最高车速 135千米/时

在Mini汽车问世的21年后，即1980年，一款英国生产的超级Mini汽车诞生了。该车的发动机可以追溯到1953年，它外形美观且配备了液气混合悬架。

▷ 塔伯特 桑巴 1982年款

产地 法国

发动机 1.360升，直列四缸

最高车速 140千米/时

标致公司在1978年接手了克莱斯勒公司的欧洲分支机构，因此，这款桑巴实质上是盛装打扮的标致104。这意味着它是一辆具有0.954~1.360升排量的好车。

△ 福特 嘉年华 1986年款

产地 日本/韩国

发动机 1.138升，直列四缸

最高车速 150千米/时

这款福特嘉年华汽车是由马自达公司基于马自达平台设计的，其目标市场是美国、澳大利亚和日本。该车另一个生产商是韩国的起亚汽车，它将这款车命名为“起亚荣耀”。

▷ 标致 205 GTi 1984年款

产地 法国

发动机 1.905升，直列四缸

最高车速 195千米/时

这款给人印象深刻的GTi汽车是一款销量达270万辆的掀背式标致汽车的衍生品。该车发动机排量为1.905升，动力输出为130马力，最高车速为195千米/时。

▷ 尼桑 彻里涡轮增压版 1983年款

产地 日本

发动机 1.488升，直列四缸

最高车速 183千米/时

尼桑公司的这款车在1983—1986年共售出1 450 300辆，该系列的顶级车配有114马力的增压发动机，但是该车的操控性不好且增压滞后。

△ 大众 Polo 1981年款

产地 德国

发动机 1.403升，直列四缸

最高车速 151千米/时

这款第二代Polo汽车在1981—1994年共售出450万辆，加大的内部空间和更强大的发动机使它更具竞争力，该车在1990年改款。

◁ 尼桑 玛驰/米克拉 1983年款

产地 日本

发动机 0.988升，直列四缸

最高车速 142千米/时

尼桑公司的这款车耐用且配备了1.0~1.2升的发动机，它虽然不是最优雅的超级Mini汽车，但是它操控性好，在9年内售出200万辆。

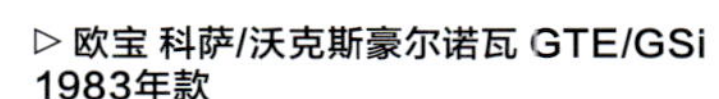

▷ **欧宝 科萨/沃克斯豪尔诺瓦 GTE/GSi 1983年款**

产地 西班牙

发动机 1.598升，直列四缸

最高车速 188千米/时

这款掀背式汽车在其他1.0、1.2、1.3、1.4升车型加入科萨系列车型之后也成为其中一员，外形非常美观。和福特公司的嘉年华车型一样，它也在西班牙生产。

△ **辛克莱尔 C5 1985年款**

产地 英国

发动机 电动转子式

最高车速 24千米/时

这款C5汽车是改变世界的一次勇敢尝试，它在英国问世，通过电来实现驱动。然而该车仅仅生产了12 000辆。

◁ **西雅特 伊维萨 1985年款**

产地 西班牙

发动机 1.461升，直列四缸

最高车速 172千米/时

尽管该车的发动机是由保时捷公司设计的，这款西雅特新款掀背式汽车还是有菲亚特汽车的影子。其发动机排量在0.950~1.714升之间。

◁ **菲亚特 Uno 1983年款**

产地 意大利

发动机 1.301升，直列四缸

最高车速 167千米/时

这款成功的车型具有全车身圆角结构，截至1994年共售出650万辆，外车身设计精良，精巧的外形由乔治亚罗设计，操控性很好。

△ **奥托比安希 Y10 1985年款**

产地 意大利

发动机 0.999升，直列四缸

最高车速 142千米/时

该车由奥托比安希公司生产，在某些地区作为蓝旗亚汽车销售。它属于紧凑型城市用车，具有梦幻般的外形和较大的内部空间。然而，远距离旅行时它容易出问题。

△ **雷诺 5 1984年款**

产地 法国

发动机 1.108升，直列四缸

最高车速 145千米/时

这款第二代的雷诺5汽车拥有排量为0.956~1.721升的发动机，发动机横置使得内部空间更大。该车是20世纪80年代销量最好的欧洲汽车之一。

◁ **雪铁龙 AX 1987年款**

产地 法国

发动机 0.954升，直列四缸

最高车速 134千米/时

该车最初是三门款，后来在1988年推出五门款，这款AX车型虽然与标致小型汽车使用相同的传动装置，但具有自己的时尚外形。

△ **本田 思域 CRX V-TEC 1987年款**

产地 日本

发动机 1.590升，直列四缸

最高车速 208千米/时

本田公司的这款思域车型很快就出了跑车版，该车配有150马力、带有可变气门正时和升程电子控制系统的双凸轮轴发动机，速度非常快。

△ **杰奥 大都会/铃木 雨燕 1989年款**

产地 日本/美国

发动机 0.993升，直列三缸

最高车速 142千米/时

该车由铃木公司生产，名为“福星”或“雨燕”，问世20年后仍然在巴基斯坦继续生产。这款“世界汽车”由通用汽车公司在美国销售，在7个不同的国家生产。

1908年，奥古斯特·霍希驾驶着一辆霍希PKW汽车

伟大的品牌

奥迪的故事

通过创新、提升技术和竞争力，奥迪品牌已经成为汽车工业的巨人。然而，这个著名的德国品牌在第二次世界大战后的约20年里却沉寂下来。自从入驻大众公司旗下之后，奥迪品牌成为德国先驱精神的象征。

奥迪品牌的创始人是德国工程师、企业家奥古斯特·霍希，他在1901年就开始生产汽车，并将汽车命名为霍希。1909年，霍希因为与所载公司其他管理者意见不同离开了公司。第2年，霍希创建了一家公司，在茨维考市，并且开始生产名为奥迪的汽车。霍希将其命名为奥迪的原因是他离开前一个公司时签定了限制使用他的姓氏命名汽车的条款。霍希的拉丁语是奥迪，在德语里的意思是“听”。第一款奥迪汽车是排量为2.612升的Type A 10/22PS，此后，其他大排量汽车相继被生产出来。意识到在汽车比赛中击败对手对于提升品牌形象很重要后，极具商业头脑的奥古斯特·霍希开始让他的汽车参加长距离赛和其他赛事，包括1911—1914年的澳大利亚阿尔派选拔赛。铝制车身、发动机排量高达3.56升的奥迪Type C汽车完成了1913年的赛事且没有犯规，并且获得了团体奖。在这次著名的胜利之后，动力强劲的Type C车型被称为“阿尔卑斯山冠军车”。

奥迪汽车标志
（1964年发布）

> “当我在4 500转/分的时候放开离合器，车就像爆发了一样。”
>
> 拉力赛传奇车手沃尔特·罗尔驾驶夸特罗汽车，2010年

尽管仍然处于成长期，奥迪汽车的技术在汽车界已经处于领先地位，它是1913年第一家采用电力照明和电起动的德国品牌之一。第一次世界大战期间，奥迪为德国军方生产卡车。霍希带领奥迪经历战争后，于1920年

令人震惊的夸特罗汽车
尖锐的棱角外形和强动力的发动机造就了夸特罗汽车的成功。永久四轮驱动系统产生强大的牵引力，转弯性能良好，是一款理想的拉力赛赛车。

奥迪汽车海报，1921年
这张海报展示的是一款豪华、强动力的辉腾车型。该车昂贵且销量很差，最终造成公司亏损。

100 AVANT

SPORT 夸特罗 S1 E2

TT ROADSTER

R8

1910年 奥迪公司成立
1920年 奥古斯特·霍希离开公司
1932年 奥迪、DKW、霍希和漫游者4个品牌成立汽车联盟企业集团
1940年 奥迪公司战前最后一款汽车生产出来。第二次世界大战后，奥迪公司沉寂下来
1964年 大众公司解救了衰落的汽车联盟/DKW
1965年 奥迪的名字在基于DKW F102生产出的60车型上恢复使用

1966年 发布奥迪80行政车；该车一直生产到1996年
1968年 100车型发布，它和后来的A6车型成为奥迪品牌进入新千年后的主要车型
1969年 奥迪公司与其竞争对手NSU公司合并，成立奥迪 NSU汽车联盟集团
1977年 100车型是世界上首款装有直列五缸发动机的车型
1980年 奥迪 夸特罗汽车发布
1984年 短轴距的运动款夸特罗汽车（为拉力赛而研发）发布

1985年 米科拉驾驶运动款夸特罗S1车型赢得派克峰国际登山赛
1986年 由于安全问题召回了5 000辆美国版奥迪汽车
1990年 奥迪汽车首次赢得了德国房车锦标赛
1994年 新A8车型更轻，采用全铝制底盘及车身
1996年 弗兰克·比拉驾驶一辆奥迪A4汽车赢得了英国房车锦标赛。同年发布小型A3家庭轿车

2000年 奥迪品牌发布三缸A2车型，重回小型汽车市场；R8赛车还赢得了勒芒24小时耐力赛
2005年 大型SUV Q7车型发布，2009年更紧凑的Q5汽车发布
2006年 R10 TDI汽车成为首个在勒芒24小时耐力赛中获胜的柴油车
2012年 奥迪公司第一个位于美洲的工厂落地墨西哥，专门生产Q5车型
2018年 发布第5代主力车型A6/A7
2019年 全电动汽车e-tron上市销售

离开奥迪公司去政府的金融部门工作，公司交由一个团队管理，在此期间奥迪公司一直在生产昂贵、浮夸车型的汽车。1928年，丹麦工程师乔根·斯卡夫特·拉斯姆森买下了奥迪公司的大部分股票，他自1920年起一直生产DKW摩托车，而且一直在谋划生产轻型汽车。他正需要生产线来实现他的想法，这也是他控股奥迪公司的主要动机。新车型发布后，人们发现它缺少创新，如四缸的Type P车型是将标致201发动机与DKW品牌制造的底盘及车身组合到一起的。此时公司的发展重心也放到了DKW品牌上，奥迪品牌则被边缘化，1931年只生产了77辆汽车，1932年只生产了22辆汽车。在20世纪30年代早期的经济大萧条期间，奥迪、DKW、霍希和漫游者4个品牌共同组成汽车联盟集团。自1932年年中以来，这个大联盟就覆盖了德国的汽车市场，它销售廉价的DKW汽车、中档的奥迪和漫游者汽车，还有豪华的霍希轿车。可以预见，混血汽车会马上出现，但是这种汽车的利润往往不高。例如1933年的奥迪Front车型，该款前轮驱动的汽车配有漫游者公司的发动机、DKW公司的传动装置和霍希汽车的外形，但该车并不成功。1940年4月起，公司开始全力生产军用车辆。

成功的标语
20世纪80年代以后，奥迪公司开始使用标语“Vorsprung durch Technik（通过技术实现进步）”来告诉公众自己是一家创新的、有想象力的和有进取心的公司。

第二次世界大战结束后，汽车联盟集团归民主德国所有，奥迪、霍希和漫游者的名字也从市场上消失了。一家名为汽车联盟的新公司在联邦德国成立，刚开始只生产零部件，后来开始生产汽车联盟和DKW品牌的汽车。戴姆勒-奔驰公司在1958年大量买进汽车联盟公司的股票，但在1964年后期大众公司控股之前，其产品依然过时且不成熟。为了与宝马品牌车型竞争，大众公司将自己1.696升的四缸发动机安装到DKW F102轿车上，并且以奥迪 60的名称发布了战后首款奥迪汽车。

复兴后的奥迪品牌发展稳健，1969年，大众公司将其与另外一个品牌NSU合并成立奥迪NSU汽车联盟集团。奥迪汽车起初包括几款贴牌的大众汽车，直到1980年夸特罗跑车的出现，创新的形象才深入人心。这款汽车使用了四轮驱动（对于当时的主流汽车生产商来说还只是梦想）和涡轮增压技术，配有五缸发动机。夸特罗汽车在赛场上表现惊人，在1982—1984年称霸汽车赛场，传奇赛车手汉努·米科拉、斯蒂格·布洛姆奎斯特和沃尔特·罗尔都获得过世界冠军头衔，不只这些，他们还在派克峰国际登山赛和特兰斯艾姆冠军赛中都获得了胜利，而且还获得法国、英国和德国巡回赛的冠军。

奥迪品牌很快成为大众集团新技术、新车身外形的先锋，例如在1994年的大型A8轿车中使用铝制材料，在1998年发布新型镀金车身的TT车型。奥迪汽车在2000年首次赢得勒芒24小时耐力赛冠军，并在2006年凭借R10 TDI车型成为第一个以搭载柴油发动机赛车赢得比赛的品牌。

奥迪品牌凭借一系列高档轿车在中国等国家的汽车市场大获成功，并且备受成功人士青睐。

奥迪R10 TDI汽车
该车在2006—2008年赢得勒芒24小时耐力赛，它纵置了排量为5.499升的V12铝制双涡轮增压柴油发动机。

超级运动型轿车

20世纪80年代，轿车的生产工艺已经非常精良，敞篷跑车成为汽车发烧友的收藏品，而追求速度的驾驶员会选择购买运动型轿车。高性能轿车赛的流行推动生产商开始生产特殊车型以适应比赛的规则，并努力使自己生产的轿车能在比赛中名列前茅。这些限量版的轿车很有收藏价值。

△ **阿斯顿·马丁 拉贡达 1976年款**
产地 英国
发动机 5.340升，V型八缸
最高车速 230千米/时

拉贡达汽车拥有计算机控制的仪表盘和楔形的外形，在20世纪70年代看起来很前卫。直到1979年第一辆拉贡达汽车才交付使用，80年代时该车已发展成熟。

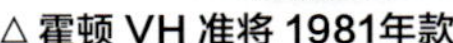

△ **霍顿 VH 准将 1981年款**
产地 澳大利亚
发动机 5.044升，V型八缸
最高车速 201千米/时

澳大利亚的霍顿公司制造出排量大于1.9升的结实轿车，VH准将这款车在当地的汽车比赛中获得成功，公路版被称为SS。

△ **罗孚 3500 维特斯 1982年款**
产地 英国
发动机 3.528升，V型八缸
最高车速 214千米/时

罗孚SD1车型机械结构简单，车身线型现代，且配有轻质V8发动机，该车被评为1977年欧洲年度汽车，其终级版维特斯车型是20世纪80年代性能最强的轿车。

▷ **宾利 Turbo R 1985年款**
产地 英国
发动机 6.750升，V型八缸
最高车速 230千米/时

劳斯莱斯公司在宾利这款旗帜性产品上增加了涡轮增压，使其回归运动本色。

△ **玛莎拉蒂 双涡轮增压 1981年款**
产地 意大利
发动机 1.996升，V型六缸
最高车速 212千米/时

为了提升玛莎拉蒂品牌的市场占有率，亚历山大·德·托马索发布了这款两座或四座的增压轿车，该车驾驶起来很舒适，但因外形不更新且生产质量不好而未取得成功。

△ **宝马 M3 1988年款**
产地 德国
发动机 2.302升，直列四缸
最高车速 230千米/时

在生产比赛用的E30 3系列时，宝马品牌制造出这款20世纪80年代的旗帜性汽车，该车具有非凡的性能、良好的操控性和豪华的车身外形。

◁ **沃克斯豪尔 路特斯 卡尔顿 1989年款**
产地 德国/英国
发动机 3.615升，直列六缸
最高车速 285千米/时

该车在欧洲大陆以欧宝品牌的路特斯-欧米茄的名称来销售，它由标准版卡尔顿轿车升级而来，配有更大的发动机和双涡轮增压器，动力强劲。

▽ **奥迪 V8 DTM 1988年款**

产地 德国

发动机 4.172升，V型八缸

最高车速 246千米/时

这款四轮驱动、配有4.2升V8发动机的奥迪汽车是一款顶级轿车，其3.6升版在1990年和1991年赢得了德国DTM比赛。

△ **福特 塞拉利昂 XR4i 1983年款**

产地 英国/德国

发动机 2.792升，V型六缸

最高车速 208千米/时

该车是欧洲福特公司生产的最后一款后轮驱动肌肉车，雨天驾驶该车会很有激情，它的特点是高速巡航性能好，飞机式扰流板使它保持稳定。

△ **福特 金牛座 SHO 1989年款**

产地 美国

发动机 2.986升，V型六缸

最高车速 230千米/时

福特公司为一款计划中的跑车订购了雅马哈发动机，后来这款跑车的生产计划取消了，而订购来的发动机被安装到了限量版的SHO上，这款车后来很流行，因此生产了很多辆。

◁ **福特 塞拉利昂 考斯沃斯 RS500 1987年款**

产地 英国/德国

发动机 1.993升，直列四缸

最高车速 240千米/时

这款车的输出动力为224~300马力，配有助力制动和硕大的扰流板，带有涡轮增压，一直在高性能轿车赛中名列前茅，仅生产了500辆。

△ **蓝旗亚 天马 8.32 1987年款**

产地 意大利

发动机 2.927升，V型八缸

最高车速 240千米/时

该车外形设计的标准极高，被定位为昂贵车型。法拉利308跑车的发动机经过必要的改装后被安装到该车沉重的轿车车身中。

◁ **大众 高尔夫 Rallye G60 1989年款**

产地 德国

发动机 1.763升，直列四缸

最高车速 216千米/时

一些客户认为高尔夫GTI还是不够快，因此大众公司生产了这款增压的四轮驱动G60，一年便售出9 780辆。令人惊讶的是，这款车不是为比赛而生产的。

意大利设计师引领的设计风格

意大利汽车设计师是20世纪20年代以来最具开创性才能的汽车外形设计师。20世纪80年代以前，他们在世界汽车界是最有影响力的。他们不仅引领时尚——楔形车身设计深受欢迎，还影响着汽车外形的设计理念（如掀背式汽车），使不同档次的汽车都变得更有魅力。

△ 德劳瑞恩 DMC-12 1981年款

产地 英国

发动机 2.849升，V型六缸

最高车速 195千米/时

该车由路特斯公司设计底盘，由乔治亚罗设计车身，并且在电影《回到未来》中亮相。这款德劳瑞恩汽车因为质量问题于1982年停产。

△ 现代 埃克塞尔/谱尼 1985年款

产地 韩国

发动机 1.468升，直列四缸

最高车速 154千米/时

现代汽车公司于1975年首次在Pony汽车上引入意大利设计风格，并在10年后将这款Pony汽车改成前轮驱动形式，该车一直生产到1994年。

△ 斯柯达 法沃里特 1987年款

产地 捷克斯洛伐克

发动机 1.289升，直列四缸

最高车速 148千米/时

该车是斯柯达品牌首款发动机前置、前轮驱动的汽车，外形由博通公司设计，是中欧国家最流行的汽车。该车结构简单，只有一种发动机配置。

△ 蓝旗亚 Delta Integrale 1987年款

产地 意大利

发动机 1.995升，直列四缸

最高车速 216千米/时

这款蓝旗亚的Delta非常现代，是欧洲1980年的年度汽车，它开始时是作为购物车来生产的，后来被用作拉力赛赛车。

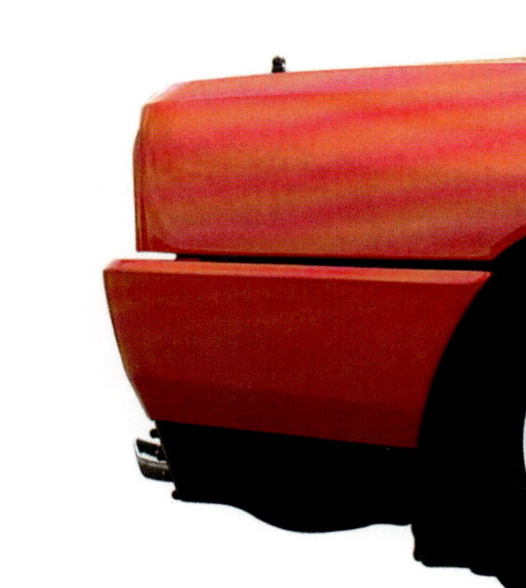

◁ 克莱斯勒 TC 玛莎拉蒂 1989年款

产地 意大利

发动机 2.213升，直列四缸

最高车速 209千米/时

这款带有涡轮增压的TC车型由玛莎拉蒂公司在意大利生产完成，该车由于酝酿了3年才问世，因此销量并不好。

△ 雪铁龙 BX 1982年款

产地 法国

发动机 1.905升，直列四缸

最高车速 171千米/时

该车的外形由博通公司的马塞洛·甘迪尼设计完成，使用了标致405汽车的底盘，拥有液压悬架和1.1~1.9升排量的发动机，12年内共售出230万辆。

▷ 标致 405 1987年款

产地 法国

发动机 1.905升，直列四缸

最高车速 187千米/时

这款车在欧洲一直生产到1997年，在伊朗则持续生产到现在。它是由宾尼法利纳公司设计的，并赢得了1988年欧洲年度汽车奖，在世界范围内共售出250万辆，其发动机排量从1.4升至2.0升不等。

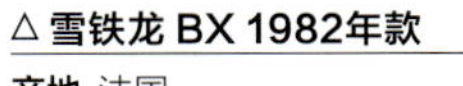

◁ 沃尔沃 780 1986年款

产地 瑞典/意大利

发动机 2.489升，V型六缸

最高车速 183千米/时

这款780汽车由博通公司生产，刚开始使用的是低功率发动机和断开式后桥。1988年，改换为独立后悬架和涡轮增压式发动机。

△ 雪铁龙 XM 1989年款

产地 法国

发动机 2.975升，V型六缸

最高车速 230千米/时

该车由博通公司设计，源于甘迪尼设计的雪铁龙BX车型，它外形大且优美，配有2.0~3.0升排量的发动机和电控液压悬架。

△ 菲亚特 熊猫 1980年款

产地 意大利

发动机 1.100升，直列四缸

最高车速 138千米/时

该车采用乔盖托·乔治亚罗设计的底盘，简单无褶皱的外形被20世纪80年代的菲亚特汽车所采用。发动机排量逐渐由0.650升提升至1.100升，甚至还有4×4版，该车一直生产到2003年。

◁ 菲亚特 斯特拉达/利马 篷式 1983年款

产地 意大利

发动机 1.498升，直列四缸

最高车速 166千米/时

博通公司为菲亚特设计了这款与众不同的掀背式家庭轿车。该车因太前卫而未能马上流行起来，但是到1983年，该车已经得到了消费者的认可。

◁ 菲亚特 克罗马 1985年款

产地 意大利

发动机 2.500升，直列四缸

最高车速 195千米/时

这款掀背式家庭轿车的外形由乔盖托·乔治亚罗设计，配有1.6~2.5升排量的发动机，它是世界上第一款配有直喷柴油发动机的载客汽车。

△ 五十铃 广场增压车型 1980年款

产地 日本

发动机 1.996升，直列四缸

最高车速 204千米/时

乔治亚罗为通用公司的日本品牌设计了新跑车的外形，该车从1983年开始在美国销售，从1985年开始在欧洲销售。该车速度很快，但是最初的版本操控性较差。

◁ 法拉利 蒙地奥 篷式 1984年款

产地 意大利

发动机 2.926升，V型八缸

最高车速 235千米/时

宾尼法利纳公司设计了这款惊艳的楔形、发动机中置蒙地奥汽车，如果把车顶拉下会更加美观。该车性能很好。

△ 凯迪拉克 艾伦特 1987年款

产地 美国/意大利

发动机 4.087升，V型八缸

最高车速 192千米/时

该车的设计和生产都在意大利完成，进入美国市场时底盘改为使用凯迪拉克汽车的底盘，这款高端的两座敞篷跑车因前轮驱动而受到批评。

△ 路特斯 埃特纳 1984年款

产地 英国/意大利

发动机 3.946升，V型八缸

最高车速 290千米/时

该车的意大利式车身外形由乔治亚罗设计，是一款未上过路的原型车，直到2008年安装了V8发动机后才开始上路。

▷ 阿斯顿·马丁 V8 万蒂奇·扎加托 1986年款

产地 英国/意大利

发动机 5.340升，V型八缸

最高车速 298千米/时

相比于20世纪60年代的DB4GT扎加托车型，仅有50辆跑车和25辆有活动折篷的1986年款V8万蒂奇·扎加托汽车被生产出来，尽管该车不算优美，且售价昂贵，但速度很快。

德劳瑞恩 DMC-12

说到德劳瑞恩品牌便绕不开它的金融丑闻。德劳瑞恩品牌由通用汽车公司的前副总裁约翰·扎卡里·德劳瑞恩创立，因其生产的汽车具有较好的安全性和耐久性被世人熟知，英国政府曾对其进行经济资助，在北爱尔兰建造了新工厂。但德劳瑞恩公司铺张浪费严重，市场预期不切实际，低等的质量与华丽的广告相违背，最终以倒闭收场。

德劳瑞恩汽车于1981年投入生产，量产汽车除了保留了1977年原型车辆上的鸥翼式车门和不锈钢车漆，完全由路特斯公司重新设计。刚开始的计划是中置汪克尔发动机，但是最终选择在后桥内安装雷诺V6发动机。尽管尾部较重，但车的操控性很好。德劳瑞恩汽车放弃了从前的塑料车身外壳，取而代之的是路特斯公司设计的钢制脊骨式底盘和真空注模双片玻璃纤维车身。路特斯公司在新工厂内仓促生产德劳瑞恩汽车，结果质量大打折扣。然而，德劳瑞恩汽车却因在电影《回到未来》中作为时光运输机出境后在流行文化中留下了永久的一笔，这部电影也是1985年上映的电影中票房最佳的。

规格	
车型	德劳瑞恩 DMC-12，1981—1982年
装配线	北爱尔兰 邓穆里
产量	约9 000辆
结构	钢制脊骨式底盘
发动机	2.849升，凸轮轴顶置式V6
动力输出	5 500转/分转速时输出制动马力为130马力
变速器	五挡手动变速器
悬架	全独立弹簧式
制动器	全盘式
最高车速	195千米/时

创始人的标志
对称的“DMC”标志是“DeLorean Motor Company”的缩写，这款车名为DMC-12。约翰·Z.德劳瑞恩本人与通用汽车公司庞蒂亚克部门的几款车也有关联。

车门大开的前视图

前视图

后视图

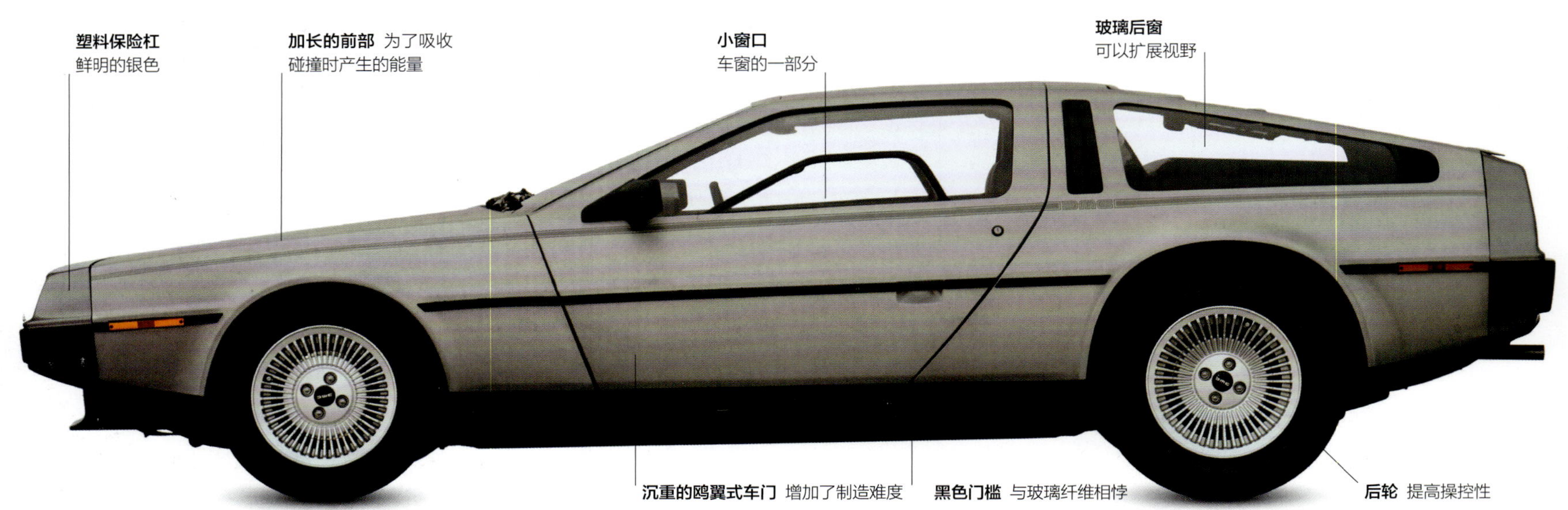

塑料保险杠 鲜明的银色

加长的前部 为了吸收碰撞时产生的能量

小窗口 车窗的一部分

玻璃后窗 可以扩展视野

沉重的鸥翼式车门 增加了制造难度

黑色门槛 与玻璃纤维相悖

后轮 提高操控性

样式超越功能

虽然约翰·扎卡里·德劳瑞恩强调了较高的车门槛能提高安全性，但安装鸥翼式车门对此毫无帮助。该车不锈钢车身涂层看起来的确非常漂亮，车门和车身也都是卖点，尽管这增加了车身的重量和工艺复杂度。选择不锈钢车身的原因是从前的塑料车身不易喷漆。

外观

德劳瑞恩汽车的外观最耀眼的地方就是鸥翼式车门，这也是约翰·扎卡里·德劳瑞恩坚持使用的。锋利的棱角车身是乔盖托·乔治亚罗在20世纪70年代的典型设计。后置的发动机装配精良。无论你对这款车和德劳瑞恩本人感觉如何，车身外形都是无可争议的亮点。

1. “DMC”代表“DeLorean Motor Company”（德劳瑞恩汽车公司） **2.** 典型的20世纪70年代的样式 **3.**标准的美式矩形前大灯 **4.** 嵌入摩擦条内的门把手 **5.** 右后侧的通风孔可以为发动机提供新鲜空气 **6.** 与德劳瑞恩汽车风格统一的合金车轮 **7.** 妨碍后视的车柱 **8.** 仅在DMC- 12车型上使用的尾灯样式

车内饰

驾驶员座位紧挨着操作台，较高的车门槛与鸥翼式车门相匹配。较粗的车柱有点妨碍视线，早期的黑色内饰也略显沉重，因此后来改用灰色调。两门的跑车版甚至移除了标志性的后座。

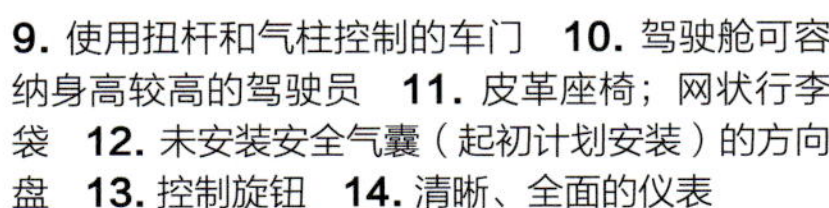

9. 使用扭杆和气柱控制的车门 **10.** 驾驶舱可容纳身高较高的驾驶员 **11.** 皮革座椅；网状行李袋 **12.** 未安装安全气囊（起初计划安装）的方向盘 **13.** 控制旋钮 **14.** 清晰、全面的仪表

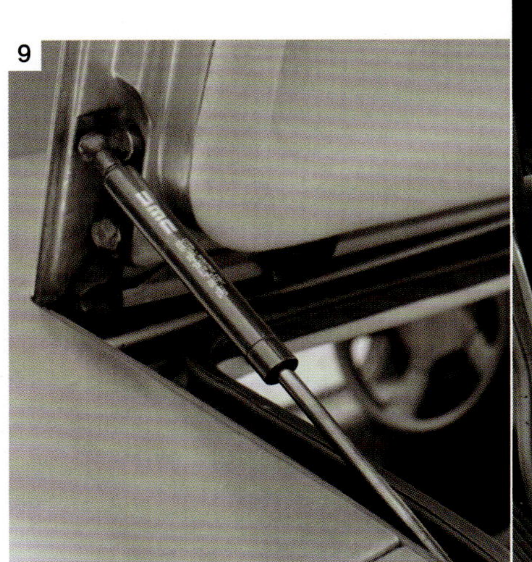

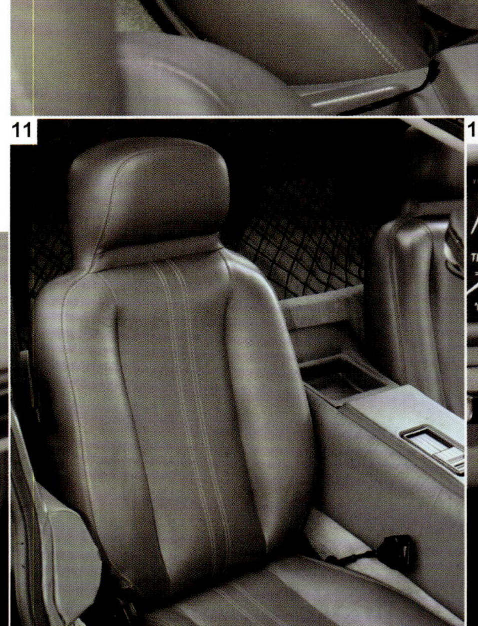

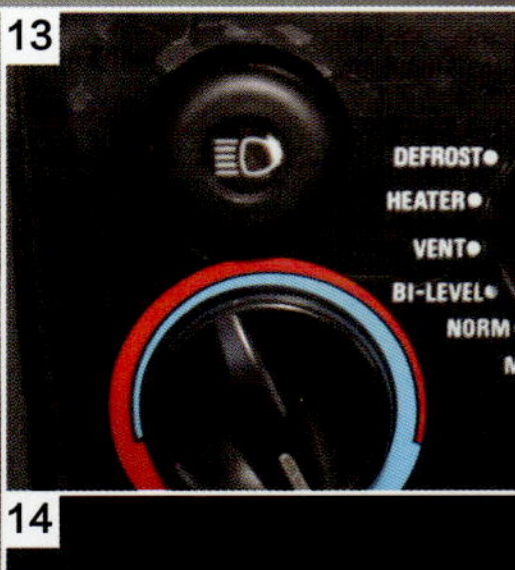

发动机舱

这款全合金的V6发动机源自法国，雷诺30、标致604和沃尔沃264车型都使用了这款发动机。为了适应美国的排放法规，这款发动机经过调校后的动力输出为130马力，97千米/时的加速时间长达10.5秒。这使德劳瑞恩汽车在性能上输给了保时捷911 SC，保时捷911 SC汽车虽然更贵，但是它更轻，动力输出达172马力。为了解决这个问题，德劳瑞恩品牌计划生产双涡轮增压版本，但是计划一直未能实施。

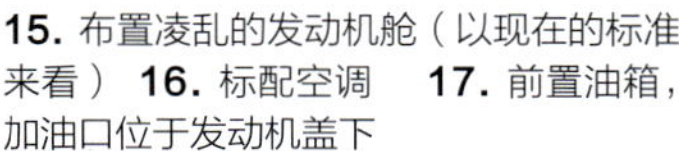

15. 布置凌乱的发动机舱（以现在的标准来看） **16.** 标配空调 **17.** 前置油箱，加油口位于发动机盖下

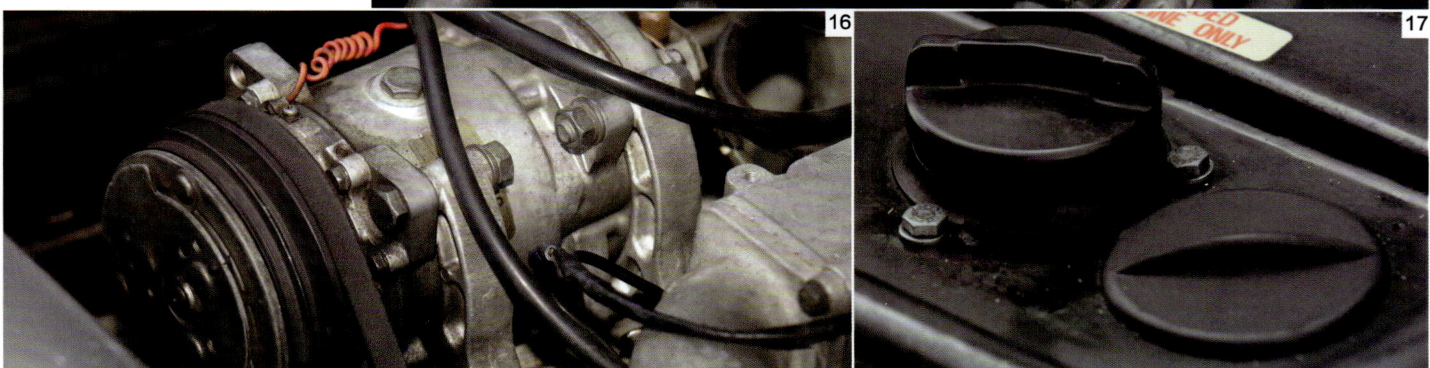

保时捷911
对置六缸发动机

保时捷首款跑车356使用很多大众公司的零部件，包括这款对置式四缸发动机。保时捷911车型上的全新动力装置沿用了这款对置式风冷发动机，但气缸数量增至6个，这是一款富有魅力、高性能、耐久的发动机。

六缸优于四缸
20世纪60年代早期，四缸对置式发动机应用于保时捷356车型上，而它的潜力也渐渐被挖掘完毕，其替代品六缸对置式发动机拥有更加强劲的动力，这正是911车型所需要的，它在设计上允许排量增加，这也满足了911车型日益增加的性能需要。

持续的成功

保时捷的这款对置式六缸发动机一直生产了60多年，其间增加了几次排量并添加了涡轮增压技术，这样的连续性也保证了保时捷发动机的质量。这款911生命力很顽强，而它的发动机也一样。但在1998年，这款发动机还是被取代了，新发动机仍然保留着对置六缸的布置形式，但摒弃了风冷的冷却形式，采用水冷系统，这样做的好处是保时捷可以在每缸上设置四个气门，增加了发动机的进气量。

发动机规格	
数据采集于	1963—1998年（空冷版本）
气缸	对置六缸
发动机布置	发动机后纵置
发动机排量	1.991升，慢慢增加到3.746升
动力输出	6 200转/分转速时输出128马力（使用双涡轮增压后升至402马力）
类型	传统四冲程空冷发动机，往复式活塞，分电器点火（后来是无分电器点火），湿式油底壳
气缸盖	每列气缸单顶置凸轮轴，链条驱动，每气缸两气门和（后来）两火花塞
燃油供给系统	单化油器，（后来）燃油喷射
气缸尺寸	3.15英寸×2.60英寸（8.00厘米×6.60厘米）
功率	64.3马力/升
压缩比	9.0：1

较低的轮廓
尽管在这个1994年的对置式六缸发动机的照片中看不到气缸和曲轴，但发动机低、宽的外观一目了然。这使得它可以整齐地安装在911车型的尾部，较低的重心有利于增加抓地力。

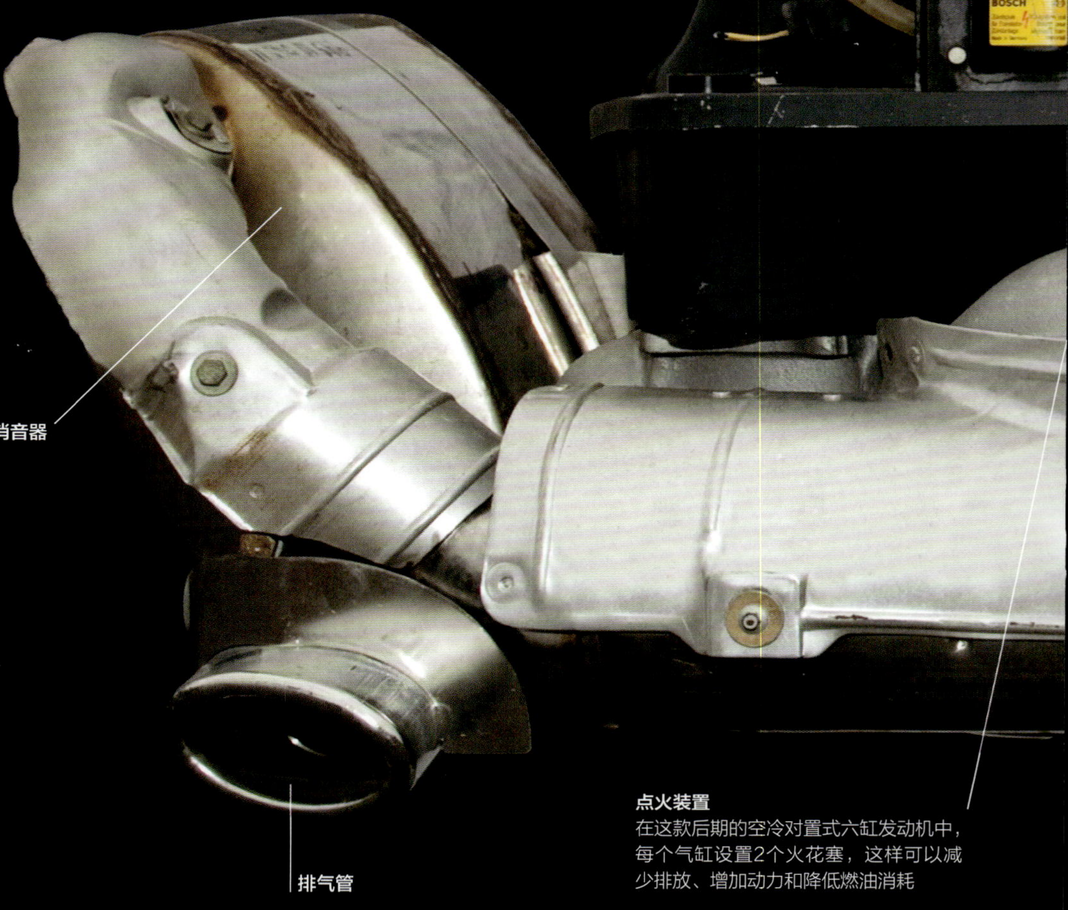

消音器

排气管

点火装置
在这款后期的空冷对置式六缸发动机中，每个气缸设置2个火花塞，这样可以减少排放、增加动力和降低燃油消耗

▷注：查看第352～353页 发动机的工作原理

怠速转速控制器
这个装置能够调节怠速时进入发动机内的空气量，控制怠速转速，怠速转速就是节气门关闭时发动机的转速（换句话说，就是松开油门踏板时发动机的转速）

控制板位置
该控制板（图中未画）是进气系统的一部分，它可以控制进气道内的谐振。安装在热膜式传感器附近，该传感器可以测量进入到气缸内空气的量，并将数据传给发动机管理系统

谐波进气增压系统
这是进气系统的另一部分，从1993年开始，对置六缸发动机安装了保时捷的Varioram进气增压系统，该系统随着发动机转速的改变而改变进气系统的结构，利用空气的谐振效应来增加进气量，进而使发动机的动力输出最大化

风扇
该风扇可以将冷却空气吹至带有散热片的气缸盖，也可以帮助发动机产生与众不同的声音

空气滤清器壳体

进气口

空调压缩机

发电机
发动机的发电机和风扇使用相同的转轴，发电机从这幅图中看不到，隐藏到里面了，但是它有自己的驱动皮带

三元催化转化器
该催化转化器安装在热护罩内，使用大的接触表面和稀有金属催化剂来减少排放物中一氧化碳、碳化氢和氮氧化物的量

热护罩

消音器

排气管

兰博基尼康塔奇

20世纪70年代，超级跑车开始盛行，这款稀有、外形奇特的公路汽车首次发布于1971年春季，并且以原型汽车的形式发布。为纪念兰博基尼成立25周年而发布的纪念版基本没有变化。到了1988年，该车因中置发动机和动感十足的外形而备受赞誉。康塔奇一词源于意大利北部山麓地区的方言，用于男性表达对漂亮女人的赞美。

在20世纪60年代的几次汽车展中，兰博基尼品牌几款发动机中置的原型车深深打动了参观者，兰博基尼和博通设计公司决定销售兰博基尼汽车。工程师设计了管式立体车架式底盘，该底盘上安装了早期兰博基尼缪拉车型的V12发动机，位于2个座位后，后车轮之前，发动机纵置，且前部安装五挡变速器，传动轴从油底壳穿过连接到差速器上。博通公司的明星设计师马塞洛·甘迪尼设计了这款车富有侵略性的楔形外形，车身材料使用的是飞机用铝材料。这款原型车被称为LP500，量产车在1974年问世，名为康塔奇LP400，配备了3.929升排量的发动机。

前视图　　后视图

侧视图

车标——创始人的星座
公司的创始人费鲁吉欧·兰博基尼以西班牙斗牛士安东尼奥·缪拉的名字来命名兰博基尼缪拉这款车。但是公司的车标是创始人费鲁吉欧生日所属星座金牛座。他在1971年出售了自己的汽车制造公司，3年后康塔奇车型问世。

可弹出的前大灯 安装在前部

剪刀式的车门 是一项创新

后窗 后部视野依然不好

凹陷处 用于发动机进气

平滑的尾部设计 早期的设计没有尾翼

NACA式风道 用于给V12发动机通风

宽轮胎 安装在后轮上

标志性的剪刀式车门
剪刀式车门是康塔奇车型最显著的特征，如图中这款25周年纪念版所示。车门可以同时向前上方打开，在空间小的地方方便乘客进出，但是这样设计实际是为了解决其赛车上车门槛高的问题。

规格	
车型	兰博基尼康塔奇，1974—1990年
装配线	意大利的圣亚加塔波隆尼
产量	2 042辆（包括650辆纪念版）
结构	立体车架式底盘，铝制车身
发动机	3.929~5.167升，V型十二缸
动力输出	7 000转/分转速时输出制动马力为448马力（5.2升）
变速器	五挡手动变速器
悬架	全独立悬架，螺旋弹簧
制动器	全盘式制动器
最高车速	295千米/时

外形

康塔奇是首款带有硬挺楔形外观的高性能公路车，它的车身低且宽，前部区域少，后部区域布置了发动机的通风孔，用来进气和冷却。后方的视野很有限，尤其是安装了大型车翼的车型。这款周年纪念版订制了侧裙。

1. 极富个性的小写体标牌　2. 威猛的公牛标志暗示着该车的高性能　3. 弹出式的前大灯直线布置　4. 通风口处的门把手　5. 轻质的抛光车轮　6. 博通公司在意大利设计　7. 垂直的空气进气道　8. 内部门把手　9. 尾部百叶窗，用于辅助发动机散热　10. 周年版独有的尾灯组合

1

2

3

4

车内饰

贴身的双座驾驶舱和斜式座椅都给人以真实的赛车感觉。高级的意大利汽车（如该车）的很多小控制部件都来自批量生产的产品汽车，如菲亚特汽车，但是皮革装饰是手工制作的，给人以环绕感。

11. 皮革外圈的方向盘，中部是白色大按钮　12. 控制按钮和高保真音响　13. 通风口　14. 电动座椅控制按钮　15. 皮革的换挡手柄和裸露的换挡口　16. 包装完美的中间隆起

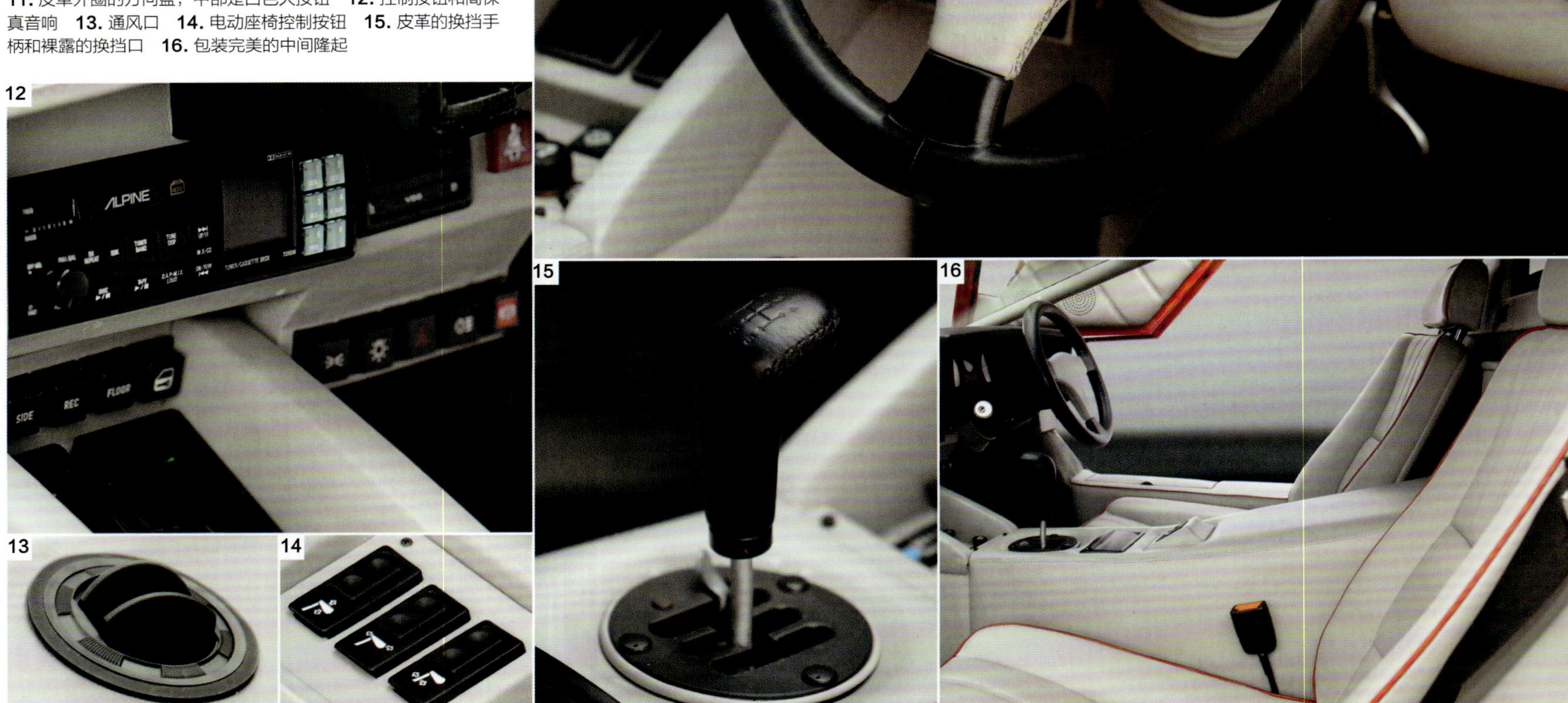

11 12 13 14 15 16

5

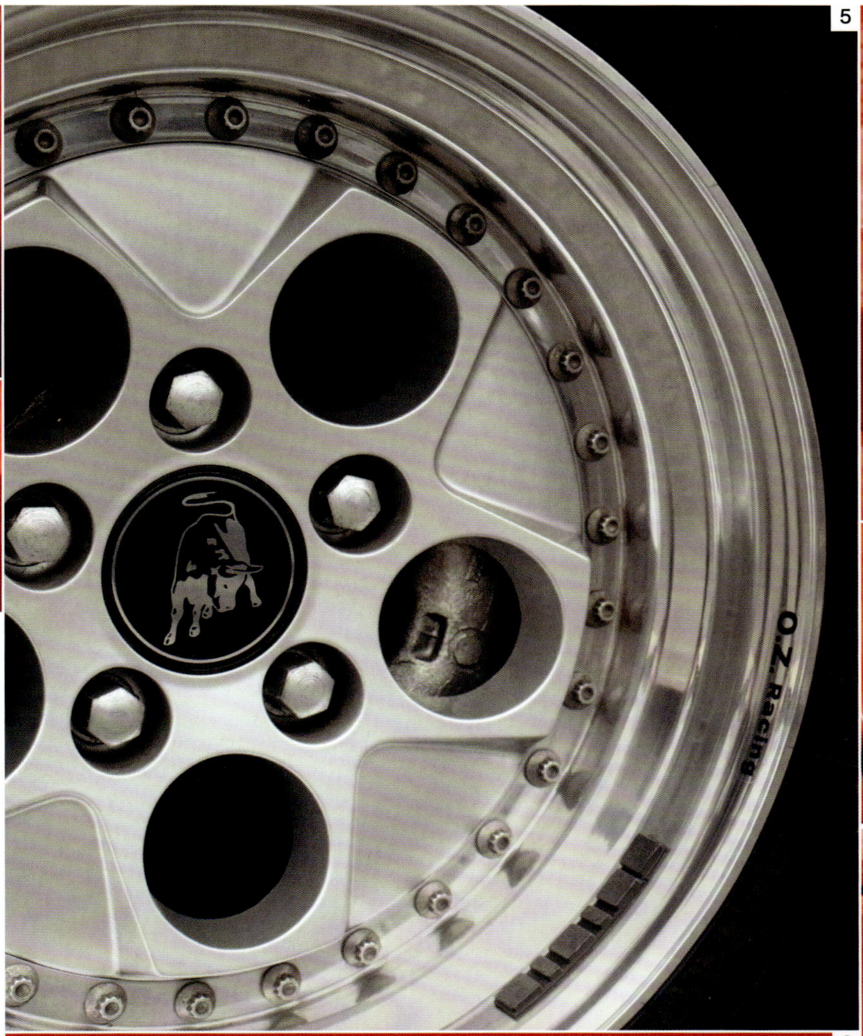

7

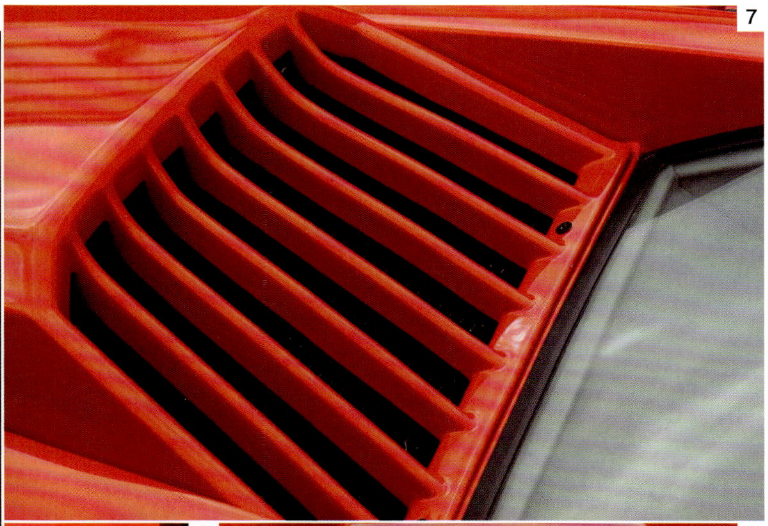

8

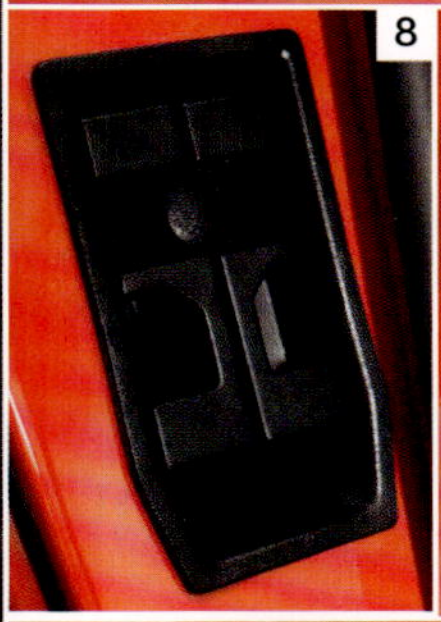

9

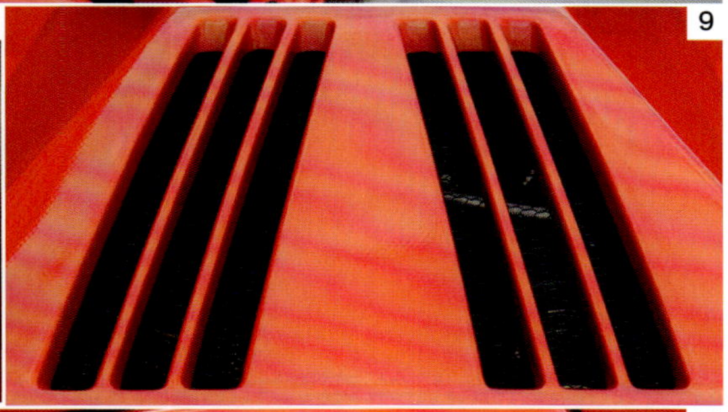

6

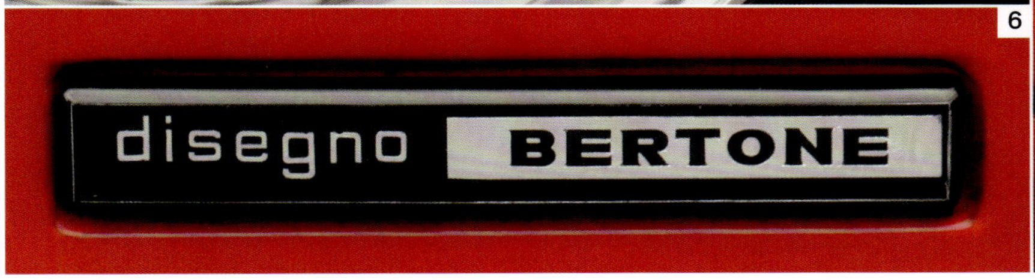

10

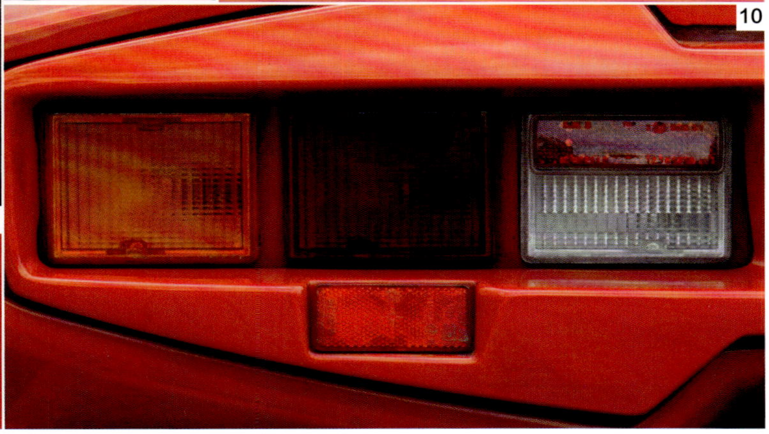

发动机舱

在任何一辆兰博基尼汽车的中心位置都有一个手工制作的杰作，这就是它的发动机。所有康塔奇车型均配有V12发动机，周年纪念版车型的发动机排量为5.2升。在欧洲市场上，该车的发动机配置了至少6个韦伯化油器，而在美国市场上，该车的发动机配备了博世K型燃油喷射系统，发动机的输出动力降低了，为的是适应美国的排放法规。发动机及其附属物被紧凑地放入车后部，上面有一个盖子将发动机盖住的同时也能满足其自如进入。

17

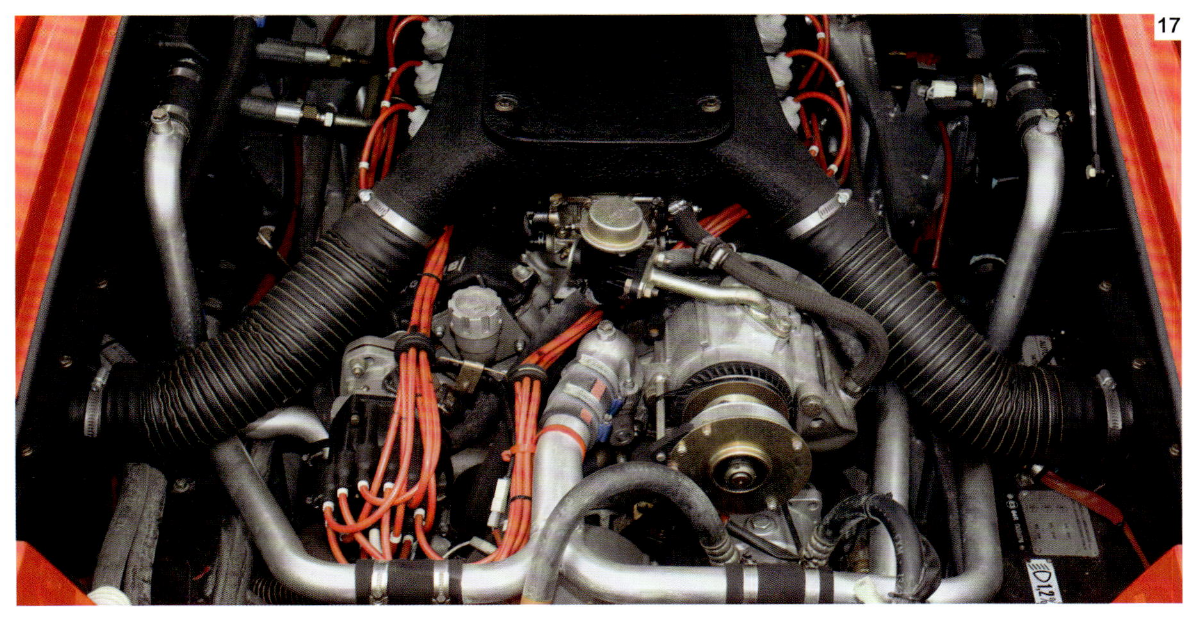

17. 这款由乔托 · 比扎里尼设计的V12发动机在1963年发布，至今仍然在生产，并且排量已经翻倍

激情的双座跑车

20世纪80年代是年轻向上的汽车制造专家或“雅皮士”的时代，他们所喜欢的车都带有过去双座跑车的特点。此时，每个汽车厂商的车型都拥有自己的特点，而回顾过去，他们都没有考虑过安全法规的要求。经典的底盘与新的车身相结合，打造出前轮或四轮驱动的汽车；而强动力旧技术与新前沿技术展开的竞争则异常激烈。

△ **阿斯顿·马丁 斗牛犬 1980年款**

产地 英国

发动机 5.340升，V型八缸

最高车速 307千米/时

这是一款梦幻般的阿斯顿·马丁汽车：发动机中置、双涡轮增压、曾在1980年轰动汽车界的欧翼式车门。它是唯一在测试中速度达到307千米/时的汽车。

△ **阿尔法·罗密欧 Spider 1982年款**

产地 意大利

发动机 1.567~1.962升，四缸

最高车速 190千米/时

该车在1966年发布，车身外观在1982年做了升级。纯粹主义者批评其橡胶保险杠和扰流板，但这些安全防护使该车在美国通过了安全法规。

△ **庞蒂亚克 火鸟特兰斯艾姆 1982年款**

产地 美国

发动机 5.001~5.733升，V型八缸

最高车速 225千米/时

该车是通用公司最符合空气动力学特性的汽车，是火鸟汽车的第三代。这款2+2跑车配有V8发动机，曾经在美国系列剧《霹雳游侠》中出镜。

▽ **雪佛兰 科尔维特 折篷车 1986年款**

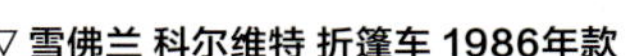

产地 美国

发动机 5.733升，V型八缸

最高车速 229千米/时

科尔维特车型在1983年进行了重新设计，3年后的这款折篷车采用的则是10年前的设计。该车的特色是它的数字仪表盘。

△ **TVR 350i 1984年款**

产地 英国

发动机 3.528升，V型八缸

最高车速 230千米/时

这款TVR汽车的脊骨式底盘和玻璃纤维式车身融合了罗孚的超级铝制V8发动机，该车加速性好，操控性和娱乐性都很强。

▷ **丰田 MR2 1984年款**

产地 日本

发动机 1.578升，四缸

最高车速 193千米/时

这款MR2（发动机中置的休闲双座车）汽车不是丰田公司第一款发动机中置的跑车，却是最好的。该车响应性好，可靠性高。

△ **马科斯 曼图拉 1984年款**

产地 英国

发动机 3.528~3.947升，V型八缸

最高车速 241千米/时

这款20世纪80年代的曼图拉汽车完全是60年代经典的马科斯汽车跨越时代而来。其特点包括软顶式设计，具有空气动力学的前车身和强劲的罗孚V8发动机。

▽ **凯特汉姆 7 1980年款**

产地 英国

发动机 1.588~1.715升，四缸

最高车速 185千米/时

这款凯特汉姆汽车的设计基于1968年版的路特斯7汽车，在20世纪80年代流行开来。它仍然采用福特发动机，操控性和加速性都非常出色。

△ 保时捷 911 折篷式 1982年款

产地 德国

发动机 2.687~3.299升，对置式六缸

最高车速 270千米/时

保时捷911汽车的车迷们急切地等待着新款车型，1982年，保时捷公司终于发布了这款折篷式车身的跑车，该车配有涡轮增压的标准卡雷拉发动机。

◁ 保时捷 959 1986年款

产地 德国

发动机 2.994升，对置六缸

最高车速 306千米/时

保时捷公司为B组拉力赛制造了200辆高质量的保时捷959汽车。该车四轮驱动，双涡轮增压发动机输出405马力的动力，且配备的电控悬架可控制车身高度。

△ 宝马 Z1 1986年款

产地 德国

发动机 2.494升，六缸

最高车速 225千米/时

这款原型车最初是为了测试悬架零件而生产的，后来宝马公司决定将其市场化并售出了8 000辆。它的车门可以下滑至车身内以允许乘客进入车内。

△ 捷豹 XJS 1988年款

产地 英国

发动机 5.343升，V型十二缸

最高车速 241千米/时

这款完全折篷式XJS汽车（曾配过塔尔加车顶）配有电动发动机罩、防抱死系统、捷豹平顺的V12发动机和大气的外形。

◁ 法拉利 特斯塔罗萨 1984年款

产地 意大利

发动机 4.942升，对置十二缸

最高车速 291千米/时

这款特斯塔罗萨汽车曾在系列剧《迈阿密风云》中亮相，代表着20世纪80年代汽车的华美。全合金的390马力发动机安装在车的后部。

△ 路特斯 埃斯普利特 1987年款

产地 英国

发动机 2.174升，四缸

最高车速 262千米/时

2.2升埃斯普利特涡轮增压发动机的惊人动力使该车成为名副其实的法拉利汽车的敌手。1987年，乔治亚罗对其车身进行了重新设计。

▷ 法拉利 F40 1987年款

产地 意大利

发动机 2.936升，V型八缸

最高车速 323千米/时

该车是1987—1989年世界上跑得最快的量产汽车，配有双涡轮增压的478马力发动机和轻质车身，该车为庆祝法拉利品牌创立40周年而生产。

△ 路特斯 伊澜 1989年款

产地 英国

发动机 1.588升，四缸

最高车速 219千米/时

这款上市时间较短的伊澜车型是路特斯品牌仅有的前轮驱动跑车，采用双横臂式前悬架和涡轮增压式的五十铃发动机。

△ 兰博基尼 康塔奇 1988年款

产地 意大利

发动机 5.167升，V型十二缸

最高车速 290千米/时

康塔奇车型在距离兰博基尼创立25周年纪念日还有2年的时候进行了外形更新，并更换为最宽的轮胎。

法拉利 F40

这款F40汽车是恩佐·法拉利1988年去世之前的最后杰作，该车在1987年发布，以纪念品牌成立40周年。它是一款超级跑车，与恩佐·法拉利本人的自省精神很匹配，他将赛车的技术融入到公路车当中，完美而令人兴奋。法拉利品牌的大批车迷们愿意排着长队或者花上几百万英镑去购买这辆当时世界上最快的、可以在公路上合法行驶的汽车。

F40车型复刻了被自己取代的下巴下垂的288 GTO车型的DNA，外形由著名的宾尼法利纳公司设计，该公司几乎设计了法拉利的所有最好车型。

F40是力与美相结合的跑车，其双涡轮478马力的V8发动机在标准公路上首次实现了322千米/时的速度。该车最开始计划限量生产，但是需求量实在太大，法拉利公司直到1992年才完成所有订单。而此时，F40已经不再是世界上最快的公路车，但法拉利的车迷们和汽车专栏作家们依然不遗余力地描述F40的完美。

前视图

后视图

源于摩德纳的标志
法拉利的标志是一匹跃起的马。第一次世界大战期间，意大利有一位表现非常出色的飞行员。他的战机上就有这样一匹会给他带来好运的跃马。这个标志上还有意大利国旗的颜色，而黄色的背景则是法拉利品牌总部所在地摩德纳的金丝雀羽毛的颜色。

侧视图

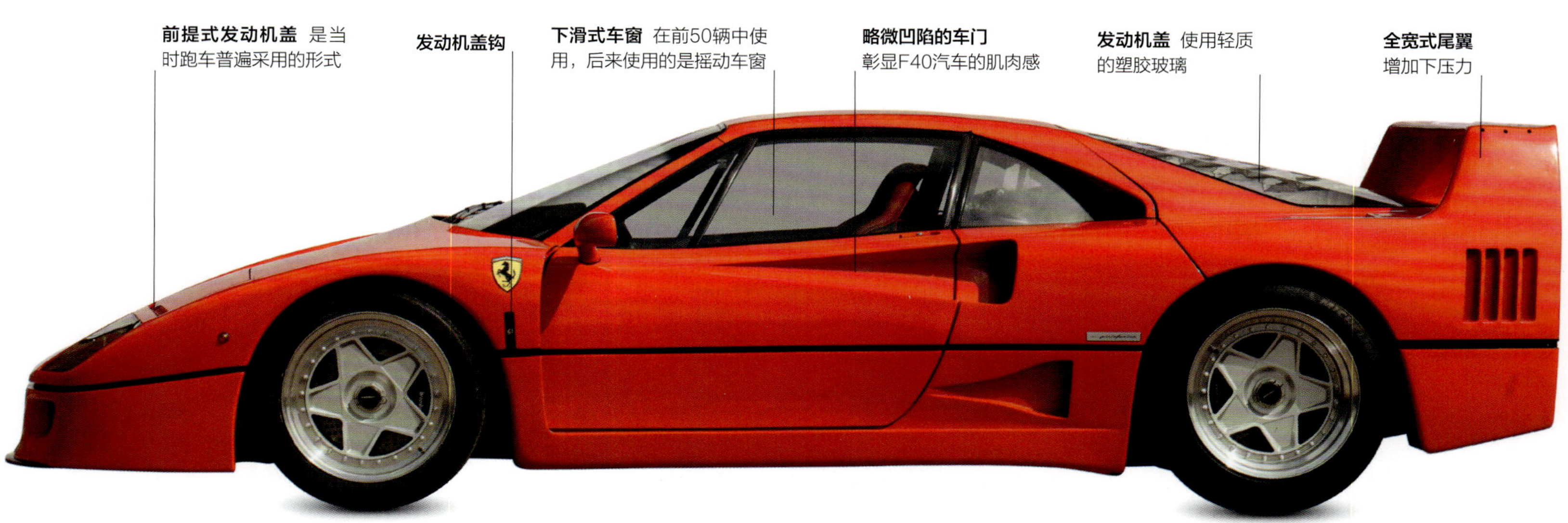

空气动力学车身设计

F40车型的每个部位都依据空气动力学而设计，无论是大角度倾斜的前部还是上面的3个进气孔（中间大的进气孔是为了帮助散热器散热，侧面两个小的进气孔用来通风），还有引人注目的勺子形孔。可弹出式的前大灯上面还集成了雾灯。

规格			
车型	法拉利 F40，1987—2002年	动力输出	7 000转/分转速时输出制动马力为478马力
装配线	意大利马拉内罗	变速器	五挡手动变速器
产量	1 311辆	悬架	前后独立悬架
结构	全钢混合而成	制动器	前后盘式制动器
发动机	2.936升，V型八缸	最高车速	324千米/时

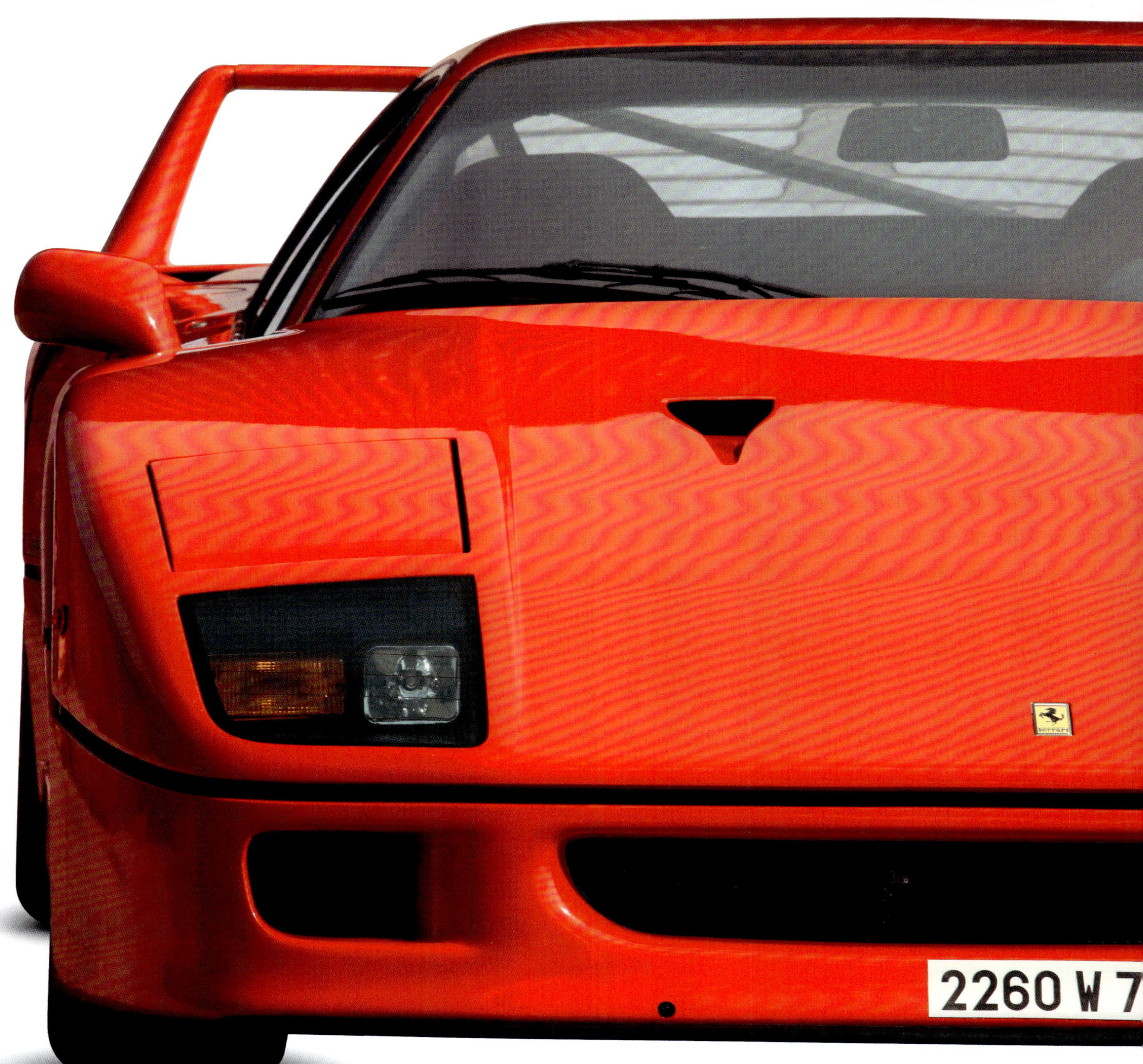

外观

F40车型的车身仅由11块板子组成，碳纤维、芳纶和诺梅克斯的车身材料都被喷成一种颜色——竞赛红。高科技的车身材料使车身质量仅为1 100千克，与之结合的是高硬度管式钢制底盘，这些都使F40车型具有更好的操控性。各种尺寸的通风口遍布车身，使原本就极具侵略性的外观更显威猛。

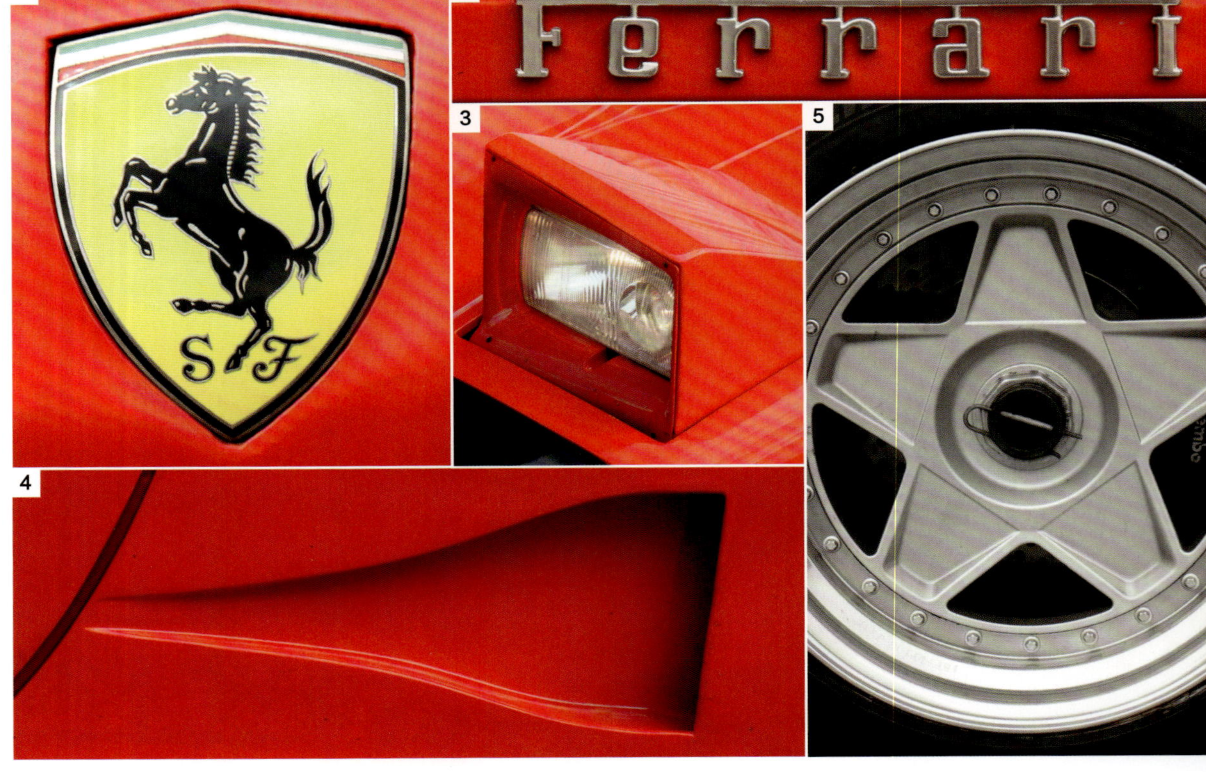

1. 跃起的马匹样式的法拉利标志，上面带有赛车车队部门斯库德里亚·法拉利的缩写 **2.** 后部车牌上面的法拉利文字标识 **3.** 弹出式前大灯，在后来的车型中更换为流线型车灯 **4.** 用于冷却发动机的通风口 **5.** 传统的五轮辐设计增加运动色彩 **6.** 带锁的120升（32加仑）油箱盖 **7.** 印入尾翼内的F40标记 **8.** 发动机罩盖上的通风口可以引流空气 **9.** 尾翼底部的冷却风口 **10.** 法拉利的传统双循环尾灯 **11.** 位于尾部中间、合并到一起的3个排气筒

车内饰

F40车型裸露骨架的驾驶舱体现了其赛车的特点以及功能性。车内没有安装电动车窗、地毯甚至门把手，唯一豪华的配置只有空调。内部的装饰很少，红色布艺座椅在黑白色调为主的车内更具视觉冲击力。

12. 所有F40车型的驾驶位都在左侧 **13.** 带有标志的喇叭按钮 **14.** 车速表和转速表，8 000转/分处为红线 **15.** 镀银五挡变速杆 **16.** 较轻的踏板

发动机舱

这款强大的90° 夹角V8发动机不仅集成了2个涡轮增压器，还带动2个中冷器。这个动力单元的性能参数很高，其创纪录的478马力输出动力相当于每升输出160马力。发动机舱内免去了助力转向和防抱死系统，这更体现出该车对动力性的极限追求。

17. 发动机内径为8.20厘米，冲程为6.95厘米 **18.** 水平安装的消音器 **19.** 螺旋弹簧和减振器，后来变成可调式 **20.** 发动机盖下的储物空间

多用途汽车

20世纪80年代，运动型多功能汽车（也称SUV）发展迅猛，涌现出一系列强动力、能够在泥泞路面行驶的4×4 SUV，同时也涌现出一批舒适性强但并不适用于粗糙路面的SUV。与此同时，一种新的车型出现了，它就是空间较大的七座多功能汽车（也称MPV），这类车是基于轿车和货车平台生产的，目标客户是人口较多、物品较多的大家庭。

◁ **日产 普赖瑞 1983年款**

产地 日本

发动机 1.809升，直列四缸

最高车速 159千米/时

该车外形四四方方，内部宽敞，具有滑动式后门，它在货车式公路汽车市场上很受欢迎。该车在6年内售出100万辆，配有1.5升或1.8升的发动机。

△ **路虎 88 SIII 1971年款**

产地 英国

发动机 2.286升，直列四缸

最高车速 109千米/时

20世纪80年代基本版的路虎汽车仍然是最好的越野车之一，但舒适性一般，尤其是已经退出市场的轻型车型。

▷ **日产 途乐 1982年款**

产地 日本

发动机 3.246升，直列六缸

最高车速 129千米/时

这款途乐汽车动力强劲、耐用，配有断开式车桥、半椭圆形弹簧和四缸或六缸发动机。该车在高端市场上有很多强劲的对手。

◁ **路虎 发现 1989年款**

产地 英国

发动机 2.495升，直列四缸

最高车速 172千米/时

该车填补了豪华版揽胜车型和基本版揽胜车型之间的空白，拥有豪华内饰。该车赢得了英国设计委员会奖。

△ **三菱 旅行轿车 1984年款**

产地 日本

发动机 1.725升，直列四缸

最高车速 156千米/时

该车曾以战车、光环和博览会这3个名字来销售，这款紧凑的五座或七座汽车是最早的MPV汽车之一，有两轮驱动和四轮驱动2款。

▽ **梅赛德斯-奔驰 G级 1979年款**

产地 德国/澳大利亚

发动机 2.746升，直列六缸

最高车速 148千米/时

螺旋弹簧式断开车桥使这款G级车驾驶起来比其竞争对手路虎汽车更加平顺，但是其高昂的价格和较普通的外观限制了它的市场销售，直到1991年梅赛德斯-奔驰公司才对其做出改变。

△ **普利茅斯 探险者 1984年款**

产地 美国

发动机 2.213升，直列四缸

最高车速 154千米/时

这款普利茅斯版本的全新克莱斯勒小型货车是因为MPV的大热而生产的，之前的MPV都是从货车改装过来的，例如大众公司的小型公共汽车。

▷ **铃木 维特拉 1988年款**

产地 日本

发动机 1.590升，直列四缸

最高车速 140千米/时

铃木公司将越野车的特点与公路车的舒适性相结合打造出这款紧凑的轻越野车，它开创了舒适的4×4 Mini汽车市场。

△ 兰博基尼 LM002 1986年款

产地 意大利

发动机 5.167升，V型十二缸

最高车速 201千米/时

意大利的超级跑车生产商兰博基尼将带有6个韦伯化油器的V12发动机安装在LM002车型上，该车在沙滩上的行驶速度很快，成为阿拉伯酋长的最爱。

△ 雷诺 空间 1984年款

产地 法国

发动机 1.995升，直列四缸

最高车速 169千米/时

马特拉公司的MPV几年之后才开始生产，并计划将出厂的产品命名为西姆卡，但出厂时更名为雷诺。该车特色是镀锌的内饰、玻璃纤维车身和7个可移动座椅。

△ 大发 施保克 1987年款

产地 日本

发动机 1.589升，直列四缸

最高车速 143千米/时

该车在一些汽车市场以罗克或费罗沙的名字来销售，它是一款紧凑型休闲4×4汽车，两轮或四轮驱动的款型分别在公路上和越野路面上具有良好表现。

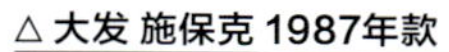

△ 庞蒂亚克 超越运动版 1989年款

产地 美国

发动机 3.135升，V型六缸

最高车速 172千米/时

通用汽车公司为了与克莱斯勒小型货车竞争而制造了这款外形美观、前部较长的MPV，该车具有镀锌的外壳和类似马特拉公司的雷诺车型的塑料车身。

△ 雷顿 弗洛雷 马格南 1985年款

产地 意大利

发动机 2.492升，V型六缸

最高车速 168千米/时

这款马格南汽车是由弗洛雷公司制造的，使用的是军用依维克四轮驱动底盘和菲亚特/大众/阿尔法四缸或六缸发动机，而在美国销售的马格南车型则使用了V8发动机，并以Laforza的名字来销售。

△ Jeep 切诺基 1984年款

产地 美国

发动机 2.838升，V型六缸

最高车速 154千米/时

这是Jeep品牌首款将Jeep汽车底盘与承载式焊接钢制车身相结合的汽车，该车比该品牌之前推出的车型更具城市色彩，也因此具有更大的市场占有率。

△ Jeep 牧马人 1987年款

产地 美国

发动机 3.956升，直列六缸

最高车速 169千米/时

该车由AMC公司设计，外形延用战争时期的Jeep汽车造型，配备的是2.5升四缸或4升六缸发动机。

阿曼德·珀若（最左侧）和Type 21 Pheaton汽车，1900年

伟大的品牌
标致的故事

标致公司无疑是现今仍然存在的、世界上最早的汽车生产商之一。在汽车商业化之前，标致公司就开始生产汽车，距今已有一个多世纪的历史。作为汽车产业的巨人和世界上最大的汽车生产商之一，标致公司已经收购了好几家竞争对手。

1849年，阿曼德·珀若出生在法国东部的埃里蒙库尔。1865年，他进入家族的金属加工企业，生产一系列工具和家庭用具。1882年，公司涉足自行车制造领域，阿曼德成为主要负责人。他对公司生产“无马的四轮马车”的商业计划很感兴趣，在19世纪末，他制造出一批可以装配蒸汽机的高车轮底盘。遇到戈特利布·戴姆勒和埃米尔·莱瓦索之后，他转而开始生产基于戴姆勒概念的汽车。获得戴姆勒公司的授权后，标致汽车安装了潘哈德莱瓦索的汽油驱动的内燃机。

标致汽车标志
（2010年发布）

最初的5辆汽车在1891年亮相，它们在设计上完全不同。2年以后，汽车产量增加，共有24辆汽车被制造出来。标致汽车正赶上汽车比赛诞生之时，并且参加了1894年的巴黎—鲁昂拉力赛。1895年，标致汽车成为第一个采用充气轮胎而放弃固体橡胶胎的品牌，并且采用滑动齿轮式变速器。1896年，标致品牌脱离戴姆勒的公司，并且开始设计生产自己的发动机。同年，阿曼德·珀若脱离家族企业，在奥丁库特成立自己的公司。到1900年，标致汽车的产量已经达到每年500辆。3年后，标致公司所生产的汽车已经占据法国汽车一半的市场。

然而，当阿曼德·珀若的公司飞速发展时，他本人的健康却每况愈下。1910年，他请堂弟尤金与他一起来管理公司。标致公司的奥丁库特工厂已经实现了现代化，生产效率也提高了，在1913年，公司发布了小型6CV车型BP-1，该车由埃托里·布加迪设计。昵称为Bébé的BP-1车型在1916年停产之前已经生产了超过3 000辆。比Bébé更大的是标致的7.6升赛车，该车在国际汽车大奖赛和后来的印第安纳波利斯500荣誉赛中都表现良好。

第一次世界大战期间，标致公司的生产设施基本都用于生产军用车辆。20世纪20年代，公司开始大肆对外扩张，收购了巴拉杰和德迪翁品牌一年后，发布了标致201车型，该车是法国最便宜的传统汽车，也是在汽车型号中加零的首款标致车型。

20世纪30年代，大萧条中的标致公司状况窘迫，快速扩张所带来的多而混乱的产品和低效率的工厂令这一状况加剧。后来，公司大胆地采用了设计师基恩·安德罗的空气动力学车身设计，并应用到202、302和402车型上。公司的这次行为虽然很大胆，但是依然未取得商业上的成功，法国人对这3款汽车并不买账，它们的销量惨淡。

带有运动气息的海报
在这幅1918年的海报中，艺术家勒内·文森特使用法国国旗的颜色作为背景色，衬托出运动中的标致赛车。

1940年，法国被德军占领以后，与所有其他法国品牌一样，标致汽车的工厂也被德军接管。战后，汽车生产在1945年恢复，3年后，标致的首款新车型203投入生产。尽管该车沿用了战前的传动装置，但外形看起来与时代非常切合。这款成功的203车型在1960年停产时已经售出了大约70万辆。

> “我的车因公众对汽车的喜爱而生。”
>
> 阿曼德·珀若，1900年

销量比203车型还好的是1955年的403轿车，其外观由意大利设计公司宾尼法利纳设计。1960年的404车型使用了相同的设计，发动机是403车型的，不过排量改为1.618升，并且倾斜了45°。这款404足够坚固耐用，1963—1968年共赢得4次东非汽车拉力赛。后来

402 Éclipse Décapotable
标致402汽车的篷式款带有电动的可伸缩硬车顶，属于全球首创。

BP-1（BÉBÉ）

403

205 TURBO

908 HDI FAP

1865年 珀若开始从商，生产工具和家庭用具

1889年 开始生产标致 Frères汽车

1890年 阿曼德·珀若发布其汽油驱动的“标致 TYPE 2”原型车

1895年 标致成为首个使用充气轮胎的汽车生产商

1912年 标致汽车赢得法国国际汽车大奖赛

1913年 朱尔斯·古克斯驾驶7.6升标致赛车赢得法国国际汽车大奖赛

1923年 年产量首次超过10 000辆

1926年 第10万辆标致汽车出厂

1928年 公司分成标致汽车公司和标致自行车公司（还生产家用工具）

1934年 402 Éclipse Décapotable成为世界上第一款带有电动可伸缩硬车顶的篷式汽车

1955年 403轿车问世，外形由长期合作的意大利宾尼法利纳公司设计

1965年 标致公司首款前轮驱动的204车型问世，1967年，该车配备了世界上排量最小的柴油发动机

1969年 总产量超过500万辆

1974年 标致公司持有雪铁龙公司大量股份，1976年增至90%

1978年 标致公司对克莱斯勒欧洲子公司产生兴趣并最终将其收购

1979年 标致公司在604车型上装配了一款涡轮增压柴油机（世界上首台涡轮增压柴油机）

1985年 标致车队凭借205 T16车型赢得了世界拉力锦标赛个人和车队两项冠军

1987年 标致汽车赢得首个达喀尔拉力赛四连冠

2009年 柴油发动机驱动的908 HDi FAP汽车在勒芒赛中赢得前两名，打破了奥迪汽车在此级别赛中长达10年的垄断

2012年 3008混动4车型成为世界上首款柴油-电动混动汽车

2018年 欧洲和中国的标致508轿车发布了豪华版本

雪中的Turbo

1985年，阿里·瓦塔宁和他的队友特里·海瑞曼正驾驶着这辆标致205 Turbo 16汽车向瑞典拉力赛冠军冲刺，他们的胜利帮助标致汽车赢得了车队冠军。

还有很多车型都是由宾尼法利纳公司设计完成，包括标致品牌最与众不同的1968年的504车型。

标致品牌的轿车尽管获得了成功，可它却失去了小型汽车的市场，于是公司在经过长时间的酝酿后于1965年发布了204车型。这是标致品牌首款配备前轮驱动的汽车，而前轮驱动也很快成为这个品牌的特点，1965—1976年，共有150万辆204车型出厂。

20世纪60年代后期至70年代早期，标致品牌开始与其他品牌合作，包括沃尔沃和雷诺品牌。1974年，公司大量持有竞争对手雪铁龙公司的股票，2年后持有量升至90%，这使标致汽车的销售额和生产能力提高了一倍。但是标致公司的扩张并未停止，1978年，公司收购了克莱斯勒公司的欧洲子公司。新的母公司标致雪铁龙集团希望标致和雪铁龙品牌保持独立的同时共享资源。但雪铁龙品牌慢慢失去了自主性，而标致品牌却依然强大。1983年，标致品牌发布了令人震撼的205掀背式汽车，该车使标致汽车在拉力赛中重塑地位，赢得了1985年和1986年的世界拉力锦标赛及1992年的世界跑车锦标赛。近年来，该品牌重返赛道，柴油驱动的908 HDi FAP车型赢得了2009年勒芒24小时耐力赛。

2012年，标致公司开发出柴油混合动力公路汽车，并将其推向拉丁美洲市场和发展迅猛的中国市场。直至进入21世纪，珀若家族始终持有该公司的主要股份。2020年，标致公司和菲亚特-克莱斯勒公司合并，成立斯特兰蒂斯集团，珀若家族约持有新集团7%的股份。

豪华汽车

20世纪80年代，汽车生产商相信制造豪华汽车的最好方法就是使用发动机前置、后轮驱动的布置形式，并且关注车身重量的大小。轻质的车身结构和材料影响着这个时代的汽车市场，燃油经济性则是次要因素。萨博900汽车是个例外，它开辟了轻质前轮驱动的豪华汽车市场。

△ **阿斯顿·马丁 V8 Vantage1977年款**

产地 英国

发动机 5.340升，V型八缸

最高车速 270千米/时

20世纪70年代的这款终极阿斯顿·马丁车型在1986年甚至变得更加有影响力，该车输出432马力的动力，外观未变，增加了配有豪华的皮革和桃木的外饰。

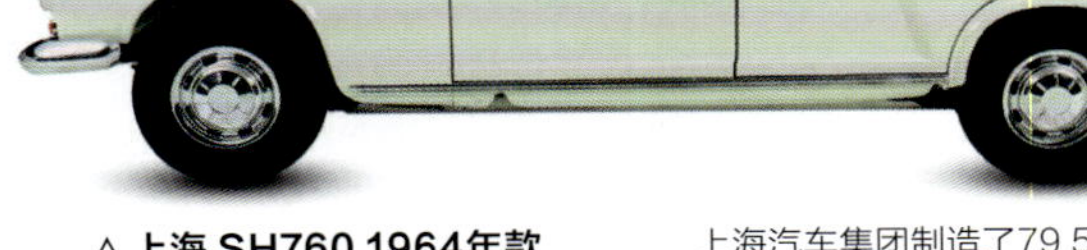

△ **上海 SH760 1964年款**

产地 中国

发动机 2.200升，直列六缸

最高车速 137千米/时

上海汽车集团制造了79 526辆气势宏伟的SH760汽车，该车从1964年至1991年未曾有过变动。其设计源于苏联汽车和梅赛德斯车型。

◁ **布里斯托尔 英俊战士 1980年款**

产地 英国

发动机 5.900升，V型八缸

最高车速 241千米/时

该车由扎加托基于412车型设计完成，它的外观较钝，配有涡轮增压式的克莱斯勒 V8发动机和可提升式车顶。

▷ **林肯 Mark VII 1984年款**

产地 美国

发动机 4.949升，V型八缸

最高车速 190千米/时

Mark VII是一款带有可选内饰的两门跑车。它配有宝马涡轮增压柴油发动机或福特V8发动机。

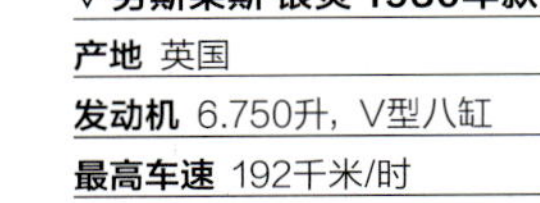

◁ **宝马 3系 折篷车 1986年款**

产地 德国

发动机 2.495升，直列六缸

最高车速 217千米/时

该车的风挡玻璃骨架可以抵御翻车带来的危险，外形看起来干净利落，发动机盖在折篷收缩时几乎看不到。

▽ **劳斯莱斯 银灵 1980年款**

产地 英国

发动机 6.750升，V型八缸

最高车速 192千米/时

银灵是一款超豪华、高质量汽车，但是重量较大、发动机较老且外形过时，因此不如现代豪华汽车受欢迎。

△ 凯迪拉克 佛里特伍德 1980年款

产地 美国

发动机 6.037升，V型八缸

最高车速 167千米/时

这款凯迪拉克品牌的顶级豪车保留了大车身的传统，配有大型的V8发动机、断开式后桥、豪华的装饰和助力转向系统。

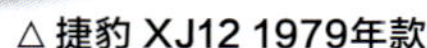

△ 捷豹 XJ12 1979年款

产地 英国

发动机 5.343升，V型十二缸

最高车速 241千米/时

捷豹品牌这款350马力的旗舰车看起来要比20世纪80年代由宾尼法利纳公司设计的外观好看，价格也比其他豪华车低。

△ 凯迪拉克 Sedan De Ville 1985年款

产地 美国

发动机 4.087升，V型八缸

最高车速 191千米/时

这款凯迪拉克汽车前置V8发动机，与从前的车型具有相同的内饰，但车身变小了，然而美国人喜欢大型车，因此它在美国的销量受到了影响。

◁ 萨博 900 折篷车 1986年款

产地 瑞典

发动机 1.985升，直列四缸

最高车速 203千米/时

这款萨博900折篷汽车尽管是由20世纪60年代的前驱车型发展而来，仍一直销售到90年代，只是涡轮增压器有些落后。

▷ 雷克萨斯 LS400 1989年款

产地 日本

发动机 3.969升，V型八缸

最高车速 237千米/时

1989年的这款雷克萨斯汽车是丰田公司的旗舰产品，此时欧洲的高端车配有空气动力学车身、运转安静、车速高且燃油经济性好，而雷克萨斯汽车成功地对它们发起了挑战。

△ 沃尔沃 760GLE 1982年款

产地 瑞典

发动机 2.849升，直列四缸

最高车速 190千米/时

该车的目标市场是美国的豪华车市场，共售出超过100万辆。1984年，该车增加了涡轮增压器和中冷器，这使其性能变得更加强大。

△ 法拉利 412 1986年款

产地 意大利

发动机 4.942升，V型十二缸

最高车速 254千米/时

这款法拉利高级家庭轿车配有舒适的座椅、皮革内饰、空调和防抱死系统。驾驶它可真实地感受法拉利汽车所带来的畅快感。

▷ 梅赛德斯-奔驰 190 1982年款

产地 德国

发动机 1.997升，直列四缸

最高车速 188千米/时

该车是梅赛德斯品牌20世纪80年代的入门级车型，它配置很好且非常耐用，可以轻松行驶48万千米或更远而不需要过多的维护。

◁ 梅赛德斯-奔驰 560 SEC 1985年款

产地 德国

发动机 5.547升，V型八缸

最高车速 251千米/时

这款560 SEC汽车是梅赛德斯品牌高质量跑车系列的顶级车型，刚出厂时价格很贵，其V8发动机输出300马力的动力，加速至97千米/时仅需6.8秒。

20世纪90年代

比赛的调整与回归 | 美国汽车的复苏与韩国汽车的出现 | 悍马汽车与本田汽车

现代双座敞篷跑车

20世纪90年代，跑车又开始流行起来，但此时大家都担心汽车法规会禁止敞篷跑车上路。在跑车的布置形式方面，生产商们有的选择传统的发动机前置后轮驱动，有的选择发动机中置后轮驱动，有的选择发动机前置前轮驱动。圆角式外形设计也重新流行起来，与之一起回归的还有硬顶折篷式豪华跑车。

△ 尼桑 费加罗 1989年款
产地 日本
发动机 0.987升，直列四缸
最高车速 171千米/时

尼桑公司发布了这款带有卷式天窗的费加罗汽车，该车是微型两座车，配有三挡自动变速器，是一款有趣的汽车而非跑车。

△ 保时捷 944 S2 篷式 1989年款
产地 德国
发动机 2.990升，直列四缸
最高车速 240千米/时

1976年的保时捷924汽车最终升级为这款944 S2汽车，该车是一款敞篷车，在1991年停产。

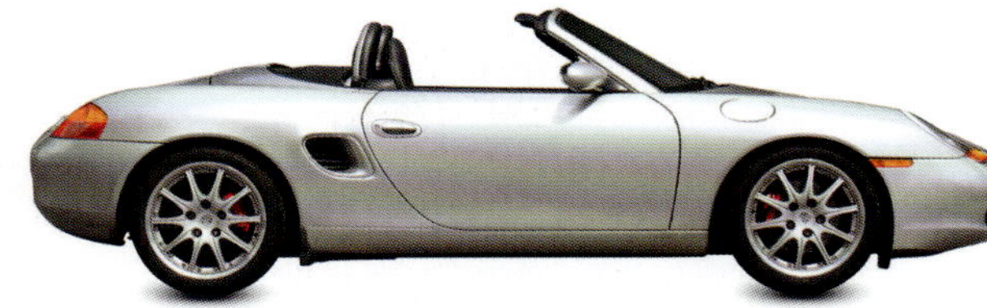

△ 保时捷 Boxster 1996年款
产地 德国
发动机 2.480升，对置四缸
最高车速 245千米/时

在首款发动机中置的原型车发布50年以后，保时捷品牌发布了这款发动机中置的公路跑车，该车成为保时捷品牌史上卖得最快的跑车。

△ 马自达 MX-5（MkI）1989年款
产地 日本
发动机 1.597升，直列四缸
最高车速 183千米/时

这款MX-5源于20世纪60年代的路特斯伊澜车型，是一款传统跑车，前置了双凸轮轴发动机且采用后轮驱动。

△ 宝马 Z3 1996年款
产地 德国
发动机 1.895升，直列四缸
最高车速 198千米/时

这辆宝马品牌的首款跑车具有复古的外形，后轮驱动，是一款极富个性的双人座敞篷跑车。先后安装过1.8升、1.9升、2.0升、2.2升、2.8升、3.0升或3.2升的发动机。

◁ 摩根 Plus 8 1990年款
产地 英国
发动机 3.946升，V型八缸
最高车速 195千米/时

这款极其传统的摩根采用木质车架式车身和分离式底盘，1968年采用了3.5升V8发动机，1990年，发动机的排量升级为3.9升。

△ 铃木 卡布奇诺 1991年款
产地 日本
发动机 0.657升，直列三缸
最高车速 137千米/时

该跑车的速度被限制在137千米/时，是一款符合汽车法规的Kei型车，发动机前置、后轮驱动。

▷ TVR 格里菲斯 400 1992年款
产地 英国
发动机 3.948升，V型八缸
最高车速 238千米/时

该车是20世纪90年代最好的英国跑车，拥有华丽的外形和强劲的罗孚V8发动机，但是同所有的TVR汽车一样，可靠性较差。

▽ 雷诺 Sport Spider 1995年款
产地 法国
发动机 1.998升，直列四缸
最高车速 211千米/时

雷诺公司希望为自己的品牌注入跑车元素，因此生产了这款无车顶、发动机中置的铝制车身双座跑车，该车有公路版和赛车版。

△ 阿尔法 · 罗密欧 Spider 1995年款

产地 意大利

发动机 2.959升，V型六缸

最高车速 225千米/时

这款20世纪90年代的Spider汽车配有2升或3升发动机，前轮驱动，惊艳的外形由宾尼法利纳公司设计，尾部较高、后备箱较小。

△ 名爵 RV8 1992年款

产地 英国

发动机 3.946升，V型八缸

最高车速 219千米/时

这款名爵汽车本该在25年前就投入生产，却等到20世纪90年代才开始限量版的生产。该车具有丰满的MGB车身、罗孚V8发动机和皮革内饰。

◁ MGF 1995年款

产地 英国

发动机 1.796升，直列四缸

最高车速 209千米/时

该车是30年来首款正式的名爵品牌新型跑车。这款双座、发动机中置的跑车具有良好的操控性，配有液气混合悬架。

△ 德 · 托马索 Spider 1994年款

产地 意大利

发动机 3.982升，V型八缸

最高车速 274千米/时

只有5辆Spider汽车被制造出来，大部分还是以两门版跑车和敞篷版跑车的形式出产，该车是亚历山大 · 德 · 托马索设计的最后一款车，采用宝马汽车的传动装置。

△ 路特斯 伊利斯 1996年款

产地 英国

发动机 1.796升，直列四缸

最高车速 200千米/时

该车采用罗孚K系列发动机、加长的铝制悬架和玻璃纤维车身，车重仅有725千克，操控性和动力性极佳。

◁ 梅赛德斯 SLK 230K 1997年款

产地 德国

发动机 2.295升，直列四缸

最高车速 238千米/时

为了与宝马Z3车型和保时捷Boxster车型竞争，梅赛德斯公司生产了这款城市跑车（几乎所有售出的都是自动款），该车配有电动硬车顶和涡轮增压器。

△ 奥迪 TT 跑车 1999年款

产地 德国

发动机 1.781升，直列四缸

最高车速 222千米/时

这款奥迪TT跑车在匈牙利生产，有4 × 2和4 × 4两种形式，它曾因高速稳定性差而备受指责并被召回。

▷ 本田 S2000 1999年款

产地 日本

发动机 1.997升，直列四缸

最高车速 241千米/时

为了庆祝本田公司成立50周年，公司生产了这款后轮驱动的最高标准跑车。该车配置了世界上转速最快的量产汽车发动机。

◁ 菲亚特 巴尔基塔 1995年款

产地 意大利

发动机 1.747升，直列四缸

最高车速 190千米/时

菲亚特品牌基于蓬托平台生产了这款巴尔基塔汽车，采用全新的双凸轮轴发动机和美观的车身，是一款比想象中更好的跑车。

马自达 MX-5

1989年的原始版MX-5汽车在北美市场的名字是Miata，它集合了20世纪60年代经典跑车的所有优点，不同的是它采用了更领先的技术，如全脊骨式悬架和燃油喷射式16气门双凸轮轴发动机。该车在北美和日本完成设计，过程非常严格。因此，该车没有明显的缺点，驾驶体验很好，很快便在世界范围内积累了众多车迷。

MX-5车型由一个小型爱车的工程师团队生产出来，目标为美国高端市场。为了实现“人车合一”，MX-5车型几乎将发动机放到了中间位置，使前后重量比达到50∶50。铝制的脊骨式底盘使车的响应性很好。MX-5作为紧凑型跑车，不可能任何性能都很好，它只配备了1.6升排量的发动机，后来升级为1.8升，这也意味着汽车的重量可以更轻。尽管人们对马自达品牌有质疑，MX-5车型还是取得了巨大的成功，从原始版问世直至1997年，该车共生产了40万辆，经历2次改版后仍然保留了原来的特点。

前视图　　后视图

原始标志
马自达多年来使用过不少标志，这个标志是一个包含着火焰的太阳，从1991年开始使用，不过在1997年被更换成新的“M”形的标志。

侧视图

小车窗 与风挡玻璃制成一体以增加强度

后视镜 可以控制气流

侧面 更加苗条

折篷 项目主管要求配置的

椭圆形尾灯 曾在纽约博物馆展出

美规车灯 大部分MX- 5车型上都配备

保险杠 塑料制成以减轻重量

“单手指”门把手 让人们联想到阿尔法·罗密欧Spider车型

规格			
车型	马自达 MX- 5，1989—1997年	动力输出	6 500转/分转速时输出制动马力为114马力（1.6升）
装配	日本广岛	变速器	五挡手动
产量	433 963辆	悬架	全螺旋弹簧脊骨式悬架
结构	钢质承载式车身；铝制发动机盖	制动器	前后都是盘式制动器
发动机	1.597~1.839升，双顶置凸轮轴直列四缸	最高车速	195千米/时

不拘一格的设计
尽管较低的散热器格栅和弹出式前大灯与路特斯伊澜汽车相似，但MX-5汽车主要体现的还是日本汽车文化。进入车内仿佛进入茶室，圆形发动机盖和车身前部凸显了能剧（日本传统戏剧）剧场的面具主题。这款MX-5加利福尼亚汽车是1995年纪念版中的一辆，是为了纪念MX-5出产5周年，共生产了300辆，全部是明亮的黄色。

外观

尽管MX-5车型看上去与从前的车型相似，但它的设计是永恒持久的。富有创造性的设计师们不但使该车看上去很新颖，保留欧洲跑车优点的同时还不雷同。除了具有美学特点，该车还具有轻质、牢固的优点。

1. 在后来的车上使用的标志，如MX-5加利福尼亚车型（限量版） **2.** 该车在欧洲被命名为MX-5 **3.** 弹出式前大灯，MkI款独有 **4.** 符合空气动力学的后视镜 **5.** 合金车轮 **6.** 光滑的防水罩 **7.** 安装在发动机盖下方的加油盖 **8.** 在尾灯中隐藏的圆形主题折射出20世纪60年代的设计风格

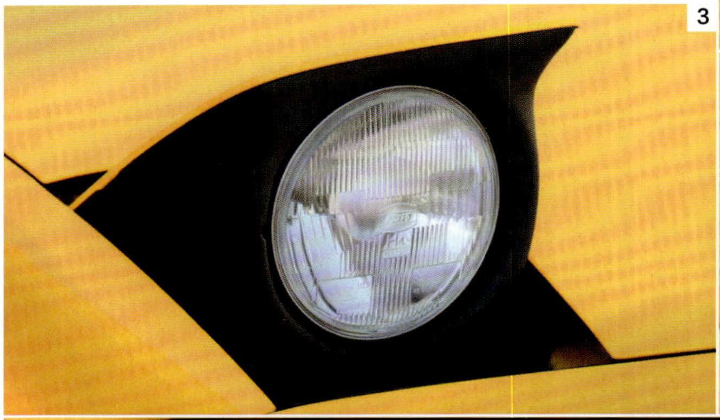

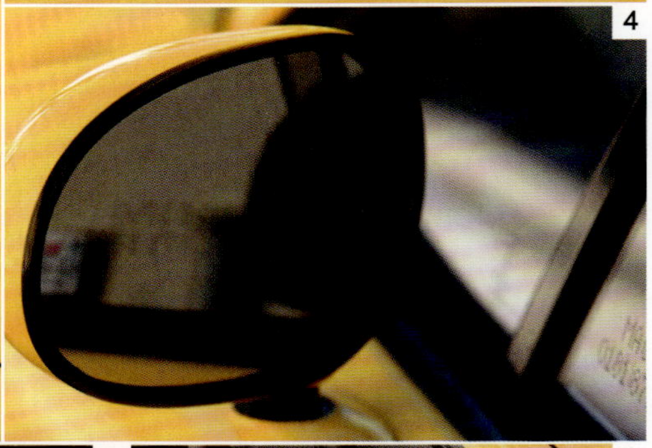

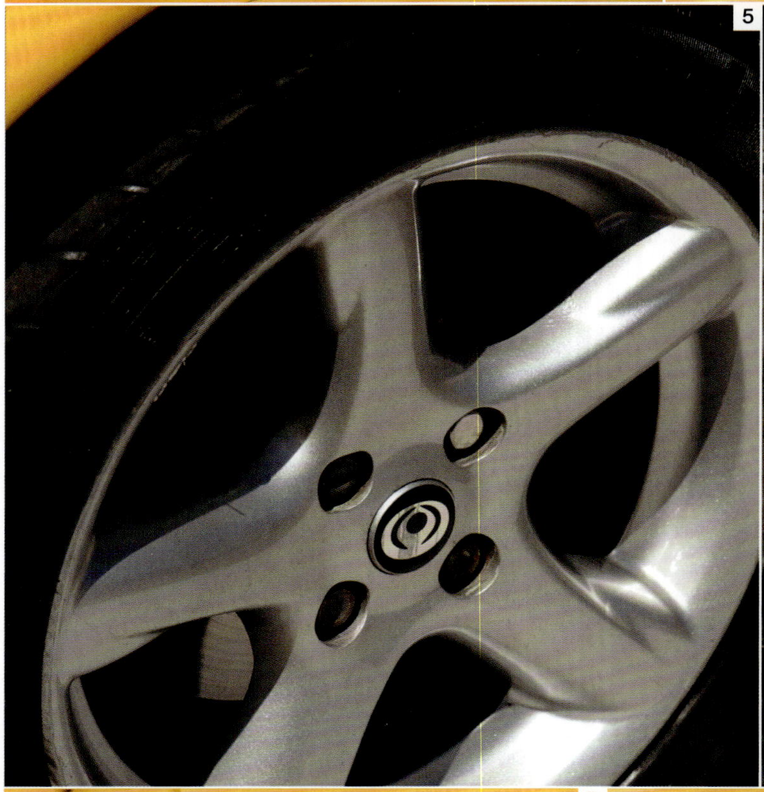

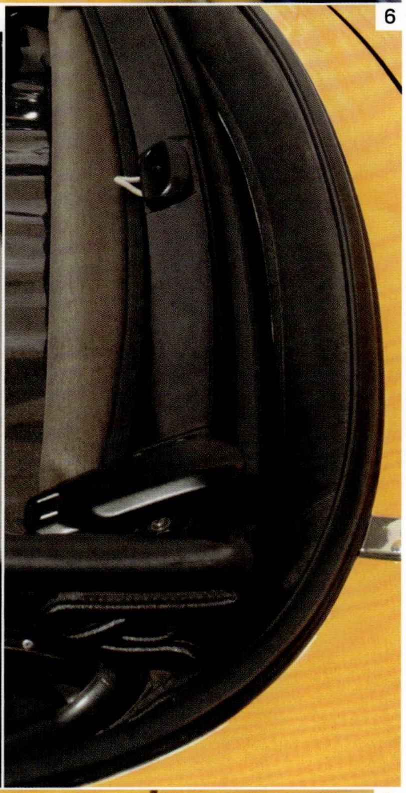

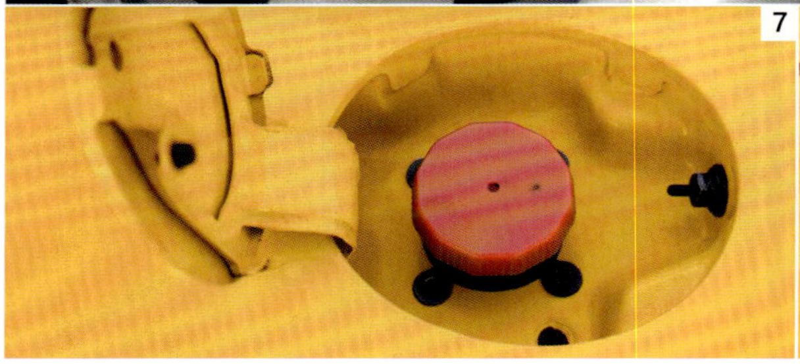

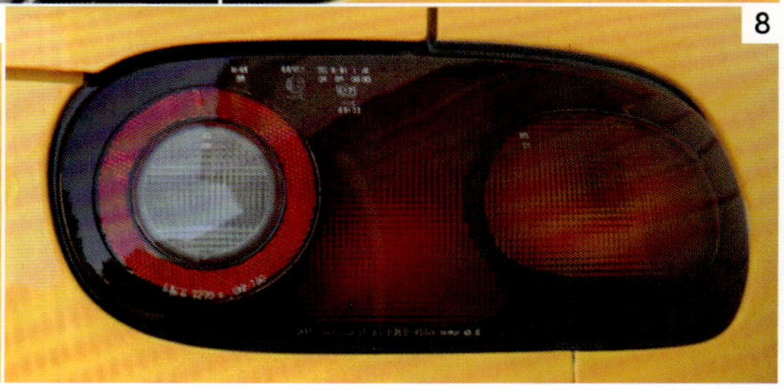

车内饰

马自达汽车的设计师尽力使车内空间惬意舒适，并且降低成本。驾驶室的设计是有争议的，舒适是必须满足的条件，但是最终的驾驶室设计只适合中等身材的驾驶员，对身材高大的驾驶员是不适合的，这导致公司流失了一些老客户。现在的马自达汽车的配件通用性好，车门上的配件则保持简单平滑。

9. 紧凑的车内布置，纳尔迪品牌的方向盘 10. 简单的控制台和复古的散热器口 11. 银色的表盘外缘让人联想到经典的英国跑车的设计 12. 使用日本榻榻米材料制成的纤维座椅 13. 与外部门把手相通的内部门把手

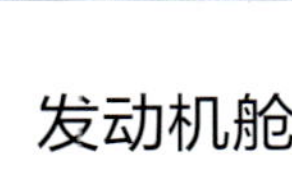

发动机舱

MX-5车型采用的是马自达323车型的发动机，不同的是气缸盖样式复古一些，动力传动有所改变，而且增加了一个新的消音系统，通过对排气管声波进行分析来控制排气管的声音。变速器采用929车型的变速器，只进行了很少的调校。飞轮和同步器质量很轻，传动比稍有改变，车身长度较短。

14. 马自达MX-5车型的发动机气缸盖有点类似捷豹、路特斯和阿尔法·罗密欧汽车的气缸盖 15. 标配燃油喷射系统，没有使用化油器 16. 后备箱中的备胎（和蓄电池在一起）

1953—1955年的丰田RH汽车

伟大的品牌
丰田的故事

2009年，丰田公司第750万辆汽车下线，成为世界上最大的汽车生产商。丰田汽车是混合动力的领先者，其质量与创新闻名于世。品牌车型涵盖小型的经济型汽车、彰显艺术之美的跑车与赛车以及高级豪华车。

从东京帝国大学机械工程师专业毕业后，丰田喜一郎想在父亲的工厂内生产汽车，而他父亲的工厂是生产波浪式织布机的。为了学习汽车贸易，丰田喜一郎参观了美国和欧洲的汽车生产厂。1929年，他将父亲的织布机生产专利卖给了一家英国公司，将所获的资金投入汽车领域。

丰田汽车标志
（1989年发布）

1930年，丰田喜一郎制造了一台两缸式发动机，然后将其用在了一辆小型汽车上，但这款车并未成功。很快丰田喜一郎又开始了尝试，这次他制造了一款更传统的美式汽车，该车配有雪佛兰底盘和气门顶置式直列六缸3.389升排量的发动机，他将其命名为丰田AA型车，并在1936年投入生产。第2年，丰田汽车公司成立，名字也从“Toyoda”改成“Toyota”，这是因为后者的英文发音更容易，更重要的是，丰田的日文笔画是8笔，数字8在日本是幸运数字。

这个时期，日本几乎所有在售的汽车都是美国进口的，但日本政府对此进行了干预，状况很快得到改变。日本的福特和通用汽车工厂关闭后，政府也加大了对汽车进口的限制。丰田公司抓住这个机会，到20世纪30年代后期已经将日产量从100辆提升至1 500～2 000辆。为了提高生产能力，公司成立了丰田钢铁工厂来制造钢铁，并且成立了丰田机械工厂来制造机械工具和汽车零件。

第二次世界大战期间，丰田公司为日本军队制造卡车。战后，盟军对日本实施了经济限制，城市车辆的生产变得缓慢。战后，丰田公司的首批汽车之一是一款4×4陆地巡洋舰，截至2008年年底，在

丰田Tiara
Tiara轿车是皇冠车型的出口版，图为丰田公司为纪念1960年在美国纽约发布该车邀请名模黛安娜·奇尔简拍摄宣传照。

卡罗拉

1935年 发布Toyoda G1卡车（共生产20辆）
1936年 3.389升排量、六缸的Toyoda Model AA成为其首款量产汽车
1937年 丰田汽车有限公司成立，以后生产的所有车辆都被称为丰田汽车
1947年 丰田公司的第10万辆汽车下线
1951年 丰田陆地巡洋舰发布
1957年 首款丰田皇冠汽车出口美国
1961年 丰田质量控制程序发布，用来提高丰田公司的产品标准

MR2

1962年 丰田公司的第100万辆汽车下线
1966年 卡罗拉车型发布，很快成为世界上销售最好的汽车
1970年 赛利卡运动版跑车发布
1972年 丰田公司的第1 000万辆汽车下线
1980年 丰田公司成为世界上最大的私家车生产商
1984年 发动机中置的MR2跑车亮相；恢复使用美国加利福尼亚废弃的通用汽车工厂
1986年 丰田公司的第5 000万辆汽车下线

陆地巡洋舰

1989年 英国的丰田汽车生产基地成立，为欧洲及其以外的国家甚至日本生产汽车
1989年 雷克萨斯品牌发布，定位日本以外的高端市场
1993年 丰田赛利卡车型赢得世界拉力锦标赛，1994年再次获得冠军
1994年 RAV4紧凑娱乐型越野车发布
1997年 普锐斯混合动力车在日本开始销售，从2001年开始向全世界销售

IQ

1999年 丰田公司的第1亿辆汽车下线
2002年 丰田汽车进入一级方程式锦标赛赛场
2007年 丰田公司售出100万辆混合动力汽车
2008年 iQ紧凑型汽车发布，它是世界上最小的四座汽车
2011年 丰田汽车的销量跃居全球汽车销量榜首，并且蝉联9年
2012年 GT86是一款极富驾驶乐趣的双座双门跑车
2015年 丰田 Mirai成为首款公开销售的氢动力燃料电池汽车
2020年 与宝马公司共同开发出Sporty Supra车型

全世界范围内共售出超过600万辆。1950年，公司的财务状况很差，并且宣布削减工资和裁员，工人也因此发起了为期8周的罢工，这次罢工也迫使丰田喜一郎提出辞职。他的侄子丰田爱知接替了他的职位，使家族企业得以传承下去。

丰田爱知花了3个月的时间参观福特公司，这次参观为丰田公司日后成为日本最高效的汽车生产商之一打下基础。1950—1953年，大量的军用汽车订单把丰田公司从破产中解救出来。丰田公司在提升销量上做得很巧妙，它开始教授人们驾驶，这项措施很奏效，因为大部分新司机都愿意购买他们学习驾驶时所使用的汽车。丰田公司最知名的车型之一——皇冠汽车发布于1954年，它帮助丰田公司在1957年打入美国市场，尽管美国民众经历了一段时间才接受日本汽车。其他国家的汽车市场已逐渐对丰田汽车开放，而此时公司的产量也持续上升。1965年，丰田公司每个月可以生产5万辆汽车和卡车，是近10年里除大众公司外对美出口汽车最多的公司。家庭版卡罗拉汽车在1966年发布，很快成为日本销量最好的车型，该车机械工艺好，设计合理，结构紧凑，得到了广泛赞赏。截至2009年，丰田卡罗拉汽车已经在全世界范围内售出2 500万辆。

突破性的车型
卡罗拉车型向世界证明了丰田公司可以生产小型且价格较低的汽车，并且在质量上不打折扣。

“我们要生产一种汽车，在性能和价格上都优于国外的竞争对手。”

丰田喜一郎，1935年

在丰田爱知的领导下，公司开始对外扩张，分别在1966年和1967年接管了日野和大发公司。扩张进行得很快，丰田公司从1969年的世界第五大汽车生产商成长为第三大生产商。丰田公司的首款大型旅行车2000 GT配备了双顶置凸轮轴直列六缸发动机、五挡全同步啮合的变速器和全独立悬架，最高车速可达225千米/时。2000 GT从未大批量生产过，却受到了跑车爱好者的青睐，这也为1970年发布价格适中的赛利卡跑车奠定了基础。赛利卡跑车很快震惊了欧洲和美国市场，并且在全世界范围内赢得了汽车速度赛和拉力赛。

丰田喜一郎的儿子丰日助一郎在1982年成为丰田集团的总裁。他上任后的第一款汽车是发动机中置的低价运动款MR2车型。该车配有16气门双顶置凸轮轴发动机和全盘式制动器，在短时间内便取得了成功。1989年，丰田公司将涡轮增压技术应用在MR2车型上。1989年丰田公司在美国发布了雷克萨斯品牌，公司意识到豪华车的车主不愿意购买以生产城市车闻名的汽车品牌的汽车，于是雷克萨斯汽车首先销往其他国家，2005年才进入日本本土市场。

对于丰田公司来说，汽车比赛是一个重要的宣传工具：赛利卡跑车赢得1993年、1994年和1999年的世界拉力锦标赛，在2002年首次进入一级方程式锦标赛。丰田公司还是混合动力汽车领域的领先者。1997年开始发售的普锐斯车型是世界上首款量产的混合动力汽车，丰田公司当时预测，到2020年，该车的销量将达到2 000万辆。

目前丰田公司已经在全世界许多国家成立了生产基地，并且努力地开发每个基地的潜力。例如Aygo这款车，2005年以来就一直在捷克共和国生产，它是丰田公司与标致公司的合作项目。

同样，丰田公司最畅销的凯美瑞汽车也巧妙地为遍布全球的许多细分市场量身定制。

2015年，丰田公司推出燃料电池汽车Mirai，并大胆预测氢能将是未来的重要燃料，公司于2021年推出Mirai第2代车型。

丰田普锐斯车型的混合动力发动机
普锐斯车型拥有电动机和汽油发动机，该车在起动和低速行驶时用电动机驱动，高于某一速度时，汽油发动机开始参与驱动。

赛车

20世纪90年代是属于技术的10年，生产商努力提高汽车性能，但由于受到法规的限制，他们的设计力求降低车速以降低风险。主动悬架系统、主动差速器系统、牵引力控制系统和半自动变速器都是为了汽车驾驶舒适性最大化，而双涡轮增压和中冷器可以最大化发动机的动力性。

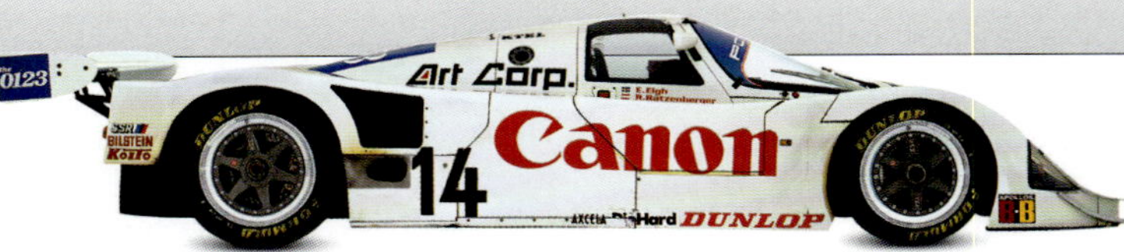

△ **保时捷 962 1984年款**
产地 德国
发动机 2.995升，对置式六缸
最高车速 322千米/时

这是一款铝制底盘的原型跑车，专为勒芒24小时耐力赛和IMSA GTP等比赛而设计，它在20世纪90年代赢得了很多比赛。

△ **贝纳通–福特 B193 1993年款**
产地 英国
发动机 3.493升，V型八缸
最高车速 322千米/时

为了应对一级方程式赛车高端技术的革新，B193车型配备了主动悬架系统和牵引力控制系统。迈克尔·舒马赫驾驶该车赢得了1993年的葡萄牙大奖赛。

◁ **宝马 V12 LMR 1998年款**
产地 德国
发动机 6.100升，V型十二缸
最高车速 344千米/时

这款外形惊艳的赛车是为在法国勒芒24小时耐力赛获胜而制造的，是宝马品牌1999年首款为此目的而制造的汽车，它在同年赢得赛百灵12小时赛。

△ **雷顿房子—贾德 CG901B 1990年款**
产地 英国
发动机 3.496升，V型八缸
最高车速 330千米/时

一级方程式赛车的顶尖设计师艾德里安·纽维在这款一级方程式赛车上试验了几个先进的空气动力学想法。该车尽管在1990年的大部分法国GP赛段都处于领先位置，但是最终并未获胜。

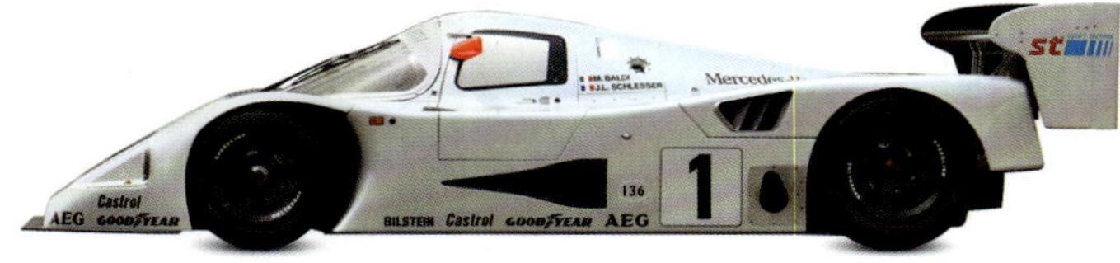

△ **Sauber 梅赛德斯 C11 1990年款**
产地 瑞士
发动机 4.973升，V型八缸
最高车速 386千米/时

这款C11配备了涡轮增压的梅赛德斯V8发动机，输出950马力的动力，称霸1990年的世界跑车锦标赛，并且在1991年继续处于统治地位。

斯巴鲁

斯巴鲁是日本一个不太出名的汽车品牌，主要生产四轮驱动的公路车，并且这些车都不太出名，参与拉力赛之前的斯巴鲁汽车都配备对置式发动机。然而斯巴鲁品牌很有潜力，与英国汽车比赛公司Prodrive合作，为世界拉力锦标赛设计翼豹汽车，并且配备了顶级车手，如科林·麦克雷、理查德·彭斯、卡洛斯·赛恩斯和尤哈·坎库宁，他们的成功也使斯巴鲁汽车闻名于世。

▽ **斯巴鲁 翼豹 WRC 1993年款**
产地 日本
发动机 1.994升，对置四缸
最高车速 217千米/时

1993年，Prodrive公司将翼豹汽车推向赛场。1994年，卡洛斯·赛恩斯驾驶该车赢得首次拉力赛。1995年，科林·麦克雷驾驶该车赢得世界冠军头衔。

◁ **法拉利 F300 1998年款**

产地 意大利

发动机 2.997升，V型十缸

最高车速 338千米/时

这款F300是首款由罗斯·布朗和罗里·拜恩主持设计的法拉利汽车，1998年，迈克尔·舒马赫驾驶该车获胜6次。

◁ **奥迪 R8R 1999年款**

产地 德国

发动机 3.596升，V型八缸

最高车速 335千米/时

这是奥迪品牌首款参加勒芒24小时耐力赛的赛车，配有双涡轮增压V8发动机，动力输出为600马力，可靠性很好，但是与对手丰田汽车、宝马汽车还有一定差距。

△ **雪佛兰 蒙特卡罗 "T-Rex" 1997年款**

产地 美国

发动机 5.850升，V型八缸

最高车速 346千米/时

杰夫·戈登的这款车因其顶部的恐龙图案喷漆而闻名，该车在1997年的纳斯卡全明星比赛中获胜是如此容易，以至于官方禁止该车再次参赛。

▷ **威廉姆斯-雷诺 FW16B 1994年款**

产地 英国

发动机 3.493升，V型十缸

最高车速 338千米/时

1994年，达蒙·希尔驾驶这款FW16B汽车赢得6项国际汽车大奖赛，如果不是因为在最后一圈与迈克尔·舒马赫发生刮碰而退出比赛，他本可以获得世界冠军。

▽ **雪佛兰 蒙特卡罗 2000年款**

产地 美国

发动机 5.850升，V型八缸

最高车速 346千米/时

美国非常流行的纳斯卡比赛赛车都拥有与公路车相似的黑色轮廓，如图中这款雪佛兰汽车，它安装的是纯粹的赛车底盘和调校后的V8发动机。

▽ **威廉姆斯-雷诺 FW18 1996年款**

产地 英国

发动机 3.000升，V型十缸

最高车速 338千米/时

帕特里克·海德和艾德里安·纽维设计了一款强大的赛车FW18，达蒙·希尔驾驶这款车赢得了1996年的世界冠军。

△ **斯巴鲁 翼豹 WRC 1999年款**

产地 日本

发动机 1.994升，对置四缸

最高车速 225千米/时

为了充分利用世界拉力赛的规则变化，翼豹汽车逐渐升级，它在1999年更换了主动差速器和半自动变速器。

▷ **斯巴鲁 翼豹 WRC 2000年款**

产地 日本

发动机 1.994升，对置四缸

最高车速 225千米/时

2000年，理查德·彭斯和尤哈·坎库宁驾驶配有涡轮增压器和中冷器的翼豹汽车回归赛场，彭斯在这个赛季中获胜4次。

◁ **斯巴鲁 翼豹 WRX 2000年款**

产地 日本

发动机 1.994升，对置四缸

最高车速 220千米/时

自这款车发布后，斯巴鲁的速度赛和拉力赛参赛赛车都配有涡轮增压器和中冷器。该车在汽车比赛中获得巨大成功。

1992年的雷诺Zoom电动车

这款Zoom电动车具有20世纪90年代的外观，是一款低油耗的概念车。它体积小，有2个座位，后轮在停车时可以向前折叠，使该车能挤入最小的市内停车位。

美国汽车设计的振兴

20世纪70—80年代，除了少数特例外，北美国家的汽车设计看起来都要比欧洲的落后一大步。美国汽车生产商在缓慢地更新大型轿车，而此时的日本小型汽车却抢占了小型车的市场。到了90年代，美国汽车设计师们开始设计复古风格的车型和漂亮的皮卡车，这才使美国汽车重获新生。

△ **别克 林荫大道 1990年款**

产地 美国

发动机 3.791升，V型六缸

最高车速 174千米/时

这款大型轿车一直生产到1996年，是最后一款在欧洲官方销售的别克汽车。带有增压器的美国版本速度可达209千米/时。

▷ **凯迪拉克 爱都 1991年款**

产地 美国

发动机 4.893升，V型八缸

最高车速 209千米/时

作为美国流行持久的私人豪华汽车的象征，这款车在2002年停产。这类汽车尽管外形现代、空间大，但因为太浪费燃料而退出历史舞台。

△ **土星 SL 1990年款**

产地 美国

发动机 1.901升，直列四缸

最高车速 195千米/时

为了与日本的进口汽车竞争，通用公司在1985年创立了土星品牌。该车外形美观、符合空气动力学特性，是美国当时燃料消耗率最低的汽车。

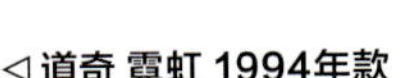

▷ **雪佛兰 科迈罗 1993年款**

产地 美国

发动机 5.733升，V型八缸

最高车速 249千米/时

第四代科迈罗汽车在加拿大生产，配有V6或V8发动机，其中配有V8发动机的科迈罗汽车可以选配六挡变速器。该车是为了对标福特的野马汽车而制造。

◁ **道奇 霓虹 1994年款**

产地 美国

发动机 1.996升，直列四缸

最高车速 195千米/时

克莱斯勒公司将霓虹汽车销往全世界，在日本和英国销售的是右驾式的，该车是一款紧凑型前轮驱动的轿车，配有2升的发动机。

△ **道奇 无畏 1993年款**

产地 美国

发动机 3.301升，V型六缸

最高车速 180千米/时

该车与克莱斯勒品牌的纽约客车型很像，并且取得了更大的成功。该车一直生产到1997年，并且推出了第二代车型。发动机有3.3升和3.5升两款。

△ **奥兹莫比尔 极光 1994年款**

产地 美国

发动机 3.995升，V型八缸

最高车速 225千米/时

通用公司通过这款美观的、带有低阻力进气道的运动型轿车使奥兹莫比尔品牌重获新生，但是它因定价太高而功亏一篑。

▷ **道奇 Ram 1994年款**

产地 美国

发动机 7.886升，V型十缸

最高车速 180千米/时

该车外形类似半挂卡车，驾驶起来不是很灵巧，配备了3.9升的V6发动机或8升的蝰蛇V10发动机。它正是美国人喜欢的汽车，并且卖得很好。

◁ **普利茅斯 潜行者 1997年款**

产地 美国

发动机 3.528升，V型六缸

最高车速 190千米/时

这是一款夸张的美国概念车，由奇普·富斯设计，5.9秒就可以加速到100千米/时，加速性能与外表很匹配。

△ 福特 野马 GT 1994年款

产地 美国

发动机 4.942升，V型八缸

最高车速 219千米/时

帕特里克·斯齐亚沃尼对野马汽车重新进行了设计，保留了野马汽车原来的特点，并且将从前的折篷式设计融入其中。发动机有3.8升的V6发动机和4.9升的V8发动机（图中这款配置的是V8发动机）两款可选。

△ 福特 风之星 1994年款

产地 美国

发动机 3.797升，V型六缸

最高车速 187千米/时

该车是福特品牌首款前轮驱动汽车，是七座的MPV，它凭借平顺的性能和良好的操控性令美国竞争对手汗颜。该车捍卫了福特品牌在美国小型货车市场上的市场份额。

▽ 福特 金牛座 1996年款

产地 美国

发动机 2.967升，V型六缸

最高车速 209千米/时

1996年，杰克·特尔纳克对这款金牛座汽车进行了改款，但被证明并不成功，因为它尽管内饰很好，但仅仅上市一年就丢掉了年度销售量第一的宝座。

▷ 水星/福特 美洲狮 1999年款

产地 美国

发动机 2.540升，V型六缸

最高车速 225千米/时

继Probe车型之后，福特第二次尝试复制20世纪70年代在美国获得成功的车型卡普里，该车太大了，根本不适合其他国家的消费者。

△ 水星 Villager 1993年款

产地 美国

发动机 2.960升，V型六缸

最高车速 180千米/时

这是一款与尼桑公司合作生产的汽车，日产公司以Quest这个名字来销售此车。该车可供7人乘坐，中间有个可乘坐两人的可拆卸长凳，后侧有一个可以乘坐3人的滑动折叠长凳。

◁ 克莱斯勒 纽约客 1993年款

产地 美国

发动机 3.494升，V型六缸

最高车速 216千米/时

这款克莱斯勒品牌旗舰车型的最后版本规格很高，外观大气，车内通风很好，但它卖得并不好，仅销售了3年。

△ 通用 EV1 1996年款

产地 美国

发动机 电动机

最高车速 129千米/时

通用公司这款电动双座汽车可以续航90~240千米，但最终只售出了1 117辆，2002年通用公司将它们召回并报废，主要因为消费者对该车已经失去了兴趣。

▷ 克莱斯勒 PT 巡洋舰 1999年款

产地 美国/墨西哥

发动机 2.429升，直列四缸

最高车速 195千米/时

这款复古的车型与克莱斯勒Airflow车型很像，11年内在全世界范围内共售出135万辆。2000年，又出了折篷款和涡轮增压款。

家用轿车

20世纪90年代的家用轿车已经发生了改变，一些从前不被关注的性能得到了提升，如隔音性能、防风性能、加热性能和通风性能。电能的应用使发动机起动得更快，发动机在更大的转速范围内仍可以平顺地运转。几乎所有的汽车，从小型汽车到大型汽车都可以在合法的转速范围内安静、平稳地运转。

△ 菲亚特 500 1991年款

产地 意大利/波兰

发动机 0.903升，直列四缸

最高车速 134千米/时

乔治亚罗在20世纪90年代为菲亚特品牌设计了这款小型四座汽车，并且弃用了菲亚特品牌使用了40年的发动机后置布置形式。该车简洁、高效，并且卖得很好。

◁ 丰田 普瑞维亚 1990年款

产地 日本

发动机 2.438升，直列四缸

最高车速 174千米/时

这款丰田七座或八座汽车就其车身长度来说空间很大，发动机几乎水平安装在前座椅下方，位于前桥后侧。该车还有4×4版本。

△ 菲亚特 多能 1998年款

产地 意大利

发动机 1.581升，直列四缸

最高车速 171千米/时

相比竞争对手的MPV，这款多能车型具有2排3列共6个座位。它虽然被批评外形丑陋，但却被誉为那个时代最具创新精神的汽车。

△ 雪铁龙 贝林戈多空间 1996年款

产地 法国

发动机 1.360升，直列四缸

最高车速 151千米/时

这款车（图中所示是2002年以后的改款）与标致的Partner车型很像，既可作为厢式货车使用，也可作为客车使用。它还有电动汽车版本。

△ 雪铁龙 赛纳毕加索 1999年款

产地 法国/西班牙

发动机 1.749升，直列四缸

最高车速 190千米/时

该车是雪铁龙公司从雷诺品牌手中接管过来的，从前在雷诺品牌旗下称为Scénic，是欧洲紧凑型MPV市场上销售最好的汽车。这款车可以全面满足家庭的使用需求。

▷ 标致 406 TD 2.1 1995年款

产地 法国

发动机 2.088升，直列四缸

最高车速 190千米/时

这款大型家庭汽车很流行，发动机排量从1.6升至3.0升不等，而且其涡轮增压柴油机版共生产了10年，直到后来被407车型取代。

◁ 标致 206 XR 1998年款

产地 法国

发动机 1.124升，直列四缸

最高车速 158千米/时

直到2010年停产，这款206车型共出厂680万辆，成为标致品牌销量最好的汽车。直喷式发动机的排量范围是1.0~2.0升。

△ 阿尔法·罗密欧 156 TS 2.0 1997年款

产地 意大利

发动机 1.970升，直列四缸

最高车速 214千米/时

这款运动型轿车的外形设计堪称一流，特点是后门取消了把手，这样更像跑车。

◁ 斯巴鲁 森林人 1997年款

产地 日本

发动机 1.994升，对置四缸

最高车速 179千米/时

斯巴鲁品牌这款强壮的4×4汽车因其较低的对置式发动机而拥有良好的驾驶体验。尽管该车外表平庸，但是它比竞争对手的功能更强大。

△ 罗孚 25 VVC 1999年款

产地 英国

发动机 1.796升，直列四缸

最高车速 204千米/时

该车配备精良，是基于1994年以前的本田汽车设计的，发动机排量的范围为1.1~2.0升。

◁ 大众 夏朗 1995年款

产地 德国/葡萄牙

发动机 1.984升，直列四缸

最高车速 177千米/时

这款车是和与之相似的福特银河车型一起生产的，但是它并未表现出良好的稳定性。发动机排量范围为1.8~2.8升。

△ 大众 高尔夫 GTI Mk4 1997年款

产地 德国

发动机 1.781升，直列四缸

最高车速 222千米/时

这款销售多年的掀背式汽车已经出了第四代，并且配备了涡轮增压器，此外还新增了3.2升的4×4版本。

△ 沃尔沃 V70 T5 1997年款

产地 瑞典

发动机 2.319升，直列五缸

最高车速 245千米/时

在850 T5车型取得成功后，沃尔沃品牌将其棱角变圆润，增加了高压涡轮增压器，这样就打造出了这款低调的高规格“Q汽车”。

△ 雷诺 梅甘娜 风景 1996年款

产地 法国

发动机 1.598升，直列四缸

最高车速 171千米/时

雷诺品牌的空间车型引领着MPV市场，而这款车则打开了紧凑型MPV市场。这款车是在小型家用车梅甘娜车型的平台上生产出来的，销量远比想象的要好。

◁ 雷诺 袋鼠 1997年款

产地 德国

发动机 1.390升，直列四缸

最高车速 156千米/时

雷诺公司（在某些市场上以尼桑的品牌销售）的这款货车/MPV具有滑动车门，并且有很多版本。图中所示的是2003年外形经过改进的袋鼠车型。

△ 大众 甲壳虫 1998年款

产地 德国

发动机 1.984升，直列四缸

最高车速 185千米/时

这款圆滚滚的前轮驱动掀背式甲壳虫汽车基于高尔夫汽车的平台生产，看起来并不像原始的甲壳虫汽车，但是一直以来的好评使其销售至今。

◁ 梅赛德斯-奔驰 A级 1997年款

产地 德国

发动机 1.598升，直列四缸

最高车速 182千米/时

生产紧凑型掀背式汽车对梅赛德斯-奔驰公司来说是明智的，这也是市场趋势所致。该车因抓地力不稳定而经历了尴尬的召回事件。

▷ 奥迪 A2 2000年款

产地 德国

发动机 1.390升，直列四缸

最高车速 172千米/时

奥迪公司将高端技术应用到了这款铝制车身、极具经济性的超级Mini汽车上，消费者却似乎更看重价格和外观而不是质量和血统，因此这款车的销量远低于预期。

克莱斯勒/道奇 Viper V10发动机

随着道奇Viper发动机于1992年发布，克莱斯勒品牌在美国肌肉车市场开启了新的篇章。相比传统的大排量V8发动机来说，这款V10发动机拥有8.0升的排量，这个排量在近年的一级方程式赛场上被采用，但是在当时的公路汽车上没有使用过。

从卡车到跑车

尽管结构打破传统模式，但这款Viper V10发动机还是有其原始痕迹，即来源于克莱斯勒LA卡车发动机。LA卡车发动机的铸铁结构使发动机整体太重而不适合安装在跑车上，因此兰博基尼公司受委托设计铝合金缸体和缸盖。这款技术水平并不高的V10发动机保留了推杆式气门驱动机构，并且每气缸只有两个气门，而克莱斯勒公司的员工们曾经建议过每气缸四气门的结构。其动力输出也因此表现平平，每升仅有50马力，但这也足以确保整车的超强动力。

发动机规格	
数据采集于	1991年至今
气缸	两列十气缸，90° V型
发动机布置	发动机前纵置
发动机排量	7.990升，后来变成8.285升和8.382升
动力输出	4 600转/分转速时输出400马力，后来变成415、450、500、600马力
类型	传统四冲程水冷发动机，往复式活塞，无分电器点火，湿式油底壳
气缸盖	推杆驱动，凸轮轴顶置，每缸两气门，液压挺杆
燃油供给系统	多点燃油喷射
气缸尺寸	4.00英寸×3.88英寸（10.16厘米×9.86厘米）
功率	50.1马力/升
压缩比	9.1 : 1

节气门体
节气门体内是一个蝶形阀，它调节着进入到发动机内气体的流量

机油滤清器

线束管
装有发动机的线束

软管连接
散热器的软管连接到此处

水泵

气缸列
一列气缸布置在盖子和气门下面

夹角敞开空间
使用90°夹角而没有使用V10发动机常规的72°夹角，这是因为夹角处可以留出较大空间，这样有利于进气部件布置，也能降低发动机整体高度，进而降低发动机盖的高度

热保护层
用来保护其他部件不受热损伤

传动皮带
这个宽的柔软皮带由曲轴皮带轮驱动，它带动水泵和其他附件转动

空气压缩机

铝制气缸体

▷ 注：查看第352~353页 发动机的工作原理

喷油器
气化燃油从这里进入到发动机内，是由发动机管理系统通过电路来控制的
集气室
封闭在这里的空气发生共振，使更多的空气进入气缸以增强动力
油轨
汽油通过该管进入喷油器
连接从油泵而来的软管
气门盖
下面是气门装置，包括摇臂、气门弹簧和气门杆
高压线
将五个点火线圈与火花塞连接起来
火花塞盖
铝合金气缸盖
铝制气缸盖可以减轻重量
起动机安装位置
铝合金油底壳
排气总管
一列气缸的排气总管
发动机支撑
（展示的时候起支撑作用）

1900年，费迪南德·波尔舍（最左侧）和罗纳-保时捷电动汽车。

伟大的品牌
保时捷的故事

很多传奇的公路车和跑车都与费迪南德·波尔舍“血脉相连”，他是20世纪最好的汽车工程师之一。他在20世纪50年代所创立的保时捷品牌几乎成了高性能汽车的代名词，其中最知名的保时捷911，在大约半个世纪的时间里都是跑车的标志。

费迪南德·波尔舍1875年生于奥匈帝国波米希亚北部的玛弗斯多夫小镇。他的父亲是水管工人，他在很小的时候就对机械和电子产生了兴趣，后来去了维也纳，在一家电子公司工作。在那里，他产生了使用电动车轮驱动汽车的想法，罗纳·保时捷电动汽车因此想法而诞生，并且在1900年的巴黎世界展览会上展出。

保时捷汽车标志
（发布于1950年）

在成立咨询工程公司之前，费迪南德·波尔舍为奥地利-戴姆勒公司和戴姆勒-奔驰公司设计汽车和飞机发动机。20世纪30年代，他受聘为汽车联盟制造大型强动力的国际汽车大奖赛参赛汽车。此外，波尔舍还为大众公司设计了“平民汽车”，该车在第二次世界大战后成为全球销量最好的汽车。波尔舍在70多岁的时候才开始全职制造汽车，他之前设计的大众汽车成为他的设计起点，为他的Tpye 64车型提供了发动机、悬架和底盘，这款具有跑车外形的汽车是在1939年为参加比赛设计的，但却因爆发第二次世界大战而没能如愿。1950年，波尔舍的儿子费里重振父亲的事业，公路跑车356成为保时捷公司的第一款量产汽车。

费迪南德·波尔舍父子
右侧是费迪南德·波尔舍，左侧是他的儿子费里，费里设计了保时捷356车型。

这款车起初在奥地利的保时捷工厂生产，但随着需求量的增加，需要在更大的地方建立生产线。1950年，工厂迁移到德国南部斯图加特的祖文豪森。第2年，费迪南德·波尔舍去世，享年75岁。

356车型的对置式发动机排量从1.086升逐渐提升至1.488升，并且使用了特殊的曲轴和连杆。该车型还有四凸轮轴版本，是为比赛而设计的，动力性很强但不稳定。1954年，一款更轻的车型356 Speedster震惊美国，从而巩固了保时捷品牌生产世界上最好的小型跑车之美誉。

1963年，保时捷911车型取代了356车型。它是一款更大、更优质、动力更强的跑车，配有新的2.0升空冷对置式六缸发动机。911跑车的简约外形由费里的儿子费迪南德·亚历山大（或被称为布齐）设计，它的可靠性和实用性都很强，完全可以满足日常使用。后置发动机的设计确保了卓越的牵引力，尽管这可能造成转向过度，使粗心的驾驶员会被吓一跳。

> “我们的哲学是……性能与华美不可分割。”
>
> 费里·波尔舍，1985年

911跑车逐渐变得速度更快、动力性更强。1973年，卡雷拉RS版本的911跑车配备了更大排量的2.7升发动机和轻质车身。20世纪60—70年代，保时捷汽车在汽车比赛赛场上捷报频传，包括不同级别的汽车比赛和一级方程式比赛的胜利。911汽车在蒙特卡洛拉力赛和西西

保时捷959赛车
保时捷959是保时捷品牌首款四轮驱动的高性能赛车，也是当时技术含量最高的赛车，并且在比赛中证明了自己的实力——在1986年的巴黎-达喀尔拉力赛中分列第一名和第二名。

356A

911S

917K

PANAMERA 4S

1930年 费迪南德·波尔舍在奥地利格明德成立了咨询工程公司
1939年 费迪南德·波尔舍设计出Type 64车型
1950年 保时捷公司发布其首款量产汽车356，该车基于Type 64车型设计完成
1951年 费迪南德·波尔舍在斯图加特去世，享年75岁
1962年 丹·格尼赢得国际汽车大奖赛法国站的胜利，这是保时捷获得的首次一级方程式比赛的胜利

1963年 保时捷公司发布了356的替代车型901，不过很快改名为911
1968年 维克·埃尔福德和泡利·托伊沃宁驾驶保时捷911车型在蒙特卡罗拉力赛中分获第一名和第二名
1970年 汉斯·赫尔曼和理查德·阿特伍德驾驶917k跑车赢得保时捷汽车首个勒芒24小时耐力赛胜利
1973年 马克·多尼休驾驶保时捷917-30车型称霸Can- Am比赛

1975年 930系列（或称为911 Turbo）发布
1976年 保时捷品牌发布其首款前置水冷发动机的车型924，第二年发布928车型
1984年 迈凯伦车队的尼基·劳达赢得一级方程式世界冠军，其驾驶的赛车安装了保时捷品牌设计的涡轮增压发动机
1986年 发布959超级跑车，该车为搭载了涡轮增压发动机的四轮驱动汽车
1989年 随着964系列Carrera 4车型的发布，911跑车进入一个全新的时代

1996年 保时捷品牌发布了入门级博克斯特车型
1998年 费里·波尔舍在奥地利去世，享年88岁
2002年 SUV车型卡宴发布，很快成为保时捷品牌销售最好的车型
2009年 保时捷品牌首款四门产品轿车帕纳美拉发布
2011年 在质疑声中与大众公司合并
2014年 Macan SUV与奥迪 Q5汽车共享平台
2017年 第100万辆保时捷 911跑车下线
2019年 Taycan是保时捷第一款四门和五门纯电动汽车

里乌塔尔加弗洛里奥赛车赛这样的经典赛事中获得过胜利，917跑车在法国的勒芒24小时耐力赛中获胜过。保时捷品牌还凭借1 000马力对置式12缸涡轮增压汽车称霸北美Can-Am比赛。

保时捷品牌很快成为众多汽车品牌的强大对手：基于911车型设计的934和935车型多次出现在赛场上，936、956和962车型更是赛场上的常客。离开一级方程式赛场大约20年后，保时捷在1983年作为发动机供应商回归赛场，设计的TAG涡轮增压发动机帮助迈凯伦车队的尼基·劳达和阿兰·普罗斯特赢得世界冠军。

“没有替代品”
这是保时捷汽车1975年的广告语，意在宣传优质、高性能的911和914车型。

20世纪70年代，汽车法规对噪声和尾气排放进行了更严厉的限制，这可能导致911跑车被全盘否决，此时的保时捷公司老板恩斯特·富尔曼热衷于开发水冷前置发动机汽车。安装了V8发动机的新车型928和入门级的924车型（后来发展成为944车型和968车型）都未能得到保时捷爱好者的青睐，911跑车则继续受到追捧。1975年的911 Turbo被誉为那个时代加速能力最强的汽车。原始911系列的最终版是双涡轮四驱的959车型，1986—1989年仅生产了200辆。新一代911跑车在1989年发布，在接下来的2年里进行了3次改版，每次改版后的外形都酷似上一版，但是技术却有了提升，性能也变得更强。

20世纪90年代早期，保时捷品牌坚持生产优质汽车，但是获得的利润并不高。保时捷品牌于是放弃了前置发动机布局，开发出入门级中置发动机汽车——博克斯特，该品牌定位于年轻的消费者。与大众公司联合开发的大型SUV车型卡宴扩展了保时捷品牌的车型，但是有评论指责卡宴过度奢侈、浪费，因此保时捷品牌开始研发电动动力装置和混合动力装置，期望能应用在将来的公路汽车上。

2009年，保时捷公司和大众公司的控制权之争达到顶峰。保时捷公司对大众公司的持股超过了50%，但也因此背负巨额债务，并且没有足够的资本来完成收购。保时捷公司已疲于应对债务危机，于是与大众公司在2011年达成合并协议，至此，保时捷成为大众集团旗下第10个品牌。

保时捷911车型对置六缸增压发动机
1974年，增压版本的保时捷风冷对置六缸发动机开始应用于911车型，它使该车具备了令人惊讶的加速能力。

商务车

20世纪90年代，随着商务车在全球的持续流行，一些商务车变得更具动感，也有一些更注重舒适度与品质。这些商务车都开始配备复杂的电子系统、附件和安全系统，此外还有多凸轮轴、气门机构、轻质合金结构，这些都可以提高发动机的动力性，减轻整车质量。

△萨博 900 Carlsson 1990年款
产地 瑞典
发动机 1.985升，直列四缸
最高车速 217千米/时

萨博 900车型是1978年开始生产的，设计基于1967年的萨博99汽车底盘。该车前轮驱动，设计精妙，动力强劲。

◁宝马 5系 1995年款
产地 德国
发动机 2.793升，直列六缸
最高车速 229千米/时

这款E39 5系宝马汽车配有2升直列六缸发动机或4.4升V8发动机，高端的电子设备和内饰使它在豪华车中一直保持强势地位。

△奥迪 A4 夸特罗 1994年款
产地 德国
发动机 1.781升，直列四缸
最高车速 220千米/时

A4车型的发动机每缸五气门，且带有涡轮增压。该车四轮驱动，输出150马力，可靠性高，在公路和赛场上都取得了成功，图中这款A4汽车是弗兰克·比埃拉在英国房车锦标赛中获胜时所驾驶的汽车。

△林肯 大陆 1995年款
产地 美国
发动机 4.601升，V型八缸
最高车速 193千米/时

大陆车型从1939年以来就一直是福特林肯系列的顶级车型，这款1995年款的大陆车型配备了野马眼镜蛇汽车双凸轮轴V8发动机和很多豪华配件，包括空气悬架。

△霍顿 VR Commodore SS 1993年款
产地 澳大利亚
发动机 4.987升，V型八缸
最高车速 230千米/时

澳大利亚本土汽车生产商霍顿在这款大型轿车上增加了防抱死制动系统和后独立悬架。该车赢得了1995年的巴瑟斯特耐力赛。

△奥迪 A8 1994年款
产地 德国
发动机 4.172升，V型八缸
最高车速 249千米/时

这款奥迪品牌旗舰车在全世界范围内首次使用铝制承载式车身，进而降低车身重量，提高了性能。该车有两轮和四轮驱动版，分别配有2.8升的V6和4.2升的V8发动机。

△梅赛德斯-奔驰 S级 1991年款
产地 德国
发动机 5.987升，V型十二缸
最高车速 249千米/时

该车是梅赛德斯品牌20世纪90年代的旗舰产品，虽然不是最优雅的，但却是最大和最先进的汽车之一，配有2.8升直列六缸发动机或6.0升V12发动机。

△梅赛德斯-奔驰 C220 1993年款
产地 德国
发动机 2.199升，直列四缸
最高车速 209千米/时

这款C级轿车是20世纪90年代梅赛德斯品牌的入门级轿车，配有2.2升的四缸发动机和2.8升的六缸发动机，另外还有1998年AMG款的4.3升V8发动机。

▷梅赛德斯-奔驰 S级 1999年款
产地 德国
发动机 6.300升，V型十二缸
最高车速 249千米/时

新版S级轿车更轻、更小且更优雅，内部空间更大，但是质量不够好。配有3.2升的V6发动机或6.3升的V12发动机。

△ 克莱斯勒 LHS 1994年款

产地 美国

发动机 3.518升，V型六缸

最高车速 219千米/时

历经8年研发和各种展会、展览的LHS车型体现了克莱斯勒品牌的根本改变，该车空间大，外形紧凑，配有新的顶置凸轮轴V6发动机。

△ 雷克萨斯 GS300 1997年款

产地 日本

发动机 2.997升，V型六缸

最高车速 230千米/时

这款GS轿跑车的技术含量很高，具有可选的双涡轮增压器款，配有四轮转向和稳定控制系统。在美国市场销售的还具有可选的4.0升V8 GS400款。

△ 宾利 Arnage 1998年款

产地 英国

发动机 4.398升，V型八缸

最高车速 241千米/时

该车由威格士控股的劳斯莱斯/宾利公司生产，外型会让人想起之前的车型，配有考斯沃斯设计的宝马发动机。

△ 凯迪拉克 塞维利亚 STS 1998年款

产地 美国

发动机 4.565升，V型八缸

最高车速 241千米/时

该车是凯迪拉克品牌首款兼顾左驾和右驾的前轮驱动汽车，该车动力强劲，配有300马力STS发动机。

△ 捷豹 S-type 1999年款

产地 英国

发动机 3.996升，V型八缸

最高车速 240千米/时

在新千年，捷豹品牌推出复古车型的轿跑车，有些类似1963年的S-type车型。该车配有2.5升V6发动机或4.0升V8发动机，卖得很好。

高性能汽车

高性能汽车在20世纪90年代涌现，其外形和车速都超越了传统汽车。汽车生产商使用一级方程式赛车的技术和材料来生产汽车，给公众呈现了新的汽车外观和性能。有些品牌直接生产类似于赛车的汽车，有的品牌则给现有的车型增加额外的动力。

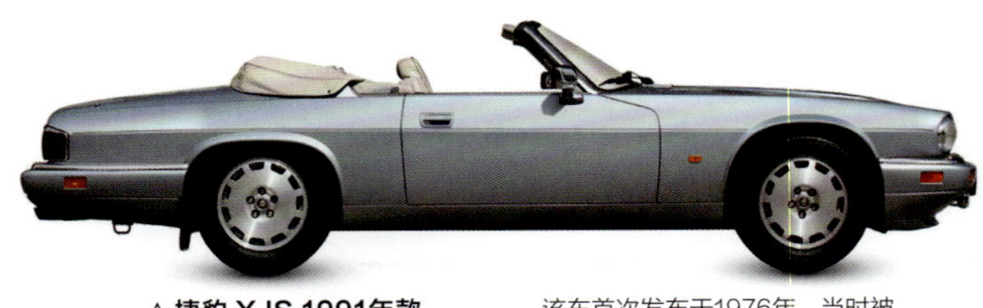

△捷豹 XJS 1991年款
产地 英国
发动机 3.980升，直列六缸
最高车速 230千米/时

该车首次发布于1976年，当时被命名为XJ- S，1991年升级后以XJS的名称重新发布。1993年，XJS车型安装了6.0升的V12发动机，该车1996年停产。

△捷豹 XK8 1996年款
产地 英国
发动机 3.996升，V型八缸
最高车速 249千米/时

该车在1996年隆重发布，有潇洒的跑车版和美观的折篷版。

△捷豹 XKR 1998年款
产地 英国
发动机 3.996升，V型八缸
最高车速 249千米/时

XKR车型与高性能的XK8车型类似，加速性能好且操控性强。

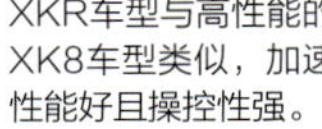

△宾利 欧陆 R 1991年款
产地 英国
发动机 6.750升，V型八缸
最高车速 241千米/时

这款优雅的汽车由英国设计师约翰·赫夫南和肯·格林利设计完成，其增压发动机可以输出325马力的动力，但官方未公布数据。

△迈凯伦 F1 GTR 1995年款
产地 英国
发动机 6.064升，V型十二缸
最高车速 370千米/时

1995年，迈凯伦公司为一级方程式赛场开发了这款车，它配备了宝马汽车发动机，曾在1995年赢得法国勒芒24小时耐力赛。

△法拉利 456GT 1992年款
产地 意大利
发动机 5.474升，V型十二缸
最高车速 300千米/时

这款由宾尼法利纳公司进行外形设计的456GT车型更强调品质与舒适度，速度超快的2+2跑车版已经生产了20多年。

△阿斯顿·马丁 DB7 飞鼠 1996年款
产地 英国
发动机 3.228升，直列六缸
最高车速 266千米/时

这款软顶的飞鼠汽车于DB7跑车发布3年后发布，其增压发动机可以输出335马力的动力。该车深受阿斯顿·马丁品牌的粉丝的喜爱。

▷法拉利 355 1994年款
产地 意大利
发动机 3.496升，V型八缸
最高车速 295千米/时

这是法拉利品牌首款配有半自动变速器的公路汽车，是这个著名的意大利品牌近年来推出的最美观的车型之一。

◁法拉利 348GTB 1994年款
产地 意大利
发动机 3.405升，V型八缸
最高车速 280千米/时

348车型发布于1989年，5年后升级为348GTB，升级后的版本足以在顶级系列赛中驰骋。

△法拉利 F50 1995年款
产地 意大利
发动机 4.699升，V型十二缸
最高车速 325千米/时

F50作为法拉利50周年的纪念车型使用了一级方程式赛车所使用的技术和材料，它是最令人期待的一款车。

△布加迪 EB110 1991年款

产地 意大利

发动机 3.499升，V型十二缸

最高车速 343千米/时

沉寂了30多年后，久负盛名的布加迪品牌在20世纪90年代早期回归，推出了560马力增压式EB110车型，该车仅生产了139辆。

△路特斯 埃斯普利特 V8 1996年款

产地 英国

发动机 3.500升，V型八缸

最高车速 282千米/时

路特斯埃斯普利特汽车起初是作为概念车首次发布，30年后的1996年，路特斯埃斯普利特汽车依然动力强劲，配有V8发动机的版本动力更加强劲。

△阿尔法·罗密欧 155 DTM 1993年款

产地 意大利

发动机 2.498升，V型六缸

最高车速 300千米/时

该车参加了德国房车大师赛，并且分别在1993年和1996年获胜。

△梅赛德斯-奔驰 C级 DTM 1994年款

产地 德国

发动机 2.500升，V型六缸

最高车速 300千米/时

梅赛德斯-奔驰品牌在1993年发布了这款新的C级紧凑型高级车，第二年，调整后的版本在德国房车大师赛中获胜。

△兰博基尼 Diablo 1990年款

产地 意大利

发动机 5.709升，V型十二缸

最高车速 325千米/时

全新的兰博基尼Diablo汽车取代了传奇的康塔奇汽车成为超级跑车，该车宣称是当时世界上跑得最快的汽车。

△里斯特 风暴 1993年款

产地 英国

发动机 6.996升，V型十二缸

最高车速 335千米/时

汽车配件供应公司里斯特发布了这款强大的风暴汽车，这是该公司首次进入超级跑车市场。该车上装配的发动机是所有量产汽车上所装配的最大的发动机。

△雷诺 珂莱欧 V6 2001年款

产地 法国/英国

发动机 2.946升，V型六缸

最高车速 235千米/时

为了提高珂莱欧掀背式汽车的性能，雷诺品牌委托英国公司TWR对其进行改进，诞生了这款惊艳、高速、发动机中置的230马力的赛车。

◁保时捷 911 1998年款

产地 德国

发动机 3.600升，对置六缸

最高车速 274千米/时

1998年，保时捷911车型将其1963年发布时起就一直使用的空冷发动机更换成水冷发动机。

宾利欧陆R型

自1931年被劳斯莱斯公司收购以来，宾利品牌一直毫无建树，除了散热器格栅不一样之外，其余部件都用的是劳斯莱斯汽车的，直至欧陆R型汽车开启了宾利品牌的复兴之路。20世纪50年代以来，宾利汽车一直有着与众不同的外观，R型车及其姊妹款将强动力的涡轮增压V8发动机与内饰美观的跑车车身相结合，成为世界上最好的轿车之一。

20世纪80年代初，宾利公司处于倒闭的边缘。当时的宾利公司并没有特别出色的车型，人们购买宾利汽车往往有两个原因，一个是出于个人对宾利品牌的情感，另一个是喜欢它的散热器设计。其销量仅占母公司的5%。宾利品牌在1982年发布了一款配有涡轮增压发动机的慕尚轿车，并且在接下来的几年里发展成为性能优良的豪华轿车。就在此时，公司决定制造一款跑车车型的宾利汽车来代替两门的劳斯莱斯卡玛格车型。于是，欧陆R型车在1991年问世，该车基于慕尚 Turbo R轿车设计，它的传动系统可以追溯到1965年的劳斯莱斯银影汽车。一款更加强大的欧陆S型车在1994—1995年出售，这也加速了更高性能的欧陆T型车的问世，欧陆T型车的车身要短10厘米，配备了新的制动器和悬架。除此之外，还有另外的衍生车型，如折篷版车型碧空。

规格	
车型	宾利欧陆R型，1991—2003年
装配线	英国的克鲁郡
产量	1 854辆
结构	钢制承载式车身
发动机	6.750升，V型八缸
动力输出	4 000转/分转速时输出制动马力为385~420马力
变速器	四挡自动变速器
悬架	带有螺旋弹簧的独立悬架，电控
制动器	四轮盘式制动器
最高车速	241千米/时

赛车血统
宾利品牌的创始人华特·欧文·宾利是一位飞机发动机设计师，宾利品牌首款汽车在1919年问世，宾利汽车在赢得5次勒芒24小时耐力赛后便闻名于世。1998年，宾利品牌被大众公司收购。

前视图

后视图

回归传统

宾利品牌的慕尚系列汽车带有平的垂直散热器格栅和矩形照明单元。让人回想起20世纪20年代的宾利汽车的网状格栅被安装到低价版的Eight车型上，而1989年的Turbo R车型上安装了圆形的前大灯。这些都让人回想起宾利汽车的传统设计样式。

外观

欧陆R型车源于一次车身外观设计练习，即宾利品牌的英国设计师约翰·赫夫南和肯·格林利在1985年进行的名为“项目90”车身外观设计练习。欧陆R型车的最终版本带有较低的散热器格栅，而翘起的尾翼线型让人们想起了劳斯莱斯康塔奇汽车。后来的短轴距T型车带有美观的车轮罩盖和与众不同的保险杠和车门槛。

1. 1919年以来一直使用的标志 **2.** 使宾利品牌复苏的欧陆R型车的标志 **3.** 首次出现在Turbo R车型上的双前大灯 **4.** 不锈钢的网状格子 **5.** 细长的后视镜 **6.** 各种设计形式的合金车轮 **7.** 细长的亮边条门把手 **8.** 后尾翼上的可伸缩天线 **9.** 燃油加注口 **10.** 欧陆车型和碧空车型独有的尾灯设计 **11.** 彰显动力的排气管

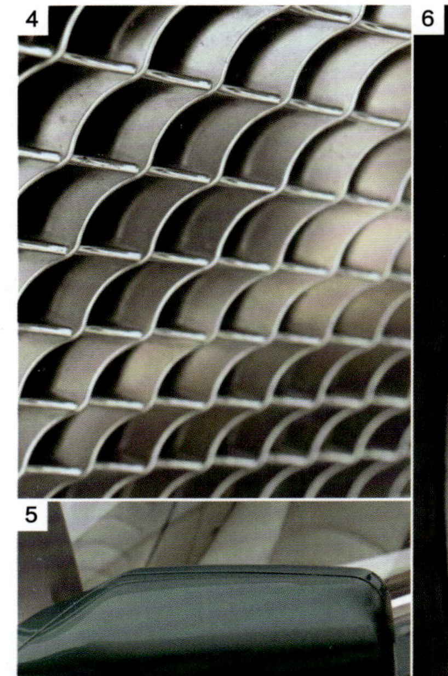

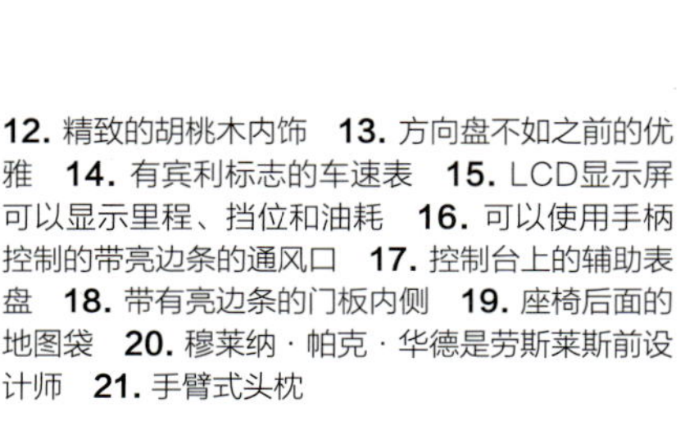

车内饰

宾利汽车皮革内饰的质量是举世无双的。欧陆车型的内饰比其他宾利汽车更具运动感，中控台一直延伸到后座舱内。R型车的仪表盘是木制手工制作的，非常漂亮，而T型车的一般是铝制的。变速杆没有安装在转向管柱上，而是安装在中控台上，从地板向上伸出，这是现代宾利汽车的一次革新。

12. 精致的胡桃木内饰 **13.** 方向盘不如之前的优雅 **14.** 有宾利标志的车速表 **15.** LCD显示屏可以显示里程、挡位和油耗 **16.** 可以使用手柄控制的带亮边条的通风口 **17.** 控制台上的辅助表盘 **18.** 带有亮边条的门板内侧 **19.** 座椅后面的地图袋 **20.** 穆莱纳·帕克·华德是劳斯莱斯前设计师 **21.** 手臂式头枕

22

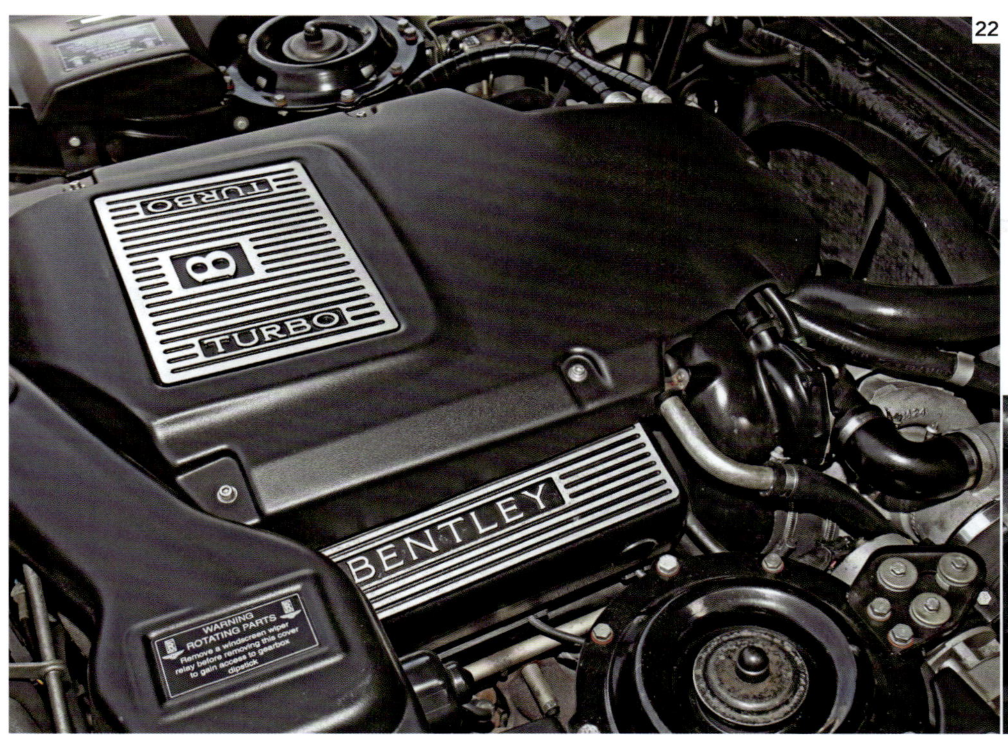

发动机舱

该车的全铝V8发动机可追溯到1959年，使用了传统推杆式气门传动装置而非凸轮轴顶置式，每个气缸仍然配备两气门。涡轮增压器使发动机输出动力提升至385马力或400马力，后来T型车和特殊的欧陆穆莱纳版可输出420马力动力，而转速2 200转/分时输出扭矩881.86牛·米是当时所有汽车之最。

22. 被发动机盖遮住的20世纪50年代的发动机设计样式 **23.** 宾利汽车的强动力涡轮增压器 **24.** 发动机舱照明灯

23

24

13

14

17

15

16

18

19

20

21

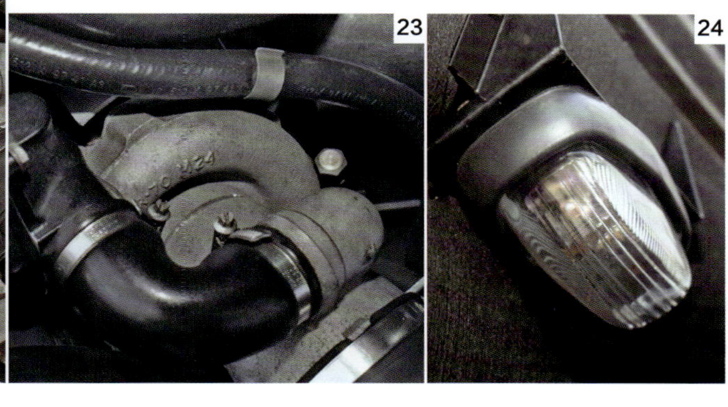

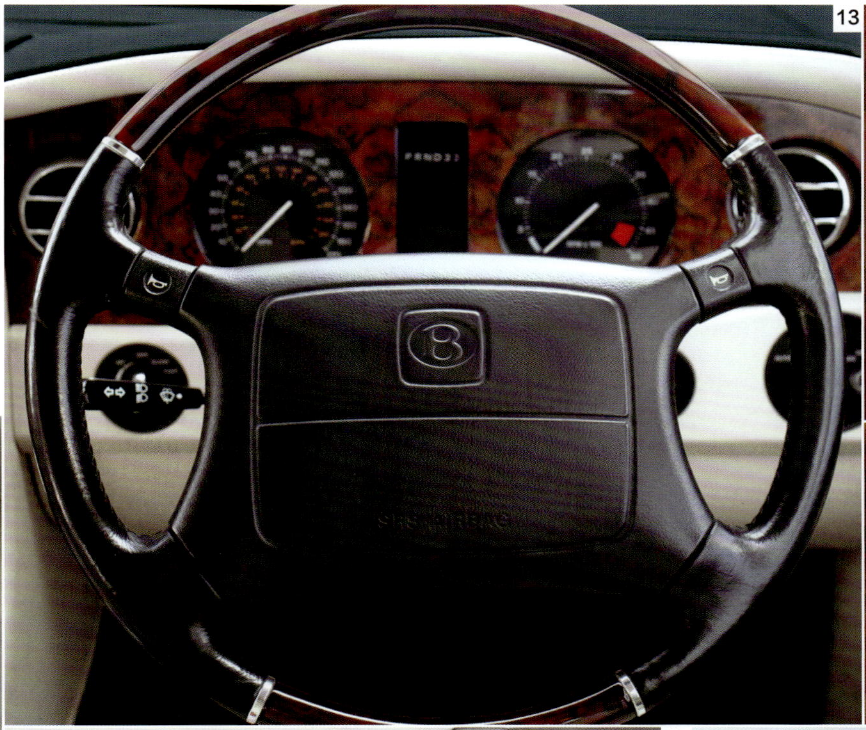

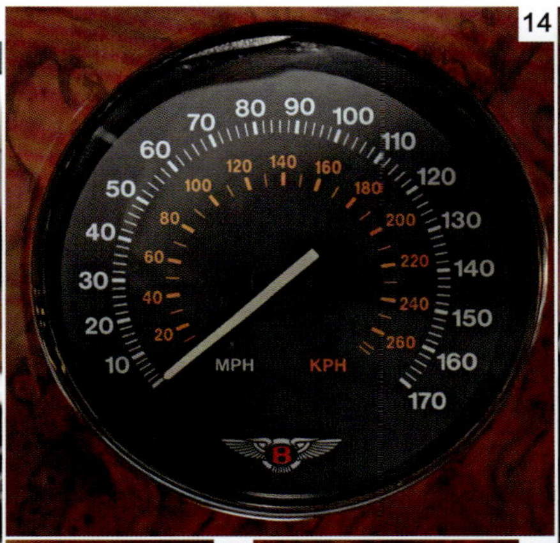

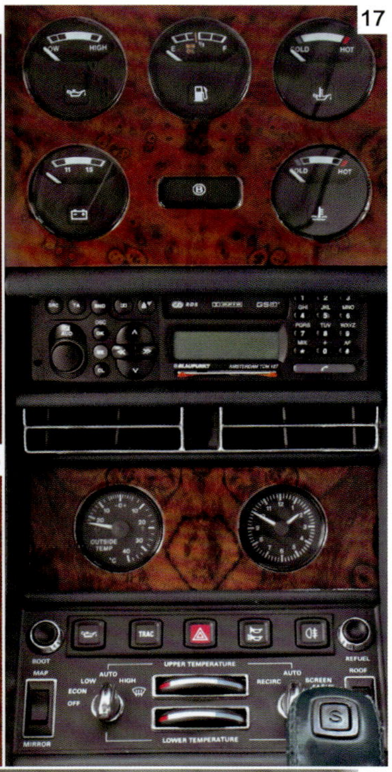

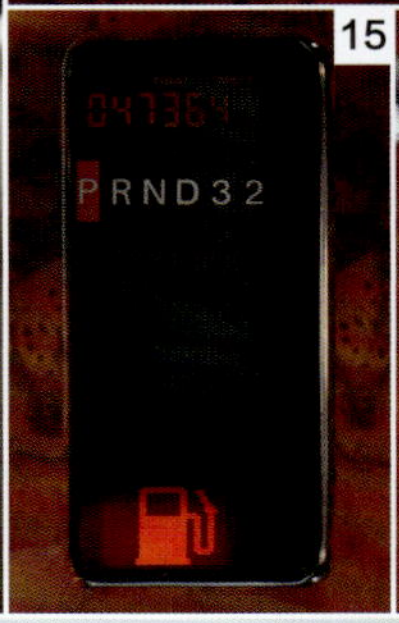

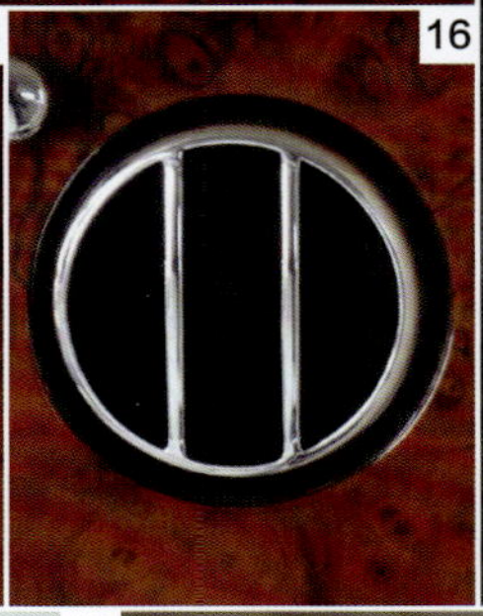

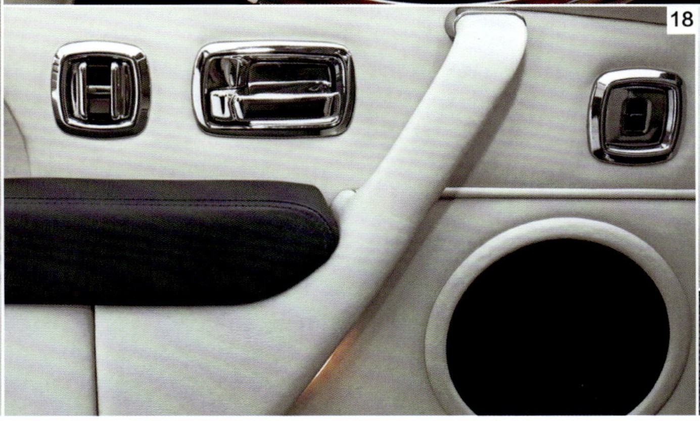

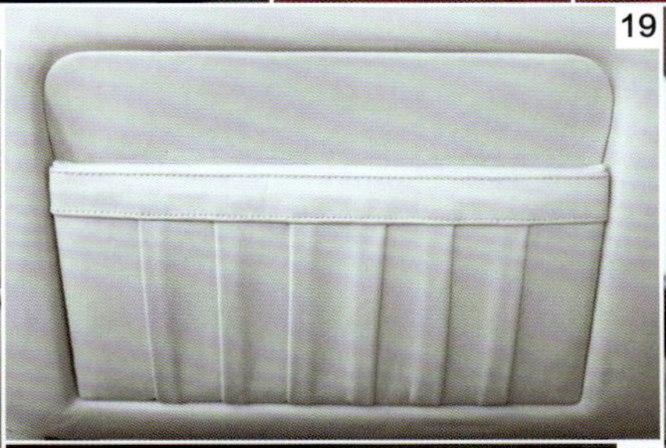

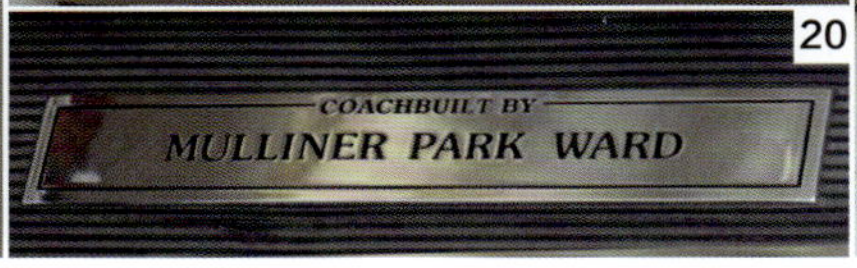

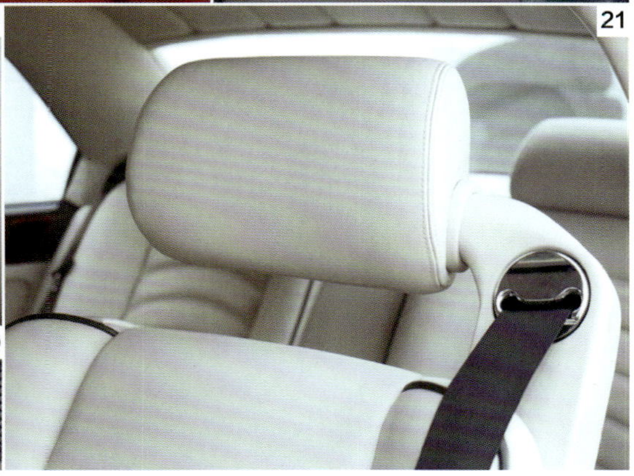

2000年以后

跨界车与越野车｜城市用车与混合动力汽车｜动力性与经济性

x1000
RPM
0.0
MINI

品牌重塑

汽车工业经过了近一个世纪的发展后，生产商们发现公众对品牌的理解和看法是很重要的。如今，很多生产商的品牌或车型都被人们熟知且津津乐道，但另一些生产商则需要创立自己的品牌，且应该与其他品牌甚至竞争对手不同，标新立异才行。

△ **道奇 挑战者 2008年款**
产地 美国
发动机 6.059升，V型八缸
最高车速 233千米/时

尽管40年过去了，电影《粉身碎骨》的影迷依然能够认出这款新版的汽车明星。

△ **名爵 ZT 260 2001年款**
产地 英国
发动机 4.601升，V型八缸
最高车速 249千米/时

该车的车型设计基于罗孚75车型，采用福特V8发动机和后轮驱动方式，外饰精细，动力强劲。

△ **迈巴赫57 2002年款**
产地 德国
发动机 5.980升，V型十二缸
最高车速 249千米/时

迈巴赫公司自1940年起就没有生产汽车，直到2002年，将戴姆勒-奔驰作为其高端豪华车品牌才开始复苏。

△ **玛莎拉蒂 总裁 2004年款**
产地 意大利
发动机 4.691升，V型八缸
最高车速 280千米/时

这是一款四门汽车，在意大利尤其出名，其434马力的V8发动机性能与该车名气相匹配。

△ **凯迪拉克 STS 2005年款**
产地 美国
发动机 4.371升，V型八缸
最高车速 249千米/时

该车流畅的线条和良好的操控性与其过时的尾翼和笨重的车身不相协调。北极星V8发动机使这款STS车型可输出469马力的动力。

◁ **福特 野马 GT 折篷车 2004年款**
产地 美国
发动机 4.951升，V型八缸
最高车速 240千米/时

野马汽车设计团队将第一款野马汽车的设计样式应用于2004年款的野马汽车上，包括外车身上的凹陷处和后缩的前大灯。

▷ **保时捷 帕纳美拉 4S 2009年款**
产地 德国
发动机 4.806升，V型八缸
最高车速 282千米/时

尽管将发动机置于车身前部且增加了2个车门，这款车的外形依然保留了20世纪60年代911跑车的流线型。

△ **宝马 阿尔宾娜 B7 Bi-Turbo 2010年款**
产地 德国
发动机 4.395升，V型八缸
最高车速 302千米/时

阿尔宾娜是汽车生产商，专门生产高性能宝马汽车，这款B7车型可输出500马力的动力。

▷ **英菲尼迪 G37 折篷车 2009年款**
产地 日本
发动机 3.696升，V型六缸
最高车速 249千米/时

英菲尼迪品牌由日产公司创立，目的是打开美国市场。该品牌只生产高端车型。

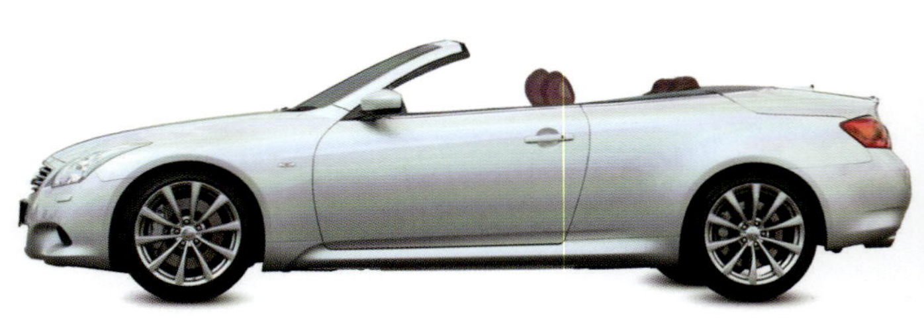

△ 劳斯莱斯 幻影 2003年款

产地 英国

发动机 6.750升，V型十二缸

最高车速 249千米/时

宝马公司收购劳斯莱斯品牌后，在古德伍德附近建立了一个新工厂，并且开发了具有该品牌传奇特点的新车型——幻影。

△ 劳斯莱斯 幻影 活动顶篷版 2007年款

产地 英国

发动机 6.750升，V型十二缸

最高车速 249千米/时

这款活动顶篷版幻影的外形与100EX完全一致，100EX是在2006年发布的，为纪念品牌创立100周年而设计。

▷ 捷豹 XF 2008年款

产地 英国

发动机 5.000升，V型八缸

最高车速 249千米/时

捷豹品牌通过这款车重塑了20世纪60年代中等尺寸S-Type车型的形象，同时也使更多人能够感受到捷豹汽车的高质量。

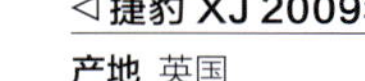

◁ 捷豹 XJ 2009年款

产地 英国

发动机 5.000升，V型八缸

最高车速 249千米/时

这款全新的XJ车型采用铝制框架，其中50%采用回收材料。整体车身重量要比竞争车型的钢制车身轻150千克。

△ 捷豹 F-type 2013年款

产地 英国

发动机 5.0升，V型八缸

最高车速 299千米/时

捷豹汽车耗时38年才回归跑车市场。这款全铝双座跑车并没有让人们失望，该车还有配备V6发动机的跑车版本。

△ 雪佛兰 科迈罗 2SS 2010年款

产地 美国

发动机 6.162升，V型八缸

最高车速 249千米/时

这款雪佛兰科迈罗第五代车型融合了20世纪60年代的风格与21世纪的电影文化，它在电影《变形金刚》中亮相。

◁ 雪佛兰 科尔维特 C8 2020年款

产地 美国

发动机 6.162升，V型八缸

最高车速 312千米/时

这款第8代版本的汽车是科尔维特系列车型首款发动机中置的量产车，提供的唯一变速器是8挡半自动变速器。

△ 阿斯顿 · 马丁 新拉贡达 2010年款

产地 英国

发动机 5.935升，V型十二缸

最高车速 296千米/时

该车是一款四门的超级跑车，名字来源于20世纪30年代的拉贡达（一个很有名的汽车品牌，在1947年被阿斯顿 · 马丁品牌收购）车型。

▷ 阿尔派 A110 2017年款

产地 法国

发动机 1.798升，直列四缸

最高车速 249千米/时

在汽车业销声匿迹22年后，阿尔派品牌于2017年由其所有者雷诺公司复兴。该车搭载中置后轮驱动发动机，采用非常轻的全铝结构。

跨界车和越野车

50年来，车身修长、底盘低一直都是汽车设计的趋势，但设计师们发现人们渐渐喜欢上四轮驱动的汽车，因为这类车底盘更高、更安全。因此，跨界车的产量激增，其中一些仅具有有限的越野功能。

△ **路虎 发现Ⅱ系列 1998年款**

产地 英国

发动机 2.495升，直列五缸

最高车速 158千米/时

该车首发于1989年，它外形美观、乘坐舒适、车身坚固，保留了极佳的越野性能。

△ **雷诺 古贝 2001年款**

产地 法国

发动机 2.946升，V型六缸

最高车速 220千米/时

这款跨界车由马特拉公司设计并制造完成，它是两门的跑车和MPV的混合体。这款车未能开辟出新市场，2001—2003年仅生产了8 557辆。

△ **路虎 卫士 2020车款**

产地 斯洛伐克/英国

发动机 2.995升，直列六缸，混合动力

最高车速 209千米/时

这是路虎原始系列车型的全新替代车型，虽然省去了独立底盘，但无论是空气悬架还是坚固的螺旋弹簧，都能使该车在崎岖的地面上保持很好的性能。

△ **路虎 发现 3 2004年款**

产地 英国

发动机 4.394升，V型八缸

最高车速 195千米/时

该车在北美国家的名字是LR3，是一款全新设计的、具有承载式车身结构和全独立空气悬架的汽车。它兼具越野车和公路汽车的超强性能。

◁ **本田 CR-V 2001年款**

产地 日本

发动机 1.998升，直列四缸

最高车速 177千米/时

CR-V车型是1996年最早发布的两轮或四轮驱动的SUV汽车之一，它见证了这个新车型市场的快速崛起，该车由于一直保持更新升级（图中为2001年款），因此也一直受到消费者的喜爱。

△ **雪佛兰 塔霍 2005年款**

产地 美国

发动机 5.300升，V型八缸

最高车速 198千米/时

这款大尺寸的SUV由通用汽车公司制造，除了塔霍这个名字外，还以GMC育空河和LWB雪佛兰萨博班这两个名字出售。该车有两轮驱动、四轮驱动和混合动力的版本。

▷ **雪佛兰 HHR 2005年款**

产地 美国

发动机 2.130升，直列四缸

最高车速 177千米/时

HHR就是“高车顶”的意思，其外形来源于1949年的雪佛兰萨博班车型。该车有货车版及涡轮增压版。

◁ **宝马 X3 2004年款**

产地 德国/澳大利亚

发动机 2.494升，直列六缸

最高车速 208千米/时

X3车型由奥地利的麦格纳公司设计和制造。它是基于3系轿车设计的，因此越野性能较差。

▷ **马自达 CX-7 2006年款**

产地 日本

发动机 2.260升，直列四缸

最高车速 209千米/时

与大部分同类汽车不同，这款马自达中等尺寸的跨界SUV基于全新的平台生产，是一款豪华的公路汽车。该车有两轮驱动和四轮驱动的版本。

△ **丰田 汉兰达 2000年款**

产地 日本

发动机 2.995升，V型六缸

最高车速 201千米/时

该车是首款基于轿车设计的中等尺寸跨界SUV，基于凯美瑞车型平台设计，它是丰田公司在21世纪的第1个5年里卖得最好的SUV。

▷ **丰田 CH-R 2018年款**

产地 日本

发动机 1.987升，直列四缸

最高车速 180千米/时

这款风格大胆的紧凑型SUV提供两轮或四轮驱动版本，以及一系列汽油或油电混合动力发动机版本。

▷ **丰田 塞纳 2006年款**

产地 日本

发动机 3.310升，V型六缸

最高车速 179千米/时

这是一款家用小货车或MPV，1997年发布前轮驱动款，2004年发布四轮驱动款，但它不是一辆越野车。

▽ **日产 逍客 2006年款**

产地 日本/英国

发动机 1.997升，直列四缸

最高车速 192千米/时

这款逍客汽车在上市的第一年就卖出10万辆，有两轮驱动和四轮驱动2款，具有很强的越野性能。

△ **土星 Outlook 2006年款**

产地 美国

发动机 3.600升，V型六缸

最高车速 193千米/时

通用汽车公司在1987年推出土星品牌，于2010年将其取消。这款Outlook汽车是大尺寸跨界SUV，有8个座位，有前轮驱动和四轮驱动2个版本。

▷ **大众 途安 2003年款**

产地 德国

发动机 1.968升，直列四缸

最高车速 196千米/时

该车是基于四轮驱动的大众高尔夫车型来设计的，是一款紧凑型SUV，配有汽油、柴油或LPG发动机，还有混合动力或纯电动款。

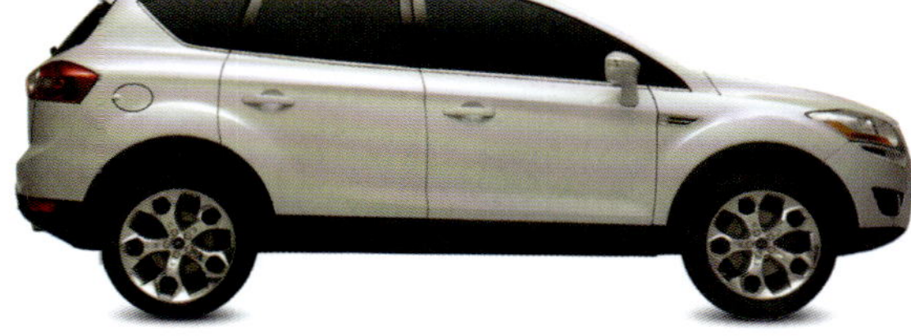

△ **福特 Kuga 2008年款**

产地 德国

发动机 2.522升，直列五缸

最高车速 208千米/时

该车基于福克斯汽车平台设计，具有前轮驱动和四轮驱动2款，它定位于公路车市场，配有强动力发动机和高质量内饰。

△ **Jeep 自由客 2007年款**

产地 美国

发动机 1.968升，直列四缸

最高车速 188千米/时

Jeep品牌凭借这款自由客车型进入SUV市场，该车在欧洲和美国所配置的发动机和传动系统是完全不同的。

▷ **蔚来 ES8 2018年款**

产地 中国

发动机 电动机

最高车速 200千米/时

蔚来汽车的总部位于中国上海。该车是电动四轮驱动的七座SUV。为了保障顺畅出行，还建立了一些汽车电池更换站。

1962年的铃木先驱者汽车

伟大的品牌
铃木的故事

铃木公司最开始从事的是丝绸行业，后来才发展成世界闻名的摩托车和汽车生产商。铃木公司生产的小型低油耗汽车、4×4汽车和商用汽车享誉全球。该品牌现在也开始生产大型豪华客车。

铃木道雄1887年生于日本的滨松市。1909年，铃木道雄创立铃木织布机工厂，为日本蓬勃发展的丝绸工业生产织布机，并获得成功，于是他决定将业务多样化，在1937年开始设计紧凑型汽车。这款原型车配有13马力、水冷、排量少于0.8升的四缸发动机，该发动机因铸铝式曲轴箱而闻名。然而，第二次世界大战的爆发使这个项目最终搁浅。

铃木汽车标志（1958年发布）

1951年，铃木道雄决定再次尝试制造汽车，这一次从制造可以安装在自行车上的马达（在此之前只有本田公司生产过）开始。1954年，公司改名为铃木汽车公司，并生产了首款摩托车塞列塔。1955年，铃木的首款量产汽车Suzulight SF诞生，该车模仿了德国的Lioyd汽车，配有排量为0.36升、两缸两冲程发动机，前轮驱动。SF是一款“kei”汽车，符合日本轻型汽车法规：符合规定尺寸和排量的汽车都可以降低税率和保险金额。

首款SF汽车配有全独立悬架，但是它并不适合日本当时的糟糕路面，因此在1956年钢板弹簧被换掉了。1958年开始，铃木公司仅生产货车版本的SF，1959年，铃之光TL货车将其取代，该车具有现代的侧开式后门。1962年，公司发布了客车版本的铃木先驱者汽车。1965年，全新的先驱者360汽车发布，装配了动力性更强的三缸风冷后置发动机。1969年，一款装有更大发动机的出口车型先驱者500发布。

1970年，铃木公司发布了首款小型四轮驱动多功能汽车LJ10，该车型基于希望汽车公司的希望之星ON360车型。ON360是一款配备了三菱发动机的4×4汽车，在希望汽车公司陷入经济困境之前仅生产了15辆。1970年，铃木公司买下了希望汽车公司，并对ON360车型进行改造，为其安装了铃木公司自己的两冲程两缸发动机，重新设计了车身，将备胎从后部移到载荷区域以减小整车长度，这样打造出的LJ10车型就符合了“kei”汽车的标准，它也是首款符合“kei”汽车标准的4×4汽车。1972年的LJ20车型改用水冷发动机，1974年的LJ50车型（在日本称为SJ10）安装的是0.539升排量的三缸发动机，输出33马力的动力。1977年，铃木公司发布了终极版LJ80车型（在日本称为SJ20），该车安装了0.797升排量的水冷直列四缸发动机，动力输出为41马力。这款LJ80车型在出口上取得了巨大的成功。另外还有皮卡版的LJ81车型，在澳大利亚被称为斯托克曼。更长更宽的铃木4×4 SJ系列车型发布于1981年，其出口车型配备了更大的发动机，动力输出更强。SJ系列车型以不同的名称出售，如在美国以雪佛兰的名字出售，在澳大利亚

> “我们生产小型汽车，对1日元的成本都会考虑再三。”
>
> 铃木修，1993年

SC100

1909年 铃木道雄开设铃木织布机工厂

1937年 开始生产第一辆铃木汽车，但是由于第二次世界大战的爆发而搁浅

1951年 铃木发布Power Free自行车马达

1954年 公司更名为铃木汽车公司，开始生产摩托车赛列塔

1955年 首款铃木量产汽车Suzulight SF发布

维特拉

1962年 先驱者汽车发布

1970年 铃木公司买下希望汽车公司，希望之星 ON360紧凑型4×4汽车以铃木LJ10的名称重新发布

1977年 瑟沃公司发布，第二年，SC100 跑车发布，第三年，奥拓车型发布，它们增加了铃木公司的出口销售量

1978年 铃木修成为公司的首席执行官

卡布奇诺

1982年 铃木公司在印度和巴基斯坦建立工厂

1988年 维特拉SUV发布，在对外出口上获得成功

1989年 铃木汽车的产量达到1 000万辆

1990年 铃木公司在匈牙利建立工厂

1991年 卡布奇诺跑车发布；铃木公司在韩国开设工厂

凯泽西

2000年 铃木修被免除首席执行官职务，但继续担任董事长

2008年 80岁高龄的铃木修重回首席执行官位置

2009年 凯泽西轿车使铃木公司进入新的市场领域

2011年 大众公司买下铃木公司20%的股份，并且于2015年出售

2015年 推出第4代维特拉越野车

2016年 推出新款Ignis车型，即一款小尺寸跨界车

以霍顿的名字出售，它们都是在西班牙的桑塔纳公司和印度的马鲁蒂公司授权下进行生产的。

除了这些小型越野汽车，铃木公司还在生产小型客车。1971年发布的先驱者跑车将kei汽车的尺寸和2×2汽车融合到一起，其外形由意大利设计师乔盖托·乔治亚罗设计完成，动力达到37马力，相对它的尺寸来说算是很高的动力了。在20世纪70年代，铃木公司除了先驱者跑车还生产了瑟沃汽车和奥拓汽车，其中一款瑟沃跑车（称为SC100）大大提升了铃木公司的出口销量。

通用汽车公司在1981年买下了铃木公司5.3%的股份，后来将持股比例增至20%。从那以后，所有的铃木小型汽车在美国都以雪佛兰品牌销售。1988年，公司发布了一款新的紧凑型SUV，该车在不同市场上分别被称为维特拉、埃斯库多或助手。它是一款三门、尺寸精巧、外形利落并融合了公路车和越野车性能的汽车，该车取得了巨大的成功，1990年的五门款发布后更是赢得了更多赞誉。

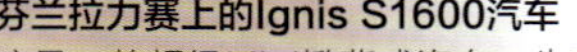

芬兰拉力赛上的Ignis S1600汽车
这是一款超级Mini掀背式汽车，生产于2000—2008年。佩贡纳·安德森和他的队友乔纳斯·安德森驾驶这款车赢得了2004年芬兰拉力赛初级赛。

引起轰动
外形优美的双座卡布奇诺汽车体现了铃木品牌进军跑车领域的想法。

1991年，铃木公司发布了卡布奇诺跑车，它是铃木最可爱的汽车之一。这款后轮驱动的敞篷“kei”跑车配有涡轮增压的双凸轮轴式0.657升排量的前置发动机，它的顶篷可以拆下并存储在后备箱内。卡布奇诺跑车一直生产到1997年，在售时间要比竞争对手本田Beat、大发和马自达AZ-1汽车都要长。

在铃木修的领导下，铃木公司在20世纪80年代将其业务扩展到巴基斯坦和印度，并在90年代签署了协议，在匈牙利和韩国建立工厂。2000年，由铃木公司和通用公司共同研发的Wagon R+车型就在匈牙利投入生产。公司还扩展了其全尺寸车型，增加了七座超级特维拉SUV、新版本的雨燕汽车和奥拓掀背式汽车、具有4×4外观但只有公路车性能的混血SX4汽车。

2009年，大众公司买下铃木公司大约20%的股份，这两家公司开始进入长期的合作。然而，事实证明两个企业的文化不相容，于是大众公司于2015年将所持股份卖还给铃木公司。一系列问题扰乱了铃木公司在美国和加拿大的市场，但这家顽强独立的公司依靠其在印度高度成功的马鲁蒂铃木车型转危为安。

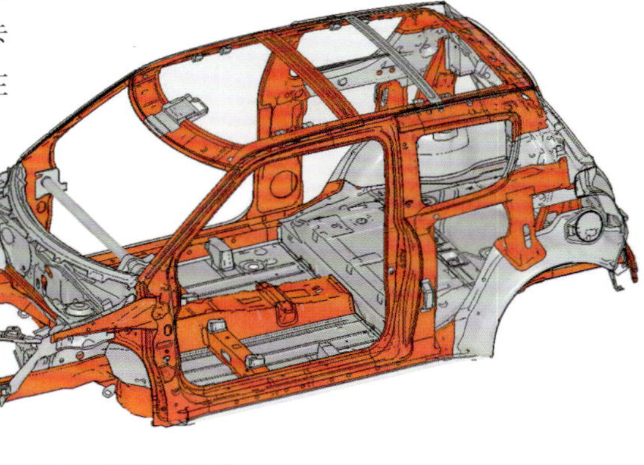

铃木雨燕汽车的车身
为了使这款2009年的雨燕运动款汽车的车身更硬朗，铃木公司加大了一部分车身的强度（图中的红色部分）。硬度增强的车身提升了汽车的抓地力和安全性。

城市用车

当全世界的汽车生产商都在努力适应低排放和低油耗法规时，公众的兴趣再次转向小型两座或最多四座的城市用车。一些生产商开始生产小型、排量小于1升的双缸或三缸城市用车，还有一些生产商开始制造配有高效率轻质发动机的小型汽车，这种车在高速公路上也可以平稳行驶。

◁ **雷瓦/G-奇才 2001年款**

产地 印度

发动机 电动机

最高车速 80千米/时

这款印度的2+2汽车是21世纪10年代卖得最好的电动汽车之一，充一次电可续航120千米。该车更大、更安全的车型正在研发中。

△ **Smart 城市跑车 1998年款**

产地 德国/法国

发动机 0.599升，直列三缸

最高车速 135千米/时

该车是最流行的两座城市用车，特点是后轮驱动，配有电子稳定控制系统和防抱死制动系统。

▷ **斯巴鲁 R1 2005年款**

产地 日本

发动机 0.658升，直列四缸

最高车速 137千米/时

该车在日本以外并不出名，是一款较短的2+2型高端汽车，符合低税的“kei”汽车标准，有皮革内饰和可选的涡轮增压器。

△ **菲亚特 熊猫 2003年款**

产地 意大利/波兰

发动机 1.108升，直列四缸

最高车速 150千米/时

这款2003年的熊猫汽车被推选为欧洲年度汽车，在上市的6年内就售出150万辆，配有1.1~1.4升的发动机。

▷ **塔塔 纳诺 2009年版**

产地 印度

发动机 0.624升，直列双缸

最高车速 105千米/时

印度本土品牌塔塔的这款汽车因较低的价格（低于3 000美元）吸引了全世界的目光。除去所有的附加功能后，你会发现它就是21世纪的福特T型车。

△ **铃木 Ignis 2017年款**

产地 日本/印度

发动机 1.242升，直列四缸

最高车速 171千米/时

Ignis是一款采用铃木公司独有的Upright设计理念的微型SUV，客户可订购混动动力总成或全轮驱动系统。粗犷的外形和奔放自由的表现赋予该车比许多城市小型汽车更多的个性。

▷ **舍科马 F16 运动款 2008年款**

产地 法国

发动机 1.598升，直列四缸

最高车速 177千米/时

该车重0.5吨，配有鸥翼式车门，外形奇特有趣但并不实用，后置了燃油喷射式16气门雷诺发动机。

▷ **丰田 雅力士/威姿 2005年款**

产地 法国

发动机 1.364升，直列四缸

最高车速 175千米/时

该车由丰田公司在欧洲的工作室设计，在全世界销售，配有1.0~1.8升的发动机，图中的这款第2代雅力士汽车是这个级别汽车中首款配有9个安全气囊的汽车。

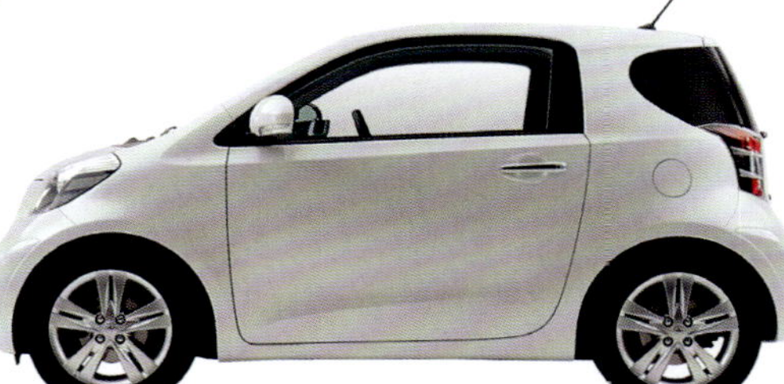

△ **标致 1007 2004年款**

产地 法国

发动机 1.360升，直列四缸

最高车速 172千米/时

这款新式的城市用车是标致公司的一次勇敢尝试，配有电动滑动车门和半自动变速器。它因售价较高而卖得并不好。

◁ **丰田 iQ 2008年款**

产地 日本

发动机 1.329升，直列四缸

最高车速 171千米/时

这款终极版紧凑型iQ汽车具有良好的动力性，欧洲碰撞安全五星级稳定控制系统、防抱死制动系统和制动助力系统是其标配。

◁ **菲亚特 500 2007年款**

产地 意大利/波兰

发动机 1.242升，直列四缸

最高车速 159千米/时

这款复古式四座高质量菲亚特汽车卖得很好，最初发布时配有1.2~1.4升的发动机，后来的升级版可选发动机排量更大。

▷ **丰田 Aygo 2005年款**

产地 日本/捷克共和国

发动机 0.998升，直列三缸

最高车速 158千米/时

该车与标致107和雪铁龙C1是同期车型，有三门或五门结构，配有1.0升汽油发动机或1.4升柴油发动机。

▷ **Aixam City Premium 2018年款**

产地 法国

发动机 电动机

最高车速 45千米/时

这款车还有配备了柴油发动机的版本，续航里程为80千米的电动车版本更适合当今年代。在法国，年满14岁的人便可以驾驶这款车。

▽ **现代 i10 2019年款**

产地 韩国/土耳其/印度

发动机 1.197升，直列四缸

最高车速 171千米/时

i10车身简洁、宽敞，但它避开了汽车市场新兴的激进技术或替代燃料选项，以保持该车的低运行成本。

塔塔纳诺

自小型汽车出现以来，纳诺汽车是最有魅力、大胆、纯粹的小型汽车之一。它的出现让印度迅速增长的中产阶级淘汰了两轮车而驾驶汽车。纳诺汽车的受众面之所以如此广是因为其售价只有10万卢比——约1 250法郎。2009年，包括税和运费在内，它的总价约1 500法郎，最贵的版本也就2 300法郎。一辆纳诺汽车的价格尽管大约是印度人均年收入的80%，但它依然是世界上最便宜的汽车。

纳诺汽车回归轻质、简单和低成本的设计原则。发动机后置的设计比发动机前置更经济，车上零部件的结构更简单、数量更少。该车配有轻质、高效低油耗的两缸发动机和非独立鼓式制动器，后置发动机设计使转向更容易，无需助力。车身没有配备后备箱盖，内饰为中等水平，在车体隔音上也花费很小。油箱尽管尺寸减小，但依然能够盛下15升（4加仑）燃油。

以上设计特点使纳诺汽车仅重600千克，相当于一块大的路边石头的重量。该车尽管质量很轻，但车身足够坚固，前座椅框架和裸露的横跨后车厢的支柱加强了车身强度。

前视图

后视图

从卡车到汽车
由拉坦·塔塔领导的印度企业塔塔集团最开始生产卡车，于1998年发布因蒂卡车型，该车是首款印度本土设计的私人汽车。塔塔目前拥有捷豹和路虎汽车品牌，除此之外还拥有茶叶公司和钢铁公司。

规格	
车型	塔塔纳诺，2009—2018年
装配线	印度潘特纳加和萨纳恩德
产量	约300 000辆
结构	钢制承载式车身
发动机	0.624升，直列双缸
动力输出	5 250转/分转速时输出制动马力为35马力
变速器	四挡手动
悬架	带有螺旋弹簧的独立前悬架
制动器	鼓式制动器
最高车速	105千米/时

一款与众不同的小型汽车
塔塔集团并未按照教科书上的规则设计纳诺汽车，车身高、窄的设计与西方汽车低、宽的设计趋势形成了鲜明的对比，但是对于印度的交通状况来说，窄是很重要的，而且它还能轻易地通过不平坦路面。

外观

盒子式的设计使纳诺汽车以最小的尺寸获得了最大的内部空间，该车宣称其比印度标准小型汽车马鲁蒂800车型的内部空间大22%。12英寸（30.48厘米）的车轮（后侧稍大）并没有占据车内空间，而是恰好位于整车的4个角。较宽的轮迹和较长的轴距还提升了稳定性，这对后轮驱动的汽车来说是很重要的。

1. 镀铬标志是为数不多的奢侈装饰之一 **2.** 在印度颇受尊重的品牌名称 **3.** 安装在保险杠内的辅助灯 **4.** 鲜明的前大灯 **5.** 单后视镜 **6.** 单门锁削减成本 **7.** 三点式车轮安装降低了成本和重量 **8.** 通风口为后部散热器通风 **9.** 垂直的尾灯 **10.** 车底部的机械照明部件

车内饰

纳诺汽车的长度与英国汽车公司的Mini汽车的长度差不多，纳诺汽车长3.1米，Mini汽车长3米，但纳诺汽车的内部空间很大。它的轴距长，细长垂直的座椅和较高的顶篷线都增加了内部空间，为其带来了很多优势。基本版本的纳诺汽车具有最简单的低成本黄麻纤维内饰。

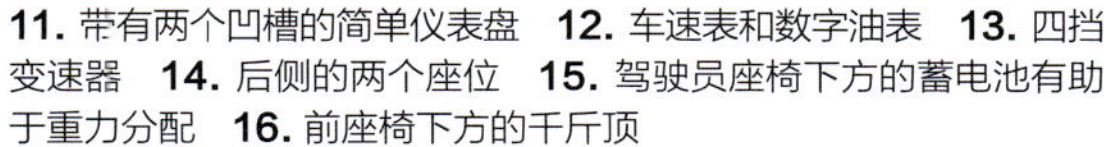
11. 带有两个凹槽的简单仪表盘　12. 车速表和数字油表　13. 四挡变速器　14. 后侧的两个座位　15. 驾驶员座椅下方的蓄电池有助于重力分配　16. 前座椅下方的千斤顶

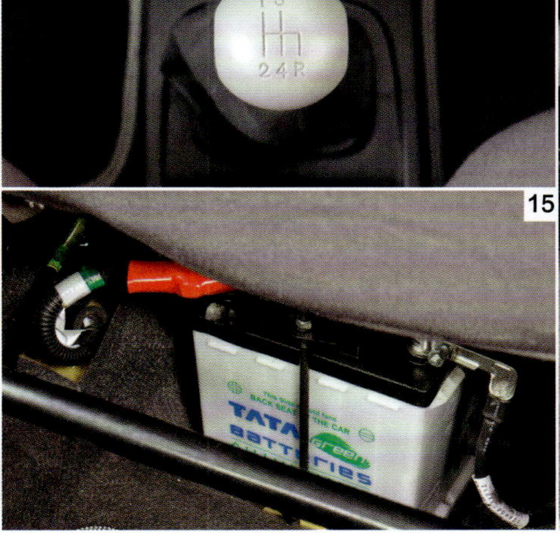

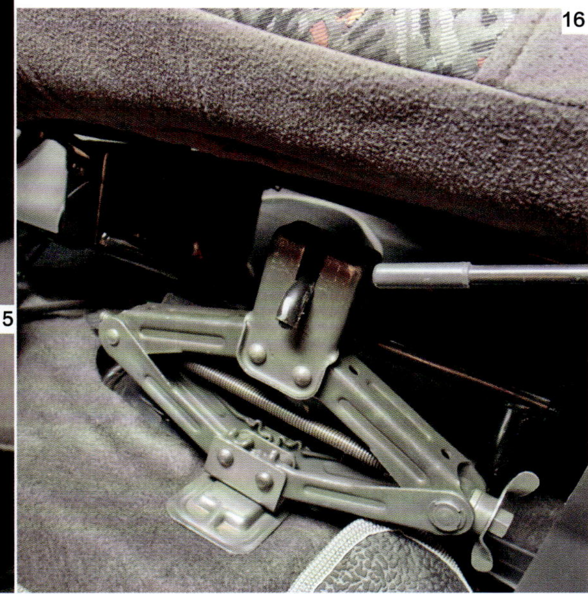

发动机舱

纳诺汽车配备了一款水冷、全合金、双缸、排量仅为0.624升的发动机。这款发动机结构简单，经济性好且重量轻，具有单顶置凸轮轴，动力为35马力。该发动机有一根平衡轴，用来减轻该形式发动机不可避免的振动，此外还配备了博世的管理系统，用来输送燃油，该系统也因双缸结构而变得异常简单。

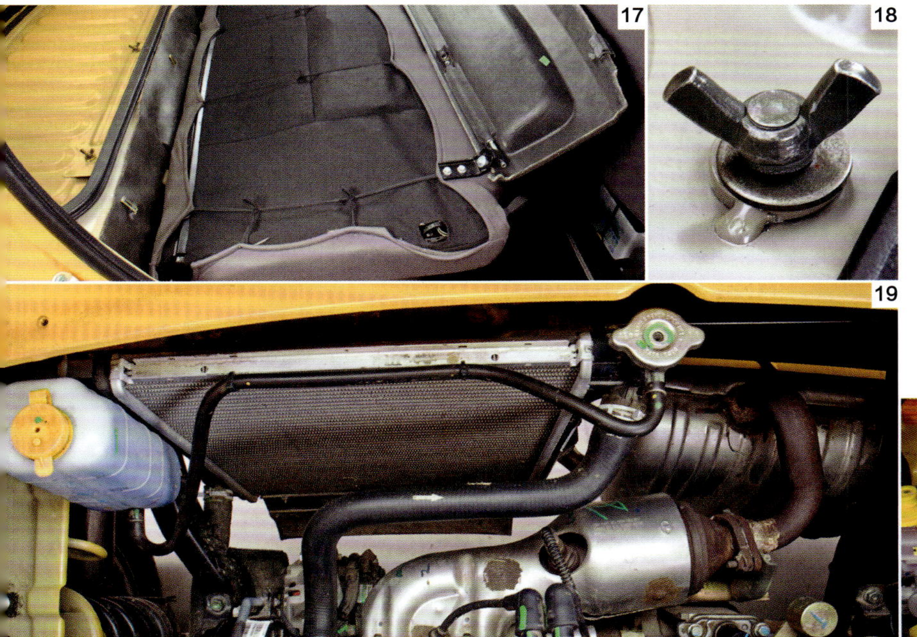

17. 后座椅向前折叠以便进入后备箱　18. 翼形的螺母　19. 后置的水冷两缸发动机　20. 备胎、附件和加油口　21. 鼓式制动器，基本版没有伺服系统

时速200迈

自1987年法拉利F40汽车打破200迈（1迈≈1.61千米/时）的时速后，这个车速就成为超级跑车的追赶目标。一些汽车，尤其是德国的汽车在出厂前就安装了限速器，用来约束驾驶员。布加迪威龙汽车凭借其先进的技术使车速达到了250迈。

△兰博基尼 蝙蝠 2001年款

产地 意大利

发动机 6.496升，V型十二缸

最高车速 343千米/时

这款车以一头有名的公牛的名字命名。1879年这头公牛在角斗场上被刺了28剑后依然活着。

△帕加尼 风之子 1999年款

产地 意大利

发动机 7.291升，V型十二缸

最高车速 354千米/时

荣获5次一级方程式锦标赛冠军的胡安·曼纽·方吉奥对风之子车型进行了开发，该车每年仅生产10辆，是稀有的精品车。

◁兰博基尼 Murcièlago Roadster 2004年款

产地 意大利

发动机 6.496升，V型十二缸

最高车速 322千米/时

这款惊艳的软顶兰博基尼跑车无论是外形还是整车都融入了战斗机、西班牙建筑和豪华游艇的设计精髓，车顶为技术含量不高的手动操作车顶。

◁宾利 欧陆 超级跑车 2003年款

产地 英国

发动机 5.998升，W型十二缸

最高车速 328千米/时

为了最大限度地发挥这款豪华跑车的潜力，它的内饰和后座都被舍去，配备弹出式悬架，动力输出为630马力。

△梅赛德斯-迈凯伦 SLR 722S 2003年款

产地 英国

发动机 5.439升，V型八缸

最高车速 336千米/时

该车名称中的722是参赛号码，1955年，梅赛德斯车队车手斯特林先生赢得1 000英里耐力赛，他当时的参赛号码就是722。

▽梅赛德斯-奔驰 SLS AMG 2010年款

产地 德国

发动机 6.208升，V型八缸

最高车速 317千米/时

该车神似20世纪50年代的鸥翼式300SL车型，由AMG公司设计，被用作一级方程式锦标赛的安全车。

△法拉利 599 GTB Fiorano 2006年款

产地 意大利

发动机 5.999升，V型十二缸

最高车速 330千米/时

这是一款典型的现代法拉利跑车。这款跑车前置了经典的V12发动机，车速非常快。

◁法拉利 恩佐 2002年款

产地 意大利

发动机 5.998升，V型十二缸

最高车速 363千米/时

这款终极法拉利汽车是作为一款公路车发布的，销售目标群体是富有的消费者或社会精英，共生产了400辆。

△ 布里斯托 战斗机 2004年款

产地 英国

发动机 7.996升，V型十缸

最高车速 362千米/时

该车的预订程序很严格，产量很少，其顶级版本Fighter T配备了克莱斯勒Viper发动机，动力输出达1 000马力。

▷ 布加迪 威龙 Grand Sport 2005年款

产地 法国

发动机 7.993升，W型十六缸

最高车速 407千米/时

有传言称布加迪品牌的每一款车都赔钱，但是其母公司大众公司从布加迪品牌的声誉和技术中受益良多，因此赔钱也是值得的。

▷ 柯尼塞格 CCX-R 2006年款

产地 瑞典

发动机 4.719升，V型八缸

最高车速 402千米/时

该车的发动机是基于福特V8发动机设计的，但它的结构更紧凑，经过调整后动力输出达800马力。

△ 尼桑 GT-R Spec V 2007年款

产地 日本

发动机 3.799升，V型六缸双涡轮

最高车速 311千米/时

这款Spec V是基本版的标准GT-R，配有赛车式前座椅和碳纤维空气动力学车身，无后座。

▷ RUF 保时捷 CTR3 2007年款

产地 德国

发动机 3.746升，对置式六缸

最高车速 375千米/时

德国RUF改装公司因其改装的个性保时捷汽车而闻名。这款保时捷汽车质量轻，具有碳纤维车身，发动机输出691马力的动力。

△ 蓝贝儿 M600 2009年款

产地 英国

发动机 4.439升，V型八缸

最高车速 362千米/时

蓝贝儿汽车公司由令人尊敬的汽车设计师李·诺伯创立，该车被认为是当今超级跑车中操控性最好的汽车之一。

△ 雷克萨斯 LFA 2010年款

产地 日本

发动机 4.805升，V型十缸

最高车速 327千米/时

这款车的精华之处在于其1LR-GUE V10发动机，它比大部分V8发动机都要小，在无负荷情况下加速到9 500转/分仅需要0.6秒。

△ 阿斯顿·马丁 DB11 2016年款

产地 英国

发动机 5.024升，V型十二缸

最高车速 322千米/时

该车搭载全新 V12 发动机（同时提供基于梅赛德斯-奔驰的 V8 发动机版本），是阿斯顿·马丁品牌的第一款涡轮增压豪华旅行车；敞篷车版本被称作Volante。

△ 路特斯 Evija 2019年款

产地 英国

发动机 电动机

最高车速 超过322千米/时

路特斯公司于2021年开始生产首款全电动超级跑车，截至目前，这款超级跑车已通过了一系列的测试，包括在自有跑道上的测试。

◁ 玛莎拉蒂 MC20 2020年款

产地 意大利

发动机 3.0升，V型六缸

最高车速 超过322千米/时

MC20具备真正超级跑车的属性——发动机后置（提供630制动马力的动力）、蝶形车门和碳纤维车身。现在，玛莎拉蒂品牌的目标不再是与法拉利品牌并驾齐驱，而是抢占它的市场。

赛车

21世纪初，计算机对赛车的设计和生产产生了巨大的影响。后来，计算机在赛车上的使用被限制了，目的是防止计算机代替驾驶员。如今，真正的赛车上只安装少量的计算机系统，数量不及普通公路车上的多，但它依然影响着赛车的设计和操作。

△红牛–考斯沃斯 STR1 2006年款
产地 英国
发动机 3.000升，V型十缸
最高车速 322千米/时

2004年，红牛公司赞助索伯车队从捷豹车队手里以象征性的1美元买来赛车，该车如今依然在一级方程式锦标赛中表现良好。

▽BAR 本田 2004年款
产地 英国
发动机 3.000升，V型十缸
最高车速 322千米/时

发动机供应商本田公司买下了BAR车队，仅获得一次胜利就在2008年年底将其卖出，之后该车更名为布朗。

△宾利 Speed 8 2001年款
产地 英国
发动机 4.000升，V型八缸
最高车速 330千米/时

20世纪20年代，宾利汽车曾在勒芒赛场上取得辉煌战绩，73年后重归赛场，经过3次努力，宾利汽车终于在2003年再次获得胜利。

△宝马 M3 GT2 2008年款
产地 德国
发动机 3.999升，V型八缸
最高车速 290千米/时

该车在2009年作为美国勒芒系列赛车发布，并且参加了2010年的勒芒24小时耐力赛。该车还是赛车游戏“极品飞车”的封面汽车。

◁道奇 挑战者 2005年款
产地 美国
发动机 5.860升，V型八缸
最高车速 306千米/时

尽管打上挑战者的品牌标签，美国国家赛车联合会却很少使用该车，仅使用其发动机、专门生产的管式底盘和纯金属车身。

△丰田 凯美瑞 纳斯卡泰尔杯 2007年款
产地 日本
发动机 5.860升，V型八缸
最高车速 306千米/时

为了参加美国全国运动汽车竞赛，丰田公司不得不生产一款推杆式V8发动机赛车，并且选择了复古式设计。

▽丰田 TF108 2008年款
产地 德国
发动机 2.400升，V型八缸
最高车速 322千米/时

丰田汽车在2002年加入一级方程式锦标赛，有过获胜的机会但从未获胜过，最终丰田汽车在2009赛季退出一级方程式锦标赛。

奥迪R系列

法国的勒芒24小时耐力赛是世界三大汽车赛事之一，也是最艰苦和最具挑战性的汽车比赛之一。20世纪10年代，奥迪汽车一直称霸该项赛事，在2000—2010年的11场赛事中获胜了9次，这是空前的成就。

△奥迪 R8 2000年款
产地 德国
发动机 3.600升，V型八缸
最高车速 339千米/时

该车是最成功的耐久型赛车，在6年里共赢得5次勒芒24小时耐力赛，仅在2003年输给奥迪公司的另一个品牌宾利1次。

△ Lola 阿斯顿·马丁 LMP1 2009年款

产地 英国

发动机 6.000升，V型十二缸

最高车速 336千米/时

DBR9车型在高性能赛车比赛中获胜后，阿斯顿·马丁将其V12发动机安装到Lola车型的底盘上，参加高性能赛车原型车级别比赛。

◁ 法拉利 F2008 2008年款

产地 意大利

发动机 2.400升，V型八缸

最高车速 322千米/时

迈克尔·舒马赫驾驶该车赢得7次一级方程式锦标赛冠军后，基米·莱科宁驾驶该车在2007年也获胜了。

△ 阿斯顿·马丁 Vantage GT3 2018年款

产地 英国

发动机 4.0升，V型八缸

最高车速 314千米/时

在过去的7年中，V12 Vantage车型仍然极具竞争力。Vantage GT3车型搭载了双涡轮增压V8发动机。共有5支车队在2020年以该车出战各大汽车赛事。

◁ 标致 908 HDI FAP 2009年款

产地 法国

发动机 5.500升，V型十二缸

最高车速 341千米/时

标致品牌的柴油车908在2009年加入法国勒芒24小时耐力赛并且获胜，打破了奥迪汽车的垄断地位。

◁ 梅赛德斯-AMG F1 W11 EQ 2020年款

产地 英国/德国

发动机 1.600升，V型六缸

最高车速 超过360千米/时

刘易斯·汉密尔顿在2020年凭借梅赛德斯-AMG汽车赢得F1的冠军，创造了获胜次数最多的纪录。

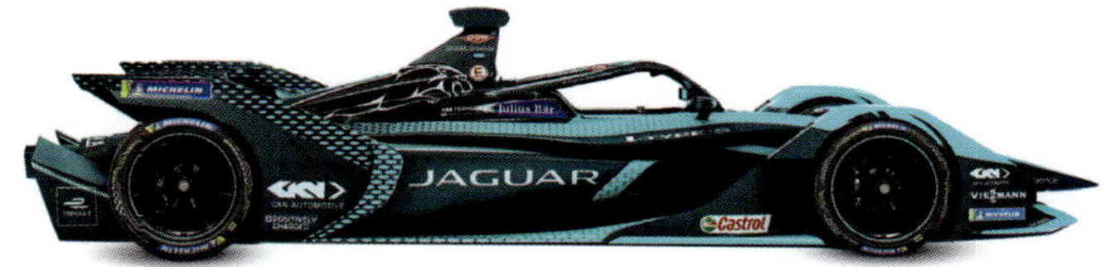

△ 捷豹 i-Type 5 2021年款

产地 英国

发动机 电动机

最高车速 280千米/时

捷豹赛车部门为参加2021全电动单座方程式E锦标赛准备了这款车，该比赛是一个零排放系列赛，在世界各地的临时赛道上举行。

◁ 奥迪 R10 TDI 2006年款

产地 德国

发动机 5.500升，V型十二缸

最高车速 339千米/时

在汽油发动机驱动R8车型取得一系列成功后，R10车型成为首款赢得勒芒24小时耐力赛的柴油赛车。

△ 奥迪 R18 e-tron quattro 2012年款

产地 德国

发动机 3.700升，V型六缸

最高车速 超过330千米/时

奥迪车队的赛车手乔斯特驾驶该车在2012年的勒芒24小时耐力赛中大获全胜。混合动力系统允许使用更小的油箱，从而减轻了车重，该车还配备了四轮驱动系统。

20世纪60年代，格拉汉姆·希尔在古德伍德驾驶法拉利250 GTO汽车。

伟大的品牌
法拉利的故事

恩佐·法拉利在1940年成为汽车生产商以前就在汽车比赛中声名鹊起，因此，这位充满激情的意大利人建立起来的品牌能在一级方程式锦标赛中取得成功也就不足为奇了。除了活跃在汽车赛场上，法拉利品牌还制造出很多世界上最快最让人期待的公路汽车。

1898年，恩佐·法拉利在意大利北部摩德纳市附近出生。他还是个小孩子时就经常跟着父亲和兄弟到汽车比赛赛场。他很快就喜欢上了这项运动，并且决定长大以后像他的偶像菲利斯·那扎罗一样成为一名赛车手。1919年，恩佐·法拉利首次在赛场上亮相，并且在第2年成为阿尔法·罗密欧车队的赛车手。恩佐·法拉利在他的赛车职业生涯中获得了很多次成功，也因此获得政府颁发的卡瓦里埃骑士团长头衔。

法拉利汽车标志
（1940年发布）

1929年，恩佐·法拉利成立了法拉利车队，以跃马作为车队标志。1937年，阿尔法·罗密欧控股法拉利车队，恩佐·法拉利被聘为车队主管，但是他并没有干多久。恩佐·法拉利离开车队的离职协定规定4年内在赛场上他不可以使用法拉利这个名称。在1940年，恩佐·法拉利成立了一家公司，取名为Auto Avio Costruzione。这个新公司为飞机工业制造零部件，但是恩佐·法拉利仍然对汽车比赛充满兴趣，很快就开始基于菲亚特的底盘生产赛车。1943年，公司搬迁至摩德纳附近的马拉内罗，如今该公司仍然存在。1946年，恩佐·法拉利发布了第一款汽车125S，于第2年开始销售。赛场上的成功也接踵而至：1948年，摆脱竞业限制的法拉利车队赢得意大利的1 000英里拉力赛和塔尔加弗洛里奥耐力赛，1949年赢得法国勒芒24小时耐力赛。1951年，法拉利车队迎来首个国际汽车大奖赛的胜利，阿尔贝托·阿斯里卡在1952年和1953年为法拉利车队赢得一级方程式锦标赛世界冠军。在接下来的60年里，法拉利车队几乎在每一次汽车比赛中都获胜，马拉内罗赢得9次勒芒24小时耐力赛，9次美国赛百灵12小时耐力赛，8次1 000英里拉力赛和6次塔尔加弗洛里奥耐力赛。1950年起，一级方程式锦标赛的领奖台上始终有法拉利车队的身影，共赢得16次设计头衔，帮助9位车手获得15个个人世界级头衔。一路走来，法拉利车队共赢得了超过200个一级方程式锦标赛

中国国际汽车大奖赛，上海站，2007年
1961—2007年，法拉利车队共16次赢得F1冠军。图中是2007年中国国际汽车大奖赛场景，机械师们推着车手费力佩·马萨的赛车出场。

125 SPIDER

1898年 2月18日，恩佐·法拉利出生
1920年 恩佐·法拉利成为阿尔法·罗密欧车队的一名赛车手
1929年 法拉利车队成立
1940年 恩佐·法拉利成立Auto Avio Costruzione公司
1943年 Auto Avio Costruzione公司搬到意大利北部摩德纳市附近的马拉内罗
1946年 首款法拉利公路车125S发布
1951年 来自阿根廷的赛车手何塞·冈萨雷斯赢得英国国际汽车大奖赛，这是法拉利车队取得的首个一级方程式锦标赛胜利

250GT SWB

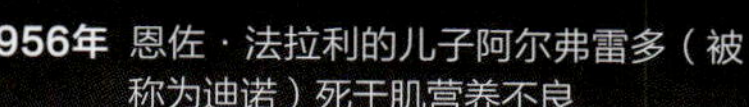

1956年 恩佐·法拉利的儿子阿尔弗雷多（被称为迪诺）死于肌营养不良
1966年 法拉利公司设计的V6发动机应用在菲亚特Dino公路车上，并经改装后参加比赛
1968年 法拉利版本的V6发动机应用在迪诺品牌的公路车系上
1969年 菲亚特公司买下了法拉利公司50%的股份
1976年 世界冠军尼基·劳达在德国国际汽车大奖赛赛场上撞车，尽管受伤严重，还是在6周后重返赛场

F40

1977年 尼基·劳达再次驾驶法拉利汽车赢得一级方程式锦标赛世界冠军
1982年 法拉利的赛车手希勒斯·维伦纽夫在为参加比利时国际汽车大奖赛的训练中意外身亡
1987年 F40车型发布，该车是恩佐·法拉利在世时所生产的最后一辆法拉利公路汽车；该车也是那个年代最快的量产汽车
1988年 8月14日恩佐·法拉利去世，享年90岁；菲亚特公司对法拉利公司的持股增至90%

ENZO

2002年 法拉利品牌发布Enzo跑车，这款配备了V12发动机的超级跑车最高车速达363千米/时
2008年 法拉利车队摘得第16个一级方程式锦标赛冠军，迈克尔·舒马赫也因这场胜利创下胜利次数最多（72次）的纪录
2011年 推出FF旅行版四座跑车
2015年 法拉利公司股票首次公开交易
2019年 SF90超级跑车是法拉利品牌的首款油电混合动力汽车

法拉利邮票
1998年，为了纪念恩佐·法拉利诞辰100周年和法拉利汽车50年来在汽车赛场上的胜利，圣马力诺共和国将这些邮票展出。邮票上展示了12款法拉利品牌在比赛中获胜的赛车车型。

冠军，比任何其他车队都要多。

法拉利车队在赛车上的成功建立在那些最好的工程师和赛车手的努力之上，他们都被恩佐·法拉利所感染。在法拉利车队，失败是不被允许的，输掉比赛后，会议室内会进行一番讨论，这个会议室也被称为“错误博物馆”。恩佐·法拉利常常会把损坏的汽车零部件丢给工程师，并且把工程师分成两队展开对损坏零部件的研究，这样可使研究更激烈也更快。而恩佐·法拉利与车队成员之间也常常会发生争执甚至闹得很僵。

一位成功的实业家费鲁吉姆·兰博基尼购买了一辆法拉利汽车，但他对车的质量投诉时受到了冷遇，他十分愤怒，以至于在1963年开始自己造汽车，而他成立的兰博基尼公司日后也成为法拉利品牌的竞争对手。这件事也增加了法拉利品牌本身的传奇色彩。法拉利汽车具有惊人性能和惊艳外观（由意大利公司宾尼法利纳设计）的车型也出现了，如配备V12发动机的275GTB/4和365GTB/4迪通纳、配有V6发动机的迪诺206和246。

法拉利虽然是一个完全独立的公司，但是公司很小且不稳定，因此在20世纪60年代美国汽车巨头福特公司想投资法拉利公司，进而形成两个公司——福特–法拉利和法拉利–福特，前者专门生产公路汽车，后者专门生产赛车。恩佐·法拉利在最后一刻拒绝了这个提议，福特的管理层对此很不满，决心打败法拉利车队，因此开始研发GT40赛车，最后GT40在勒芒赛中击败法拉利汽车，在1966—1969年连续获得该项赛事的胜利。

法拉利公司后来与意大利生产商菲亚特进行合作，1969年菲亚特公司持股50%，这也使法拉利公司获得充足的资金稳定发展，此后公司在赛场上获得了很大的成功，如尼基·劳达在20世纪70年代中期获得2次一级方程式锦标赛世界冠军，更开发了一系列超级跑车，如70年代的365BB和512BB，80年代的Testarossa和F40，90年代的F50，2002年的Enzo（以公司创始人的名字命名）。

1988年，恩佐·法拉利去世，菲亚特公司的持股增加至90%，这也大大提高了法拉利公司的生产能力和质量。在一级方程式锦标赛赛场上，自从乔迪·斯科特在1979年赢得世界冠军后法拉利车队就开始了一段相对困难的阶段，但是这一切都因赛车手迈克尔·舒马赫和工程师罗斯·布朗的加入而发生了改变。1999—2004年，法拉利车队和舒马赫个人共同获得了5次个人冠军和6次车队冠军，基米·莱科宁在2007年又获得了个人冠军，菲利佩·马萨也在2008年取得优异成绩。

到2010年，法拉利车型包含两座和四座、前置V12发动机的599和612、中置V8发动机的 458 Italia和前置V8发动机的 California。到2020年，法拉利汽车的配置是相似的，但新增了猎装版的V12 GTC4 Lusso、V8 Roma GT和SF90混合动力超级跑车。

2018年，经典的1963年款250 GTO汽车在拍卖会上以7 000万美元的价格被拍出，成为有史以来价格最高的汽车藏品。

> “恩佐·法拉利的目标很多。他是一个赛车手，只想获胜。”
>
> 法拉利品牌工程师吉安·保罗·达拉拉，1959—1961年

法拉利330LMB V12发动机
这款强有力的V12发动机是法拉利汽车获得比赛胜利的基础，该发动机排量为0.3967升，驱动330LMB赛车在1963年赢得勒芒24小时耐力赛。

紧凑型汽车

集成芯片技术使汽车上的功能变得越来越多，即使是小型汽车也可以拥有较多的功能。小型汽车质量轻，所以油耗低，但是立法者和公众坚持要在小型汽车上配备最新的安全系统，而这会大大增加汽车的质量。因此设计师在设计新的小型汽车时会充分考虑以上因素，在保证汽车安全性、舒适性和经济性的同时把汽车尺寸做小。

▷ **本田 飞度/爵士 MkI 2001年款**

产地 日本

发动机 1.497升，直列四缸

最高车速 171千米/时

由于思域汽车变得更大了，因此本田公司通过新款飞度汽车（在欧洲称为爵士）来填补超级迷你汽车的市场。该车很快变成这个级别汽车的参考基准。

◁ **宝马 1系 2004年款**

产地 德国

发动机 1.599升，直列四缸

最高车速 222千米/时

宝马1系汽车是3系汽车的紧缩版，图中这款是5门款，另外还有3门款跑车和折篷版。

◁ **梅赛德斯-奔驰 A级 MkII 2004年款**

产地 德国

发动机 2.034升，直列四缸

最高车速 183千米/时

1997年款的梅赛德斯-奔驰A级车设计得很小，以至于在发生碰撞时发动机会转到驾驶室下面。图中为造型更加自然的第二代车型。

▷ **丰田 普锐斯 MkII 2004年款**

产地 日本

发动机 1.496升，直列四缸

最高车速 167千米/时

该车配备76马力的汽油发动机和68马力的电动机，以及一个可以在车行驶时充电的蓄电池。普锐斯MkII车型的油耗很低。

▷ **丰田 iQ 2008年款**

产地 日本

发动机 1.329升，三缸

最高车速 171千米/时

该车是丰田品牌的高端城市用车，外观圆润，有三缸发动机、修长的座椅、9个安全气囊和电子稳定控制系统。

▽ **MCC 精灵十字刀锋 2002年款**

产地 法国

发动机 0.599升，直列三缸

最高车速 135千米/时

精灵城市-卡布罗是一款小型汽车，而精灵十字刀锋车型（共生产了2 000辆）在它的基础上又进行了削减。该车没有门、风挡和车顶。

◁ **MCC 精灵 敞篷车 2003年款**

产地 法国

发动机 0.698升，直列三缸

最高车速 175千米/时

这款小型两座汽车拓展了Smart城市车的设计理念，是一款有趣的经济型汽车。

▷ **福特 福克斯 Mk2 RS 2009年款**

产地 德国

发动机 2.522升，五缸

最高车速 262千米/时

这款家用掀背式Mk2汽车前轮输出300马力的动力，可以定做限滑差速器和前悬架。

△ **福特 Streetka 2003年款**

产地 西班牙/意大利

发动机 1.597升，四缸

最高车速 174千米/时

该车是两座掀背式敞篷车，在意大利设计制造，配有传统纤维顶篷罩。该车由身材娇小的时尚明星凯丽米洛代言。

▷ **欧宝/沃克斯豪尔雅特 2004年款**

产地 德国/英国

发动机 1.998升，直列四缸

最高车速 245千米/时

2004年通用公司在欧洲的分公司生产的这款汽车在设计上有了很大突破，将全景式风挡玻璃深入车顶内。

▽ **标致 RCZ THP 200 2010年款**

产地 法国/澳大利亚

发动机 1.997升，四缸

最高车速 235千米/时

这款跑车与奥迪TT汽车的尺寸相近，开始时只是作为概念车在汽车展上展出，公众非常喜欢它。该车在后座配置了2个小座椅。

▷ **阿尔法 · 罗密欧 MiTo 2008年款**

产地 意大利

发动机 1.593升，四缸

最高车速 219千米/时

该车是在菲亚特朋多汽车的基础上设计出来的，是阿尔法公司的第一款小型汽车。该车是在米兰设计、在都灵生产的，因此它在这两个城市都很流行。

△ **塞恩 xB 2007年款**

产地 日本

发动机 2.362升，四缸

最高车速 175千米/时

为了迎合美国的年轻消费者，丰田公司在2004年发布了子品牌塞恩。这款短粗厚实的xB车型（图中为第二版）是塞恩品牌的主要车型。

◁ **Mini Clubman 2008年款**

产地 英国

发动机 1.598升，四缸

最高车速 201千米/时

宝马品牌对Mini汽车进行了再开发，后部配置了2个货车一样的车门，前部在驾驶员侧配置了类似俱乐部门那样的车门。

△ **铃木 吉姆尼 2018年款**

产地 日本

发动机 1.462升，直列四缸

最高车速 129千米/时

棱角分明的方正外形内隐藏着一个性能卓越、耐用的小型4x4系统，搭配独立的梯形框架底盘、刚性轴，以及接近角和离去角，使该车成为攀岩、越野的理想选择。

◁ **凯迪拉克 CTS-V 跑车 2010年款**

产地 美国

发动机 6.162升，V型八缸

最高车速 307千米/时

紧实的CTS-V跑车保持着产品汽车在德国纽柏林赛道单圈7分59.3秒的纪录。这款CTS-V跑车发动机动力输出为556马力。

▷ **雷诺 Twingo III 2014年款**

产地 法国/斯洛文尼亚

发动机 0.999升，直列三缸

最高车速 151千米/时

这款车的工程开发与戴姆勒公司的Smart Forfour车型同期、同步，它是自20世纪70年代以来第一款新型发动机后置家庭车，仅有五门一个版本。

高性能跑车

近几十年出现了一个新级别的汽车，它填补了跑车和超级跑车之间的空白。该级别的汽车类型有热门的跑车和敞篷车，也有入门级车型，证明人们对性能的追求已经达到极致，而产品类型的丰富也达到了极致。

△ **摩根 Aero 8 2001年款**

产地 英国

发动机 4.398升，V型八缸

最高车速 241千米/时

这款先进的摩根Aero 8跑车的外形和其他车型有些相似，是摩根公司首款配置了全铝制车身和宝马V8发动机的汽车。

△ **世爵 C8 Aileron 2000年款**

产地 荷兰

发动机 4.163升，V型八缸

最高车速 299千米/时

Aileron的设计深受公司从前飞机制造商经历的影响，甚至其轮辐都采用螺旋桨的刀片形状。

△ **法拉利 F430 2004年款**

产地 意大利

发动机 4.308升，V型八缸

最高车速 315千米/时

这款车是法拉利品牌首款使用了电控差速器的公路汽车，它源于公司的一级方程式锦标赛牵引车，车的顶部和底部设计都遵循了空气动力学原理。

◁ **阿斯顿·马丁 V8 Vantage 折篷版 2005年版**

产地 英国

发动机 4.735升，V型八缸

最高车速 290千米/时

该车配备了福特公司旗下捷豹品牌的V8发动机，虽然外形比DB9车型小，但性能和操控性都很好。

△ **法拉利 加利福尼亚 2008年款**

产地 意大利

发动机 4.297升，V型八缸

最高车速 311千米/时

该车是法拉利品牌首款前置V8发动机的公路汽车，其外形是经历过1 000小时的风洞试验设计出来的。

▷ **阿斯顿·马丁 V12 Zagato 2011年款**

产地 英国

发动机 5.935升，V型十二缸

最高车速 306千米/时

大约 61 辆的Zagato 样车是 Vantage V12车型的意大利风格轻量级版本，专为道路使用而造。铝制车身完全由手工制造。

△ **法拉利 458 Italia 2009年款**

产地 意大利

发动机 4.499升，V型八缸

最高车速 325千米/时

该车的外形设计采纳了前世界冠军迈克尔·舒马赫的建议，且配备了一个小型车翼，高速时车翼可以缩回去以减少阻力。

◁ **雪佛兰 科尔维特 C6 2005年**

产地 美国

发动机 5.967升，V型八缸

最高车速 319千米/时

众所周知，该款车型除了外观和性能之外几乎没有改变，而公司宣称其操控性变得比以前更好。

▷ **奥迪 R8 2006年款**

产地 德国

发动机 5.204升，V型十缸

最高车速 315千米/时

该车的设计源于同名赛车——在勒芒赛场上多次取得胜利。这款R8车型出色的性能和极高的配置使它成为保时捷汽车的竞争对手。

△ **保时捷 911 Turbo 2006年款**

产地 德国

发动机 3.600升，直列六缸

最高车速 319千米/时

该车被称为997，但这是非官方的称谓，它是911系列车型的后续产品，依然采用发动机后置的布置形式。

△ **阿尔法·罗密欧 8C 竞赛 2007年款**

产地 意大利

发动机 4.691升，V型八缸

最高车速 292千米/时

没人想到2003年法兰克福汽车展会让这个设计成果投入生产，阿尔法公司生产了近500辆跑车款。

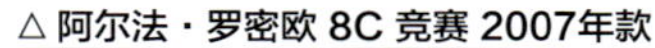

△ **玛莎拉蒂 高级跑车 2007年款**

产地 意大利

发动机 4.691升，V型八缸

最高车速 295千米/时

这款高级跑车基于玛莎拉蒂总裁车型的底盘而设计完成，是一款速度很快的高性能跑车，并且配备了2个后座。

◁ **尼桑 350Z 2008年款**

产地 日本

发动机 3.498升，V型六缸

最高车速 251千米/时

在网络竞技游戏“GT赛车”中速度最快的赢家可以与尼桑车队在虚拟赛场上一较高下。

△ **梅赛德斯-奔驰 SL 2008年款**

产地 德国

发动机 5.513升，V型十二缸

最高车速 249千米/时

1954年的300SL 鸥翼是一款真正的超级跑车，而其最新版SL依然保持着传统设计风格，动力输出超过500马力。

◁ **Artega GT 2009年款**

产地 德国

发动机 3.597升，V型六缸

最高车速 274千米/时

该车由亨里克·菲斯克设计，他也是阿斯顿·马丁 Vantage车型的设计师。该车只有1 100千克重，这对超级跑车来说是很轻的。

△ **道奇 蝰蛇 SRT 2013年款**

产地 美国

发动机 8.382升，V型十缸

最高车速 335千米/时

道奇品牌的这款典型的美式老派汽车总是在底特律制造，它配备了六速手动变速箱、电子牵引和稳定控制系统，以及降低的座椅。

▷ **捷豹 F-Type SVR 2016年款**

产地 英国

发动机 5.000升，V型八缸

最高车速 322千米/时

F-Type车型搭载的机械增压V8发动机可提供567制动马力，加之四轮驱动变速器，该车可在3.5秒内完成0~96.56千米/时的加速。

△ **福特 GT 2016年款**

产地 美国/加拿大

发动机 3.497升，V型六缸

最高车速 348千米/时

福特 GT是一款发动机后中置双座跑车，它令福特品牌再次因超级跑车而闻名。碳纤维车轮是可选配置，前轴提升系统帮助该车平稳驶过减速带。

摩根 Aero 8

1936年，摩根公司发布全新的Aero 8车型，集现代机械、先进结构和传统外观于一体，粘合和铆接的铝制底盘上是木制车架。2008—2009年，共有100辆封闭式跑车版本的Aero Max出厂。2010年，Aero Super Sports车型的可拆卸车顶代替了Aero 8车型的活动车顶。

摩根公司2000年发布的Aero 8车型在当时的汽车界引起很大轰动。这个生产小型家用轿车的英国公司自20世纪30年代以来从未有过创新，生产的汽车都采用分离式底盘、木制车架式车身和硬质悬架，其中只有前悬架是独立悬架。Aero 8车型由摩根赛车发展而来，但已完全变了样。铝制车身面板通过热处理制成而不是手工制成，铝制底盘不仅质量轻，而且具有赛车灵活的特性，所有的独立悬架都内置了弹簧和减振器。该车还用电动车窗代替了摩根汽车的传统滑动式车窗。发布的时候，该车的售价是摩根公司正在生产的最低价的传统车型的2倍。

前视图

后视图

从三轮到四轮
亨利· 摩根在1910年发布他的首款汽车，即带有一个后轮的三轮汽车。三轮汽车一直生产到1952年，但是公司在1936年就已经发布四轮跑车了。公司如今由摩根的孙子运营。

顶部封闭后的侧视图

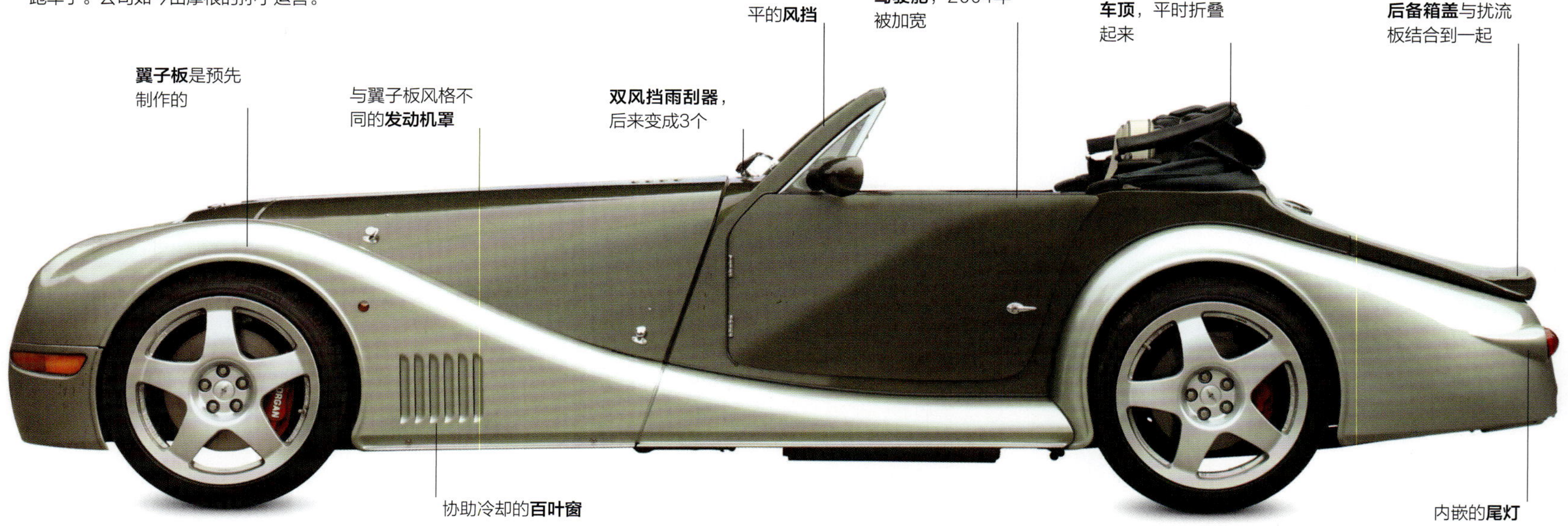

内斜视（斗鸡眼）的外观
Aero 8车型的前部最引人注目的是前大灯。图中的这款原始版Aero 8车型使用的是类似大众“新甲壳虫”汽车的车身外形，然而由于安装前大灯的位置向内对置，所以前大灯看起来像内斜视（斗鸡眼），这点广受批评。2006年开始，使用全新的宝马Mini前大灯。另一个显著的特点是传统散热器格栅是假的，而给发动机散热的空气是从下部的通风口进入的。

规格			
车型	摩根 Aero 8，2001—2009年	**动力输出**	6 300转/分转速时输出制动马力为286~367马力
装配线	英国马尔文	**变速器**	六挡手动变速器；可选自动变速器
产量	约1 000辆	**悬架**	内置螺旋弹簧的独立悬架
结构	铝制外车身；木制车架	**制动器**	前后盘式制动器
发动机	4.4~4.8升，双顶置凸轮轴八缸	**最高车速**	241~274千米/时

外观

Aero 8车型的外观由摩根公司主管查尔斯·摩根设计，采用优化后的传统的摩根汽车外形。汽车前方下部配有“分流器”，它可以在高速时增加车身稳定性，而供发动机散热的空气也从这里进入。在车身后部，首次采用开放式后备箱，唇式外缘发挥扰流器的作用，空气动力学作用得到显著提升。

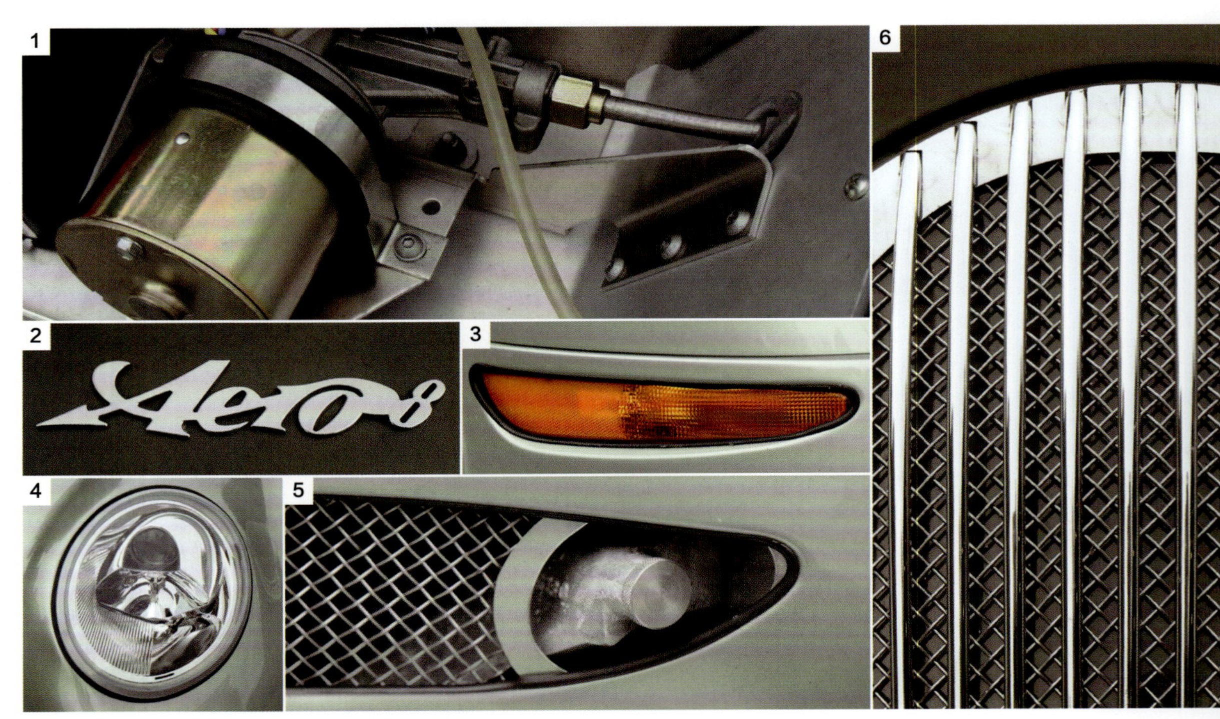

1. 传统的摩根标记 **2.** Aero名称首次用在摩根三轮车上 **3.** 嵌入翼子板内的前指示灯 **4.** 向内对视的前大灯 **5.** 拖拽挂钩（只有早期的车上配置） **6.** 主散热器格栅是起装饰作用的 **7.** 发动机罩顶部的百叶窗 **8.** 车内可调式后视镜 **9.** 18英寸（45.72厘米）的合金车轮配备防爆轮胎 **10.** 圆形尾灯让人想起老式车型 **11.** 外罩上是热处理过的玻璃窗 **12.** 油箱盖与传统摩根汽车的相同 **13.** 尾灯凸起的优美曲线 **14.** 后备箱扰流器产生的阻力系数为0.39

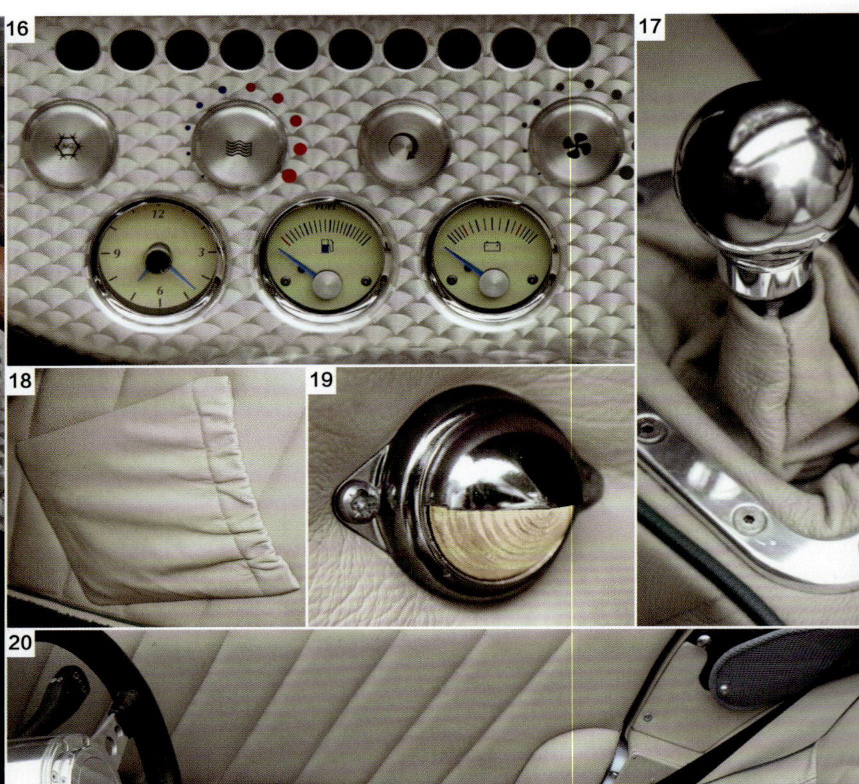

车内饰

车内的优良配置与传统摩根汽车有很大不同，铝制仪表盘代替了从前的木制、皮革或仿皮革仪表盘，保留的只有仪表盘上方的木制横梁。除最新款以外，所有的摩根汽车都采用拔起式手刹：将手刹向后拉再推至顶部为锁定，将手刹再次向后拉为松开。

15. 转向管柱及其控制方式源于宝马7系车型 **16.** 可预订的仪表设计提升了质感 **17.** 亮银材质的换挡手柄 **18.** 口袋 **19.** 前座椅左侧的亮银车灯 **20.** 座椅具有良好的侧面支撑

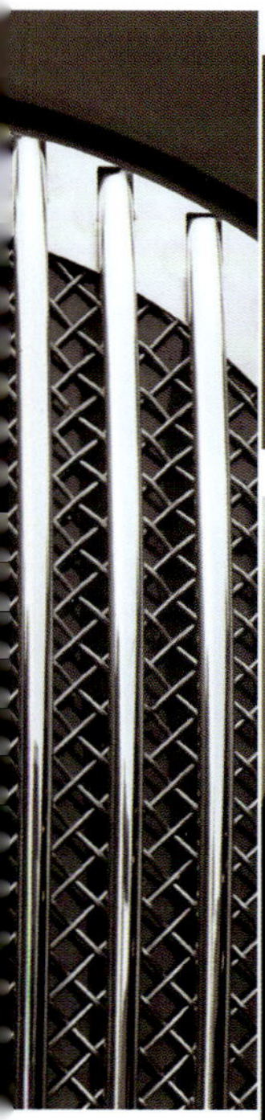

7

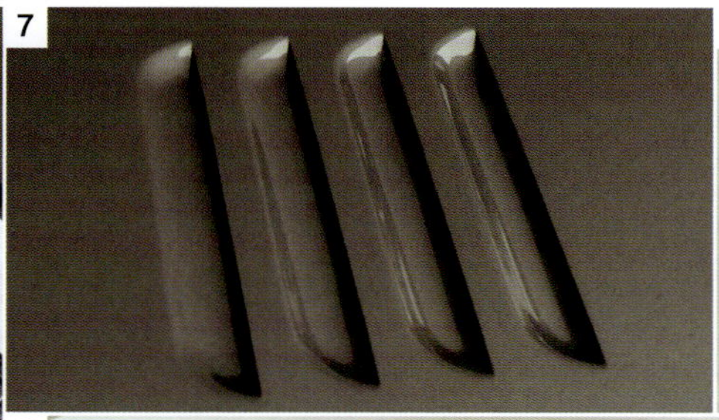

8

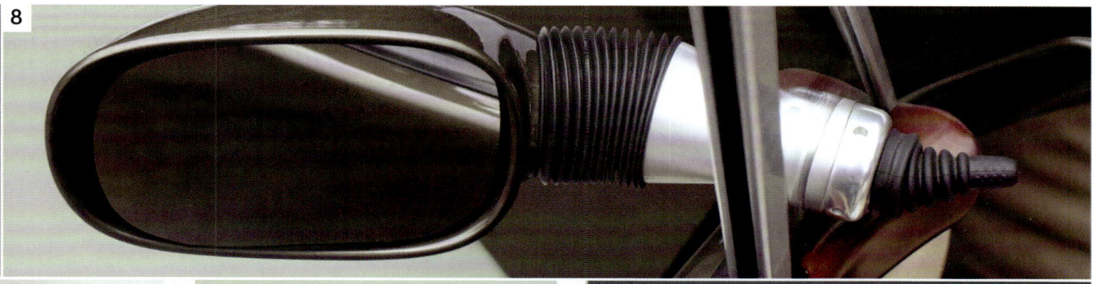

9

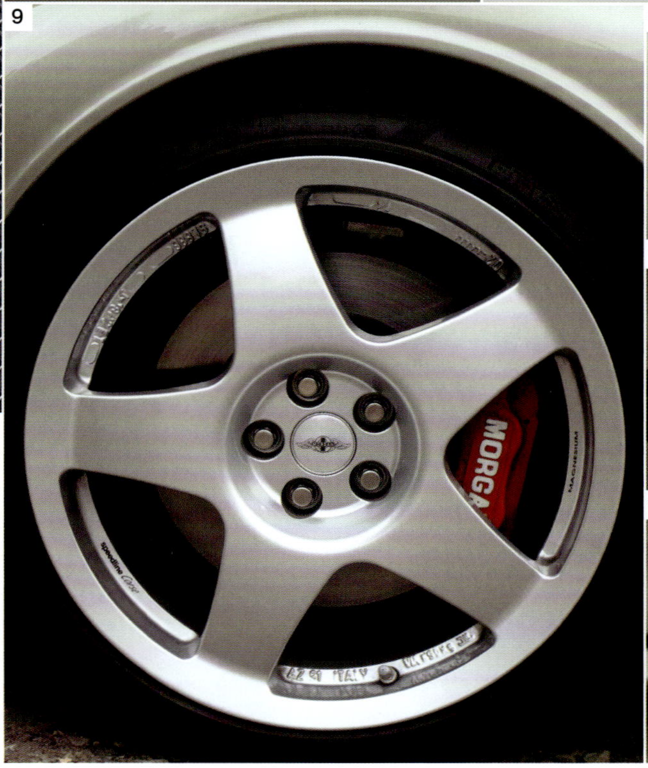

10

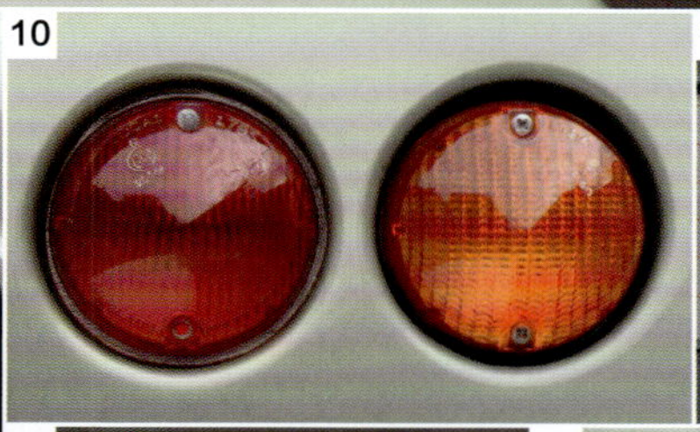

11

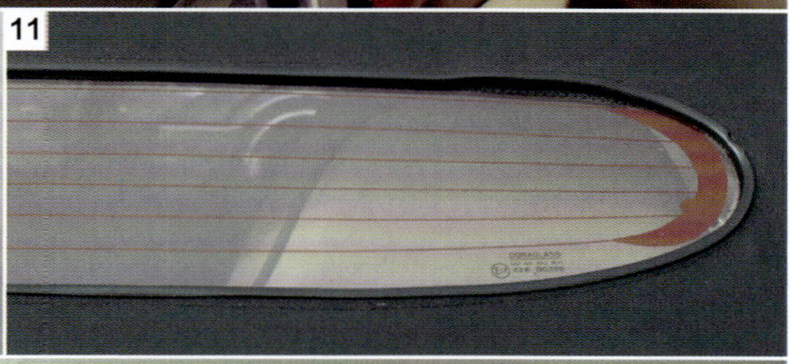

12

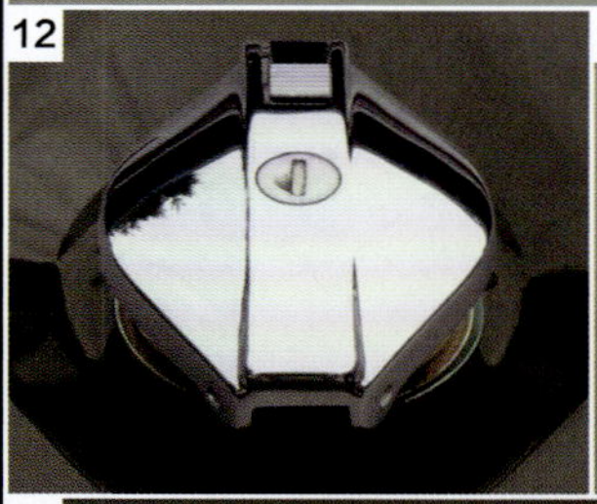

13

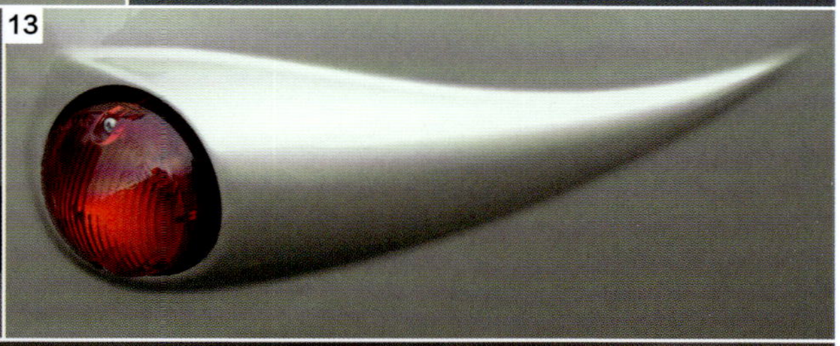

14

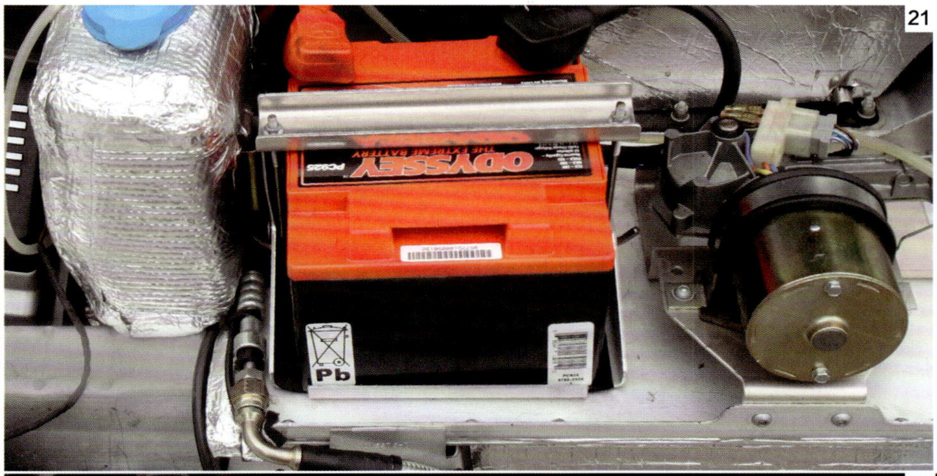

21

发动机舱

该车配备的是当时最先进的全铝制宝马V8发动机，每列气缸上都有2个凸轮轴，每个气缸上有4个气门。最初4.398升排量的发动机输出286马力的动力，3 600转/分时输出最大扭矩324磅，这使得该车达到最高241千米/时的车速，加速至97千米/时仅需5秒。2004年，输出动力升至330马力，2007年发动机扩容至4.799升。

21. 发动机舱内的蓄电池　**22.** Aero 8车型铝制结构、内动力强劲的紧凑V8发动机　**23.** 雨刮器电机

22

23

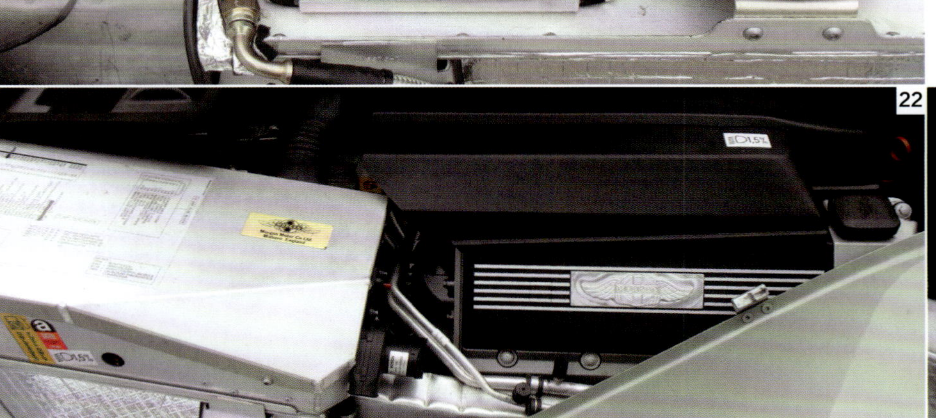

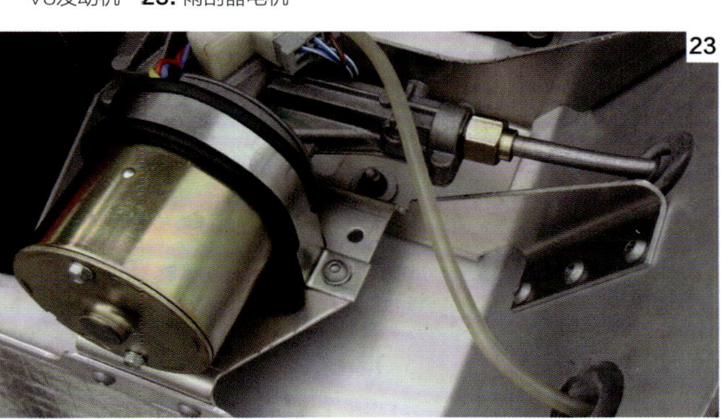

跑车

20世纪80年代，很多人认为跑车会消失，但它们却重新掀起浪潮。如今，每个品牌都对跑车有自己的理解，很多小型汽车生产商专门生产跑车。无论是前沿的概念跑车还是复古跑车，它们的设计都以有趣为出发点。

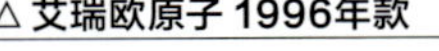

△ **艾瑞欧原子 1996年款**

产地 英国

发动机 1.998升，直列四缸

最高车速 225千米/时

该车的结构极精简：钢制车架上装配最基础的部件，没有车身外壳。这款艾瑞欧原子汽车至今仍在生产。

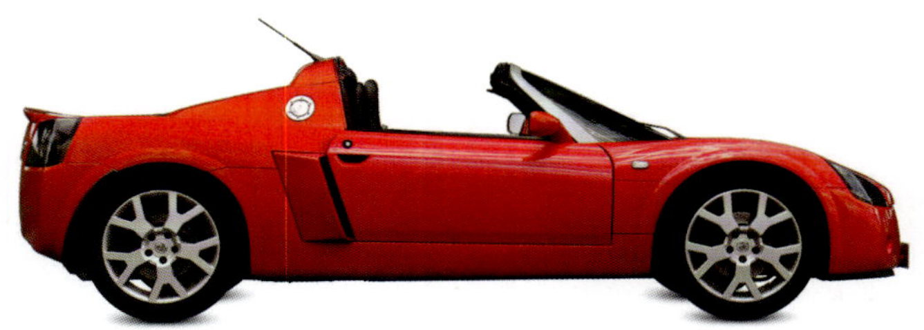

▷ **沃克斯豪尔 VX220 2000年**

产地 英国

发动机 1.998升，直列四缸

最高车速 241千米/时

该车还以欧宝和大宇品牌销售，由路特斯公司基于Elise车型的底盘研发，配备了通用汽车的发动机。

△ **路特斯 Elise 340R 2000年款**

产地 英国

发动机 1.795升，直列四缸

最高车速 209千米/时

该车是路特斯公司与《汽车》杂志联合开发的，仅生产了340辆，只有黑色和银色2款。

△ **路特斯 Elise 2000年款**

产地 英国

发动机 1.792升，直列四缸

最高车速 233千米/时

极轻的车身和优异的操控性使该车超出了所有人的预期。2000年，为了适应欧洲有关碰撞的汽车法规，公司对它的外形进行了重新设计。

▷ **路特斯 Evora 2009年款**

产地 英国

发动机 3.456升，V型六缸

最高车速 261千米/时

该车具有优异的路特斯汽车的操控性能和2+2车型的空间。公司希望该车能够吸引侧重汽车性能的年轻家庭。

△ **名爵 TF 2002年款**

产地 英国

发动机 1.795升，直列四缸

最高车速 204千米/时

名爵F车型经再设计、提高刚度、增加碰撞保护后于2002年重新发布，改名为名爵TF。

◁ **宝马 Z4 2002年款**

产地 德国

发动机 2.996升，直列六缸

最高车速 249千米/时

该车为六缸发动机前置后轮驱动，是一款稀有的20世纪50年代款复古跑车。

▽ **梅赛德斯-奔驰 SLK 2004年款**

产地 德国

发动机 5.439升，V型八缸

最高车速 249千米/时

2004年的梅赛德斯-奔驰SLK车型升级了外观，提高了性能。图中这款Mark II R171版本被美国《汽车》杂志评为最好的10款汽车之一。

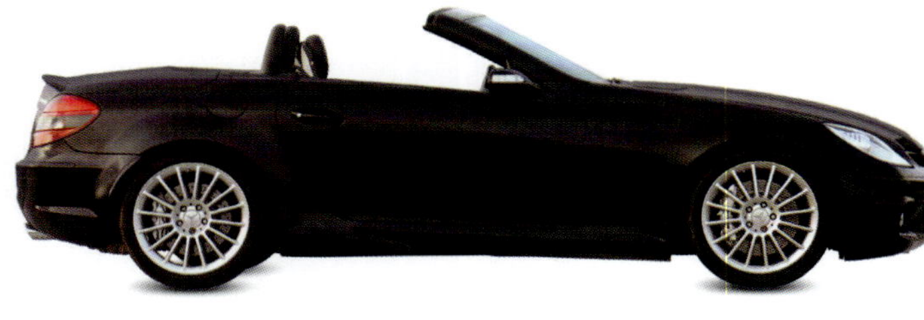

▽ **庞蒂亚克 Solstice 2005年款**

产地 美国

发动机 2.376升，直列四缸

最高车速 193千米/时

这款源于通用汽车的欧洲样式敞篷跑车在发布时引起了轰动，但4年以后由于威明顿的工厂关闭而停产。

△ **保时捷 卡曼 2006年款**

产地 德国

发动机 3.436升，对置六缸

最高车速 275千米/时

该车绝非发动机和车厢的简单结合体，它汲取了911车型的精华且无可争议地提供了所有你需要的性能。

▷ **奥迪 TT 2006年款**

产地 德国

发动机 2.480升，直列五缸

最高车速 249千米/时

TT车型最开始的外形采用复古设计，吸引了消费者的注意，而最新版的TT车型则保留了经典的跑车外形。

△ **特拉蒙塔纳 2007年款**

产地 西班牙

发动机 5.513升，V型十二缸，双涡轮轴

最高车速 325千米/时

这是一个人人惧怕的"怪兽"，配有可选的驾驶员后侧的后座。该车每年只生产12辆。

▷ **阿尔法·罗密欧 Spider 2006年款**

产地 意大利

发动机 3.195升，V型六缸

最高车速 232千米/时

这款Spider汽车的血统可以追溯到20世纪50年代，尽管最新版已经放弃了前轮驱动，但它依然是一个标志性车型。

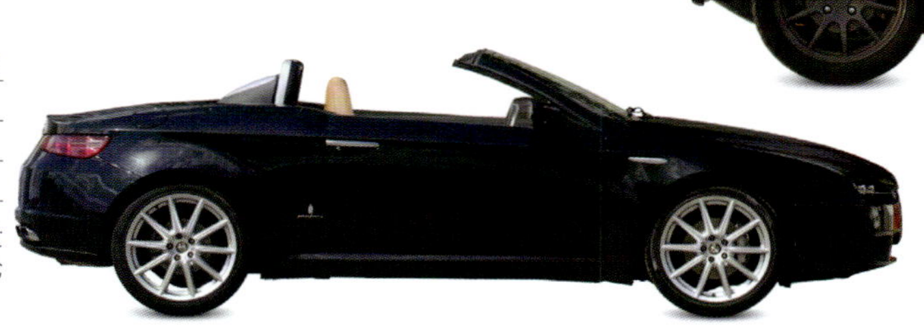

▽ **吉列塔 G50 EV 2009年款**

产地 英国

发动机 电动机

最高车速 193千米/时

该车打破了只有送奶车采用电力驱动的传统。虽然是一款低碳汽车，但也充满了驾驶激情。

△ **阿尔法·罗密欧 4C 2013年款**

产地 意大利

发动机 1.742升，直列四缸

最高车速 257千米/时

这款涡轮增压双座车具有碳纤维结构和复合车身面板，整车重心偏后，性能出色。

◁ **BAC Mono 2011年款**

产地 英国

发动机 2.261升，直列四缸

最高车速 274千米/时

该车只有一个座位，且整个驾驶舱将驾驶员紧密环绕，是一款专为追求极速的汽车迷设计的敞篷跑车。

△ **马自达 MX-5 2016年款**

产地 日本

发动机 1.998升，直列四缸

最高车速 220千米/时

该车是世界最畅销跑车的第4代，采用了RF 车型，即可伸缩硬顶敞篷跑车，采用后轮驱动。

▽ **菲亚特 124 Spider 2016年款**

产地 日本/意大利

发动机 1.368升，直列四缸

最高车速 232千米/时

菲亚特公司在与马自达公司MX-5车型分担设计成本和共享生产线后推出了这款124 Spider汽车。该车的涡轮增压发动机和外部造型均来自意大利。

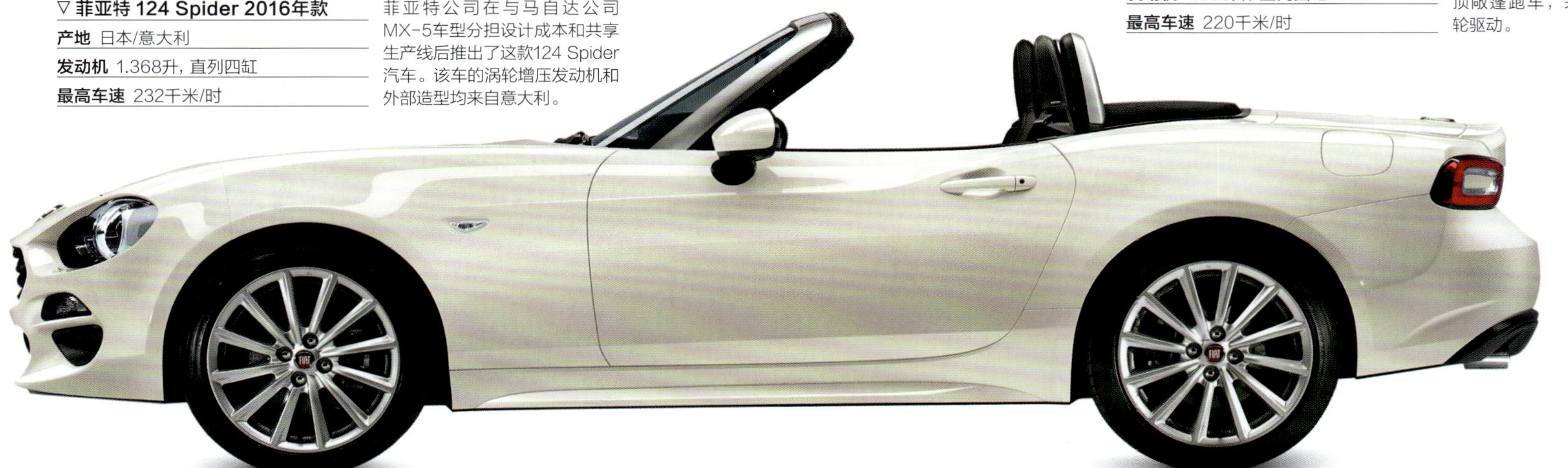

豪华强动力越野车

20世纪90年代，4×4公路车有了进一步发展，生产商也开始大批量生产大型、高速、配置豪华的四轮驱动汽车。一些跨界汽车依然保留着良好的越野性能，有些则已经不具备良好越野性能了。由于对运动型多功能汽车的大油耗批判声强烈，生产商们开始生产混合动力汽车。

△凯迪拉克 凯雷德 EXT 2002年款

产地 美国/墨西哥

发动机 5.327升，V型八缸

最高车速 174千米/时

凯迪拉克品牌首款运动型多功能汽车出现在1998年，2002年时车内座位已经增至8个（五座的EXT皮卡除外）。该车配备了可选的345马力6升V8发动机。

◁沃尔沃 XC 90 2002年款

产地 瑞典

发动机 2.922升，直列六缸

最高车速 209千米/时

这是2005年沃尔沃品牌销量最好的车型，仅这一年就售出85 994辆。该车是中等尺寸的SUV，配有涡轮增压发动机（或4.4升福特V8发动机），有前轮驱动版本和四轮驱动2个版本。

◁Jeep 大切诺基 2004年款

产地 美国

发动机 6.059升，V型八缸

最高车速 245千米/时

这款WK系列全新的大切诺基汽车使用了Jeep品牌成熟的四轮驱动系统，实现了优异的越野性能。该车配备了3.1升的V6发动机或6.1升的V8发动机。

△揽胜 2002年款

产地 英国

发动机 4.398升，V型八缸

最高车速 209千米/时

安装了宝马V8发动机（近期的车型安装的是捷豹/福特发动机）的揽胜汽车已经与其最初版本的豪华越野车大相径庭，但越野性能依然良好，在公路上也有很好的表现。

▷Jeep 指挥官 2006年款

产地 美国

发动机 3.701升，V型六缸

最高车速 182千米/时

这款车是一款基于大切诺基的中等尺寸SUV，外形更像从前的Jeep汽车，具有明显的棱角和粗犷的线型。该车还有高性能V8款。

◁揽胜 Sport 2005年款

产地 英国

发动机 4.197升，V型八缸

最高车速 225千米/时

该车的由来是将捷豹的涡轮增压发动机和可调节式空气悬架装配到发现3车型的平台上，它具有良好的越野性能和优异的公路性能。

▷奥迪 Q7 2005年款

产地 德国/捷克

发动机 4.163升，V型八缸

最高车速 248千米/时

这款Q7汽车集良好的动力性和宽敞舒适的内部空间于一身，采用四轮驱动，目的是获得出色的抓地力。

△雷克萨斯 RX 400h 2005年款

产地 日本/美国

发动机 3.311升，V型六缸，双电动机

最高车速 200千米/时

自1997年发布以来，RX系列一直是美国汽车市场上销量最好的豪华跨界车，而这款400h车型更是世界上第一款成功的豪华混合动力车，但是至今其油耗还很大。

◁林肯 Mk LT 2005年款

产地 美国

发动机 5.408升，V型八缸

最高车速 177千米/时

这款林肯豪华皮卡基于福特F-150车型设计，可选四轮驱动版。该车最终不得不打折以获得销量，在2008年停产。

◁ **悍马 H3 2005年款**

产地 美国

发动机 3.653升，直列五缸

最高车速 182千米/时

悍马汽车源于美国军队用车，这款大型4×4悍马汽车具有很强的越野性能，但比起普通的公路4×4汽车，该车略显粗犷。

△ **宝马 X6 2008年款**

产地 德国/美国

发动机 4.395升，V型八缸

最高车速 249千米/时

这款“运动型强动力轿跑SUV”的X6车型全轮驱动，车轮大，具有跑车外形，配备双涡轮增压6缸发动机或V8发动机。

△ **梅赛德斯-奔驰 GLK 2008年款**

产地 德国

发动机 3.498升，V型六缸

最高车速 230千米/时

这款GLK汽车是紧凑型豪华公路车，保留了良好的越野性能。相比竞争对手，其外形更显方正且运动性能良好，配有七挡自动变速器。

◁ **英菲尼迪 FX50 2008年款**

产地 日本

发动机 5.026升，V型八缸

最高车速 249千米/时

在日本名见不经传的尼桑公司顶级品牌英菲尼迪在1989年登陆美国市场，然后在2008年登陆欧洲市场。这款顶级SUV速度快、配置高。

▷ **保时捷 卡宴 混合动力 2010年款**

产地 德国

发动机 2.995升，V6发动机和电动机

最高车速 233千米/时

跑车生产商保时捷公司的这款4×4卡宴汽车获得了巨大的成功。该车配备了混合动力发动机，即325马力的汽油发动机和47马力的电动机。

△ **宾利 添越 2015年款**

产地 英国

发动机 5.950升，W型十二缸

最高车速 301千米/时

四轮驱动的添越汽车上市后立即成为宾利品牌最畅销的汽车，也是唯一一款配备 W12 发动机（也是排量更小的发动机）的 SUV。

◁ **玛莎拉蒂 Levante 2017年款**

产地 英国

发动机 3.982升，V型八缸

最高车速 291千米/时

玛莎拉蒂品牌将运动轿车外形和品牌独特的意大利特色融入这款四轮驱动SUV中，搭载的 V8 发动机有汽油和柴油2种供选择（均为涡轮增压和自动变速器）。

▷ **阿斯顿·马丁 DBX 2020年款**

产地 英国

发动机 3.982升，V型八缸

最高车速 291千米/时

间距很大的车轮、低矮的车顶曲线赋予这款豪华 SUV 以异国风情。该车在南威尔士生产制造，由梅赛德斯-AMG 提供双涡轮增压发动机。

本田Insight汽车的油电混合动力系统

汽车生产商对将内燃机和电动机混合使用可以提高燃油经济性、降低排放的观点是有分歧的，然而，日本的两家主要汽车生产商本田公司和丰田公司却意见相同，它们合力将混合动力汽车推向了市场。

混合动力系统

混合动力系统可以分成串联和并联两类。在串联混合动力系统中，热机通常是一个小活塞式发动机，供电给蓄电池和电动机，并不连接到从动车轮上。在并联混合动力系统中，内燃机和电动机可以同时提供动力。丰田的普锐斯车型将这两种模式混合到一起，而在本田的Insight汽车（如图所示）中，小的汽油发动机和整体式的电动机并联工作来提高动力性和燃油经济性。

发动机规格	
数据采集于	2010年至今
气缸	直列四缸（开始是直列三缸）
发动机布置	发动机前横置
发动机排量	1.339升
动力输出	在电动机参与工作的情况下，5 800转/分转速时输出98马力
类型	传统四冲程水冷发动机，往复式活塞，13马力电动机，拉线式节气门
气缸盖	单顶置凸轮轴，可变气门正时和升程（i- VTEC），每缸两个由摇臂控制的气门
燃油供给系统	多点燃油喷射
气缸尺寸	2.87英寸×3.15英寸（7.3厘米×8厘米）
功率	73.2马力/升
压缩比	10.8 : 1

发动机安装位置

废气再循环阀
一定数量的废气返回到发动机中用以降低排放

气缸体
在铸铝合金式气缸体内，离子镀膜活塞环和平台珩磨式的气缸内壁可以减小摩擦，提高燃油经济性

水温传感器

曲轴皮带轮

水泵

空调压缩机
空调压缩机安装在此处，发动机运转时由发动机带动，发动机停转时由电机带动

电动机
本田Insight汽车的电机配有铜线圈，该电机有3个功能：起动发动机、增大扭矩和为蓄电池充电进行制动能量回收。

▷ 注：查看第352~353页 发动机的工作原理

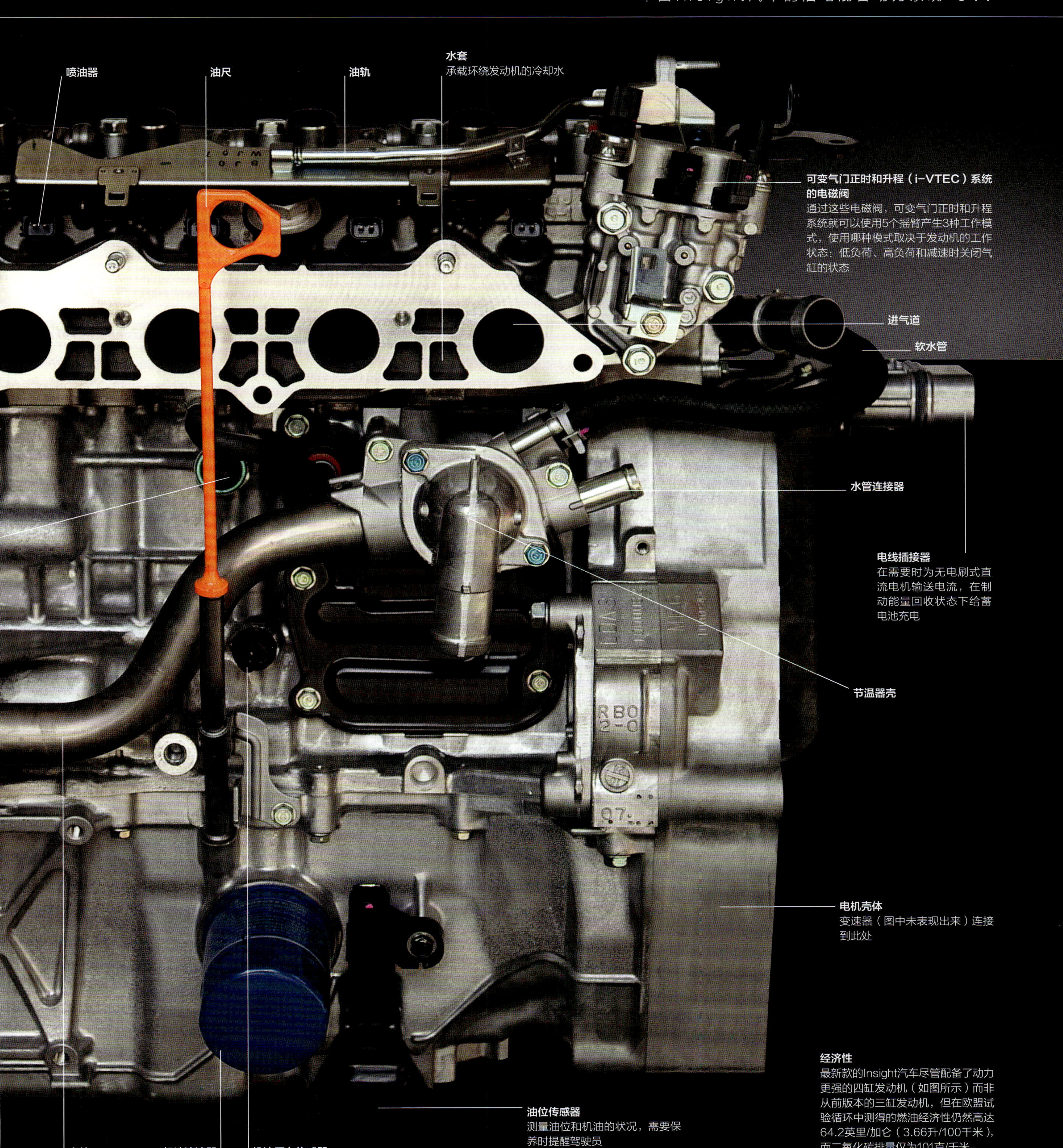

经济性

最新款的Insight汽车尽管配备了动力更强的四缸发动机（如图所示）而非从前版本的三缸发动机，但在欧盟试验循环中测得的燃油经济性仍然高达64.2英里/加仑（3.66升/100千米），而二氧化碳排量仅为101克/千米。

替代燃料和电能

内燃机即将被替代，因为它产生的有害排放物越来越不被接受。油电混合动力只是临时的解决方案，电能将用于驱动汽车在城市低速行驶，发动机在汽车处于行驶状态时给电池充电。锂离子电池技术现在可以为纯电动汽车提供480千米的续航里程，但采用由氢能驱动的车载“燃料电池”也是一个明智的替代方案。

▷ **特斯拉 Roadster 2007年款**

产地 美国/英国

发动机 电动机

最高车速 201千米/时

Roadster车型于2008年投产，这是电动汽车制造领域向前迈出的一大步。它拥有续航480千米的电池和莲花Elise外壳。

▷ **丰田 普锐斯 2009年款**

产地 日本

发动机 混合动力

最高车速 在电力驱动下最高时速为100千米/时

丰田在1998年推出了首款普锐斯汽车，点燃了油电混合动力车的潮流。这款第三代车型现在采用插电式混合动力形式，这使得它可以作为一辆纯电动汽车在电源上充电。

◁ **雷诺 Twizy 2012年款**

产地 西班牙

发动机 电动机

最高车速 45千米/时

2009年首次作为概念车亮相，零排放的Twizy汽车拥有连排座椅。它宽约1米，长约2.3米，它小小的“足迹”受到了欧洲时尚城市居民的喜爱。

▷ **欧宝/沃克斯豪尔Ampera 2010年款**

产地 美国

发动机 混合动力

最高车速 161千米/时

通用汽车公司的电动汽车以雪佛兰Volt或欧宝/沃克斯豪尔Ampera的名字出售。它有一个1.4升的汽油发动机，驱动发电机来增加电荷。

◁ **日产 Leaf 2010年款**

产地 日本

发动机 电动机

最高车速 150千米/时

Leaf车型在日本、美国和英国组装，在首次生产后的10年内，这款真正的零排放家庭掀背轿车在35个国家销售了约47万辆。

▷ **保时捷 918 Spyder 2013年款**

产地 德国

发动机 混合动力

最高车速 345千米/时

保时捷公司将一台4.6升V8发动机与双电动机相结合，创造了一款性能非凡的超级跑车，它可以在城市街道上悄声行驶，同时达到前所未闻的燃油效率水平。

△ **标致 3008 Hybrid4 2012年款**

产地 法国

发动机 混合动力

最高车速 190千米/时

标致品牌在这款紧凑型跨界车上开辟了新天地，这是第一款混合柴油和电力的混合动力车。它的4种驾驶模式包括自动、纯电动、四轮驱动模式和运动模式。

◁ **宝马 i3 2013年款**

产地 德国

发动机 电动机

最高车速 150千米/时

全新的碳纤维增强塑料车身减轻了汽车重量，弥补了锂离子电池组的不足。可选的车载控制器可以将i3汽车的续航里程延长到160千米以上。

▷ **大众 XL1 2013年款**

产地 德国

发动机 混合动力

最高车速 158千米/时

如果不看速度，这款柴油电动汽车每加仑313英里（每100千米0.9升）的燃油经济性让人惊叹不已，这在一定程度上得益于世界上最流畅的量产汽车空气动力学设计。该车目前只生产了250辆。

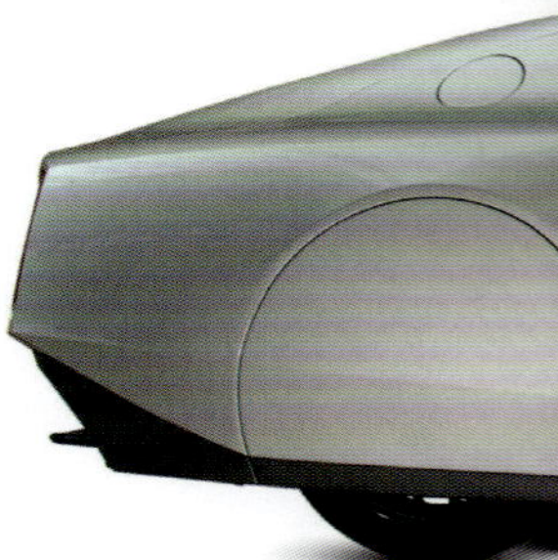

△ **特斯拉 Model 3 2017年款**

产地 美国

发动机 电池供电的电动机

最高车速 233千米/时

电动机提供的瞬时扭矩使Model 3车型动力强劲且响应迅速。更大的车型，如Model S略显神秘，而这款紧凑型轿车却闯入了主流汽车领域。

◁ **丰田 Mirai 2014年款**

产地 日本

发动机 燃料电池供电的电动机

最高车速 179千米/时

这款由氢能提供动力的Mirai汽车，唯一的排放物是洁净的水，在日本、美国和欧洲被认定为环境友好型汽车。氢和氧的混合为驱动电动机提供了能量。

△ **捷豹 I–PACE 2018年款**

产地 英国

发动机 电池供电的电动机

最高车速 200千米/时

捷豹品牌决定跳过作为过渡的混合动力阶段，以这款空气动力学五门 SUV 实现品牌的完全电动化。品牌标称在锂离子电池充满电的情况下可行驶470 千米。

△ **雪铁龙 Ami 2020年款**

产地 法国

发动机 电池供电的电动机

最高车速 42千米/时

这款小巧的双座车，车身长度仅为2.41米，售卖价格和租赁价格都很低。该车的总续航里程为75千米，足以满足城市生活需求，并且在整个欧洲大陆驾驶它都不需要驾照。

△ **Riversimple Rasa 2020年款**

产地 英国

发动机 燃料电池供电的电动机

最高车速 97千米/时

新燃料的选择推动汽车市场出现若干家汽车初创公司，如Riversimple公司这款氢动力Rasa汽车是氢耗为0.94升/100千米的双座车，目标市场是私人租赁汽车市场，同时保证对环境的影响最小。

◁ **本田 e 2020年款**

产地 日本

发动机 电池供电的电动机

最高车速 145千米/时

该车采用快速充电技术，可在30分钟内恢复锂离子电池组80%的电量。复古外观让人联想到本田公司1972年备受好评的思域车型。

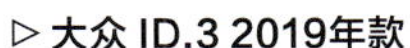

▷ **大众 ID.3 2019年款**

产地 德国

发动机 电池供电的电动机

最高车速 161千米/时

大众公司的ID系列均为纯电动汽车，没有如高尔夫汽车这样的电池驱动版本。它的座舱特别宽敞，因为紧凑的电机布置在车身后部。

名车的今天和明天

在世界各地的新兴汽车市场，对汽车个性化的需求正在蓬勃发展，拥有悠久传统的汽车品牌有很多令人兴奋的未来计划。先进的制造方法和混合动力技术正在发挥作用，以制造出享有盛誉的概念车和量产车。与此同时，在环境影响方面“紧跟潮流”，高端汽车行业的设计师和工匠们正在全力以赴地赋予他们的产品真正的特色和个性。

△英菲尼迪 Essence 2009年款

产地 日本

发动机 混合动力

最高车速 未说明

尼桑公司用华丽的Essense车型来庆祝英菲尼迪品牌创立20周年。它的3.7升双缸V6发动机提供了600马力的动力，每加仑汽油可以跑30英里（每100千米7.8升）。

△路虎 揽胜 2012年款

产地 英国

发动机 5.000升，V型八缸

最高车速 249 千米/时

图中的是富丽堂皇的长轴距版本，第四代路虎揽胜汽车是世界上第一款采用全铝单体外壳的SUV。它有电子控制的空气悬架。

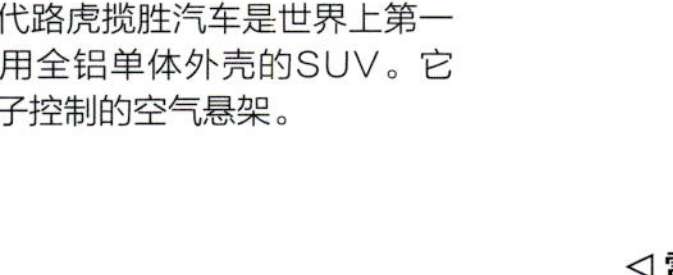

◁雷克萨斯 LF-LC Concept 2012年款

产地 日本/美国

发动机 混合动力

最高车速 未说明

这款车高性能的混合动力技术来自日本，而引人注目的GT造型源于美国。动力组在车前部，后轮驱动。

△梅赛德斯-奔驰 s级2013年款

产地 德国

发动机 5.980升，V型十二缸

最高车速 249 千米/时

配备了扫描前方路面的监视器，为颠簸做好悬挂准备，以及先进的防撞技术，这辆大型奔驰汽车将声望与尖端安全技术融为一体。

△阿斯顿·马丁 CC100 Speedster 概念车 2013年款

产地 英国

发动机 5.935 升，V型十二缸

最高车速 290 千米/时

2013年，阿斯顿·马丁品牌迎来了它的百年诞辰，在20世纪50年代的DBR1赛车的基础上推出了这款概念车。该车的双座车身由碳纤维制成。

△梅赛德斯 迈巴赫 S600 2017年款

产地 德国

发动机 5.980升，V型十二缸

最高车速 249千米/时

作为梅赛德斯-奔驰的子品牌，迈巴赫将S级轿车的豪华和独特提升到一个新的水平。车主们可以选择按摩座椅、座舱香水释放系统或装甲普尔曼加长豪华轿车。

◁大众 T-Roc概念车 2013年款

产地 德国

发动机 1.968升，直列四缸

最高车速 未说明

这款车比大众Polo汽车稍大一点，可容纳4人，采用都市风格，它的两块车顶板可以拆卸并存储在行李箱中。

△劳斯莱斯 Wraith 2013年款

产地 英国

发动机 6.592升，V型十二缸

最高车速 249 千米/时

这是一辆气势恢宏的四座跑车，外形宏大，客舱奢华，后备箱很大，非常适合城市间的宁静旅行，驾驶起来也很有动感。

△玛莎拉蒂 吉卜力 2013年款

产地 意大利

发动机 2.979 升，V型六缸

最高车速 285 千米/时

这款运动轿车将玛莎拉蒂汽车带入了与宝马5系等主流行政车的直接竞争中，它配有一系列的V6发动机，包括该品牌首次推出的柴油发动机。

◁宾利 欧陆 GT Speed 2014年款

产地 英国

发动机 5.998升，W型十二缸

最高车速 325 千米/时

GT Speed是宾利品牌迷人的欧陆系列车型的终极敞篷版。降低的悬架和一系列独特的设计与它的出色性能相辅相成。

△宾利 飞驰 2019年款

产地 英国

发动机 5.950升，W型十二缸

最高车速 333千米/时

第3代飞驰汽车的造型与大陆GT车型相似，其驾驶体验比上一代车型更畅快，配备了后轮转向和四轮驱动系统。

△宝马 i8 2014年款

产地 德国

发动机 1.499升，直列四缸与电动机

最高车速 249千米/时

除了超级跑车的性能和造型，这款车型还以其环保性和经济性著称，每100千米仅消耗2升汽油。这得益于其高度创新的混合动力系统。

△沃尔沃 S90 2016年款

产地 瑞典/中国

发动机 1.969升，直列四缸

最高车速 209千米/时

长轴距的 S90车型一直是为了吸引中国市场而设计的，仅仅1年后，这款车就在中国独立制造并运往全球，该车提供汽油、柴油和混合动力的不同版本。

◁凯迪拉克 Lyriq 2021年款

产地 美国

发动机 电动机

最高车速 201千米/时

Lyriq汽车对标的是特斯拉汽车和其他品牌的豪华电动汽车。它有一个直径84厘米的仪表盘显示屏，可以自动停车，能在车道上自动行驶。预计续航里程超过480千米。

迈凯伦 Speedtail

迈凯伦品牌推出Speedtail跑车的目标不仅仅是打造出一款超级跑车。它是迈凯伦的第一款超级跑车，是尖端材料、油电混合动力系统和空气动力学的有机结合，时速达402千米/时，并能在12.8秒内完成0～300千米/时的加速。该车甚至在正式发布之前就被预订了106辆，即使售价高达175万英镑。

迈凯伦宣称 Speedtail车型是“艺术与科学的融合”，也是迈凯伦品牌车型中速度最快的公路汽车。全碳纤维底盘、中置汽油电动驱动系统和后轮驱动为驾驶员提供了位于汽车前部中央的驾驶位置，驾驶座两侧后方各有一个乘客座椅。开阔的视野和出色的全方位观测系统与迈凯伦传奇的一级方程式单座赛车类似；然而，其内部的舒适性及使用的工艺与赛车截然不同，座椅被轻巧的手工皮革包裹，电控变色玻璃只需按一下按钮就可以变暗。迈凯伦品牌的色彩和材料团队满足了不同买家的个性化定制，因此每一辆车都是独一无二的。原型车（包括一辆名为“阿尔伯特”的车，以英国沃金的阿尔伯特大道命名，迈凯伦第一辆F1公路车就是在这里设计的）在世界各地进行了测试，包括在位于美国佛罗里达州的前航天飞机着陆跑道进行测试。据报道，正是在这里，Speedtail跑车在测试中达到了最高车速有30次之多。

规格	
车型	迈凯轮 Speedtail，2020—2021年
装配线	英国沃金
产量	106辆
结构	碳纤维底盘及车身面板
发动机	4.0升，V型八缸结合电动机
动力输出	7 000转/分转速时输出制动马力为1 035马力
变速器	手动7速
悬架	全独立主动系统
制动器	碳陶瓷全盘式制动器
最高车速	402千米/时

迈凯伦徽章
买家可以选择手工制作的18K黄金或铂金徽章，而不是标准的铝合金徽章。纯粹主义者则可以通过喷漆的方式为车身减轻100克的重量。

侧视图

后视图

流线型翼子板是5.2米长的碳纤维车身的一部分

没有遮阳板的挡风玻璃会自动变色

超窄开口的**LED头灯**

后扩散器由钛沉积碳纤维制成

抛光黑色车轮采用钻石切割工艺

独特的倍耐力轮胎专为极高的车速准备

划破空气

Speedtail跑车对空气动力学和减少湍流的关注显而易见：发动机罩前缘的特殊整流罩将气流引到单臂风挡玻璃雨刷器上；大灯下方的锥形风道在向散热器输送冷却空气的同时降低了阻力；鼻漏斗上的蛤蜊形状进气口气流扰乱空气进入轮拱并从车门下方流出。

外观

Speedtail跑车采用碳纤维单体底盘，支撑着碳纤维面板和两侧的两面体车门。长锥形的泪滴状车身让人联想到陆地速度纪录。“速度模式”通过将驾驶高度降低35毫米并触发主动空气动力学功能，从而收回后视镜摄像头，让汽车具备非凡的直线高速行驶能力。前轮有静态的碳纤维空气罩来辅助降低阻力，当Speedtail跑车以极速行驶时，可展开的后副翼可以巧妙地调整车身形状，以达到最好的抓地效果，在需要时，后副翼刚好可以弯曲向上，成为一个气坝。

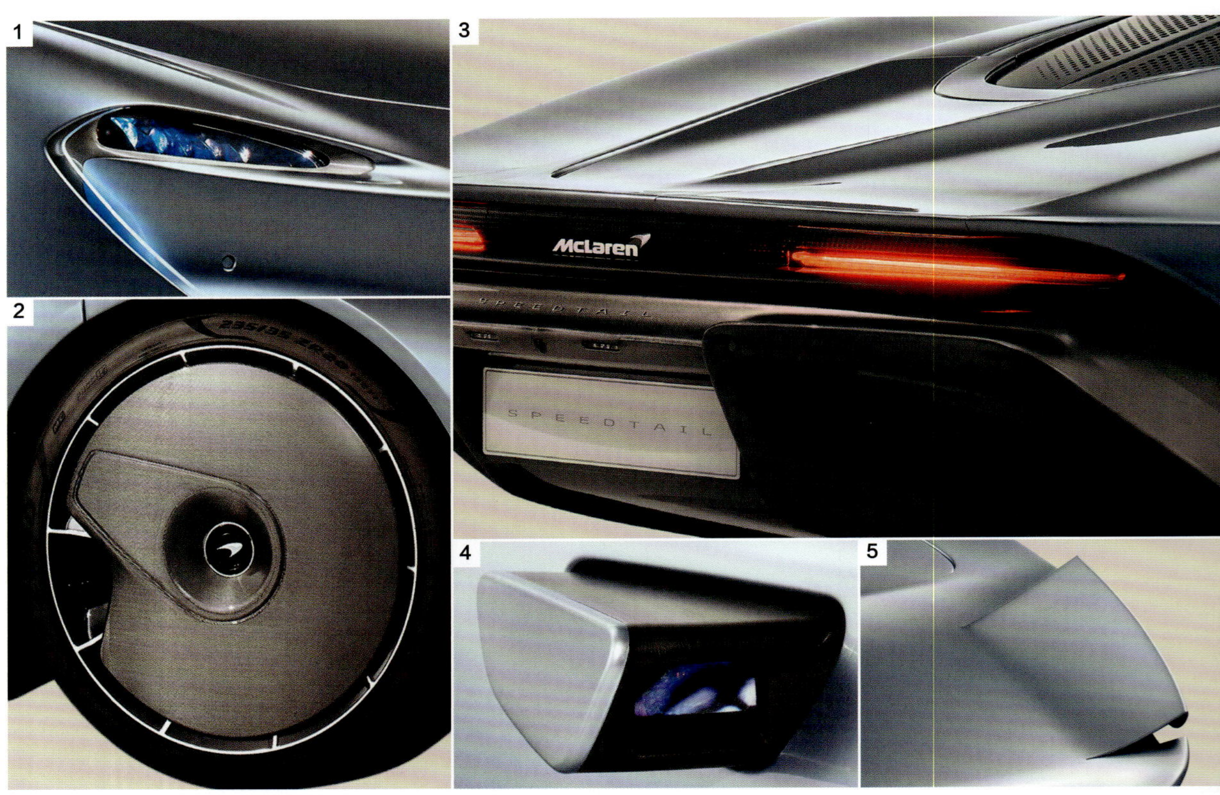

1. 全LED大灯 **2.** 固定的前轮罩 **3.** 气动尾翼轮廓 **4.** 可弹出式摄像头代替后视镜 **5.** 可快速展开的灵活副翼 **6.** 后行李箱 **7.** 与车顶平齐的发动机冷却管

车内饰

三座驾驶舱，驾驶员坐在前排中央，在同时代车型中是独一无二的（但这让人回想起迈凯伦品牌1992 年的 F1 公路车），并且驾驶舱是与车身外形呼应的泪滴形状。驾驶员座椅具有“定向”饰面皮革内饰，可轻松滑入和滑出并将乘员牢固地固定到位；座椅框架是碳纤维材料，后排座椅则与底盘结构本体模压成一体。高科技、奢华的触感比比皆是。

8. 独特的中央方向盘 **9.** 乘员用脚凳 **10.** 雕刻内门板 **11.** 2名乘客坐在司机后面 **12.** 电动门窗释放按钮 **13.** 驾驶模式选择按键位于驾驶席头顶的控制单元内

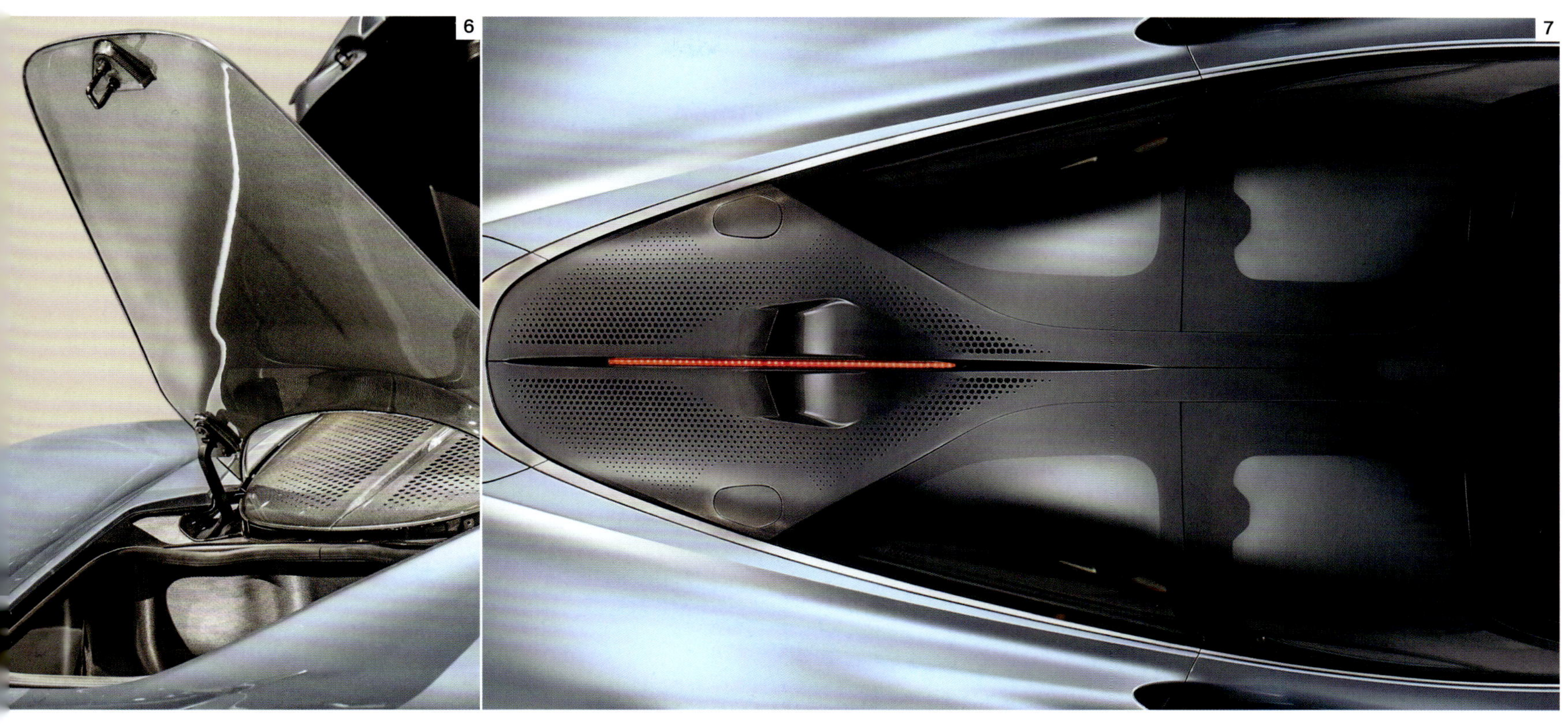

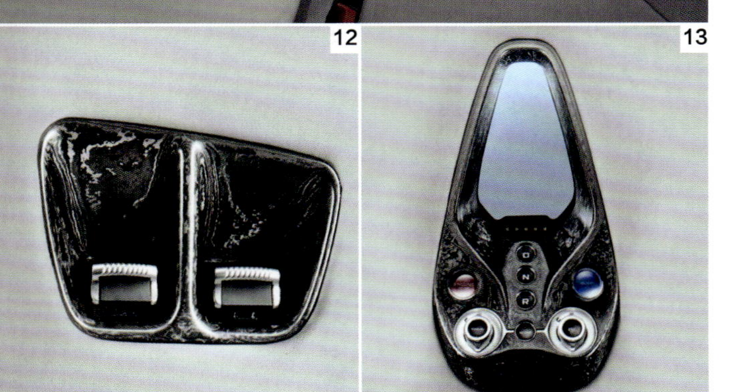

车体下部构造

混合动力机械套件包括一个双涡轮增压4.0升V8汽油发动机、一个强大的电机和锂离子电池组。七速双离合器自动变速器由安装在方向盘后面的换挡拨杆控制。汽车1 035制动马力的动力输出中有约310马力来自电动马达，在正常驾驶过程中，汽油发动机为电池充电。迈凯伦公司宣称，Speedtail跑车拥有当今汽车中最高的电池功率，其特点是创新的电池冷却系统——将电池永久浸在轻质电绝缘油中。

14.油电混合动力系统安装在车后部中间，通过提升车身的整个尾部来实现

轿车与豪华轿车

从全球角度看，三厢汽车（位于中间的大车厢搭载乘客，位于前面和后面的小车厢分别用于搭载发动机和作为后备箱）仍然广受欢迎。许多消费者喜欢常规设计，但其实单独的行李舱更安全，也能更有利于乘客舱隔热。许多品牌会针对不同国家消费者的实际需求对车身进行改良，如加长轴距。

△**丰田 凯美瑞 XV30 2002年款**
产地 日本
发动机 3.311升，V型六缸
最高车速 209千米/时

自1982年以来，丰田公司的出口汽车中就有凯美瑞汽车，但这是凯美瑞第一款非旅行车车型。这款精致舒适的汽车在美国大受欢迎。

△**标致 407 2004年款**
产地 法国
发动机 2.946升，V型六缸
最高车速 235千米/时

标致这款大型汽车在7年内售出86万辆，取得了成功。车型包括旅行车版本、四门轿车版本和罕见的豪华两门轿跑版本。

◁**达西亚 Logan 2004年款**
产地 罗马尼亚
发动机 1.597升，直列四缸
最高车速 175千米/时

被雷诺品牌接管以后，达西亚公司推出了这款经济实惠的轿车，即低价的基础配置车型。高配车型销往欧洲。

◁**大众 捷达 A5 2011年款**
产地 墨西哥/德国
发动机 2.480升，直列五缸
最高车速 206千米/时

这款时尚的汽车本质上是高尔夫 Mk VI车型的轿车版。对大众公司在美国和中国的市场来说，这款车非常重要，因为在这两个国家，大众以该车与日本和韩国汽车品牌展开激烈竞争。

△**本田 讴歌 2013年款**
产地 日本
发动机 3.471升，V型六缸
最高车速 209千米/时

这款车和第8代本田雅阁汽车相同，都是高品质车型。不过在美国市场，这款车与本田 Inspire汽车品质相当。

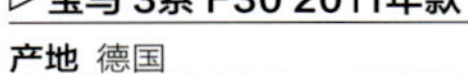

▷**宝马 3系 F30 2011年款**
产地 德国
发动机 2.998升，直列六缸
最高车速 249千米/时

宝马品牌尽管在2013年推出了更通用的五门豪华旅行掀背车型，并将轿跑车/敞篷车拆分为新的4系列，但第6代3系车型的粉丝群仍然存在，他们对该车的外形情有独钟。

△**福特 Fusion 2013年款**
产地 美国/墨西哥
发动机 2.694升，V型六缸
最高车速 266千米/时

该车与同时代的福特蒙迪欧汽车一样，在2020年之前，它一直是福特品牌的全球标准家用型汽车，性能远超其他轿车。

◁**雪佛兰 Sonic 2012年款**
产地 韩国/美国
发动机 1.796升，直列四缸
最高车速 174千米/时

该车是雪佛兰公司当时在美国生产的最小的四门轿车之一，在美国以Sonic的名称出售，取代了其他地方使用的雪佛兰Aveo名称。该车于2020年停产。

◁**雪佛兰 Impala 2014年款**
产地 美国
发动机 3.564升，V型六缸
最高车速 246千米/时

1958年以来，Impala一直是雪佛兰品牌的主流车型之一，直至2020年，属于这款全尺寸汽车的时代终结。这是一款外观漂亮、配置齐全的四门轿车。

△ 观致 Qoros 3 2013年款

产地 中国

发动机 1.598升，直列四缸

最高车速 209千米/时

这款造型传统的四门轿车由一家中国初创汽车公司制造，对标大众的捷达车型。公司最初计划面向欧洲销售该车，但该计划已被放弃。

△ 道奇 Dart 2012年款

产地 美国

发动机 2.360升，直列四缸

最高车速 230千米/时

基于菲亚特平台生产使这款简洁的 Dart 轿车成为名副其实的美国制造汽车，该车的衍生产品是名为克莱斯勒200的汽车。这款Dart汽车仅售卖了4年。

△ 道奇 挑战者 2015年款

产地 加拿大/美国

发动机 6.435升，V型八缸

最高车速 282千米/时

道奇品牌这款长途全尺寸轿车，有后驱和四驱2个版本，车顶线条较低，复古的格调与之前挑战者汽车铭牌上出现的肌肉车很像。V8 SRT 392版本性能异常强大。

◁ 捷豹 XE 2015年款

产地 英国

发动机 2.995升，V型六缸

最高车速 249千米/时

为时尚的 XE 车型提供支撑的是其更强大的兄弟车型 XF 的适应性全铝车架。2017 年的限量版 Project 8 车型则配备了机械增压 V8 发动机。

△ 奥迪 A4 Mk5 2016年款

产地 德国

发动机 2.891升，V型六缸

最高车速 249千米/时

基于德国基准，第5代奥迪A4保持了其保守的轿车外观（同时也有五门旅行版车型），发动机可提供150~450马力的制动马力。

△ 阿尔法 · 罗密欧 Giulia 2016年款

产地 意大利

发动机 2.891升，V型六缸

最高车速 307千米/时

阿尔法 · 罗密欧品牌的车迷因其行政轿车回归后轮驱动而欢欣鼓舞，顶配的Quadrifoglio版本中还配有由法拉利V6发动机供能的音轨。

◁ 起亚 Optima 2016年款

产地 韩国

发动机 2.359升，直列四缸

最高车速 209千米/时

遍布世界各地的起亚 Optima车型的生产工厂，从2000年开始，每5年对该车改款一次，以保持其现代感。它是一款高效、宽敞的主力车型。

▷ 梅赛德斯-奔驰 A级 2018年款

产地 德国

发动机 1.881升，直列四缸

最高车速 270千米/时

梅赛德斯品牌选择在美国市场推出该品牌的最小型的汽车，于是设计了这款紧凑型轿车以迎合当地市场。梅赛德斯品牌还为中国市场生产了唯一的长轴距版本。

△ 沃尔沃 S60 2019年款

产地 美国/瑞典

发动机 1.969升，直列四缸

最高车速 249千米/时

该车是沃尔沃品牌第3代紧凑型运动轿车，也是第一款在美国组装的沃尔沃汽车。该系列车型中还有一款插电式混合动力的版本。

发动机的工作原理

几乎每辆现代汽车的发动机舱内的动力装置都是内燃机，与一个多世纪以前卡尔·本茨制造的第一辆汽车并无差异。相比从前的发动机，现在的发动机结构更紧凑、动力性更强、效率更高，且燃油燃烧得更彻底，但它们的工作原理是相同的：燃料（常常是汽油和空气或柴油和空气的混合物）在若干个封闭气缸内燃烧，以燃烧释放的能量来驱动汽车。燃油和空气形成可燃的混合物，被压缩后更易燃烧。在气缸内，汽化的燃油和空气的混合物被鼓形的活塞压燃或点燃。燃烧的燃油空气混合物膨胀，使活塞下行，活塞推动连杆运动，连杆使曲轴旋转，曲轴的旋转运动通过齿轮传递给汽车的车轮。

发动机剖视图

图中所示为现代的四缸发动机缸体和油底壳的剖视图，展示了内部的主要部件。为清晰展示，运动部件均做镀铬处理，发动机缸体均涂有油漆。

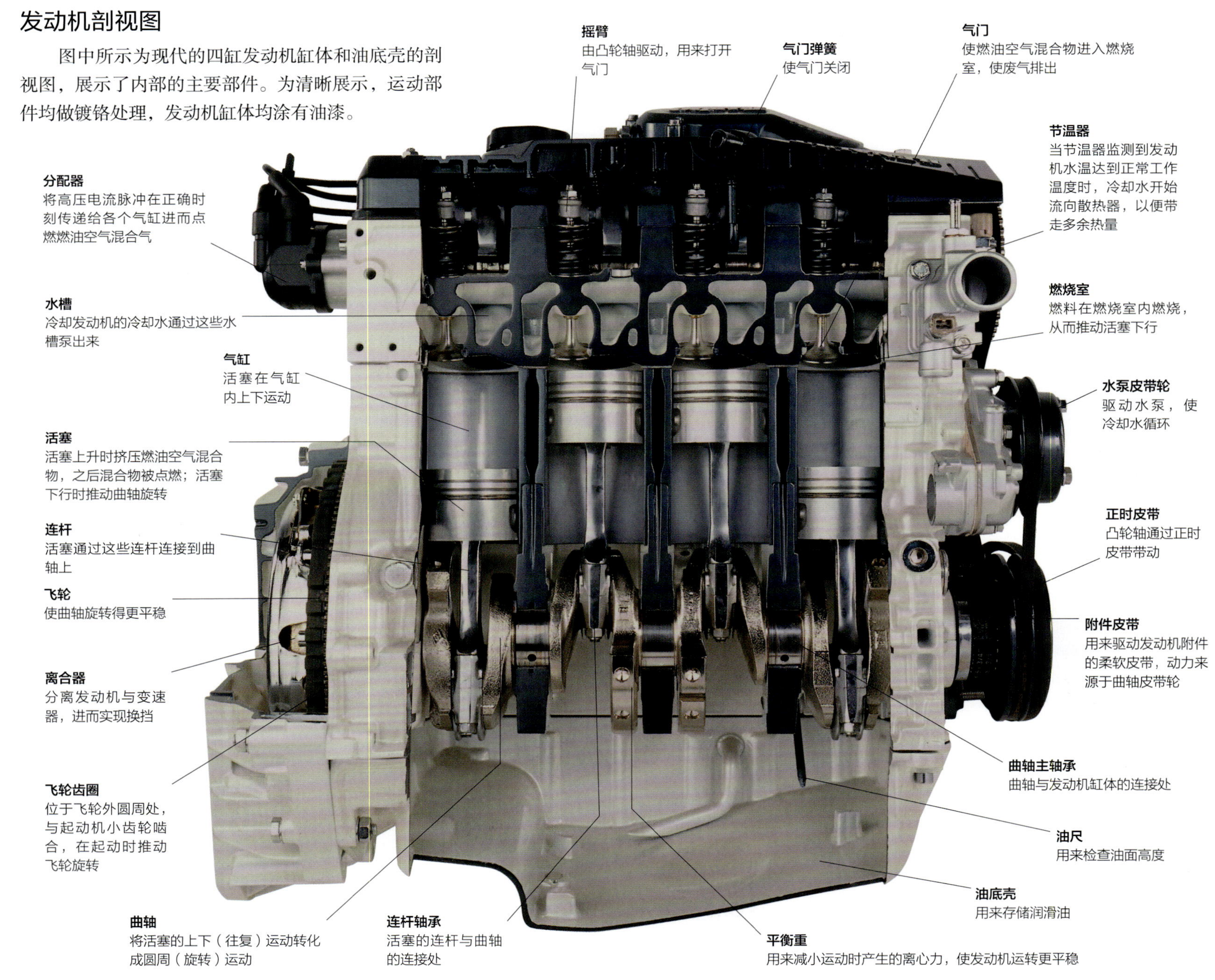

发动机的布置形式

如今，汽车发动机的主要布置形式是四缸或多缸直线排列，即直列布置形式，优点是结构简单、制造成本低。气缸的布置形式并不是只有这一种，如果从动力输出、运转的平稳度、重心高度和安装难易度上来讲，直列布置形式绝非最好的。图中所示为多种气缸布置形式。

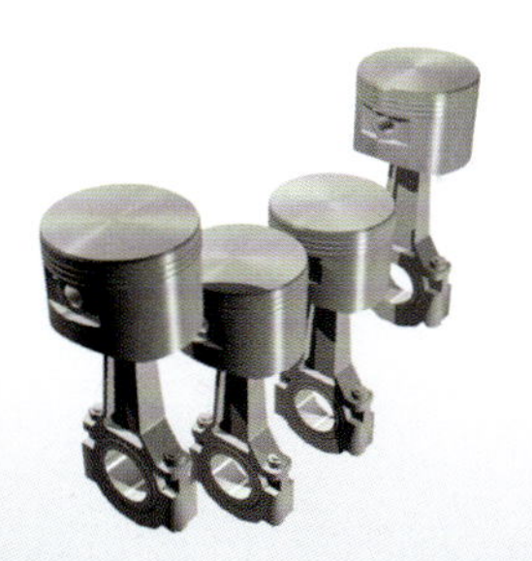

直列四缸
如今的四缸发动机主要采用直列布置形式。直列六缸或多缸发动机运转非常平稳，但是它们很长，很难安装到小型汽车上。

V型六缸
大容量直列发动机因太长太高而很难安装到车身较低的跑车内，同时，它们过长的曲轴在压力作用下很容易弯曲。很多跑车配备的是紧凑型发动机，这种发动机有两列气缸，成“V”形排列。

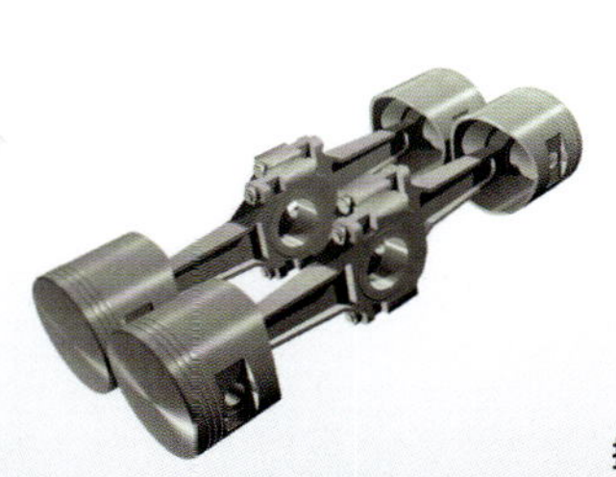

水平对置式
在这种布置形式中，气缸分为两列，两列气缸水平对置布置，这种布置形式使发动机变得更宽、重心更低，从而增加抓地力。平衡的活塞运动可以减小振动，使运转更平稳。

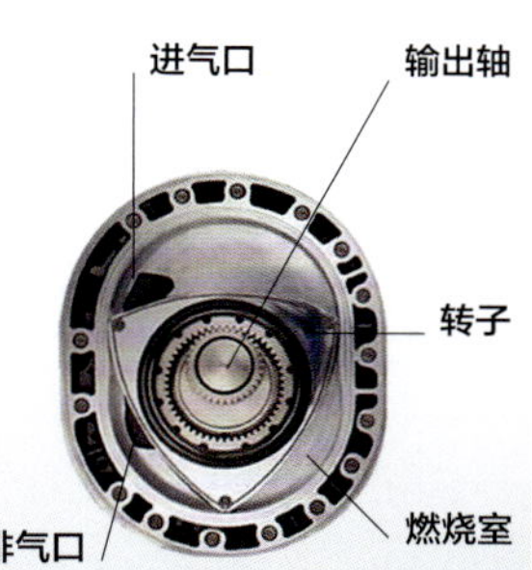

旋转活塞式（剖面图）
旋转活塞式发动机的活塞不是在气缸内上下运动，而是通过一个或多个三角转子在特殊形状的壳体内转动，直接产生旋转运动，发动机运转很平稳。

气缸剖面图

下图所示为发动机的气缸。该发动机有两个顶置凸轮轴，即发动机顶部气缸上方有两个凸轮轴，一个是进气凸轮轴，另一个是排气凸轮轴。

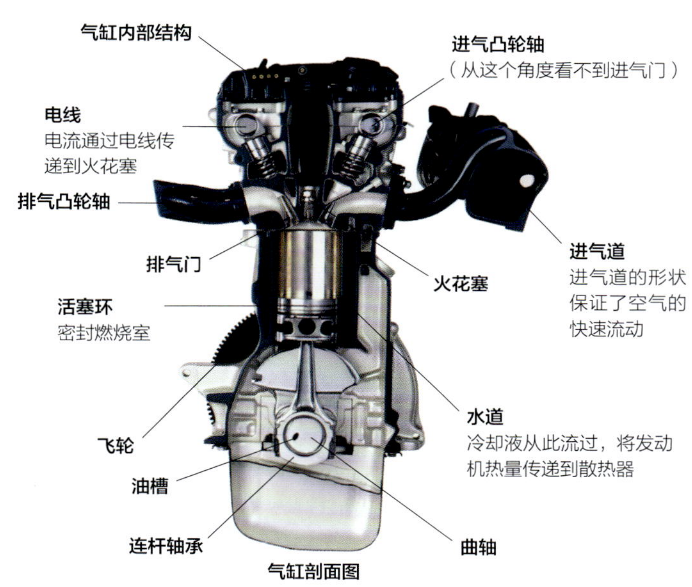

气缸剖面图

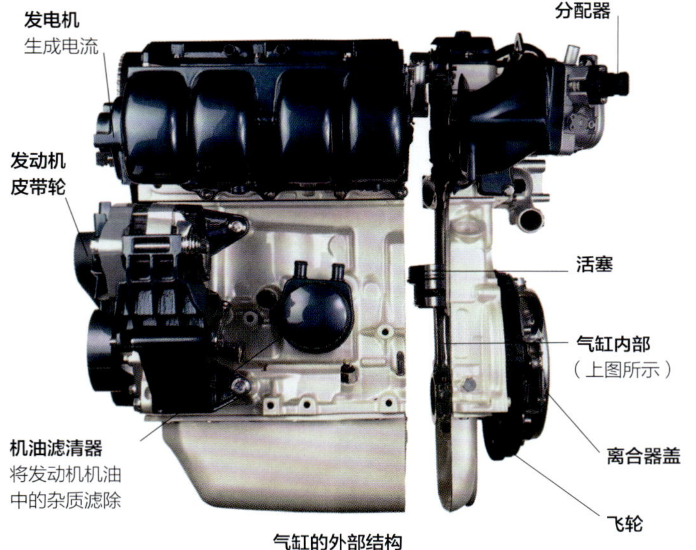

气缸的外部结构

四冲程循环

当发动机运转时，每个气缸内都在进行四冲程循环，每分钟发生很多次。这4个阶段或4个“冲程”是：进气、压缩、做功和排气。做功冲程产生动力，曲轴每旋转两周发生一次做功冲程。在四缸发动机中，火花塞按顺序点火，因此至少有1个气缸处于做功冲程（燃烧冲程）。

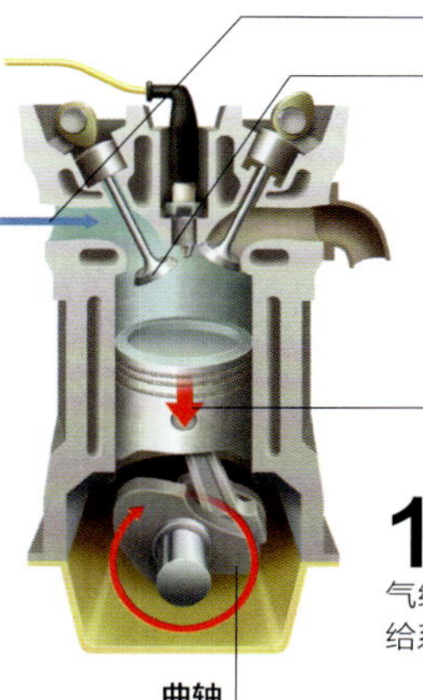

1 进气冲程 进气门打开，活塞向下运动，将燃料空气混合气经过发动机的进气道和燃油供给系统吸入气缸

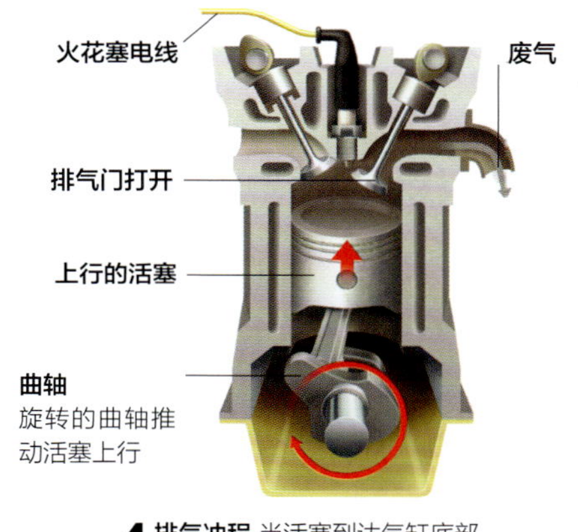

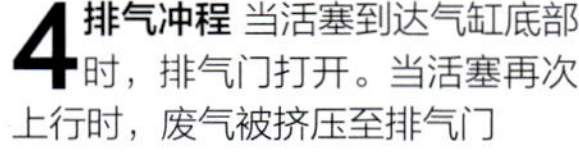

4 排气冲程 当活塞到达气缸底部时，排气门打开。当活塞再次上行时，废气被挤压至排气门

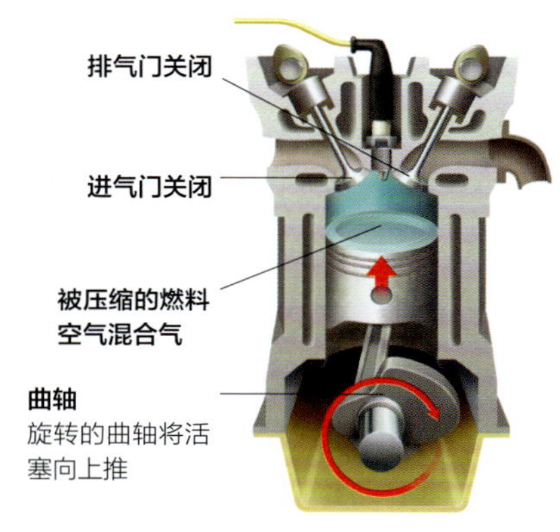

2 压缩冲程 活塞沿气缸向上运动，气缸内的压力增大，加热燃料空气混合气

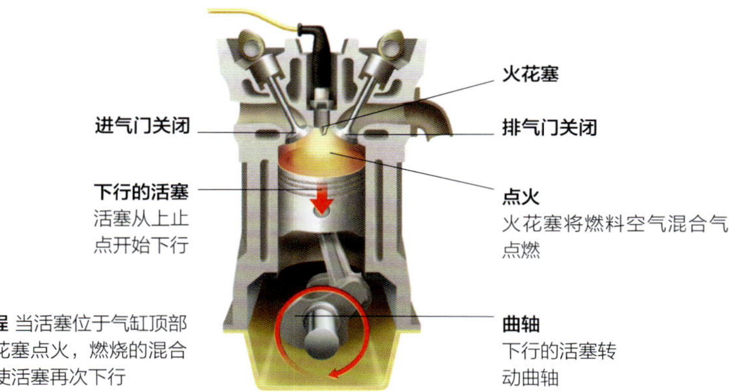

3 做功冲程 当活塞位于气缸顶部时，火花塞点火，燃烧的混合气体膨胀，使活塞再次下行

电动驱动系统的工作原理

纯粹的电动汽车，充一次电能行驶160千米，是目前相对实惠的一个选择。这类汽车不排放有害物质，是更清洁的汽车。在城市中，化石燃料燃烧后产生的有害污染物被严格检测并限制，因为会污染环境。目前在售的许多电动汽车在性能和精细化方面都超过了传统的汽油汽车和柴油汽车。

电动汽车的驱动系统（主要由电动机和电池组成，就像一个大型玩具）比由内燃机驱动的汽车的驱动系统要简单得多，电动汽车最复杂、最昂贵的部件是电池，它需要确保汽车在两次充电间隔保持合理的续航里程。一些混合动力汽车，如丰田 Mirai汽车，使用燃料电池（混合氢气和空气中的氧气来发电）而不是纯电池。

外露的电动驱动系统

与新型汽油或柴油发动机拥有数百个运动部件相比，电动机只有大约 20 个运动部件，这意味着它们更轻、更高效且更容易制造。当然，这并不意味着电动汽车的其余部件不复杂。复杂的系统可以确保各部件尽可能高效，并且电池可以快速充电。

保时捷 Taycan 汽车是目前全球范围内技术最先进的电动汽车之一。2个电机意味着它输出功率大约是普通家庭掀背车的2倍，并且可以比最强大的汽油车更快地加速。沉重的电池分布在地板下方，这意味着它的重心也非常低，所以它在转弯时行驶得非常稳定。

通风

在电动汽车中，不只乘客对温度很挑剔，由天气引起的极端低温和高温也可能会损坏电池组或使其效率降低。高速驾驶或快速充电会在精密的电气部件内部产生热量，如果对此不做干预，汽车将自动限制性能或降低充电速度以确保电池不过热。早期的电动汽车，仅依靠通过电池的空气来冷却电池组，但这并不总是有效，有时会导致电池容量降低。许多现代车型，如保时捷 Taycan 汽车，都使用基于液体的冷却系统，使电池温度保持在最佳范围内。

冷却气流
空气被引向汽车前部的进风口，并通过2个散热器来排出多余的热量。当冷却液的温度足够低时，进风口上的挡板将关闭，确保车身更符合空气动力学。

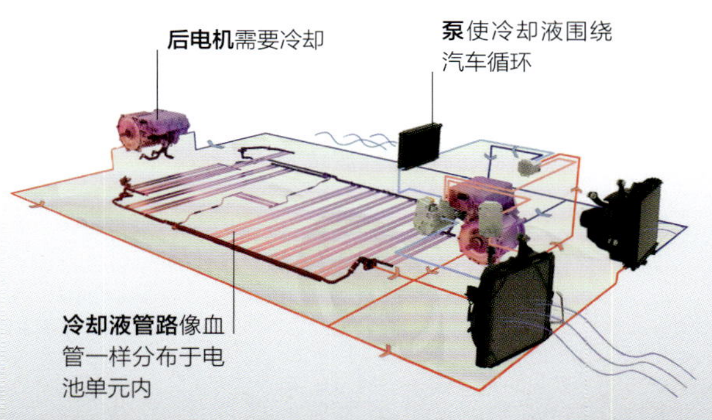

热管理
为了对高温和极低温进行干预，保时捷 Taycan 汽车有一个穿过电池、充电器和电动机的管道网络，以使它们始终处于理想的工作温度。多余的热量被传输以用于加热乘员舱。

电池剖面图

保时捷 Taycan 汽车的电池，体积是智能手机大电池的 1 7000 倍，能量足以为整个家庭供电10天。它比传统的油箱占用更多空间，也更重，但隐藏在地板下，电动机的大小则远小于发动机。

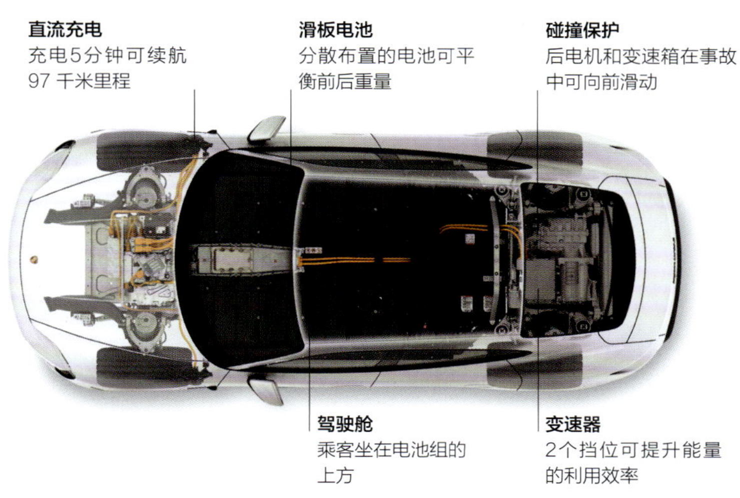

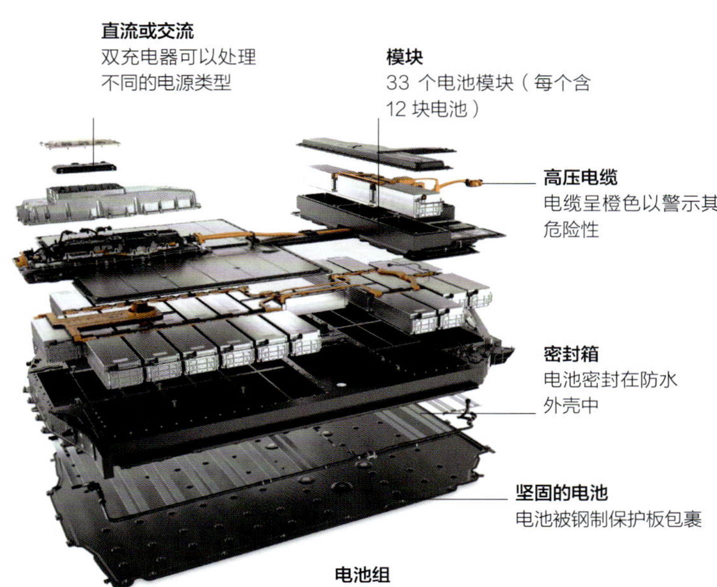

电池组

电动机和变速器剖面图

电动机虽然比内燃机简单紧凑，但仍能产生惊人的动力。加速踏板一旦被踩下，电机就会产生扭矩——扭转力。大多数电动汽车不需要变速器，因为电动机可以高速旋转，使汽车在几秒内完成 0～96千米/时的加速。然而，在如保时捷 Taycan 汽车等高性能车型中，后电动机上有2个挡位，这可以使它的车速达到更高。

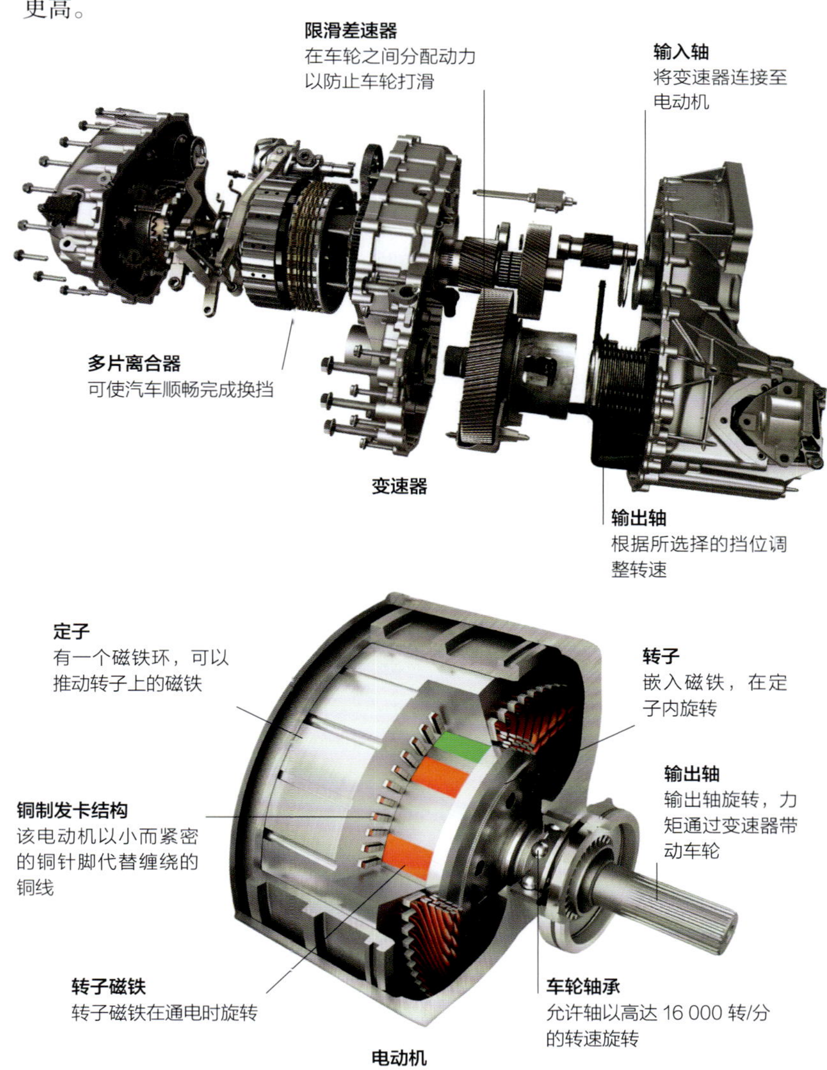

变速器

电动机

术语

2+2
车舱由两个全尺寸前座和两个小尺寸后座组成的汽车的简写。后座适合小孩乘坐，或者成年人短途乘坐。

4×4
四轮驱动汽车的简写。四轮驱动汽车就是每个车轮上都有驱动力。

ABS（制动防抱死系统）
防止车轮在制动时抱死的制动系统，紧急情况下，汽车可以转向以避免危险发生。

air filter（空气滤清器）
毡制或纸制的部件，可以在空气进入发动机之前将其中的杂质滤除。

air-cooled engine（风冷发动机）
通过外部循环空气冷却发动机部件的发动机。内循环水冷系统是现代发动机常用的冷却系统。

air-ride suspension（空气悬架）
利用气体或压缩空气来保持汽车在粗糙路面上车身高度的悬架系统。

alternator（交流发电机）
小型的发电机，它将发动机产生的机械能转化成电能，进而为电气设备如车灯、电动车窗和收音机等供电。

anti-surge baffle（防振荡挡板）
汽车行驶时用来防止液体在储液室内尤其是油底壳内流动的挡板。

automatic（自动变速器）
无离合器的变速器，可以自动为驾驶员选择合适的挡位。

autotest（自动检测）
低速时测试驾驶技能的竞技性赛车运动。

backbone chassis（中梁式底盘）
一种带有纵置中间支撑结构的底盘，承载着车身、传动系统和悬架。

BDA engine（BDA发动机，皮带驱动的A类发动机）
此类发动机由考斯沃斯设计，福特发动机多采用这种设计。

beam front axle（前梁）
单独的悬架梁，两侧安装有车轮，通过螺旋弹簧或钢板弹簧连接到汽车的车架上。

bearing（轴承）
机械设备上在固定部件和运动部件之间提供支撑的装置。

Bertone（博通）
意大利车身设计公司，成立于1921年，至今仍在经营。

bhp（制动马力）
马力最开始用来测量蒸汽发动机的动力输出大小，用产生同样大小拉力所需的马的匹数来计量。对于汽车来说，总马力是指发动机曲轴所输出的动力，净马力是指发动机曲轴输出的动力被附件（如发电机）消耗以后所输出的动力。之所以称之为制动马力，是因为bhp是通过使用一个特殊的制动器在曲轴上测量而得。

big end bearing（大端轴承）
连杆下部较大的轴承，它将活塞连接到连杆上。

block（缸体）
同气缸体。

blown（engine）（增压发动机）
发动机术语，此类发动机通过涡轮增压器来增压。

bonnet（发动机盖）
通过铰链连接的汽车罩盖。

bore（缸筒）
通常指发动机机体内圆柱形的内腔，活塞在该腔内运动。Bore还用来指代这个内腔的直径。

Brooklands（布鲁克兰茨）
世界上第一个因比赛而建造的赛车场，它位于英国萨里的威布里治，在1909—1939年间使用。

bubble-top（泡罩板）
用来描述汽车顶部的术语，这种车顶特别圆，使用玻璃、有机玻璃或金属制造。

butterfly valve（节流阀）
一种圆形盘，可以绕着装在一根导管内的直径旋转，从而形成了一个可以开关的阀体，进而调节进入发动机（如化油器式发动机）内的空气量。

cabriolet（敞篷车）
带有可拆卸或折叠织物上盖的双门车，这种车并不都是跑车。

camshaft（凸轮轴）
一根旋转的轴，上面带有特定形状凸角的凸轮，用来打开和关闭发动机的进、排气门。在气门顶置式发动机中，凸轮是通过推杆来控制气门的；在凸轮轴顶置式发动机中，凸轮是直接操作气门的。在双顶置式凸轮轴发动机中，每个气缸有两个凸轮轴，一个用来操作进气门，一个用来操作排气门。

carburettor（化油器）
老式发动机中使用的装置，它将燃料和空气混合生成可燃混合气，然后在气缸内被点燃。

Carlsson tuned（Carlsson调校）
指代萨博（Saab）的一款特殊车型所输出的发动机动力水平，其名称是为了纪念瑞典的拉力赛车手Erik Carlsson。

catalytic converter（催化转化器）
安装在燃烧无铅汽油汽车尾气排放装置上的装置，它利用化学催化剂来促进化学反应的发生，将有害气体转化成无害气体。

cc（立方厘米）
气缸排量的标准计量单位，在欧洲和日本还用于计量发动机的尺寸。

chassis（底盘）
车轮上方承载重量的架子（即车架）。在早期的汽车上，它支撑着机械部件和车身。大部分现代汽车采用承载式车身设计，因此也就没有车架了，但是这个词还是沿用至今，用于指代传动系统总成。

choke（阻风门）
化油器的阀门，用来阻挡进入化油器内的空气，这样形成的混合气中汽油的占比高，在发动机冷机时也容易点燃。

classic（经典）
1930年1月1日以后上市的汽车，有超过25年的历史。

close-coupled（短背跑车）
双门紧凑型汽车的车身样式，它将两个后座椅布置在后轴之间。

clutch（离合器）
可以断开发动机与变速器以实现汽车换挡的装置。

coachwork（车身设计）
指汽车的车身外观和喷漆，由车身设计公司来完成。

column gearchange（换挡手柄）
安装在转向管柱而不是地板上的选挡杆，在现代汽车上已经不使用了。

combustion chamber（燃烧室）
发动机气缸顶部的空间，当活塞运动至上止点时将可燃混合气在该空间内压缩，火花塞也安装在这个空间内用于点火。

compression ratio（压缩比）
活塞位于下止点时气缸的容积与活塞位于上止点时燃烧室的容积之比。

compression ring（气环）
参看活塞环。

compressor（压缩机）
通过减小气体体积来增加气体压力的装置，用于涡轮增压等增压器中以提高发动机的性能。

connecting rod（连杆）
连接发动机活塞和曲轴的机械结构。

Cosworth-tuned（考斯沃斯调教的）
由考斯沃斯调教的发动机，考斯沃斯是英国公路车和赛车发动机的设计师、制造师和调教师。

coupé（跑车）
这个词源于法语中的动词“couper”，是切割的意思，coupé最开始是用来描述车顶曲线较低或较短的两门封闭式轿车。如今的coupé带有渐尖的后部曲线。

courtesy light（门控车室照明灯）
指车门打开时亮起的小灯，用来照亮车内、车门槛和车门外的地面。

crank pulley（曲轴皮带轮）
发动机曲轴末端的主要皮带轮，用来驱动附件装置，如发电机和水泵。

crankcase（曲轴箱）
气缸体下半部分，用于安装曲轴。

crankshaft（曲轴）
发动机中主要的轴，将活塞的往复（上下）运动转化成驱动车轮所需的圆周运动。

crossover（跨界车）
将两种完全不同类型的汽车结合到一起而形成的汽车。该术语多用来指代将传统的掀背式汽车或轿车的车身安装到SUV/4×4汽车底盘上所形成的汽车。

cu in（立方英寸）
过去的气缸排量计量单位，在美国也用于计量发动机排量，20世纪70年代后被升取代。

cylinder（气缸）
圆柱形的内腔，活塞在其内部上下运动。

cylinder block（气缸体）
内燃机的气缸体通常由金属浇铸而成，其内部镗腔形成气缸以容纳活塞，气缸体上部还安装有气缸盖及其附件。

cylinder head（气缸盖）
指发动机的上面部分，安装在气缸顶部。气缸盖上安装用于点燃气缸内燃料的火花塞，也常安装气门。

desmodromic valve（连控轨道阀）
通过杠杆而非弹簧关闭的发动机气门。它可以对气门进行更精确的控制，但是生产成本很高，因此仅用于赛车发动机。

dickey seat（活动座）
第二次世界大战前汽车上可以折叠在后部的座椅，在美国也被称为“折叠座椅”。

differential（差速器）
转向系统中的一个齿轮组，它可以使外侧车轮的转速比内侧车轮的转速快。

DIN figures（德国工业标准）
用于计量发动机输出功率，由德国标准化委员会制定。

direct injection（直接喷射）
参看燃油喷射。

disc brakes（盘式制动器）
一种制动系统，每个车轮的轮毂上都安装有一个随车轮转动的制动盘，通过制动盘与摩擦片的摩擦来降低车速。

distributor（分电器）
将高压电按照正确的顺序从点火线圈传递给火花塞的装置。

dohc（双顶置式凸轮轴）
参看凸轮轴。

downdraught carburettor（下吸式化油器）
化油器的一种，将燃料与下行的气流融合。

drag coefficient（风阻系数）
用来计量汽车空气阻力的大小，其中，“阻力”是指物体在空气中运动时所受到的来自气体的阻力。

drag-racing（直线加速赛）
一项汽车比赛，评比出从静止开始加速行驶通过一段特定距离用时最短的汽车。

drivebelt（传动皮带）
用来驱动发动机内或安装在发动机上的各种装置，包括发电机。

drive-by-wire throttle（线控式节气门）
一种新型的节气门，通过电而非连接到踏板上的拉线来控制节气门。

driveshaft（传动轴）
将动力从发动机传递到车轮上的转动的轴。

drivetrain（动力系统）
由发动机、变速器、传动轴和差速器组成的一组机械部件，产生并且控制汽车的动力。如今这组部件被称为底盘，且为减少研发成本而进行不同的组合。有时，动力传动系统仅仅指代发动机和变速器。

drophead（活动车篷汽车）
一种车身样式，带有平整的可折叠活动车顶。

drum brake（鼓式制动器）
制动器的一种，大多被盘式制动器所取代。在鼓式制动器中，通过将制动蹄与随车轮转动的制动鼓内表面相挤压实现制动。

dual-circuit brakes（双回路制动系统）
带有两个独立液压管路的制动系统，当其中一个管路失效时依然具有制动能力。

dynamo（直流发电机）
在早期汽车上使用的由发动机驱动的发电机，大部分被后来的交流发电机取代。

entry-level（入门级汽车）
一种汽车类型，是同款车中价格最低或配置最低的车型。

estate（旅行车）
后侧为方形、可运载货物的小型汽车，在第五个车门或后门后部有一个装载货物的空间。这个词最初用来指代那些运送大型国家财产的车辆。在美国被称为旅行车。

exhaust manifold（排气歧管）
用来将废气从气缸输送至排气管内的管道系统。

exhaust port（排气歧管口）
气缸盖内从排气门到排气歧管之间的通道。

exhaust valve（排气门）
气缸盖内的一个阀体，在排气冲程开始时打开，使活塞能够将废气排出气缸。

factory team（厂商车队）
由汽车生产商赞助的车队。

fairing（整流板）
使零部件更符合空气动力学的罩盖。

fastback（掀背式汽车）
车顶至车尾线型缓和的长坡度车顶汽车。

flat-twin, flat-four, flat-six, flat-twelve（对置两缸、四缸、六缸、十二缸发动机）
指两列气缸成水平对置排列的发动机，这种发动机有时也被称作“拳击式”发动机，这是因为活塞在成对对置放置的气缸内交替运动，就好像在交替着打拳。

floorpan（浅盘形汽车地板）
浅的、压制金属制成的托盘形地板，在汽车下部承载着悬架和其他传动系统部件。该类地板还被灵活地应用于不同的车型中。

fluid flywheel（液力耦合器）
这个部件在现代汽车上已经不用了，它允许驾驶员在不使用离合器的情况下换挡。

flywheel（飞轮）
安装在曲轴上的较重的圆盘，在做功冲程中将发动机的动能储存起来，在其余三个冲程中将能量释放出来，从而使发动机运转更平稳。

Formula 1（一级方程式锦标赛）
全称是国际汽车运动联合会（FIA）一级方程式世界锦标赛，它是世界顶级单驾驶员赛车比赛，开始于1950年。

Formula Libre（方程式自由赛）
汽车比赛的一种，不同类型的汽车在一起比赛。

four-stroke engine（四冲程发动机）
现代汽车发动机的主要类型。每个工作循环包括四个冲程——进气冲程、压缩冲程、做功冲程和排气冲程，曲轴旋转两周。每个冲程都是通过活塞上、下运动完成的。

FWD（四轮驱动）
参看4×4。

front-wheel drive（前轮驱动）
动力只传递到前轮，无需传动轴，因而减轻了车身重量。

fuel injection（燃油喷射）
一种燃油供给系统，普遍用于新型汽车，它取代了化油器。在这种系统中，燃油从油箱中泵出，被喷油器直接喷射到发动机进气道内，在进入气缸内燃烧之前与进气道内的新鲜空气混合。在柴油或直喷汽油发动机内，燃油直接喷射到气缸内而不是进气道。

Futuramic（新颖设计）
通用汽车下属奥斯莫比尔汽车品牌部门所使用的术语，用来描述其1948—1950年的系列车型。

gas turbine（燃气轮机）
一种喷气式转子发动机，利用持续燃烧的燃料空气混合物所释放的能量来驱动涡轮。这种发动机曾经用于试验车，但是因其反应太慢而未能取代往复运动活塞式发动机。

gate gearchange（开放式变速器）
“open-gate gearchange”的简写，变速器的一种，其变速杆所在的沟槽是裸露的。这种变速器在跑车或赛车上很常见，在普通类型的汽车上，变速器常常有橡胶罩或缝合皮革罩覆盖在沟槽上。

gear（齿轮）
有齿的机械部件，通过与同类部件啮合来传递扭矩。

Giugiaro（乔治亚罗）
既指代意大利汽车设计师乔盖托·乔治亚罗，也可以指代他在1968年创办的设计咨询公司（其官方的名称是Italdesign-Giugiaro）。该公司在2010年被大众公司收购。

grand routier（欧洲旅行车）
一个不太正式的称谓，在英语中多用“grand road traveler”，用来指代高速美观的欧洲旅行车。

GT（大型旅行车）
源于意大利语gran turismo，意思是“大型旅行车”，这个词最开始也被用来指代高性能封闭式轿车。

gullwing doors（鸥翼式车门）
向上开启的车门，应用于梅赛德斯-奔驰300SL和Delorean DMC-12。

hardtop（硬顶车）
带有固定或活动硬车顶的跑车，带有织物的软顶跑车被称为软顶车。

heat shield（隔热板）
由阻热材料制成的硬质或软质保护层，用来保护汽车部件不被发动机或尾气产生的过量的热所损害。

hood（罩盖）
折篷式汽车的可折叠的帆布式车顶。在美式英语中常常解释为发动机罩。

homologation（本土化）
新车必须经历的严格测试程序，以保证它们符合当地的汽车结构和使用方面的法规，通过测试之后新车才被允许上路。这个词还用来指代管理个人汽车比赛分类的法规。“homologation special”一般是指公路版本的赛车，其中少部分车需要改装后才能量产。

horizontally opposed layout（水平对置布置形式）
技术术语，用来指代气缸水平布置在曲轴两侧的发动机。

hot hatch（高性能掀背式汽车）
英国人对高性能紧凑型三门或五门汽车的昵称，如雷诺5Alpine和1976年款的大众Golf GTi。

hot rod（跑车）
“hot roadster（跑车）”的简写形式，是一个源于20世纪30年代的美国的术语，用来描述安装了调校后的高性能发动机的标准汽车。第二次世界大战以后，“hot rods”指直线汽车试验中使用的校验过的产品汽车。

hp（马力）
参看bhp（制动马力）。

hybrid（混合动力）
一种先进的汽车技术，使用电和燃油动力共同驱动汽车。电力驱动可以大幅降低在市区内的排放，而使用燃油可以在高速公路上使汽车保持动力且给蓄电池充电。

hydramatic transmission（液力自动变速器）
通用汽车公司的自有自动变速器品牌。

hydraulic damper（液压减振器）
一种减振器，它将汽车悬架上下运动的动能转化为热能，并通过内部的液压油快速地散发出去。

hydrolastic suspension（液压悬架系统）
带有充满液体的橡胶单元的悬架系统，它应用于20世纪60年代由英国汽车公司生产的汽车上。

hydropneumatic（气液自动悬架）
雪铁龙的自有品牌，是一款能够自动控制车身高度的悬架。从发动机驱动的液压泵泵出的液压油将悬架臂的运动传递给充有高压氮气的金属气体弹簧，进而吸收振动维持车身高度。该系统可以预设车身高度以适应不同状况。其由于过于复杂且不通用而没有流行起来。

idle-speed positioner（怠速控制阀）
在节气门关闭时用来优化发动机运转速度的装置，可以最大化燃油效率。

ignition coil（点火线圈）
点火系统内的部件，它可以将汽车蓄电池12伏的电压转化成上千伏电压，进而点燃火花塞。

independent suspension（独立悬架）
该悬架系统允许每个车轮单独上下跳动，其优点是具有良好的操控性和乘坐舒适性。

Indianapolis 500（印第安纳波利斯 500英里大奖赛）
美国的标志性单座赛车比赛，从1911年起每年举办一次，其赛道被称作印第安纳波利斯赛道。

induction system（进气系统）
空气进入发动机必经的装置。

inlet plenum chamber（进气储气室）
位于发动机节气门体和进气歧管之间的储气室，它对进气系统的运转有很大影响。

inlet port（进气道）
气缸盖内的一个通道，通过它燃料空气混合气可以到达进气门。

inlet trumpet（喇叭形进气道）
喇叭形状的进气道，利用空气波效应使更多的空气进入气缸。

inlet valve（进气门）
一个阀门，空气通过它进入发动机气缸。

in-line engine（直列发动机）
气缸直线布置的发动机。

intercooler（中冷器）
散热器，在增压器增压过的高压空气进入发动机之前为其散热，进而提高发动机的功率和可靠性。

IRS（独立后悬架）
一种悬架系统，它的两个后轮可以独立地上下跳动。

***kei* car（"kei"型车）**
日本微型车的征税级别，此类汽车长度小于3.4米（11.15英寸），发动机排量少于0.660升。

Le Mans 24-Hours（勒芒24小时耐力赛）
赛程持续24小时的汽车耐力赛，1923年以来每年在法国勒芒举办一次，其赛道包括被隔离开的公路。

leaf spring（钢板弹簧）
写作"cart spring"，是汽车悬架所采用的最基本的缓冲装置。弹簧由多片钢板组成，固定在汽车底部，车桥压在上面以完成减振功能。车身越重，钢板弹簧的片数越多。

limited-slip differential（限滑差速器）
能够防止汽车行驶在打滑的路面上时车轮发生滑转。

limousine（大型豪华轿车）
一种豪华轿车，通常有较长的轴距，强调后座的舒适性。驾驶员和乘客间有时用玻璃隔开。

live axle（断开式车桥）
一种车桥类型，包含驱动车轮的半轴。

LPG（液化石油气）
一种燃料，可以用在大型、未改装过的发动机上，可大幅降低有害气体的排放量。

MacPherson strut（麦弗逊悬吊系统）
麦弗逊悬吊系统是以它的发明者、福特机械工程师厄尔·麦弗逊命名的。该悬吊系统在垂直方向上有一个液压減振器，并且在其同轴方向上有一个螺旋弹簧，大部分用在汽车前部，其优点是降低了振动对发动机支撑的干扰。

magneto（电磁发电机）
应用于早期的汽车，用来为火花塞提供高压电。

Mille Miglia（1 000英里拉力赛）
环绕意大利的1 000英里（1 609千米）公路赛，1927—1957年共举办24次。1977年，这个名字因每年的历史车辆展出而被再次使用。

monobloc（单体式发动机）
发动机的一种设计形式，在这种发动机中，气缸被浇铸成一个整体，这提高了发动机的强度和密封性。

monocoque（承载式车身）
现在普遍使用的一种车身结构，在这种结构中，汽车车身支撑着所有结构的重量，底盘和车身是一个整体。

MPV（多功能车）
Multi-Purpose Vehicle（多功能车）或者Multi-Passenger Vehicle（多乘客车）的缩写形式，指车身高且空间大的汽车，至少能运载5个人，有时多至9个人，它将载客车和载货车结合到一起。

muscle car（肌肉车）
美国的一种产品汽车车型，这种汽车通常配备两个车门和大排量、高性能的发动机。第一款肌肉车是1964年的Pontiac GTO。

NACA duct（NACA管）
美国国家航空咨询委员会设计的特殊的进气管，它可以用来给内部元件（如制动器）通风的同时而几乎不对外部空气动力学特性产生影响。

NASCAR（全国汽车比赛协会）
美国的一个组织，专门监管汽车比赛级别和事件。

ohc（顶置凸轮轴）
参看凸轮轴。

ohv（顶置气门）
参看气门顶置式发动机。

overdrive（超速挡）
指传动比较高的挡位，它可以使汽车行驶速度更快，输出轴转速比输入轴转速更高。该挡位降低了发动机在单位行驶车速内的转速，降低了油耗，同时也降低了转矩，限制了超车能力。

overhead-camshaft（顶置式凸轮轴）
参看凸轮轴。

overhead-valve engine（气门顶置式发动机）
进排气门都安装在气缸盖内的发动机，不像气门侧置式发动机那样进、排气门安装在发动机侧部。

overlapping four-door（四门重叠式）
一种车身设计样式。当车门都关闭时，汽车的前、后车门重叠。

overrider（保险杠挡块）
金属块（有的有橡胶表面），它直立安装在保险杠上，在发生碰撞时起到保护作用。

oversquare engine（短冲程发动机）
气缸直径大于活塞行程的发动机。

people carrier（多人运输车）
用来描述MPV的较流行的术语，尤其用于指代至少有7个座位的MPV。

Pinin Farina/Pininfarina（宾尼法利纳）
意大利的车身制造商、设计咨询公司，由巴蒂斯塔·法尼亚在1930年创立并取名为Pinin Farina，1961年公司改名为Pininfarina。

piston（活塞）
在发动机气缸内上下运动的部件，在做功冲程中，它将膨胀气体产生的动力通过连杆传给曲轴。

piston ring（活塞环）
末端开口的环，安装在发动机活塞外表面的环槽内，用来密封燃烧室。活塞环还通过将热量传递给气缸壁使活塞冷却，并且可调节油耗。

planetary gearset（行星齿轮组）
行星齿轮围绕一个中心太阳轮转动并且与外部齿圈相啮合的齿轮组。

platform（平台）
平台是现代汽车制造中不为人知的部分，但它很重要也很昂贵。当代汽车设计师们需要通过一个单独的平台开发出具有最大美学多样性的不同汽车。

pony car（小马汽车）
一种汽车流派，这个非正式的名称来源于福特的野马汽车，它是最早的紧凑运动型coupé汽车之一，目标群体定位于美国20世纪60年代出生于生育高峰期的人，此类车配备了几款不同的高性能发动机。

powertrain（动力总成）
参看动力传动系。

propshaft（传动轴）
"propeller-shaft"的简写，指后轮驱动或四轮驱动的汽车上将发动机扭矩传递给后桥的长轴。

pushrod engine（推杆式发动机）
指气门不是由曲轴直接驱动而是由推杆间接推动的发动机，气门和凸轮轴分开。

Q-car（Q型车）
指性能与外表不相符的汽车。名称源于第一次世界大战时期英国皇室海军的Q船，这种船外表看起来很一般，但是装备精良。Q型车常常被称为"披着羊皮的狼"。

rack-and-pinion steering（齿条齿轮式转向器）
齿条齿轮包含了两个齿轮，他们啮合在一起共同作用，将旋转运动转化成直线运动。这种转向器非常受欢迎，因为它可以把车轮的运动很好地反馈给驾驶员。

radiator（散热器）
热交换器，将较大的散热面积暴露在流通的空气中为冷却液散热。

razor-edge styling（棱角式外形）
汽车外形的一个分支，这种外形线型尖锐、棱角分明，20世纪30年代后期由英国外形设计工厂推出，用来与当时流行的圆角式流线型外形竞争。

rear-wheel drive（后轮驱动）
动力只传递到汽车的两个后轮。

reciprocating engine（往复运动式发动机）
也被称为活塞式发动机，将活塞的上下运动（或往复运动）转化成车轮所需的圆周运动。

redline（红线转速）
发动机安全运转的最高转速。通常用转速表上的红线将其标识出来。

regenerative braking（可再生制动器）
应用在电动汽车或混合动力汽车中的制动系统，在该系统中使用一个发电机，制动时通过这个发电机来提供制动力并且产生电流为蓄电池充电。

rev（转速）
是revolutions-per-minute（每分钟转数）的缩写，发动机的转速单位。

roadster（双座敞篷跑车）
这个术语最开始用来描述单排座的、可并肩容纳两人或三人敞篷汽车，但是现在用来指代双座敞篷跑车。

rocker arm（摇臂）
带有转轴的杠杆，一端由凸轮轴直接或通过推杆间接驱动上下运动，另一端作用在发动机的气门杆上。

rolling chassis（滚动底盘）
老式的、分离底盘式汽车的车架，其内承载着动力传动系统的所有零部件。

rollover bar（顶部保险杠）
安装在可折叠车顶上部的高强度金属丝杠，在翻车时用来保护驾驶员和乘客的头部。

rotary engine（旋转活塞式发动机）
指不是通过活塞往复运动产生动力而是直接产生旋转运动的动力单元，应用到产品汽车上的旋转活塞式发动机只有由菲利克斯·汪克尔设计的汪克尔发动机，使用该发动机的最近的车型是2001年的马自达RX-8。

running gear（运转齿轮系）
指汽车的车轮、悬架、转向系和动力传动系统。

saloon（硬顶汽车）
任何带有固定金属顶篷的汽车。在美国，使用"sedan"来指代这种汽车。

scavenge oil pump（集滤器）
安装在干式油底壳发动机内，这个额外的泵可以清除聚集在发动机底部的机油，并将其输送到一个分离的机油箱内。

scuttle（隔层）
属于车身的一部分，它将发动机和驾驶室隔开，并且可以支撑风挡玻璃。

semi-automatic paddle gearshift（半自动手柄式换挡机构）
没有离合器的换挡机构，它允许驾驶员操作安装在方向盘上的换挡手柄来换挡。

semi-elliptic spring（半圆弹簧）
钢板弹簧的另一种叫法。

semi-trailing suspension（半拖拽式悬架）
安装在汽车后轮的独立悬架总成，在该悬架中，每个轮毂都通过下部的一个三角臂连接到底盘上，这个三角臂绕车辆中心线以某一精确角度旋转。

servo assisted braking（伺服助力制动器）
一个使用存储的真空（或真空伺服）来增加驾驶员施加在制动踏板上的力的制动系统。

shaft drive（轴传动）
通过旋转轴将动力从发动机传递到车轮上。

side-valve engine（气门侧置式发动机）
发动机的一种设计类型，在这种发动机中，气门布置在气缸侧面而不是气缸盖内。在L形气缸盖发动机中，进、排气门一起安装在气缸一侧，在T形气缸盖发动机中，进、排气门布置在气缸两侧。

silencer（消音器）
沿排气管布置的一个腔室，用来降低排气噪声。

six-pot（六气缸）
"pot"是气缸的意思，"six-pot"就是指六气缸发动机。

sleeve-valve engine（滑阀式发动机）
指活塞和汽缸壁之间有金属套筒的发动机，套筒随着活塞的运动而振动，套筒上的气孔正对气缸盖上的进、排气道，以方便进、排气。

slide throttle（滑动节气门）
一种节气门，其挡板上有小孔，沿着进气孔滑动时可控制进入发动机内的空气量。

sliding gear transmission（滑动齿轮式变速器）
一种老式的手动变速器，当置于空挡时，变速器内除了主动齿轮（连接到曲轴上的）和齿轮组（连接到车轮上的）以外没有其他部件旋转。为了使齿轮啮合以起动发动机，驾驶员需要踩下离合器踏板，并且沿着安装在齿轮组上方的主轴拨动换挡手柄，然后释放离合器，这样发动机就可将动力传递到驱动轮上了。这个系统后来被同步器式变速器取代。

small-block（小缸体式发动机）
雪佛兰和福特制造的最小的V8发动机，于20世纪50年代投入生产。

soft-roader（城市SUV）
一种四轮驱动的汽车，可偶尔用于野外出游，不适用于农场和建筑工地的繁重运输。

sohc（单顶置凸轮轴）
参看凸轮轴。

solenoid switch（电磁开关）
一种电控开关，通常被称为继电器，它通过弱电流来控制强电流。例如，汽车的起动机就需要强电流来起动。

Spa 24 Hours（斯帕24小时赛）
1924年以来在比利时的斯帕一年举办一次的汽车耐力赛。

spark plug（火花塞）
旋入汽油发动机气缸盖内的电子设备，用于点燃气缸内的燃料。

sports car（跑车）
折篷、轻巧低流线型、具有良好抓地力、平均车速很高且加速能力很强的双座小型汽车。

spider（双座跑车）
"spider-phaeton"最开始指轻型的双座大车轮马车。1954年，阿尔法·罗密欧用这个名字为其双座跑车命名。如今，"spider"已经成为双座跑车的代名词，尤其指代那些紧凑型低流线的双座跑车。

spyder（双座跑车）
与"spider"意思相同，是德语单词。大多用来指代保时捷汽车。

stovebolt（炉用螺栓）
雪佛兰六缸发动机的昵称，这是因为用来紧固气门盖、挺杆盖和正时机构盖的螺栓很像木炭火炉上使用的螺栓。

straight engine（直列发动机）
参看in-line engine（直列发动机）。

sub-compact（小型紧凑式汽车）
在北美国家使用的术语，起源于20世纪70年代，用来描述美国国内为了对抗大众甲壳虫而制造的小型汽车，如福特Pinto和雪佛兰Vega，后者要比福特Falcon和雪佛兰Corvair小得多，符合当时底特律汽车生产商的紧凑型汽车的标准。

sump（油底壳）
发动机底部储存机油的储油池。干式油底壳常安装在赛车或者跑车上，因为这些车经常高速转弯、紧急制动和急加速，如果使用传统的湿式油底壳，强大的动力会使机油量激增，导致吸油管裸露在外，进而损坏发动机。在干式油底壳中有一个油泵，在机油流回油底壳时将其泵入到另外一个单独的机油箱中。

supercar（超级跑车）
指昂贵的高性能跑车。公认的第一辆超级跑车是1954年的梅赛德斯-奔驰300SL，但这个名称很快被用来指代那些发动机中置的双座跑车，如兰博基尼Miura。

supercharger（机械增压器）
一种驱动发动机的压缩机，它可以将空气压缩至进气系统，从而提升进入气缸内的燃料空气混合气的量，进而增加了扭矩和功率。

supermini（超级Mini）
指代配备四缸发动机的小型掀背式汽车，如1972年的雷诺5。

suspension（悬架）
汽车驶过不平路面使车轮产生振动时对车身（和乘客）起缓冲作用的系统。

SUV
运动型多功能汽车。

swash plate（斜盘）
与旋转轴相连并与之成一定角度的圆盘，用来将轴的圆周运动转化成推杆的往复运动，且推杆的轴线与旋转轴的轴线平行。

synchromesh gearbox（同步器式变速器）
一个内部齿轮同步啮合的变速器。在当今的公路汽车中完全同步式变速器很普遍。

tappet（挺杆）
气门机构的一个部件，它与凸轮凸角滑动接触，将凸轮的轮廓外形转化成气门的往复运动。

Targa Florio（塔格·佛罗热）
途经西西里岛山区的开放式公路比赛，在1906—1973年举行，被称为古老的汽车赛事。

throttle（节气门）
控制进入发动机内空气量的装置。

torque（扭矩）
发动机产生的转动力。

torsion-bar（扭杆弹簧）
悬架系统的一个部件，在车轮因运动产生扭转时起到弹簧的作用。

transaxle（变速驱动桥）
指将变速器和差速器部件集成到一个壳体内的总成。

transmission（变速器）
汽车动力传动系统的所有部件，通常用来指代变速箱。

transmission tunnel（传动轴通道）
发动机前置、后轮或四轮驱动汽车驾驶舱内纵向凸起的部分，其内部容纳着传动轴。

transverse engine（发动机横置）
发动机的一种布置形式，曲轴的轴线与汽车中心线是垂直而非平行的。

turbocharger（涡轮增压器）
安装在发动机进、排气系统之间的装置，通过废气来驱动涡轮。涡轮反过来再驱动泵轮，进而将空气压缩至进气系统中。

turning circle（转弯直径）
汽车转弯且方向盘转至极限位置时，外侧前轮的圆形轨迹的直径大小。

twin-cam（双凸轮）
参看凸轮轴。

two-stroke engine（两冲程发动机）
指一个燃烧循环中活塞上、下各运动一次（完成两个冲程）的发动机。

two-wheel drive（两轮驱动）
相比四轮驱动，两轮驱动是指变速器仅将动力传给两个前轮或两个后轮。

unitary construction（承载式车身）
参看monocoque（承载式车身）。

unblown（非增压式）
指没有增压器的发动机，通常用"normally aspirated"来表示。

V4、V6、V8、V10、V12、V16（V4、V6、V8、V10、V12、V16发动机）
气缸以紧凑的"V"型排列的发动机，"V"后面的数字代表发动机内的气缸数。

vacuum advance（真空提前装置）
使分电器按照发动机负荷来调整点火时刻的装置。

valvetrain（配气机构）
发动机中控制气门工作的零部件。

water-cooling（水冷系统）
使用循环水冷却发动机部件的系统。虽然有一些汽车仍在使用风冷系统，但水冷系统是现代汽车上的主要冷却系统。

wet-liner（湿式衬垫）
与发动机冷却液直接接触的气缸衬垫。

wheelbase（轴距）
前后轴间的准确距离。

whitewall tyres（白壁轮胎）
在胎侧有一圈白色橡胶装饰环带的轮胎，此种轮胎样式很流行，尤其在20世纪30—60年代的美国。

wishbone suspension（中梁式悬架）
一种独立悬架系统。在这种悬架中，两个脊骨式的摆臂将两侧轮毂连接到底盘上。

works driver（职业赛车手）
受雇于汽车生产商并为其车队比赛的赛车手，区别于个人赛车手。

致谢

升级修订版：

DK LONDON
Senior Editor Chauney Dunford
Designer Daksheeta Pattni
Managing Editor Gareth Jones
Senior Managing Art Editor Lee Griffiths
Jacket Designer Surabhi Wadhwa
Production Editor Gillian Reid

DK DELHI
Project Art Editor Meenal Goyal
Art Editor Bhagyashree Nayak
Senior Editor Suefa Lee
Managing Editor Rohan Sinha
Managing Art Editor Sudakshina Basu
Picture Researcher Vagisha Pushp
DTP Designers Jaypal Chauhan, Ashok Kumar

出版方在此感谢以下人士对本书的协助：

Steve Crozier and Nicola Erdpresser for design assistance; Catherine Thomas for editorial assistance; Jyoti Sachdev, Sakshi Saluja, and Malavika Talukder for arranging the India photoshoot; Caroline Hunt for proofreading; and Helen Peters for the index.

出版方也同时感谢总编辑贾尔斯·查普曼在这本书的整个制作过程中给予的大力支持。

Giles Chapman is an award-winning writer and commentator on the industry, history, and culture of cars. A former editor of *Classic & Sports Car*, the world's best-selling classic car magazine, he has written 55 books, including *Chapman's Car Compendium* and DK's *Illustrated Encyclopedia of Extraordinary Automobiles*, and has edited or contributed to many more besides.

DK感谢以下授权：

(注: a-上部; b-下部; c-中心; f-较远的; l-左边; r-右边; t-顶部)

8 Getty Images: Car Culture (c). **10 Giles Chapman Library:** (cla). **11 Louwman Museum. Corbis:** The Bettmann Archive (cl). **Getty Images:** Ed Clark / Time Life Pictures (tl). **Malcolm McKay:** (cr, bl). **TopFoto.co.uk:** Topham Picturepoint (tr). **13 Louwman Museum. Motoring Picture Library/ National Motor Museum. 14 Corbis:** The Bettmann Archive (tl). **Giles Chapman Library:** (cra, bl). **courtesy Mercedes-Benz Cars, Daimler AG:** (cla). **15 Giles Chapman Library:** (br). **17 Louwman Museum:** (crb, cr). **Giles Chapman Library:** (clb). **18 Giles Chapman Library:** (tl). **24 Corbis:** The Gallery Collection (c). **26 Louwman Museum. 27 Art Tech Picture Agency:** (tr). **Louwman Museum:** (cr). **Corbis:** Car Culture (crb). **28 Giles Chapman Library:** (bc). **Used with permission, GM Media Archives.**
29 Giles Chapman Library: (br). **Used with permission, GM Media Archives.:** (cla). **30 Louwman Museum:** (tc, ca, cla, bl, br, cr, cra). **TopFoto.co.uk:** National Motor Museum/HIP (clb). **31 Louwman Museum. Giles Chapman Library:** (bl). **TopFoto.co.uk:** Alinari (clb). **32 Giles Chapman Library:** (tl). **38 Alamy Images:** pbpgalleries (tc). **Art Tech Picture Agency:** (cl). **Louwman Museum:** (cra). **Motoring Picture Library / National Motor Museum:** (cb). **39 Motoring Picture Library / National Motor Museum. Rex Features:** Gary Hawkins (tr). **40 Motoring Picture Library/ National Motor Museum:** (tl). **44 Used with permission, GM Media Archives.:** (c). **45 Alamy Images:** culture-images GmbH (br). **46 Louwman Museum. Getty Images:** Car Culture (tl). **47 Louwman Museum. Giles Chapman Library:** (cla). **James Mann. TopFoto.co.uk:** (cb). **48 Giles Chapman Library:** (c). **50 Art Tech Picture Agency:** (cl). **Louwman Museum:** (bc). **James Mann:** (cra). **TopFoto.co.uk:** 2006 (tr). **51 Louwman Museum:** (tl). **James Mann:** (crb). **Motoring Picture Library / National Motor Museum. TopFoto.co.uk:** 2005 (cb). **Ullstein Bild:** (cl). **56 Motoring Picture Library/ National Motor Museum:** (tl, cr). **57 Louwman Museum:** (cra, c). **James Mann:** (tr). **Motoring Picture Library/ National Motor Museum:** (cl). **58 Alamy Images:** Mary Evans Picture Library (bl). **Giles Chapman Library:** (tl). **Rolls-Royce Motor Cars Ltd:** Rolls-Royce Enthusiasts Club (cra); (cla). **59 Alamy Images:** Pictorial Press Ltd (cb). **Art Tech Picture Agency:** (tr). **60 Alamy Images:** Motoring Picture Library (cl). **Louwman Museum:** (tc, clb). **Motoring Picture Library / National Motor Museum:** (cr). **61 Giles Chapman Library:** (cra). **Motoring Picture Library / National Motor Museum:** (tc, cl). **62 akg-images:** Erich Lessing (bl). **Lebrecht Music and Arts:** Rue des archives (br). **Giles Chapman Library:** (tl). **Renault Communication:** (cl). **63 akg-images:** (br). **Art Tech Picture Agency:** (tc). **64 Alamy Images:** Interfoto (ca). **Louwman Museum. Magic Car Pics:** (tr). **Motoring Picture Library / National Motor Museum:** (crb). **65 Alamy Images:** Prisma Bildagentur AG (bc). **Corbis:** Car Culture (cla). **66 TopFoto.co.uk:** (tl). **70 Corbis:** The Bettmann Archive (c). **72 Corbis:** Car Culture (c). **74 Giles Chapman Library. Motoring Picture Library / National Motor Museum:** (tr). **Reinhard Lintelmann Photography (Germany):** (bl); (clb). **75 Art Tech Picture Agency:** (bc). **The Car Photo Library:** (cb). **Giles Chapman Library. TopFoto.co.uk:** ullstein bild / Paul Mai (tl). **76 Louwman Museum:** (cra). **78 Alamy Images:** Esa Hiltula (cla). **Corbis:** The Bettmann Archive (cr). **TopFoto.co.uk:** (tl). **79 The Advertising Archives:** (cla). **Corbis:** Transtock Inc. (crb). **Orphan Work:** (ftl). **82 Getty Images:** Fox Photos (c). **84 Flickr.com:** Ludek Mornstejn (tc). **85 Flickr.com:** Stefan Koschminder (br). **Motoring Picture Library / National Motor Museum:** (cra). **Oldtimergalerie Rosenau. :** (clb). **86 Alamy Images:** Autos (bc). **87 Giles Chapman Library:** (clb). **Reinhard Lintelmann Photography (Germany):** (tr). **90 Alamy Images:** Lordprice Collection (c). **92 Louwman Museum:** (cl). **Giles Chapman Library:** (cra). **Malcolm McKay:** (cr). **Motoring Picture Library / National Motor Museum:** (bl). **TopFoto.co.uk:** (tl). **93 Louwman Museum. Motoring Picture Library / National Motor Museum:** (tr). **94 Corbis:** The Bettmann Archive (tl). **98 Louwman Museum:** (bc). **Giles Chapman Library:** (cb). **James Mann:** (ca). **Motoring Picture Library / National Motor Museum:** (cl). **TopFoto.co.uk:** (tc). **99 Art Tech Picture Agency:** (tr, br, cr, cra). **Louwman Museum:** (cla). **Giles Chapman Library:** (bl, ftr). **100 Alamy Images:** Motoring Picture Library (tl). **BMW AG:** (cla). **Corbis:** Tatiana Markow/Sygma (bl). **Giles Chapman Library:** (cra). **101 Alamy Images:** Alfred Schauhuber/ imagebroker (tl). **Corbis:** Martyn Goddard (bc). **102 Giles Chapman Library:** (cl). **Malcolm McKay.** **103 Alamy Images:** Tom Wood (br). **Magic Car Pics:** (tl). **Malcolm McKay:** (tc). **Motoring Picture Library/ National Motor Museum.**
104 Corbis: Car Culture (c). **106 Louwman Museum:** (cb). **Image created by Simon GP Geoghegan:** (cr). **Giles Chapman Library:** (tr). **Motoring Picture Library / National Motor Museum:** (ca). **Reinhard Lintelmann Photography (Germany):** (c). **107 Art Tech Picture Agency:** (br). **Giles Chapman Library:** (cra). **Magic Car Pics. James Mann:** (tl). **108 Magic Car Pics:** (tr). **110 Corbis:** The Bettmann Archive (c). **112 Alamy Images:** Transtock Inc. (bl). **Louwman Museum:** (bc). **Cody Images:** (ca). **113 Giles Chapman Library:** (cla). **James Mann:** (cb). **Malcolm McKay:** (crb). **Motoring Picture Library / National Motor Museum:** (bc). **114 Giles Chapman Library:** (tl). **118 Art Tech Picture Agency:** (tl). **James Mann:** (bc). **119 Louwman Museum:** (tr). **James Mann:** (bl, br). **122 Giles Chapman Library. Tata Limited:** (cla). **123 Motoring Picture Library / National Motor Museum:** (bc). **124 Giles Chapman Library:** (clb, crb). **Magic Car Pics:** (tc). **Motoring Picture Library / National Motor Museum. 125 Louwman Museum:** (tr). **Giles Chapman Library:** (tl, br). **Motoring Picture Library / National Motor Museum:** (crb). **Reinhard Lintelmann Photography (Germany):** (clb). **126 Giles Chapman Library:** (tl). **130 Alamy Images:** Marka (tl). **Citroën Communication:** (cla, bl). **131 Alamy Images:** Noel Yates (bc). **Art Tech Picture Agency:** (tr). **Giles Chapman Library:** (cra). **132 The Car Photo Library:** (fclb). **Magic Car Pics. 133 Alamy Images:** culture-images GmbH (br). **Fiat Group:** (cb). **Giles Chapman Library. Magic Car Pics:** Paul Deverill (clb); (cl). **James Mann:** (tl). **Motoring Picture Library/ National Motor Museum:** (tc). **TopFoto.co.uk:** Roger-Viollet (cra). **134 Getty Images:** Car Culture (c). **136 Art Tech Picture Agency:** (clb). **Giles Chapman Library:** (bl). **137 Art Tech Picture Agency:** (cr). **Giles Chapman Library:** (br). **Malcolm McKay:** (cl). **138 Corbis:** Minnesota Historical Society (c). **140 Corbis:** Car Culture (c). **143 Art Tech Picture Agency:** (cra). **144 Corbis:** Car Culture (bc); Eric Thayer/

Reuters (cl). **TopFoto.co.uk:** Topham Picturepoint (tl). **145 Alamy Images:** Iain Masterton (br).
Giles Chapman Library: (cla).
150 Giles Chapman Library: (tl).
156 Louwman Museum: (tc). **Magic Car Pics:** (tr). **Malcolm McKay:** (cla, bc). **157 Alamy Images:** Coyote-Photography.co.uk (tl). **Louwman Museum:** (cb, fcla). **Giles Chapman Library:** (cra). **Malcolm McKay. Reinhard Lintelmann Photography (Germany):** (clb).
158 Giles Chapman Library: (tl).
162 Fiat Group: (c). **164 Giles Chapman Library:** (clb). **165 Getty Images:** Bloomberg (cb). **Giles Chapman Library. 166 Archivio Storico Alfa Romeo:** (cla). **Art Tech Picture Agency:** (cr). **Giles Chapman Library:** (cb). **Volvo Group:** (tr). **167 Art Tech Picture Agency:** (cla). **The Car Photo Library:** (crb). **168 The Advertising Archives:** (cr). **Corbis:** Andrea Jemolo (bl). **Courtesy of Chrysler Group LLC:** (cl). **Giles Chapman Library:** (tl). **169 Corbis:** DaZo Vintage Stock Photos/Images.com (bc). **172 Giles Chapman Library:** (tl). **178 Giles Chapman Library. 179 Art Tech Picture Agency:** (fcra). **Louwman Museum:** (clb, bc). **The Car Photo Library:** (c). **Giles Chapman Library. 182 Motoring Picture Library/ National Motor Museum:** (fcr).
183 Alamy Images: Stanley Hare (fbr); Martin Berry (bc). **Rudolf Kozdon :** (clb).
184 Alamy Images: Antiques & Collectables (fbl). **Aston Martin Lagonda Limited:** (ftl). **Corbis:** Bruce Benedict / Transtock (fcl). **185 Alamy Images:** Photos 12 (fbr). **Giles Chapman Library:** (fcr). **190 Giles Chapman Library. 191 Art Tech Picture Agency:** (fbr). **Giles Chapman Library:** (fcl). **192 Getty Images:** Bentley Archive/ Popperfoto (c).
194 Getty Images: Nat Farbman / Time Life Pictures (fbl). **Giles Chapman Library:** (ftl). **Motoring Picture Library / National Motor Museum:** (fcl). **195 Giles Chapman Library.**
200 Giles Chapman Library: (c).
204 Giles Chapman Library: (ftl).
208 Alamy Images: Phil Talbot (c).
210 Alamy Images: Tom Wood (clb). **212 Giles Chapman Library:** (ftl).
216 Art Tech Picture Agency: (clb). **LAT Photographic:** (fbl). **Giles Chapman Library. 217 Art Tech Picture Agency:** (fcr, fbl). **LAT Photographic:** (clb, ftr). **Giles Chapman Library. 218 Art Tech Picture Agency:** (ca, c). **Ford Motor Company Limited:** (fcla). **The Car Photo Library:** (fbr). **LAT Photographic:** (cl). **Giles Chapman Library:** (ftr). **Suzuki Motor Corporation:** (clb). **219 Alamy Images:** Trinity Mirror / Mirrorpix (bc). **Art Tech Picture Agency:** (fbl). **Courtesy of Chrysler Group LLC:** (tr). **Giles Chapman Library. Magic Car Pics:** (fbr). **James Mann:** (ca). **Wisconsin Historical Society. :** Image ID 25823 (ftl). **220 LAT Photographic:** (ftl). **Giles Chapman Library:** (cl, bc). **221 Art Tech Picture Agency:** (ftr). **Giles Chapman Library. 222 Art Tech Picture Agency:** (c). **223 BMW AG:** (fcla). **Magic Car Pics:** (ca). **225 Art Tech Picture Agency:** (cla). **Greig Dalgleish:** (cra). **Giles Chapman Library:** (fcl). **Reinhard Lintelmann Photography (Germany):** (cb).
226 Giles Chapman Library: (fbl).
228 Art Tech Picture Agency: (cra, ftl, clb).
229 Art Tech Picture Agency: (ca, cb). **230 NASA:** (c). **232 Alamy Images:** Phil Talbot (fcl); Eddie Linssen (fbr). **Giles Chapman Library:** (ftl). **233 The Advertising Archives:** (ca). **Art Tech Picture Agency:** (tr, ftr). **LAT Photographic:** (fbr). **234 Louwman Museum:** (ftr). **Motoring Picture Library / National Motor Museum:** (clb). **235 Motoring Picture Library / National Motor Museum:** (cra).
236 Art Tech Picture Agency: (ftl). **LAT Photographic:** (clb, crb). **James Mann:** (fbl). **237 TopFoto.co.uk:** Phipps/Sutton/ HIP (clb). **238 Giles Chapman Library. Magic Car Pics:** (fcla). **239 LAT Photographic:** (cla). **Giles Chapman Library. 240 The Car Photo Library. 241 The Car Photo Library:** (c). **243 James Mann** (afl). **244 Art Tech Picture Agency:** (c). **Giles Chapman Library. 245 Giles Chapman Library. Wikipedia, The Free Encyclopedia:** (tc). **246-247 Corbis:** JP Laffont/ Sygma. **248 Art Tech Picture Agency:** (c). **Giles Chapman Library. 249 Art Tech Picture Agency:** (fbl). **Giles Chapman Library. Malcolm McKay:** (clb). **250 akg-images:** (fbl). **Alamy Images:** Niall McDiarmid (cl).
Bundesarchiv: Bild 183-1983-0107-307 / Zimmermann (ftl). **Dennis Images:** (fbr).
251 The Advertising Archives: (ca). **Alamy Images:** Hans Dieter Seufert / culture-images GmbH (fbr). **Reinhard Lintelmann Photography (Germany):** (ftl). **252 Art Tech Picture Agency. Giles Chapman Library:** (fbl). **James Mann:** (ftr). **253 Art Tech Picture Agency. Giles Chapman Library:** (fcr). **254 Art Tech Picture Agency:** (fcl). **(c): Aventure Peugeot:** (cb). **Citroën Communication:** (crb, fbr). **LAT Photographic. Giles Chapman Library:** (clb). **255 Art Tech Picture Agency:** (cra, cr). **Magic Car Pics. 256 Corbis:** Tony Korody / Sygma (ftl). **Dorling Kindersley:** DeLorean Motor Company (fcl). **260 Porsche AG:** (fbl). **266 Art Tech Picture Agency:** (cb). **Giles Chapman Library:** (cra).
267 Art Tech Picture Agency: (cla, cra). **268 Alamy Images:** Motoring Picture Library / National Motor Museum (ftl). **272 Giles Chapman Library. 273 Art Tech Picture Agency. Giles Chapman Library. 274 The Bridgeman Art Library:** Vincent, Rene (1871-1936) / Private Collection / Archives Charmet / The Bridgeman Art Library (cra).
(c): Aventure Peugeot. Giles Chapman Library: (fbl). **275 LAT Photographic:** (c). **Giles Chapman Library:** (tl, ftl). **276 Art Tech Picture Agency. Louwman Museum:** (cla). **277 Art Tech Picture Agency:** (c, bc). **Giles Chapman Library. 278 Corbis:** Ron Perry / Transtock (c). **279 Corbis:** Ron Perry / Transtock (bl). **282 Getty Images:** Pete Seaward (ftl). **286 Corbis:** The Bettmann Archive (fbl). **Getty Images:** Peter Macdiarmid (cl). **Giles Chapman Library:** (ftl). **287 Art Tech Picture Agency. Louwman Museum:** (ftl). **Giles Chapman Library:** (fbr). **Motoring Picture Library / National Motor Museum:** (c). **288 Art Tech Picture Agency:** (tc). **290 Renault Communication:** (c). **292 Art Tech Picture Agency:** (fbl). **Giles Chapman Library.**
293 Art Tech Picture Agency: (ca, ftl, fcra, fcr). **Giles Chapman Library:** (tc, fcl, bl, cb). **294 LAT Photographic:** (fcla). **Giles Chapman Library:** (cra, c, fbl). **295 Alamy Images:** Phil Talbot (ftl). **Art Tech Picture Agency. Giles Chapman Library. 296 Giles Chapman Library:** (fbl). **298 Corbis:** Raymond Reuter / Sygma (cl). **Giles Chapman Library. 299 The Advertising Archives:** (c). **Giles Chapman Library:** (fbr).
300 Art Tech Picture Agency: (cr). **Giles Chapman Library:** (c, fcla). **Orphan Work:** (fcl). **301 Art Tech Picture Agency:** (cra, fcl, ftr). **Giles Chapman Library. 304 Giles Chapman Library:** (ftl). **308 Motoring Picture Library / National Motor Museum:** James Mann (c). **311 Alpine:** (br). **© General Motors:** (cb). **Jaguar Land Rover Ltd:** (cra). **312 Alamy Images:** Transtock Inc. (fclb); Motoring Picture Library (c). **Giles Chapman Library:** (fbr). **Jaguar Land Rover Ltd:** (cla). **313 Alamy Images:** Robert Steinbarth (fcra). **Giles Chapman Library:** (fcrb). **NIO Inc.:** (br). **Toyota Motor Europe:** (tr). **314 Corbis:** Suzuki Motor Corporation / Frank Rumpenhorst / epa (cl). **Giles Chapman Library:** (br, ftl). **315 Giles Chapman Library. Suzuki Motor Corporation. 316 courtesy Mahindra Reva:** (tc). **Suzuki Motor Corporation:** (clb). **317 Aixam-MEGA:** (crb). **Hyundai Motor Company:** (br). **Giles Chapman Library. Malcolm McKay:** (fcl).
318 PA Photos: Gautam Singh / AP (ftl). **323 Aston Martin Lagonda Limited:** (crb). **Lotus Cars Plc:** (bl). **Maserati:** (bc). **325 Audi AG:** (br) **Aston Martin Lagonda Limited:** (cra). **Jaguar Land Rover Ltd:** (crb). **Courtesy Mercedes-Benz Cars, Daimler AG:** (clb). **326 Corbis:** Car Culture (cl); Schlegelmilch (fbl). **Motoring Picture Library / National Motor Museum:** (ftl).
327 Alamy Images: Phil Talbot (ftl, fbr). **Corbis:** Staff / epa (fcl). **328 Art Tech Picture Agency:** (ftr). **329 LAT Photographic:** (tl). **Giles Chapman Library:** (fcr). **Renault:** (br). **Suzuki Motor Corporation:** (bl). **330 Aston Martin Lagonda Limited:** (cb). **331 (c) Ford Motor Company Limited:** (br). **© Fiat Chrysler Automobiles N.V:** (crb). **Giles Chapman Library:** (frca, fcla). **Jaguar Land Rover Ltd:** (bc). **332 Giles Chapman Library:** (ftl). **337 Alfa Romeo:** (cl). **Briggs Automotive Company (BAC):** (clb). **© Fiat Chrysler Automobiles N.V.:** (b). **Mazda Motor Europe GmbH:** (crb). **338 Alamy Images:** Drive Images (tc). **Corbis:** Car Culture (ca). **Ford Motor Company Limited:** (bc). **Giles Chapman Library:** (fcla, fclb). **LAT Photographic:** (cr). **Motoring Picture Library / National Motor Museum:** (fcrb). **339 Aston Martin Lagonda Limited:** (b). **© Bentley Motors:** (clb). **Maserati:** (cb). **342 BMW AG:** (bl). **Nissan:** (cl). **Peugeot Motor Company PLC:** (crb). **Porsche Cars Great Britain Ltd:** (cb). **Renault UK Ltd:** (cla). **Tesla Motors, Inc.:** (tr). **Toyota Motor Europe S.A. / N.V.:** (tc). **Vauxhall Motors Ltd:** (ca). **Volkswagen AG:** (br). **343 Citroën:** (cr). **Getty Images / iStock:** RoschetzkyIstockPhoto (tl). **Honda Motor Company:** (cb). **Jaguar Land Rover:** (tr). **Riversimple:** (cl). **Toyota Motor Europe:** (cla). **Volkswagen AG:** (bl, br). **344 Aston Martin:** (clb). **Infiniti:** (tr). **Jaguar Land Rover Ltd.** (tl). **Lexus:** (cl). **Daimler**

AG: (cr). **Courtesy Mercedes-Benz Cars, Daimler AG:** (crb). **Volkswagen AG:** (bl). **344-345. Bentley Motors Ltd:** (c). **345 © Bentley Motors:** (cra). **BMW Group UK:** (clb). **© General Motors:** (b). **Maserati:** (tr). **Rolls-Royce Motor Cars Ltd:** (tl). **Volvo Car Group:** (crb). **346 Malc Edwards:** (cb). **McLaren Automotive Limited:** (tl, clb, crb, b). **347 McLaren Automotive Limited. 348 McLaren Automotive Limited:** (All images). **349 Getty Images: NurPhoto / Xavier Bonilla** (tl). **McLaren Automotive Limited:** (tr, clb, bl, br). **350 BMW Group UK:** (cb). (c) **Ford Motor Company Limited:** (crb). **© Dacia:** (ca). **© General Motors:** (clb, b). **Honda (UK):** (cr). **Peugeot Motor Company PLC:** (cla). **Toyota Motor Europe:** (tr). **Courtesy of Volkswagen:** (cl). **351 Audi AG:** (cl). **Alfa Romeo:** (cl). **© Fiat Chrysler Automobiles N.V:** (cla, cra). **Jaguar Land Rover Ltd:** (c). **Kia Motors Corporation:** (clb). **Courtesy Mercedes-Benz Cars, Daimler AG:** (bc). **© Qoros Auto Co., Ltd:** (t). **Volvo Car Group:** (br). **353 Mazda Motors UK Ltd:** (ftr). **354-355 Porsche Cars:** (All images).

Chapter Opener images:
8-9 Napier 7-passenger Touring
36-37 Bugatti T35B
72-73 Wanderer W25K
104-105 Chrysler Town and Country
134-135 Oldsmobile F-88 Concept
176-177 Ford Mustang
208-209 Citroën DS21 Convertible
240-241 Lamborghini Countach 25th Anniversary
278-279 Mitsubishi SST
308-309 Mini Cooper
所有其他图片©Dorling Kindersley
更多信息请参见：
www.dkimages.com

出版方还要感谢以下公司和个人，感谢他们慷慨地允许英国DK出版社使用他们的车辆和发动机进行拍摄：

Alex Pilkington
Audi UK: www.audi.co.uk
Beaulieu National Motor Museum, Brockenhurst, Hampshire: www.beaulieu.co.uk
Brands Hatch Morgans, Borough Green, Kent: www.morgan-cars.com
Chris Williams, The DeLorean Owners Club UK: www.deloreans.co.uk
Chrysler UK, Slough, Berkshire: www.chrysler.co.uk
Claremont Corvette, Snodland, Kent: www.corvette.co.uk
Colin Spong
DK Engineering, Chorleywood, Hertfordshire: www.dkeng.co.uk
Eagle E-Types, East Sussex: www.eaglegb.com
Gilbert and Anna East
Haynes International Motor Museum, Yeovil, Somerset: www.haynesmotormuseum.com
Heritage Motoring Club of India (HMCI), New Delhi, India:
Mr. HW Bhatnagar, Mr. Avinash Grehwal, Mr. SB Jatti, Mr. Ashok Kaicker, Mr. Sandeep Katari,
Mr. Ranjit Malik, Mr. Bahadur Singh, Mr. Navinder Singh, Mr. Harshpati Singhania, Mr. Diljeet Titus
www.hmci.org
Honda Institute, Slough, Berkshire: www.honda.co.uk
Jaguar Daimler Heritage Trust, Coventry, Warwickshire: www.jdht.com
John Mould
P & A Wood, Rolls Royce and Bentley Heritage Dealers, Dunmow, Essex: www.pa-wood.co.uk
Peter Harris
Philip Jones, Byron International, Tadworth, Surrey: www.allastonmartin.com
Porsche Cars (Great Britain) Ltd, Reading, Berkshire: www.porsche.com/uk/
Roger Dudding
Roger Florio
Silver Arrows Automobiles, Classic Mercedes-Benz, London: www.silverarrows.co.uk
Silver Lady Services Ltd, Rolls Royce and Bentley Car Services, Bournemouth, Dorset: www.silverladyservices.co.uk
Tata Motors, Mumbai, India: www.tatamotors.com
Tim Colbert
Timothy Dutton, Ivan Dutton Ltd, Aylesbury, Buckinghamshire: www.duttonbugatti.co.uk
Tuckett Brothers, North Marston, Buckinghamshire: www.tuckettbrothers.co.uk

DK

DK 汽车大百科

知识科普 / 儿童百科

走进汽车博物馆，漫游汽车 130 年发展历程

DK 经典汽车大百科（即将出版）

知识科普 / 儿童百科

不错过每一辆经典汽车，变身资深车迷

Drive DK 汽车百科全书

知识科普 / 儿童百科

探寻汽车世界扣人心弦的真相和传奇

DK 植物大百科

知识科普 / 儿童百科

带你探索植物的秘密世界

DK 树木大百科

知识科普 / 儿童百科

带你环游世界各地的非凡树木

DK 草药大百科（即将出版）

知识科普 / 儿童百科

带你见识形形色色的药用植物

DK 园艺智慧

知识科普 / 园艺种植

园艺男神 Monty Don 的 50 年园艺心得

DK 月季玫瑰百科（即将出版）

知识科普 / 园艺种植

月季玫瑰爱好者的珍藏之选

DK 园艺全书（即将出版）

知识科普 / 园艺种植

园艺男神 Monty Don 的有机园艺百科全书

DK 马术全书

技术科普 / 马术百科

基础训练、场地障碍赛、盛装舞步赛、越野赛

DK 马百科全书

知识科普 / 马百科

一本关于马的殿堂级的百科全书

一场关于马的终极视觉盛宴

DK 儿童马术全书

技术科普 / 儿童马术百科

完全满足孩子们学习马术相关知识的需求

DK 天文大百科

知识科普 / 儿童百科

《诺顿星图手册》作者伊恩带你开启

完美的天文之旅

DK 星座大百科

知识科普 / 儿童百科

探索宇宙和星座的秘密

DK 木工全书（新版即将出版）

技术科普 / 木工百科

英国木工字典级教科书

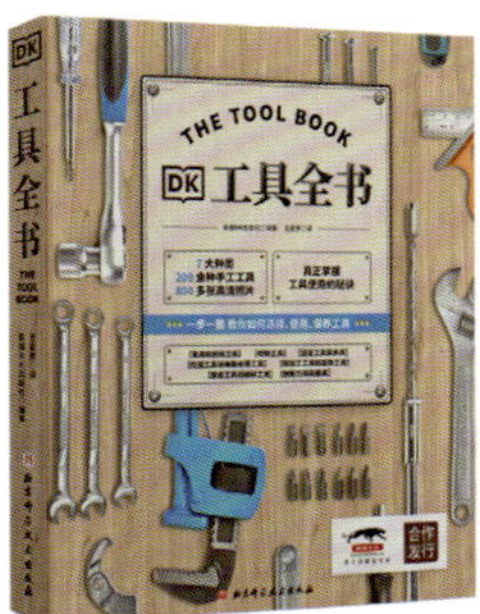

DK 工具全书

技术科普 / 工具百科

一步一图，教你如何选择、使用和保养工具

北京科学技术出版社

UND
RIGHT (